Datenrechtsgesetz 3.0

- Großes Schwerpunktforschungsprojekt des Schlüssellabors für Big Data-Strategie
- Großes Schwerpunktprojekt des Beijinger Schlüssellabors für Big Data-gestützte Städteforschung
- Projekt finanziert durch Publikationsmittel des internationalen Think-Tanks der Stiftung für urbanen Kulturaustausch Beijing

# Datenrechtsgesetz 3.0

## Der gesetzgeberische Ausblick des Datenrechts

Das Schlüssellabor für Big Data-Strategie

Herausgegeben von Lian Yuming

社会科学文献出版社
SOCIAL SCIENCES ACADEMIC PRESS(CHINA)

PETER LANG
Oxford • Bern • Berlin • Bruxelles • New York • Wien

Bibliographic information published by Die Deutsche Bibliothek
Die Deutsche Bibliothek lists this publication in the Deutsche Nationalbibliografie; detailed bibliographic data is available on the Internet at http://dnb.ddb.de.

A catalogue record for this book is available at the British Library.

Cover design: Brian Melville for Peter Lang

ISBN 978-1-80079-455-9 (print)
ISBN 978-1-80079-878-6 (ePDF)
ISBN 978-1-80079-879-3 (ePub)



Published by Peter Lang Ltd, International Academic Publishers,
Oxford, United Kingdom
oxford@peterlang.com, www.peterlang.com



This publication has been peer reviewed.

*Forschungszentrum für Datenrechtsgesetz der Chinesischen Universität für Politikwissenschaft und Recht*

*Wissenschaftlicher Beirat*

*Schlüssellabor für Big-Data-Strategie des Forschungsstandorts der Universität Zhejiang*

*Schlüssellabor für Big-Data-Strategie des Forschungsstandorts der Chinesischen Universität für Politikwissenschaft und Recht*

*Sonderbeirat*

# Vorstellung der Institution

Das im April 2015 gegründete Schlüssellabor für Big Data-Strategie ist eine interdisziplinäre, professionelle, internationale und offene Forschungsplattform, die gemeinsam von der Volksregierung der Stadt Guiyang und der Kommission für Wissenschaft und Technologie der Stadt Beijing eingerichtet wurde. Es ist zudem ein neuartiger, hochrangiger Think-Tank, der sich mit der Entwicklung von Big Data in China befasst.

Basierend auf dem International Institute for Urban Development Beijing und dem Institut für innovationsgetriebene Entwicklungsstrategie Guiyang hat das Schlüssellabor für Big Data-Strategie das Forschungs- und Entwicklungszentrum Beijing und Forschungs- und Entwicklungszentrum Guiyang eingerichtet, und auch die Forschungsbasis des nationalen Komitees für die Validierung von Substantiven für Wissenschaft und Technologie, die Forschungsbasis der Universität Zhejiang, die Forschungsbasis der China Universität für Politikwissenschaft und Recht, die Forschungsbasis der Shanghai Akademie der Wissenschaften und die Forschungsbasis vom mehrsprachigem Service der Global Tone Communication Technology Co., Ltd. (GTCOM) errichtet. Mit Genehmigung der Einrichtung der Forschungsbasis für Blockdatentheorie und -anwendung der Provinz Guizhou, der Forschungsbasis für Big-Data-Anwendungen zur Entscheidungsfindung im städtischen Raum der Provinz Guizhou und der Forschungsbasis für Big-Data-Innovationen im kulturellen Bereich der Provinz Guizhou werden ein neues Forschungssystem mit „zwei Zentren, fünf Basen und drei Plattformen" und ein neues Muster für regionale kollaborative Innovation gebildet.

In den letzten Jahren hat das Schlüssellabor für Big Data-Strategie in einer Reihe zur theoretischen Erforschung der neuen Ordnung der digitalen Zivilisation nacheinander »Blockdaten«, »Datenrechtsgesetz« und »Souveräne Blockchain« als „Dreigestirn der digitalen Zivilisation" lanciert. Die Zusammenstellung und Publikation des »Referenzwerks zur

Digitalität« und des »Enzyklopädischen Big-Data-Terminologiewörterbuchs« ist die weltweit erste umfassende und systematische Untersuchung eines standardisierten Terminologiesystems für Big Data in einem mehrsprachigen und ausgeklügelten professionellen Werkzeug.

# Vorstellung des Chefredakteurs

Lian Yuming, Urbanologie-Erforscher, Big-Data-Strategieexperte und Professor. Direktor vom International Institute for Urban Development (IUD) Beijing.

Er wurde 1964 in Xiangyuan, Shanxi, geboren, hat einen Bachelor-Abschluss in Rechtswissenschaften der Universität Shanxi und einen Doktortitel in Ingenieurwissenschaften der Chinesischen Universität für Geowissenschaften (Beijing).

Im Jahr 2001 gründete er das International Institute for Urban Development in Beijing und formulierte die „City Value Chain Theory", die als eine der drei weltweit wichtigsten Theorien zur Wettbewerbsfähigkeit gilt. Er war Chefplaner des Entwicklungsplans für den olympischen Funktionsbereich 2008 in Beijing, Chefplaner für den Umweltbau im zentralen Bereich der Olympischen Spiele in Beijing und Berater für die medizinische Versorgung und den Gesundheitsschutz bei den Olympischen und Paralympischen Spielen in Bejing. Er ist Autor von »Das Erwachen der Stadt«, »Die Strategie der Stadt« und »Die Weisheit der Stadt«, einer Trilogie über den neuen Urbanismus.

Im Jahr 2014 gründete er das Institut für innovationsgetriebene Entwicklungsstrategie Guiyang, amtierte als leitender strategischer Berater der Stadtregierung von Guiyang, Direktor des Schlüssellabors für Big-Data-Strategie und Direktor des Forschungszentrums für digitales Recht der chinesischen Universität für Politikwissenschaft und Recht. Seine wichtigsten Werke sind »Blockdaten«, »Datenrechtsgesetz« und »Souveräne Blockchain«, das Dreigestirn der digitalen Zivilisation. Das mit ihm als Chefredakteur herausgegebene »Referenzwerks zur Digitalität« und »Enzyklopädische Big-Data-Terminologiewörterbuch« sind die ersten intelligenten, mehrsprachigen, professionellen Nachschlagewerke, die das Standardterminologie-System von Big Data umfassend und systematisch untersuchen.

Herr LIAN ist jetzt Mitglied des 13. Nationalen Komitees der Politischen Konsultativkonferenz des chinesischen Volkes (CPPCC) und Mitglied dessen Vorschlagsausschusses, Mitglied Beijinger Stadtkomitees des 11. und 12. CPPCC und stellvertretender Vorsitzender des 11., 12., 13. und 14. CPPCC im Bezirk Chaoyang der Stadt Beijing. Er wurde mit den Titeln „Vorbildlicher Mitarbeiter Beijings", „Medaille für Mitarbeiter der Hauptstadt" und „Wissenschaftliche, technische und leitende Talente mit herausragenden Beiträgen in Beijing" ausgezeichnet.

# Redaktionsausschuss

# INHALTSVERZEICHNIS

# Vorwort des Chefredakteurs

Zum gegenwärtigen Zeitpunkt sind die Jahrhundertpandemie und die epochalen Umwälzungen des Jahrhunderts miteinander verschränkt und katalysieren Wandel und Übergang von der alten hin zu einer neuen Weltordnung. So wie die Finanzkrise von 2008 das Gefüge der Welt verändert hat, haben sich auch die Wirtschaftssysteme, Zinspolitiken, Sicherheitsstrukturen und Governance-Landschaften, welche sich im Industriezeitalter bereits vor hundert Jahren herausgebildet hatten, im Angesicht der Ausbreitung der Coronavirus-Pandemie disruptiv verändert und das Jahr 2020 zeigt einen bedeutenden Wendepunkt der Menschheit auf dem Weg von der industriellen zur digitalen Zivilisation an. Alle zivilisatorischen Wandlungen haben auch Innovationen in der Welt der Rechtsgelehrsamkeit ausgelöst. Die Ausbreitung der Pandemie des neuartigen Coronavirus und die digitale Transformation haben diesen Übergang früher herbeigeführt als erwartet. Die neue Epoche erfordert ein neuartiges Bewusstsein – ein neuer Raum öffnet sich für eine neuartige Zivilisation. Blockdaten, Datenrechtsgesetze und souveräne Blockchains sind das „Dreigestirn der digitalen Zivilisation" und gleichsam die theoretischen Errungenschaften vor diesem Hintergrund. Durch jahrelange Anstrengungen ist das Forschungsparadigma der Gesetzgebung zu Datenrechten vom Konzept über die Theorie bis hin zum Paragrafen vorangeschritten. Im Zuge dieser Transformation haben wir neues Wissen über die Architektur der Rechtsstaatlichkeit der digitalen Ära generiert und neue Forschungsfragen beurteilt.

Erstens: Ein weltweites System des Datenrechts hat sich bislang noch nicht herausgebildet. Mit dem Eintritt in das digitale Zeitalter sind die Risiken des Kontrollverlusts, juristischen Versagens, moralischer Unordnung und des Verlusts der Privatsphäre von Tag zu Tag komplexer geworden. Die traditionellen Auffassungen und Regulierungen durch Recht, Rechtsstaatlichkeit und Jurisprudenz von der digitalen Welt unter den gegenwärtigen Bedingungen von Digitalisierung,

Vernetzung und Smartifizierung resultierten in theoretischen Hindernissen und praktischen Schwachstellen, deren Konfrontation heikel ist. Natürlich hängt dies eng mit dem hohen Grad an Komplexität und Unwägbarkeit zusammen, was den Aufbau einer Rechtsstaatlichkeit im digitalen Zeitalter zu einer umso größeren Herausforderung werden lässt. Das Angebot existierender Institutionen ist nicht in der Lage, den täglich wachsenden Anforderungen an Datenrechten zu begegnen und gerecht zu werden. Ein globales Datenrechtssystem ist noch weit davon entfernt, Gestalt anzunehmen, eine Datenaufsicht und -kontrolle fehlen langfristig und im betreffenden Rechtsraum existiert ein Vakuum. Zur gleichen Zeit aber dehnt sich der Umfang der digitalen Wirtschaft unaufhörlich aus, und die digitale Wirtschaft Chinas erlebt auch ein goldenes Zeitalter rasanten Wachstums, sodass ein kritisches Zeitfenster für die Formulierung eines grundlegenden Gesetzes für das digitale Zeitalter erreicht ist.

Zweitens: Die Legislative im Bereich der Daten weist eine beträchtliche Rückständigkeit auf. Die Nutzung von Daten wurde bereits zu einer maßgeblichen Quelle der Steigerung von Wohlstand, und der Schutz von Datenrechten ist zu einem Gradmesser der digitalen Zivilisation geworden. Objektiv gesagt, hinken auf der ganzen Welt die Datengesetzgebung und -novellierung bislang hinter der Entwicklung der digitalen Ökonomie her und bleibt so hinter der Transformation des digitalen Zeitalters und hinter dem Fortschritt der digitalen Zivilisation zurück. Dieser Rückstand wird uns in der Zeit rasanter technologischer Entwicklungen umso deutlicher vor Augen geführt. Schon seit Langem hat China von den Datenregeln der Weltgemeinschaft gelernt, passte sich ihnen an und verblieb vorerst in deren Bahnen. Unter diesem Aspekt ist Chinas Fähigkeit, Themen zu gestalten, noch verhältnismäßig schwach ausgeprägt und in vielerlei Hinsicht hat China noch kein Mitspracherecht und verbleibt gar in einem „stummen" oder „sprachlosen" Zustand. Das passt nicht zu der Rolle und dem Status einer Großmacht, welche einen Platz in der Mitte der Weltbühne betreten möchte. Wir haben den Anspruch, umfangreiche und vertiefende theoretische Innovationen zu entwickeln und Gesetzgebungen zu erproben und die Forschung zum internationalen Korpus von Regelwerken der Data-Governance zu intensivieren.

Drittens: Die Datengesetzgebung weist eine zunehmende Fragmentierung auf. Wir befinden uns in einem Zeitalter der Arbeitsteilung im Rechtswesen, in welchem jede Domäne ihr spezifisch angepasstes Recht besitzt oder dabei ist, ein solches zu bekommen, während die Gesetze immer zahlreicher werden. Tatsächlich bewegt sich die Welt auf eine Epoche der Integration von Systemen zu, wobei sich das Rechtswesen schrittweise von einer Arbeitsteilung zur Kooperation wandelt. Das digitale Zeitalter sieht sich mit zahlreichen komplexen Problemen konfrontiert, deren Lösung sich oftmals nicht auf das spezielle Gesetz einer einzelnen Domäne stützen kann. Je mehr es sich um komplexe strukturelle Zusammenhänge handelt, umso mehr sollte ihnen im Modus der übergreifenden Systematisierung begegnet werden. Gegenwärtig ist der Schutz von Datenrechten über die Bereiche von Gesetzen des Zivilrechts, des Strafrechts, des Wirtschaftsrechts und des Verwaltungsrechts verstreut. Dies birgt Redundanzen, Bruchlinien, Widersprüche, Lücken sowie weitere Probleme. Mit der Forschung zur Datengesetzgebung bildet sich derzeit ein eigenständiges Rechtsgebiet heraus. Das „fragmentierte" System des Datenrechts erfordert dringend eine gesetzgeberische Kohärenz, um zu einer systematischen und kodifizierten rechtlichen Artikulation zu gelangen.

Viertens: Es lohnt sich, aus den Erfahrungen der Datengesetzgebung außerhalb Chinas zu lernen. Nur vom Standpunkt einer internationalen Sichtweise, unter Annahme einer globalen Denkweise und in Anbetracht der Welt und der Zukunft können die bevorstehenden antizipierten und komplexen Probleme der Epoche der digitalen Zivilisation gelöst werden. Bis heute haben schon mehr als 140 Länder und internationale Organisationen Gesetze zum Schutz von Datenrechten erlassen und spezifische Gesetze zum Datenschutz sind bereits internationale Praxis. Mit dem Aufkommen von Technologien wie Big Data, Blockchain und künstlicher Intelligenz sind die Gesetzgebungen zum Datenschutz außerhalb Chinas längst in fortgesetzte Zyklen der Revision ihrer Regeln eingetreten. Die Theorie der Gesetzgebung und ihre Umsetzung außerhalb Chinas sind bereits auf dem Weg in Richtung einer Heranreifung, während sich China in dieser Hinsicht noch im Anfangsstadium befindet. Aus diesem Grund ziehen wir mehr als 600 Richtlinien zur Datenschutz-Compliance als Blaupausen heran, um eine umfangreiche Übersetzung ausländischer

Gesetzestexte zur Gesetzgebung des Datenrechts zu einer „Reihe Anthologien von Datenrechtsgesetzen in Übersetzung" zusammenzustellen, welche nahezu 100 Länder und an die 20 Sprachen abdeckt. Auf dieser Basis können einschlägige Bestimmungen nachverfolgt, verglichen und analysiert werden und wir bieten somit einen theoretischen Fundus sowie eine Referenzgrundlage für Chinas laufende Gesetzgebung zu Datenrechten. Dieses Sammelwerk bedient sich wesentlicher Inhalte und verbindet sie mit den relevanten Bestimmungen des Systems von Datenrechten mit chinesischen Merkmalen, um die Inklusivität, Internationalität und Weitsicht der Legislatur zu stärken.

Fünftens: Neuartige juristische Forschungsdisziplinen entstehen. In den vergangenen Jahren sind ununterbrochen neue Fachrichtungen wie die Computational Jurisprudence, die Digital Jurisprudence und die Intelligent Jurisprudence angetreten, welche von der Datenjurisprudenz vertretene eigenständige spezifische Domänen der Rechtsgelehrsamkeit darstellen. Das Datenrechtsgesetz ist eine systematische Verbindung westlicher und chinesischer rechtsstaatlicher Konzepte, welche das allgemeine System weltweiter Governance verbessert, und auf den Innovationen eines Systems der digitalen Zivilisation basiert. Es zielt darauf ab, zu erforschen, wie Beziehungen künftiger Gesellschaften mit den existierenden rechtsstaatlichen Systemen in Konflikte geraten und wie man diesen begegnen sollte. Es konstruiert ein öffentliches Regelsystem gemeinsamer Governance vernetzter Globalisierung, welches sich auf der Höhe der Zeit befindet. Wir plädieren dafür, unter der Ägide der Gesetzgebung zum Datenrecht ein rechtswissenschaftliches System, ein methodisches System und ein diskursives System für das digitale Zeitalter zu errichten, den Wandel des globalen Internet-Governance-Systems voranzutreiben und uns einer kraftvollen Rechtsstaatlichkeit zu widmen, um den Aufbau einer Schicksalsgemeinschaft der Menschheit zu unterstützen.

Lian Yuming
Direktor des Schlüssellabors für Big-Data-Strategie
Direktor des Forschungszentrums für Datenrechtsgesetz der Chinesischen Universität für Politikwissenschaft und Recht
10. März 2021

# Einleitung: Welche Art von Datenrechtsgesetz brauchen wir?

„Hast Du Dir jemals vorgestellt, dass es auf dieser Welt noch eine Spiegelwelt gibt, in der alles so ist wie in Deinem Leben, genauso wie ein uns vertrautes Paralleluniversum?" Der Film „Kill Switch" (2017) tagträumte noch über solch eine Geschichte von Spiegelwelten. Heute sind derartige Illusionen im Begriff, Realität zu werden, während die Entwicklung der Technologie den Übergang des Menschen vom physischen in den digitalen Raum beschleunigt. Diese beispiellose „große Migration" hat bereits begonnen, aber in der realen Welt stehen eine beachtliche Anzahl von Menschen immer noch an der Startlinie. Alles verändert sich zu schnell, manches macht den Menschen Angst, aber ebenso lässt all das bei den Menschen auch Erwartungen aufkommen. Der Mensch kennt bisweilen wenig von der Welt und er macht sich umso mehr Sorgen. Wie sollen wir, im Angesicht der Zukunft das Hier und Jetzt begreifen, welche Entscheidungen und Veränderungen sollen wir herbeiführen, um wirklich einer strahlenden Zukunft entgegenzugehen? Diese Fragen beunruhigen uns zutiefst. Die digitale Welt ist ein gemeinsamer Raum für die Entwicklung der Menschheit, Entwicklung und Regulierung der digitalen Welt liegen in der gemeinsamen Verantwortung und sind eine Pflicht aller Länder. Die Vertiefung gegenseitigen Vertrauens bei der Entwicklung der digitalen Welt und die Stärkung der gemeinsamen rechtsstaatlichen Entwicklung der digitalen Welt sind wichtige Voraussetzungen für die Förderung von Wandel und Reform des Systems der Governance einer globalen vernetzten Gesellschaft. Es sind wichtige Entscheidungen für den Aufbau einer Schicksalsgemeinschaft im Cyberspace und ein Garant für die nachhaltige und gesunde Entwicklung der digitalen Welt.

## 1 Die Gesetzgebung des Datenrechts muss drei große Gleichgewichte wahren

Das Gleichgewicht zwischen dem Schutz und der Nutzung von Daten: Datenschutz und Datennutzung sind essenzielle Bausteine der Entwicklung einer digitalen Industrie. Das traditionelle Zivilrecht konzentrierte sich in Belangen von Datenschutz und persönlichen Informationen auf den Schutz der persönlichen Privatsphäre. Dieser Standpunkt beruht auf der Vorstellung, dass das Wohlergehen des Einzelnen nicht verletzt werde, eine Offenlegung von Daten der strikten Kontrolle des Subjekts unterliege und diese auf das Höchste zu respektieren ist. Bei der intensiver werdenden Anwendung digitaler Technologien wird erkennbar, dass die Entwicklung menschlicher Gesellschaften von einer Gewinnung und Nutzung von Daten abhängt. Eine einseitige Betonung des Datenschutzes wird den Erfordernissen unserer Zeit nicht mehr gerecht (Zhu Xinli und Zhou Xuyang 2018). Somit besteht für die Datengesetzgebung in erster Linie eine Anforderung in einem Gleichgewicht der Beziehung zwischen dem Schutz und der Nutzung von Daten. Es geht darum, welche Standards der Gewinnung, Speicherung und Nutzung von Daten, insbesondere personenbezogenen Daten, bei deren Erhebung, Analyse und Verwendung gelten sollen, sodass zugleich Datenleaks und Datenmissbrauch wirksam verhindert und die Datensicherheit gewährleistet wird. Ausgehend davon ist es dringend erforderlich, die „incentivierte Nutzung und effektiven Schutz“ zu Kernmomenten dieses dynamischen Gleichgewichts zu machen, womit die gleichzeitige Entwicklung von Datenschutz und Datennutzung realisiert werden kann.

Das Gleichgewicht zwischen dem Recht auf Teilhabe und dem Recht auf Privatsphäre: Der Kern des Datenrechts besteht in dem Recht auf gemeinsame Nutzung. Dieses Recht auf Teilhabe begründet die Konstruktion eines Systems der Kultur des Altruismus, welches das Problem einer gemeinsamen Nutzung behandelt. Der Kern des Rechts auf Privatsphäre hingegen gründet in der Realisierung einzigartiger persönlicher Vorteile durch einen Modus der Kontrolle des Grades der Verschlossenheit oder Öffnung der eigenen Person gegenüber anderen Menschen. Im

Informationszeitalter besteht zwischen dem Teilen von Daten und den Schutz der Privatsphäre ein schwelender Konflikt in der Frage der selbstbestimmten Privatheit, der räumlichen Privatheit und der informationellen Privatheit. Dieser geht zurück auf das Wechselspiel zwischen öffentlichen und privaten Interessen und auf die Diskrepanz zwischen Eigentumsvorteilen an Daten und persönlichen Interessen im neuartigen technologischen Kontext. Um den Wert einer vollständigen Nutzung von Datenressourcen vollständig auszuschöpfen, kümmert sich im Prozess der Realisierung eines für alle Seiten nützlichen Gleichgewichts zwischen gemeinsamer Datennutzung und Schutz von Privatsphäre die Datengesetzgebung um die Beziehung zwischen Teilhabe und Schutz. Hierbei befolgt sie das Grundprinzip, das Gemeinwohl an oberster Stelle zu sehen, sowie die Grundsätze der Ausnahmeregelung, der Verhältnismäßigkeit und des paritätischen Schutzes und weitere Grundsätze. Darüber hinaus sollten durch eine Klärung des Umfanges und der Grenzen der Datenweitergabe mittels spezifischer Rechtsvorschriften dic Verfahren für eine gemeinsame Nutzung von Daten exakt definiert, die Regulierung der Datenweitergabe verstärkt und die Schaffung von Mechanismen für Haftung und Entschädigung in Fällen von Verletzungen der Privatsphäre, die bei der gemeinsamen Nutzung von Daten auftreten können, erreicht werden.

Das Gleichgewicht zwischen nationalem und internationalem Recht: Innerstaatliches und internationales Recht bilden zwei parallele Rechtssysteme, deren koordinierte Entwicklung eine Grundvoraussetzung für die heutige Zwischenstaatlichkeit ist. Wir verwehren uns gegen jedes Erlassen innerstaatlicher Gesetze, wenn diese die irrige Tendenz haben, allgemein anerkannte Normen internationalen Rechts zu leugnen. Wir verwehren uns gleichwohl gegen die irrige Tendenz von internationalen Gesetzen, welche die nationale Souveränität infrage stellen, indem sie sich die Menschenrechte auf die Banner schreiben. Die heutige Welt ist einem Wandel unterworfen, wie man ihn seit einem Jahrhundert nicht mehr gesehen hat und die Menschheit betritt eine neue Ära mit fortwährend neuen Herausforderungen und immerfort neuen Risiken. Die Menschheit als eine Schicksalsgemeinschaft zu denken, ist eine chinesische Lösung, welche unser Land den Völkern der Welt als Vorschlag anempfiehlt, um eine dauerhafte friedliche Entwicklung der Menschheit zu begleiten. Geleitet von einer Vorstellung der Menschheit als Schicksalsgemeinschaft möge das internationale Recht von der traditionellen chinesischen Kultur Weisheit und Substanz beziehen und dabei von einem Blickwinkel der Kollision von Rechtsnormen zu einer Sichtweise geteilter Rechtsnormen übergehen. Die Theorie gemeinsamer Rechtsnormen wählt nicht einfach aus mehreren zueinander in Widerspruch stehenden Gesetzen eines als allein gültig rechtmäßiges aus. Stattdessen zieht sie die Gesetze aller mit dem Konflikt in Zusammenhang stehenden Länder in Betracht, um aus der Perspektive einer unparteilichen Entität entsprechend dem Grundprinzip der Verhältnismäßigkeit die betreffenden Vorschriften in einschlägigen nationalen Gesetzen zu berücksichtigen, um das vernünftigste und harmonischste Ergebnis zu ermitteln. Das Datenrecht ist eine Innovation in der Sphäre der juristischen Geisteswissenschaften, basierend auf wissenschaftlich technologischen Neuerungen, deren Lösungsansätze im Kern das Problem der kollektiven Nutzung betreffen. Das Datenrechtsgesetz befürwortet mit dem Altruismus als Bindeglied ein Konzept des legalen Teilens, um auf der Grundlage harmonischer Koexistenz unterschiedlicher Kulturen ein Diskurs- und Wertesystem heutigen internationalen Rechts zu rekonstruieren, dabei neue Wege in der Lösung rechtlicher Konflikte zu ergründen und gemeinsam eine internationale Rechtsgemeinschaft aufzubauen, in deren Zentrum das Datenrechtsgesetz steht – als ein Beitrag zum Aufbau der menschlichen Schicksalsgemeinschaft.

## 2 Die Gesetzgebung des Datenrechts hat vier große Unsicherheiten zu lösen

Die Unsicherheit der Individuen: Wer ist für personenbezogene Daten verantwortlich? Wem gehören Hoheitsrechte und Eigentum an Daten, und wer hat das Recht auf Nutzung, Handel mit, gemeinsame Nutzung und Verarbeitung von Daten? Wie lässt sich das Eigentum an Daten wahren? Dies sind wichtige Fragen, welche in der Datengesetzgebung gelöst werden müssen. Gegenwärtig sind personenbezogene Daten die

Kerndaten, die von Unternehmen verwendet werden und diese bilden folglich auch den Mittelpunkt der Sicherheitsrisiken. Der Schutz von personenbezogenen Daten steht im besonderen Augenmerk der nationalen Gesetzgebungen aller Länder. Der Gegenstand personenbezogener Daten sind natürliche Personen, und dass diese gesetzlich einen dem „Eigentümer" vergleichbaren Status innehaben, ist allerorten anerkannt. Auch die ihnen zustehenden Rechte durchlaufen einen sukzessiven Entwicklungsprozess. Beispielsweise hat die Europäische Union mit Gesetzen wie der „Datenschutz-Grundverordnung" ein Modell für die Rechte über personenbezogene Daten geschaffen. Eindeutige Rechte über personenbezogene Daten umfassen unter anderem ein Recht auf Übertragbarkeit von Daten, ein Recht auf unentgeltliche Auskunft, ein Recht auf Widerspruch, ein Recht auf Berichtigung, ein Recht auf Löschung, ein Recht auf kostenlosen Zugang, ein Recht auf Schadenersatz, ein Recht auf Vergessenwerden und ein Recht auf Widerrufung der Genehmigung. Chinas Gesetzgebung über Datenrechte personenbezogener Daten ist relativ fragmentiert und über das Zivilrecht verteilt. Das Zivilrecht stellt zwei Möglichkeiten zum Schutz personenbezogener Daten bereit: persönlichkeitsrechtliche Ansprüche und deliktische Haftungsansprüche. Allerdings existieren im Rechtsbehelf personenbezogener Datenrechte des Zivilrechts zahlreiche Mängel. So zum Beispiel, wenn der Zugang zu zivilrechtlichen Rechtsmitteln ungünstig ist, wenn die Verantwortung für Fälle von Verletzung personenbezogener Daten von Bürgern ungeklärt bleibt, wenn die Kosten für einen Rechtsbehelf für einzelne Bürger zu hoch sind, wenn die Wartezeit auf eine Verteidigung von Rechten und Interessen zu lange ist, wenn Opfer Schwierigkeiten haben Beweise vorzubringen, wenn durch illegale und kriminelle Handlungen mit geringem Aufwand personenbezogene Datenrechte verletzen werden etc. Dies wiederum führt dazu, dass fortgesetzt und häufig Verletzungen von Rechten personenbezogener Daten geschehen.

Die Unsicherheit der Institutionen: Erstens weist die derzeitige datenrechtliche Gesetzgebung Chinas offenkundige Unzulänglichkeiten auf. Diese manifestieren sich in der Unklarheit über den Gegenstand dessen, was geschützt werden soll sowie in dem Fehlen einer Rechtsprechung, die dieses Gesetz auslegt, um seinen spezifischen Gegenstand zu klären.

Das Subjekt der Rechte von Daten ist nicht vollständig und ob juristische Personen, und nicht rechtsfähige Institutionen, zu jener Kategorie von Rechtssubjekten zu rechnen sind, ist noch nicht letztlich geklärt. Rechte und Pflichten sind noch nicht herausgearbeitet und rechtliche Zuständigkeiten noch nicht sichergestellt. Im momentanen Stadium steigt die Zahl der Fälle täglich, in denen Bürger in ihren persönlichen Daten verletzt werden, sodass es häufig zu Telekommunikationsbetrug und böswilligen Belästigungen kommt, was aus der Preisgabe personenbezogener Daten resultiert und eine beträchtliche Bedrohung der Persönlichkeits- und Eigentumsrechte der Bürger bedeutet. Zweitens hat die Justiz für Datenrechte keine ausreichend detaillierten Regelwerke der Umsetzung und Anwendung, sodass der Ermessensspielraum hier unverhältnismäßig groß ist. Des Weiteren fehlt ein einheitlicher Standard für die Bestimmung „erschwerender Umstände" und „erheblich erschwerender Umstände", womit der Ermessensspielraum der Richter zu weit ist, was in der gerichtlichen Praxis bereits zu dem Phänomen von „unterschiedlichen Urteilen in gleichartigen Fällen" geführt hat. Drittens ist es schwierig, ein Gleichgewicht zwischen der Entwicklung von Branchen und der Regulierung zu erzielen. Eine mit hohem Maß an Unsicherheit behaftete Industrie wie die digitale unterliegt ständigen Veränderungen der Branchenentwicklung und Risiken der Rendite sowie beim Marktvertrauen, was für die Regierung zu Unklarheiten bei der Festlegung der Ziele und Inhalte im Bereich der digitalen Governance geführt hat und die Praktikabilität des Tempos und des Umfangs, in welchem traditionelle Strategien der Regulierung von der Regierung definiert und umgesetzt werden vor Herausforderungen stellt.

Die Unsicherheit der Technologie: Die Technik ist ein Schlüssel, der das Tor zum Himmel ebenso wie das Tor zur Hölle öffnen kann. Welches von beiden Toren letztlich geöffnet wird, hängt von den Richtlinien und Vorschriften des Gesetzes ab. „Wir befinden uns in einer Zeit, in welcher die technologische Entwicklung eine Veränderung der menschlichen Natur mit sich bringt." (Xie Fang 2013) Der materielle und der digitale Raum sind im Begriff, miteinander zu verschmelzen und die Digitalität wird zur vornehmlichen Existenzweise der Menschheit werden. Der wissenschaftliche Geist strebt nach Wahrheit; der juristische Geist strebt nach dem Rechten. Die Suche nach Wahrheit selbst kann nicht garantieren, dass sie in die richtige Richtung geht, „alle halten sie für das Gute, wissen aber nicht um ihre Bedeutung." Nur unter einer Anleitung der digitalen Technologie, repräsentiert durch die Blockchain und unter der Anleitung von *Good Law* und *Good Governance* repräsentiert durch das Datenrechtsgesetz, können wir in eine Richtung fortschreiten, die einer förderlichen Entwicklung der Menschheit am meisten nutzt, und die Technik für einen guten Zweck einsetzen. Der große Philosoph der Ming-Dynastie Wang Yangming sagte: „Alle Menschen haben ein Gewissen." Unter einem Gewissen versteht man die angeborene Fähigkeit des Menschen, zwischen Gut und Böse zu unterscheiden. Unter Güte versteht man die Fähigkeit und das Bestreben, sich selbst und andere zu vollenden, die Welt zu vollenden und der Welt mehr Schönes anheimzugeben. Die Vollendung von Wissenschaft und Technik basiert auf der freien Existenz der Menschen und deren Forderung nach Entwicklung und Befreiung. Sie ist Ausdruck einer Wissenschaft, dic reich an humanistischer Hingabe und einer Geisteswissenschaft, die gesegnet mit wissenschaftlicher Weisheit ist. Eine Forderung, welche voraussetzt, dass die Menschheit eine neue Stufe des Verständnisses vom Verhältnis zwischen Mensch und Technik erreicht hat. „Technik ist eine Fähigkeit, Güte ist eine Entscheidung." Die juristische Kultur des Datenrechts ist geprägt von Altruismus und Teilhabe, sie führt zur Verwirklichung einer Regulierung des Gewissens und spornt die Vollendung von Technologie hin zum Guten an. Unter der Anleitung einer Kultur des Altruismus und der gemeinsamen Nutzung können Technik und Recht verschmelzen und abermals unabhängig voneinander werden, harmonisch in ihrer Unterschiedlichkeit aber dabei in gebührender Spannung zueinander. Der Mensch wird in Harmonie mit der Natur und der Gesellschaft zusammenleben, lebende Wesen und nicht lebendige Entitäten werden tadellos koexistieren.

Die Unsicherheit der Zukunft: Die Entwicklung der menschlichen Gesellschaften ist in letzter Konsequenz eine Geschichte von Hyperlinks. Wir haben mit Verkehrsverbindungen angefangen, sind über Kommunikationsverbindungen, Netzwerkverbindungen bis hin zu Datenverbindungen gelangt und haben mit derartigen Links die gesamte gesellschaftliche Ordnung immer wieder neu konfiguriert. Überblickt man auf einmal die

Geschichte der Rechtssysteme der Welt, so hat das Recht einen Entwicklungsprozess vom ethnischen Recht zum Stadtstaatenrecht und nationalen Recht, bis hin zum Recht internationaler Gemeinschaften durchlaufen. Mit der Entwicklung der digitalen Technik kommt das Recht nicht umhin, auch in diese neuen Sphären vorzudringen. Die Menschheit verbrachte mehrere Jahrtausende der Akkumulation und Jahrhunderte der Transition, um sich vom Recht der Agrargesellschaft zum Recht des Industriezeitalters zu entwickeln. Das digitale Zeitalter hingegen wird uns nicht die gleiche Zeit zur Vorbereitung geben. Während Menschen die Freiheit des digitalen Raumes genießen, welcher die traditionellen gesellschaftlichen „physischen Regeln" von Raum und Zeit durchbricht, beginnen einige Personen damit, die Technizität und Virtualität des Internets zu nutzen, um auch die traditionellen „rechtlichen Regeln" der Gesellschaft zu brechen. Können traditionelle rechtliche Normen weiterhin gelten? Wie können sie weiterhin angewendet werden? Wie können sie effektiv angewendet werden? Die Rekonstruktion der rechtlichen Normen vor dem Hintergrund der neuen Ära ist ein Problem, vor dem alle Länder der Welt gemeinsam stehen. Mit Blick auf die Zukunft sollte sich die Rechtswissenschaft auf die Systeme der Risikoprävention und der Rechtssubjekte in der digitalen Gesellschaft konzentrieren, sowie auf Mechanismen, welche die Freiheit und Gleichberechtigung natürlicher Personen in der digitalen Gesellschaft garantieren können. Der Aufbau dieser Mechanismen muss den Interessenerwägungen und Wertzusammenhängen der unterschiedlichen Teilsysteme ins Auge blicken. Deshalb liegt das Hauptaugenmerk des Datenrechts auf den folgenden Fragen: Wird der Wandel der digitalen sozialen Beziehungen zu signifikanten Veränderungen der Rechtsverhältnisse führen? In welcher Weise äußern sich diese bedeutenden Änderungen der rechtlichen Verhältnisse? Mit Blick auf die Bestimmungen der heutigen rechtlichen Verhältnisse gefragt: Welche wichtigsten Auswirkungen werden sie mit sich bringen? Wenn man sich das heutige gesellschaftliche Phänomen lediglich als einen Sprössling vorstellt, dann sollte er mit der Schere des Datenrechtsgesetzes geschnitten werden, möchte man, dass er zu dem heranwächst, was die Menschheit in der digitalen Ära braucht und nicht in Wildwuchs überwuchert und zuletzt die Existenz der Menschheit gefährdet.

## 3 Die Gesetzgebung des Datenrechts muss fünf große Beziehungen behandeln

Grundlegende Positionierung – die Beziehung zu anderen Gesetzen: Die erste ist die Beziehung zum Zivilrecht. Das Zivilgesetzbuch ist ein Privatrecht. In erster Linie regelt es die persönlichen und vermögensrechtlichen Beziehungen zwischen gleichberechtigten Subjekten. Das Datenrechtsgesetz aber ist tief mit dem öffentlichen und privaten Recht verwoben. Einerseits wird durch das Datenrechtsgesetz und die darauf basierenden Mechanismen der Zivilklage ein Schutz von Daten durch privates Recht verwirklicht. Andererseits wird durch die Einrichtung besonderer staatlicher Aufsichtsbehörden und durch Formulierung bindender Gesetze und Verordnungen, welche Maßnahmen wie Bußgelder anwenden, das öffentliche Recht zum Datenschutz überwacht und durchgesetzt. Aus dieser Sicht stellt die Beziehung zwischen Datenrechtsgesetz und Zivilrecht keineswegs ein Verhältnis zwischen besonderem Gesetz und allgemeinem Gesetz dar. Vielmehr handelt es sich um zwei parallele Gesetze, die sich gegenseitig bedingen. Die Zweite ist die Beziehung zum Internetsicherheitsgesetz, zum Datensicherheitsgesetz und zum Gesetz über den Schutz personenbezogener Informationen. Aus funktionalistischer Sicht ist das Datensicherheitsgesetz das zentrale Gesetz im Datenbereich, welches das „nationale Sicherheitskonzept" des nationalen Sicherheitsgesetzes umsetzt. Im Mittelpunkt stehen Markt und Allokation von Daten, Rechte und Befugnisse über Daten, Offenheit und gemeinsame Nutzung von Daten, Zirkulation und Transaktion von Daten, Sicherheit und Vorschriftsmäßigkeit von Daten und weitere Probleme. Darüber hinaus werden jene Inhalte des Internetsicherheitsgesetzes, die mit Daten zu tun haben, sukzessive absorbiert und durch das Datenrechtsgesetz und das Datenschutzgesetz ersetzt, welches sich auf Kernthemen wie den Schutz der Netzwerkebenen 2.0, den Schutz kritischer Infrastruktur und das System zur Überprüfung der Netzwerksicherheit konzentriert. Aus diesem Grund ist das Datenrechtsgesetz das Grundgesetz im digitalen Bereich. Zusammen mit dem Internetsicherheitsgesetz, dem Datenschutzgesetz und dem Gesetz zum Schutz personenbezogener Informationen werden die rechtlichen Rahmenbedingungen für den Schutz und die Nutzung von Daten geschaffen.

Rechte des Datenrechts – das Verhältnis zwischen Mehrung und Begrenzung: Das Gesetzbuch des Zivilrechts definiert ein „Recht auf Privatheit" folgendermaßen „Natürliche Personen genießen ein Recht auf Privatheit. Jeglichen Institutionen oder Einzelpersonen ist es verboten, in die Privatsphäre anderer einzudringen, sie zu belästigen, Informationen zu veruntreuen oder zu veröffentlichen, und sie auf diese Weise zu schädigen." Aber das Zivilrecht definiert persönliche Informationen als „Interessen" und legt fest, dass „die persönlichen Informationen natürlicher Personen rechtlichen Schutz genießen", was diese keineswegs auf die Stufe von „Rechten" erhebt. Aus dem Blickwinkel der Reichweite von Interessen personenbezogener Informationen sind diese ebenfalls lediglich begrenzt auf „Probelesen oder Kopieren". „Stellen sich Informationen als fehlerhaft heraus, so besteht das Recht, Einspruch einzulegen und um deren zeitnahe Korrektur sowie um weitere Maßnahmen zu bitten." Und „im Fall einer Rechtsverletzung oder drohenden Rechtsverletzung besteht das Recht, bei der die Informationen behandelnden Stelle um zeitnahe Löschung zu bitten" etc.

In dem Fall der Klage von Ren Jiayu gegen Baidu war das Gericht der Ansicht, China kenne kein Recht von der Art des „Rechts auf Vergessenwerden", welches eine Besonderheit der „Allgemeinen Datenschutz-Grundverordnung" der Europäischen Union sei. Nun, weshalb sollten wir aber die Daten einzelner Personen schützen? Auf der einen Seite ist die Situation durch einen Schwarzmarkt der Daten, Datenleaks und Datenmissbrauch und anderer Transgressionen in die persönlichen Datenrechte bitterernst. So formulierte es auch der Sprecher der Rechtskommission der Versammlung des Nationalen Volkskongresses Zang Tiewei: „Beliebiges Sammeln, widerrechtliche Inbesitznahme, übermäßige Nutzung und illegaler Handel von persönlichen Informationen schaden der Wohlfahrt und dem Leben der Bevölkerung, gefährden das gesunde Leben und die Sicherheit des Eigentums der Bevölkerung und gehören zu den vordringlichsten Problemen." Andererseits hat das Datenrecht eine immense Bedeutung für die Entwicklung der digitalen Ökonomie Chinas. Wenn man davon ausgeht, dass „die digitale Ökonomie offensichtliche und leicht erkennbare

Besonderheiten" hat, nämlich „Baumstamm" und „Baumkrone", dann sind die Datenrechte „tief im Boden verborgen und ihr Nutzen ist nicht einfach erkennbar" wie „Wurzeln". Deshalb ist die Errichtung eines Systems von Datenrechten so außerordentlich wichtig: Einerseits brauchen sie eine Nachbesserung in den Details des Rechts auf Zustimmung, des Rechts auf Nachprüfung, des Rechts auf Kopieren, des Rechts auf Berichtigung und des Rechts auf Löschung. Sollten darüber hinaus nicht auch ein Recht auf Vergessenwerden, ein Recht auf Datenübertragbarkeit und ein Recht auf Dateneigentums sowie weitere neue Inhalte von Rechtsinteressen hinzugefügt werden? Auf der anderen Seite, hinsichtlich der bereits existierenden Rechte, wie können durch eine Detailsteigerung der gesetzgeberischen Technik die Systematizität des Gesetzes sowie Objektivierbarkeit und Operationalität des Gesetzes verstärkt werden?

Aufsichtsinstitutionen – das Verhältnis zwischen dem Speziellen und dem Allgemeinen: Die „Allgemeine Datenschutz-Grundverordnung" der Europäischen Union sieht vor, dass auf europäischer Ebene alle Mitgliedsstaaten unabhängige Behörden zur datenrechtlichen Aufsicht installieren, welche die Aufsichtsordnung in Kraft setzen und sie verleiht diesen Institutionen das Recht der Prüfung, Berichtigung, Ermächtigung und Empfehlung sowie weitere Rechte. Zudem schafft sie einen Rahmen für ein ganzes Bündel verwaltungsrechtlicher Rechtsbehelfe, mit welchem sich Personen bei der Aufsichtsbehörde beschweren können, wo ihre Beschwerden dann entgegengenommen und behandelt werden. Obwohl die Vereinigten Staaten auf föderaler Ebene ebenfalls eine Federal Trade Commission installiert haben, welche für die Durchsetzung des Datenschutzes verantwortlich ist, so verfolgt dennoch weiterhin jede Branche ihren eigenen Modus der Aufsicht, so wie beispielsweise das U. S. Comsumer Financial Protection Bureau im Bereich der Finanzdaten, das US-Gesundheitsministerium für die medizinischen Gesundheitsdaten oder das Erziehungsministerium im Bereich der Daten zur Bildung und Erziehung etc.

Sollte nun also das Datenrechtsgesetz unabhängige Aufsichtsinstitutionen nach dem Vorbild der Europäischen Union erschaffen, die nicht nach Regierung und Unternehmen, Regierung und Kapital oder Regierungsangelegenheiten unterscheiden und eine dezentrale Strafverfolgung vollziehen, in der zu viele Köche den Brei verderben? Oder sollte man das momentane System beibehalten, welches nach amerikanischem Vorbild der „Federal Trade Commission" plus weiterer Institutionen einen aufeinander abgestimmten Ansatz zur Regulierung verfolgt? Da die Gesetzgebung zu Datenrechten, objektiv gesprochen, die Zuständigkeiten unterschiedlichster Bereiche und Abteilungen tangiert und unter Einbezug des verhältnismäßig hohen Stellenwertes einer Strafverfolgung in den besonderen Branchen des Finanz-, Gesundheits- und Bildungssektors, und weil die Neueinrichtung unabhängiger, einheitlicher Behörden zur Datenaufsicht nicht nur keine praktische Lösung des Problems darstellt (sie schwächt sogar in gewisser Weise die Dynamik der Datenregulierung und Strafverfolgung), und damit verhindert, dass nationales Gesetz auch am Ort des Geschehens wirkt, deshalb empfehlen wir die Einsetzung des amerikanischen Modells. Wie der Entwurf des „Gesetzes der Volksrepublik China über den Schutz personenbezogener Informationen" verdeutlicht, so verantwortet die Nationale Abteilung für Internet und Kommunikation die einheitliche und koordinierte Planung des Schutzes persönlicher Rechte, bringt so ihren Nutzen zur einheitlichen und koordinierten Planung zur Geltung. Und die nationale Abteilung für Internet und Kommunikation und die betreffenden Abteilungen des Staatsrats verantworten jeweils in ihrem Einzugsbereich die Aufgaben der Aufsicht und des Schutzes persönlicher Rechte.

Gesetzliche Verantwortung – das Verhältnis zwischen Strenge und Nachgiebigkeit: „Rechtliche Verantwortung als ein Mechanismus, der das Funktionieren des Gesetzes garantiert, ist ein unverzichtbarer Baustein des Rechtsstaates." (Zhang Wenxian 2001 S. 101) Die Rechtsordnung eines Landes kennt neben der Verfassung, dem Organisationsgesetz und dem Berechtigungsgesetz prinzipiell immer weitere Regelungen zu rechtlichen Verantwortlichkeiten. Die „Allgemeine Datenschutz-Grundverordnung" der Europäischen Union sieht nicht nur Sanktionsmechanismen wie Geldbußen vor, sondern umfasst auch obligatorische Instrumente wie Verwarnungen und Verweise, bei welchen die höchste Geldstrafe bis zu 20 Millionen Euro oder 4 % des betrieblichen Gewinnes des vergangenen Jahres beträgt. Der Prozess der Festschreibung von rechtlicher Haftung in der Gesetzgebung des Datenrechts ist ein Balanceakt.

Einerseits muss die Kraft der Abschreckung ausreichend groß sein, so steigert das Gesetz durch Erhöhung der Geldstrafen auch die Kosten der Verletzung von Gesetzen und Vorschriften durch Unternehmen. Andererseits darf eine Bestrafung auch nicht willkürlich eingesetzt werden, ansonsten wäre der Schaden für die Entwicklung der digitalen Ökonomie beträchtlich. Gleichzeitig muss die Strenge der gesetzlichen Verantwortung auch mit einer Toleranz in der Strafverfolgung einhergehen. Der chinesische Gelehrte Professor He Yuan plädiert für ein System der Streitbeilegung in der Strafverfolgung, das Compliance-Mechanismen für die Datenschutzbestimmungen durch Unternehmen einrichtet als Voraussetzung für die Einschaltung von Vergleichsverfahren. In dem Abkommen werden Klauseln zur vollständigen Daten-Compliance der Unternehmen eingeführt. Den Unternehmen wird die Möglichkeit gegeben, Reformen umzusetzen, da rechtzeitig Bekanntmachungen in der gesamten Öffentlichkeit abgegeben werden, die einen definierten Testzeitraum für die Einhaltung der Vorschriften vorschreiben.

Konvergenz der Gesetze – die Beziehung zu den internationalen Gesetzen: Internationale Gesetze umfassen internationales öffentliches Recht und internationales Privatrecht und behandeln die Menge der Normen, die in mehr als zwei Ländern Rechtswirkung haben, und die das Verhältnis zwischen den Rechten und Pflichten der Rechtssubjekte regeln. Staatliches Recht hingegen ist der Oberbegriff für die interne Rechtsordnung eines souveränen Staates. Das internationale Recht ist ein System von Regeln und sein korrektiver Radius umfasst praktisch sämtliche Bereiche staatlichen Handelns. Heutzutage etablieren internationales Recht und staatliches Recht gemeinsam die Gesamtheit der Rechtssysteme der menschlichen Gesellschaft. In der Domäne der Legislative zum Datenrecht streben sämtliche Länder im Angesicht der Tendenzen zukünftiger Entwicklungen selbstverständlich nach Konformität und verwahren sich nicht in Abweichungen. Die Bedeutung von Koordinierung und Zusammenarbeit zwischen den Ländern wird zunehmend wichtiger. Bis zu einem gewissen Grad wird es sogar notwendig, Teile der gerichtlichen Hoheit abzutreten. Andernfalls können einzelne Länder, wenn jeder das macht, was er für richtig hält, in ihren datenrechtlichen Regularien und ihrem datenrechtlichen Verhalten durch Transnationalisierung leicht geltende Regeln unterlaufen, was wiederum einen bedenklichen Spielraum für Illegalität öffnen würde.

Es ist deshalb unerlässlich, eine gemeinsame internationale Rechtsgemeinschaft aufzubauen. Aufgrund der engen Beziehung zwischen Recht und Rechtsbewusstsein, den Wertvorstellungen und staatlichen Interessen, erfordert die Globalisierung des Rechts nicht nur eine Konvergenz der rechtlichen Regeln, sondern vielmehr auch eine Konvergenz der Kulturen und Wertvorstellungen. Dementsprechend sollte die Errichtung einer internationalen Rechtsgemeinschaft auf dem gemeinsamen Streben nach Werten und Vertrauen in die Rechtsstaatlichkeit beruhen. Im vernetzten Raum sind Daten die grundlegendsten Elemente und das Datenrecht wird zum elementarsten der Rechte. Der Schutz der nationalen Hoheit über das Datenrecht und der Schutz der persönlichen Rechte der Bürger über ihre Daten sollte zum verbindenden Grundsatz werden. Ausgehend davon lässt sich erwarten, dass das Datenrechtsgesetz zur normativen Grundlage der Governance des globalen Internets wird. Um das Verhalten aller Länder bei der Rechtsetzung im Internet anzuleiten, zu standardisieren und zu reglementieren, sind Rechte und Pflichten in der Verwaltung des vernetzten Raums zu koordinieren.

## Literaturverzeichnis

Xie Fang,《科幻、未来学与未来时代》[Science-Fiction, Futurologie und zukünftige Zeitalter], *Chinese Social Sciences Today,* 2013.1.25. A5.

Zhang Wenshi,《法哲学范畴研究》[Forschung zu Kategorien in der Rechtsphilosophie], *Verlag der Chinesischen Universität für Politikwissenschaft und Recht*, 2001.

Zhu Xinli, Zhou Xuyang,《大数据时代个人数据利用与保护的均衡一"资源准入模式"之提出》[Das Gleichgewicht zwischen der Nutzung und dem Schutz personenbezogener Daten im Zeitalter von Big Data – Vorschlag eines „Ressourcen-Zugangsmodells"], *Journal of Zhejiang University (Edition Geistes- und Sozialwissenschaften)*, 2018, Nr. 1.

KAPITEL 1

# Die Werteorientierung der Gesetzgebung zum Datenrecht

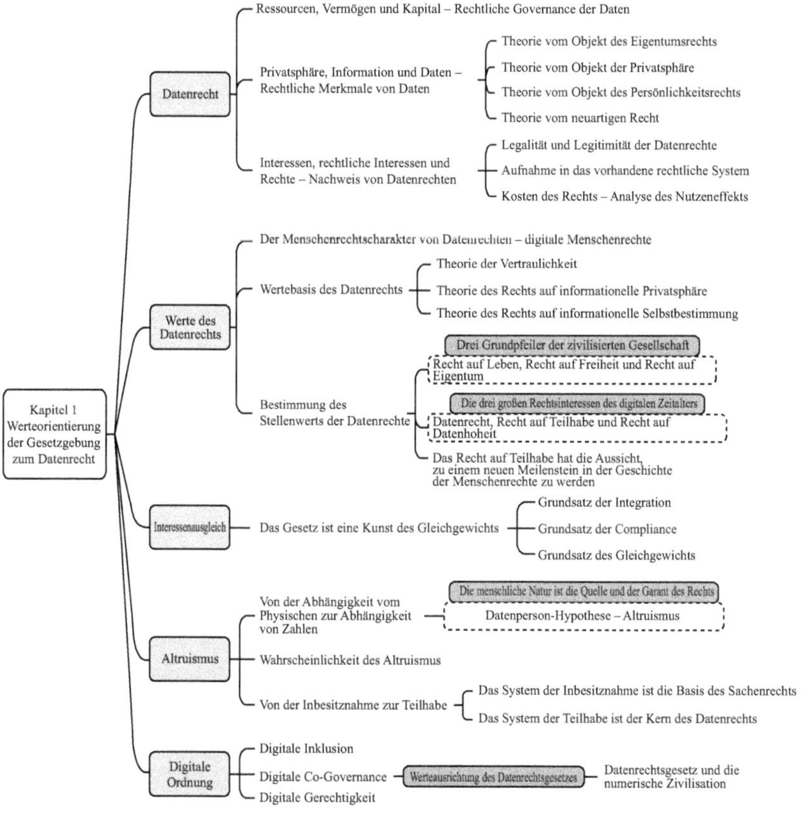

Die menschliche Gesellschaft der heutigen Welt schreitet in Richtung einer Ganzheitlichkeit von Vernetzung, Digitalisierung und Smartifizierung voran, was die regulativen Ansprüche der Gesellschaft, der Nation und der ganzen Welt einem zuvor nie da gewesenen Unsicherheitsfaktor aussetzt. Die weltweite Ausbreitung der neuartigen Atemwegserkrankung COVID-19 führte uns vor Augen, wie abhängig wir von der Regulierung von Wissenschaft und Technik sind. Die Frage, wie die Modernisierung des Systems digitaler Regulierung und die Fähigkeiten der Regulierung gefördert werden können, impliziert eine Reihe juristischer Hypothesen und es ist dringend erforderlich, diese durch wissenschaftliche Studien zu erforschen. Ungewissheit und Gewissheit sind grundlegende Attribute des Rechts. In der Mehrheit der Fälle ist rechtliche Unsicherheit ein neutrales Phänomen.

Erst wenn in irgendeiner Domäne die Unbestimmtheit des Gesetzes den Erkenntnisgewinn und die Praxis schon tief beeinträchtigt hat, wird dies zum Problem (Liu Zegang 2020). Das „Datenrechtsgesetz" als wissenschaftliches Paradigma, als Leitthema einer Epoche und als Forschungsfrage ist die Antwort der Jurisprudenz auf das digitale Zeitalter. Es gibt die Richtung des Diskurses künftiger Wissenschaft und Technik, der künftigen Gesellschaft und des künftigen Rechtsstaates vor. Dieses Gesetz ist das rechtliche Nachvollziehen der Entwicklung der Menschheit vom Industriezeitalter zur digitalen Zivilisation und es ist zu erwarten, dass es zum Innovationsmotor für die Reform des internationalen Systems der Internetregulierung und für die Errichtung einer Schicksalsgemeinschaft des virtuellen Raums wird. Das Avantgardistische der Gesellschaft und das Nachzüglerische des Gesetzes sind ein Widerspruch. Das Gesetz spricht von Festlegung aber Regulieren bedeutet Gewandtheit, also muss man die lebendige Governance heranziehen, um das versteinerte Gesetz auszulegen. Nur dann kann man das halb hinterhereilende Gesetz dazu in Resonanz und Gleichklang bringen.

Aus diesem Grund erscheint die Erforschung der Wertetendenzen und begrifflichen Arbeit des Datenrechts für eine Perfektionierung des Systems der Gesetze des Datenrechts als absolut unabdingbar und dringlich, und muss als die wegbereitende Aufgabe einer zukunftsweisenden

Gesetzgebung zu Datenrechten angesehen werden. Die vornehmliche Aufgabe der Legislative ist nicht die Erstellung eines Systems von Regeln, sondern die Entscheidung für eine Tendenz von Werten. Unternimmt man den Prozess einer Gesetzgebung, dann ist ein Prozess des Entwurfs und der Festlegung von Vorschriften aber ebenso ist es ein Prozess der Ausbalancierung von Werten. Die Gesetzgebung des Datenrechts bildet hier keine Ausnahme. Das Kernproblem der Gesetzgebung zum Datenrecht ist ein Interessenausgleich, seine grundlegende Orientierung ist der Altruismus und sein Ziel ist der Aufbau einer digitalen Ordnung.

## Abschnitt 1 Datenrecht

Ob Daten Rechte oder lediglich Interessen sind, betrifft die Abgrenzung des rechtlichen Wesens der Daten und ob der Bereich ihrer Inhalte oder ob eine Reihenfolge von Bits geschützt werden. Karl Marx hat gesagt: „Das Gesetz sollte die Gesellschaft als Basis nehmen." Die zweite industrielle Revolution (insbesondere der Boom des Journalismus) verlieh dem Konzept der Privatsphäre Vitalität. Die dritte Industrielle Revolution (insbesondere die Entwicklung der Computertechnik) rief die Notwendigkeit eines Schutzes persönlicher Informationen auf den Plan und die Betriebsamkeit von digitaler Wissenschaft und Technik und der digitalen Ökonomie verliehen den digitalen Menschenrechten Leben. Es ist unbestreitbar, dass Daten Rechte verleihen. In diesem Zeitalter der Rechte und unter der Annahme, dass Rechte gleichsam als eine Richtschnur der Legalität anzusehen sind, sind folgerichtig auch Datenrechte zu den kategorischen Eckpfeilern des Datenrechtsgesetzes geworden. „Die Rechtsprechung ist ein Prozess, der Interessen erkennt und sie zum Ausdruck bringt. Möchte man alle möglichen Interessen kalibrieren, so muss man zuerst die Interessen verstehen und kennenlernen" (Guo Daohui 1997 S. 10).

## *(1) Ressourcen, Vermögen und Kapital*

Dass Daten die Eigenschaften von Ressourcen, Vermögen *(Assets)* und Kapital annehmen, ist ein unvermeidlicher Entwicklungstrend von Big Data. „Wir treten gerade in das Zeitalter des Big-Data-Kapitals ein."[1] In der Gesamtheit betrachtet, unterteilt sich die Entwicklung der Werte von Daten in drei Phasen: Die Erste ist die Phase der Daten als Ressourcen, in welcher Daten Ressourcen sind und Aufzeichnungen und Abbildungen der realen Welt angehören. Die Zweite ist die Phase der Daten als Vermögen, in welcher Daten nicht mehr lediglich eine Art Ressource sind, sondern ein Vermögen, welche das Vermögen einzelner Personen oder eines Unternehmens mit ausmachen und eine Grundlage der Wertschöpfung darstellen. Die Dritte ist die Phase des Datenkapitals. Hier gelangt die Besonderheit der Daten als Ressourcen und Vermögen zu neuer Geltung und sie werden, indem sie gehandelt werden und zirkulieren zu Kapital.

Wie Daten zu Ressourcen werden: An den im Zustand von „Rohstoffen" vorliegenden Daten werden erste Arbeiten der Raffinierung ausgeführt, welche Daten von höherer Qualität hervorbringen, die ein Sammeln und Nutzen erlauben. Anders als in der agrarischen und der industriellen Ökonomie liegt die augenfälligste Besonderheit der digitalen Ökonomie darin, dass Daten ihr wichtigster Produktionsfaktor sind. Aber im

1 Guo Yike, Direktor des Institute of Data Science am Imperial College London, fasst die Entwicklung der Datenökonomie in vier Phasen zusammen: Das „Vorgestern"-Stadium der Daten, das Dateninformationsstadium, in dem die Daten lediglich eine Aufzeichnung und ein Maß für die physische Welt waren. Das „Gestern"-Stadium der Daten, d. h. die Phase der Datenprodukte, in der die Daten zur Bereitstellung von Diensten verwendet und zu einer Ressource bzw. zu einem Produkt werden, wodurch eine Reihe von Datenprodukten und -diensten entsteht. Das „Heute" der Daten, also die Phase eines Datenvermögens, in der die Menschen erkannt haben, dass die Definition des Eigentums an Daten diese zu einem Vermögenswert macht, der die Grundlage für die Schaffung von Wohlstand bildet, und in der Daten zu einem wichtigen Teil des Gesamtvermögens einer Person werden. Die „morgige" Phase der Daten: Die Datenkapitalphase beginnt, wenn Datenwerte mit ihrem Wert verknüpft werden, der durch Zirkulation und Handel realisiert und schließlich in Kapital umgewandelt wird.

Unterschied zu den Produktionsfaktoren Arbeit, Boden und Kapital der traditionellen Wirtschaft, haben Daten die Eigenschaften der Erneuerbarkeit, Verschmutzungsfreiheit und Unbegrenztheit. Erneuerbarkeit bedeutet, dass die Ressource der Daten nicht durch eine Ausbeutung der Natur gewonnen, sondern von der Menschheit hervorgebracht wird. Durch eine nachträgliche Bearbeitung werden sie zu einer neuen digitalen Ressource. Verschmutzungsfreiheit verweist darauf, dass im Prozess der Gewinnung und Nutzung von Daten die Umwelt nicht verschmutzt wird. Unbegrenztheit bedeutet, dass Daten im Verlauf ihrer Nutzung nicht weniger, sondern sogar mehr werden. Traditionelle Ressourcen werden verbraucht, aber die Ressource der Daten nimmt an Quantität zu.

Wie Daten zu Vermögenswerten werden *(Assetization)*: Bei der Verbindung von Datenressourcen mit Anwendungsszenarios wird den Daten ein echter Wert verliehen, was eine qualitative Verwandlung bewirkt. Im Laufe der Entwicklung der Datenökonomie stellten die Menschen fest, dass Daten nicht lediglich Ressourcen darstellen, sondern auch die Eigenschaften von Vermögenswerten besitzen. Was wir hier mit Vermögenswerten bezeichnen, verweist auf die aus früheren operativen Transaktionen oder jeglichen Aktivitäten hervorgegangenen, von Unternehmen behaltenen oder kontrollierten Ressourcen, die dem Unternehmen voraussichtlich künftig einen Nutzen bescheren werden. Aus Sicht der Abgrenzung von Vermögenswerten weisen diese die besonderen und grundlegenden Merkmale der Wirklichkeit, Kontrollierbarkeit und Wirtschaftlichkeit auf. Wirklichkeit verweist darauf, dass der Vermögenswert in der Realität bereits vorhanden sein muss, Ereignisse, die noch nicht stattgefunden haben, dürfen nicht als Vermögenswerte eingestuft werden.

Kontrollierbarkeit meint, dass Unternehmen das Eigentumsrecht oder das Recht der Kontrolle über Vermögenswerte innehaben. Wirtschaftlichkeit bezieht sich auf die Erwartung, dass Vermögenswerte künftig für das Unternehmen von Nutzen sein werden. Zusammengenommen bedeuten die Besonderheiten von Vermögenswerten, dass Daten-Assets gleich von Unternehmen durch operative Aktivitäten hervorgebrachte Daten sind, die im gesamten Prozess ihrer Erzeugung und Nutzung im Eigentum oder unter der Kontrolle des Unternehmens verbleiben und quantifizierbar sind sowie absehbar für das Unternehmen von Nutzen sein werden. Die Realisierung von Daten ist kontrollierbar, quantifizierbar und in ihren Attributen wandelbar und der Prozess, in dem Daten ihre Werte materialisieren ist eben der Prozess, in dem sie zu Vermögenswerten werden.

Wie Daten zu Kapital werden: Durch Handel und Zirkulation von Daten manifestieren Daten einen Prozess der Vergesellschaftung. Die vom Magazin Technology Review und der Firma Oracle gemeinsam herausgegebene Veröffentlichung „The Rise of Data Capital" zeigt auf, wie Daten bereits zu einer Art von Kapital geworden sind, das dem finanziellen Kapital gleicht und neue Produkte und Dienstleistungen hervorbringen kann. Im Unterschied zu realem Kapital hat jedoch das Datenkapital die Besonderheiten, dass es nicht dem Wettbewerb unterliegt und nicht substituierbar ist. Keinem Wettbewerb zu unterliegen meint hier, dass reales Kapital nicht von mehreren Personen gleichzeitig genutzt werden kann, wohingegen Datenkapital über das Merkmal der Kopierbarkeit verfügt, was seine Anwendungsmöglichkeiten grenzenlos vervielfältigt.

Die Eigenschaft, nicht substituierbar zu sein, verweist auf die Austauschbarkeit. Man kann ein Barrel Öl nehmen und es durch ein anderes Barrel Öl ersetzen, was aber mit Datenkapital nicht möglich ist, da verschiedene Daten unterschiedliche Informationen enthalten, womit auch die enthaltenen Werte ungleich sind. Im Prozess der Kapitalwerdung von Daten werden die Werte und Verwertungsnutzen von Datenvermögen in Anteile (Aktien) oder Prozentsätze von Kapitaleinlagen konvertiert und die Daten werden durch den Handel mit ihnen zu Kapital. Mit anderen Worten manifestiert sich der Wert von Daten als Kapital erst in dem Moment, wo diese Daten zirkulieren. Diese wirft sogleich eine Frage von immenser Bedeutung auf, nämlich die nach den Eigentumsrechten von Daten. Erst wenn der Status der Eigentumsrechte an den Daten geklärt ist, können Datentransaktionen die Basis für eine reibungslose Entwicklung sein (Zhang Li 2019 S. 6–8).

Die heutige Welle der Globalisierung, welche auch als „Hyper-Globalisierung" bezeichnet wird, unterscheidet sich von der Globalisierung der Zeit vor den 1980er-Jahren. Die Globalisierung, die vom Ende des Zweiten Weltkrieges bis in die 1980er-Jahre verlief, war eine Globalisierung der Vorherrschaft eines Wirtschaftssystems, während die jetzige eine Globalisierung ist, in welcher sich die Produktionsfaktoren in der ganzen Welt verteilen. Digitale Technologie und digitale Ökonomie sind bereits im weltweiten Maßstab Austragungsorte eines globalen Wettbewerbs geworden. Die digitale Revolution und der smarte Wandel riefen gerade bei den zentralen Produktionsfaktoren Neuerungen hervor, Daten, Algorithmen, Rechenleistung und weitere digitale Ressourcen wurden zu strategischen Faktoren. „Wenn das Gesetz adäquat auf seine Zeit eingestellt ist, resultiert gute Herrschaft. Wenn die Herrschaft angemessen zum Zeitalter ist, resultiert großes Gelingen."[2]

In einer Zeit, wenn Daten zum Produktionsfaktor werden, muss die Gesetzgebung Schritt halten, indem sie die Daten ebenso schützt wie Boden, Arbeit, Kapital, Technologie und Wissen. Dem rechtlichen Status von Daten als Produktionsfaktoren den ihnen zustehenden Schutz anheimzugeben, ist eine der drängendsten Aufgaben unserer Zeit. Daten besitzen objektiv gesprochen Gemeinsamkeiten mit sämtlichen an der Verteilung beteiligten Produktionsmitteln und dem Einzelnen sollten basierend auf dem Eigentumsrecht über seine Daten entsprechende Verfügungs- und Nutzungsrechte zugestanden werden. Und unsere rechtlichen Kenntnisse über diese neue Form von Produktionsfaktoren, für die gerade ein Markt entsteht, befinden sich noch im Stadium der Sondierung und die Abgrenzung von Dateneigentum, Marktallokation, Nutzenverteilung und Art und Weise des Schutzes bleiben nach wie vor Fragen, die auf eine Untersuchung warten.

### *(2) Privatsphäre, Information und Daten*

Die „Internationale Menschenrechtskonvention" der Vereinten Nationen hat im Jahr 1968 den „Schutz von Dokumenten" (Datenschutz) als Konzept hervorgehoben und jenes Jahr wird auch als Gründungsjahr der „Datenrevolution" angesehen. In der Folge übernahmen auch die Gesetzgebungen zahlreicher weiterer Länder die Konzepte von persönlichen Dokumenten oder persönlichen Daten. In der akademischen Welt ist die

2 Nach Han Fei, geb. um 280 v. Chr. Legalistischer Denker aus der Zeit der Streitenden Reiche. (Anm. d. Ü.).

Ansicht verbreitet, das „Hessische Datenschutzgesetz" aus dem Deutschland des Jahres 1970 das weltweit erste spezifisch den personenbezogenen Daten gewidmete Gesetz sei. Das schwedische „Datengesetz" von 1973 ist das erste landesweite Gesetz zum Schutz persönlicher Daten und die „Allgemeine Datenschutz-Grundverordnung" der Europäischen Union aus dem Jahr 2018 gilt als die strengste Gesetzgebung zum Datenschutz der Geschichte.

Dieser gedankliche Sprössling erwuchs einer Erörterung der hessischen Landesgesetzgebung in Deutschland und weniger als 50 Jahre später war er über unzählige Länder und Regionen auf der ganzen Welt verteilt. Seit den 70er-Jahren des Zwanzigsten Jahrhunderts haben die Organisation für wirtschaftliche Zusammenarbeit und Entwicklung (OECD), die Asiatisch-Pazifische Wirtschaftsgemeinschaft (APEC) und die Europäische Union (EU) entsprechende Regeln, Richtlinien und Verordnungen zum Schutz personenbezogener Informationen erlassen, womit mehr als 140 Länder und Regionen Gesetze zum Schutz personenbezogener Informationen erlassen haben. Obwohl die Bezeichnungen in den Gesetzgebungen alles andere als einheitlich sind, so lassen sich doch drei Bereiche erkennen:

Persönliche Privatsphäre *(personal privacy)*, personenbezogene Information *(personal information)* und personenbezogene Daten *(personal data)*[3]. Die begrifflichen Beziehungen dieser drei sind ein zur Unkenntlichkeit verflochtener gordischer Knoten und wer sie lösen kann, darf sich »König von Asien« nennen. Die gesetzgebenden, strafverfolgenden und theoretischen Kreise im In- und Ausland haben bei der Verwendung dieser drei Begriffe für eine gewisse Verwirrung gesorgt und insbesondere die Theoretiker haben hier beträchtliche Willkür an den Tag gelegt. Deshalb besteht die besondere Notwendigkeit, zwischen diesen benachbarten Begriffen deutlich zu unterscheiden, wenn man entsprechende Rechtsbehelfe formuliert, da sonst die Kosten für eine Einhaltung der Vorschriften unweigerlich steigen würden.

3 Der Verweis auf „personenbezogenes Material" ist hauptsächlich auf die Übersetzung zurückzuführen, da das englische Wort „data" meist mit „Daten" und manchmal mit „Material" übersetzt wird. Daher gehen die Begriffe „personenbezogene Daten" und „personenbezogenes Material" in gewisser Weise ineinander über.

Tabelle 1-1 Definitionen von Privatsphäre und Information in relevanten Ländern und internationalen Organisationen

| | Land / Organisation | Gesetz | Definition |
|---|---|---|---|
| Privatsphäre | China | Zivilgesetzbuch | Privatsphäre ist die Ungestörtheit des privaten Raums, privaten Verhaltens und privater Information im Privatleben einer natürlichen Person, von denen sie nicht möchte, dass sie anderen Menschen bekannt werden. |
| Informationen | China | Zivilgesetzbuch | Personenbezogene Informationen sind jegliche Informationen einer natürlichen Person, die in digitaler oder anderer Weise aufgezeichnet und einzeln oder mit anderen Informationen verknüpft eine bestimmte natürliche Person identifizieren können, einschließlich Name, Geburtsdatum, Ausweisnummer, biometrische Informationen, Adresse, Telefonnummer, E-Mail-Adresse, Gesundheitsinformationen, Informationen zum Aufenthaltsort etc. Solche in den personenbezogenen Daten enthaltenen privaten Informationen fallen in den Geltungsbereich der Richtlinien zum Schutz personenbezogener Informationen. Wo es keine Bestimmungen gibt, finden die Vorschriften zum Schutz personenbezogener Informationen Anwendung. |
| | Japan | Gesetz zum Schutz personenbezogener Information | Personenbezogene Informationen sind Informationen lebender Personen und beziehen sich auf Informationen, mit welchen bestimmte Personen eindeutig identifiziert werden können. |

(*Fortgesetzt*)

Tabelle 1-1 Fortgesetzt

| | Land / Organisation | Gesetz | Definition |
|---|---|---|---|
| | Korea | Gesetz zum Schutz personenbezogener Informationen in öffentlichen Einrichtungen | Personenbezogene Informationen bedeuten Informationen über eine lebende Person, die mit Namen, Ausweisnummer etc. einer bestimmten Person sowie mit Zeichen, Schriften, Tönen, Bildern verknüpft werden können, um eine Person zu identifizieren (einschließlich Informationen, die für sich genommen nicht zur Identifizierung einer bestimmten Person geeignet sind, aber in Kombination mit anderen Informationen zur Identifizierung verwendet werden können). |
| | Kanada | Gesetz zum Schutz personenbezogener Information und digitaler Dokumente | Personenbezogene Informationen sind Informationen, die in Zusammenhang mit identifizierbaren einzelnen Personen stehen. |
| | Australien | Föderales Gesetz zur Privatsphäre | Personenbezogene Informationen sind Informationen oder Bewertungen einzelner Personen, die bereits eindeutig einer Person zugeordnet sind oder sich plausibel einer Identität zuweisen lassen (einschließlich Informationen oder Bewertungen, die Teil einer Datenbank sind) unabhängig davon, ob sie zutreffend sind und unabhängig, in welchem Format sie aufgezeichnet wurden. |

| | | | |
|---|---|---|---|
| Daten | Indien | Gesetz zum Schutz personenbezogener Daten | Personenbezogene Daten bedeuten Daten, gleich ob online oder offline und unter Berücksichtigung jeglicher Merkmale, spezifischer Eigenschaften und Attribute der Identität und aller Besonderheiten einer natürlichen Person, sowie sämtliche Informationen, die sich dergestalt mit jedweder anderen Informationen verknüpfen lassen, und mit denen sich direkt oder indirekt die mit einer natürlichen Person verbundenen Daten identifizieren lassen. Und sie umfassen sämtliche zum Zweck der Profilerstellung geschlossenen Folgerungen, welche aus diesen Informationen gezogen werden. |
| | Brasilien | Allgemeingültiges Datenschutzgesetz | Informationen in Verbindung zu einer natürlichen Person, die bereits zu deren Identifikation beigetragen haben oder beitragen können. |
| | Europa | Allgemeine Datenschutz-Grundverordnung | Personenbezogene Daten sind sämtliche Informationen (insbesondere Daten) einer natürlichen Person, die damit bereits identifiziert ist oder identifiziert werden kann. Identifizierbare natürliche Personen bedeuten natürliche Personen, die durch ein wesentliches identifizierendes Element identifiziert werden können, insbesondere durch identifizierende Daten wie Name, Ausweisnummer, Standortdaten, Online-Identität etc. oder durch ein oder mehrere Elemente der physischen, physiologischen, genetischen, psychologischen, wirtschaftlichen, kulturellen oder sozialen Identität der natürlichen Person. |
| | Singapur | Gesetz zum Schutz personenbezogener Daten | Personenbezogene Daten beziehen sich, egal ob sie zutreffend sind oder nicht, auf in Verbindung zu identifizierbaren Personen stehende Daten: Anhand dieser Daten können Einzelpersonen identifiziert werden; anhand dieser Daten können zusätzlich Informationen erlangt werden, die eine Identifizierung von Einzelpersonen zulassen. |

*(Fortgesetzt)*

Tabelle 1-1 Fortgesetzt

| | | | |
|---|---|---|---|
| | England | Datenschutzgesetz | Personenbezogene Daten beziehen sich auf Daten, die mit bereits identifizierten und lebenden Personen in Verbindung stehen: Anhand dieser Daten können Einzelpersonen identifiziert werden, oder mit diesen Daten können Personen die auf diese Daten Zugriff haben weitere Informationen erlangen, welche die Identifizierung einer einzelnen Person zulassen. |
| | Frankreich | Gesetz zur Datenverarbeitung, digitalen Dokumenten und persönlicher Freiheit | Personenbezogene Daten beziehen sich auf jegliche Informationen, anhand derer sich natürliche Personen anhand eines oder mehrerer besonderer Merkmale oder einzelner unterteilter Merkmale indirekt identifizieren lassen. |
| | Deutschland | Bundesdatenschutz-gesetz | Personenbezogene Daten bedeuten jegliche mit einer bereits identifizierten oder durch sie identifizierbaren Person in Verbindung stehende private Informationen oder Informationen eines spezifischen Status. |
| | | Hessisches Datenschutzgesetz | Personenbezogene Daten sind mit einer identifizierten oder durch sie identifizierbaren natürlichen Person in Verbindung stehende private Informationen oder Informationen eines sachlichen Status. |

Quelle: Aus öffentlichen Daten zusammengestellt.

Die Beziehung zwischen personenbezogenen Informationen und Privatsphäre: Der Schutz der Privatsphäre wurde in der zweiten Industriellen Revolution geboren und der Schutz personenbezogener Daten ist ein Ergebnis der dritten Industriellen Revolution. Zwischen diesen beiden gibt es weder eine Teil-Ganzes-Beziehung, noch gibt es zwischen ihnen Überschneidungen. In ihren Inhalten und deren Konnotationen, ihrer Wertebasis, dem Grundprinzip ihres Schutzes, der Systematik der Befugnisse und der Haftung bei Delikten sowie in weiteren Punkten bestehen Unterschiede. Im chinesischen Zivilrecht wird das Recht auf Privatsphäre nicht nur als eigenständiges Persönlichkeitsrecht bestätigt und die Interessen der Bürger an ihrer Privatsphäre direkt geschützt, sondern es wird auch zwischen Privatsphäre und personenbezogenen Informationen unterschieden.

Zunächst wird bereits im Titel des sechsten Kapitels im Gesetzband der Persönlichkeitsrechte klar zwischen dem „Recht auf Privatsphäre" und „personenbezogenen Informationen" im Sinne zweier unterschiedlicher Begriffe unterschieden. Im Weiteren wird hier eine klare Definition des „Rechts auf Privatsphäre" gegeben, welche deutlich umrissen ist: Privatsphäre ist die Ungestörtheit des privaten Raums, privaten Verhaltens und privater Information[4] im Privatleben einer natürlichen Person, von denen diese Person nicht möchte, dass sie anderen Menschen bekannt werden. Anders gesagt, können auch in den personenbezogenen Informationen potenziell private Informationen enthalten sein, die man vor anderen geheim halten möchte. Zuletzt wird noch näher darauf eingegangen, wie das Verhältnis zwischen „personenbezogenen Informationen" und „Privatsphäre" aus rechtlicher Sicht zu behandeln ist. Hier wird deutlich

4 „Privatsphäre ist ein Menschenrecht" entsprechend dem Artikel 12 der 1948 von den Vereinten Nationen deklarierten „Allgemeinen Erklärung der Menschenrechte" (UDHR) wird festgelegt: „In das private Leben, die Familie, die Wohnung und die Korrespondenz jedes Menschen darf nicht eingegriffen werden, ihre Würde und ihr Ansehen sind unantastbar. Alle Menschen genießen rechtlichen Schutz, um sich solcher Eingriffe oder Angriffe zu erwehren." Dieser Artikel gilt als direkte Grundlage für den Schutz des Rechts auf Privatsphäre und wurde im gleichen Wortlaut in den 17. Artikel des „Internationalen Pakts über zivile und politische Rechte" (ICCPR) als Richtlinie aufgenommen.

Im ersten Kapitel der Datenschutz-Grundverordnung der Europäischen Union (DSGVO) wird gesagt: „Diese Verordnung enthält Richtlinien über die Grundsätze nach denen natürliche Personen geschützt werden und die Grundsätze nach denen personenbezogene Daten frei zirkulieren dürfen, wenn personenbezogene Daten verarbeitet werden." Was das Prinzip des Schützens betrifft, so besitzt der Schutz personenbezogener Informationen eigene Besonderheiten und der Schutz der Privatsphäre konzentriert sich nur auf Besitz und Vertraulichkeit von Informationen. Im Jahr 1980 haben die „Empfohlenen Prinzipien zum Schutz von Dokumenten" der Organisation für wirtschaftliche Zusammenarbeit und Entwicklung (OECD) Grundsätze für die Sammlungsbeschränkung, Datenqualität, Zweckgebundenheit, Nutzungsbeschränkung, Sicherheitsgarantien, Veröffentlichung, persönliche Partizipation sowie für Haftung festgelegt.

Artikel 41 des „Gesetzes für Internetsicherheit der Volksrepublik China" (im Folgenden Internetsicherheitsgesetz genannt) sieht vor: „Das Sammeln und die Nutzung personenbezogener Informationen muss die Grundsätze der Legitimität, Legalität und Notwendigkeit befolgen." Was die Reichweite der Befugnisse betrifft, so umfasst das Recht auf personenbezogene Informationen nicht nur passive Rechte, sondern auch aktive Befugnisse, wie sie im Recht auf Schutz der Privatsphäre nicht enthalten sind, wie das Recht auf Auskunft, das Recht auf Berichtigung und das Recht auf Löschung sowie weitere Befugnisse. Mit Blick auf die Beurteilung von Rechtsverletzungen setzt die Haftung für die Verletzung des Rechts auf Privatsphäre die Verletzung von Rechten voraus, aber das Recht auf personenbezogene Informationen stellt auf die Verletzung der Vorschriften zum Schutz personenbezogener Informationen ab. In der Art und Weise der Haftung sieht eine Verletzung von Rechten auf personenbezogene Informationen nicht nur eine zivilrechtliche Verantwortung vor, sondern zieht häufig auch verwaltungs- und strafrechtliche Haftung nach sich (He Yuan 2020 S. 50).

Tabelle 1-2 Kategorien personenbezogener Informationen im chinesischen Rechtsraum

| Quelle der Norm | Liste der Bestandteile |
|---|---|
| Zivilgesetzbuch Artikel 1034 Absatz 2 | Namen, Geburtsdatum, Ausweisnummer, biometrische Informationen, Wohnadresse, Telefonnummer, E-Mail-Adresse, Gesundheitsinformationen und Aufenthaltsort natürlicher Personen |
| Internetsicherheitsgesetz Artikel 76 | Beinhaltet aber ist nicht begrenzt auf Namen, Geburtsdatum, Ausweisnummer, biometrische Informationen, Wohnadresse, Telefonnummer etc. |
| Richtlinien zum Schutz personenbezogener Informationen von Benutzern in Telekommunikation und Internet, Artikel 4 | Namen, Geburtsdatum, Ausweisnummer, Wohnadresse, Telefonnummer, Kontonummer und Passwort, etc. |
| Mehrere Richtlinien des Obersten Volksgerichts zur Anwendung des Rechts in Anhörungen bei zivilrechtlichen Streitigkeiten über Verletzungen persönlicher Rechte und Interessen unter Verwendung von Informationsnetzwerken, Artikel 12 | Grundlegende Informationen, Krankengeschichte, Material gesundheitlicher Untersuchungen, Führungszeugnis, Wohnadresse, private Aktivitäten etc. |
| Auslegung einiger Fragen durch das Oberste Volksgericht und die Oberste Staatsanwaltschaft zur rechtlichen Vorgehensweise bei der Behandlung von Strafsachen im Zusammenhang mit der Verletzung personenbezogener Informationen von Bürgern, Artikel 1 | Name, Ausweisnummer, Kontaktdetails Telekommunikation, Wohnadresse, Kontonummer und Passwort, Erwerbsstatus, Aufenthaltsort und -verlauf etc. |
| Sitzungsbericht der Nationalen Arbeitskonferenz zur Verhandlung von Zivilprozessen 2015, Punkt 20 | Netzwerkbenutzer-Zugangskonto und Passwort, Portadressen, On- und Offlinezeiten, tägliches Netzwerkbrowserprotokoll, Webadressen, Historie der Suchbegriffe, Realnamen, Beruf, Wohnadresse, Familienstatus, Fingerabdrücke, Stimmsample, Video etc. |

(*Fortgesetzt*)

Tabelle 1-2 Fortgesetzt

| Quelle der Norm | Liste der Bestandteile |
|---|---|
| Informationssicherheitstechnik und der Umfang der Sicherheit personenbezogener Informationen, Artikel 3, Absatz 1 | Name, Geburtsdatum, Ausweisnummer, Daten zur personenbezogenen Biometrie, Meldeadresse, Kontaktdaten postalisch und Telekommunikation, Kontenpasswörter, Vermögensinformationen, Kreditwürdigkeit, Verlauf des Aufenthaltsortes, Gesundheitsinformationen, Transaktionen etc. |

Quelle: Aus öffentlichen Daten zusammengestellt.

Die Beziehung zwischen personenbezogenen Informationen und Daten: Es ist eine Tatsache, dass nicht jegliche Daten auch Informationswert besitzen, ebenso wie auch nicht jegliche Informationen Daten sind. Informationen sind Inhalte, die in Daten abgebildet werden. Daten sind eine Art und Weise, wie Informationen zum Ausdruck kommen (Xie Yuanyang 2015). In der vernetzten Welt haben personenbezogene Daten und personenbezogene Informationen sehr große Überschneidungsbereiche. Im Normalfall sind personenbezogene Daten gleich personenbezogenen Informationen und personenbezogene Informationen üblicherweise gleich personenbezogenen Daten. Aber streng logisch betrachtet, ist die Überschneidung zwischen personenbezogenen Daten und Informationen zwar der „Normalfall", hat aber nicht in allen Fällen Gültigkeit (Zhou Sijia 2020). Rechte über Daten und Rechte über Informationen können nicht gleichgesetzt werden, denn die beiden unterscheiden sich nach ihren Subjekten, Objekten, ihrem Wesen und ihren Inhalten.

In den letzten Jahren wurden etappenweise Forderungen nach neuartigen Interessen und Rechtsansprüchen in Bezug auf Daten laut, als unterschiedliche Interessensubjekte eine Reform des Rechtssystems zum Schutz von Daten postulierten. Die rechtlichen Merkmale von Daten sind zugleich die Quelle des Rechts auf Datenschutz und spielen in der Gestaltung des Systems zum Datenschutz eine wichtige Rolle, ja, sie betreffen alle

Aspekte des Entwurfes eines Datenschutzsystems. Bei all der Vielstimmigkeit akademischer Meinungen zu diesem Thema ist noch keine Einigung in Sicht, aber es gibt schon eine Reihe von Mainstream-Richtungen: die „Theorie vom Objekt des Eigentumsrechts", die „Theorie vom Objekt der Privatsphäre", die „Theorie vom Objekt des Persönlichkeitsrechts", die „Theorie vom Objekt des Vermögensrechts" und die „Theorie vom neuartigen Recht". Mit dem Voranschreiten von Digitalisierung, Vernetzung und Smartifizierung betonen mehr und mehr Forscher die einzigartige Stellung des Datenrechts als eine von Persönlichkeitsrechten und Vermögensrechten unterschiedene neue Rechtsform, welche sowohl Vermögensinteressen als auch Persönlichkeitsinteressen besitzt.

Die Theorie vom Objekt des Eigentumsrechts geht davon aus, dass personenbezogene Daten eine Art von Vermögensinteressen sind, und das Subjekt der Daten wird als Eigentümer gesehen, dessen personenbezogene Daten durch den Modus des Eigentumsrechts geschützt sind. Die Theorie vom Objekt des Rechts auf Privatsphäre betont, dass personenbezogene Daten unter die Privatsphäre fallen und eine Art von Privatsphäreninteresse darstellen. Eine Verletzung des Rechts auf personenbezogene Daten wird mit einer Verletzung der Privatsphäre gleichgesetzt, und die Gesetzgebung zum Schutz personenbezogener Daten sollte sich des Modells vom Schutz der Privatsphäre bedienen, ein Modell, welches in den Vereinigten Staaten gebräuchlich ist. Die Theorie vom Objekt der Persönlichkeitsrechte besagt, dass personenbezogene Daten nicht in den Bereich der Privatsphäre fallen. Das persönliche Interesse, welches darin zum Ausdruck komme, sei ein Teil der Menschenwürde, deshalb sei es wie eine Art allgemeines Persönlichkeitsrecht zu behandeln. Personenbezogene Daten sollten demnach durch ein Modell der Persönlichkeitsrechte geschützt werden, eine Sichtweise, die typischerweise in Deutschland vertreten wird.

Einige Juristen haben sich in letzter Zeit dafür ausgesprochen, einen eigenen Status für Datenrechte zu etablieren. Dieser sei ein neuartiger Typ von Rechten ungleich den Eigentumsrechten und Persönlichkeitsrechten, der nicht nur Vermögensinteressen, sondern auch Persönlichkeitsinteressen aufweise, und der mit einer neuartigen Rechtstheorie geschützt werden müsse. Wie dem auch sei, es besteht bereits ein Konsens darüber, dass personenbezogene Daten sowohl Eigentums- als auch Persönlichkeitsinteressen aufweisen. Die Theorie vom Objekt des Eigentumsrechts kann beim Schutz der Vermögensinteressen an personenbezogenen Daten einen wichtigen Nutzen zur Geltung bringen, aber hinsichtlich der Persönlichkeitsinteressen ist sie offenkundig unzureichend. Hierzu im Gegensatz können die Theorie vom Objekt der Privatsphäre und die Theorie vom Objekt der Persönlichkeitsrechte einen relativ guten Schutz für die Persönlichkeitsinteressen personenbezogener Daten gewährleisten, können andererseits aber wenig zum Schutz der Vermögensinteressen ausrichten (Wang Dongsheng 2019 S. 53). Aus diesen Erwägungen, und um einen Ausgleich zwischen dem Schutz von Vermögensinteressen und dem Schutz der Persönlichkeitsrechte zu erzielen, befürworten wir die Theorie vom neuartigen Recht und halten es für angemessen, das Recht auf personenbezogene Daten als einen neuartigen Typ von Rechten aufzufassen. Die Frage, ob Daten nun eigentlich Rechte oder Interessen darstellen, bleibt unterdessen höchst umstritten.

### *(3) Interessen, juristische Interessen und Rechte*

Interessen, juristische Interessen[6] und Rechte sind die Zutaten, aus denen sich das zivilrechtliche Rechtssystem zusammensetzt und unter einer Voraussetzung kann zwischen diesen dreien konvertiert werden. Juristische Interessen und Rechte beinhalten jeweils Elemente von Interessen und sind ein Mittel der Realisierung von Interessen. Interessen sind eine Eigenschaft und ein Eckpfeiler von Rechten, sie sind Ausgangspunkt und Prüfstein von Rechten. Rechte sind die Systematisierung von legalen Interessen. Gerechtigkeit ist der Kern des Rechts und sie ist die Brücke, über welche die Interessen zu den Rechten übergehen (Peng Chengxin 2004). Quantitativ sind die Interessen am zahlreichsten, dann folgen die juristischen Interessen und am seltensten sind die Rechte (Li Yan 2008). In einem Fall zum Thema eines „Rechts auf Küssen“ urteilte das Gericht,

6 Man unterscheidet zwischen dem weiten Rechtsschutzinteresse, das sich auf alle gesetzlich geschützten Interessen bezieht, und dem engen Rechtsschutzinteresse, zu dem auch Rechte gezählt werden. Die engere Bedeutung des Begriffs bezieht sich nur auf Interessen außerhalb der Rechte, die gesetzlich geschützt sind, und ist ein Konzept, das den Rechten entspricht.

„alle Rechte müssen eine gesetzliche Grundlage haben [...] Interessen sind nicht das gleiche wie Rechte [...] Interessen können keineswegs sämtlich gesetzlich eingefordert werden [...] in den bestehenden Gesetzen und Verwaltungsvorschriften Chinas gibt es keine Bestimmung zu einem Recht auf Küssen, daher ist der Vorschlag des Rechts auf Küssen gesetzlich unbegründet."[7]

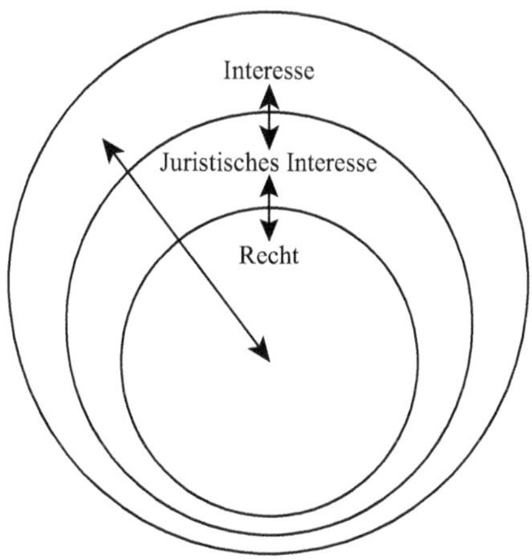


Abbildung 1-1 Systematik der Interessen, juristischen Interessen und Rechte (Li Yan 2008).

Die „Allgemeinen Bestimmungen zum Zivilrecht" besagen in Artikel 111, dass „die personenbezogenen Informationen natürlicher Personen gesetzlichen Schutz genießen". Dies ist die erste Erwähnung eines Schutzes personenbezogener Informationen im chinesischen Zivilrecht (vgl. Abbildung 1-3). Artikel 127 legt fest: „Schreibt das Gesetz den Schutz von Daten und virtuellem Netzeigentum vor, so soll in Übereinstimmung mit diesen Bestimmungen verfahren werden." Zum ersten Mal dringen die Daten in den Geltungsbereich des zivilrechtlichen Schutzes vor. Dies stellt eine Art

7 Tao Liping gegen Wu Xi, Unfall im Straßenverkehr und Schadensersatz nach Personenschaden, Zivilurteil des Volksgerichts der Stadt Guanghan, Provinz Sichuan (2001) Guanghan Min Chu Zi Nr. 832.

formeller Anerkennung der Daten als gesetzliche Rechte dar. Betrachtet man diesen Artikel auf der buchstäblichen Ebene, so weicht er dem Problem der Rechtmäßigkeit der Daten aus, aber da dieser Artikel sich im Kapitel über „Bürgerrechte" befindet, kann durch Analyse der Logik der Reihung von Artikeln und ihren konkreten Inhalten die Folgerung abgeleitet werden, dass die Daten ein Objekt der Bürgerrechte darstellen.

Die „Allgemeinen Bestimmungen zum Zivilrecht" geben umfassend und gewissenhaft über die juristischen Merkmale von Daten, Instrumente des Schutzes, Modalitäten ihrer Nutzung und weitere noch zu klärende Fragen Auskunft, sie sind eine allgemeine Bestimmung von Richtlinien. Aber gerade durch diese Richtlinien wurde der Vorhang für die gesetzgeberische Umsetzung einer Rechtmäßigkeit von Daten geöffnet. Das Zivilgesetzbuch der Volksrepublik China (im Folgenden vereinfacht „Zivilgesetzbuch" genannt) behält die drei Begriffe der Privatsphäre, der persönlichen Informationen und der Daten, wie sie in den Allgemeinen Bestimmungen des Zivilrechts dargelegt sind, unverändert bei, was bereits den grundlegenden Rahmen für ein Nebeneinanderbestehen des Rechts auf Privatsphäre, des Rechts auf Informationen und des Rechts auf Daten geschaffen hat und es bietet somit eine Rechtsgrundlage für eine separate Gesetzgebung, die den Schutz personenbezogener Informationen im Detail regelt. Diese lässt zugleich auch Raum für spezifische Rechtsvorschriften über Daten.

Tabelle 1-3 Die verschiedenen Auslegungen des Begriffs „personenbezogene Informationen“ nach Artikel 111 der „Allgemeinen Grundsätze des Zivilrechts“

| Lehrmeinungen | Auslegungen |
| --- | --- |
| Theorie der juristischen Interessen | Die von Professor Wang Liming herausgegebene „Detaillierte Erläuterung der Allgemeinen Grundsätze des Zivilrechts der Volksrepublik China“ geht davon aus, dass „dieser Artikel lediglich bestimmt, dass personenbezogene Informationen gesetzlich geschützt werden sollten, greift dabei jedoch nicht auf eine Darstellung des Rechts auf personenbezogene Informationen zurück und bringt zum Ausdruck, dass die Allgemeinen Grundsätze des Zivilrechts personenbezogene Informationen nicht als spezifisches Persönlichkeitsrecht betrachten, aber dass dieser Artikel dennoch eine Rechtsgrundlage für den Schutz personenbezogener Informationen natürlicher Personen bietet.“ |
| | Die von Professor Long Weiqiu und Liu Baoyu herausgegebenen „Leitlinien zur Auslegung und Anwendung der Allgemeinen Grundsätze des Zivilrechts der Volksrepublik China“ sind der folgenden Ansicht: „Der zweite Entwurf hat damit begonnen, Fragen nach den personenbezogenen Informationen aufzunehmen aber in Anbetracht der Komplexität der personenbezogenen Informationen, ist es nicht möglich, ihren Schutz in Form eines reinen Bürgerrechts, insbesondere einer Art Persönlichkeitsrecht hinzuzufügen. Stattdessen stellt es lapidar fest, dass personenbezogene Informationen gesetzlich geschützt sind, was für die Zukunft der personenbezogenen Informationen und deren Interessen- und Vermögenswerdung und damit für die Zukunft der Entwicklung einer Datenwirtschaft bereits einen gewissen Auslegungsspielraum bereithält.“ |
| Umfeld der Theorie der Persönlichkeitsrechte | Der von Professor Su Chen herausgegebene „Kommentar zu den Allgemeinen Bestimmungen des Zivilrechts“ geht davon aus, dass „neben dem Recht auf Privatsphäre auch festgelegt wird, dass natürliche Personen hinsichtlich ihrer personenbezogenen Informationen Bürgerrechte genießen, was zu einem gewissen Grad ein Recht auf personenbezogene Informationen verdeutlicht. Auch wenn dieser Artikel nicht direkt festlegt, dass natürliche Personen ein Recht auf personenbezogene Informationen haben, so beinhaltet dieser Artikel doch mit Hinblick auf natürliche Personen das Versprechen einer zivilrechtlichen Regelung.“ |

(*Fortgesetzt*)

Tabelle 1-3 Fortgesetzt

| Lehrmeinungen | Auslegungen |
| --- | --- |
| | Professor Zhang Xinbao berichtet in der „Auslegung der Allgemeinen Grundsätze des Zivilrechts der Volksrepublik China", dass „die Rechtskommission nach Recherchen zu dem Schluss kam, das Recht auf personenbezogene Informationen sei in der modernen Informationsgesellschaft ein wichtiges Recht und erklärt, dass der Schutz personenbezogener Informationen von praktischer Bedeutung sei, um die Würde der Bürger zu schützen, sie vor unrechtmäßigen Eingriffen zu bewahren und die Aufrechterhaltung der gesellschaftlichen Ordnung zu gewährleisten." |
| Theorie der Persönlichkeitsrechte | Der von Professor Yang Lixin herausgegebene „Leitfaden zu den Allgemeinen Grundsätze des Zivilrechts der Volksrepublik China und die Erklärungen von Rechtsfällen" glauben, dass „dieser Artikel davon ausgeht, dass natürliche Personen ein Recht auf personenbezogene Informationen haben und er enthalte die Bestimmung, dass das Recht auf personenbezogene Informationen von den Verpflichteten nicht verletzt werden darf." |
| Einstellungen der Legislative | Die von Li Shishi herausgegebene „Interpretation der Allgemeinen Grundsätze des Zivilrechts der Volksrepublik China" geht davon aus, dass „dieser Artikel die Verpflichtung anderer Subjekte des Zivilrechts festlegt, die personenbezogenen Informationen natürlicher Personen zu schützen." und „wer die Pflicht zum Schutz personenbezogener Informationen verletzt, zivilrechtlich, verwaltungsrechtlich und sogar strafrechtlich zur Verantwortung gezogen werden müsse." |
| | Die von Zhang Rongxun herausgegebenen „Erklärungen zu den Allgemeinen Grundsätzen des Zivilrechts der Volksrepublik China" vertreten die Meinung, das Recht auf personenbezogene Informationen sei in der modernen Informationsgesellschaft ein wichtiges Recht und erklären, dass der Schutz personenbezogener Informationen von praktischer Bedeutung ist, um die Würde der Bürger zu schützen, sie vor unrechtmäßigen Eingriffen zu bewahren und die Aufrechterhaltung der sozialen Ordnung zu gewährleisten. |

Quelle: Aus öffentlichen Daten zusammengestellt.

Die heutige Welt betritt gerade das digitale Zeitalter – physischer und digitaler Raum werden eins. Das Internet, Big Data, das Internet der Dinge, Blockchain, künstliche Intelligenz etc. stehen als Wahrzeichen für dieses Zeitalter und das Leben, die Existenz und das Schicksal der Menschheit hängen in hohem Maße von digitalen Technologien ab. Das Sehnen der Menschen nach einem schöneren Leben kommt im weitesten Sinn durch den Bedarf an digitaler Wissenschaft und Technik zum Ausdruck. Der Bericht zur Entwicklung des Internets der Volksrepublik China 2020 zeigt an, dass die Anzahl der mobilen Internetnutzer in China bereits 1,319 Milliarden beträgt und einen Prozentsatz von 32,17 % an der Gesamtzahl der weltweiten Internetnutzer ausmacht.

Daten sind bereits zu einer bedeutenden strategischen Ressource und einem Schlüsselelement der Wertschöpfung geworden, sie umfassen und verzeichnen jegliche Aspekte eines Menschen von der Wiege bis zur Bahre und wurden zu einem Träger und einer Ausdrucksform des Wertes der Menschenrechte im neuen Zeitalter. Am 12. Juni 2020 hat der Generalsekretär der Vereinten Nationen António Guterres offiziell die lange erwartete „Globale Roadmap zur digitalen Zusammenarbeit" bekannt gegeben, deren oberstes Ziel es ist, „die Menschen im digitalen Zeitalter zu verbinden, zu respektieren und zu schützen".[8] Zu ihren hauptsächlichen Inhalten zählt, „die Wahrung der Menschenrechte im digitalen Zeitalter". Die Form der Menschenrechte erfährt eine tiefgreifende digitale Umgestaltung und die „digitalen Menschenrechte" entstehen schicksalhaft im rechten Moment.

Am 25. Mai 2018 ist die „Datenschutz-Grundverordnung" der EU in Kraft getreten, deren Artikel 1 bestimmt: „Diese Verordnung schützt die Grundrechte und Grundfreiheiten natürlicher Personen, insbesondere sichert sie die Rechte natürlicher Personen auf den Schutz ihrer personenbezogenen Daten". Sie gewährt den Rechtssubjekten die Rechte auf Kenntnisnahme, Auskunft, Berichtigung, Vergessenwerden, Limitierung

8 Guterres ist der Auffassung, dass der Übergang von der analogen zur digitalen Technologie sich „schneller, als wir es vorhersagen konnten" vollzieht, was sowohl große Chancen als auch erhebliche Risiken mit sich bringt. Die neue Coronavirus-Pandemie hat die Wahrnehmung vieler Vorteile und Gefahren der digitalen Welt vergrößert. Die digitale Technologie hat die lebensrettenden Fähigkeiten des medizinischen Personals verbessert, während sich gleichzeitig Technologiemissbrauch, Hassreden, Diskriminierung und Missbrauch im digitalen Raum ausbreiten.

der Verarbeitung, Datenübertragbarkeit und Widerspruch bezüglich personenbezogener Daten sowie weitere Datenrechte. Am 25. Mai 2020 traten Daten als eine Art von Rechten erstmals in einem „Bericht über die Arbeit des Obersten Volksgerichtshofs" in Erscheinung.[9] Am 20. Juli 2020 wurde in den gemeinsam vom Obersten Gerichtshof und der Nationalen Kommission für Entwicklung und Reform herausgegebenen „Stellungnahmen zur beschleunigten Verbesserung der Bereitstellung und Gewährleistung von justiziellen Dienstleistungen der sozialistischen Marktwirtschaft in der neuen Ära" gefordert, dass „neue Rechte und Interessen wie digitale Währungen und virtuelles Netzwerkeigentum und Daten gestärkt und geschützt" werden, sowie „der Schutz von Datenrechten und die Sicherheit personenbezogener Daten gestärkt" werden müssten.[10]

9 Zhou Qiang hebt in einem Arbeitsbericht des Obersten Volksgerichtshofs der dritten Sitzung des 13. Nationalen Volkskongresses deutlich hervor, dass „der Schutz der Datenrechte und die Sicherheit personenbezogener Informationen gestärkt, Straftaten der Verletzung personenbezogener Informationen von Bürgern wie Datenleaks und Weiterverkauf streng bestraft werden, um der gesunden Entwicklung der digitalen Wirtschaft dienen". Und „die Stärkung des gerichtlichen Rechtsschutzes von Datenrechten ist für die Nutzung von Big Data, die Entwicklung der digitalen Wirtschaft und den Schutz der Privatsphäre der Bürger förderlich."

10 In den Stellungnahmen der Nationalen Entwicklungs- und Reformkommission des Obersten Volksgerichts zur Bereitstellung von Justizdiensten und -schutz zur Beschleunigung der Verbesserung des Systems der sozialistischen Marktwirtschaft in der neuen Ära (Justizverlautbarungen [2020] Nr. 25) wird vorgeschlagen, den Schutz der Datenrechte und die Sicherheit persönlicher Informationen zu stärken. Die Gesetze der sozialistischen Marktwirtschaft und die Entwicklungspraxis datenbezogener Industrien sind zu befolgen, die Datenerhebung, die Datennutzung, den Datenhandel und die daraus entstehenden geistigen Errungenschaften sind im Einklang mit dem Gesetz zu schützen, das Rechtssystem für den Datenschutz ist zu verbessern, verschiedene Arten datenbezogener Streitigkeiten sind ordnungsgemäß zu entscheiden, die tiefgreifende Integration von Big Data mit anderen neuen Technologien, Bereichen und Industrien ist zu fördern und der innovativen Entwicklung des Marktes für Datenelemente ist zu helfen. Die Bestimmungen über den Schutz von Persönlichkeitsinteressen im Teil Persönlichkeitsrechte des Zivilgesetzbuches sind umzusetzen, der gerichtliche Schutzmechanismus für die Rechte und Interessen persönlicher Informationen wie biologischer und sozialer Daten natürlicher Personen sind zu verbessern, die Grenzen zwischen der Entwicklung der Informationstechnologie und dem Schutz persönlicher Informationen sind zu erfassen und das Verhältnis zwischen persönlichen Informationen und öffentlichen Interessen ist abzuwägen.

Am 15. Juli 2020 schlug die „Datenverordnung der Sonderwirtschaftszone Shenzhen (Entwurf zur Stellungnahme)" erstmalig Datenrechte vor.[11] Derzeit besteht noch kein grundsätzlicher Konsens über eine angemessene Struktur von Datenrechten: Einerseits sind es die Vielfalt und Komplexität von Daten sowie eine gewisse Spannung zwischen den Bedürfnissen der Rechtssubjekte und der Befriedigung des Rechtsobjekts und andererseits sind es die zahlreichen Besonderheiten dieses neuen Mitglieds der Rechtsfamilie, welche die Konstruktion der Datenrechte von der anderer Rechte im Stammbaum der Rechte unterscheidet und sie daher schwer konsensfähig mache. In solchen und nur in solchen Rechten, die die Wertkonnotation „legal" oder „berechtigterweise" besitzen, werden die von uns betonten Interessen, Ansprüche, Qualifikationen, Freiheiten und Wahlmöglichkeiten zu Rechten und nur dann können sie zu gesetzlich geschützten Rechten werden (Fan Jinxue 2003).

Aristoteles beschrieb bei der Auslegung seines Rechtsbegriffes in seiner Schrift „Politik" die „Gerechtigkeit und Legalität" als den Kern kollektiver Rechte, was bis hin zum Rechtsgebrauch der Römer zu einer Wahrung der Gerechtigkeit führte. Seit Hobbes' Eintreten für die vertragliche Fairness kann man sagen, dass der Wert der „Legalität" in der gesamten Geschichte des Rechts prävalent war (Yan Lidong 2019). Auf dem Weg der Aufwertung vom Interesse zum Recht müssen mindestens drei Bedingungen erfüllt werden: Erstens, dass das Interesse legal und legitim ist. Zweitens, dass es in das bestehende Rechtssystem integriert werden kann. An dritter Stelle steht eine Kosten-Nutzen-Analyse des Rechts. Konkret sind im Zivilrecht,

11 Das Datenrecht ist eine der wichtigsten Neuerungen der Verordnung. Erstens ist es ein Bekenntnis zum Recht auf Daten. Die Verordnung gibt erstmals vor, dass natürliche Personen, juristische Personen und Organisationen ohne Rechtspersönlichkeit in Übereinstimmung mit den Gesetzen, Verordnungen und Bestimmungen dieser Verordnung Datenrechte haben. Das Datenrecht ist das Recht von Rechteinhabern, über bestimmte Daten zu entscheiden, sie zu kontrollieren, sie zu verarbeiten, sie zu nutzen und bei Schädigung der Interessen an diesen Daten gemäß dem Gesetz entschädigt zu werden. Zweitens sieht die Verordnung vor, dass natürliche Personen in Übereinstimmung mit dem Gesetz über Datenrechte für ihre personenbezogenen Daten verfügen. Drittens wird festgelegt, dass öffentliche Daten eine neue Form von staatlichem Eigentum sind, deren Datenrechte beim Staat liegen, in dessen Namen die Stadtverwaltung von Shenzhen diese Datenrechte ausübt. Viertens wird vorgesehen, dass die von Datenbelangen tangierten Marktteilnehmer das Datenrecht auf ihre legitim erhobenen Daten und die von ihnen selbst erzeugten Daten haben.

und zwar unerheblich, ob es zur Schaffung von Rechten kraft Gesetz oder zum Schutz eines Interesses durch Gewährung von Rechtsschutz für ein verletztes Interesse dient, die folgenden Parameter zu berücksichtigen: Erstens, ob es sich bei dem Interesse um ein legitimes Interesse handelt, das gesetzlich geschützt werden muss. Zweitens ist, auch wenn das Interesse legitim ist und Rechtsschutz verdient, zu prüfen, ob es durch das bestehende Zivilrechtssystem abgedeckt werden kann. Und am Ende muss auch die Frage der Vereinbarkeit zwischen einander widersprechenden Werten berücksichtigt werden. Insbesondere muss der Konflikt zwischen dem Schutz von Rechten und Interessen und der Wahrung einer vernünftigen Handlungsfreiheit abgewogen werden (Cheng Xiao 2019).

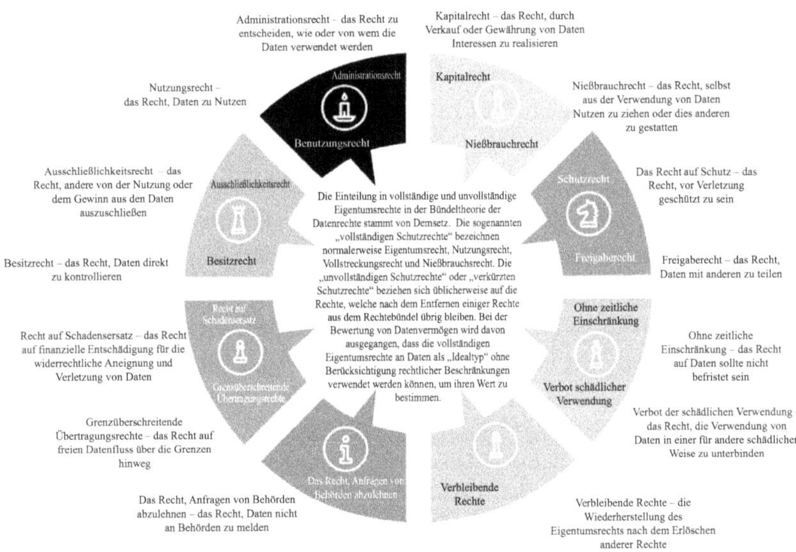


Abbildung 1-2 Theorie eines Rechtebündels.

Quelle: Deloitte & AliResearch 2019, S. 16.

## Abschnitt 2 Datenwerte

Mit Entwicklung der Gesellschaften und Intensivierung der Forschung erhalten die Menschenrechte ständig neue Bedeutungen. Die menschenrechtliche Anerkennung des Datenrechts hat sich zu einem Trend in der Entwicklung nationaler Verfassungssysteme entwickelt. Die Systematisierung eines Rechts auf Daten als grundlegendes Menschenrecht und seine Aufwertung von einem eingeforderten Recht zu einem gesetzlich geschützten Recht ist ein allgemeiner Trend in Ländern auf der ganzen Welt. Das Recht selbst bleibt indessen eine Frage von Werten. Rechte als eine Wertorientierung demokratischer Gesellschaften stehen in engem Zusammenhang mit anderen Wertzielen dieser Gesellschaften wie Menschenrechten, Fairness, Effizienz, Freiheit und Sicherheit. Mit den Datenrechten verhält es sich ebenso. Das Datenrecht ist ein grundlegendes Menschenrecht der Menschheit und hat einen nicht zu leugnenden Wert für den Einzelnen, die Gesellschaft und das Land. Ein vertiefendes Nachdenken über den Wert, der durch das Datenrecht verkörpert oder realisiert werden soll, ist nicht nur hilfreich zur Beantwortung der Frage nach der Legalität und Durchführbarkeit des Datenrechts, sondern auch, um Wege der Realisierung des Datenrechts zu erforschen.

### *(1) Der Menschenrechtscharakter von Datenrechten*

Die Orientierung am Menschen ist die Seele der rechtsstaatlichen Zivilisationen. Die Entwürfe von Rechtsstaatlichkeit in digitalen Gesellschaften müssen vermehrt Augenmerk auf den Menschen als Grundlage legen. Den Menschen zu Grundlage zu nehmen, bedeutet gerade eben die Menschenwürde sowie die Freiheit und die allumfassenden Entwicklungsmöglichkeiten des Menschen zum Dreh- und Angelpunkt des Aufbaus von Rechtsstaatlichkeit in digitalen Gesellschaften zu machen. Generalsekretär Xi Jinping hat dies in eine politische und rechtliche These umgewandelt, die zeitgemäß und realistisch ist, als er hervorhob, dass „das Volk an erster Stelle steht", „das Volk im Mittelpunkt steht" und „das Volk das Subjekt ist". Er betonte, dass der Rechtsstaat „für das Volk, mit Unterstützung des Volkes, zum Nutzen des Volkes und zum Schutz des Volkes" aufgebaut werden sollte, und veranschaulichte damit die rechtswissenschaftliche Quintessenz und zeitgemäße Bedeutung dieser These. Wie Professor Trachtmann sagte, wandelt sich der Cyberspace gerade von einem „technikzentrierten" System der Landlosigkeit zu einem „menschenzentrierten" System der Rechte (Trachtmann 2013 S. 106). Obwohl der Betrieb von datenbezogenen Aktivitäten auf die Technik angewiesen ist, besteht der grundlegende Zweck der Entwicklung der digitalen Technologie darin, die objektiven Bedürfnisse der Menschen zu befriedigen und letztlich das Ziel zu erreichen, den Menschen in den Mittelpunkt zu stellen. Die von Daten und Algorithmen getragene digitale Gesellschaft ist eher eine „menschliche" als eine „materielle" Gesellschaft. Konkret bedeutet der Aufbau einer menschenorientierten Rechtsordnung in der digitalen Gesellschaft, die Rechte der Menschen als Grundlage zu nehmen und den Schutz der digitalen Menschenrechte als Kern der Rechtsordnung in einer digitalen Gesellschaft zu betrachten.

Digitale Menschenrechte verkörpern die Grundrechte der digitalisierten Existenz und der Entfaltungsbedürfnisse von Menschen in einer digitalen Gesellschaft. Der Anspruch des Datenrechts ist die Notwendigkeit, die Verantwortlichkeiten und Verpflichtungen von öffentlichen Dienststellen und Plattformbetreibern zu stärken, die digitalen Menschenrechte zu respektieren und zu schützen, und er besteht darin, die Entwicklung der digitalen Wissenschaft und Technik zum Besseren sicherzustellen. Es ist weiterhin der Anspruch, den internationalen diskursiven Einfluss der Rechtsstaatlichkeit der Volksrepublik China zu stärken, es erfordert, das Recht auf Regelsetzung im digitalen Raum zu ergreifen und die Vielfalt der menschlichen Zivilisationen zu bereichern. Internationale akademische Kreise gehen häufig davon aus, dass es in der Geschichte der Menschenrechte im globalen Maßstab drei Transformationen gegeben habe. Die ersten drei Generationen des Menschenrechtsbegriffs bezogen sich auf eine materielle Auffassung von Menschen, Eigentum, Dingen und Verhalten und entbehrten nahezu jegliche Begriffe von Informationen oder Daten. Sicherheits-Menschenrechte, Umwelt-Menschenrechte, digitale Menschenrechte etc. sind zu den Hauptmerkmalen des Menschenrechtssystems einer vierten Generation geworden und es sind die digitalen Menschenrechte, welche die Menschenrechte der vierten Generation anführen. Das Verhältnis zwischen den digitalen Menschenrechten und den drei vorangegangenen Generationen von Menschenrechten ist keine Teil-Ganzes-Beziehung. Auch ist es keine einander ausschließende Beziehung. Ihre Beziehung ist von graduell expandierender, sich wandelnder und aufwertender Natur. Die vier Generationen der Menschenrechte stellen zusammen Menschenrechtssystem

Tabelle 1-4 Vergleich der vier Generationen von Menschenrechten

| | Erste Generation | Zweite Generation | Dritte Generation | Vierte Generation (digitale Menschenrechte) |
|---|---|---|---|---|
| Entstehungs-hintergrund | Hervorgegangen aus der Französischen Revolution im Jahr 1789. Hintergrund war die antifeudale und antiautoritäre bürgerliche Revolution. | Entstanden aus der russischen Oktoberrevolution des frühen 20. Jahrhunderts. Hintergrund war die sozialistische Revolution, die sich der Kapitalausbeutung widersetzte und die Trennung zwischen Arm und Reich beseitigte. | Sie entstand in den 1950er- und 1960er-Jahren während der Befreiungsbewegung der kolonisierten und unterdrückten Völker. Hinter ihr standen nationale Revolutionen, die für nationale Unabhängigkeit, nationale Befreiung und politische Demokratie kämpften. | Diese ging einher mit der durch digitale Wissenschaft und Technik und schnellen wirtschaftlichen und sozialen Wandel repräsentierten vierten technologischen Revolution. Hinter ihrem Aufkommen steht eine Informationsrevolution. |

(*Fortgesetzt*)

Tabelle 1-4 Fortgesetzt

| | Erste Generation | Zweite Generation | Dritte Generation | Vierte Generation (digitale Menschenrechte) |
|---|---|---|---|---|
| Menschenrechtsanspruch | Beansprucht das Recht auf Leben, Freiheit der Person, Glaubensfreiheit, Religionsfreiheit, Meinungs- und Pressefreiheit, Versammlungs- und Vereinigungsfreiheit, Bewegungs- und Aufenthaltsfreiheit. Das Recht auf Freiheit von willkürlicher Inhaftierung und Freiheit vor Eingriffen in die Korrespondenz, das Wahlrecht und andere politische Rechte, mit besonderer Betonung der Eigentumsrechte. | Tritt ein für das Recht auf Arbeit und Lebensunterhalt. Neben der Beibehaltung der Inhalte der ersten Generation von Menschenrechten, ferner das Recht auf Arbeit, auf Erholung, auf Gesundheitsversorgung, auf Bildung, auf Aufrechterhaltung eines angemessenen Lebensstandards und das Recht auf Zusammenschluss von Arbeitnehmern, sowie weitere Rechte. | Beansprucht das Recht auf Frieden, Entwicklung, Umwelt, nationale Selbstbestimmung und auf das gemeinsame Erbe der Menschheit etc. | Tritt ein für ein Recht auf eigene Hoheit über Daten und Informationen, ein Recht auf Auskunft über Daten und Informationen, ein Recht auf ausdrückliche Äußerung von Daten und Informationen, ein Recht zur fairen Nutzung der Daten, ein Recht auf informationelle Privatsphäre von Daten und Informationen sowie das Eigentumsrecht an Daten und Informationen usw. |

| | Erste Generation | Zweite Generation | Dritte Generation | Vierte Generation (digitale Menschenrechte) |
|---|---|---|---|---|
| Kerngedanke | Eine rechtliche Form der Verteidigung der individuellen Freiheit, welche gegen unzulässige Eingriffe in die persönliche Freiheit durch den Staat vermittels politischer Rechte gerichtet ist. Legt dem Staat eine Verpflichtung zur passiven Unterlassung auf. | Fordert vom Staat die Schaffung sozialer und wirtschaftlicher Rahmenbedingungen, um die Verwirklichung der individuellen Freiheit zu fördern und betont die Verpflichtung des Staates, positiv auf eine Verwirklichung der Menschenrechte hin zu handeln. | Kann aufgrund ihres gemeinsamen Charakters als „Gemeinschaftsrecht" oder „Verbundrecht" bezeichnet werden. Hat einen kollektiven Charakter und strebt die Selbstbestimmung und Entwicklung von Land und Nation an. | Zielt darauf ab, Menschenrechtsbedrohungen, wie Algorithmendiskriminierung, digitale Kluft, Überwachungsgesellschaft und Algorithmenhegemonie zu beseitigen. Stärkt die Autonomie der Menschen im digitalen Zeitalter und den Schutz der Menschenrechte für eine „digitale Menschheit" |

Quellen: Wang Guanghui 2015; Qi Yanping 2015; Ma Changshan 2019.

der neuen Ära dar. Die digitalen Menschenrechte haben ihre tiefe theoretische Grundlage in den Menschenrechten. Die digitalen Menschenrechte werden in Dokumenten der Menschenrechte auf verschiedensten Ebenen wie internationalen Menschenrechtskonventionen, regionalen Menschenrechtskonventionen sowie der Menschenrechtspolitik einer Vielzahl von Ländern auf nationaler Ebene als grundlegendes Menschenrecht anerkannt.

Digitale Menschenrechte „nehmen die zweifache Räumlichkeit der Produktions- und Lebensbeziehungen als gesellschaftliche Grundlage, finden ihre Ausdrucksform in der Orientierung des Menschen an digitaler Information und den damit aufgerufenen Interessen und Rechten und ihre Kernforderung ist die umfassende Entfaltung des Menschen in einer intelligenten Gesellschaftsform" (Ma Changshan 2019), zielen also darauf ab, Menschenrechtsbedrohungen wie Algorithmendiskriminierung, Überwachungsgesellschaft, digitale Kluft und Algorithmenhegemonie zu beseitigen, die Autonomie der Menschen im digitalen Zeitalter zu erhöhen und den Schutz der Menschenrechte für eine „digitale Menschheit" verbessern. Der Begriff digitale Menschenrechte ist sehr vielschichtig „und umfasst ‚durch digitale Technologie realisierte Menschenrechte', ‚Menschenrechte im digitalen Leben oder im digitalen Raum', hierzu zählen auch ‚Menschenrechtsstandards für digitale Technologie', ‚Rechtsgrundlagen für digitale Menschenrechte' etc." (Zhang Wenxian 2019). Was hinter der Schaffung digitaler Menschenrechte steht und diese hervorbringt, ist eine digitale Revolution, die der Menschheit auch eine intellektuelle Emanzipation und institutionelle Innovation beschert. Jedoch haben digitale Menschenrechte die Form einer wissenschaftlich-technologischen Revolution und treten folglich den Verhältnissen von Produktion und Leben des traditionellen Industrie- und Handelszeitalters nicht mit Waffengewalt entgegen.

Die digitalen Menschenrechte unterscheiden sich in ihrer konnotativen Logik von den vorangegangenen drei Generationen der Menschenrechtsentwicklung. Die ersten drei Generationen von Menschenrechten haben im Wesentlichen zwei gemeinsame Besonderheiten, egal ob es um die wirtschaftliche Sicherheit, die Entwicklung des Lebensunterhalts oder die politische Teilhabe geht: Erstens formulieren sie ihre Ansprüche entlang der biologischen Eigenschaften des Menschen. Zweitens entspinnen sie sich innerhalb des logischen Rahmens des physischen Raums. Die reformerischen Forderungen und die objektive Entwicklung der digitalen Menschenrechte zielen jedoch weder auf eine Ausweitung der Menschenrechte des traditionellen Wirtschaftszeitalters noch sind sie eine Forderung nach der Erhöhung der Anzahl und Vielfalt der Rechte, sondern nach einem grundlegenden Wandel der Menschenrechte im digitalen Zeitalter. Die Entwicklung und Reform der Menschenrechte in allen ihren Phasen hat zu einer Aufwertung und Überholung der Kernwerte der bestehenden Menschenrechte geführt. So ging die zweite Generation der Menschenrechte über die erste Generation hinaus, indem sie die sozialen, kulturellen und wirtschaftlichen Rechte stärker in den Mittelpunkt stellte. Die dritte Generation der Menschenrechte hat die zweite Generation hinter sich gelassen und ist zu einer kollektiven Sichtweise der Rechte übergegangen, die sich auf die Perspektive kollektiver Rechte des Überlebens und der Entwicklung konzentrieren, und ebenso verhält es sich auch mit den aktuellen „digitalen Menschenrechten" (Ma Changshan 2019). Verglichen mit den traditionellen Menschenrechten sind digitale Menschenrechte keine einfache Erweiterung der traditionellen Menschenrechte, stattdessen handelt es sich um eine qualitative Aufwertung der Menschenrechte durch eine intelligente Gesellschaftsform und die digitale Revolution. Sie steht vor einer technologischen Revolution, die nicht nur Chancen bietet, sondern auch voller Herausforderungen steckt: Sie muss die negativen Gefahren, welche durch Digitalisierung, Vernetzung und Smartifizierung entstanden sind, wirksam eindämmen. Die Errungenschaften ihres Fortschritts sind in hohem Maße für die freien Entfaltungsmöglichkeiten der Menschen einzusetzen und um die biologischen Grenzen des Menschen selbst zu durchbrechen und so den Werten und der Würde der menschlichen Person näherzukommen.

### *(2) Die Wertebasis des Datenrechts*

Die Theorie der Vertraulichkeit: Als Ausgangspunkt des Rechts auf Privatsphäre entwickelte sich eine britische „Theorie der Vertraulichkeit auf der Basis sozialer Beziehungen" aus einem bedeutenden Rechtsfall des Jahres

1848.[12] Dieses Urteil stützte sich auf zwei wesentliche Gründe: Erstens hat jeder Mensch das Recht auf private Kontexte. Der Richter (Bruce) führte in der begleitenden Stellungnahme zu dem Urteil aus: „Eine Person hat das Recht, sich in einen Zustand der Privatsphäre zu versetzen, [...] aber in dem Moment wo ihre Informationen nach außen dringen und der breiten Öffentlichkeit zugänglich gemacht werden, können das friedliche Leben, das sie genießt und sogar die Karriere, die sie aufgebaut hat, zerstört werden (Prince Albert v. Strange 1848). Zweitens lag eine Verletzung der Verschwiegenheitspflicht vor. Der Richter stellte fest, dass Stranges Handlung, nämlich Kopien vom Assistenten des königlichen Druckermeisters zu erhalten, „notwendigerweise eine Verletzung des Vertrauens, der Geheimhaltung oder des Vertrages“ darstellte und dass der Assistent des königlichen Druckermeisters ebenfalls „die von ihm geschuldete Vertraulichkeitspflicht verletzt hatte“. Sie dürfen „keine Informationen veröffentlichen, von denen sie im Rahmen ihrer Tätigkeit als Assistenten Kenntnis erlangen“, andernfalls sollten sie gemäß der gesetzlichen Regelung zur Rechenschaft gezogen werden (Prince Albert v. Strange 1848).

In der Tat existiert seit Langem ein Gewohnheitsrecht im angloamerikanischen „Common Law“, das die personenbezogenen Daten natürlicher Personen vor der Offenlegung durch andere durch eine Theorie der Vertraulichkeit schützt. Diese Theorie lässt sich bis zum „hippokratischen Eid“ vor mehr als zweitausend Jahren zurückverfolgen und spiegelt sich im britischen Recht vor allem auf zwei Arten wider: erstens im Recht des Vertrauensverhältnisses. Dazu gehören insbesondere: Ein besonderes Beweissicherungssystem, welches verhindert, dass Prozessparteien ihre

12 Rechtsfall Prinz Albert gegen Strange: In diesem Fall fertigten Königin Victoria und ihr Ehemann Prinz Albert eine Reihe von Drucken zu Themen ihres häuslichen Lebens an und beauftragten die königliche Druckerei mit der Herstellung einer kleinen Anzahl von Exemplaren, die ausschließlich der königlichen Familie zur Verfügung gestellt werden sollten. Doch William Strange, der Verleger, erhielt eines dieser Exemplare vom Assistenten des königlichen Druckers, katalogisierte die Drucke und fertigte 50 Kopien an. Prinz Albert verklagte daraufhin Strange vor Gericht, und der englische High Court erließ ein Urteil, das es Strange untersagte, die von Prinz Albert erstellten Drucke und Kataloge zu kopieren und zu veröffentlichen (He Yuan 2020 S. 32).

Geheimnisse an das Gericht oder die Gesellschaft leaken; Vertrauensverhältnis bezieht sich auf bestimmten, betont „vertraulichen", sozialen Beziehungen, in denen das Gesetz zwingend vorschreibt, dass eine Partei verpflichtet ist, die Angelegenheiten der anderen Parteien nicht offenzulegen; ein „Chantagegesetz" bei Androhung von Enthüllungen zum Zweck der Erpressung, wenn ein Erpresser droht, persönliche Informationen über Krankheiten, unethisches Verhalten oder Vorstrafen preiszugeben; staatliche Aufzeichnungen, bei denen die Regierung gesetzlich verpflichtet ist, die Vertraulichkeit der von den Bürgern an die Regierung übermittelten persönlichen Daten zu gewährleisten. Zweitens im Gesetz zur Geheimhaltung der Korrespondenz. Nicht nur die Vertraulichkeit von Geschäftsbeziehungen, wie z. B. beruflichen Beziehungen und Verträgen, sondern auch das Briefgeheimnis in vielfältigen sozialen Beziehungen wurde im Großbritannien jener Zeit garantiert, was sich damals im Wesentlichen auf Briefe, schriftliche Äußerungen und Telegramme bezog. Schriftliche Korrespondenz wurde von den Briten ebenfalls einem Bereich der Vertraulichkeit zugerechnet und als solches untersagte das britische Recht den beteiligten Parteien einer Korrespondenz, den Inhalt der Korrespondenz zu veröffentlichen (Richards und Solove 2007).

Theorie des Rechts auf informationelle Privatsphäre: Hierzu zählt die Theorie des Rechts auf Privatheit nach Warren und Brandeis. Ebenso wie bei der britischen Vertraulichkeitstheorie nehmen auch die Ursprünge der Gedanken von Warren und Brandeis ihren Ausgangspunkt bei den bekannten britischen Präzedenzfällen im Fall Prinz Albert vs. Strange und den dazugehörigen Ansichten zum Urteil *(Obiter dictum)* von Richter Bruce. Allerdings entledigte man sich der Theorie der Vertraulichkeit und anstatt die Privatsphäre aus der Perspektive der sozialen Beziehungen zu erörtern, vollzog man hier den innovativen Schritt, den Fall von Prinz Albert in einen Präzedenzfall umzudeuten, welcher die „persönlichen Gefühle vor unnötiger Öffentlichkeit und Einmischung schützt". „Der Sinn von Rechtsgrundsätzen zum Schutz von Werken besteht nicht darin, eine physische Aneignung zu unterbinden, sondern wendet sich gegen jedes Verhalten der Veröffentlichung der Angelegenheiten anderer Personen. Diese Grundsätze dienen in Wirklichkeit nicht einem Schutz des Privateigentums, sondern der Wahrung der unantastbaren Menschenwürde jeder natürlichen Person" (Warren, Samuel und Brandeis 1890). Die Zweite ist Prossers Theorie der vier Regeln: Im Jahr 1960 veröffentlichte Professor William L. Prosser, der Begründer des amerikanischen Datenschutzrechts, in der Zeitschrift *California Law Review* den Aufsatz „Privatsphäre", in welchem er vier Typen von Delikten im Zusammenhang mit dem Schutz der Privatsphäre unterschied: Verhalten einer unerlaubten Verletzung der Privatsphäre durch Eingreifen in den Frieden oder Einmischung in die privaten Angelegenheiten eines anderen. Verhalten, das die Privatsphäre anderer durch Offenlegung ihrer privaten Angelegenheiten verletzt; Verhalten der Verletzung von Privatsphäre durch öffentliche Stigmatisierung; die unerlaubte Nutzung des Namens oder des Bildes einer anderen Person zu privaten Zwecken ist eine unerlaubte Verletzung der Privatsphäre (Prosser 1960). Dieser vierstufige Ansatz hatte tiefgreifende Auswirkungen auf die Datenschutzgesetze und die Justiz in den Vereinigten Staaten. Angesichts der Entwicklung der gesellschaftlichen Bedürfnisse war die traditionelle amerikanische Datenschutztheorie auf der Grundlage dieser vier Regeln jedoch allmählich nicht mehr in der Lage, auf reale soziale Probleme zu reagieren und diese zu lösen. Der Grund dafür ist, dass diese vier Regeln die Fähigkeit des Datenschutzrechts, den rechtlichen Fragen des Informationszeitalters zu begegnen, stark eingeschränkt hat, und dieses Dilemma spiegelt sich in dem sehr begrenzten Anwendungsbereich der Rechtsbehelfe und der besonderen Schwierigkeit der Rechtsbehelfe wider. Die Dritte ist Westins Theorie der Kontrolle der Privatsphäre: 1967 definierte Alan Westin, der US-amerikanische Begründer einer Theorie der Kontrolle der Privatsphäre, erstmals in dem Buch „Privacy and Freedom" ein „Recht auf informationelle Privatsphäre" *(right to informational privacy)*, in welchem er abgrenzte: „das sogenannte Recht auf Privatsphäre ist das Recht einer natürlichen Person, […] selbst zu entscheiden, wann, wie und in welchem Umfang ihre persönlichen Daten an andere weitergegeben werden" (Zhang Minan 2014 S. 2). Der Oberste Gerichtshof der Vereinigten Staaten hat folglich anhand von Rechtsfällen die Theorie Westins vertreten und bekräftigt. In der Rechtssache Griswold gegen den Bundesstaat Connecticut bestätigte der Oberste Bundesgerichtshof der Vereinigten Staaten im Jahr 1965 das „Recht auf Selbstbestimmung der Privatsphäre" *(right to decisional privacy)* und entschied, dass das Gesetz, welches Empfängnisverhütung verbietet, ungültig ist, weil natürliche Personen das Recht haben, in ihren privaten Angelegenheiten frei von staatlichen Eingriffen zu entscheiden.

Das „Recht auf physische Privatsphäre" (right to physical privacy) wurde im Jahr 1967 in der Rechtssache Katz gegen die Vereinigten Staaten begründet, in der entschieden wurde, dass die Legitimität staatlicher „Abhörmaßnahmen" auf der Einholung einer gerichtlichen Genehmigung beruht oder andernfalls einen Rechtsbruch darstellt. Der Grund dafür ist, dass natürliche Personen ein Recht auf Privatsphäre in ihren Häusern und an anderen privaten Orten haben, welches sie vor dem Eindringen oder der Störung durch die Regierung schützt. In der Rechtssache Whalen gegen Roe wurde 1977 das „Recht auf informationelle Privatsphäre" zum ersten Mal systematisch formuliert, als festgestellt wurde, dass eine natürliche Person das Recht hat, ihre personenbezogenen Informationen zu kontrollieren. Der Schlüssel zum Recht auf informationelle Privatsphäre war die Theorie von der Kontrolle der Privatsphäre. Mit der Ankunft des digitalen Zeitalters und der zunehmenden Bedeutung von Daten für den Einzelnen, die Gesellschaft und den Staat wurde die Theorie der Kontrolle der Privatsphäre allmählich zu einer Theorie der Kontrolle von Daten. In den letzten Jahren wurde eben diese Basis einer Legitimität der Kontrolle und Verarbeitung personenbezogener Daten in der Datengesetzgebung verschiedener Bundesstaaten in den Vereinigten Staaten, repräsentiert durch den California Consumer Privacy Act (CCPA) zu einer der zu lösenden Kernfragen und der auf der Theorie von der Kontrolle der Privatsphäre basierende „Zustimmungsmechanismus" ist hierfür der Schlüssel (He Yuan 2020 S. 36).

Die Theorie des Rechts auf informationelle Selbstbestimmung: Ein „Recht auf informationelle Selbstbestimmung" wurde erstmals 1983 vom deutschen Bundesverfassungsgericht in einem Urteil zum Fall der „Volkszählung" anerkannt. Das Gericht sprach dem Zensusgesetz, welches die umfangreiche Erhebung personenbezogener Daten vorsah, seine Rechtsgültigkeit ab und schlug ein innovatives Konzept „informationeller Selbstbestimmung" vor, indem es sich auf die Menschenwürde nach Artikel 1, Absatz 1 des Grundgesetzes, sowie auf die allgemeinen Persönlichkeitsrechte und weitere generelle Klauseln berief (Zhao Hong 2017). Das Bundesverfassungsgericht hat die Eckpunkte und konkreten Inhalte eines Rechts vorgeschlagen, das die informationelle Selbstbestimmung der Bürger schützt. Das heißt, unter den Bedingungen der modernisierten Datenverarbeitung umfassen die „allgemeinen Persönlichkeitsrechte" in Artikel 1 Absatz 2 und Artikel 2 Absatz 1 des Grundgesetzes den Schutz personenbezogener Daten vor unbeschränkter Erhebung, Speicherung, Nutzung und fortgesetzter Weitergabe. Dieses Grundrecht garantiert das Recht des Einzelnen, selbst darüber zu bestimmen, ob seine personenbezogenen Daten weitergegeben oder verwendet werden (Zhang Yuanquan 2009 S. 39). Durch seine Auslegung der „allgemeinen Persönlichkeitsrechte" hob das Bundesverfassungsgericht nicht nur den Begriff des „Rechts auf informationelle Selbstbestimmung" klar hervor, sondern skizziert auch die Konturen dieses Grundrechts. Es besitzt den Doppelcharakter eines Grundrechts und eines Zivilrechts, womit der Schutz eines Rechts auf informationelle Selbstbestimmung die gemeinsame Aufgabe von Grundgesetz und Privatrechts ist. Allerdings hat das Bundesverfassungsgericht dieses Recht nicht verabsolutiert: „Das Recht auf informationelle Selbstbestimmung ist nicht unbegrenzt. Der Einzelne hat keine absolute oder uneingeschränkte Kontrolle über seine ‚eigenen' personenbezogenen Informationen." „Der Einzelne entfaltet seine Individualität innerhalb eines gesellschaftlichen Gemeinwesens. Dies führt dazu, dass diese personenbezogenen Informationen nicht allein mit einem Individuum verknüpft sind, denn sie spiegeln gleichermaßen auch soziale Tatsachen wider (Zhao Hong 2017). Das deutsche Recht auf informationelle Selbstbestimmung wurde von Anfang an als verfassungsrechtliches Grundrecht in Stellung gebracht. Damit hat die deutsche Theorie der informationellen Selbstbestimmung die begrenzten Konventionen des amerikanischen Datenschutzrechts durchbrochen und ihren Geltungsbereich auf „alle Daten einer identifizierten (direkt) oder identifizierbaren (indirekt) natürlichen Person" ausgedehnt, wodurch sie dem Bedarf an einem Schutz von Informationen im Zeitalter von Big Data Rechnung trägt (Zhao Hong 2017).

### *(3) Die Bestimmung des Stellenwerts der Datenrechte*

Nach John Lockes Naturrechtstheorie haben alle Menschen ein Recht auf Leben, Freiheit und Eigentum. Das Recht auf Leben, das Recht auf

Freiheit und das Recht auf Eigentum sind drei Grundpfeiler der Erhaltung einer modernen Gesellschaft. Datenrechte sind ein neuer Inhalt und eine neue Morphologie der Menschenrechte. Sie sind eine eigenständige und neue Form von Menschenrechten, erfordern eine gekoppelte Anwendung von öffentlichem und privatem Recht und müssen durch materielles Recht und Verfahrensrecht systematisch geschützt werden. Man kann davon ausgehen, dass sie nach dem Recht auf Leben, Eigentum und Freiheit zum vierten großen Grundrecht der Menschheit werden. Daten und Datenrechte sind ein Merkmal der digitalen Zivilisation und man wird den Zivilisationsgrad einer digitalen Gesellschaft daran ablesen können, wie probat ihre Datenrechte Anwendung finden und Schutz erfahren. Datenrechte machen die Kernattribute von Daten zu ihren Objekten, machen die datenbezogenen Interessen zu ihrem Rechtsgegenstand, nehmen den Schutz von Datenrechteinhaberschaft, Datenrecht, Datennutzung und Datenschutz als ihre Hauptinhalte und gewährleisten durch digitale Wissenschaft und Technik sowie durch digitale Rechtsstaatlichkeit die Menschenrechte im digitalen Lebensraum. Das Datenrecht ist kein einfaches Recht, sondern eine Sammlung von Rechten, die ein breites Spektrum von Rechten umfassen, welche unter anderem die Persönlichkeit, die Privatsphäre, das Eigentum und die Souveränität[13] unterschiedlicher Subjekte über ein und denselben Gegenstand betreffen. Das Datenrecht beinhaltet Rechte über Daten, Rechte der gemeinsamen Nutzung und Datenhoheitsrechte, und in ihrem Mittelpunkt stehen die Rechte der gemeinsamen Nutzung. Das Datenrecht zielt auf eine Bekämpfung digitaler Hegemonie, digitaler Gewalt und digitaler Monopole etc. ab, indem sie menschenrechtliche Probleme und Herausforderungen wie die digitale Kluft, Verletzungen der Privatsphäre und Algorithmendiskriminierung auflösen und bewältigen, um digitale Gerechtigkeit zu fördern. Die digitalen Menschenrechte leiten digitale Technologien zum Wohle der Menschheit auf die Spuren der Rechtsstaatlichkeit und sind von

13 Artikel 37 des von der Volksrepublik China im Jahr 2016 erlassenen Internetsicherheitsgesetzes legt eindeutig fest, dass wichtige Daten im Inland gespeichert werden sollen, womit die Hoheit des Staates über die Datenverwaltung verbindlich geregelt ist.

außerordentlicher Bedeutung für das gemeinsame Leben der Menschheit und den Aufbau einer digitalen Ordnung.

Die rechtlichen Werte, die von Datenrechten transportiert werden, und die rechtstheoretischen Implikationen, die sie beinhalten, sind äußerst vielfältig. Sie sind ein vielschichtiges, facettenreiches und mehrdimensionales System, das aus der Verteidigung der Dateninteressen abgeleitet wird und in dem bestehende rechtliche Interessen an Daten eine Heimat finden können. Die Werte von Datenrechten beziehen sich auf die gesellschaftlichen Funktionen und Nutzen, die von Datenrechten verkörpert werden. In der heutigen Welt werden die Datenrechte als ein Bündel von Rechten, das zahlreiche Konnotationen von Rechten und Befugnissen enthält, welche ständig bereichert und erweitert werden, von rechtsstaatlichen Ländern allgemein anerkannt und akzeptiert. Einerseits offenbaren Datenrechte ihre eigenen Werte, denn unabhängige autonome Rechtsinteressen von Daten sind ein Zeugnis für das Selbstbewusstsein des Willens und die Freiheit der menschlichen Natur. Sie manifestieren einen Wert von Würde, denn die Verwirklichung der Persönlichkeitsrechte auf Daten und der Vermögensrechte an Daten werden durch eine Verwirklichung des freien Willens gewährleistet; sie gewährleisten den Wert der Freiheit, aufgrund des freien Flusses von Daten und der Freiheit, Daten zu kontrollieren. Andererseits realisieren Datenrechte demokratische Werte, denn die Umsetzung des Datenrechts ist ein Ausdruck der Sicherung einer demokratischen Diversifizierung von Daten, was eine unabdingbare Voraussetzung für die Verwirklichung einer emanzipierten Datenverwaltung ist. Sie haben den Wert, die Ordnung aufrechtzuerhalten, insofern als die Realisierung des Datenrechts das Ergebnis eines relativen Gleichgewichts zwischen privaten und öffentlichen Rechten ist. Sie sind Spiegelbild einer Datenethik und der Selbstregulierung von Unternehmen sowie der wechselseitigen Regulierung der Branchen. Wir haben Grund zu der Annahme, dass der Stellenwert des Datenrechts in der künftigen Rechtsstaatlichkeit festgelegt, verbessert und geschützt werden sollte und muss. Weil das Datenrecht „von der Rechtswissenschaft anerkannt und zu einem gesetzlichen Recht werden soll, muss es nicht nur einigermaßen präzise definiert, sondern auch sorgfältig erforscht werden, damit die ihm inhärenten besonderen Werte erkennbar werden und es nicht nur gelegentlich für andere rechtliche Zwecke verwendet wird“ (Stein und Shand 2004 S. 268).

Das neuzeitliche Recht entstand und entwickelte sich auf der Basis der Renaissance des römischen Rechts und einer seiner Glaubensgrundsätze lautet: Der Wert des Rechts ist einseitig, es bringt die Menschen dazu zu glauben, dass das vom Recht gehütete System einzigartig sei. Doch der Wandel der digitalen Gesellschaften hat die Fesseln dieser Einseitigkeit des Wertes des Rechts gesprengt und erfordert die Koexistenz vieler Werte, um Vermittlung und Kompatibilität zwischen verschiedenen Rechtsansprüchen und unterschiedlichen Wertorientierungen zu erzielen (Lyu Zhongmei 2005 S. 61). Das Datenrechtsgesetz ist genau hier verortet. Die Wertevielfalt, welche vom Datenrecht verkörpert wird, und die Kompatibilität zwischen diesen Werten geben nicht nur eine gute Antwort auf die Frage nach der Legalität und Durchführbarkeit von Datenrechten, sondern wichtiger noch, sie stellt nützliche gedankliche Bezugspunkte für das gesamte Datenrechtsgesetz im Hinblick auf das korrekte Verständnis und die Behandlung der drei Beziehungsebenen zur Verfügung. Auf der Ebene der Beziehung zwischen Mensch und Daten soll eine Verwirklichung der digitalen Menschenrechte gewährleistet, auf der Ebene der menschlichen Beziehungen die Verwirklichung der digitalen Inklusion gefördert, und auf der Ebene der Beziehung zwischen Bürgern und Staat, sollte die Realisierung digitaler Gerechtigkeit gefördert werden. Das System der Legislative bestätigt das Datenrecht, nicht nur die Relevanz des Entwurfes eines Rechtssystems per se, sondern auch die generelle Tendenz, tatsächliche gesellschaftliche Bedürfnisse zu erfüllen, und die soziale Harmonie und Stabilität zu wahren.

## Abschnitt 3 Ausgleich von Interessen

Jura ist eine Art Kunst von Schaffung eines Ausgleichs. Kein Gesetz ist neutral, es muss naturgemäß seine eigene Auswahl von Interessen und Werturteilen haben. Aufgrund der Omnipräsenz widersprüchlicher Interessen wird der Interessenausgleich zu einer grundlegenden Frage. Die Auswahl, die Positionierung gibt die subjektive Absicht des Gesetzgebers oder die objektive Funktion des Gesetzes zu erkennen und ist die „Seele des Rechts". Interessenbetrachtung ist eine Voraussetzung für die Auflösung von Interessenproblemen, und die Interessenbetrachtung im digitalen Zeitalter stellt sich als komplex und vielschichtig heraus. Vor dem Hintergrund einer Pluralisierung der Stakeholder, einer Diversifizierung der Anforderungen von Interessen, einer Komplizierung der Beziehungen zwischen Interessen und einer Verschärfung der Interessenkonflikte wird die Einrichtung eines Ausgleichsmechanismus zwischen Dateninteressen für uns zu einem bemerkenswerten Lehrstück. Der Interessenausgleich qua Gesetz basiert auf der Kernverpflichtung zu einem Ausgleich im Widerstreit stehender Interessen und der Interessenausgleich in der Gesetzgebung zum Datenrecht sollte den drei Grundprinzipien der Integration, der Regelkonformität und der Ausgewogenheit folgen. Wenn Daten als ein „Erzeugnis der Allgemeinheit" verstanden werden, dann haben Datenrechte Vorrang vor dem Schutz von Dateninteressen, persönliche Dateninteressen vor Eigentumsdateninteressen und öffentliche Interessen vor privaten Dateninteressen.

### *(1) Grundsatz der Integration*

„Der Zweck ist der Schöpfer des ganzen Rechts" (Bodenheimer 2004 S. 114). Die Interessenabwägung der Legislative zum Datenrecht sollte sich am Zweck der Gesetzgebung zum Datenrecht orientieren. Die Gesetzgebung zu Datenrechten sollte sich mit Fragen der Datenbeziehung befassen und der Datenschutz und die richtige Nutzung von Daten sind ihre direkten Ziele. Tatsächlich vermittelt „schützen" hier nicht nur die negative Konnotation von „bewahren", sondern auch eine positive Ausrichtung von „verbessern" oder „aufwerten". Der Datenschutz lässt sich folglich in zwei Ebenen unterteilen: die erste Ebene, auf der die Interessen der Daten nicht verletzt werden sollen, und die zweite Ebene einer stetigen Wertsteigerung von Daten.

Daten sind eine Synthese aus den zweifachen Interessen des subjektiven persönlichen Interesses der betreffenden Subjekte und des öffentlichen Interesses. Die in den Daten implizierten personenbezogenen individuellen Interessen müssen durch das Recht auf personenbezogene Daten geschützt werden, und da Daten neuartige Entitäten sind, die innerhalb der Gesellschaft zirkulieren, besteht an ihnen auch ein öffentliches Interesse. Die Beziehung zwischen den beiden wird zu einem gewissen Grad kollidieren. Als neue Art von Entität, die sowohl Persönlichkeits- als auch Eigentumsattribute hat, ist die Erhebung und Nutzung von Daten ist nicht einfach ein Vorgang der Anhäufung von Vermögen, sondern ein Prozess der Koordinierung persönlicher und öffentlicher Interessen. Neben den persönlichen Interessen der betroffenen Person kann eine Datenverarbeitung auch auf Grundlage des öffentlichen Interesses erfolgen. Ob nun das öffentliche Interesse oder das Einzelinteresse Vorrang hat, ist durch Abwägung der widerstreitenden Interessen zu ermitteln, um letztlich einen verhältnismäßigen Interessenausgleich zu schaffen. Die unmittelbare Ausprägung eines Interessenkonflikts über Daten lässt sich zunächst als Konflikt zwischen dem immer größer werdenden Bedürfnis nach Datenschutz und dem kontinuierlich steigenden Bedürfnis nach Datennutzung und dessen Befriedigung typisieren, also als Konflikt zwischen Persönlichkeitsinteressen und Eigentumsinteressen. Wägen wir zwischen persönlichen Interessen und Eigentumsinteressen ab, so sollten wir nicht kategorisch eine Vorrangregelung betonen, die absolut, exklusiv, selektiv eliminierend und mechanistisch ist. Vielmehr sollten wir Anstrengungen unternehmen, um der abträglichen Situation beizukommen, dass Persönlichkeitsinteressen und Eigentumsinteressen voneinander getrennt und einander verschlossen bleiben. Daher fordern wir einen Übergang vom Interessenkonflikt zum Interessenwettbewerb, in dem zwischen den beiden die Grundprinzipien von einheitlicher und umfassender Planung, von Integration sowie einer von Win-win-Strategie in die Wege geleitet werden.

Persönlichkeitsinteressen und Eigentumsinteressen stehen zueinander in einem Verhältnis von Homogenität und gleichem Ursprung, sie sind zusammen entstanden und haben sich gemeinsam entwickelt. „Homogenität und gleicher Ursprung" beziehen sich darauf, dass die Kollision der beiden Interessen auf eine Spannung zwischen der Privatheit von Daten und dem Vermögenscharakter von Daten zurückgeht. „Gemeinsam entstehen und gemeinsame Entwicklung" beziehen sich darauf, dass die beiden Arten von Interessen die Vielfalt der datenbezogenen Werte widerspiegeln. In dieser Hinsicht sollte die Gesetzgebung der Datenrechte weiterhin den

Menschen in den Mittelpunkt stellen und den berechtigten Ansprüchen der Menschen Bedeutung beimessen. Persönlichkeitsinteressen und Vermögensinteressen sind berechtigte Interessen, die durch eine Gesetzgebung der Datenrechte geschützt werden sollten, wobei keine der beiden vernachlässigt werden dürfen. Der Konflikt zwischen den beiden ist seiner Natur nach ein nicht-antagonistischer Konflikt. Es ist kein Konflikt eines Entweder-oder, kein Antagonismus von wenn nicht schwarz, dann weiß. Nach der Theorie von Robert Arthur Alexie[14] lassen sich Konflikte zwischen berechtigten Interessen nicht mit der Methode des „Ausschlusses", sondern nur mit der Methode eines „Ausgleichs" lösen. Dieser Grundsatz darf als legale Prämisse und rationale Grundlage für die Auslösung von Interessenkonflikten im Bereich des Datenrechts betrachtet werden.

Mit den sich täglich überbietenden Szenarien der Datennutzung bewirken die von den Daten aufgerufenen persönlichen, kommerziellen, sozialen und nationalen Interessen eine vieldimensionale abgestimmte Symbiose innerhalb der kreuz und quer ineinander verwobenen, in Widerspruch und Konflikt stehenden Haltungen. Gestützt auf ihre eigenen Kapazitäten und Wertentscheidungen haben alle Länder unterschiedliche Modelle des Interessenausgleichs ausgewählt, um ihre nationalen Datenschutzsysteme aufzubauen und so ihre eigenen Interessen zu maximieren. So hat die Europäische Union in ihrer Datenschutz-Grundverordnung ein Modell, das eine Nutzung personenbezogener Daten als „dem Grundsatz nach verboten aber durch Vollmacht legitimierbar" festgelegt. Den Rechtssubjekten werden sieben Datenrechte gewährt: das Recht der Kenntnisnahme, also zu erfahren, ob über die Person Daten verarbeitet werden und falls ja, das Recht auf Auskunft, das Recht auf Berichtigung, das Recht auf Löschung, das Recht auf Einschränkung der Verarbeitung, das Recht auf Übertragbarkeit und das Recht auf Widerspruch. Dies geschah in der Absicht, das globale Datenschutzsystem durch einen hohen Datenschutzstandard neu zu gestalten. In Japan sieht das „Gesetz zum Schutz personenbezogener Daten" nicht die Regel der vorherigen „informierten Zustimmung" vor. Nur für „persönliche Informationen, die der Aufmerksamkeit bedürfen"

14 Kanadischer Schriftsteller der First Nations und Verhandlungsführer für Landansprüche (1957–2014).

ist eine vorherige Zustimmung des Nutzers erforderlich und für allgemeine personenbezogene Daten gilt der Grundsatz, den Missbrauch einzuschränken. Mit ihrem starken wissenschaftlichen und technologischen Einfluss befürworten die Vereinigten Staaten nachdrücklich eine Datennutzung nach dem Modus des freien Marktes und fördern ein Modell, das den Fluss personenbezogener Daten „grundsätzlich erlaubt, aber unter Auflagen verbietet". Ein Beispiel ist der California Consumer Privacy Act (CCPA) von 2018, der auf Basis der Gewährung eines umfangreichen Zugangs zu personenbezogenen Daten zugleich dem Schutz der Privatsphäre der Bürger Rechnung trägt. Südkorea hat Novellen der „Drei Datengesetze" („Gesetz zum Schutz personenbezogener Informationen", „Gesetz über Kreditinformationen" und „Gesetz über Informations- und Korrespondenznetzwerke") verabschiedet. Diese zielen darauf ab, den Einzugsbereich der durch Unternehmen und Einzelpersonen erhobenen und genutzten personenbezogenen Informationen zu erweitern, die Beschränkungen der Datennutzung wirksam zu lockern und eine Grundlage für die Entwicklung der Branche zu legen.

### *(2) Der Grundsatz der Compliance*

Der Grundsatz der Compliance bedeutet, dass die Subjekte der Daten, die Personen, die Kontrolle über Daten innehaben und solche, die Daten verarbeiten, sowie weitere datenbezogene Rechtssubjekte nicht nur die Gesetze, Regeln, Vorschriften und Regulierungsmaßnahmen einhalten müssen, sondern sich auch zu Einhaltung der einschlägigen Normen, Governance-Grundsätze und ethischen Leitlinien verpflichten. Die Nichteinhaltung der Vorschriften kann dazu führen, dass die für die Kontrolle und Verarbeitung Verantwortlichen mit rechtlichen Sanktionen, Bußgeldern, Vermögenshaftung und Reputationsverlust konfrontiert werden.

Der Grundsatz der Compliance umfasst Datenlegitimität, Datencompliance, Datenregulierung und Datenethik sowie weitere Inhalte. Konkret bezieht sich ein Datencompliance-System auf die Einrichtung und Anwendung von Datencompliance-Prozessen auf deren Grundlage Datencompliance-Risiken identifiziert und analysiert werden, sodass

Datenrisiken wirksam antizipiert und kontrolliert werden können. Ein Datencompliance-System kann das Auftreten von Verstößen durch für die Kontrolle verantwortliche und für die Verarbeitung zuständige Personen nicht durchweg unterbinden, aber es kann das Risiko solcher Verstöße erheblich verringern. In manchen Ländern können Datencompliance-Systeme die von den für Datenkontrolle und Datenverarbeitung Zuständigen eingerichtet und effektiv gehandhabt werden, als ein Verteidigungsmittel verwendet werden, um die verwaltungsrechtliche, strafrechtliche oder zivilrechtliche Haftung zu mildern oder sogar abzuwehren. Solcherlei Einwände dürften wohl von den Regulierungsbehörden oder Gerichten akzeptiert werden.

Voraussetzung und Basis des Grundsatzes der Compliance ist das Prinzip der Legitimität. Dieses Legitimitätsprinzip setzt sich aus sieben Unterprinzipien zusammen: den Prinzipien der Autorisierung, der öffentlichen Transparenz, der Zweckbindung, der Richtigkeit, der Speicherbegrenzung, der Integrität und Vertraulichkeit und dem Prinzip der Rechenschaftspflicht. Das Autorisierungsprinzip besteht darin, dass das Rechtssubjekt der Verarbeitung seiner Daten zu einem oder mehreren bestimmten Zwecken zustimmt. Das Prinzip der öffentlichen Transparenz bedeutet, dass die für die Kontrolle und Verarbeitung der Daten Verantwortlichen die Daten der betroffenen Person auf legitime und nachvollziehbare Weise verarbeiten. Das Prinzip der Zweckbindung bedeutet, dass die für die Kontrolle und Verarbeitung der Daten Verantwortlichen diese Daten zu bestimmten, eindeutigen und legitimen Zwecken erheben und die erhobenen Daten nicht entgegen dem ursprünglichen Zweck verarbeiten dürfen. Das Prinzip der Richtigkeit bezieht sich auf die Verpflichtung der für die Kontrolle und Verarbeitung der Daten Verantwortlichen, die Richtigkeit der Daten zu gewährleisten und sie auf dem neuesten Stand zu halten. Es sind alle erforderlichen Maßnahmen zu ergreifen, um sicherzustellen, dass fehlerhafte Daten, die mit dem Zweck der Datenverarbeitung nicht vereinbar sind, rechtzeitig entfernt oder korrigiert werden. Das Prinzip der Speicherbegrenzung bedeutet, dass die für die Kontrolle und Verarbeitung der Daten Verantwortlichen solche Daten die nicht desensibilisiert oder nicht anonymisiert wurden, nicht länger speichern dürfen, als es das Ziel, zu dem die Daten verarbeitet werden, erforderlich macht. Das Prinzip von Integrität und Vertraulichkeit bedeutet, dass die für die Kontrolle und

Verarbeitung der Daten Verantwortlichen die Daten der Subjekte so verarbeiten sollten, dass die Datensicherheit gewährleistet ist. Hierzu gehört das Ergreifen geeigneter technischer oder organisatorischer Maßnahmen zum Schutz der Daten vor unbefugter oder unrechtmäßiger Verarbeitung und vor unbeabsichtigtem Verlust, Zerstörung, Beschädigung und Offenlegung. Auf der Grundlage der oben genannten Grundsätze sind die für die Kontrolle und Verarbeitung der Daten Verantwortlichen rechtlich verpflichtet, die Legitimität und Ordnungsmäßigkeit der Datenverarbeitung zu beachten, und haften unter anderem für Verletzungen der Rechte von Subjekten dieser Daten oder für Datenleaks, die sie vorsätzlich oder fahrlässig verursacht haben (He Yuan 2020 S. 12–16.).

### *(3) Grundsatz des Gleichgewichts*

Die Interessen an Daten sind vielgestaltig und nicht trivial, und es sollten institutionelle Regelungen ausgestaltet werden, welche es erlauben, die vielfältigen Interessen an Daten in ihrer Gesamtheit systematisch gegeneinander abzuwiegen. Das bedeutet, der Datenschutz sollte individuellen Personen nicht ein einzelnes privates Recht einräumen, sondern einen Verhaltenskodex unter Abwägung pluralistischer Interessen aufbauen. Dies ist eben jenes Schutzmodell, das die Gesetzgeber des europäischen Datenschutzes für personenbezogene Daten seit dessen Anfängen verfolgt haben. Als der Europarat das „Übereinkommen zum Schutz des Menschen bei der automatischen Verarbeitung personenbezogener Daten“ (im Folgenden „Übereinkommen Nr. 108“[15] genannt) formulierte, war der Schutz personenbezogener Daten darauf ausgerichtet, die Rechte des Einzelnen zu schützen, und nicht die personenbezogenen Daten an sich zu schützen. Gleichzeitig wird die Rechtsgrundlage

15 Dieses Übereinkommen wird aufgrund seiner Nummer 108 in der „Sammlung der Europäischen Verträge“ des Europarats häufig als „Übereinkommen 108“ bezeichnet. Auf internationaler Ebene wird das „Übereinkommen 108“ als das wichtigste internationale Rechtsinstrument zum Schutz personenbezogener Daten angesehen.

oder der Grundsatz der Verarbeitung personenbezogener Daten als legitime Grundlage für die Verwendung (Verarbeitung) personenbezogener Daten herangezogen und nicht ein einzelnes Recht auf persönliche Entscheidungsbefugnis. Anlässlich der Überarbeitung des Übereinkommens Nr. 108 im Jahr 2012 haben die Experten die Frage, ob es eine Definition des Rechts auf Datenschutz und des Rechts auf Privatsphäre *(right to data protection and privacy)* geben sollte, verneint: Es sei „nutzlos zu versuchen, das Recht auf Privatsphäre in einem Datenschutzübereinkommen zu definieren. Da der Schutz der Privatsphäre selbst eine Reihe von Interessen *(a set of interests)* ist, die in verschiedenen Kontexten auf unterschiedliche Weise zum Ausdruck kommen, muss er manchmal gegen andere Interessen abgewogen werden. Es ist angemessener, ihn als einen breit gefächerten Strauß von Grundsätzen zu bezeichnen. Man kennt andere Konventionen (wie die Europäische Menschenrechtskonvention etc.) und Präzedenzfälle, um dies zu veranschaulichen. Es ist erforderlich, eine umfassende Darstellung zum Datenschutz zu verabschieden, damit verschiedene Mechanismen verwendet werden können, um den Schutz zu gewährleisten" (Kierkegaard et al. 2011 S. 223–231). Die EU-Datenschutz-Grundverordnung zielt darauf ab, ein Gleichgewicht zwischen dem Schutz der Rechte personenbezogener Daten und dem Datenverkehr herzustellen. Im Hinblick auf Artikel 4 wird klar gesagt, dass der Schutz personenbezogener Daten nicht als bedingungsloses Recht des Einzelnen angesehen werden sollte, und dass „die Verarbeitung personenbezogener Daten im Dienste der Menschheit stehen muss. Das Recht auf den Schutz personenbezogener Daten ist kein absolutes Recht und sollte im Hinblick auf seinen gesellschaftlichen Nutzen betrachtet und gemäß dem Grundsatz der Verhältnismäßigkeit gegen andere Grundrechte abgewogen werden."[16]

16 Allgemeine Datenschutz-Grundverordnung (DSGVO) Artikel 4. Für den Originaltext siehe: Verordnung (EU) 2016/679 des Europäischen Parlaments und des Rates vom 27. April 2016 zum Schutz natürlicher Personen bei der Verarbeitung personenbezogener Daten, zum freien Datenverkehr und zur Aufhebung der Richtlinie 95/46/EG (Datenschutz-Grundverordnung).

Artikel 1, Absatz 1 hebt in aufgeklärtem Ton hervor: „Zweck dieser Verordnung ist es, Normen zum Schutz natürlicher Personen und zum freien Verkehr von Daten bei der Verarbeitung personenbezogener Daten festzulegen." In Artikel 1 Absatz 3 wird die Bedeutsamkeit der Ausgewogenheit betont, demnach dürfe „der freie Verkehr personenbezogener Daten in der Europäischen Union nicht aus Gründen des Schutzes natürlicher Personen bei der Verarbeitung personenbezogener Daten eingeschränkt oder verboten werden."

Das „Gesetz der Volksrepublik China zur Prävention und Bekämpfung von Infektionskrankheiten" ordnet die obligatorische Isolierung von Patienten zur Verhinderung einer Ausbreitung der Pandemie an, womit auf gesetzlichem Weg den öffentlichen Interessen Vorrang eingeräumt wird, das heißt, das Gesetz gibt der öffentlichen Gewalt unter bestimmten Umständen die Befugnis, die Rechte Einzelner einzuschränken oder gar zu entziehen. Bei der Prävention und Eindämmung der neuen SARS-CoV2 Pandemie konvergieren persönliche Interessen mit öffentlichen Interessen und das Gesetz sollte einen umfassenden Schutz bieten. Wenn die persönlichen Interessen des Patienten mit öffentlichen Interessen kollidieren, beschränkt sich die Beeinträchtigung seiner Persönlichkeitsrechte nicht nur auf Beschränkungen der Freiheit, sondern bedeutet auch ein Aufgeben der Datenrechte. In der am 4. Februar 2020 von der Zentralbehörde für Internetsicherheit und Informatisierung herausgegebenen „Mitteilung zum ordnungsgemäßen Schutz personenbezogener Daten und zur Nutzung von Big Data für die Unterstützung der gemeinsamen Präventions- und Eindämmungsarbeit" ist der Grundsatz des Gleichgewichts fest verankert. Einerseits betont sie den angemessenen Schutz personenbezogener Daten bei der gemeinsamen Prävention und Bekämpfung der neuartigen Coronavirus-Pandemie. So legt sie beispielsweise fest, dass neben den kraft Gesetzes autorisierten Stellen „keine andere Organisation oder Einzelperson die Pandemie-Eindämmung oder Krankheitsprävention als Ausrede verwenden darf, personenbezogene Informationen ohne Zustimmung der betreffenden Person zu erheben oder zu verwenden." „Der Grundsatz des minimalen Anwendungsbereichs ist einzuhalten." „Personenbezogene Daten, die zur Epidemieprävention und -eindämmung sowie zur Prävention und Bekämpfung von Krankheiten erhoben werden, dürfen nicht für andere Zwecke verwendet werden" etc. Auf der anderen Seite wird die aktive Nutzung von Big Data, einschließlich Verwendung personenbezogener Daten, zur Unterstützung der gemeinsamen Präventions- und Kontrollbemühungen hervorgehoben. Zum Beispiel werden auf der Grundlage eines vollständigen Schutzes personenbezogener Informationen „die autorisierten Unternehmen unter der Leitung der zuständigen Abteilungen ermutigt, Big Data aktiv zu nutzen, um die Bewegungen von Schlüsselgruppen wie bestätigten Patienten, Verdachtspatienten und engen Kontaktpersonen zu analysieren und vorherzusagen, um einen Big-Data-Support für die gemeinsamen Präventions- und Eindämmungsarbeit bereitzustellen."

Das öffentliche Interesse ist eines der entscheidendsten Interessen im Bereich des Datenschutzes und die Umsetzung des öffentlichen Interesses erfordert auch, dass Datenschutzregelungen die Erhebung, die Verwendung und die Weitergabe von Daten erleichtern und schützen. Kurz gesagt, der Wert und der Nutzen von Daten sind von pluralistischer Natur, und die Diversifizierung des Nutzens, der von personenbezogenen Daten transportiert wird, bestimmt, dass über die Verwendung personenbezogener Daten nicht ausschließlich der Einzelne das letzte Wort haben kann (Regan 1995). Personenbezogene Daten tragen die Bürde persönlicher Interessen, gesellschaftlicher Interessen und öffentlicher Interessen. Der Schutz personenbezogener Daten muss die Realisierung dieser dreifachen Werte und Interessen adäquat berücksichtigen (Gao Fuping 2019). Die Interessen des Einzelnen und das öffentliche Interesse sind voneinander abhängig und verstärken sich gegenseitig, und wenn es zur Verwirklichung des öffentlichen Interesses erforderlich ist, sollte der Einzelne auf einige oder alle seine Rechte in Bezug auf die personenbezogenen Daten verzichten, um dem öffentlichen Interesse gerecht zu werden. Zugeständnisse dieser Art sind keine vollständige Verleugnung eigener Interessen, sondern eine vernünftige und verhältnismäßige Art und Weise, Abstriche zu machen und Toleranz zu zeigen. Tatsächlich besteht das Werteziel von Datenschutz darin, auf Grundlage der Gewährleistung einer für die Gesellschaft angemessenen Datennutzung den Datenmissbrauch zu begrenzen, damit ein Gleichgewicht zwischen Datenschutz und rationaler Datenverbreitung hergestellt werden kann.

Der Gedanke des öffentlichen Interesses stellt einen bedeutenden Grundsatz in modernen, rechtsstaatlich organisierten Gesellschaften dar. Das Grundprinzip öffentlichen Interesses ist die historische Antwort auf die Vergesellschaftung von Macht, eine unabdingbare Forderung der vernetzten Gesellschaft und ein grundlegendes Konzept der modernen Rechtsgesellschaft (Liang Shangshang 2016). Der Begriff des öffentlichen Interesses ist ein integrativer Interessenbegriff, der weder eine grenzenlose Ausweitung der privaten Interessen noch einen unbegrenzten Ausbau der Dateninteressen vertritt. Vielmehr plädiert er für die Ausgewogenheit und pluralistische Koexistenz verschiedener Interessen unter der Prämisse eines begrenzten Vorrangs öffentlicher Interessen und der Aufrechterhaltung eines moderaten Spannungsverhältnisses zwischen öffentlichen Interessen und anderen Interessen.[17] Natürlich stellt das „öffentliche Interesse" sowohl in der Rechtstheorie als auch in der Jurisdiktion einen höchst diffusen Begriff dar sowie ein ungelöstes Problem. Aufgrund des abstrakten Charakters des öffentlichen Interesses genießt der Begriff noch kaum eigene Autorität, was ein wichtiger Grund für die Aushöhlung, Schwächung und Verallgemeinerung des öffentlichen Interesses in der Realität ist. Obwohl das öffentliche Interesse in der Verfassung und im Zivilgesetzbuch der Volksrepublik China bereits etabliert ist und es auch in der Justizpraxis weit verbreitet sind, warten noch viele theoretische Probleme auf eine Klärung.

17 So sieht beispielsweise Artikel 29 Absatz 2 der japanischen Verfassung vor, dass „das Gesetz das Recht auf Eigentum aus Gründen des öffentlichen Interesses einschränken kann". In Artikel 10 Absatz 2 der chinesischen Verfassung heißt es: „Der Staat kann im öffentlichen Interesse Grundstücke requirieren oder beschlagnahmen und eine Entschädigung nach Maßgabe der gesetzlichen Bestimmungen zahlen." Artikel 13 Absatz 3 lautet: „Der Staat kann im öffentlichen Interesse das Privateigentum der Bürger nach Maßgabe der gesetzlichen Bestimmungen requirieren oder beschlagnahmen und eine Entschädigung zahlen." Der Staat kann im Namen der öffentlichen Interessen die Interessen des Einzelnen einschränken, vorenthalten oder sie ihm sogar entziehen.

Tabelle 1-5 Entwicklungsstadien des Begriffs „Öffentliches Interesse“ im Westen

| Stadium | Kernbedeutung |
|---|---|
| Die ganzheitliche Betrachtung der Interessen in der griechisch-römischen Antike | Erstens werden die durch die Interessen des Stadtstaats vertretenen öffentlichen Interessen mit den persönlichen Interessen der Bürger als identisch angesehen; zweitens hat das öffentliche Interesse, das durch das Interesse des Stadtstaats vertreten wird, Vorrang vor den persönlichen Interessen; drittens ist das öffentliche Interesse der Wertmaßstab für die Beurteilung der Legalität und Legitimität der Regierung. Es zeigt sich, dass dies die Kerngedanken der heutigen Auffassung vom öffentlichen Interesse hier bereits angelegt sind. Dies hat die Grundtendenzen des westlichen öffentlichen Interesses geprägt und einen breiten und weitreichenden Einfluss auf spätere Epochen ausgeübt. |
| Die Sicht der mittelalterlichen Theologie auf das öffentliche Interesse | Ein Festhalten an der Überlegenheit des öffentlichen Interesses. „Die Interessen der Gesellschaft überwiegen die Interessen des Einzelnen und sind obendrein heiliger.“ Thomas von Aquins Sicht des Gemeinwohls geht noch einen Schritt weiter, denn er geht über die materielle Dimension des Gemeinwohls hinaus, um das Gemeinwohl auf einer geistigen Ebene zu bestimmen und zu untersuchen, was den Bedeutungsgehalt des Gemeinwohls sehr bereichert. |
| Das öffentliche Interesse im modernen Gesellschaftsvertrag | In Bezug auf das Verhältnis zwischen Recht und öffentlichem Interesse haben die Theoretiker des Kontraktualismus eindeutig vorgeschlagen, dass die Gesetzgebung auf dem öffentlichen Interesse zu beruhen habe, und das öffentliche Interesse der Zweck des Gesetzes sei. Der größte Beitrag dieser Periode besteht darin, dass sich das Verständnis des öffentlichen Interesses nicht mehr auf abstrakte Werturteile reduziert, sondern in konkreten sozialen Praktiken angelegt gedacht wird, also wird das öffentliche Interesse zu einem sozial konstruierten Prinzip. |

| | |
|---|---|
| Moderne pluralistische Sicht auf das öffentliche Interesse | Nach dem 19. Jahrhundert werden die gesellschaftlichen Beziehungen immer komplexer, Interessenkonflikte treten stärker in den Vordergrund und verschiedenste Interessentrends betreten die Bühne. Zunächst gibt es das utilitaristische Konzept des öffentlichen Interesses von Bentham, Mill etc., welches den Utilitarismus als Kriterium für die Legalität aller Verhaltensweisen ansieht und das individuelle Interesse als Grundlage und einziges wahres Interesse des Gemeinwohls anerkennt. Zweitens gibt es die Sichtweise des öffentlichen Interesses als gesellschaftlichem Standard, die von Keynes vertreten wird und die den sozialen Maßstab betont. Drittens behauptet die von Rawls und Hayek vertretene neoliberale Auffassung des öffentlichen Interesses, die das Individuum zum Maß der Dinge macht, die Priorität des persönlichen Interesses und leugnet sogar die unabhängige Existenz eines öffentlichen Interesses. Viertens betonen die Kommunitaristen, dass die Gesellschaft an erster Stelle stehe, das öffentliche Wohl Vorrang vor dem persönlichen Wohl habe, das öffentliche Interesse wichtiger als das persönliche Interesse und das Streben nach öffentlichem Interesse die grundlegende Tugend der Bürger sei. Fünftens unterbreitet die „Öffentliche Reformverwaltung" *(New Public Management)* Vorschläge für die Reform des Mechanismus der Bereitstellung öffentlicher Leistungen. Um den wachsenden und diversifizierten Bedarf der Gesellschaft an öffentlichen Gütern und öffentlichen Dienstleistungen zu decken, sollte der traditionelle staatliche Versorgungsmodus unter Einbeziehung eines Marktwettbewerbsmechanismus und weitgehender Ausschöpfung der Rolle gemeinnütziger Organisationen reformiert werden. Insgesamt zeigt der Begriff des öffentlichen Interesses in diesem Zeitraum eine Tendenz zur Diversifizierung, die sowohl eine theoretische Antwort auf soziale Realitäten ist, als auch eine Vertiefung menschlichen Wissens über das öffentliche Interesse indiziert. |

Quelle: aus öffentlichen Daten zusammengestellt.

## Abschnitt 4 Altruismus

Wie der britische Philosoph David Hume sagte, ist „alle Wissenschaft mehr oder weniger mit der menschlichen Natur verbunden und jede Wissenschaft, wie weit sie auch von ihr entfernt zu sein scheint, kehrt immer auf die eine oder andere Weise zu ihr zurück" (Hume 1996). Die Voraussetzung und Prädisposition aller Humanwissenschaften ist die zentrale Stellung des Menschen und die Beschäftigung mit der menschlichen Natur. Verschiedene Systeme stützen sich auf unterschiedliche Annahmen über die menschliche Natur und nutzen wiederum verschiedene Methoden, um Menschen zu organisieren, zu führen, zu kontrollieren und zu motivieren. Der „Mensch" aus Sicht der Rechtswissenschaften ist die Vorstellung oder Setzung eines Bildes, das die Rechtswissenschaft von der Menschheit macht. In den letzten Jahren haben Forscherinnen und Forscher im In- und Ausland ihre Studien zum Bild des „Menschen" im Recht sukzessive intensiviert: Im Verfassungsrecht hat sich ein Wandel von der „Person mit Identität" zu „gleichen und freien Personen" vollzogen. Im Zivilrecht fand eine Verschiebung von der „abstrakten Person" zur „konkreten Person" statt. Im Umweltrecht fand ein Wandel von der „wirtschaftlichen Person" zur „ökologischen Person" statt. Das Sozialrecht hat eine Verschiebung von der „atomisierten Person" zur „vergesellschafteten Person" erlebt. Aus der Perspektive der Rechtstheorie gibt es einen Wandel vom „ethischen Menschen" hin zum „wissenschaftlichen Menschen".

Die Menschheit ist gerade dabei, zu „Datenmenschen" zu werden, was sich nicht nur auf die „Datafizierung" des Menschen bezieht, sondern auch betont, dass der Mensch einen hohen Grad an digitaler Zivilisation erreicht hat. Der „Mensch" aus juristischer Sicht weist die Merkmale eines Übergangs von einer „wirtschaftlichen Person" zu einer „Datenperson" auf. Die „Datenperson-Hypothese" stellt eine Prämisse des Rechtesystems der Daten dar, deren Kern der Altruismus ist. Als klassische Hypothese der menschlichen Natur unterstreicht die Hypothese des ökonomischen Menschen *(Homo oeconomicus)* den Egoismus der Menschen, die Hypothese der sozialen Person betont die nicht-ökonomische soziale Natur des Menschen, während die „Datenperson-Hypothese" die altruistische und teilende Natur des Menschen hervorhebt. Das Grundprinzip, nach dem der Datenmensch nach Datenwerten strebt, Datenwerte schafft und Datenwerte realisiert, besteht darin, den Wert zu maximieren. Ein Datenrechtssystem, das unter der Prämisse der Datenperson errichtet wurde, sieht einen Schlüssel darin, ein Gleichgewicht zwischen wirksamem Datenschutz und der Förderung der bestmöglichen Nutzung von Daten zu erreichen. Natürlich kann die Verwendung der „Datenperson" zur Beschreibung einer juristischen „Person" nicht alle Merkmale des Datenrechts abdecken. Der „Mensch" in der modernen Rechtswissenschaft hat sich in der Tat bereits in mehreren Bildern gezeigt. Künftig könnte der „Mensch" im Datenrecht hauptsächlich ein Bild der „Datenperson" sein, während andere Bilder Revisionen oder Ergänzungen zu diesem Bild sein werden.

### *(1) Die Anfänge der Datenmensch-Hypothese*

1966 äußerte der US-Abgeordnete Cornelius Edward Gallagher während der Anhörungen im Repräsentantenhaus in Bezug auf die „Federal Data Centers" folgende Warnung: „Computerisierte Menschen beziehen sich meiner Meinung nach auf Menschen, die ihrer Unabhängigkeit und Privatsphäre beraubt wurden. Aufgrund der Standardisierung, die der technische Fortschritt mit sich bringt, wird der soziale Status dieser Personen durch den Computer gemessen und ihre persönlichen Eigenschaften gehen verloren. Ihre Leben, ihre Talente und sogar ihre Fähigkeit, Geld zu verdienen, werden auf eine Diskette reduziert, eine eintönige Scheibe, die sie der reichen und vielfältigen Möglichkeiten beraubt, die sie eigentlich bieten sollte" (Regan 1995 S. 72). Der „computerisierte Mensch" ist Warnung und Prophezeiung zugleich. Binnen weniger als zehn Jahren ist Gallaghers Vorhersage beinahe Realität geworden. Der 1973 vom US-Ministerium für Gesundheit, Bildung und Wohlfahrt[18] publizierte Bericht „Aufzeichnungen, Computer und Bürgerrechte" entbehrt in

18 Vorgänger des Ministeriums für Gesundheitspflege und Soziale Dienste der Vereinigten Staaten.

seinen Ausführungen nicht einer gewissen Resignation.[19] 2004 veröffentlichte Professor Daniel J. Solove, ein führender amerikanischer Datenschutzexperte, eine Monographie mit dem Titel „The Digital Person: Technology and Privacy in the Information Age". Im ersten Kapitel beschreibt Professor Solove die Krise des Menschen im Informationszeitalter mit unverblümten Worten: „Wir befinden uns inmitten einer Informationsrevolution, doch unser Verständnis ihrer Komplexität hat gerade erst begonnen. Im letzten Jahrzehnt hat sich die Art und Weise, wie wir einkaufen, sparen, Geld abheben und unser tägliches Leben führen, dramatisch verändert, doch damit einhergeht eine immerfort wachsende Menge an persönlichen Aufzeichnungen und Informationen. Diese winzigen Details, die früher nur in vagen Erinnerungen bewahrt, oder mit Tinte auf einem rissigen Papier erhalten geblieben waren, werden jetzt dauerhaft im digitalisierten Computergedächtnis gespeichert, in einer riesigen Datenbank mit einer großen Menge an persönlichen Informationen. Unsere Geldbörsen sind vollgestopft mit Karten, Bankkarten, Telefonkarten, Einkaufskarten und Kreditkarten — alle diese Karten können dazu benutzt werden aufzuzeichnen, wo wir waren und was wir getan haben. Diese Informationen sind wie ein Rinnsal, das jeden Tag in die elektronischen Gehirne sickert. Daraufhin übertragen, klassifizieren, ordnen, legieren und reorganisieren diese elektronischen Gehirne die Informationen auf unzählige Arten. Die Digitaltechnik macht es möglich, die trivialsten Kleinigkeiten unseres täglichen Lebens zu speichern,

19 Es gab eine Zeit, in der wir unsere persönlichen Informationen immer von Angesicht zu Angesicht Personen oder Institutionen anvertrauten, denen wir Vertrauen schenkten; ein Vertrauen, von dem man sagen kann, dass es eine gewisse Symmetrie und Gegenseitigkeit aufwies. Heutzutage aber kommt der Einzelne nicht umhin, seine persönlichen Daten immer häufiger an eine Vielzahl unbekannter Organisationen abzugeben, damit diese sie verarbeiten und nutzen können. Wir wissen nicht, wer unsere personenbezogenen Daten verwendet, wir können es weder sehen noch spüren, und selbst wenn wir wüssten, wer es ist, erhielten wir oft keine Rückmeldung. Es geht soweit, dass wir manchmal nicht einmal wissen, dass eine Institution noch Informationen über uns besitzt. Wir werden weitestgehend im Dunkeln gelassen, ganz zu schweigen von der Möglichkeit, Fragen zur Richtigkeit dieser Informationen zu stellen, ihre Verbreitung zu kontrollieren und andere daran zu hindern, sie frei zu verwenden.

unser Kommen und Gehen, unsere Emotionen, Vorlieben und Abneigungen, wer wir sind und was wir besitzen, alles. Und das ist noch nicht alles: Diese Technologien sind durchaus in der Lage, ein elektronisches Puzzle zusammenzusetzen, das den größten Teil des Lebens eines Menschen umfasst — ein Leben, das aus unzähligen Aufzeichnungen erfasst wird, eine digitale Person, die aus der Welt der integrierten Computernetze zusammengestellt wird" (Solove 2006 S. 1).

Von 2004 bis 2020 sind wieder annähernd 15 Jahre vergangen und ich glaube, dass es den meisten Chinesen genauso geht, wie es Professor Solove in diesen Worten beschrieb. Das Antlitz eines wachsenden „digitalen Chinas" entfaltet vor der Welt seine nie da gewesene Erscheinung. Nahezu jedes Detail im Leben der Chinesen ist von „Zahlen" durchdrungen. Im Bereich der digitalen Wirtschaft haben Chinas unter den „vier neuen großen Erfindungen"[20] Alipay, Bikesharing und Onlineshopping die westlichen Länder bereits überholt, und auch die Hochgeschwindigkeitszüge werden ständig mit digitaler Technologie integriert, um die Betriebsleistung und Servicequalität zu steigern. Nun können wir die Veränderungen, die die digitale Technologie mit sich bringt, klarer, umfassender und eingehender betrachten. Zum jetzigen Zeitpunkt kommen wir auch nicht umhin, uns mit dem Problem des „computerisierten Menschen" und des „digitalen Menschen" auseinandersetzen, über das die amerikanische Bevölkerung sich seit über 50 Jahren Sorgen macht (Sun Ping 2018 S. 5). Alles wird zur Zahl – alle Menschen und Dinge werden als eine Art Daten existieren. Daten begleiten das ganze Leben eines Menschen von der Wiege bis zur Bahre und zeichnen es nach und wir haben eine unweigerliche Abhängigkeit von Daten aufgebaut. Während die Abhängigkeit der Menschen von anderen Menschen sowie die Abhängigkeit der Menschen von Dingen noch nicht vollständig beseitigt wurden, ist eine Abhängigkeit der Menschen von den „Zahlen" entstanden. Die „natürliche Person" entwickelt sich allmählich zur „Datenperson", und das Bild, die Konnotation und der Umfang des Begriffs der „Person" werden sich fundamental verändern. „Im Zeitalter von Big Data, in einer aus Daten konstituierten Welt,

20 Eine Referenz auf die vier großen Erfindungen des alten Chinas zu denen das Papier, der Buchdruck, das Schwarzpulver und der Kompass gezählt werden (Anm. d. Ü.).

können alle sozialen Beziehungen durch Daten abgebildet werden und der Mensch wird zur Summe seiner relevanten Daten“ (Li Guojie 2014). Alle sozialen Beziehungen sind im Wesentlichen Beziehungen zwischen Daten, die in engem Zusammenhang mit dem Schutz der Privatsphäre und dem altruistischen Teilen stehen. Auch die Gesetze, die diese Beziehungen regeln, sollten zu „datafizierten“ Gesetzen werden. Die Gestalt der Menschenrechte wird derzeit durch die Digitalisierung neu geformt und das Konzept der Menschenrechte muss sich an der digitalen „Datenperson“ orientieren. Dies erfordert die Etablierung eines neuen Verständnisses von „digitalen Menschenrechten“ und einen Mechanismus zu deren Schutz, um die Rechtsstaatlichkeit für „digitale Menschenrechte“ zu gewährleisten (Ma Changshan 2019).

Der „Datenmensch“ ist ein neuer Phänotyp der menschlichen Natur im digitalen Zeitalter. Die Geschichte zeigt, dass jede Entwicklungsstufe der menschlichen Natur für beispiellose Verwerfungen bei den gesetzgeberischen Konzepten und ihrem Streben nach Werten sorgte. Im Zeitalter des Privatrechts ist die juristische Person eine „Ökonomische Person“. Nach dem utilitaristischen Nachdenken[21] über die egoistische Natur des „ökonomischen Menschen“ entdeckte man die soziale und altruistische Natur

21 Die Wirtschaftswissenschaftler erkennen zunehmend, dass ihre „normativ definierende Denkweise“ der Hypothese vom *Homo oeconomicus* im heutigen Kontext von Smartifizierung und Informatisierung zunehmend infrage gestellt wird. Sie kann die in der Realität auftretende Existenz altruistischen Verhaltens nicht erklären, denn diese widerspricht direkt der Eigennutzhypothese und zeigt deren Irrtum auf. Wir sollten die Grenzen und Unzulänglichkeiten der Hypothese des ökonomischen Menschen offen anerkennen und sie überwinden, ohne sie zu leugnen“ (Yang Chunxue 2005). Aus wirtschaftsphilosophischer Sicht geriet die Doktrin vom rationalen Eigeninteresse bei der Erklärung des Verhaltens heutiger Menschen in ein unlösbares Dilemma. In den Marktwirtschaften des 20. Jahrhunderts gab es häufig Ungleichgewichte, Informationsasymmetrien und Unsicherheitsfaktoren, und die Annahme des rationalen Eigeninteresses wurde infrage gestellt. Darüber hinaus ist der Grund, weshalb die Menschheit überleben, sich entwickeln und großartige Zivilisationen schaffen konnte, genau jener, weil sie nicht völlig egoistisch ist, sondern reich an altruistischen Gefühlen für Verwandte, Freunde und sogar gegenüber Fremden. Man kann sagen, dass es bis heute keine menschliche Entwicklung gegeben hätte, wenn es kein altruistisches Verhalten zwischen den Menschen gäbe.

des Menschen und das Sozialrecht wurde geboren. Dies war zweifellos eine wichtige Weichenstellung in der Geschichte der Rechtsprechung, aber die Tatsache, dass sich die menschliche Natur ständig verändert, weiterentwickelt und mit der Zeit verbessert, bedeutet, dass auch ein solcher Einschnitt nie das letzte Wort sein wird. Mit der aktuellen globalen Datensicherheitskrise begreift die Menschheit einmal mehr, dass die reduktionistischen Annahmen des „sozialen Menschen" nicht mehr ausreichen, um das Paradox zwischen Menschen und Daten zu lösen. Wir müssen stattdessen auch bestehende Barrieren und Grenzen auf dem Weg der Reflexion hinterfragen und überwinden. Der „Datenmensch" ist ein gänzlich neues Ergebnis des Nachdenkens über die menschliche Natur im Zeitalter von Big Data, in dessen Mittelpunkt Altruismus steht. „Die menschliche Natur ist die Quelle und der Garant des Rechts, und Rechte sind ihrerseits Anforderungen an und Manifestationen der menschlichen Natur. Rechte, die auf der menschlichen Natur aufbauen, sind tief verwurzelt. Deshalb begreifen die Leute die Gesetze auch nur in dem Ausmaß, in welchem sie die menschliche Natur verstanden haben, und in eben jenem Maß sind sie imstande, das Recht zu schützen (Tu Yongqian 2019). Die menschliche Natur wird stets von ihrer Zeit geprägt bleiben und im reißenden Strom der Entwicklung der Zeiten wird die menschliche Natur unweigerlich auch die Entwicklung und den Fortschritt der rechtlichen Werte vorantreiben. Die durch den Datenmenschen im Zeitalter von Big Data angezeigte Veränderung der menschlichen Natur wird unweigerlich zu einem Wandel der Werte der Sicherheit, der Teilhabe und des Altruismus im Rechtswesen führen.

### *(2) Die Wahrscheinlichkeit des Altruismus*

Der Begriff des „Altruismus" wurde erstmals im 19. Jahrhundert von dem französischen Philosophen und Ethiker Auguste Comte geprägt, der die Rationalität des Altruismus von den Instinkten und der Natur des Menschen abstrahierte und als Begriff herausarbeitete. „Ebenso wie die Menschen rationale Anforderungen an das Denken haben, haben sie auch rationale Anforderungen an das Verhalten. Der Altruismus ist eine der rationalen Anforderungen an das Verhalten" (Nagel 1978 S. 3).

Die Beziehungsstruktur der digitalen Gesellschaft bewirkt, dass der ihr innewohnende Mechanismus dezentral, flach und grenzenlos ist, und ihre Grundgedanken bestehen in Offenheit, Teilhabe, Kooperation und gegenseitigem Nutzen. Diese Eigenschaften haben den humanistischen Grundton in dieser Gesellschaft begründet und der Grundsatz „den Menschen zur Grundlage zu nehmen" bestimmt auch den Kernwert des „Altruismus" dieser Zeit. Durch das Mehrprodukt einer außergewöhnlich umfangreichen Kooperation war der Geist des Altruismus entstanden und dieser war in der Lage, Menschen aus dem Gefangenendilemma zu befreien. Das Wertversprechen des Altruismus erhöht die subjektive Bereitschaft der Menschen, Rechte an Daten abzugeben und zu teilen. In der Folge begünstige das Verhalten des Teilens und gemeinsamen Nutzens eine positive Transformation. In gewisser Weise war also das System des Datenrechts eine Art Geburtshelfer des Teilhabegedankens.

Adam Smith hat in seinem Buch „Theorie der ethischen Gefühle" von Anfang an ausdrücklich auf die altruistische Natur des Menschen hingewiesen: „Egal als wie egoistisch ein Mensch gilt, es gibt immer bestimmte Züge in seiner Veranlagung, die ihn dazu bringen, sich um das Schicksal anderer zu kümmern und das Glück anderer als seine eigene Sache zu betrachten, obwohl er nichts davon hat, außer sich zu erfreuen, das Glück anderer zu sehen" (Smith 2015 S. 5). Auch Francis Bacon ist der Auffassung, „dass es in der menschlichen Natur eine verborgene Neigung und einen Hang zur Nächstenliebe gibt" (Bacon 1983 S. 36). Aus Maslows Theorie der Bedürfnishierarchie geht hervor, dass Menschen, die sich auf einem niedrigeren Bedürfnisniveau befinden, oft egoistische Verhaltensweisen zeigen, aber höhere Bedürfnisse können nur durch Kollaboration und Austausch mit anderen befriedigt werden. Die Befriedigung von Bedürfnissen erfordert ein gewisses Maß an Altruismus, „je höher das Niveau der menschlichen Bedürfnisse, desto vollständiger die Entfaltung des gemeinsamen Teilens" (Wang Tianen 2018). Je mehr also die hoch angesiedelten Bedürfnisse befriedigt werden, desto mehr wird Teilen erforderlich und umso mehr Altruismus liegt vor. Wenn die Bedürfnisse der unteren Ebene befriedigt sind, steigt das Bedürfnis nach Entwicklung allmählich auf die Ebene des Bedürfnisses nach Selbstverwirklichung. An diesem Punkt haben die Widersprüche und Konflikte zwischen Eigennutz und Altruismus die

Chance und die Möglichkeit, aufgelöst zu werden. Wenn also lediglich die einfachsten materiellen Bedürfnisse befriedigt werden können, dann ist es rational, die Maximierung der persönlichen Interessen zu verfolgen. Aber sobald eine Nachfrage auf anderer Ebene entsteht, sind Eigennutz und Altruismus keine konkurrierenden Aspekte mehr. Auf dieser Ebene macht es den Anschein, als sei der Egoismus in den Altruismus integriert worden. In einer sich stetig verfeinernden und eng verknüpften Kette der Arbeitsteilung verwirklichen sich die Interessen des Einzelnen in der Befriedigung der Bedürfnisse der Anderen, der Gesellschaft und des Landes. Würden alle immerfort nur nach Maximierung ihrer eigenen Interessen streben, dann fänden wir uns in einem Hobbes'schen Dschungel wieder, aus dem schwer herauszufinden wäre. Das Wesen gegenseitiger Beeinträchtigung in der Gesellschaft ist die Kurzsichtigkeit eines übermäßigen Egoismus, der sich, wenn er unkontrolliert bleibt, zu einer allseitig schädigenden Gesellschaft hin entwickelt. Aber wenn jeder bereit ist, einen Teil seiner eigenen Interessen zum Wohle anderer aufzugeben, dann wird eine Gesellschaft des „Alle für einen und einer für alle" möglich sein.

Der Biologe Martin A. Nowak von der Harvard-Universität meint: „Kooperation ist die Quelle für den Einfallsreichtum des Evolutionsprozesses von Zellen, zu vielzelligen Organismen, Ameisenhaufen, Dörfern bis hin zu Städten." Wenn sich die Menschheit den neuen Herausforderungen der Global Governance stellen will, muss sie zuerst neue Wege der Kooperation finden, und Altruismus sollte die Grundlage der Zusammenarbeit sein. Nur, wenn die Länder kooperieren und dem Grundsatz der Rechtekonzessionen von Daten folgen, wobei sie versuchen, ein angemessenes Gleichgewicht zwischen den besonderen Dateninteressen unterschiedlicher Länder und Völker sowie der Schicksalsgemeinschaft der Daten der Menschheit zu erzielen, nur dann kann allen Interessensubjekten die Maximierung ihrer Dateninteressen gelingen. Die Geschichte zeigt, dass in dem Maße, wie sich die Gesellschaften entwickeln und die Zivilisation fortschreitet, die Elemente der Barbarei, der Gier, des Egoismus etc. im Menschen schwinden. Stattdessen werden die altruistische Mentalität, die Verinnerlichung der Rechtschaffenheit, die Idee des Teilens etc. zu den Leitmomenten unseres Lebens, und die Menschheit begibt sich auf einen Weg der altruistisch geprägten Entwicklung. Die Ankunft eines

Datenrechtsgesetzes bedeutet, dass die Menschheit ein fortgeschrittenes Bewusstsein von der Beziehung zwischen Mensch und Daten erlangt hat. Die Menschen kommen zu der Einsicht, dass man entsprechend dem größten Nutzen für die Gesellschaft als Ganze den Grundsatz der Konzession vertreten und mit größter Anstrengung den Datenwohlstand der Gesellschaft fördern sollte. Was die Gesellschaft betrifft, so kann ein System etabliert werden, das den Altruismus nährt, und den uneigennützigen Geist der Menschen anregt, auf das die Beziehung zwischen Menschen und Daten harmonischer wird. Das ist es, worum es in der Gesellschaft gehen sollte.

### *(3) Von der Inbesitznahme zur Teilhabe*

Das System der Inbesitznahme ist die Basis des Sachenrechts und das System der Teilhabe ist der Kern des Datenrechts. Bei der Gestaltung des Systems der Datenrechte ist es entscheidend, den altruistischen Charakter der menschlichen Natur anzuerkennen und die Schönheit in der menschlichen Natur zu erwecken und zu fördern, um zu verhindern, dass die menschliche Natur zum Schädlichen wirkt. Altruismus ist die menschliche Basis des Datenrechtsgesetzes; er ist Ausgangspunkt und Ziel bei der Formulierung und Inkraftsetzung der Datenrechtsgesetze. Als rechtliches System, welches Eigentum, Rechte, Nutzung und Schutz von Daten regelt, als Grundnorm zur Regelung des Datenverhaltens und zur Aufrechterhaltung der Datenordnung, liegt der Schlüssel zu einem Gesetz über Datenrechte in der Herstellung eines Gleichgewichts zwischen einem wirksamen Schutz des Rechts auf Daten und der Förderung der umfassenden Nutzung von Daten. So kann die Wahrung des öffentlichen Interesses und der öffentlichen Sicherheit gewährleistet und der freie Austausch von personenbezogenen Daten gefördert werden. Aus diesem Grund ist ein gewisses Maß an Abtretung von Datenrechten durch die Bürger der Schlüssel zu einer Ausgewogenheit von legitimem Schutz und rationaler Nutzung. Mit anderen Worten: Der Zweck der Rechtsvorschriften über Datenrechte besteht darin, die Nutzung von Datenflüssen zu erleichtern. Es geht nicht darum, Daten in einem hermetisch abgeriegelten Netz von Gesetzen festzuhalten.

Gustav Radbruch sprach genau hiervon: „Die Absicht des Rechtesystems ist es nicht, die Menschen immerfort mit Argusaugen anzustarren. Sie sollen gelegentlich sorglos zu den leuchtenden Sternen, den blühenden Blumen und Bäumen und der Natur aufschauen können und die evidente Notwendigkeit der Tugend erblicken" (Radbruch 2001 S. 9). Der Altruismus ist die menschliche Basis oder Dimension des Datenrechtsgesetzes. Das bedeutet, dass das Datenrechtsgesetz den Altruismus als Ausgangspunkt nimmt, und dessen Forderung zum Ausdruck bringt. Es hat Altruismus als Hauptinhalt und höchstes Ziel seines Strebens. Mit Teilhabe als höchstem Wertziel modelliert und steigert das Datenrechtsgesetz den Altruismus der Menschen. Das heißt natürlich nicht, dass das Datenrechtsgesetz keine anderen Wertziele wie Sicherheit, Effizienz, Wirksamkeit, Ordnung etc. verfolgt. Das Problem ist aber, dass diese Ziele nicht durch altruistische Ziele substituiert werden können.

Das traditionelle System des Privatrechts gründete ursprünglich auf der Knappheit von Gegenständen (vor allem von dinglichen Gegenständen), deren Knappheit eine rechtliche Verteilung und Beilegung von Streitigkeiten gebot. Dieser durch Knappheit angeregte Modus einer Verrechtlichung von Ressourcenverteilung war in traditionellen Gesellschaften eine weitverbreitete und wirksame Praxis und sie erzeugte eine gegenseitige Abhängigkeit von Rechten und Objekten. Das ökonomische Gesetz, das mit der Knappheit zu tun hat, besagt, dass der Wert von Gegenständen allmählich abnimmt, je mehr von ihnen verfügbar sind. Dies ist das Gesetz der Sättigung in den Industriegesellschaften. Das Grundprinzip der gemeinschaftlichen Gegenseitigkeit von Daten aber unterläuft die oben genannten Grundmechanismen der industriellen Gesellschaften. Denn genauso wie die Popularität von Faxgeräten oder Telefonen den Wert von Faxgeräten und Telefonen steigert, erwächst der Wert der Netzwerke aus der Reichhaltigkeit und Ubiquität der Daten. Im System der Datenrechte sollten die negativen Elemente, die viele Rechtsdiskurse hervorbringen, vermieden werden. Dem Trugschluss einer proaktiven Behütung der Rechte sollte entkommen werden und stattdessen braucht es reziproke gesellschaftliche Verantwortung für den Datenverkehr. Das Einstehen für Rechte darf nicht zulasten der sozialen Verantwortung gehen: Wenn uneingeschränkte Rechte zu weit gehen, kann die Forderung nach sozialer Verantwortung eine unkontrollierte Entwicklung von Rechten in die Schranken weisen. Wenn das Gesetz nicht auf die juristischen Bedürfnisse der realen Gesellschaft eingeht und die Bürde der Verantwortung auf sich nimmt, dann könnte es für die Gesetzgebung zum Datenrecht zielführender sein, eine uneigennützige soziale Verantwortung zu kultivieren. Als natürliches öffentliches Gut gehorchen Daten dem inhärenten Grundsatz des gegenseitigen Teilens. Auf dieser Grundlage sollte die Datenrechtstheorie einen Paradigmenwechsel im Denken vollziehen. Sie sollte von einem auf Knappheit basierenden Recht zu einem auf Überfluss basierenden Recht, von einer Ausrichtung auf den Schutz privater Interessen zu einer Ausrichtung auf den Schutz des Gemeinwohls und von einer verstärkten Datenkontrolle zu einer Bescheidenheit bei der Datenkontrolle umgestaltet werden. Damit wird das „altruistische Teilen" als grundlegende Werteorientierung des Datenrechtsgesetzes etabliert (Mei Xiaying 2019).

## Abschnitt 5 Die digitale Ordnung

Das Recht ist eine Synthese von Ordnung und Gerechtigkeit (Bodenheimer 2004 S. 332). Es ist das primäre und konventionelle Mittel zur Prävention von Unordnung, zur Verhinderung von Unregelmäßigkeiten und zur Abhilfe bei Kontrollverlust. Der Wert der Ordnung und der Wert der Gerechtigkeit sind wichtige Maßstäbe für die Untersuchung dieses „Nachwuchses" im legislativen Bereich. Ordnung steht an erster Stelle im Wertesystem des Rechts und ist ein Grundwert, der die Gesetzgebung flankiert. Gesetzgebung ist in gewisser Weise gleichbedeutend mit Ordnung. Mit anderen Worten, das Gesetz selbst wurde formuliert, um eine bestimmte Ordnung zu erzeugen und aufrechtzuerhalten. Ein wichtiges Ziel der Gesetzgebung ist es, einen Zustand von „Kohärenz, Kontinuität und Gewissheit" (Bodenheimer 2004 S. 234) der gesamten Gesellschaft zu gewährleisten. Die rasante Entwicklung der digitalen Technologie hat zu Brüchen, Ungewissheiten und Risiken in der bestehenden Ordnung geführt, aber auch einen kraftvollen Impuls für den Aufbau einer neuen Ordnung gegeben.

Von allen Risiken ist das Versagen der gesetzlichen Regelung das gravierendste; unter allen Herausforderungen ist die Störung der Rechtsordnung die folgenreichste. Rechtliches Versagen und Unordnung äußern sich vor allem in einem „Governance-Defizit". Mit anderen Worten: Das derzeitige Governance-System, die Regeln, die Kapazitäten und die Technologie der Regulierung sind nicht mehr in der Lage, wirksam auf das gesamte Spektrum der Herausforderungen zu reagieren, das die digitale Technologie mit sich bringt, was zu einer ernsthaften Unordnung führt und sogar die Rechte der Bürger, das soziale Wohlergehen, die öffentliche Ordnung, die nationale Sicherheit und den globalen Frieden bedrohen kann (Zhang Wenxian 2020). „Gehst du zu schnell, so kann die Seele nicht mehr mithalten" ist ein uraltes Sprichwort nomadischer Stämme und kann auch zur Beschreibung der aktuellen Situation herangezogen werden, in der die Menschheit in das digitale Zeitalter eingetreten ist, aber immer noch häufig von versteckten Gefahren und punktueller Unordnung geplagt wird. Das Verständnis der traditionellen Rechtstheorie von der digitalen Welt und ihren rechtlichen Regulierungsmethoden weist derzeit theoretische Dilemmata und praktische Unzulänglichkeiten auf, die nur schwer zu bewältigen sind. Da sich in der gesellschaftlichen, nationalen und globalen Regulierung „Governance-Defizite" eingestellt haben, ist es dringend angeraten, eine Rechtsordnung für die digitale Gesellschaft zu schaffen. Wie können Daten, von Algorithmen gesteuerte digitale Technologien und deren sozialen Auswirkungen in die rechtliche Regulierung einbezogen werden? Es besteht die akute Notwendigkeit, eine digitale soziale Rechtsordnung zu schaffen, deren Kernelemente und Unterscheidungsmerkmale digitale Inklusion, digitale Co-Governance und digitale Gerechtigkeit sind. Dies ist die vordringlichste Aufgabe, um das „Governance-Defizit" in der digitalen Gesellschaft zu überwinden, und gleichzeitig die Weichen dafür zu stellen, dass sich die digitale Wirtschaft stetig weiterentwickelt.

### *(1) Die digitale Inklusion*

Toleranz ist ein Merkmal der modernen Zivilisation und eine Tugend des modernen Rechtsstaats. Auf dem Weg in die digitale Gesellschaft

schützen sind und sie schlagen eine Reihe von Prinzipien vor, welche einzuhalten sind, wie das Prinzip der Orientierung am Menschen, das Prinzip des pädagogischen Nutzens, das Prinzip des Privatsphärenschutzes, die Gewährleistung der Sicherheit und die Grundsätze des fairen Wettbewerbs, der Transparenz und Rechenschaftspflicht sowie der Innovation, etc. Diese Verlautbarung nimmt die europäischen Erfahrungen zum Beispiel und hat aus ihnen gelernt. Die oben genannten Konzepte und Sätze, ihre dargelegten Ideen und Werte, ihre verbindlichen Grundsätze und Regeln, ihre gewachsenen Institutionen und Mechanismen, ihre Prozesse zur Ausarbeitung und Umsetzung und ihre Verfahren der Revision und praktischen Verbesserung sind es wert, von uns studiert, erforscht und adaptiert zu werden (Zhang Wenxian 2020).

### *(2) Digitale Co-Governance*

Co-Governance ist der Kern aller Good Governance und eine gute digitale Rechtsordnung wird durch digitale Co-Governance geformt. Die Governance der digitalen Gesellschaft ist komplexer als die jeder anderen Gesellschaftsform, denn einerseits besitzt sie eine ausgesprochen starke Spezialisierung auf digitale Technologie, und andererseits zeichnet sie sich durch eine gesellschaftliche Orientierung am digitalen Bürger aus. Die Überwindung der digitalen Kluft, der Aufbau eines anschlussfähigen Systems pluralistischer Regeln, sowie einer Architektur von Good Governance und Co-Governance, die Verwirklichung der Co-Governance von Recht und Technologie und einer Co-Governance von Recht und Ethik, eine digitale Rechtsordnung mit pluralistischer Co-Governance als Kern, das sind die Zauberwaffen zur Beseitigung des „Governance-Defizits", und es sind unausweichliche Entscheidungen zum Aufbau einer Rechtsordnung für die digitale Gesellschaft.

Erstens die Co-Governance von Recht und Technologie: Das Ziel der Co-Governance von Recht und Technologie ist die Stärkung einer weitgehenden Integration von institutioneller Vorherrschaft und digitaler Technologie, um die grundlegende Rolle der Technologie und die Schutzfunktion des Rechts voll zur Geltung zu bringen, damit sich Code-Richtlinien und

Rechtsvorschriften, Algorithmen und nationale Gesetze gegenseitig ergänzen. China verfügt derzeit nicht nur über die institutionelle Überlegenheit eines sozialistischen Rechtssystems mit chinesischen Merkmalen, sondern auch den technologischen Vorteil, dass es bei digitalen Technologien wie E-Commerce, Internet, Big Data, Cloud Computing, Internet der Dinge, Blockchain und künstlicher Intelligenz weltweit führend ist. Es ist absehbar, dass die Vorteile von administrativem System und wissenschaftlicher Technologie einen immensen integrierten Vorteil bilden werden, wenn Technologie und System tief gehend integriert sind. Diese umfassende Überlegenheit wird unweigerlich zu einer enormen Effizienz der Governance führen. Darüber hinaus wurde ein politikrechtliches Big-Data-Fallbearbeitungssystem in Betrieb genommen. Das weltweit erste Internetgericht wurde in China aus der Taufe gehoben, als die Internetgerichte in Hangzhou, Peking und Guangzhou sukzessiv eingerichtet wurden. An allen Orten im ganzen Land werden intelligente Policy-Rechte, intelligente Gerichte, intelligente Staatsanwaltschaften und eine intelligente öffentliche Sicherheit installiert. Die Tatsache, dass die Website „China Judgements Online" zu einer der einflussreichsten der Welt geworden ist, zeigt, dass die chinesische Staatsführung die Vorteile der Technologie nutzt, um einen Entwicklungssprung zu vollziehen. Darüber hinaus erfordert die Co-Governance von Recht und Technik auch die gemeinsame Schnittstelle der Rechts- und Naturwissenschaften, um ihre Bemühungen um eine sinnvolle Steuerung der Technik zu bündeln. Wie David Edmund Neuberger, ehemaliger Präsident des Obersten Gerichtshofs des Vereinigten Königreichs, in einer Rede vor der Royal Society sagte: „Rechtsstaatlichkeit ist der Grundstein einer zivilisierten Gesellschaft. Aufgrund der kontinuierlichen Weiterentwicklung der Wissenschaft auf vielen Gebieten und ihrer weiterführenden Forschung, sollten Wissenschaftler die einschlägigen rechtlichen Bestimmungen kennen, welche die adäquaten rechtlichen Grenzen ihrer eigenen Arbeit definieren. Darüber hinaus ist es für Juristen ebenso wichtig, mit der Entwicklung der Wissenschaft vertraut zu sein, da das Recht mit den technologischen Entwicklungen Schritt halten muss" (Neuberger 2020).

Zweitens die Co-Governance von Recht und Ethik: Generalsekretär Xi Jinping machte deutlich: „Das Gesetz ist die geschriebene Moral und die

Moral ist das innere Gesetz." Ethik und Moral sind die Wurzel des Rechts und mehr noch die Zukunft des Rechts. Das Recht stand noch nie unter einer so gewaltigen Herausforderung durch Wissenschaft und Technik wie heute. Wir müssen die Speerspitze technologischer Entwicklung unter eingehender Beobachtung halten und aktiv auf Herausforderungen reagieren. Wir sollten potenzielle Risiken regulieren, Technik mit Recht, und Recht mit Ethik in Einklang bringen und die Initiative ergreifen, um den Wandel von Recht, Rechtsstaatlichkeit und Rechtsprechung in Abstimmung mit dem gesellschaftlichen Wandel zu fördern. Wichtig ist es, insbesondere bei der Verbindung von Ethik und Rechtswissenschaft, dass die digitale Ordnung die menschlichen Beziehungen im Kontext der digitalen Technologie untersucht und reflektiert. Dies umfasst zwei Hauptaspekte: erstens eine revidierende Untersuchung des gesellschaftlichen Subjekts.[22]

22 Der vom Staatsrat der Volksrepublik China herausgegebene „Entwicklungsplan für eine neue Generation künstlicher Intelligenz" weist auf die Notwendigkeit hin, einschlägige rechtliche Fragen zu untersuchen und ein System der Rechenschaftspflicht einzurichten. Das strategische Ziel besteht darin, „ein System von Gesetzen, Vorschriften, ethischen Grundsätzen und Strategien für künstliche Intelligenz zu schaffen". Sie schlägt außerdem vor, „Gesetze, Vorschriften und ethische Kodizes zur Förderung der Entwicklung der künstlichen Intelligenz zu formulieren", um deren nachhaltige und rasche Entwicklung zu gewährleisten. Darüber hinaus wird insbesondere darauf hingewiesen, dass es notwendig ist, sich aktiv an der Global Governance zur künstlichen Intelligenz zu beteiligen, die Forschung zu wichtigen gemeinsamen internationalen Themen der künstlichen Intelligenz wie der Devianz von Robotern mit starker KI oder zur Sicherheitsüberwachung zu intensivieren und die internationale Zusammenarbeit im Bereich der Gesetze, Vorschriften und internationaler Regeln etc. zur künstlichen Intelligenz zu vertiefen. So können Antworten auf globale Herausforderungen gemeinsam und optimiert gesucht und die Allokation innovativer Ressourcen auf globaler Ebene koordiniert werden. Spezifikationen, Normen und Modi einer Regulierung der Entwicklung künstlicher Intelligenz können an die internationale Gemeinschaft angeglichen werden und es kann eine Teilnahme am globalen Dialog geben. Die Forschung zu Gesetzen und Vorschriften mit Bezug zur künstlichen Intelligenz wird gestärkt und Rechte, Pflichten und Verantwortlichkeiten von künstlichen Intelligenzen sind zu klären. Im Mittelpunkt und Kern der Untersuchung steht der rechtliche Status der künstlichen Intelligenz.

Das traditionelle Rechtssystem, das insbesondere ein System der Rechtssubjekte war, wurde bzw. wird so sehr infrage gestellt wie nie zuvor.[23] In der Zukunft wird die menschliche Gesellschaft wahrscheinlich aus natürlichen Menschen, Robotern und Gen-Menschen bestehen. David Vladeck, Professor an der Georgetown University Law School, wirft am Beispiel eines unbemannten Roboters, der einen Menschen verletzt, die Frage auf, wie das Gesetz mit Robotern umgehen und welche rechtlichen Folgen ihre Handlungen haben sollten und argumentiert, dass der rechtliche Status von Robotern ein Thema ist, mit dem sich die Gesetzgebung auseinandersetzen müsse (Vladeck 2014 S. 129–150). „Aufgrund der Entwicklung

23 Die Datenmacht und die Beziehungen der Daten im digitalen Zeitalter erfordern zwangsläufig eine Rechtsprechung und Institutionen, die sich von jenen unterscheiden, die durch das Fließband des 19. und die Automatisierung des 20. Jahrhunderts geprägt waren. In einer Analyse der Bedeutung der Rechtspersönlichkeit merkte der japanische Zivilrechtler Eiichi Hoshino an: „Auch andere Wesen als Menschen kommen für den Begriff infrage, der für das Subjekt von Rechten und Pflichten im Privatrecht gebräuchlich ist" (Eiichi Hoshino 2004 S. 21). Laut dem israelischen Historiker Yuval Noah Harari „kann das menschliche Recht Entitäten wie Unternehmen oder Länder als Subjekte anerkennen, die als ‚juristische Personen' bezeichnet werden. Obwohl ‚Toyota' oder ‚Argentinien' weder Körper noch Geist haben, sind sie beide an das Völkerrecht gebunden, können Land und Geld besitzen und können beide vor Gericht zu Klägern oder Angeklagten werden. Es ist denkbar, dass die Algorithmen in naher Zukunft auch einen solchen Status erreichen können." (Yuval Harari 2017 S. 293). Nicht nur in akademischen Kreisen gab es hitzige Debatten, auch der Gesetzgeber trat in den Vordergrund. 2017 empfahl der Rechtsausschuss des EU-Parlaments, dass die künftige Gesetzgebung intelligenten Robotern der Spitzenklasse den Status von digitalen Androiden verleihen solle, welche Verantwortung für ihre eigenen schädlichen Handlungen zu übernehmen hätten, und ihre elektronische Persönlichkeit zu nutzen hätten, wenn sie autonome Entscheidungen treffen oder unabhängig mit Dritten interagieren. (Ausschuss des Europäischen Parlaments „Report with Recommendations to the Commission on Civil Law Rules on Robotics" 2015/2103(INL), <http://www.europarl.europa.eu/sides/getDoc.do?pubRef=-//EP//NONSGML+REPORT+A8-2017-0005+0+DOC+PDF+V0//EN>. Russland hat vorgeschlagen, Robotern in Artikel 1 des „Grishin-Gesetzes" den rechtlichen Status von „Roboter-Agenten" zu verleihen. Dieses sieht vor, dass ein „Roboter-Agent" über eigenes Vermögen verfügt, für seine eigenen Schulden haftet und zivilrechtliche Rechte und Pflichten in seinem eigenen Namen erwerben und ausüben kann (Zhang Jianwen 2018).

intelligenter Roboter müssen möglicherweise unsere Verfassung und unsere Gesetze überarbeitet oder neu geschrieben werden" (Mcnally und Inayatullah 1988 S. 119–136). Die Zweite ist eine Antwort auf Frage, wie die sozialen Strukturen in einer Risikogesellschaft neu zu gestalten sind. Jede digitale Technologie sollte letztlich die Verwirklichung menschlicher Interessen zum Ziel haben, die Wahrung der Persönlichkeitsinteressen, den Schutz der Menschenrechte und die Eliminierung von Risiken verfolgen. Aufbau einer gesunden zwischenmenschlichen und sozialen Ordnung auf der Grundlage der digitalen Technologie. Beim Aufbau einer lebenswerten zwischenmenschlichen und gesellschaftlichen Ordnung, die für die an der Erforschung, Entwicklung und Anwendung der digitalen Technologie beteiligten Subjekte gilt, sollten diese ethischen Normen und rechtswissenschaftlichen Grundsätzen eingehalten werden. Nur eine Förderung von Wissenschaft und Technologie im Lichte der menschlichen Werte kann auch zum Wohle der Menschheit sein.

Drittens die pluralistische Co-Governance: Die menschliche Gesellschaft bewegt sich von einem dualen Weltsystem zu einem dreiteiligen Weltsystem, in dem sich die Menschen eine digitale Welt teilen und zunehmend zu einer Schicksalsgemeinschaft werden, in der wir uns selbst im anderen wiedererkennen. Die Governance der digitalen Welt ist ein komplexes Systemdesign, das die kooperative Konstruktion einer flexiblen Ethik und strenger Gesetze erfordert, einschließlich eines Systems ethisch orientierter gesellschaftlicher Normen, eines auf Algorithmen basierenden Systems technischer Restriktionen und eines juristischen Systems der Risikoprävention und -kontrolle. Digital Governance sollte ein mehrstufiges Regulierungssystem aufbauen, an dem Regierungsbehörden, Branchenorganisationen und die breite Öffentlichkeit als pluralistische Subjekte teilhaben und zusammenarbeiten und auf diese Weise ein Muster für Synergien einer Co-Governance in der digitalen Gesellschaft bilden. Durch verschiedene Maßnahmen wie die Formulierung ethischer Grundsätze, die Gestaltung technischer Standards sowie die Erarbeitung von Gesetzen und Verordnungen können wir die Technologie zum Wohle und Nutzen der Menschheit einsetzen und die Entwicklung der digitalen Technologie in die Sphäre der Rechtsstaatlichkeit einbinden. Im „Kommuniqué des Zentralkomitees der Kommunistischen Partei Chinas zu Resolutionen über mehrere wichtige

Fragen der umfassenden Vertiefung der Reform" der vierten Plenartagung des 19. Zentralkomitees der Kommunistischen Partei Chinas heißt es: „Die gesellschaftliche Governance soll gestärkt und erneuert werden. Die durch Wissenschaft und Technologie gestützten gesellschaftlichen Governance-Systeme der Parteiführung, der Regierungsverantwortung, der demokratischen Konsultation, der gesellschaftlichen Koordination, der Beteiligung der Öffentlichkeit und der garantierten Rechtsstaatlichkeit sind zu vervollkommnen. Diese wollen wir durch eine Gesellschaft der gemeinsamen Governance aufbauen, in der jeder Verantwortung trägt, jeder seinen Teil beiträgt und an der alle Freude haben." Dies ist eine eindrucksvolle Darlegung der Bedeutung von Co-Governance und des Zeitgeists der Social Governance Ära für die „Gemeinschaft der gesellschaftlichen Governance". „In der digitalen Welt sind alle Teilnehmer keine Todfeinde, sondern Teamkollegen, die sich gemeinsam den Herausforderungen der Zukunft stellen. Die Regierung, die Internetunternehmen, die Organisationen der Zivilgesellschaft und die Individuen müssen alle ihrer Verantwortung gerecht werden." Die Feststellung, dass jeder Verantwortung trägt und jeder seinen Teil dazu beiträgt, zeigt, dass die „Gemeinschaft der gesellschaftlichen Governance" in erster Linie eine Praxis- und Verantwortungsgemeinschaft ist, während die Tatsache, dass jeder sie genießt, verdeutlicht, dass diese Gemeinschaft auch eine Interessen-, Werte-, Rechts- und Schicksalsgemeinschaft ist. Gemäß der Logiken der gemeinsamen Konstruktion, der Co-Governance und der Teilhabe ist die Verantwortung aller das Wesen und das Pflichtbewusstsein aller die Voraussetzung und der Genuss aller das Ergebnis. Die Quintessenz einer „Gemeinschaft der gesellschaftlichen Governance" besteht in „gemeinschaftlichem Aufbau, gemeinschaftlicher Governance und gemeinschaftlicher Teilhabe".

### *(3) Digitale Gerechtigkeit*

Fairness und Gerechtigkeit sind eine grundlegende Werteorientierung der modernen Gesellschaft und ein wichtiger Maßstab für den gesamtgesellschaftlichen Fortschritt. Wie bereits Rawls treffend sagte, ist „Gerechtigkeit der primäre Wert eines sozialen Systems, so wie Wahrheit der primäre Wert in einem System des Denkens ist“ (Rawls 1988 S. 3). Fairness und Gerechtigkeit sind nicht nur die inhärenten wesentlichen Anforderungen an das Recht, sondern auch die Seele und das Leben der Rechtsprechung. Die menschliche Gesellschaft betritt das digitale Zeitalter und die Ausbeutungsverhältnisse dieser Epoche manifestieren sich in den ungleichen Beziehungen zwischen den sozialen Subjekten, die durch die „digitale Kluft“ verursacht werden. Es handelt sich um eine soziale Ungerechtigkeit, die in einem „digitalen Defizit“ zum Ausdruck kommt. Man kann sagen, dass das gemeinsame Problem, vor dem die Menschheit in der Zukunft stehen wird, darin besteht, „diese ungerechte Welt, deren Skript vom transnationalen digitalen Kapital geschrieben wird und in der in hohem Maße die globale digitale Arbeiterschaft ausgebeutet und, durch Aktionen und soziale Praktiken der digitalen Arbeiter in eine neue Welt zu verwandeln, die frei von Ausbeutung und Unterdrückung, fair und gerecht ist“ (Zhou Yanyun und Yan Xiurong 2016 S. 267).

In ihrem Buch „Digital Justice: Technology and the Internet of Disputes“ stellen die weltweiten Pioniere der Theorie der digitalen Gerechtigkeit und die Paten von ODR (*Online Dispute Resolution*, dt. „Online-Streitbeilegung“) Ethan Katsh und Orna Rabinovich-Einy zum ersten Mal eine Theorie der digitalen Gerechtigkeit für die Welt des Internets vor und erklären, dass die Grundsätze und Leitlinien der Theorie der digitalen Gerechtigkeit allmählich die traditionelle Gerechtigkeitstheorie in der digitalen Welt ersetzen wird. Die Theorie der digitalen Gerechtigkeit hat eine epochale Bedeutung – nicht nur als ein wichtiger Meilenstein in der Untersuchung der Gerechtigkeitstheorie, sondern auch als eine Anleitung und ein Code für unseren Zugang zur Zukunft, unser Verständnis der Zukunft, unsere Beherrschung der Zukunft. Ganz wie Lord Briggs es ausdrückte: „Traditionelle Gerichte sind ein Resultat des Industriezeitalters, während Online-Gerichte das Produkt des Internetzeitalters sind. Traditionelle Gerichte werden unweigerlich zurückgehen und den Online-Gerichten Platz machen. Um das Ziel der Einrichtung von Online-Gerichten zu verwirklichen, auch wenn dafür Zeit, Geld und Mühen aufgewendet werden müssen, so werden diese Ausgaben nicht umsonst getätigt worden sein! Online-Gerichte werden die revolutionärsten und disruptivsten Gerichte unserer Zeit sein. Online-Gerichte werden die Art und Weise, wie Gerichte Recht sprechen, und die Art und Weise, wie Parteien Recht bekommen, verändern" (Briggs 2017). Im digitalen Zeitalter werden Gleichheit, Freiheit und Demokratie, aber auch Recht, Ordnung und Gerechtigkeit eine neue Definition erfahren.

Seit Aristoteles steht die Frage, durch welche Art von Verfahren Ergebnisse erreicht werden können, die in Einklang mit der Gerechtigkeit stehen, seit jeher im Zentrum der Theorien von Gerechtigkeit. Die Theorie der digitalen Gerechtigkeit unterscheidet sich in vielerlei Hinsicht von der traditionellen Gerechtigkeitstheorie, vor allem insofern, als es sich um eine Theorie der Gerechtigkeit in einer digitalen Gesellschaft handelt. In einer digitalen Gesellschaft müssen Gesetze und gesellschaftliche Regeln neu definiert und das Konzept der Gerechtigkeit neu entwickelt werden. Zum anderen ist die Theorie der digitalen Gerechtigkeit eine „Bottom-up"-Theorie der Gerechtigkeit. Die digitale Technologie hat zweifellos bereits die Mission der digitalen Revolution übernommen, indem sie das Konzept der Gerechtigkeit umgestaltet, was einen tiefgreifenden Einfluss auf die Online-Streitbeilegung und die Internet-Justiz hatte. Sie hat die Effizienz der Online-Streitbeilegungsmechanismen erhöht und gleichzeitig die Kosten für die Streitbeilegung erheblich gesenkt. Sie hat auch den auf die Gerichte zentrierten Weg zum Recht grundlegend verändert. Und schließlich ist die digitale Gerechtigkeit eine dynamische Theorie der Gerechtigkeit. Im Gegensatz zu anderen Gerechtigkeitstheorien gibt die digitale Gerechtigkeit keine festgelegten, isolierten und endgültigen Antworten vor. In der digitalen Gesellschaft hängt die digitale Gerechtigkeit vom Einsatz, der Erfüllung, der Praxis und der Umsetzung jedes Einzelnen ab (Zhao Lei und Cao Jianfeng 2020).

## Literaturverzeichnis

Gustav Radbruch, 《法律智慧警句集》 [Aphorismen zur Rechtsweisheit], China Legal Publishing House, 2001, S. 9.

Edgar Bodenheimer, 《法理学：法律哲学和法律方法》 [Jurisprudence: The Philosophy and Method of the Law], Deng Zhenglai (Übers.), Verlag der Chinesischen Universität für Politikwissenschaft und Recht, 2004.

John Rawls,《正义论》[A Theory of Justice]，He Huaihong et. al. (Übers.), China Social Sciences Press, 1988.

Eiichi Hoshino,《私法中的人——以民法财产法为中心》[The Person in Private Law – Centering on Civil Property Law], Wang Chuang (Übers.), China Legal Publishing House, 2004.

Peter Stein; John Shand, 《西方社会的法律价值》[Legal Values in Western Society], Wang Xianping (Übers.), China Legal Publishing House, 2004.

Lord Briggs《生产正义方式以及实现正义途径之变革一英国在线法院的设计理念、受理范围以及基本程序》[Reform der Art und Weise, wie Recht geschaffen und wie es vollzogen wird – Gestaltungsphilosophie, Anwendungsbereich und grundlegende Verfahren des britischen Online-Gerichts], Zhao Lei (Hrsg. Übers.), China Journal of Applied Jurisprudence, 2017, Nr. 2.

Francis Bacon,《培根论说文集》[Gesammelte Essays]， Shui Tongtian (Übers.), The Commercial Press, 1983.

Baron Neuberger:《法官如何借助科学技术判案》[Wie Richter mithilfe von Wissenschaft und Technologie Urteile fällen], Ge Feng (Übers.), Southern Weekly, <http://www.infzm.com/contents/119170>, 2020.8.10.

David Hume, 《人性论》[Ein Traktat über die menschliche Natur], Guan Wenyun (Übers.), The Commercial Press, 1996.

Adam Smith,《道德情操论》[The Theory of Moral Sentiments], Jiang Ziqiang et. al. (Übers.), The Commercial Press, 2015.

Daniel Solove, The Digital Person: Technology and Privacy in the Information Age, New York: New York University Press, 2006.

David C. Vladeck, "Machines without Principles: Liability Rules and Artificial Intelligence," Washington Law Review 89, (2014).

Trachtman, Joel P., The Future of International Law: Global Government, Cambridge University Press, 2013.

Neil M. Richards and Daniel J. Solove, "Privacy's Other Path: Recovering the Law of Confidentiality", Georgetown Law Journal 96, No.1 (2007): 123.

Paul M. Schwartz and Daniel J. Solove. "Reconciling Personal Information in the United States and European Union", Calif. L. Rev 102 （2014）.

Phil Mcnally and Sohail Inayatullah, "The Rights of Robots", Futures 20, No. 2 (1988).

Prince Albert v. Strange, (1848) 41 Eng. Rep. 1171 (Ch.).

Priscilla M. Regan, Legislating Privacy: Technology, Social Values, and Public Policy, Chapel Hill: The University of North Carolina Press, 1995.

Samuel D. Warren and Louis D. Brandeis, "The Right to Privacy", Harvard Law Review 4, No. 5 (1890).

Sylvia Kierkegaarda, Nigel Watersb, Graham Greenleafc, Lee A. Bygraved, Ian Lloyde and Steve Saxbyf, "30 Years on-The Review of the Council of Europe

Data Protection Convention", Computer Law & Security Review 108， No. 27 (2011).

Thomas Nagel, The Possibility of Altruism, Princeton: Princeton University Press, 1978.

William L. Prosser, "Privacy", California Law Review 48, No. 3 (1960).

Cheng Xiao,《民法典编纂视野下的个人信息保护》[Schutz personenbezogener Informationen im Rahmen der Kodifizierung des Zivilgesetzbuchs], China Legal Science, 2019, Nr. 4.

Deloitte & AliResearch Institute: „Der Weg zur Data Assetization – Bewertung von Datenvermögen und Branchenpraktiken", 2019.

Fan Jinxue,《权利概念论》[Theorie der Konzeptualisierung von Rechten], China Legal Science, 2003, Nr. 2.

Gao Fuping,《个人信息使用的合法性基础——数据上利益分析视角》[Legitime Grundlagen zur Verwendung personenbezogener Informationen – Die Perspektive einer Daten-Nutzen-Analyse], Journal of Comparative Law, 2019, Nr. 2.

Guo Daohui,《论立法中的利益分配与调节》[Zur Verteilung und Regelung von Interessen in der Gesetzgebung], in Xiangjiang Law Review (Bd. 2), Hunan Publishing House, 1997.

He Yuan (Hrsg.),《数据法学》[Rechtswissenschaft der Daten], Verlag der Peking Universität, 2020.

Li Guojie,《数据共享：大数据时代国家治理体系现代化的前提》[Gemeinsame Nutzung von Daten: Eine Voraussetzung für die Modernisierung des nationalen Governance-Systems im Zeitalter von Big Data], China Information Weekly, 2014.8.25. Nr. 5.

Li Yan,《民事法益与权利、利益的转化关系》[Die veränderte Beziehung zwischen zivilrechtlichen juristischen Interessen und Rechten bzw. Interessen], Social Sciences Review, 2008, Nr. 3.

Liang Shangshang《公共利益与利益衡量》[Öffentliches Interesse und Interessenabwägung], Tribune of Political Science and Law, 2016, Nr. 6.

Liu Zegang,《大数据隐私权的不确定性及其应对机制》[Unsicherheit über den Datenschutz bei Big Data und deren Bewältigungsmechanismen], Zhejiang Academic Journal, 2020, Nr. 6.

Lyu Zhongmei,《沟通与协调之途：论公民环境权的民法保护》[Ein Weg der Kommunikation und Koordination: zum zivilrechtlichen Schutz der Umweltrechte der Bürger], Verlag der Chinesischen Volksuniversität, 2005.

Ma Changshan,《智慧社会背景下的"第四代人权"及其保障》[Die vierte Generation der Menschenrechte vor dem Hintergrund der intelligenten Gesellschaft und ihre Garantien], China Legal Science, 2019, Nr. 5.

Mei Xiaying,《在分享和控制之间：数据保护的私法局限和公共秩序构建》[Zwischen Teilung und Kontrolle: die Grenzen des Privatrechts im Datenschutz und die Konstruktion der öffentlichen Ordnung], Peking University Law Journal, 2019, Nr. 4.

Peng Chengxin, 《从利益到权利一以正义为中介与内核》 [Von Interessen zu Rechten: die Gerechtigkeit als Vermittler und Grundgedanke], Law and Social Development, 2004, Nr. 5.

Qi Yanping,《人权观念的演进》[Entwicklung der Menschenrechtskonzepte], Verlag der Shandong Universität, 2015

Sun Ping, 《"信息人"时代：网络安全下的个人信息权宪法保护》 [Verfassungsmäßiger Schutz des Rechts auf personenbezogene Informationen im Zeitalter des informatisierten Menschen], Verlag der Peking Universität, 2018.

Tu Yongqian,《权利的人性分析——兼论人格权独立成编》[Untersuchung der menschlichen Natur im Recht – unter Beachtung der unabhängigen Verfasstheit von Persönlichkeitsrechten], Tribune of Political Science and Law, 2019, Nr. 2.

Wang Dongsheng, 《个人信息的刑法保护》[Strafrechtlicher Schutz personenbezogener Daten], Law Press·China, 2019.

Wang Guanghui, 《人权法学》[Rechtswissenschaft der Menschenrechte], Verlag der Tsinghua Universität, 2015.

Wang Tianen,《重新理解"发展"的信息文明"钥匙"》[Neu konzeptualisiert: Der „Schlüssel" zur „Entwicklung" einer Informationszivilisation], Social Sciences in China, 2018, Nr. 6.

Xie Yuanyang, 《信息论视角下个人信息的价值一兼对隐私权保护模式的检讨》[Der Wert persönlicher Informationen im Kontext der Informationstheorie – ein Überblick über die Modelle zum Schutz der Privatsphäre], Tsinghua University Law Journal, 2015, Nr. 3.

Yan Lidong,《以"权利束"视角探究数据权利》[Erforschung der Datenrechte als ein „Rechtsbündel"], Oriental Law, 2019, Nr. 2.

Vgl. Yang Chunxue 《经济人的"再生"：对一种新综合的探讨与辩护》[Die Wiederauferstehung des Homo Oeconomicus. Erforschung und Verteidigung einer neuen Synthese], Economic Research Journal, 2005, Nr. 11.

Zhang Jianwen,《格里申法案的贡献与局限——俄罗斯首部机器人法草案述评》[Beiträge und Grenzen des Grishin-Gesetzes – eine Überprüfung des ersten russischen Gesetzentwurfs zur Robotik], Journal of East China University of Political Science and Law, Nr. 2, 2018

Zhang Li (Hrsg.), 《数据治理与数据安全》[Data-Governance und Datensichterheit], Posts & Telecom Press, 2019.

Zhang Minan (Hrsg.), 《信息性隐私权研究》[Rechtswissenschaft der informationellen Privatsphäre], Verlag der Shandong Universität, 2014.

Zhang Wenxian《构建智能社会的法律秩序》[Aufbau einer Rechtsordnung für eine intelligente Gesellschaft]， Oriental Law, 2020, Nr. 5.
Zhang Wenxian,《新时代的人权法理》[Die Rechtsprechung zu den Menschenrechten in der neuen Ära], Human Rights, 2019, Nr. 3.
Zhang Yuanquan,《德国之信息自决权》[Das Recht auf informationelle Selbstbestimmung in Deutschland], 4. Nationales Doktorandenforum für öffentliches Recht, 2009.
Zhao Hong 赵宏,《信息自决权在我国的保护现状及其立法趋势前瞻》[Derzeitiger Stand und Ausblick auf gesetzgeberische Tendenzen des Rechts auf informationelle Selbstbestimmung in der Volksrepublik China], China Law Review, 2017.1.
Zhao Lei, Cao Jianfeng,《"数字正义"扑面而来》[„Digitale Gerechtigkeit" unversehens überall], Procuratorate Daily, 2020.1.22, 3.
Zhou Hanhua,《个人信息保护的法律定位》[Die Rechtslage zum Schutz personenbezogener Daten], Studies in Law and Business, 2020, Nr. 3.
Zhou Sijia,《个人数据权与个人信息权关系的厘清》[Klärung des Verhältnisses zwischen dem Recht auf persönliche Daten und dem Recht auf persönliche Information], Journal of East China University of Political Science and Law, 2020, Nr. 2.
Zhou Yanyun und Yan Xiurong,《数字劳动和卡尔•马克思》[Digitale Arbeit und Karl Marx], China Social Sciences Press, 2016.

KAPITEL 2

# Kernthemen der Gesetzgebung des Datenrechts

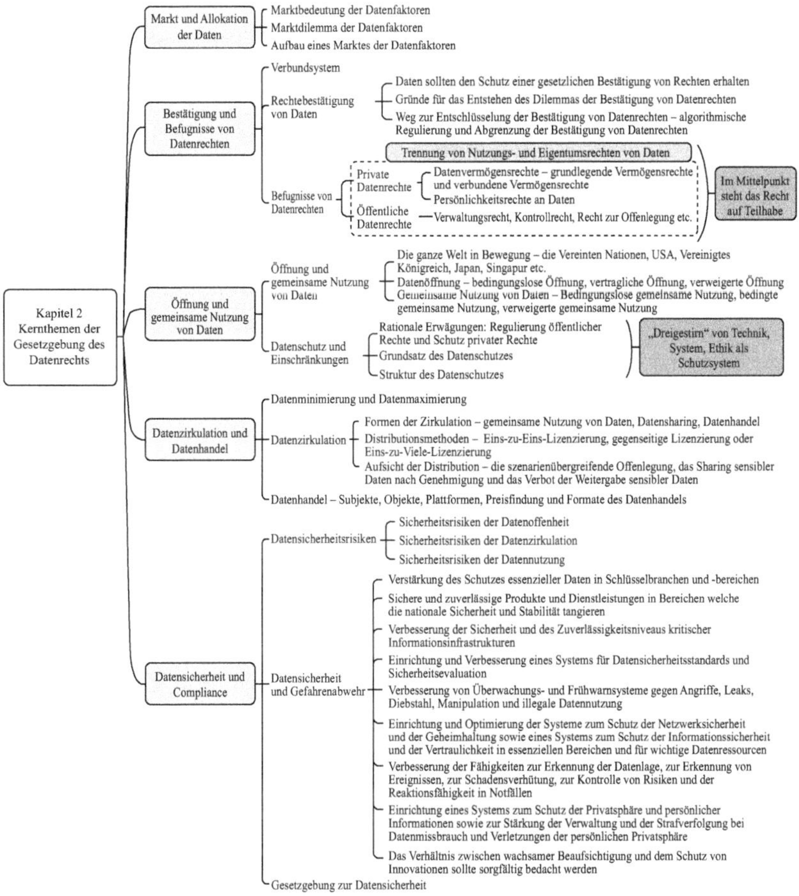

Mit den Datenschutzgesetzen der 1970er-Jahre als wichtigem Signal begann, sich ein Bewusstsein für Datenrechte zu herauszubilden. Eine umfassende Betrachtung der rechts- und wissenschaftstheoretischen Standpunkte und der mathematischen Fundierung von Datenrechten muss Lösungen in den folgenden Themenschwerpunkten bereithalten: Markt und Allokation von Daten, Bestätigung der Rechte und Befugnisse von Daten, Öffnung und gemeinsame Nutzung von Daten, Datenzirkulation und Datenhandel sowie Sicherheit und Compliance von Daten. Hierbei wird ein „beschleunigender Inkubator für die Schlüsselelemente des Datenmarktes", der Daten zu Basiselementen des Zugangs und der Zuteilung werden lässt, eine führende Rolle bei der Entwicklung der digitalen Ökonomien spielen. Dies wird dazu führen, dass Unternehmen Daten als wesentliche Faktoren ernster nehmen müssen, um deren Produktivität freizusetzen und die Entstehung neuer Geschäftsmodelle, neuer Wirtschaftsformen und neuer Wettbewerbsvorteile in der digitalen Wirtschaft zu begünstigen. Die Bestätigung der Rechte über Daten stellt den logischen Ausgangspunkt zur Klärung der Struktur des Eigentums an Daten dar. Ziel ist es, die Beziehungen der Rechte und Pflichten von Subjekten und den Verteilungsmechanismus der Dateneigentumsrechte präzise zu definieren, um ein System von datenrechtlichen Befugnissen aufzubauen, das auch öffentliches Vertrauen genießt. Die Öffnung, die gemeinsame Nutzung, der Handel und der Austausch von Daten sind wichtige Formen der Datenzirkulation und eine bedeutende Voraussetzung für die Maximierung des Werts von Daten. Die Compliance der Datensicherheit ist das Kernstück der Datenschutzvorschriften, die darauf abzielen, Daten vor Angriffen, Leaks, Diebstahl, Manipulation und unerlaubter Nutzung zu schützen.

## Abschnitt 1 Markt und Allokation von Daten

Im Anschluss an die vierte Plenartagung des 19. Zentralkomitees der Kommunistischen Partei Chinas wurde vorgeschlagen, dass Daten entsprechend ihrem Produktionsbeitrag als ein Produktionsfaktor an der

Verteilung beteiligt werden können. In den „Stellungnahmen des Staatsrats des Zentralkomitees der Kommunistischen Partei Chinas zum Aufbau eines optimierten institutionellen Mechanismus für eine marktorientierte Allokation von Faktoren" (im Folgenden die „Stellungnahmen" genannt) werden erstmals grundlegende Überlegungen für Daten als Produktionsfaktoren dargelegt. Deren Kernpunkte sind die „Förderung des transparenten Austauschs von Regierungsdaten", die „Steigerung des Wertes gesellschaftlicher Datenressourcen" und eine „Stärkung der Integration und des Sicherheitsschutzes von Datenressourcen". Am 29. Oktober 2020 verabschiedete die fünfte Plenartagung des 19. Zentralkomitees der Kommunistischen Partei Chinas den „Antrag des Zentralkomitees der Kommunistischen Partei Chinas zur Formulierung des 14. Fünfjahresplans für die nationale wirtschaftliche und gesellschaftliche Entwicklung und die visionären Ziele für 2035" (im Folgenden als „Antrag" bezeichnet), in dem ausdrücklich dazu aufgerufen wird, „die marktorientierte Reform von Boden, Arbeitskräften, Kapital, Technologie, Daten und anderen Faktoren zu fördern". Der Übergang von den „Stellungnahmen" zum „Antrag" veranschaulicht, wie die Grundhaltung des Staates gegenüber dem Markt und der Zuteilung von Datenfaktoren von einem spontanen zu einem planvollen Stadium fortschreitet. Indem Daten als ein Produktionsfaktor angesehen werden, wird, erstens, der Bedeutung von Daten als grundlegende strategische Ressource für das Land stärker Rechnung getragen. Und, zweitens, wird der Marktausweitung für Datenelemente und dem Aufbau des Datensystems mehr Aufmerksamkeit gewidmet.

### *(1) Die Marktbedeutung der Datenfaktoren*

Produktionsfaktoren sind eine begriffliche Kategorie der Wirtschaftswissenschaften: „Der Begriff bezieht sich auf die Gesamtheit der verschiedenen gesellschaftlichen Ressourcen, die für gesellschaftliche Produktions- und Betriebsaktivitäten erforderlich sind, und es sind alle grundlegenden Faktoren, die erforderlich sind, um das Funktionieren der Volkswirtschaft sowie die Produktion und den Betrieb durch die

Marktteilnehmer aufrechtzuerhalten“ (Shen Rong 2020). Die Inhalte der Produktionsfaktoren unterscheiden sich je nach Epoche und gesellschaftlichem Hintergrund beträchtlich. Im Agrarzeitalter waren Boden und Arbeitskräfte die wichtigsten Produktionsfaktoren. Mit dem Beginn des 20. Jahrhunderts, gegen Ende der zweiten industriellen Revolution, hatte sich die gesellschaftliche Produktivität beträchtlich erhöht, und die Wirtschaftstätigkeit wurde allmählich industrialisiert, nahm größere Ausmaße an und wurde organisierter, sodass die Organisation selbst zum Schlüssel der Produktion wurde. Mit steigender Produktivität und den veränderten Produktionsmethoden wurde die Rolle der Technologie allmählich deutlich und auch als Produktionsfaktor anerkannt. Auf dem Weg in die digitale Wirtschaft können uns Daten nicht nur dabei helfen, unsere Produktion und unsere Abläufe besser zu organisieren und zu planen, sondern auch dabei, genauere Urteile und Vorhersagen zu treffen, die der Gesellschaft großen Nutzen bringen. In diesem Zusammenhang werden die Daten zu Recht als ein Produktionsfaktor betrachtet (Guo Xiaobei 2020).

„Dass Daten als Produktionsfaktoren angesehen werden, zeigt die bedeutende Neuerung, dass mit der Beschleunigung der digitalen Transformation wirtschaftlicher Aktivitäten der Multiplikatoreffekt von Daten zur Verbesserung der Produktionseffizienz in den Vordergrund tritt und zu der entscheidenden Veränderung neuer Produktionsfaktoren führt, welche die Erkennungsmerkmale ihrer Zeit aufweisen“ (Liu He 2019). Dies kommt in dreierlei Hinsicht zum Ausdruck: Erstens hat die Mitwirkung von Daten an der Produktion einen Multiplikatoreffekt auf andere Faktorressourcen, der die Effizienz der wirtschaftlichen Produktion verbessern und die Kreierung neuer Produktarten und Dienstleistungen befördern kann, worin sich ihr Beitrag zum Wirtschaftswachstum widerspiegelt. Zweitens hat die Beteiligung der Daten an der Allokation einen Verdrängungseffekt auf die ursprünglichen Produktionsfaktoren wie Arbeit, Boden, Kapital und Technologie, was hintergründig mit dem Wandel in den Strukturen und den konstituierenden Elementen der Wirtschaft zu tun hat und sich tief greifend auf die Einkommensverteilung auswirkt. Drittens haben Daten mit ihren Eigenschaften der hohen Mobilität, geringer Kosten, langfristiger Verfügbarkeit und Externalität der Rentabilität eine breite

Strahlungswirkung auf alle Sektoren der Volkswirtschaft und tragen so zur Steigerung der Produktivität sämtlicher Faktoren bei (Guo Xiaobei 2020). Nach unvollständigen Statistiken lag der Beitrag der Digitalisierung zum Zuwachs der Arbeitsproduktivität in den Vereinigten Staaten in den letzten zehn Jahren bei über 40 %. „Der aktuelle Stellenwert des Faktors Daten für das Funktionieren der Weltwirtschaft wird immer deutlicher und der Wettbewerb zwischen den großen Volkswirtschaften um die Vorherrschaft in der digitalen Wirtschaft rund um die Datenressourcen wird immer intensiver. Der kontinuierliche Zuwachs an Datenwerten steht nicht nur für den steigenden Stellenwert von Daten in Wirtschaft und Gesellschaft, sondern auch für einen kontinuierlichen Wandel der Bedeutungen, die sich hinter Daten verbergen (Guo Qiang und Chen Qiyun 2020). Der Faktor Daten wird zu einer neuen Variable, die die internationale Wettbewerbslandschaft verändert.

Von Daten zu Datenressourcen, von Datenressourcen zu Big Data, von Big Data zu Datenfaktoren und von Datenfaktoren zur Vermarktung von Datenfaktoren – diese Entwicklungslinie zeigt und manifestiert den wichtigsten Trend in der Entwicklung moderner Wirtschaftssysteme, der von der digitalen Ökonomie repräsentiert wird. Im Vergleich zu den traditionellen Elementen Boden, Arbeitskräfte, Kapital und Technologie weisen Daten offensichtliche Merkmale auf, wie ihre komplexen Subjekte, komplexe Eigentumsverhältnisse, reichlich vorhandene Ressourcen, eng miteinander verknüpfte Faktoren und vielfältige Wert-Spillover-Effekte (siehe Tabelle 2-1), sowie die drei Hauptwerte: Derivativ zu sein, gemeinsam genutzt werden zu können, und sich nicht zu verbrauchen. „Sie haben die Schranken des begrenzten Angebots natürlicher Ressourcen für das Wachstum durchbrochen und eine Grundlage und Möglichkeit für nachhaltiges Wachstum und nachhaltige Entwicklung geschaffen. Daten sind zu einem Schlüsselfaktor der digitalen Wirtschaft geworden und werden auch an der Zirkulation und dem Vertrieb auf marktwirtschaftliche Weise beteiligt sein, was bedeutet, dass die traditionellen Marktfaktoren ihrerseits Merkmale des digitalen Zeitalters annehmen und sogar zu fortschrittlicheren Produktionsfaktoren werden" (Zhang Hanqing 2020). Gleichzeitig wird der Faktor Daten zum wichtigsten Produktionsmittel einer neuen Infrastrukturära avancieren. Diese neue Infrastruktur wird die großflächige

Nutzung von 5G (Mobilfunktechnologie der fünften Generation), die Entwicklung intelligenter Applikationen und die Schaffung neuer Geschäftsmodelle ermöglichen, die alle auf Daten beruhen: „Keine Daten, keine Anwendungen; keine Anwendungen, keine Intelligenz."

### *(2) Das Marktdilemma der Datenfaktoren*

Als neuer Produktionsfaktor in der digitalen Wirtschaft zeichnen sich Daten durch ihre Atomisierung, ihre Unstrukturiertheit, ihre Nichtverknappung, ihre Nichthomogenität, ihre Nichtexklusivität, ihre bei null liegenden Grenzkosten und ihre steigenden Skalenerträge aus, was die Bewältigung zahlreicher Probleme und Herausforderungen in allen Aspekten des Lebenszyklus der Daten erforderlich macht. Dazu gehören die Definition von Datenrechten, die Datenöffnung, die Datenpreisbildung, der Datenhandel, die Datennutzung, die Einhaltung der Datensicherheit und die Datenvernichtung.

Schwache Integrierung und Koordinierung von Daten: Im Bericht des 19. Parteitags wird hervorgehoben: „Auf allen Arbeitsgebieten einschließlich der Partei, der Regierung, der Armee, der Bevölkerung, der Massenorganisationen und der Bildung sowie in allen Landesteilen führt die Partei alles." Es ist nicht nur ein Trendsignal, sondern auch eine Notwendigkeit, dass die Partei für die Daten zuständig ist. Allerdings ist China, was die „Kontrolle der Daten durch die Partei" und die „Integrierung und Koordinierung von Daten" egal ob in rechtlicher, politischer oder technischer Hinsicht betrifft, noch weit vom Ziel einer „Datenmacht" entfernt. Dies spiegelt sich zum einen in der unzureichenden Koordinationsfähigkeit der nationalen Ebene über die Daten wider. Seit 2015 hat das System der gemeinsamen interministeriellen Konferenzen zur Förderung der Entwicklung von Big Data eine wichtige koordinierende Funktion inne. Aber eine Reihe von Problemen bei der künftigen Konstruktion eines Mega-Datenmarktes, wie eine professionellere und differenziertere Entscheidungsfindung und -umsetzung, bleiben schwer zu lösen. Auf der Ebene nationaler Ministerien und Kommissionen haben mehr als 70 % aus der Gruppe der den Staatsrat bildenden Abteilungen, deren direkt unterstellten Abteilungen, direkt

Tabelle 2-1 Vergleich der Besonderheiten von Daten und anderer Faktoren

| Vergleichsgegenstände | Boden | Arbeitskraft | Kapital | Technologie | Daten |
|---|---|---|---|---|---|
| Faktorsubjekte | einzelne Subjekte | einzelne Subjekte | vielfältige Subjekte | vielfältige Subjekte | komplexe Subjekte |
| Modell des Umlaufs von Eigentum | klares Eigentumsverhältnis | klares Eigentumsverhältnis | klares Eigentumsverhältnis | klares Eigentumsverhältnis | komplexes Eigentumsverhältnis |
| Verknappungsprozess der Ressource | Ressourcen verknappen | Ressourcen verknappen | Ressourcen verknappen mäßig | Ressourcen verknappen mäßig | Ressourcen Überfluss |
| Überschneidungen des Faktors | relativ unabhängig | Überschneidungen existieren | Überschneidungen existieren | Überschneidungen existieren | engste Überschneidungen |
| Wert-Spillover-Effekte | Übertragung nicht auffällig | Übertragung nicht auffällig | auffällige Übertragung | auffällige Übertragung | Wertemultiplikator |

Quelle: Yang Tao 2020.

unterstellten Ad-hoc-Agenturen und direkt unterstellten Institutionen entsprechende Big-Data-Papiere herausgegeben und mit dem Aufbau eines Big-Data-Systems in ihren Bereichen begonnen. Datenbarrieren, Aufsplitterung und Doppelarbeit sind jedoch immer noch recht prävalent, und die regionen-, ressort- und systemübergreifende Koordinierung ist nach wie vor problematisch, sodass es schwierig ist, umfassende Synergien zu erzielen. Andererseits haben auf lokaler Ebene seit der neuen Runde der institutionellen Reformen 2018 mehr als 20 lokale Regierungen auf Provinzebene, darunter Shandong, Guangdong, Guangxi, Zhejiang und Guizhou, Big-Data-Einrichtungen gegründet (siehe Tabelle 2-2). Da es jedoch keine einheitlichen Leitlinien und Bestimmungen auf nationaler Ebene gibt, sind die Namensgebung, Verwaltungsebenen, Zuständigkeiten und Funktionen der Big-Data-Einrichtungen in den verschiedenen Provinzen, Regionen und Stadtverwaltungen unterschiedlich, und können als „Potpourri" bezeichnet werden. Was die Verwaltungsebenen anbelangt, so gibt es solche, die in die städtische Hauptverwaltungsebene eingegliedert sind, wie das Big-Data-Büro für behördliche Dienste der Provinz Shandong, und solche, die zur stellvertretenden Stadtverwaltungsebene gehören, wie das Datenmanagementbüro der Provinzregierung Guangdong. Hinsichtlich der Zugehörigkeit gibt es solche, die der Leitungsebene der Provinzregierung unterstehen, wie die Big-Data-Entwicklungsadministration der Provinz Guizhou, und solche, die den Kanzleien der Provinzregierungen (Büro der Datenadministration der Provinzregierung Guangdong), dem Ministerium für Industrie und Informationstechnologie (Büro für behördliche digitale Dienste der Provinz Shaanxi) oder der Kommission für Entwicklung und Reform (Büro für Big-Data-Management der Provinz Fujian) unterstehen. Die Vielfalt der Institutionen und Funktionen bringt eine Uneinheitlichkeit der Funktionsmechanismen mit sich.

Die Datengesetzgebung muss einen Durchbruch erzielen: Als neuartiger Produktionsfaktor verfügen Daten über ein durchaus komplex strukturiertes Rechtesystem. Aus globaler Perspektive stellt die Bestätigung von Datenrechten eine nicht minder große Herausforderung dar, und diese Herausforderung spiegelt sich sowohl auf der Ebene der Bestätigung gesetzlicher Rechte als auch der Bestätigung technischer Rechte wider. „Eine unklare Dateneigentümerschaft behindert die marktorientierte Allokation von

Tabelle 2-2 Einrichtungen des Big Data Managements auf Provinzebene nach der Reform 2018

| Provinz | Bezeichnung der Einrichtung | Zuständigkeit | Ebene |
|---|---|---|---|
| Shandong | Big-Data-Büro der Provinz Shandong | untersteht direkt der Provinzregierung | Stadtverwaltung |
| Guangdong | Big-Data-Managementbüro für behördliche Dienste der Provinz Guangdong | untersteht einer Abteilung im Ministerium der Provinzregierung | stellvertretende Stadtverwaltung |
| Guangxi | Big-Data-Entwicklungsbüro der regionalen Selbstverwaltung der Zhuang-Nationalität von Guangxi | untersteht direkt der Regierung der regionalen Selbstverwaltung | Stadtverwaltung |
| Zhejiang | Big-Data-Entwicklungsbüro der Provinz Zhejiang | untersteht einer Abteilung im Ministerium der Provinzregierung | stellvertretende Stadtverwaltung |
| Chongqing | Big-Data-Anwendungs- und Entwicklungsbüro der Stadt Chongqing[a] | untersteht direkt der Stadtregierung | Stadtverwaltung |
| Anhui | Büro für Big-Data-Ressourcennutzung der Provinz Anhui | untersteht direkt der Provinzregierung | Stadtverwaltung |
| Guizhou | Big-Data-Entwicklungsbüro der Provinz Guizhou | untersteht direkt der Provinzregierung | Stadtverwaltung |
| Fujian | Büro der Führungsgruppe für Gestaltung des digitalen Fujian (Büro für Datenmanagement der Provinz) | untersteht einer Abteilung des Ausschusses für Provinzentwicklung und -reform | stellvertretende Stadtverwaltung |
| Jilin | Büro für behördliche Dienste und Gestaltung der Digitalisierung der Provinz Jilin | untersteht direkt der Provinzregierung | Stadtverwaltung |

(*Fortgesetzt*)

Tabelle 2-2 Fortgesetzt

| Provinz | Bezeichnung der Einrichtung | Zuständigkeit | Ebene |
|---|---|---|---|
| Henan | Büro für Big-Data-Management der Provinz Henan | untersteht einer Abteilung im Ministerium der Provinzregierung | stellvertretende Stadtverwaltung |
| Shaanxi | Ministerium für Industrie und Informationstechnologie der Provinz Shaanxi (Büro für behördliche Datendienstleistungen der Provinz) | untersteht einem dem Ministerium für Industrie und Informationstechnologie angegliederten Büro für behördliche Dienste | — |

[a] Die Stadt Chongqing gehört zu den vier regierungsunmittelbaren Städten der Volksrepublik China mit eigenem Provinzstatus (Anm. d. Übers.).

Quelle: Aus öffentlichen Daten zusammengestellt.

Datenfaktoren erheblich und birgt sogar Compliance-Risiken für Unternehmen“ (Liu Li 2020). „Derzeit ist ein Durchbruch in der chinesischen Gesetzgebung auf den Ebenen der Datenöffnung, des Datenhandels und der Datensicherheit dringend erforderlich. Erstens sind die ‚Vorschriften der Volksrepublik China über die Offenlegung von Regierungsinformationen‘ noch nicht an die Gesetze zur Datenöffnung angepasst und auch die Grundprinzipien der Datenöffnung, die Plattformen zur Datenöffnung und die Datenverwaltungssysteme müssen weiter verbessert werden. Zweitens sind die von Dateneigentum und Datentransaktionen angestoßenen Prozesse vielfältig, veränderlich und komplex. Schließlich hat das heikle Thema der Datensicherheit die Schwierigkeit der Bestätigung von Datenrechten erhöht“ (Shi Yang et al. 2020). Unterdessen haben die westlichen Länder in den letzten Jahren mit der Einführung einer Reihe spezifischer Vorschriften Durchbrüche erzielt. „Die USA haben eine Reihe von Gesetzen wie den ‚Freedom of Information Act‘, den ‚Electronic Freedom of Information Act‘ und den,Privacy Act‘ verabschiedet, um die Offenheit von Regierungsdaten zu schützen; England hat durch die Änderung des ‚Protection of Freedom Act‘ und den Erlass einer Reihe von Verordnungen wie der ‚Directive on the Re-use of Public Sector Information‘ für Aufsicht und verbindliche Beschränkung offener Regierungsdaten gesorgt“ (Ye Runguo und Chen Xuexiu 2016). Im Gegensatz dazu schreiben in China das ‚Internetsicherheitsgesetz‘ und das ‚Zivilgesetzbuch‘ zwar den Schutz personenbezogener Informationen und Daten vor, es fehlen jedoch spezielle untergeordnete Gesetze und Durchführungsbestimmungen, sodass diese in der Praxis der Datenschutzgesetzgebung deutlich hinter den westlichen Ländern zurückgeblieben sind (Tian Weilin 2018). Auch sind sie nach wie vor außerstande, die Frage der Gesetzgebung für einen Markt der Datenfaktoren zufriedenstellend zu lösen.

Die Datenmarktaufsicht ist ein schweres Gelände. Die Integration digitaler Technologien in Marktsysteme hat die Beziehungsstruktur zwischen den betroffenen Protagonisten auf dem Datenmarkt umgekrempelt, und auch neue Regeln für Wettbewerb und Regulierung hervorgebracht. Die Mehrzahl der derzeitigen Marktregulierungsvorschriften wurde im Zeitalter der Agrar- und Industriewirtschaft formuliert und eingeführt, und es gibt noch viele Unvereinbarkeiten mit der Entwicklung der digitalen

Wirtschaft (Shi Yang et al. 2020). „Im Bereich der Datentechnik sind wir unserer Zeit bereits voraus, während wir bei den institutionellen Vorkehrungen für die Datenregulierung zweifelsohne hinterherhinken" (Liu Xiaojuan 2017). Dabei gibt es noch einige Probleme: Erstens fehlt es an einer einheitlichen Gesetzgebung zu Datenrechten, Datenhandel, Datenöffnung und Schutz der Privatsphäre – ein systematisches Datenrecht wurde noch nicht geschaffen. Zweitens sind die Standards unklar und es gibt nur einseitige Mittel zur Regulierung und Restriktion. In vielen Bereichen gibt es keine klaren Regeln, und die Kriterien für Rechtmäßigkeit sind nicht sicher. Zwar „ermächtigt das ‚Internetsicherheitsgesetz' die nationale Abteilung für Cybersicherheit und Informatisierung dazu, für die Gesamtkoordination der Netzsicherheit und die damit verbundene Aufsicht und Verwaltung verantwortlich zu sein".[1] Allerdings ist diese Art der Aufsicht eher eine allgemeine Aufsicht und keine spezifische Aufsicht. Es fehlen durchsetzbare Vorschriften im Hinblick auf Aufsichtsregeln, ein Mechanismus zur Koordinierung einer Stärkung der Datenregulierung und eine professionelle Fachaufsichtsbehörde. Drittens folgt die Gesetzgebungspraxis dem konventionellen empirischen Ansatz „eher grob als fein" zu sein, wodurch die gesetzlichen Haftungsbestimmungen zu pauschal, die Strafen milde und die Durchsetzbarkeit zu schwach ausfallen.

### *(3) Der Aufbau eines Marktes der Datenfaktoren*

Als neuer Produktionsfaktor sollten Daten durch die „drei Motoren" von Recht, Technologie und Ethik angetrieben werden. „Sowohl die ‚unsichtbare Hand' als auch die ‚sichtbare Hand' sollten richtig eingesetzt werden, und es sollten Anstrengungen unternommen werden, um ein Muster herauszubilden, in welchem die Funktionen des Marktes und des Staates organisch miteinander integriert werden, sich ergänzen, koordiniert sind

1 Vgl.《中华人民共和国网络安全法》*[Internetsicherheitsgesetz der Volksrepublik China]*, Artikel 8.

und sich gegenseitig bekräftigen."[2] Wir unternehmen an vielen Fronten konzertierte Anstrengungen, um den Aufbau eines Datenfaktormarktes mit klaren Eigentumsverhältnissen, geordneten Informationsflüssen und effizienter Allokation zu fördern, die Schlüsselrolle von Daten für die Produktivität der Marktwirtschaft zu nutzen, industrielle Kopplungsprozesse zu fördern, die Struktur der wirtschaftlichen Entwicklung zu optimieren, und im Zeitalter der digitalen Wirtschaft neue Wettbewerbsvorteile zu schaffen.

Einrichtung einer öffentlichen Dienstleistungsplattform für die Weitergabe von Daten der gesamten Gesellschaft: Der Aufbau einer grundlegenden Plattform ist von enormer Bedeutung für die Optimierung des Marktes für Datenfaktoren. Aus der Perspektive eines Entwicklungszeitraums der kommenden 10 Jahre mit der bahnbrechenden Förderung der neuen Technologien, wie 5G, Blockchain, künstliche Intelligenz und Quanteninformationen, wird die grundlegende Infrastruktur des Marktes von Datenfaktoren vor einem gravierenden Engpass stehen. Wir werden die Infrastrukturerneuerung als Gelegenheit nutzen, um den Aufbau eines landesweiten integrierten nationalen Zentraldatensystems zu beschleunigen und ein öffentliches Dienstleistungssystem für die Verbreitung von Datenfaktoren in den vier Richtungen „Administration-to-Administration" gemeinsame Nutzung von Daten durch die Regierung, „Administration-to-Business" Öffnung von Daten zwischen Regierung und Unternehmen, „Business-to-Administration" Zusammenführung von Daten zwischen Unternehmen und Regierung und „Business-to-Business" Interoperabilität von Daten zwischen Unternehmen zu schaffen und zu verbessern. „Erstens: Intensivierung der Arbeiten zur Förderung der Integration und gemeinsamen Nutzung eines Systems für Regierungsangelegenheiten und Aufbau eines landesweiten Systems für die gemeinsame Nutzung und den Austausch von Daten. Förderung eines regionen-, abteilungen- und ebenenübergreifenden Austauschs von Daten zu Regierungsangelegenheiten. Zweitens: Systeme zur Offenlegung öffentlicher Daten sollen verbessert

2 Vgl. die Rede von Xi Jinping, Generalsekretär des Zentralkomitees der Kommunistischen Partei Chinas, anlässlich der 15. gemeinsamen Studientagung des 18. Zentralkomitees des Politbüros am 26.5.2014.

und vervollkommnet werden; Prozesse und Pläne für offene Daten und Offenlegung relevanter Datensätze unter der Prämisse einer Stärkung der Sicherheit und des Datenschutzes sind zu formulieren. Drittens sollen die Datenerfassungs- und Meldekanäle der Regierungen für die gesellschaftlichen Einrichtungen auf allen Ebenen geordnet werden. Einrichtung eines einheitlichen Zugangs- und Kooperationsmechanismus für gesellschaftsrelevante Daten in Übereinstimmung mit den Gesetzen und Richtlinien und die Förderung von Schnittstellen zwischen Regierungsdaten und gesellschaftsrelevante Datenplattformen. Viertens: Aufbau von Plattformen der Aggregation von Datentransaktionen, Transaktionsregulierung, Preisbildung, Konfliktmediation im gesamten Prozess der Zirkulation von Datenfaktoren und die Präzisierung von Mechanismen für Registrierung, Bewertung, Preisbildung, Transaktionsverfolgung und Sicherheitsprüfung von Daten" (Shi Yang et al. 2020). Auf dieser Grundlage werden wir ein neues Infrastruktursystem für Daten im extragroßen Maßstab aufbauen, ein „nationales digitales Netz" aufspannen und so fördern, dass „Daten aus einem Ort an einem anderen Ort analysiert werden" können. Wir werden die effektive Verbindung zwischen den industriellen Ressourcen im Osten und der Rechenleistung und Energie im Westen realisieren. Gleichzeitig verfolgen wir den Aufbau regionaler Datenzentren im Einklang mit nationalen Strategien wie das Zusammenwachsen von Peking, Tianjin und Hebei zur Metropolregion „Jing-Jin-Ji", die Megalopolis „Greater Bay Area" bestehend aus Guangdong, Hongkong und Macau, sowie die Metropolregionen am Jangtsekiang-Delta und am Perlflussdelta. Hierdurch entstehen neue Musterbeispiele der koordinierten Entwicklung zwischen Ost und West mit Daten als Bindeglied.

Schaffung eines Markt-Ecosystems, das die Verbreitung von Datenfaktoren erleichtert: Der Aufbau dieser Umgebung für den Datenverkehr sollte sich an einer marktorientierten Allokation und an den Grundsätzen der offenen gemeinsamen Nutzung, der effektiven Nutzung sowie an Sicherheit und Effizienz orientieren. Die Stärken der zwei Arten von Ressourcen – Staat und Markt – sollten in vollem Umfang eingesetzt werden, um den Aufbau von Systemen für die Datenrechtebestätigung und Preisbildung, die Zugangsregulierung, den fairen Wettbewerb, den grenzüberschreitenden Datenfluss und die Risikoprävention zu stärken und so eine intakte und nachhaltige Datenmarktumgebung zu schaffen. „Erstens ist auf der Ebene des Organisationsmanagements ein Mechanismus der Kooperation von Organisationsebenen für die Allokation der Datenfaktoren zu schaffen und zu fördern, wofür übergreifende Verwaltungsabteilungen für das Datenmanagement einzurichten sind, welche die Aufsichtsarbeit und das Management der Datenfaktorzuteilung koordinieren und vorantreiben. Zweitens sollte auf der Ebene des Behördenaufbaus die Formulierung und Lancierung grundlegender Gesetze und Bestimmungen wie das „Gesetz der Volksrepublik China zur Datensicherheit", das „Gesetz der Volksrepublik China über den Schutz personenbezogener Daten", das „Gesetz der Volksrepublik China über Dateneigentumsrechte" und das „Gesetz der Volksrepublik China über Datentransaktionen" vorangetrieben werden, um eine gesetzliche Grundlage und eine regulatorische Richtschnur für die effiziente Allokation von Datenfaktoren zu gewährleisten. Die Formulierung operativer Durchführungsvorschriften und -maßnahmen sollte zügig vorangetrieben werden, einschließlich der Definition von Dateneigentumsrechten, der Öffnung und gemeinsamen Nutzung von Daten, des Aufbaus eines Marktsystems, des Schutzes personenbezogener Daten, der Datensicherheit und des grenzüberschreitenden Datenverkehrs etc. Viertens sollten auf der Ebene von Vermögensinventaren spezielle Kräfte mobilisiert werden, um den Umfang der nationalen Datenressourcen so rasch wie möglich zu kartieren und einen nationalen Katalog und ein Inventar der Daten-Assets zu erstellen, um so die Grundlage dafür zu legen, dass der Staat die Verwaltung der Datenfaktorressourcen verstärkt" (Wang Lei 2019).

Förderung der tief gehenden Integration von Datenfaktoren mit anderen Innovationsfaktoren: Alles wird zur Zahl – die Weisheit liegt in der Integration. „Integration ist ein wichtiger Trend; Integration ist nicht unerreichbar; Integration ist ein kollektives Streben; Integration ist das Leitmotiv des technischen Fortschritts."[3] Die Umsetzung einer „Data+ " genannten Strategie und die Förderung der tief gehenden Integration

3 Vgl. die Rede von Sun Zhigang, damaliger Sekretär des Parteikomitees der Provinz Guizhou und Vorsitzender des ständigen Ausschusses des Volkskongresses der Provinz, bei der Eröffnungszeremonie der China International Big Data Industry Expo 2018 am 26.5.2018.

von Datenfaktoren mit anderen Innovationsfaktoren sind von erheblicher Bedeutung für die Verbesserung der industriellen Wertschöpfungskette. Daher muss die Schaffung eines datenrechtlichen Rahmens geprüft werden, der die Datenkette wirksam in Verbindung setzt mit den Talent-, Technologie-, Industrie-, Innovations- und Kapitalketten, und sie so zu den „sechs Synergieketten" zusammenführt. Dies ebnet dem Aufbau eines modernen Industriesystems mit einer synergetischen Entwicklung der digitalen Wirtschaft, der Realwirtschaft, der Governance-Technologie, des modernen Finanzwesens und der Wiederbelebung des ländlichen Raums den Weg (Shi Yang et al. 2020). Erstens ist eine tiefgreifende Integration von Datenfaktoren in die Realwirtschaft zu fördern, sodass in der Datenindustrie eine bessere Ausrichtung der Produktion ermittelt, die Wertemaximierung der Datenindustrie angekurbelt und der Realwirtschaft geholfen werden kann, sich zu wandeln, zu verbessern und robuster zu werden. Zweitens: Förderung der tiefgreifenden Integration von Datenfaktoren und der Wiederbelebung des ländlichen Raums, Konzentration auf die Kernfragen der „drei ländlichen Themen", Umsetzung der nationalen digitalen Strategie für den ländlichen Raum und Förderung der ländlichen industriellen Revolution. Drittens soll die intensive Integration von Datenfaktoren und deren Dienst an den Menschen gefördert werden, sodass „die Daten mehr laufen können und die Menschen weniger laufen müssen" sprich die Lebensqualität der Menschen effektiv verbessert wird. Viertens: Förderung der tiefgreifenden Integration von Datenfaktoren und gesellschaftlicher Governance, Verbesserung der Modernisierung der Governance-Kapazitäten und der Governance-Systeme der Regierung und tatsächliche Verwirklichung des Prinzips „Die Menschen sehen zu, die Zahlen drehen sich, und die Cloud rechnet".

## Abschnitt 2 Bestätigung und Befugnisse von Datenrechten

Der Mechanismus zur Bestätigung der Rechte von Datenfaktoren befindet sich noch in der Erprobungsphase und findet allmählich zunehmende Beachtung in der Industrie, in der Wissenschaft und bei politischen

Entscheidungsträgern. Die Rechtebestätigung von Datenfaktoren ist von entscheidender Bedeutung für eine Inventarisierung von Datenvermögen und die effektive Allokation von Datenressourcen. Seit dem „13. Fünfjahresplan zur nationalen Planung der Informatisierung" hat die Regierung wiederholt die Forderung nach einer Bestätigung von Datenrechten erhoben. Der „13. Fünfjahresplan zur nationalen Planung der Informatisierung" hebt ein beschleunigtes Vorantreiben der Gesetzgebung zu „Dateneigentum und Datenmanagement" hervor. In den „Leitlinien des Generalsekretariats des Staatsrats zur Förderung der standardisierten und nachhaltigen Entwicklung der Plattformökonomie" (*Verlautbarungen des Staatsrates* 2019, Nr. 38) wird gefordert, „die Einführung von Richtlinien und Prozessen für die Rechtebestätigung, den Verkehr, den Handel und die Anwendungsentwicklung von Datenressourcen zu überprüfen und den Datenschutz und das Sicherheitsmanagement zu stärken." Auf der 13. Tagung des Nationalen Volkskongresses der Volksrepublik China schlug der Finanz- und Wirtschaftsausschuss des Nationalen Volkskongresses vor, die „Bestimmungen für Dateneigentum, -rechte und -transaktionen" zu verbessern. Während des 19. Parteitags der Kommunistischen Partei Chinas forderte Generalsekretär Xi Jinping nachdrücklich „die Entwicklung eines Systems zur Rechtebestätigung, Öffnung, Zirkulation und zum Handel von Datenressourcen und die Verbesserung eines Systems zum Schutz von Dateneigentumsrechten". Die Gesetzgeber haben bezüglich der Rechtefrage des Dateneigentums jedoch bisher nicht konstruktiv reagiert. In Artikel 127 des jüngsten „Zivilgesetzbuchs" heißt es: „Sofern das Gesetz Bestimmungen zum Schutz von virtuellem Eigentum an Daten und Netzwerken enthält, ist diesen Bestimmungen Folge zu leisten." Im Grunde wird hier vermieden, sich dem Problem zu stellen. Dieser Passus folgt in seiner Formulierung einer „negativ-affirmativen" Logik, die der Werteorientierung und den politischen Forderungen der Regierung zur Stärkung des Schutzes des Dateneigentums nicht vollständig gerecht wird (Jiang Fan 2020). Das Eigentum an Datenrechten bestimmt die Verteilung des Nutzens des Datenwerts und die Übertragung der Verantwortung für Datenqualität und Datensicherheit (Jingdong Law Institute 2018 S. 10). Die Unklarheiten über Eigentumsverhältnisse an den Daten können zum einen das Problem von Eigentumsstreitigkeiten bei der späteren Erschließung und Nutzung verursachen. Noch schwerwiegender aber ist, dass unter den Bedingungen vager Dateneigentumsverhältnisse auch die Zuschreibung von Pflichten und Rechten erschwert ist, wodurch der Schutz der personenbezogenen Privatsphäre und der Datensicherheit kaum zu gewährleisten ist (Wang et al. 2018). Diese Probleme schränken die Praxis der gemeinsamen Nutzung und Öffnung von Daten sowie die Zirkulation von und den Handel mit Daten und die Zuteilung von Eigentumsrechten massiv ein und gehören zu den wesentlichen Fragen, die in den Rechtsvorschriften über Datenrechte behandelt werden müssen.

Verbundsysteme: Verbund bedeutet die Zusammenführung von Sachen unterschiedlicher Eigentümer zu einer neuen nicht aufteilbaren oder neuartigen Sache (Xie Zaiquan 2003 S. 505). Sie besteht aus drei Hauptformen: Verbindung, Vermischung und Verarbeitung.[4] Das System des Verbunds ist eine der Methoden des Eigentumserwerbs und ein wichtiges Mittel zur Bestätigung von Rechten, das in den Rechtssystemen der Welt einen unverzichtbaren Platz einnimmt. Im Eigentumsrecht von Ländern des modernen kontinentalen „Civil Law" sind häufig Regeln für den Verbund festgelegt und auch die Länder des „Common Law" haben die Grundlage für eine vorläufige Verbundregelung in ihren Eigentumsrechtssystemen geschaffen. Auch die angloamerikanischen Staaten haben in ihren Eigentumsrechtssystemen eine Grundlage für Verbundrechte geschaffen. So haben die Artikel 547 bis 577 des „Französischen Zivilgesetzbuchs"[5],

4 Eine Verbindung ist eine Zusammenführung von Sachen verschiedener Eigentümer, die zwar identifiziert werden können, deren Trennung aber schwierig oder zu kostspielig ist. Unter Vermischung versteht man die Zusammenführung von Sachen verschiedener Eigentümer, die nicht identifizierbar sind, oder deren Identifizierung zu kostspielig ist. Unter Verarbeitung versteht man die Umwandlung von Sachen, die einer dritten Person gehören, um sie in etwas Neues zu verwandeln. Der Hauptunterschied zwischen Vermischung und Verbund besteht darin, dass bei einer Vermischung das Eigentum, das vor der Vermischung bestand, nicht mehr identifizierbar ist. In einem Verbund kann das Eigentum, das vor dem Verbund existierte, noch identifiziert werden.

5 Die Artikel 547 bis 550 des „Französischen Zivilgesetzbuches" beinhalten in Kapitel 2, Abschnitt 1, „Die vom Sachenrecht hervorgebrachten Verbundrechte" und

Artikel 950 des „Deutschen Bürgerlichen Gesetzbuchs“[6], Artikel 246 des „Japanischen Zivilgesetzbuchs“[7] und Artikel 814 des Bürgerlichen Gesetzbuchs der Region Taiwan[8] in China zusätzliche Inhalte geschaffen. Das System des Verbunds spielt eine wichtige Rolle bei der Bestimmung einer Zuordnung des Eigentums an Dingen, der Förderung des Nutzens von Dingen, der Steigerung des gesellschaftlichen Wohlstands und der Verringerung von Transaktionskosten (Xie Zaiquan 2003 S. 505). Daten als Produktionsfaktoren anzusehen, ist die grundlegendste These der digitalen Ökonomie, weitaus komplexer als Öl, Kohle oder sogar Kapital in der Ära der industriellen Revolution, und um eine große Wirtschaftlichkeit von Daten zu erreichen, ist die Sammlung einer großen Menge an Daten vonnöten (Yang Dong 2020). Heute stehen wir vor der dringlichen Frage, wie das Problem des unklaren Dateneigentums und die durch die Datensammlung verursachte Schwierigkeit der unklaren Bestätigung von Datenrechten mit höherer Effizienz, niedrigeren Kosten, besserer Organisation

---

die Artikel 551 bis 577 in Kapitel 2, Abschnitt 2, „Zu den Sachen hinzugefügte oder zusammengeführte Verbundrechte“ hierfür relevante Inhalte.

6 Das „Deutsche Bürgerliche Gesetzbuch“ (BGB) besagt in Paragraf 950: (1) Wer eine oder mehrere Sachen zu einer neuen beweglichen Sache verarbeitet oder umgestaltet, erwirbt das Eigentum an der neuen Sache, wenn der Wert der Verarbeitung oder Umgestaltung nicht wesentlich unter dem Wert der Sache liegt. Schreiben, Skizzieren, Malen, Drucken, Gravieren und andere ähnliche Oberflächenbehandlungen gelten als Verarbeitung. (2) Alle an dem Material bestehenden Rechte erlöschen, sobald das Eigentum an der neuen Sache erworben ist.

7 Artikel 246 des „Japanischen Zivilgesetzbuchs“ besagt: (1) Bei der Verarbeitung beweglicher Sachen für eine dritte Person gehört das Eigentum an dem verarbeiteten Gegenstand dem Eigentümer des Materials. Übersteigt jedoch der Preis des infolge der Verarbeitung den Preis des Materials erheblich, erwirbt der Verarbeiter das Eigentum an der Sache. (2) Hat der Verarbeiter einen Teil des Materials geliefert, so erwirbt er das Eigentum an dem Material in dem Umfang, in dem der Preis, der sich aus der Verarbeitung ergibt, den Preis des Materials der dritten Person übersteigt.

8 Artikel 814 des Zivilgesetzbuches der Region Taiwan in China besagt: Wenn eine Person das bewegliche Eigentum einer dritten Person verarbeitet, gehört das Eigentum an dem verarbeiteten Gegenstand dem Eigentümer des Materials. Übersteigt jedoch der durch die Verarbeitung hinzugefügte Wert den Wert des Materials, so steht das Eigentum an der verarbeiteten Sache dem Verarbeiter zu.

und besserer Verteilung des Nutzens gelöst werden können. Bei Vorliegen eines Verbundes von Daten ist das Dateneigentum so eng miteinander verflochten, dass es faktisch unmöglich oder schwierig ist, das verbundene, gemischte oder verarbeitete Dateneigentum zu trennen, demnach ist es notwendig, die Regeln des Verbundes anzuwenden, um das Eigentum an den verbundenen Daten zu bestätigen, damit die verbundenen Daten in dieser Form fortbestehen können, und man ihren ursprünglichen Zustand nicht wiederherstellen oder entflechten muss. Es ist notwendig, in der Gesetzgebung über Datenrechte eine Regelung für den Verbund zu schaffen, damit die durch den Verbund zusammengeführten Daten zu neuen Daten werden und die Form eines alleinigen Eigentums erhalten, ohne dass die Parteien eine Auftrennung erzwingen und die Wiederherstellung des ursprünglichen Zustandes verlangen können.

Die Definition des Konzepts der Bestätigung von Datenrechten: „Konzepte sind ein notwendiges und unverzichtbares Werkzeug zur Lösung von Rechtsproblemen. Ohne ein streng definiertes Konzept können wir nicht klar und rational über rechtliche Fragen nachdenken" (Rheinstein 1945). Derzeit gibt es in akademischen Kreisen und in der Industrie viele Meinungen über die Ausgestaltung von Datenrechtsbestätigungen und es hat sich noch kein Konsens herausgebildet. Laut Du Zhenhua geht es „bei der Bestimmung der Datenrechte darum, die Eigentumsrechte an Daten aus verschiedenen Quellen auf rechtlichem Wege zu klären" (Du Zhenhua 2016). „Bestimmung des Rechtsinhabers der Daten, d. h. wer das Recht hat, das Eigentum innezuhaben, die Daten zu besitzen, zu gebrauchen und daraus Nutzen zu ziehen, sowie die Verantwortung für den Schutz der personenbezogenen Privatsphäre zu tragen usw." (Du Zhenhua 2015). Zhou Linbin und Ma Ensi schlagen aus juristischer und wirtschaftswissenschaftlicher Sicht vor, dass „die Bestätigung der Rechte an großen Datenmengen die Definition der ursprünglichen Eigentumsrechte solcher Big Data klären sollte, einschließlich der Klärung der Art der Rechte, des Inhalts der Rechte und der Frage, wer diese Rechte innehat" (Zhou Linbin und Ma Ensi 2018). Die Pekinger Big-Data-Handelsdienstleistungsplattform schlägt ausgehend von der Perspektive des Datenhandels vor, dass sich die „Bestätigung von Datenrechten" auf den Schutz der legitimen Rechte und Interessen beider an einer Datentransaktion beteiligten Parteien bezieht, um das gegenseitige

Verhältnis zwischen ihren Verantwortlichkeiten und Rechten zu klären. Die Datenrechte werden in Bezug auf den Inhaber der Datenrechte, die Art der Rechte, die Datenquelle, den Zeitpunkt des Erwerbs, den Nutzungszeitraum, den Verwendungszweck, das Datenvolumen, das Datenformat, die Granularität der Daten, die Art der Datenbranche und die Art der Datentransaktion bestätigt, um die an der Transaktion beteiligten Parteien dazu zu bringen, Datentransaktionen auf wissenschaftliche, einheitliche und sichere Weise durchzuführen (Peng Yun 2016). Anhand der obigen begrifflichen Definition lässt sich leicht erkennen, dass Datenrechte darauf abzielen, Innovationen zu fördern, um positive externe Spill-over-Effekte zu erhöhen, die negativen Auswirkungen von Informationsasymmetrien zu minimieren, um effektiv eine Maximierung der Nachfrage zu erreichen. Oder mit anderen Worten, um uns Ronald H. Coases „Welt der Null-Transaktionskosten" näherzubringen, in der es im Kern darum geht, drei Fragen zu beantworten: Erstens das Subjekt der Datenrechte, d. h. wer in den Genuss der mit den Daten verbundenen Vorteile kommen soll. Zweitens, der Gegenstand der Datenrechte, d. h., welche Daten durch die Gesetzgebung abgedeckt sind. Drittens, der Inhalt der Datenrechte, d. h., welche spezifischen Befugnisse den betreffenden Subjekten zustehen.

Die internationale Praxis der Datenrechtebestätigung: International gibt es beständige Bestrebungen, Datenrechte zu bestätigen. So hat die EU beispielsweise mit der „Allgemeinen Datenschutz-Grundverordnung" und der „Rahmenverordnung über den freien Verkehr nicht personenbezogener Daten in der EU" eine duale Architektur von „personenbezogenen Daten" und „nicht personenbezogenen Daten" geschaffen. Die Rechte an „personenbezogenen Daten", die sich auf eine identifizierte oder identifizierbare natürliche Person beziehen, stehen dieser natürlichen Person zu. Für „nicht personenbezogene Daten" außerhalb der „personenbezogenen Daten" genießen Unternehmen die „Datenproduzentenrechte". Diese vergeblichen Versuche der EU zur Bestätigung von Datenrechten waren jedoch erfolglos, denn die Trennung von „personenbezogenen Daten" und „nicht personenbezogenen Daten" stand im Widerspruch zu den tatsächlichen Praktiken. Der begriffliche Umfang personenbezogener Daten ist zu weit gefasst: Im digitalen Zeitalter gibt es kaum Daten, die nicht mit bestimmten natürlichen Personen verknüpft und verarbeitet werden können. Infolgedessen enthält ein und derselbe Datensatz häufig sowohl personenbezogene als auch nicht personenbezogene Daten und es ist sehr schwierig, wenn nicht gar unmöglich, zwischen den gemischten Daten zu unterscheiden, mit suboptimalen Resultaten. Im Gegensatz zur EU haben die Vereinigten Staaten bei den Datenrechten einen pragmatischeren Weg eingeschlagen. Die USA haben personenbezogene Daten in den traditionellen Rahmen des Schutzes der Privatsphäre gestellt, das „Recht auf persönliche Informationen" ist die Antwort auf die Bedrohung privater Informationen durch das Internet, und es wurde ein relativ flexibles System durch den Erlass von Branchengesetzen in den Bereichen Finanzen, Gesundheitswesen und Kommunikation eingerichtet, das durch Selbstregulierungsmechanismen der Industrie ergänzt wird. In China müssen wir uns auf die Erfahrungen sowie die Erfolge und Misserfolge bei der Datenrechtebestätigung in Europa und den Vereinigten Staaten stützen und uns dabei auf die folgenden vier „Must-haves" konzentrieren: Erstens müssen die verschiedenen Entwicklungsstadien unserer digitalen Wirtschaft und die besonderen nationalen Rahmenbedingungen umfassend berücksichtigt werden. Zweitens muss die rote Linie des Schutzes der Privatsphäre und sensibler Daten gewahrt bleiben. Drittens muss der Hauptzweck die Zirkulation und gemeinsame Nutzung von Daten sein. Viertens sollten die Werkzeuge der digitalen Technologie genutzt werden, um die Datenrechtebestätigung zu untermauern (PwC 2020).

Der Weg zur Entschlüsselung der Bestätigung von Datenrechten: Die Forschung zur Datenrechtsbestätigung sollte die Mechanismen der Entstehung von Datenrechten im Auge behalten und die dahinterstehenden gesellschaftlichen Grundlagen, insbesondere die „diskursiven Kontexte, das gesellschaftliche Umfeld und den kulturellen Konzeptwandel" (Yu Baihua 2017) beforschen. Die Bestätigung von Datenrechten und der Aufbau eines Systems für den Inhalt und die Weitergabe von Rechten erfordern institutionelle und technische Antworten. Es ist dringend erforderlich, dass Rechtsvorschriften zur Klärung der Eigentumsverhältnisse an Daten erlassen werden. Traditionelle Methoden zur Bestätigung von Rechten verwenden die Zuweisung von Eigentumszertifikaten und Methoden der Evaluation durch Sachverständige, aber es fehlt ihnen an technischer Verlässlichkeit und es gibt unkontrollierbare Faktoren wie Manipulationen.

Unter Berücksichtigung der besonderen Eigenschaften von Datenvermögen gibt es derzeit zwei Arten von Technologien, die zur Lösung des Problems der Datenrechtebestätigung beitragen können. Für Szenarien, in denen Daten physisch in Umlauf gebracht und gehandelt werden und in denen die Eigentumsverhältnisse klar sein müssen, empfehlen wir die Blockchain-Technologie: Durch den Einsatz der Technologie der Blockchain mit ihrer Unveränderlichkeit der Daten, digitalen Signaturen, Konsensmechanismen und intelligenten Verträgen können Datenrechte bestätigt und der gesamte Zyklus der Datenerzeugung, -sammlung, -übertragung, -nutzung und der gewinnbringenden Verwertung dokumentiert und überwacht werden, wodurch eine solide technische Grundlage für die gemeinsame Nutzung und Zirkulation von Daten geschaffen wird. Im Detail treten die Eigentümer, Produzenten und Nutzer von Datenvermögen dem Blockchain-Netzwerk als wichtige Verbindungsglieder bei und nutzen den synchronisierten Konsens der Blockchain, um alle Aspekte der Datenerzeugung, des -umlaufes und der -transaktionen detailliert aufzuzeichnen. Es werden nicht nur die Daten selbst aufgezeichnet, sondern auch die Identität der relevanten Subjekte der Datenvermögen und deren Vorgangshistorie sowie ein Nachweis für den Konsens des vollständigen Knotens, dem sich keine Partei entziehen oder verweigern kann, sodass alle Teilnehmer des Ökosystems ihre Datenvermögen einbringen und den Vermögenswertfluss und die Einnahmenverteilung mithilfe von intelligenten Verträgen überwachen können, um eine gemeinsame Verteilung der Erträge und des Risikos zu erreichen, was den Umlauf von Datenvermögen erheblich begünstigt. Für Szenarien, in denen Daten zwischen verschiedenen geschäftlichen Akteuren ausgetauscht und gemeinsam genutzt werden und in denen durch die Rekombination und Analyse verschiedener Daten neue Daten generiert werden, was aufgrund der Beteiligung mehrerer Parteien zu Schwierigkeiten bei der Datenabgrenzung führen kann, kommt dem Recht auf Nutzung und Bewirtschaftung von Daten besondere Bedeutung zu. Es wird empfohlen, sicheres Computing mit mehreren Parteien einzuführen, d. h. ohne Änderung des tatsächlichen Besitzes und der Kontrolle von Daten oder der Uneindeutigkeit des Eigentums. Um die technologische Handhabung von Datenzirkulation und gemeinsamer Nutzung zu bestärken, sollte eine sichere Computerplattform mit mehreren Teilnehmern eingesetzt werden, welche die erforderliche Rechenleistung auf die Datenseite verlagert, die gemeinsame Nutzung von Daten sowie geschäftliche Innovationen fördert und gleichzeitig die Sicherheit der Unternehmensdaten und den Schutz der Privatsphäre gewährleistet (PwC 2020).

Die Bestätigung der Rechte von personenbezogenen Daten: Das Subjekt der Rechte von personenbezogenen Daten ist die Einzelperson, die sowohl persönliche als auch vermögensrechtliche Attribute hat. Dies beinhaltet die Werte von Menschenwürde und Freiheit, den kommerziellen Wert und den Wert der öffentlichen Verwaltung der datenschutzrechtlichen Subjekte (Jingdong Law Institute 2018 S. 55). Außer in den Fällen, die im nationalen Recht ausdrücklich geregelt sind, sollte der Einzelne das Eigentum an seinen eigenen Daten, d. h. das Recht auf personenbezogene Daten, haben. „Eine natürliche Person hat das Datenrecht über ihre persönlichen Daten in Übereinstimmung mit dem Gesetz und keine Organisation oder Person darf dieses Recht verletzen."[9] Der Einzelne hat das Recht, personenbezogene Daten zu besitzen, zu gebrauchen und darüber zu verfügen und Nutzen aus ihnen zu ziehen. Die Rechte auf personenbezogene Daten umfassen insbesondere das Recht auf Auskunft[10] über personenbezogene Daten, das Recht auf Berichtigung[11], das Recht auf Löschung (Recht auf Vergessenwerden)[12], das Recht auf Einschränkung der Verarbeitung[13], das Recht auf Datenmitnahme[14] und das Recht auf Widerspruch.[15] Innerhalb dieser sollte die Erhebung personenbezogener Daten klar klassifiziert und

9 Vgl.《深圳经济特区数据条例（征求意见稿）》[Datenverordnung der Sonderwirtschaftszone Shenzhen (Entwurf zur Stellungnahme)], Artikel 11.

10 Vgl.《一般数据保护条例》（GDPR）[Allgemeine Datenschutz-Grundverordnung (DSGVO)], Artikel 15.

11 Vgl.《一般数据保护条例》（GDPR）[Allgemeine Datenschutz-Grundverordnung (DSGVO)], Artikel 16.

12 Vgl.《一般数据保护条例》（GDPR）[Allgemeine Datenschutz-Grundverordnung (DSGVO)], Artikel 17.

13 Vgl.《一般数据保护条例》（GDPR）[Allgemeine Datenschutz-Grundverordnung (DSGVO)], Artikel 18.

14 Vgl.《一般数据保护条例》（GDPR）[Allgemeine Datenschutz-Grundverordnung (DSGVO)], Artikel 20.

15 Vgl.《一般数据保护条例》（GDPR）[Allgemeine Datenschutz-Grundverordnung (DSGVO)], Artikel 21.

verarbeitet werden. Mit Ausnahme der Daten, die von den nationalen Rechtsvorschriften[16] eindeutig gefordert werden. Bei allen anderen Datenbereichen liegt es im Ermessen des Nutzers, ob sie erfasst werden dürfen oder nicht. Personenbezogene Daten sollten in einem Personendatenzentrum oder Personendatenkonto gespeichert werden, dritte Personen oder Abteilungen können nur für einen begrenzten Zeitraum ermächtigt werden, diese zu verwenden und sie müssen der erforderlichen Aufsicht und Verwaltung unterliegen (Wei Lubin 2018 S. 40–41).

Die Bestätigung der Rechte von Unternehmensdaten: Unternehmensdaten beziehen sich auf Daten, die tatsächlich vom Unternehmen kontrolliert und genutzt werden, einschließlich betriebswirtschaftlicher Daten und Geschäftsdaten sowie weiterer kommerzieller Daten und Nutzerdaten, die rechtmäßig vom Unternehmen gesammelt und genutzt werden (Shi Dan 2019). Ähnlich wie personenbezogene Daten gelten auch Geschäftsdaten als private Daten. Sofern nicht ausdrücklich etwas anderes vorgesehen ist, sind die Unternehmen Eigentümer ihrer eigenen Daten, d. h. sie haben das Recht auf Unternehmensdaten. Es ist wichtig, darauf hinzuweisen, dass Unternehmensdaten etwas anderes sind als Daten, die sich im Besitz eines Unternehmens befinden. Da die personenbezogenen Kundendaten, die sich im Besitz eines Unternehmens befinden, nicht von dem Unternehmen erzeugt wurden, sollte das Unternehmen auch nicht Eigentümer der personenbezogenen Daten seiner Kunden sein. Im Rahmen von Verträgen dürfen Unternehmen nur ein eingeschränktes Recht zur Nutzung von Kundendaten haben, d. h. Rechte an Unternehmensdaten und Rechte an Daten im Unternehmensbesitz sind nicht das Gleiche. Dementsprechend gibt es in China zwei Hauptarten von

16 Einige personenbezogene Daten können von den zuständigen staatlichen Behörden ohne die Zustimmung der betreffenden Personen erhoben werden, z. B. Personenstandsdaten, persönliche Steuerdaten und andere Daten, welche in die Zuständigkeit der Regierung fallen. Die EU-Datenschutz-Grundverordnung (DSGVO) sieht vergleichbare Bestimmungen vor, wie z. B. Artikel 5 Abs. 1(b): „Die Weiterverarbeitung im öffentlichen Interesse, zu wissenschaftlichen, historischen Forschungszwecken oder zu statistischen Zwecken ist gemäß Artikel 89 Absatz 1 nicht als unvereinbar mit dem ursprünglich vorgesehenen Zweck anzusehen (‚Zweckbindung')".

Ansprüchen in Bezug auf Unternehmensdatenrechte: Eine besteht darin, Unternehmen umfassende Rechte an den von ihnen gespeicherten Daten (einschließlich der erhobenen personenbezogenen Nutzerdaten) einzuräumen; die andere besteht darin, die von Unternehmen gespeicherten Daten zu klassifizieren und dann zu behaupten, dass Unternehmen Rechte an bestimmten Arten von Daten haben. Paradoxerweise wird die erste Auffassung derzeit hauptsächlich von Akademikern vertreten, während die zweite Auffassung überwiegend von Praktikern vertreten wird (Xu Wei 2019). Angesichts der Komplexität und Besonderheit von Daten und nach eingehender Auseinandersetzung mit den Ansichten von Experten und Wissenschaftlern wie Long Weiqiu (Long Weiqiu 2018), Xu Ke (Xu Ke 2017), Ding Daoqin (Ding Daoqin 2017) und Yang Lixin (Yang Lixin und Chen Xiaojing 2016) neigen wir dazu, die These der Praktiker zu befürworten, dass die Unternehmensdaten differenziert werden sollten und unterschiedliche Rechte für verschiedene Arten von Daten zu beanspruchen sind. Ding Daoqin unterteilt beispielsweise Daten in Basisdaten und Mehrwertdaten. Bei den Basisdaten ist der Nutzer als derjenige, der die Daten zur Verfügung stellt, Eigentümer der persönlichen Basisdaten; bei den Mehrwertdaten ist der Datenverarbeiter Eigentümer der Mehrwertdaten, die durch die Verarbeitung durch Editieren und Analyse der Basisdaten entstehen. In ähnlicher Weise unterscheiden Wissenschaftler wie Yang Lixin und Chen Xiaojiang Daten in Primärdaten und abgeleitete Daten und der Hauptwert der Unterscheidung zwischen den beiden besteht darin, dass Unternehmen absolute Rechte an den abgeleiteten Daten genießen, d. h. sie sollten ausschließliche Rechte an Datenderivaten als Gegenstand begründen, was eine Art von Eigentumsrecht ist, das seiner Natur nach eine neue Art von Rechten an geistigem Eigentum darstellt. Auch wenn Ding Daoqin et. al. die Identifizierbarkeit der Daten als Kriterium für die Unterscheidung zwischen Basisdaten und Mehrwertdaten herangezogen haben, scheint es, dass sie bei der konkreten Ausarbeitung auch die Frage, ob die Daten vom Unternehmen „verarbeitet" wurden, als wesentliches Kriterium für die Unterscheidung zugrunde legen (Xu Wei 2019). In dieser Sichtweise ist die Bestätigung der Rechte von Unternehmensdaten im Einklang mit den allgemeinen Regeln der Verbundstheorie.

Bestätigung der Rechte öffentlicher Daten: „Öffentliche Daten beziehen sich auf verschiedene Arten von Informationsressourcen wie Texte, Daten, Bilder, Audio- und Videodaten etc., die von staatlichen Stellen im Rahmen der Erfüllung ihrer Aufgaben in Übereinstimmung mit dem Gesetz generiert, verarbeitet und in bestimmten Formaten aufgezeichnet und gespeichert werden."[17] Öffentliche Daten gibt es hauptsächlich in zwei Formen: Daten der Allgemeinheit und Daten zu Angelegenheiten staatlicher Stellen. Daten der Allgemeinheit werden von der Öffentlichkeit erzeugt und gehören nicht zu den privaten Daten. In der Regel ist die Öffentlichkeit jedoch kein eindeutiges Subjekt und kann nicht die Rolle eines rechtlichen Subjektes übernehmen, da sie nicht spezifiziert ist. Deshalb ist es nicht praktikabel, direkt einer „Öffentlichkeit" das Recht an den Daten der Allgemeinheit zuzusprechen. Daher sollte das Recht auf öffentliche Daten der Regierung übertragen werden, damit diese die Verwaltungsstandards für öffentliche Daten festlegt.[18] Außerdem sind Regierungsdaten aufgrund der Eigenschaft staatlicher Stellen[19] als Behörden keine privaten Daten, sondern öffentliche Daten und sollten deshalb als Vermögen des Staates betrachtet werden. Das entsprechende Recht auf behördliche Daten wird in der Gesetzgebungspraxis meist dem Staat zugesprochen, der sein Recht zur Verwaltung und Nutzung der Daten ausübt. So heißt es beispielsweise in Artikel 7 der „Maßnahmen für die

17 Das Konzept der „öffentlichen Daten" orientiert sich an der Definition in Artikel 2 der „Richtlinien für die Verwaltung und Nutzung öffentlicher Daten der Stadt Chengdu."

18 Als eine besondere Art von öffentlichen Daten haben kollektive Daten ein spezifisches artifizielles Subjekt, wobei es sich um eine „Öffentlichkeit" mit klarem Geltungsbereich handelt, wie ein Gruppenkollektiv oder das Kollektiv einer Siedlung etc. In diesem Fall kann die Verwaltung durch die Behörde oder durch Konsultation des Kollektivs selbst oder durch eine Kombination aus beidem geregelt werden.

19 Staatliche Stellen sind Parteikomitees, der Nationale Volkskongress, die Regierung, die Politische Konsultativkonferenz, Aufsichtsausschüsse, Gerichte, Staatsanwaltschaften sowie Institutionen und gesellschaftliche Organisationen, die durch Gesetze und Vorschriften ermächtigt sind, Verwaltungsaufgaben wahrzunehmen. (Vgl. Artikel 3, Absatz 2 der Maßnahmen für die Verwaltung der gemeinsamen Nutzung von Datenressourcen in den Behörden der Stadt Xi'an).

Verwaltung der gemeinsamen Nutzung von Datenressourcen der Behörden der Stadt Xi'an", dass „das Eigentum an behördlichen Datenressourcen dem Staat zukommt und zur Verwaltung des staatlichen Vermögens gehört. Die Stadtregierung autorisiert die städtische Agentur für die Entwicklung der Big-Data-Industrie zur Ausübung des Rechts, Datenressourcen zu koordinieren und zu verwalten, und diese ist für eine koordinierte Verwaltung, die genehmigte Entwicklung, die Verwendung des Mehrwerts sowie die Aufsicht und Anleitung von Daten über Regierungsangelegenheiten in Xi'an verantwortlich." Artikel 4 der „Vorläufigen Maßnahmen für die Verwaltung staatlicher Datenressourcen in der Stadt Changsha" sieht vor, dass „das Eigentum an Daten, die von staatlichen Stellen auf allen Ebenen in der Stadt Changsha in Zusammenhang mit ihren gesetzlichen Aufgaben und Zuständigkeiten generiert und gesammelt werden, bei der Volksregierung der Stadt Changsha liegt". Artikel 12 der „Verordnung der Stadtregierung von Guiyang über die gemeinsame Nutzung und Öffnung von Daten" besagt: „Die Verwaltungsorgane haben das Recht, die von ihnen erhobenen Regierungsdaten in gesetzeskonformer Weise zu verwalten und zu nutzen." Artikel 21 der „Datenverordnung der Sonderwirtschaftszone Shenzhen (Entwurf zur Stellungnahme)" sieht vor, dass „öffentliche Daten eine neue Art von staatlichem Vermögen sind und ihre Datenrechte beim Staat liegen. Die Stadtregierung von Shenzhen übt im Sinne eines Testgeländes die Datenrechte öffentlicher Daten in der Region aus und ermächtigt die Abteilung für die Koordinierung der kommunalen Daten, Maßnahmen zur Verwaltung öffentlicher Datenbestände zu formulieren und deren Umsetzung zu organisieren."[20] Darüber hinaus definieren und interpretieren die „Maßnahmen der Stadt Xi'an zur Verwaltung der gemeinsamen Nutzung staatlicher Datenressourcen" sogar die Befugnis und Bedeutung der Rechte staatliche Daten. In Artikel 6 werden die Rechte staatlicher Daten wie folgt definiert: „Das Recht staatlicher Datenressourcen umfasst das Recht auf Eigentum, Verwaltung, Erwerb, Gebrauch und Verwertung". In Artikel 8 wird das Recht auf Erhebung, Verwaltung und Nutzung staatlicher Daten definiert, wo es heißt „die staatlichen Stellen

20 Vgl.《深圳经济特区数据条例（征求意见稿）》[Datenverordnung der Sonderwirtschaftszone Shenzhen (Entwurf zur Stellungnahme)], Artikel 21.

haben das Recht, die einschlägigen staatlichen Datenbestände im Einklang mit ihren gesetzlichen Aufgaben zu erheben, zu verwalten und zu nutzen". Artikel 9 legt das Recht fest, Daten über Regierungsangelegenheiten zu nutzen und sie zu verwerten: „Nach Autorisierung durch die städtische Agentur für die Entwicklung der Big-Data-Industrie haben die betreffenden Unternehmen und Abteilungen das Recht, die relevanten Datenressourcen für Regierungsangelegenheiten zu nutzen und von der Weiterverwendung der Datenressourcen zu profitieren."

Die Trennung von Nutzungs- und Eigentumsrechten von Daten: In der industriellen Wirtschaft wurden Herrschafts- und Nutzungsrechte in das Eigentumsrecht integriert (Jiang Qiping 2012). Im Zeitalter der Digitalisierung trennen sich gerade Eigentums- (bzw. Herrschaftsrechte innerhalb des Eigentumsrechts) und Nutzungsrechte voneinander. In den „Stellungnahmen der Volksregierung der Kommunistischen Partei Chinas in der Stadt Chengdu zur Koordinierung der Prävention und Eindämmung der neuen Coronavirus-Pandemie und der Bemühungen um die Erreichung der wirtschaftlichen und sozialen Entwicklungsziele für 2020" wird ausdrücklich dazu aufgerufen, „die Verwaltung der öffentlichen Datenverarbeitungsdienste zu verbessern und die Trennung von Dateneigentum und -nutzungsrechten zu prüfen". In Zukunft wird der Zugang wichtiger als der Besitz sein und anstelle des Besitzes ist es besser, Daten zu nutzen, was im Wesentlichen darauf hinausläuft, die eigenen Ressourcen für den Austausch und die Verbindung mit anderen zu öffnen. „Die Weltwirtschaft bewegt sich weg von der materiellen Welt und hin zur immateriellen Welt der Bits und Bytes. Gleichzeitig bewegt sie sich weg vom Eigentum und hin zur Nutzung; sie bewegt sich auch weg von replizierten Werten und hin zum Vernetzung von Werten; und sie eilt auf eine Welt zu, die zwangsläufig kommen wird, in der alles immerfort geremixt wird" (Kelly 2016 S. 242). Die Trennung von Eigentum und Nutzung ist bereits eine weitverbreitete Praxis, und obwohl alle immer noch damit beschäftigt sind, die rechtliche Struktur des Dateneigentums zu untersuchen, zeigen die Fakten, dass das Eigentumsrecht an Daten überhaupt nicht wichtig ist. Es geht vielmehr darum, wer das Recht hat, sie zu nutzen, und welche Werte die Daten hervorbringen können. Der Schlüssel zu Datenvermögensrechten ist die Trennung zwischen Eigentum und Nutzung, welche gerade die alte Wirtschaftsordnung transformiert. Daten verbrauchen sich nicht, sind reproduzierbar, gemeinsam nutzbar, teilbar, nicht exklusiv und haben keine Grenzkosten. Daten sind eine besondere Ware mit Wert und Nutzwert einerseits und eine Art von Kapital mit der Besonderheit der Vermehrung andererseits. Aufgrund dieser Eigenschaft ist die digitale Arbeit zu einer Quelle der Wertschöpfung und einem Wertträger geworden, der im Zeitalter von Big Data in großem Umfang neu entsteht. Die grundlegenden Gesetze der Datenarbeit erweitern die Dimensionen einer Neukonfiguration globaler Wertschöpfungsketten und führen zu neuen Formen des Wettbewerbs und des Wachstums. Die Macht der Daten bewirkt einen tiefgreifenden Wandel in den Datenbeziehungen und diese Veränderung der Datenbeziehungen löst gerade breite wirtschaftliche und soziale Dynamiken aus, die den Übergang von einer Wettbewerbs- zu einer Sharing-Economy vorantreiben. Die Idee des Sharing ist eine unaufhaltsame und transformative Kraft und in Zukunft werden immer mehr soziale Ressourcen geteilt werden. Das Wesen der Sharing-Economy besteht darin, „das Eigentum zu schwächen und die Nutzungsrechte freizusetzen." Das Recht auf gemeinsame Nutzung macht es möglich, das Eigentum an Daten vom Recht auf ihre Nutzung zu trennen, wodurch ein Trend der gemeinsamen Nutzung nach dem Motto „nicht alles besitzen müssen, und doch alles verwenden wollen" entsteht. Künftig wird die Theorie der geteilten Werte die Theorie des Mehrwerts als eine revolutionäre Theorie beerben.

Das System der Befugnisse über Datenrechte: „Das Datenrecht ist das Recht des Rechtsinhabers, nach Maßgabe des Gesetzes unabhängig über Daten zu entscheiden und diese zu kontrollieren, zu verarbeiten, zu verwerten, und für Schäden kompensiert zu werden".[21] Eine Analyse der Rechtebestätigung von personenbezogenen Daten, Unternehmensdaten und öffentlichen Daten zeigte, dass es einen Unterschied zwischen „privaten Daten" und „öffentlichen Daten" gibt. In Bezug auf den Gegenstand der Anwendung können Datenrechte je nach Art des Subjekts in öffentliche und private Datenrechte unterteilt werden. Subjekt des öffentlichen Datenrechts ist der Staat und es ist die Befugnis des Staates, Daten zu

21 Vgl.《深圳经济特区数据条例（征求意见稿）》[Datenverordnung der Sonderwirtschaftszone Shenzhen (Entwurf zur Stellungnahme)], Artikel 4.

verwalten und zu kontrollieren sowie Daten in seinem Hoheitsgebiet zu verwalten, zu überwachen und zu schützen. Das Recht der öffentlichen Daten ist in drei Bereiche unterteilt: erstens das Recht auf Verwaltung, d. h. die gerichtliche und juristische Befugnis des Staates über den gesamten Lebenszyklus der Generierung, Übertragung und den Handel von Daten in seinem Hoheitsgebiet. Das Zweite ist das Recht auf Kontrolle, d. h. der Staat besitzt wirksame Instrumente, um die Authentizität und Integrität der Daten in seinem Hoheitsgebiet zu schützen. Das Dritte ist das Recht auf Veröffentlichung, d. h. die Befugnis, die in seinem Besitz befindlichen öffentlichen Daten für die Gesellschaft zu öffnen und mit ihr zu teilen. Anders ausgedrückt: Es ist auch die Pflicht und Verantwortung eines modernen Staates und ein bedeutender Schritt zur Modernisierung des Governance-Systems und der Kapazitäten des Staates. Im Gegensatz zum Datenrecht fällt das private Recht auf Daten überwiegend, wenn auch nicht ausschließlich, in den Bereich des Zivilrechts. Im Gegensatz zu diesen Datenrechten sind die privaten Rechte an Daten eher, aber nicht ausschließlich, im Bereich des Zivilrechts angesiedelt. Im Zivilrechtssystem werden die Rechte nach den verschiedenen Gegenständen in Persönlichkeitsrechte und Eigentumsrechte unterteilt. Nach diesem Grundsatz sollten auch die Datenrechte in Datenpersönlichkeitsrechte und Dateneigentumsrechte unterteilt werden (Zhu Baoli 2019). Zu den Persönlichkeitsrechten der Daten gehören Datenpersönlichkeitsrechte und Datenidentitätsrechte. Aus Perspektive der Rechtehierarchie ist das Datenrecht ein übergeordnetes Konzept und das Dateneigentumsrecht ein untergeordnetes Konzept, das sich aus dem Inhalt der Rechte herleitet. Dateneigentumsrechte sind, wie andere Eigentumsrechte auch, ein Bündel von Rechten, zu denen das Recht auf Besitz, das Recht auf Nutzung, das Recht auf Verwertung und das Recht auf Verfügung gehören.

## Abschnitt 3 Öffnung und gemeinsame Nutzung von Daten

Offenheit und gemeinsame Nutzung sind bedeutende gesellschaftliche Merkmale von Daten. Eine Erforschung der Einrichtung eines offenen

Datenaustauschsystems und die Einführung von Datenschutzverordnungen und -richtlinien, damit die Öffentlichkeit über Schnittstellen zum Abrufen und Verwenden von Daten verfügt, sind Maßnahmen, die dem Zeitgeist angemessen sind. Derzeit fördern Länder und Regionen auf der ganzen Welt schrittweise die Öffnung ihrer Daten, wobei die USA und das England die Spitzenreiter sind. Der Fokus von Open Data in China liegt auf Regierungsdaten und wurde bereits zu einer nationalen Strategie erhoben. Schritt für Schritt wurden eine Reihe von Gesetzen, Verordnungen und Richtlinien formuliert, um die Öffnung, gemeinsame Nutzung und Verwendung von staatlichen Daten zu fördern. Der Datenschutz ist die Voraussetzung und der Grundpfeiler der Öffnung von Daten, und die „Einrichtung von Mechanismen zur Gewährleistung der Sicherheit"[22] ist ein Grundprinzip von Open Data in allen Ländern. Open Data steigert den Wert des Datenschutzes und durch „Analyse, Mining und Auswertung gemeinsam genutzter und offener Daten"[23] und die „Entwicklung von Technologien für den Sicherheitsschutz und die sichere Nutzung von Netzdaten"[24] wird es „die Öffnung staatlicher Datenressourcen fördern und technologische Innovationen sowie die wirtschaftliche und soziale Entwicklung erleichtern".[25] Anreize und gleichzeitiger Schutz sind die beste Methode, ein dynamisches Gleichgewicht zwischen den Werten der Offenheit und dem Datenschutz zu einzuhalten. Die angemessene Steuerung des Verhältnisses zwischen „Anreizen zur Öffnung und wirksamem Schutz", mit welcher eine gleichmäßige Gewichtung von sorgfältiger Aufsicht und Innovationsschutz zu erreichen ist, bedarf weiterer institutioneller Überlegungen.

22 Vgl.《政务信息资源共享管理暂行办法》[Vorläufige Maßnahmen für die Verwaltung der gemeinsamen Nutzung von Informationsressourcen der Behörden], Verlautbarungen des Staatsrates (2016) Nr. 51.

23 Vgl.《贵州省大数据发展应用促进条例》[Vorschriften zur Förderung der Entwicklung und Anwendung von Big Data in der Provinz Guizhou], Artikel 30.

24 Vgl.《中华人民共和国网络安全法》[Internetsicherheitsgesetz der Volksrepublik China], Artikel 18.

25 Vgl.《中华人民共和国网络安全法》[Internetsicherheitsgesetz der Volksrepublik China], Artikel 18.

Open Data lässt sich in den USA bis zu den Anfängen der Offenlegung von Regierungsinformationen zurückverfolgen, wobei der institutionelle Grundstein von den Theoretikern zur Zeit des Unabhängigkeitskrieges und durch George Washingtons Diskussion über das Recht auf Wissen[26] gelegt wurde. Die Regelungen der amerikanischen Verfassung zum Recht auf freie Meinungsäußerung und zur Pressefreiheit bieten Garantien für die Offenlegung von Regierungsinformationen. So heißt es beispielsweise im „ersten Zusatzartikel der Verfassung": „Der Kongress darf kein Gesetz erlassen, das die Einführung einer Staatsreligion vorsieht oder die freie Ausübung von Religionen verbietet, die Rede- oder Pressefreiheit einschränkt oder der Bevölkerung das Recht abspricht, sich friedlich zu versammeln und bei der Regierung Petitionen einzureichen, um Missstände zu beheben". 1789 erließ der US-Kongress den „Housekeeping Act", der festlegte, dass Verwaltungsbehörden Informationen in einer einheitlichen Veröffentlichung offenlegen müssen. Der Leiter der Behörde hatte die Autorität, den Inhalt der Offenlegung zu bestimmen, d. h. die unabhängige Befugnis, die „Obhut, Verwendung und Aufbewahrung von Aufzeichnungen, Dokumenten und Finanzen im Zusammenhang mit seiner Einrichtung" zu bestimmen. In den USA wurden der „Federal Register Act" (1935) und der „Federal Administrative Procedure Act" (1946) beschlossen, mit denen das Federal Register (Bundesregister) Journal zur Veröffentlichung von Informationen der Bundesbehörden gegründet wurde, welches vorsieht, dass die Öffentlichkeit bei der Regierung die Bekanntgabe von Informationen beantragen kann, die Regierung jedoch das Recht hat, diese abzulehnen. In der Praxis beruft sich die Regierung häufig auf abstrakte Formulierungen wie den Abschnitt 3 des Bundesverwaltungsverfahrensgesetzes: „Das öffentliche Interesse erfordert Verschwiegenheit", um die Verweigerung einer Veröffentlichung von Informationen, die offengelegt werden sollten, zu rechtfertigen. Dies änderte sich grundlegend mit der Verabschiedung des Gesetzes über die Informationsfreiheit von 1966, welches vorsieht, dass

26 Im Januar 1945 schrieb Kent Cooper, Chefredakteur der Associated Press, in der New York Times: „Das Recht auf Auskunft ist das Recht des Volkes, zu erfahren, wie seine Regierung arbeitet und sich informieren zu können. Man kann sagen, dass, wenn das Recht der Bürger auf Auskunft nicht respektiert wird, es weder in irgendeinem Land, noch in der ganzen Welt, politische Freiheit geben wird."

„die Öffentlichkeit das Recht hat, von einer Behörde der Bundesregierung jegliches Material anzufordern".

Bundesbehörden sind verpflichtet, über Anträge der Öffentlichkeit zu entscheiden und bei Ablehnung die Entscheidung zu begründen, sowie den Antragsteller darauf hinzuweisen, dass er eine erneute Prüfung verlangen oder Klage einreichen kann. Jede Entscheidung einer Bundesbehörde darüber, ob eine Information öffentlich zugänglich gemacht wird, kann neu verhandelt oder gerichtlich geprüft werden.[27] In der Folgezeit revidierte der US-Kongress unter dem Druck der Öffentlichkeit und der Medien den „Freedom of Information Act" mehrmals und erließ den „Privacy Act" und den „Government in the Sunshine Act". Dies läutete einen Frühling der offenen Daten in den Vereinigten Staaten ein.[28] Am 21. Januar 2009, an seinem ersten Tag im Amt, verabschiedete Barack Obama ein „Memorandum für Transparenz und offene Verwaltung", in dem er drei Grundsätze

27 Das 1966 verabschiedete „Gesetz über die Informationsfreiheit" regelt die Offenlegung von Regierungsinformationen durch Behörden der US-Bundesregierung. Es ist die Bezeichnung für Abschnitt 552 des fünften Bandes des „United States Code": „Regierungsorganisationen und Mitarbeiter". Dieses beruht auf den Grundsätzen von „der Offenlegung als Regel und der Nichtoffenlegung als Ausnahme", des „gleichen Rechts auf Zugang für alle Personen" und der „gesetzlichen Rechtsbehelfe". Sein Hauptinhalt besteht darin, die Rechte des Volkes bei der Einholung von Verwaltungsauskünften und die Pflichten der Verwaltungsbehörden bei der Erteilung von Verwaltungsauskünften an die Bürger zu regeln. Es verpflichtet Bundesbehörden und unabhängige Regulierungsbehörden dazu, eine Vielzahl von Informationen im „Federal Register" (Bundesregister) zu veröffentlichen, und der Öffentlichkeit Dokumente und Aufzeichnungen zur Verfügung zu stellen, die nicht in den gesetzlich vorgesehenen Ausnahmebereich fallen. Der Freedom of Information Act ist ein Meilenstein in der Geschichte der offenen Verwaltung in den Vereinigten Staaten und ein wichtiges Symbol für die Umwandlung des Rechts der Bürger auf Information von einer Idee in eine Realität (Li Yunchi 2012).

28 Der „Freedom of Information Act", der „Privacy Act" und der „Government in the Sunshine Act" bilden eine wichtige Grundlage und Garantie für das System offener Daten der US-Bundesregierung. Sie zielen darauf ab, ein ausgeglichenes Verhältnis zwischen dem öffentlichen Zugang zu Informationen und dem Schutz der Privatsphäre zu finden, und spielen eine wichtige Rolle bei der Steuerung der Offenlegung von Regierungsinformationen durch die US-Bundesregierung und dem Schutz der Privatsphäre der Bürger. (Lu Jianying et. al. 2013).

festlegte: „Die Verwaltung sollte transparent sein, die Verwaltung sollte partizipativ sein, und die Verwaltung sollte kooperationsbereit sein."[29] Obama forderte „den Chief Technology Officer auf, zusammen mit dem stellvertretenden Direktor des Office of Management and Budget und der General Services Administration, sich mit den beteiligten Abteilungen und Einrichtungen der Exekutive abzustimmen, um binnen 120 Tagen eine ‚Richtlinie für eine offene Regierung' zu entwickeln", wodurch ein offenes Regierungssystem mit proaktiver Offenlegung als grundlegendem

29 Das „Memorandum für Transparenz und offene Verwaltung" schreibt vor, dass die Administration einsehbar sein sollte: Die Transparenz fördert die Rechenschaftspflicht der Administration über ihre Handlungen gegenüber den Bürgern. Die von der Bundesregierung gespeicherten Informationen sind Teil des staatlichen Vermögens. Die amtierende Regierung wird in Übereinstimmung mit Recht und Politik geeignete Maßnahmen ergreifen, um Informationen unverzüglich und in einer für die Öffentlichkeit leicht auffindbaren und nutzbaren Form zu veröffentlichen. Die ausführenden Abteilungen (Exekutive) und Einrichtungen sollten die neuen Technologien nutzen, um Informationen über ihre Tätigkeiten und Entscheidungen über das Internet zu veröffentlichen und der Allgemeinheit jederzeit zugänglich zu machen. Die Verwaltungen und Einrichtungen sollten zudem das Meinungsbild der Öffentlichkeit einholen, um festzustellen, welche Informationen für die Öffentlichkeit am nützlichsten sind. Die Regierung sollte partizipativ sein: Die Beteiligung der Öffentlichkeit erhöht die Effizienz der Regierung und verbessert die Qualität der Entscheidungsfindung. Wissen ist in der Bevölkerung weit verbreitet und Beamte profitieren in hohem Maße vom Zugang zu diesem verstreuten Wissen. Die Exekutive und die Behörden sollten den amerikanischen Bürgern mehr Gelegenheiten bieten, sich an der Politikgestaltung zu beteiligen, damit die Regierung von ihrem kollektiven Fachwissen und ihren Informationen profitieren kann. Die Exekutive und die Behörden sollten sich auch um Anregungen aus der Bevölkerung darüber bemühen, wie die Möglichkeiten zur Beteiligung der Öffentlichkeit an der Verwaltung ausgeweitet und optimiert werden können. Die Regierung sollte kooperativ sein: Zusammenarbeit ermöglicht es den amerikanischen Bürgern, sich aktiv an der Regierungsarbeit zu beteiligen. Die Abteilungen der Exekutive und Behörden sollten innovative Instrumente, Methoden und Systeme einsetzen, um über alle Verwaltungsebenen hinweg mit gemeinnützigen Organisationen, Unternehmen und Einzelpersonen aus dem privaten Sektor zusammenzuarbeiten. Die Abteilungen der Exekutive und Behörden sollten das Feedback der Öffentlichkeit einholen, um den Status ihrer Zusammenarbeit zu evaluieren und zu verbessern und um neue Möglichkeiten der Kooperation auszuloten.

Leitprinzip eingeführt war.[30] Im Mai desselben Jahres eröffneten die USA das weltweit erste Portal für offene Daten, Data.gov[31], und verpflichteten alle Bundesbehörden zur regelmäßigen und quantitativ vorgeschriebenen Öffnung von Daten. Budget-, Ausgaben- und Wahldaten der Regierung sind die drei hauptsächlichen Gegenstände der Initiative für offene Regierungsdaten. Im Dezember 2012 unterzeichnete Obama eine „Nationale Strategie für Informationsaustausch und Sicherheit" und kündigte die „Big Data Research and Development Initiative" an. Im Mai 2013 unterzeichnete Obama (per Executive Order) ein Dekret, welches Offenheit und Maschinenlesbarkeit zur Standardnorm für Regierungsdaten erklärte („Making Open and Machine Readable the New Default for Government Information"), mit dem die Bundesregierung verpflichtet wird, alle Daten zu öffnen, und in dem festgelegt wird, dass alle Regierungsdaten, die in Zukunft generiert werden, in offener und maschinenlesbarer Form vorliegen müssen. Im Jahr 2014 erließen die Vereinigten Staaten ein DATA (Digital Accountability and Transparency Act) genanntes Gesetz, um offene Daten auf breiter Basis zu fördern. Im Januar 2019 unterzeichnete der neue US-Präsident Donald Trump den „Open Government Data Act",

30 Die drei Grundsätze der ‚Richtlinie für eine offene Regierung' lauten „Transparenz", „Partizipation" und „Zusammenarbeit", die dazu gedacht sind, den Rückstand beim ‚Gesetz über die Informationsfreiheit' aufzuholen, mehr Daten auf den Websites der Behörden zu veröffentlichen, den öffentlichen Zugang zu Regierungsinformationen durch offene Daten auf den Websites zu ermöglichen und den öffentlichen Dialog zu fördern.

31 Unter den ersten Open-Access-Webseiten für Daten von Bundesbehörden war FedStats.gov die erste vollständig offene Website für Daten von Bundesbehörden, die 1997 von der US-Regierung eingerichtet wurde. Die Webseiten USAspending.gov und Recovery.gov wurden im Jahr 2007 eingerichtet. Seit der Einführung der ‚Richtlinie für eine offene Regierung' hat die US-Bundesregierung damit begonnen, aktiver zu untersuchen, wie durch integrierte Websites Datenoffenheit umgesetzt werden kann. Data.gov wurde im Mai 2009 von der US General Services Administration (GSA) eingeführt und besitzt 47 moderierte Datensätze. Aus Hunderten von Datenquellen (darunter Bundesbehörden, Bundesstaaten, Landkreise und Städte) sind inzwischen über 200.000 Datensätze entstanden. Data.gov hat einen Standard für künftige Verzeichnisse offener Behördendaten gesetzt. Seit 2009 haben Hunderte von Ländern, Staaten und Städten auf der ganzen Welt ihre eigenen Websites mit offenen Behördendaten eingerichtet.

der die vollständige Öffnung von Regierungsdaten nach den spezialisierten innovativen Grundsätzen „maschinenlesbar, standardmäßig offen, offene Lizenz oder globaler Public-Domain-Zugang“[32] fordert. Damit hat die Open-Data-Bewegung in den USA ein Zeichen dafür gesetzt, dass die Offenlegung staatlicher Daten tatsächlich in das Recht und in die Institutionen integriert ist, was einen wichtigen Meilenstein der Open-Data-Bewegung in den USA darstellt.

Die Bewegung für Open Data in England geht auf die 1970er-Jahre zurück. Im Jahr 1984 verabschiedete England den „Data Protection Act“, sowie ein „Gesetz über die Verwendung von Informationen kommunaler Regierungen“, gefolgt von dem „Gesetz für den Zugang zu personenbezogenen Daten“ und dem „Gesetz für den Zugang zu persönlichen Gesundheitsdaten“ etc. Alle diese Gesetze besaßen Inhalte, die mit der Öffnung von Regierungsdaten zu tun hatten und in gewisser Weise zu einer Initialzündung für Systeme offener Regierungsdaten in England wurden. Im Jahr 1989 novellierte England den „Official Secrets Act“ und ab 1990 wurden nacheinander Verordnungen wie die „Bürger-Charta“ *(Citizen's Charter)*, „Open Government“, und ein „Verfahrenskodex für den Zugang zu Regierungsinformationen“ sowie eine Reihe weiterer Gesetze erlassen,

32 § 3562. Anforderungen an staatliche Daten.

Machine-Readable Data Required—Open Government data assets made available by an agency shall be published as machine-readable data.

Open by Default—When not otherwise prohibited by law, and to the extent practicable, public data assets and nonpublic data assets maintained by the Federal Government shall— (1) be available in an open format; and (2) be available under open licenses.

Open License or Worldwide Public Domain Dedication Required—When not otherwise prohibited by law, and to the extent practicable, open Government data assets published by or for an agency shall be made available under an open license or, if not made available under an open license and appropriately released, shall be considered to be published as part of the worldwide public domain.

Innovation— Each agency may engage with nongovernmental organizations, citizens, nonprofit organizations, colleges and universities, private and public companies, and other agencies to explore opportunities to leverage the public data assets of the agency in a manner that may provide new opportunities for innovation in the public and private sectors in accordance with law and regulation.

die die Öffnung von Regierungsdaten weit voranbrachten. Während dieses Zeitraums bestärkte der kontinuierliche Fortschritt der Demokratie, der Bürgerrechtsbewegung und des Aufbaus der Rechtsstaatlichkeit auch die Gesetzgebungsprozesse für ein System offener Behördendaten in England, und im Jahr 2000 verabschiedete England formell den „Freedom of Information Act". Obwohl dieses Gesetz für die Freiheit der Informationen erst 2005 vollständig in Kraft trat, markierte der Abschluss dieses Gesetzgebungsverfahrens eine neue Entwicklungsstufe im System der Öffnung von Behördendaten in England.[33] Im Jahr 2010 hat England offiziell die Website data.gov.uk für offene Regierungsdaten gelauncht. Seit 2011 hat England drei aufeinanderfolgende „Open Government Partnerships: Landesweite Aktionspläne Englands" herausgegeben. Diese beziehen sich auf fünf vorrangige Bereiche, wie offene Daten, Rechtschaffenheit der Behörden, steuerliche Transparenz, Empowerment der Bürger sowie Transparenz der natürlichen Ressourcen. Die vorangegangenen Aktionspläne wurden verfeinert, das Bekenntnis zu radikal offenen Behördendaten wurde noch stärker betont, und es wurden die Ziele unterstrichen, die öffentlichen Dienstleistungen zu verbessern, das nationale Wirtschaftswachstum zu steigern und die Transparenz der Regierungstätigkeit zu erhöhen. Im Jahr 2012 wurde das britische „Open Data White Paper: Unleashing the Potential" herausgegeben. Darin wurde vorgeschlagen, mithilfe von Open Data eine transparente Verwaltung aufzubauen, zugleich Ressourcen für kommerzielle Innovationen zur Verfügung zu stellen und das Niveau öffentlicher Dienstleistungen zu erhöhen. Auch eine Reihe weiterer strategischer

33 Der britische „Freedom of Information Act" sieht vor, dass jeder das Recht auf Zugang zu staatlichen Informationen hat und dass die Regierung auf Anfragen aus der Öffentlichkeit reagieren muss. Werden Informationen angefragt, ist die Regierung in der Regel zur unmittelbaren Bereitstellung verpflichtet. Das Gesetz sieht auch die Einsetzung eines Datenschutzbeauftragten und eines besonderen Ausschusses vor, der Beschwerden aus der Öffentlichkeit entgegennimmt und entsprechende Stellungnahmen dazu abgibt. Ist die beanstandete Behörde zur Erteilung von Auskünften gesetzlich verpflichtet, dann ist der Datenschutzbeauftragte befugt, sie dazu aufzufordern und der Ausschuss kann eine Verfügung gegen sie erlassen. Was die Ausnahmen betrifft, so sieht der „Freedom of Information Act" 18 Szenarien vor, in denen beispielsweise die nationale Sicherheit, die Landesverteidigung und die internationalen Beziehungen gefährdet sind.

Maßnahmen waren enthalten. Im selben Jahr novellierte England den „Protection of Freedoms Act". Dieser verpflichtete die Regierungsstellen, Daten in maschinenlesbarer Form zu veröffentlichen und enthielt Regelungen über Gebühren und Urheberrechte in offenen Daten. Im Anschluss an den G8-Gipfel 2013 schlug England in seinem „G8 Open Data Charter National Action Plan" vor, sich auf die Öffnung von Daten der vier wichtigen Datenbanken nationaler Statistiken, Landkarten, Wahlen und Budgetpläne sowie auf die Öffnung von Daten aus 14 ebenfalls in der Charta genannten hoch angesehenen Bereichen zu konzentrieren. Der neueste „Open Government Partnership UK National Action Plan 2016–2018" sieht die Öffnung von Wirtschaftsdaten, Daten über natürliche Ressourcen, Vertrags- und Beschaffungsdaten, Daten über Spenden- und Finanzhilfen der Regierung, Wahldaten und anderen Daten vor. Auch sollen der datengetriebene Technologieeinsatz und weitere Pläne zur Teilnahme an Datenöffnungen weiter verbessert und fortgesetzt werden. Man darf wohl behaupten, dass England ein Land ist, in dem die durch offene Daten vorangetriebene Verbesserung öffentlicher Dienstleistungen und Innovationsfähigkeit von Erfolg gekrönt war. In einer 2015 von der World Wide Web Foundation vorgelegten Analyse zur Datenoffenheit in 86 Ländern auf der ganzen Welt, lag England mit einem ausgezeichneten Ergebnis an der Spitze.

Im Vergleich dazu befindet sich die Öffnung und gemeinsame Nutzung von Daten in China noch im Anfangsstadium. Dies tritt zutage im Fehlen einfacher Kommunikationskanäle des Datenzugangs und hoch entwickelter Dialogmechanismen zwischen Benutzern und Regierung, in den Unzulänglichkeiten der einschlägigen Gesetze und Vorschriften sowie in einem mangelnden Ausmaß der Datenöffnung. In den letzten zwei Jahren hat China die Arbeit des offenen Datenaustauschs nach und nach auf die Tagesordnung gesetzt und ist zu einer nationalen Strategie gelangt. Generalsekretär Xi Jinping betonte während der zweiten gemeinsamen Studientagung des Politbüros des Zentralkomitees der Kommunistischen Partei Chinas, dass es notwendig ist, „die Integration und offene gemeinsame Nutzung von Datenressourcen zu fördern, die Datensicherheit zu gewährleisten und den Aufbau des digitalen Chinas zu beschleunigen". Premierminister Li Keqiang wies auf einer landesweiten Video- und

Telefonkonferenz zur Umsetzung des Bürokratieabbaus und der Reform zur Dezentralisierung und Delegation von Kompetenzen des Managements sowie der Optimierung von Dienstleistungen darauf hin, dass „mehr als 80 % der Informations- und Datenressourcen Chinas in den Händen von Regierungsstellen aller Ebenen liegen und es eine große Verschwendung sei, wenn diese wie ein sorgsam gehüteter Schatz unter Verschluss blieben". Im August 2015 veröffentlichte der Staatsrat offiziell den „Aktionsplan zur Förderung der Big-Data-Entwicklung von" (Staatsrat [2015] Nr. 50). Darin wird ausdrücklich gefordert, „bis Ende 2018 eine einheitliche offene Plattform für nationale Regierungsdaten zu schaffen", und „die Öffnung und gemeinsame Nutzung von Regierungsdaten zu beschleunigen sowie die Bündelung von Ressourcen und Verbesserung der Governance zu fördern". Noch im Oktober des gleichen Jahres wurde die „Umsetzung der nationalen Big-Data-Strategie und die Forcierung der offenen gemeinsamen Nutzung von Datenressourcen" offiziell in das Abschlusspapier der fünften Plenartagung des 18. Zentralkomitees der Partei geschrieben. Im September 2016 erließ der Staatsrat die „Vorläufigen Maßnahmen für die Verwaltung der gemeinsamen Nutzung von Informationsressourcen der Regierung" und die „Leitlinien und Empfehlungen des Staatsrats zur Beschleunigung der Förderung von ‚Internet + Behördendienste' ". Im Dezember 2016 legte der „13. Fünfjahresplan für die nationale Informatisierung" den Schwerpunkt auf die „Initiative zur Öffnung und gemeinsame Nutzung von Datenressourcen" und erhob die Initiative „Internet + Behördendienste" zur Priorität. Artikel 69 des im August 2018 verkündeten „Gesetzes über den elektronischen Handel der Volksrepublik China" legt fest, dass „der Staat Maßnahmen ergreifen soll, um die Einrichtung eines Mechanismus der gemeinsamen Nutzung öffentlicher Daten zu fördern und die Nutzung öffentlicher Daten durch E-Commerce-Betreiber in Übereinstimmung mit dem Gesetz zu erleichtern". Dies ist eine partielle und tentative Antwort auf die Verordnung zur Öffnung von Daten die dem Aufruf zur Nutzung offener Daten in China Folge leistet.

Das Ziel offener Daten: Nur wenn wir die Ziele der Datenoffenheit klären, können wir sie auf einen guten Kurs bringen. Eine komparative Analyse der Politik zur Datenoffenheit in China, den USA, England und anderen Ländern zeigt, dass die Öffnung von Daten, insbesondere von

Regierungsdaten, in China darauf abzielt, „die nachhaltige Entwicklung der digitalen Wirtschaft zu fördern, die Governance und das Dienstleistungsniveau zu verbessern und die Dynamik von Märkten und gesellschaftlicher Kreativität zu stimulieren“[34]. Die Offenlegung von Daten in den Vereinigten Staaten war ursprünglich dazu bestimmt, dem Wunsch der Bevölkerung nach Informationen zu entsprechen, d. h. das Recht der Bürger auf Information zu erfüllen. Darauf folgte ein Vorstoß zur Öffnung von Regierungsdaten, der „eine offene Verwaltung auf einem noch nie da gewesenen Niveau aufbauen [...] um das Vertrauen der Öffentlichkeit zu gewinnen und ein System der Transparenz, öffentlichen Beteiligung und Zusammenarbeit zu schaffen. Offenheit wird unsere Demokratie festigen und die Leistung und Effizienz der Regierung verbessern“ (Obama 2009). Open Data in England will darauf hinwirken, dass der Wert offener Daten, insbesondere in politischer, wirtschaftlicher und sozialer Hinsicht, zur Geltung kommt. So zielt beispielsweise der „G8 Open Data Charter UK Aktionsplan 2013“ darauf ab, „England zur transparentesten Regierung der Welt“ zu machen und „die Position Englands als globalem Vorreiter der Datenoffenheit zu erhalten“. Das Weißbuch „Open Data White Paper: Unleashing the Potential“ hegt die Hoffnung, dass die britische Regierung unter dem Motto „Transparenz fördert den Wohlstand“ wirklich an Transparenz gewinnt und „sicherstellt, dass alle Menschen von Transparenz und offenen Daten profitieren“. Im „Nationalen Aktionsplan 2013–2015 der Open Government Partnership UK“ heißt es, England solle „die offenste und transparenteste Regierung der Welt“ werden und für „schnelleres Wachstum, bessere öffentliche Dienstleistungen, weniger Korruption und weniger Armut“ sorgen.

34 Vgl.《政务信息资源共享管理暂行办法》[Vorläufige Maßnahmen für die Verwaltung der gemeinsamen Nutzung von Informationsressourcen der Regierung] Absatz 1,《上海市公共数据开放暂行办法》[Vorläufige Maßnahmen der Stadtverwaltung Shanghai zur Offenlegung staatlicher Daten] Absatz 1,《浙江省公共数据开放与安全管理暂行办法》[Vorläufige Maßnahmen für die offene und sichere Verwaltung öffentlicher Daten in der Provinz Zhejiang] Absatz 1,《贵阳市政府数据共享开放条例》[Vorschriften zur Datenfreigabe und -öffnung der Stadtregierung von Guiyang] Absatz 1.

Die Grundsätze der Offenheit von Daten: Chinas Open Data System verfügt über eher makroskopische Regelungen zu den Grundsätzen der Datenoffenheit, die sich im Wesentlichen um die Grundsätze von „Offenheit als Regel und Nichtoffenheit als Ausnahme sowie an den Prinzipien der Gerechtigkeit, Fairness, Rechtmäßigkeit und Benutzerfreundlichkeit für die Menschen"[35] orientieren: „bedarfsorientiert, sicher und kontrollierbar, abgestuft und kategorisiert, einheitliche Standards, praktisch und effizient"[36]. „Integrierte Konzeption, umfassende Förderung, aktive Bereitstellung, kostenlose Serviceleistungen und Verwaltung gemäß dem Gesetz"[37] Die Vereinigten Staaten und England haben verhältnismäßig wissenschaftlichere und detailgenaue Regelungen zu den Prinzipien der Datenoffenheit, die in der Regel nicht aus einem einzelnen, sondern aus mehreren Grundsätzen bestehen. So bestimmt der amerikanische „Freedom of Information Act", dass die Daten von Behörden „proaktiv, gebührenfrei und vollumfänglich zur Verfügung gestellt werden sollen". Die „Open Government Directive" hebt die drei Grundsätze hervor, dass die Regierungsstellen transparent, die Bürger zur Partizipation ermutigt und Kooperation koordiniert werden müssen. Die „Open Data Charter" formuliert fünf Grundsätze: „Offene Daten als Standard, Grundsatz der Qualität und Quantität, Zugänglichkeit für jedermann, offene Daten zur Verbesserung der Governance, offene Daten für die Innovationsförderung" und das Grundsatzpapier der „Kommission für Transparenz des öffentlichen Sektors: Grundsätze öffentlicher Daten" schreibt vor, dass öffentliche Daten „in einem reproduzierbaren, maschinenlesbaren Format herausgegeben" werden sollen, dass sie „unter einer einheitlichen Lizenz veröffentlicht" werden sollen, dass sie „auf aktuellem Stand und in detaillierter Form gehalten" werden sollen und dass sie „auf rechtlich geregeltem Weg und kostenfrei zur Verfügung gestellt" werden sollen, sowie weitere 14 Grundsätze. Diese Grundsätze schließen sich

35 Vgl.《中华人民共和国政府信息公开条例》[Verordnung der Volksrepublik China über die Offenlegung von Regierungsinformationen], Artikel 5.

36 Vgl.《上海市公共数据开放暂行办法》[Vorläufige Maßnahmen der Stadtverwaltung Shanghai zur Offenlegung staatlicher Daten], Artikel 4.

37 Vgl.《贵阳市政府数据共享开放条例》[Vorschriften zur Datenfreigabe und -öffnung der Stadtregierung von Guiyang], Artikel 3.

nicht gegenseitig aus und bilden zusammen eine Leitlinie für die geordnete und qualitativ hochwertige Öffnung von Behördendaten.

Eine Klassifizierung der Offenheit von Daten: Daten erst zu klassifizieren und dann zu öffnen, ist ein innovativer Vorstoß Chinas. Das derzeitige System zur Öffnung von Daten kennt hauptsächlich die drei Modi: uneingeschränkte Öffnung, bedingte Öffnung und verweigerte Öffnung. So lautet es in den „Maßnahmen für E-Government und Datenmanagement der Provinz Shandong" in Artikel 25 „die im Rahmen der Datenoffenheit befindlichen Daten fallen in zwei Kategorien: uneingeschränkt offen und offen auf Antrag. Auf uneingeschränkt offene Behördendaten können Bürger, juristische Personen und andere Organisationen direkt über die Website für offene Behördendaten zugreifen. Wenn Bürger, juristische Personen und andere Organisationen Zugang zu Daten über Regierungsangelegenheiten beantragen, müssen die zuständigen Abteilungen der Volksregierungen auf oder oberhalb der Kreisebene diese Anträge in Übereinstimmung mit den nationalen und provinzialen Vorschriften über offene Regierungsinformationen zeitnah bearbeiten." Die „Verordnung der Stadtregierung von Guiyang über die gemeinsame Nutzung und Öffnung von Daten" legt keine ausdrückliche Klassifizierung von Arten der Datenöffnung fest, aber aus der inhaltlichen Analyse der Artikel 18 bis 22 geht hervor, dass sie hauptsächlich in zwei Kategorien unterteilt sind: bedingungslos offen und nicht offen. Hier wird in Artikel 18 Absatz 1 festgelegt, welche Daten nicht offengelegt werden dürfen, nämlich „1. Daten, die Staatsgeheimnisse betreffen, 2. Daten, die Geschäftsgeheimnisse betreffen, 3. Daten, die den Schutz der personenbezogenen Privatsphäre betreffen, 4. andere staatliche Daten, die gemäß den Gesetzen und Vorschriften nicht offengelegt werden dürfen". Der Anwendungsbereich der uneingeschränkt zu öffnenden Daten hingegen umfasst die in Artikel 18 Absatz 2 genannten Daten sowie andere außer den in Absatz 1 genannten Daten. Gemeinsame Nutzung ist eine besondere Form der Offenheit. Die gemeinsame Nutzung von Daten kann ebenfalls in drei Arten unterteilt werden, nämlich in die uneingeschränkte gemeinsame Nutzung, die bedingte gemeinsame Nutzung und die nicht geteilte Nutzung. Entsprechend wird in den „Vorläufigen Maßnahmen für die Verwaltung der gemeinsamen Nutzung von Informationsressourcen der Regierung" Artikel 9 gefordert, dass „staatliche Informationsressourcen je nach Art der gemeinsamen Nutzung in drei Kategorien zu unterteilen sind: uneingeschränkte gemeinsame Nutzung, eingeschränkte gemeinsame Nutzung und Nichtfreigabe. Staatliche Informationsressourcen, die von allen Regierungsstellen gemeinsam genutzt werden können, gehören zur Kategorie der uneingeschränkten gemeinsamen Nutzung. Staatliche Informationsressourcen, die nur mit bestimmten Regierungsstellen oder nur partiell mit allen Regierungsstellen geteilt werden können, gehören zur Kategorie der bedingten gemeinsamen Nutzung. Informationsressourcen der Regierung, die nicht für die gemeinsame Nutzung durch andere Regierungsstellen vorgesehen sind, dürfen nicht freigegeben werden".

## Abschnitt 4 Datenzirkulation und Datenhandel

In den Anwendungsszenarien der industriellen Digitalisierung und der digitalen Industrialisierung ist die Datenzirkulation der „Regelfall" und die statische Datenspeicherung eine „Abweichung von der Norm". Datenzirkulation ist die Voraussetzung und Grundlage für die Realisierung von Datenwerten und es gibt Formen der gemeinsamen Datennutzung, des Daten-Sharings und des Datenhandels, die eine der drei Formen der Eins-zu-eins-Lizenzierung, der Eins-zu-viele-Lizenzierung oder der gegenseitigen Lizenzierung vorsehen. Der chinesische Datenhandelsmarkt befindet sich noch in einem frühen Entwicklungsstadium, und es ist notwendig, sowohl die Kräfte des Marktes als auch die der Regierung zur Geltung zu bringen, um ein Datenhandelssystem aufzubauen, das auf kompatible Anreize setzt. „Die Erforschung und Entwicklung von Technologien für Datentransaktionen und innovative Modelle des Datenhandels sind zu unterstützen und eine effiziente Datenzirkulation ist zu unterstützen."[38]

38 Vgl.《深圳经济特区数据条例（征求意见稿）》[Datenverordnung der Sonderwirtschaftszone Shenzhen (Entwurf zur Stellungnahme)], Artikel 58.

### *(1) Datenminimierung und Datenmaximierung*

Die Europäische „Allgemeine Datenschutz-Grundverordnung“ (DSGVO) ist eine der bedeutendsten Rechtsvorschriften für den Schutz personenbezogener Daten weltweit (Ding Xiaodong 2018). Dieses Gesetz gilt als „die strengste Schutzregelung in der Geschichte der Datengesetzgebung“. Im Vergleich zu den USA verfolgt die EU bei der Abwägung zwischen dem Schutz und der Verwendung personenbezogener Daten einen stärkeren „protektiven“ Ansatz. In der EU gibt es Bedenken, dass dies zwar zum Schutz der Privatsphäre beitragen werde, aber auch den Vorsprung der USA vor der EU bei der Entwicklung des Internets weiter vergrößern könnte. Die allgemeine Datenschutz-Grundverordnung, die den Grundsatz des „Empowerments der Nutzer“ und der „Regulierung der Unternehmen“ in den Vordergrund stellt, wurde von EU-Verbraucherschutzorganisationen begrüßt, stieß jedoch auf den Widerstand von Internetunternehmen. Welche Art von Politik für personenbezogene Informationen mit Daten im Mittelpunkt beim Eintritt in das digitale Zeitalter letztlich verfolgt wird, hängt mit der Entwicklung von Big Data, künstlicher Intelligenz und den Trends der Datenanwendungen zusammen. Die USA und die EU sind sich im Grundsatz einig, was das Prinzip der „Ermächtigung der Nutzer“ betrifft, aber ihre Positionen unterscheiden sich in mehreren anderen entscheidenden Fragen.

Die erste davon betrifft unterschiedliche Haltungen in der Frage der Förderung vs. Einschränkung der Datenentwicklung. Die USA haben Big Data zu einer landesweiten Strategie erhoben und im Jahr 2019 war die digitale Wirtschaft der USA mit 13,1 Billionen US-Dollar die größte der Welt. Seit 2012 haben die USA Strategiepapiere wie den „Big Data Research and Development Initiative“ (2012), „Big Data: Seizing Opportunities, Preserving Values“ (2014) und den „Federal Big Data Research and Development Strategic Plan“ (2016) herausgegeben und eine „Big Data Senior Steering Group“ eingerichtet, um die Entwicklung der Datenindustrie zu fördern, was bedeutet, dass die USA weiterhin die Rolle der Daten auf ein Maximum steigern werden. Die EU hingegen bewegt sich zögerlich und unabhängig in Richtung einer „Minimierung der Daten“. In den letzten 20 Jahren hat die EU die Entwicklung des Internets durch äußere

Rahmenbedingungen wie z. B. die Gesetzgebung künstlich eingeschränkt, sodass es in der EU so gut wie keine Plattformen von Weltrang gibt, die Schlagzeilen machen. Unter diesem Leitmotiv der „Datenminimierung" wird es für die EU schwierig sein, in Zukunft Plattformen für die Datenindustrie von Weltrang zu entwickeln.

Zweitens gibt es unterschiedliche Ausrichtungen in der Verbraucherpolitik. Die USA als führendes Land der Internet-Datenplattformen haben sich für einen Kompromiss und eine ausgewogene politische Ausgestaltung zwischen Datennutzung und Datenschutz entschieden und betonen die Neutralität personenbezogener Daten. Die EU legt im Sinne der Verbraucher von Datendiensten mehr Wert auf den Schutz von personenbezogenen Daten und Privatsphäre. Wenn personenbezogene Daten als neutral betrachtet werden, wird der „mündige Benutzer" selbst einen Mittelweg zwischen den entgegengesetzten Zielen Offenheit und Transparenz personalisierter Dienste und dem Schutz der Privatsphäre finden, wobei der Nutzer selbst eine Auswahl trifft. Betrachtet man nur die Kehrseite der personenbezogenen Daten, dann wird die Offenheit und Transparenz von personalisierten Diensten eingeschränkt und nur der Schutz personenbezogener Daten betont. Positiv zu vermerken ist, dass die Verbraucher in der EU eine größere Datensicherheit und einen besseren Schutz der Privatsphäre genießen, z. B. durch die „Allgemeine Datenschutz-Grundverordnung", die das „Recht auf Vergessenwerden" stärkt, wodurch sich Nutzer im Internet „verbergen" und „ihre Spuren verwischen" können. Auf der anderen Seite werden den Verbrauchern in der EU mehr Optionen für personalisierte Dienstleistungen entgehen.

Drittens unterscheidet sich der wirtschaftspolitische Ansatz gegenüber Unternehmen beträchtlich. Die „Allgemeine Datenschutz-Grundverordnung" betont die „Anwendung des europäischen Rechts innerhalb Europas", was bedeutet, dass auch Unternehmen mit Sitz außerhalb der EU die EU-Gesetze und -Vorschriften einhalten müssen, wenn sie Dienstleistungen innerhalb der EU anbieten wollen. „Dies wird folgenreiche Auswirkungen auf Datengiganten und Plattformen aus anderen Ländern haben, die in der EU tätig sind. Unter dem Strich gibt die ‚Allgemeine Datenschutz-Grundverordnung' den europäischen Datenschutzbehörden die Befugnis, hohe Geldstrafen gegen Unternehmen zu verhängen, die sich auf bis zu 4 % des weltweiten Jahresumsatzes eines Unternehmens belaufen können" (Jiang Qiping 2018). Im Gegensatz dazu besteht in der US-amerikanischen Datengesetzgebung eher ein Trend zur extraterritorialen Anwendung des innerstaatlichen Rechts, um den neuen Durchsetzungserfordernissen des grenzüberschreitenden Datenzugriffs gerecht zu werden, und die Ausgestaltung des Rechtssystems entspricht in jeder Hinsicht der US-amerikanischen Vorrangstellung. So erweitert der „Clarifying Lawful Overseas Use of Data Act" (CLOUD) die Durchsetzungsbefugnisse der US-Strafverfolgungsbehörden für im Ausland gespeicherte Daten und erlaubt gleichzeitig den Strafverfolgungsbehörden „anspruchsberechtigter ausländischer Regierungen" den Zugriff auf in den Vereinigten Staaten gespeicherte Daten. Gemäß den Anforderungen des Gesetzentwurfs können die meisten digitalen Entwicklungsländer, wie z. B. China, die „Berechtigungskriterien" jedoch kaum erfüllen. Dies zeigt, dass die USA ihre eigenen Interessen in den Mittelpunkt stellen und versuchen, die Spielregeln des grenzüberschreitenden Datenzugriffs zu beherrschen, indem sie den langen Arm der Strafverfolgung auf den Cyberspace anderer Länder ausdehnen und deren Rechtssouveränität und nationale Sicherheit im Cyberspace untergraben.

### *(2) Zirkulation von Daten*

Mit der raschen Beschleunigung der Marktexpansion in der digitalen Industrie geht ein Trend zur offenen gemeinsamen Nutzung, zum Austausch und zur Verbreitung von Daten einher. Man kann sagen, dass „die Frage der Rechtmäßigkeit einer Verbreitung und Nutzung von Daten der Schlüssel zur Entwicklung der Big-Data-Industrie ist, wobei das Dateneigentum der logische Ansatzpunkt für die Datennutzung und -weitergabe und die Datenkommerzialisierung ist (Ding Daoqin 2017). Die Verbreitung von Daten[39] geht jedoch auch mit zahlreichen Problemen

39 Der Datenverkehr kann definiert werden als Prozess der Übertragung von Daten als Objekte in einem Informationssystem von der Angebotsseite zur Nachfrageseite, der bestimmten Regeln gehorcht. (China Academy of Information and Communications Technology 2018).

in Bezug auf Eigentum, Qualität, Compliance und Sicherheit einher, die sich zu Hemmnissen entwickelt haben, welche die Zirkulation von Daten behindern.

Die Formen der Datenzirkulation: Der freie Fluss von Daten ist im digitalen Zeitalter der „Normalfall" und eine unerlässliche Voraussetzung für die Offenheit, Grenzenlosigkeit und Teilhabe im virtuellen Raum. „Daten sollten nicht anhand ihrer Speicherung, sondern über ihre Zirkulation definiert werden."[40] Der Datenfluss besteht hauptsächlich aus drei Formen: gemeinsame Nutzung von Daten, Sharing, und Datenhandel. Die gemeinsame Nutzung von Daten erfolgt größtenteils zwischen angegliederten Einrichtungen, die durch Kapital oder irgendeine Art von Interesse miteinander verbunden sind, und der Datenfluss zwischen ihnen wird durch die internen Regelungen und Vorschriften dieser Einrichtungen reglementiert. In den „Leitgedanken des Handelsministeriums zur Beschleunigung der Entwicklung moderner Logistik im Umlaufsektor Chinas" (Nr. 53 [2008] Handelsministerium) wird vorgeschlagen, „den Aufbau von Informationsplattformen für öffentliche Logistiknetzwerke zu fördern und Handels- und Logistikunternehmen dabei zu unterstützen, zukunftsweisende Technologien wie das Internet zu nutzen, um die gemeinsame Nutzung von Ressourcen, die Teilhabe an Daten und den Informationsaustausch zu verwirklichen." Die gemeinschaftliche Verteilung von Daten findet in erster Linie zwischen kooperierenden Einrichtungen statt, und der Datenfluss wird durch vertragliche Vereinbarungen zwischen diesen Einrichtungen reglementiert. Die Voraussetzung ist jedoch, dass „die nationale und soziale öffentliche Sicherheit gewahrt, Staats- und Betriebsgeheimnisse gehütet, die Privatsphäre geschützt und die legitimen Rechte und Interessen der Inhaber von Datenrechten beachtet werden sollen. Keine Abteilung oder Einzelperson darf die gemeinsame Verwendung und Öffnung von Daten

40 Kevin Kelly ist davon überzeugt, dass persönliche Daten die große Zukunft sind, dass jedes Geschäft ein Datengeschäft sein wird und dass Daten nicht durch ihre Speicherung, sondern über ihren Austausch definiert werden sollten. Mit der Weiterentwicklung der Cloud-Technologie werde die Fähigkeit, sich in Netzwerken einzubringen, wichtiger als die Dinge, die man tatsächlich besitzt.

für ungesetzliche oder kriminelle Aktivitäten nutzen."[41] Datenhandel hingegen bezieht sich auf den Austausch von Daten zwischen Angebots- und Nachfrageseite über die Datenhandelsplattform eines Drittanbieters in Übereinstimmung mit den üblichen Handelsregeln und Preisbildungsmechanismen. „Datentransaktionen sollten in einem rechtlich einwandfreien Vertrag geregelt werden, in dem die Qualität der Daten, der Preis der Transaktion, die Art und Weise der Übertragung, die Verwendung der Daten sowie weitere Einzelheiten festgelegt sind."[42]

Die Methoden der Datendistribution: Für Datenströme werden im Wesentlichen Lizenzen für die Datennutzung eingesetzt, die eine Eins-zu-eins-Lizenzierung, eine Eins-zu-viele-Lizenzierung oder eine wechselseitige Lizenzierung umfassen können. Die drei Methoden der Lizenzierung strukturieren das Modell der Datenzirkulation und der gesellschaftlichen Datennutzung in seiner Gesamtheit. Bei der Eins-zu-eins-Datenlizenzierung stellt der Dateneigentümer seine Daten nur einer ausgewählten Person zur Verfügung und gestattet dieser die Nutzung der Daten. Die Eins-zu-eins-Lizenzierung von Daten ist eine sehr verbreitete Methode der Datenweitergabe. Sie kann in eine Geschäftspartnerschaft zwischen Unternehmen eingebettet sein, bei der eine Partei der anderen die Nutzung von Daten in einem bestimmten Umfang gewährt. Auch kann es sich um einen individuellen Datenlizenzvertrag handeln, wie z. B. die Vereinbarung einer offenen API. Zwei oder mehr Dateneigentümer erteilen sich gegenseitig eine Erlaubnis zur Nutzung ihrer Daten, geben einander also eine wechselseitige Datennutzungslizenz. Bei dieser gemeinsamen Nutzung von Daten, die von beiden Seiten erzeugt werden, handelt es sich im Wesentlichen um eine Form der gegenseitigen Lizenzierung, die auch als Data-Sharing bezeichnet werden kann. Erstens sind die Subjekte auf einen bestimmten Umfang, nämlich auf mindestens zwei Subjekte, beschränkt. Zweitens nutzen die einzelnen Subjekte beiderseits Daten, die ihnen gehören oder von ihnen kontrolliert werden, und es gibt einen Mechanismus zur gegenseitigen Lizenzierung der Nutzung. Dieses Sharing von Daten ermöglicht es den

41 Vgl.《贵州省大数据发展应用促进条例》[Vorschriften zur Förderung der Entwicklung und Anwendung von Big Data in der Provinz Guizhou], Artikel 25.

42 Vgl.《海南省大数据开发应用条例》[Regelungen zur Entwicklung und Anwendung von Big Data in der Provinz Hainan], Artikel 43.

Beteiligten in einem gewissen Ausmaß, die vorhandenen Datenressourcen noch umfassender zu nutzen und so redundante Arbeit und entsprechende Kosten bei der Datenerhebung und Datenerfassung zu minimieren. Die so gemeinsam genutzten Daten können als gemeinschaftliche Datenressourcen der beteiligten Subjekte betrachtet werden, sodass das Prinzip des Daten-Sharings darin besteht, sich gegenseitig das Recht auf die Nutzung der eigenen Daten abzutreten, um die gemeinsame Nutzung von Daten zu bewirken. Die Eins-zu-viele-Datenlizenzierung bezieht sich auf die vom Eigentümer der Daten genehmigte Nutzung von Daten durch andere, nicht näher bestimmte Subjekte und ist grundsätzlich durch den öffentlichen Charakter dieser Nutzergruppe gekennzeichnet. Sie ist also eine Datenlizenz für jene Mitglieder der Gesellschaft, die sie benötigen. Eins-zu-viele-Lizenzen werden grob in zwei Kategorien unterteilt: Lizenzen zur freien Verwendung und Lizenzen zur eingeschränkten Verwendung. Eine freie Nutzungslizenz ist eine Lizenz, die bestimmte Daten als „unbeschränkt offene Daten" spezifiziert, auf die nicht näher definierte gesellschaftliche Gruppen ohne jegliche Voraussetzungen nach Belieben zugreifen können. Im Gegensatz dazu erteilt bei einer Lizenz mit eingeschränkter Verwendung der Dateneigentümer an eine nicht näher bestimmte Nachfragepartei eine bedingte Nutzungslizenz, wobei die Nutzungsbedingungen der Daten, unter anderem hinsichtlich des Verwendungszwecks, der Eignung der Nutzer und der Gegenleistung für die Nutzung zu regeln sind. Bei der bedingten Datenlizenzierung handelt es sich im Wesentlichen um eine Art des Datenhandels, bei dem Datenressourcen über Marktmechanismen denjenigen zugewiesen werden, die sie benötigen, wodurch eine Vergesellschaftung von Datennutzung ermöglicht wird (Gao Fuping 2019).

Die Aufsicht des Datenverkehrs: Die Regulierung von Datenflüssen sollte nach den verschiedenen Methoden des Datenflusses abgestuft und kategorisiert werden und die Analyse und Steuerung des Schutzes der Privatsphäre und der Sicherheit bei allen Gliedern in der Kette des Datenflusses übergreifend berücksichtigen, sodass jeder Schritt der Datenübertragung und der Datennutzung nachvollziehbar, handhabbar und kontrollierbar ist. Für die drei Methoden der gemeinsamen Nutzung, des Sharings und des Datenhandels sollten drei Regulierungsstrategien eingesetzt werden: die szenarienübergreifende Offenlegung, das Sharing sensibler

Daten nach Genehmigung und das Verbot der Weitergabe sensibler Daten. Bei der Methode für kooperierende Unternehmen sollte auf Fragen wie die Benutzerautorisierung bei einer szenarienübergreifenden Nutzung der Unternehmensdaten sowie auf den Schutz des Rechts auf Auskunft und auf die Speicherung von Daten zum Privatsphärenschutz und den Aufbau eines Sicherheitssystems für die Zugangskontrolle geachtet werden. Bei der Methode des partnerschaftlichen Sharings sollte auf Fragen wie die Benutzerautorisierung für die gemeinsame Nutzung von Daten zwischen verschiedenen Unternehmen und die Benutzerautorisierung für die verschlüsselte Übertragung von vertraulichen Daten geachtet werden. Bei der Methode des Datenhandels sollte auf Fragen wie die Benutzerautorisierung für Datentransaktionen (Autorisierung für den mehrseitigen Austausch nicht sensibler Daten), die Offenlegung der Geschäftsbedingungen und das Verbot der Weitergabe von privaten Daten geachtet werden (Zhang Minchong 2016). Außerdem lohnt es sich, von den japanischen Erfahrungen mit der Regulierung des Datenverkehrs zu lernen. Erstens ist die japanische Regierung der Überzeugung, dass die freie Entwicklung eines Marktes für Datenströme zur Bildung von Datenmonopolen durch Großunternehmen führen könnte. Im Juni 2017 kam ein von der japanischen Fair Trade Commission herausgegebener Forschungsbericht über Daten und Wettbewerbspolitik zu dem Schluss, dass „die Anregung von Datenflüssen und Datenerfassung durch die Unternehmen diesen helfe, ihre Produkte und Dienstleistungen zu verbessern und so einen positiven Kreislauf von Geschäftsabläufen und Marktentwicklung in Gang setze. Wenn man gestattet, dass sich der Markt für Datenströme frei entwickelt, können allmählich Megakonzerne mit Datenmonopol-Supermacht entstehen, was den Raum für die Entwicklung von Start-ups und kleine und mittlere Unternehmen einschränkt" (Forschungsinstitut für Wettbewerbsstrategie der Japan Fair Trade Commission 2017). Zweitens wurde eine Kartellbehörde zur Verhinderung von Monopolen eingerichtet, die sich auf die Regulierung internationaler Internet-Giganten konzentrieren soll. Im Februar 2019 kündigte die japanische Regierung an, eine Regulierungsbehörde gegen Monopole einzurichten, die große Tech-Unternehmen wie Facebook und Google beobachten und für die Überprüfung von Wettbewerbspraktiken, den Schutz persönlicher Daten und die Aussprache von Empfehlungen gegen Monopolbildungen zuständig sein soll. Am 6. März 2019 entschied die japanische Regierung, dass auf die illegale Sammlung und Nutzung personenbezogener Daten in Japan durch ausländische Internetgiganten das „Antimonopolgesetz" anwendbar ist, da diese als „Missbrauch einer marktbeherrschenden Stellung" im Sinne des Antimonopolgesetzes gelten.

### *(3) Datenhandel*

Da die digitale Wirtschaft in ein neues datengetriebenes Zeitalter eintritt, sind die Förderung eines Marktes für Datenfaktoren und die Stärkung der Datenzirkulation unumgängliche Voraussetzungen für eine innovative Entwicklung von Wirtschaft und Gesellschaft. Am 11. Oktober 2020 schlug der „Realisierungsplan für das umfassende Reform-Pilotprojekt zum Aufbau einer wegweisenden Modellzone des Sozialismus mit chinesischen Merkmalen in Shenzhen (2020–2025)" ausdrücklich vor, dass geprüft und entschieden werde, ob für den Datenhandel ein neuer Handelsplatz aufzubauen, oder ob auf bereits vorhandene Handelsplätze zurückzugreifen sei. Am 18. September 2020 wurde im „Work Implementation Plan for the Establishment of the Beijing International Big Data Exchange" vorgeschlagen, den Aufbau der internationalen Big-Data-Börse in Beijing zu prüfen. Am 11. August 2020 wurde in Nanning die Börse „Beibu Gulf Big Data Exchange" eingeweiht, die die Rolle von Daten als „neuem Antriebsmotor" für die wirtschaftliche Entwicklung voll zur Geltung bringen soll. Seitdem die Zentralregierung am 9. April 2020 die „Stellungnahmen zum Aufbau eines optimierten institutionellen Mechanismus für eine marktorientierte Allokation von Faktoren" herausgegeben hat, hat allerorten die Einrichtung von Datenfaktormärkten an Fahrt aufgenommen und es wurden Anstrengungen unternommen, um das Entstehen von Datenmarktplätzen zu fördern. Nach der Gründung der Guiyang Big Data Exchange (GBDEx) im Jahr 2015 ist erneut ein Boom von neuen Datenmarktplätzen entstanden.

Die Subjekte des Datenhandels: Die Subjekte des Rechtsverhältnisses der Datentransaktion sind alle Akteure, die in den Beziehungen der Datentransaktion Rechte haben und Pflichten tragen. Die Subjekte von

Datengeschäften lassen sich als Datenlieferanten[43], Datennachfrager[44] und Serviceeinrichtungen für Datengeschäfte[45] subsumieren. Hierbei gilt, dass „Datenanbieter und Datennachfrager Bürger, juristische Personen und

43 Der Datenlieferant muss die folgenden Anforderungen erfüllen. (1) Es dürfen keine Einträge über schwerwiegende Verstöße im Datenbereich innerhalb eines Jahres vorliegen. (2) Er muss bei einem Anbieter von Datentransaktionsdiensten registriert sein und von diesem geprüft werden. (3) Er muss in der Lage sein, Daten sicher an den Datenabnehmer zu liefern. (4) Er muss die Regeln und Vorschriften des Serviceanbieters von Datentransaktionsdiensten einhalten. Verwaltungsbehörden und Organisationen, die aufgrund von Gesetzen und Vorschriften bevollmächtigt sind, öffentliche Angelegenheiten zu verwalten, dürfen nicht als Datenlieferanten am Datenhandel teilnehmen (Vgl. Artikel 8 der „Vorläufigen Maßnahmen für die Verwaltung von Datentransaktionen in Tianjin – Entwurf zur öffentlichen Stellungnahme").

44 Der Datennachfrager muss die folgenden Anforderungen erfüllen. (1) Es dürfen keine Einträge über schwerwiegende Verstöße in Bezug auf den Datenbereich innerhalb eines Jahres vorliegen. (2) Er muss bei einem Anbieter von Datentransaktionsdiensten registriert sein und von diesem geprüft werden. (3) Er muss in der Lage sein, einen Sicherheitsschutz für die Transaktionsdaten zu implementieren. (4) Er ist verpflichtet, Daten gemäß der Vereinbarung zwischen den Datenlieferanten und -nachfrageseite zu verwenden, die Rückidentifizierung personenbezogener Informationen zu unterbinden und Transaktionsdaten nach Abschluss der Verwendung gemäß der Vereinbarung rechtzeitig zu vernichten. (5) Er muss die Regeln und Vorschriften des Anbieters von Datentransaktionsdiensten befolgen. (Vgl. Artikel 9 der „Vorläufigen Maßnahmen für die Verwaltung von Datentransaktionen in Tianjin – Entwurf zur öffentlichen Stellungnahme").

45 Die Serviceanbieter für Datentransaktionen müssen die folgenden Anforderungen erfüllen: (1) Die Registrierung als Marktteilnehmer gemäß den gesetzlichen Bestimmungen beantragen. (2) Keine größeren illegalen oder nicht konformen Datensätze innerhalb eines Jahres verzeichnen. (3) Sie müssen in der Lage sein, die Sicherheit von Datenübertragungsdiensten zu gewährleisten. (4) Die Plattform für Datentransaktionsdienste muss auf chinesischem Hoheitsgebiet eingesetzt werden. (5) Daten oder Datenderivate von Datenlieferanten und -nachfragern sind nicht ohne Genehmigung zu verwenden. Die Serviceanbieter für Datentransaktionen haben folgende Pflichten zu erfüllen: (1) Organisation und Überwachung von Datentransaktionen, Abrechnung und Lieferung. (2) Prüfung der Rechtmäßigkeit der von den Datenlieferanten bereitgestellten Datenquellen. (3) Überwachung von Unregelmäßigkeiten bei der Datennutzung. (4) Ausarbeitung und Durchsetzung von Regeln für Sanktionen bei Verstößen gegen den rechtmäßigen Handel. (5) Verwaltung der Datenhandelsplattform. (6) Entgegennahme und Bearbeitung

andere Organisationen sind, die Datentransaktionen über Datentransaktionsdienstleister durchführen. Datentransaktionsdienstleister bieten Datentransaktionsdienste sowohl für Datenanbieter als auch für Datennachfrager an, indem sie auf Datentransaktionsdienstplattformen zurückgreifen."[46] Aus marktwirtschaftlicher Sicht ist ein Subjekt des Datenhandels in gewissem Sinne gleichbedeutend mit einem Subjekt des Datenfaktormarktes. Es handelt sich um „ein Handelsunternehmen auf dem Datenfaktormarkt, das datenbezogene Aktivitäten zu geschäftlichen Zwecken ausübt und im Einklang mit dem Gesetz operative Autonomie genießt".[47]

Die Objekte des Datenhandels: Gehandelte Daten[48] sind die Objekte des Rechtsverhältnisses von Datentransaktionen und sie sind die Objekte, auf die sich die Rechte und Pflichten der Subjekte gemeinsam richten. „Alle Arten von Daten, die in Einklang mit dem Gesetz gewonnen wurden, können gehandelt werden, wenn sie so verarbeitet werden, dass der jeweilige Datenanbieter nicht identifiziert und nicht rekonstruiert werden kann."[49] Jedoch dürfen Daten, auf die einer der folgenden Ausschlussgründe zutrifft, nicht gehandelt werden: (1) Daten, die die nationale Sicherheit, die öffentliche Sicherheit oder die personenbezogene Privatsphäre betreffen. (2) Daten, die Geschäftsgeheimnisse des gesetzlichen Rechteinhabers betreffen und nicht dessen Zustimmung einholen. (3) Daten, die sich auf

von Beschwerden über Datentransaktionen. (7) Sonstige durch Gesetze und Bestimmungen vorgeschriebene Verpflichtungen. (Vgl. Artikel 10 der „Vorläufigen Maßnahmen für die Verwaltung von Datentransaktionen in Tianjin – Entwurf zur öffentlichen Stellungnahme").

46 Elektronischer Handel bezieht sich hier auf Datentransaktionen, die über die Plattform für Datentransaktionsdienste abgewickelt werden, während nichtelektronische Transaktionen Datentransaktionen sind, die offline abgewickelt werden. (Vgl. Artikel 7 der „Vorläufigen Maßnahmen für die Verwaltung von Datentransaktionen in Tianjin – Entwurf zur öffentlichen Stellungnahme").

47 Vgl. 《深圳经济特区数据条例（征求意见稿）》[Datenverordnung der Sonderwirtschaftszone Shenzhen (Entwurf für Kommentare)], Artikel 101.

48 Transaktionsdaten, beziehen sich auf legale und vorschriftsmäßige Daten, die zwischen der Angebots- und Nachfrageseite von Daten gehandelt werden. Vgl. „Vorläufige Maßnahmen für die Verwaltung von Datentransaktionen in Tianjin – Entwurf zur öffentlichen Stellungnahme", Artikel 38.

49 Vgl. „Vorläufige Maßnahmen für die Verwaltung von Datentransaktionen in Tianjin – Entwurf zur öffentlichen Stellungnahme", Artikel 38.

die persönlichen Informationen eines betroffenen Subjektes beziehen, wenn keine ausdrückliche Zustimmung dieser Person vorliegt. Daten, die sich auf die personenbezogenen Informationen eines Minderjährigen beziehen, der das 14. Lebensjahr bereits vollendet hat, wenn keine ausdrückliche Zustimmung des Minderjährigen oder seines Vormunds vorliegt. Sowie Daten, die personenbezogene Informationen von Minderjährigen unter 14 Jahren betreffen, wenn keine ausdrückliche Zustimmung der Erziehungsberechtigten vorliegt. (4) Solche Daten, die durch Betrug, Täuschung, Irreführung etc. oder über illegale oder irreguläre Kanäle gewonnen wurden. (5) Daten, deren Handel durch andere Gesetze, Vorschriften oder rechtmäßige Vereinbarungen ausdrücklich untersagt ist.[50]

Die Plattformen des Datenhandels: Die Entwicklung von Datenhandelsplattformen ist ein Meilenstein in der Geschichte des Datenhandels (Mu Huijun 2016). Datenhandelsplattformen sind für den Datenhandel das, was die Börsen für den Wertpapierhandel sind. Die Datenhandelsplattform ist das Herzstück des gesamten Datenhandelsprozesses und ermöglicht den freien Fluss von Daten zwischen verschiedenen Nutzungsberechtigungen. Was die Funktionalität betrifft, so sollte „eine Datenhandelsplattform unter anderem Funktionen wie eine Benutzerverwaltung[51], eine Transaktionsverwaltung[52], eine

50 Vgl. „Vorläufige Maßnahmen für die Verwaltung von Datentransaktionen in Tianjin – Entwurf zur öffentlichen Stellungnahme", Artikel 15.

51 Plattformen für Datentransaktionsdienste sollten Benutzerverwaltungsfunktionen wie Benutzerregistrierung und -überprüfung, Benutzeranmeldung, Passwortabfrage, Änderung von Registrierungsinformationen und Passwortänderung unterstützen. Vgl. „Vorläufige Maßnahmen für die Verwaltung von Datentransaktionen in Tianjin – Entwurf zur öffentlichen Stellungnahme", Artikel 23.

52 Plattformen für Datentransaktionsdienste sollten Datenlieferanten dabei unterstützen, Datennachfragen abzurufen, gehandelte Daten freizugeben, gehandelte Daten zu liefern und Online-Beschwerden zu bearbeiten. Und sie sollten die Datennachfrageseite bei der Abfrage von angebotenen Daten, der Veröffentlichung von Datennachfragen, der Verwaltung von Bestellungslisten, der Auswertung und der Einreichung von Online-Beschwerden unterstützen. Vgl. „Vorläufige Maßnahmen für die Verwaltung von Datentransaktionen in Tianjin – Entwurf zur öffentlichen Stellungnahme", Artikel 24.

Auftragsverwaltung[53] sowie eine Plattformverwaltung[54]" aufweisen[55]. In Bezug auf den Betrieb sollten „Datenhandelsplattformen ein sicheres und vertrauenswürdiges, handhabbares und zurückverfolgbares Umfeld für den Datenhandel schaffen, Regeln für den Datenhandel, die Offenlegung von Informationen und Maßnahmen zur Selbstregulierung formulieren sowie wirksame Maßnahmen zum Schutz der persönlichen Privatsphäre, von Geschäftsgeheimnissen und sensiblen Daten ergreifen."[56] Die Schaffung von Datenhandelsplattformen hat zu einer Standardisierung der Datentransaktionen und zu einem rationaleren Preisbildungsmechanismus geführt. Bisher wurden in China unter anderem die „Global Big Data Exchange" (GBDEx) in Guiyang, die Handelsplattform „Shu Hai Data" in Zhongguancun, Beijing und die „Central China BigData Exchange" (CCBDEx) in Wuhan gegründet.

Die Preisgestaltung im Datenhandel: Die Preisbildung für Daten ist der logische Ausgangspunkt für Datentransaktionen und sie ist die Art

53 Plattformen für Datentransaktionsdienste sollten Funktionen für die Online-Auftragserteilung und die Auftragsverwaltung, wie z. B. Änderung, Stornierung, Löschung, Abfrage, Online-Zahlung etc. anbieten. Sie sollten Aufzeichnungen über elektronische Vereinbarungen über den Datenhandel zwischen Angebots- und Nachfrageseite führen, den Abschluss gelieferter Aufträge prüfen, die maximale Zahlungsfrist für Aufträge festlegen und automatisch fällige unbezahlte Aufträge stornieren. Vgl. „Vorläufige Maßnahmen für die Verwaltung von Datentransaktionen in Tianjin – Entwurf zur öffentlichen Stellungnahme", Artikel 25.

54 Plattformen für Datentransaktionsdienste sollten über Plattformverwaltungsfunktionen verfügen, wie z. B. die Verwaltung von Angebots- und Nachfragedaten, die Abrechnung von Transaktionsdaten, das Sicherheitsmanagement, die Transaktionsprüfung, die Protokollverwaltung etc. Sie soll zudem Datenhandelsdienstleister bei der Prüfung von Benutzerregistrierungs- und -freigabeinformationen, der Freigabe und Änderung von Mitteilungen und Ankündigungen, der Abfrage und dem Export von Bestell- und Zahlungsinformationen, der Sicherung und Wiederherstellung von Systemdaten etc. unterstützen. Vgl. „Vorläufige Maßnahmen für die Verwaltung von Datentransaktionen in Tianjin – Entwurf zur öffentlichen Stellungnahme", Artikel 26.

55 Vgl. „Vorläufige Maßnahmen für die Verwaltung von Datentransaktionen in Tianjin – Entwurf zur öffentlichen Stellungnahme", Artikel 22.

56 Vgl. „Datenverordnung der Sonderwirtschaftszone Shenzhen (Entwurf für Kommentare)", Artikel 59.

und Weise wie sich Datenwerte monetarisieren (Schlüssellabor für Big-Data-Strategie 2019). Die Preisgestaltung für Daten unterscheidet sich erheblich von der anderer Assets. Der Wert eines Datenvermögens ergibt sich in erster Linie aus dem geschäftlichen Gewinn, den es direkt oder indirekt generiert, aber aufgrund der zerstörungsfreien Kopierbarkeit der Daten selbst und der Überschneidung der in verschiedenen Geschäftsszenarien generierten Gewinne unterscheidet sich der Wert eines bestimmten Datenvermögens von dem eines herkömmlichen Vermögens, und ist kein fester Wert, sondern ein dynamischer Wert, der je nach den verschiedenen Faktoren variiert. Aufgrund der leichten Reproduzierbarkeit, der einfachen Übertragung und der schwierigen Bewertbarkeit unterscheiden sie sich von konventionellen Gütern und können nicht in vollem Umfang in die Preismodelle der Finanz- und Warenbörsen einbezogen werden. Die traditionellen Bieterverfahren an den Börsen sind in der Regel kontinuierliche Bieterverfahren oder Pool-Bieterverfahren, bei denen es sich um eine Viele-zu-viele-Beziehung handelt, während der Datenhandel im Allgemeinen eine Eins-zu-eins- oder Eins-zu-viele-Relation vorsieht. Unterschiedliche Datentypen erfordern unterschiedlich gestaltete Preismechanismen für Transaktionen. Aus einer Gesamtperspektive jedoch sollten „Datenhandelsplattformen eigene Indikatoren für die Preisgestaltung von Datenbeständen in Bezug auf Aktualität, Zeitspanne, Abdeckungsumfang, Vollständigkeit, Datentyp und Data-Mining-Potenzial erstellen und mit Datenbewertungsagenturen zusammenarbeiten, um den Wert von Datenvermögen angemessen zu bewerten".[57] Gleichzeitig sollte die Gesetzgebung darauf hinarbeiten, die „Formulierung von Regeln für die Datenpreisgestaltung und von Leitlinien für die Bewertung des Datenwerts durch die Regierung zu fördern, die Einrichtung von Institutionen zur Bewertung von Datenwerten zu anzuregen, die Reform des Preismarktes für Datenfaktoren zu fördern und die Marktteilnehmer anzuleiten, ihre Autonomie bei der Preisgestaltung für Datenelemente im Einklang mit dem Gesetz angemessen auszuüben".[58]

57 Vgl.《深圳经济特区数据条例（征求意见稿）》[Datenverordnung der Sonderwirtschaftszone Shenzhen (Entwurf für Kommentare)], Artikel 60.

58 Vgl.《深圳经济特区数据条例（征求意见稿）》[Datenverordnung der Sonderwirtschaftszone Shenzhen (Entwurf für Kommentare)], Artikel 80.

Die Modelle des Datenhandels: „Der Markt für Datenfaktoren kann eine Vielzahl von gesetzlichen Methoden zur Durchführung von Datenhandelsaktivitäten nutzen, wie z. B. den eigenständigen Handel oder Handelsplattformen“[59] „Der Handel mit Daten kann im Allgemeinen in zwei Formen unterteilt werden: den elektronischen Handel und den nichtelektronischen Handel“[60]. „Der Kern des Datenhandels besteht in der Abtretung von Dateneigentumsrechten, einschließlich der Abtretung des Eigentums an Dateneigentumsrechten, der Abtretung von Nutzungsrechten des Dateneigentums und der Abtretung von Erlösrechten von Dateneigentum“ (Li Wenlian und Xia 2013). Abtretung des Eigentums an Dateneigentumsrechten bedeutet, dass der Inhaber der Dateneigentumsrechte das Eigentum an den Dateneigentumsrechten auf denjenigen überträgt, der die Dateneigentumsrechte wünscht. Das Eigentumsrecht an Daten ist im Allgemeinen sehr zielgerichtet und generiert direkt aus der Analyse das Ergebnis der Datennutzung. Das Geschäftsmodell mit dem Datennutzungsrecht als Gegenstand ist durch Transaktionen von vermieteten Daten und den Abruf dieser Daten gekennzeichnet. Ein typisches Geschäftsmodell ist die Vermietung von Datenbanken, wie z. B. eine chinesische Zeitschriftendatenbanken sowie diverse Datenbanken für die Suche nach Dissertationen in China. Der Nutzer zahlt eine festgelegte Gebühr, um das Recht zu erhalten, die Datenbank für eine bestimmte Häufigkeit von Anfragen oder für einen bestimmten Zeitraum zu nutzen. Das Modell des Handels mit Erlösrechten von Daten bezieht sich auf die Datennachfrageseite, die durch die Nutzung der vom Datenanbieter zur Verfügung gestellten Daten Gewinne erzielt und den Nutzen dann mit dem Datenanbieter aufteilt.

59 Vgl.《深圳经济特区数据条例（征求意见稿）》[Datenverordnung der Sonderwirtschaftszone Shenzhen (Entwurf für Kommentare)], Artikel 58.

60 Vgl. „Vorläufige Maßnahmen für die Verwaltung von Datentransaktionen in Tianjin – Entwurf zur öffentlichen Stellungnahme“, Artikel 6.

## Abschnitt 5 Datensicherheit und Compliance

Datensicherheit und Compliance sind ein neuer und wichtiger Gesichtspunkt und ein neues und bedeutsames Kriterium der nationalen Sicherheit, sie sind ein vielschichtiges Thema, das Technologie, Recht, Regulierung und gesellschaftliche Steuerung umfasst. Zur Gewährleistung der Datensicherheit sind gesetzliche Regelungen eine wichtige Voraussetzung und ein wichtiges Instrument. Generalsekretär Xi Jinping hat wiederholt bekräftigt, dass „die nationale Sicherheit von höchster Priorität ist“ und er hat ausdrücklich gefordert, dass „die nationale Datensicherheit wirksam zu schützen ist“ und dass „die Koordinierung von Strategien, Richtlinien und Gesetzen verstärkt und die Ausarbeitung von Vorschriften und Systemen beschleunigt werden müssen“. Die Datensicherheit ist nicht nur eine Angelegenheit der Technologie selbst, sondern auch der verschiedenen Gefahren und Konflikte, die sich aus der Öffnung, Verbreitung und Verwendung von Daten ergeben können. Die Vorbeugung von Datensicherheitsrisiken und die Förderung der datenrechtlichen Compliance erfordern intensivierte Anstrengungen zum Aufbau der Technologie, der Fachkräfte und der Systeme, die für die Aufrechterhaltung der Sicherheit und der rechtlichen Konformitätsprüfung notwendig sind. Nur so kann ein mehrdimensionales System für Gefahrenabwehr und Compliance geschaffen werden.

### *(1) Die Sicherheitsrisiken von Daten*

Ein schwach ausgeprägtes Risiko- und Sicherheitsbewusstsein, eine unzureichende Verlässlichkeit der kritischen Informationsinfrastrukturen, Hacker und Sicherheitslücken, Datenterrorismus sowie das Fehlen und die Verzögerungen von Gesetzen haben die Häufigkeit von Datenschutzgefahren und das Ausmaß der Schäden verschlimmert. Insbesondere für Daten, die nationale Interessen, die öffentliche Sicherheit, Geschäftsgeheimnisse, den Schutz der Privatsphäre sowie militärische Forschung und Produktion betreffen, wird die Bedrohungslage durch Angriffe, Leaks,

Diebstahl, Manipulation und missbräuchliche Verwendung zunehmend ernster. Die Datensicherheit ist im digitalen Zeitalter zum dringendsten Kernproblem geworden.

Sicherheitsrisiken der Datenoffenheit: Risiken, die im Gefolge der Öffnung von Daten entstehen, sind eine der größten Bedrohungen auf der strategischen Ebene unseres Landes. Im Juli 2013 wies Generalsekretär Xi Jinping darauf hin, dass „Big Data die ‚freie' Ressource der Industriegesellschaft ist, und wer die Daten in Händen hält, dem werde auch die Initiative gehören". Das Volumen an Daten das einem Land zur Verfügung steht und seine Fähigkeit, es einzusetzen, ist allmählich zu einem wichtigen Baustein der gesamten Landesstärke geworden, und der Besitz und die Kontrolle von Daten werden neben der Bodengewalt, der Seestreitmacht und der Lufthoheit zu einer zentralen nationalen Macht. Die Offenheit von Daten hat die nationale Souveränität im digitalen Zeitalter zusehends relativiert, und das Ringen um die Datenhoheit ist zu einem Brennpunkt der nationalen Strategie geworden und stellt eine ernsthafte Herausforderung für die nationale Sicherheit dar. Die Vereinigten Staaten haben den Zugriff auf öffentliche Daten strengen Beschränkungen unterworfen und betonen, dass die Öffnung mit der nationalen Sicherheit, der Strafverfolgbarkeit und dem Schutz der Privatsphäre des Einzelnen in Übereinstimmung gebracht werden muss, d. h. der offene Zugang zu staatlichen Daten sollte dem „Freedom of Information Act" unterliegen, dessen Artikel neun Voraussetzungen festlegen, nach denen „bei der Offenlegung von Informationen Ausnahmeregelungen für Nichtweitergabe existieren".[61] Diese neun Ausnahmeklauseln von der Offenlegung sind: (1) Geheimnisse der nationalen Verteidigung oder Diplomatie, die gemäß Verordnung des Präsidenten ausdrücklich festgelegt wurden. (2) Ausschließlich für Abteilungen der Verwaltung bestimmte interne Personalbestimmungen und Arbeitsverfahren. (3) Informationen, die durch andere Gesetze ausdrücklich von der Offenlegung ausgeschlossen sind. (4) Geschäftsgeheimnisse Dritter und finanzielle, kommerzielle und technologische Informationen, die exklusive oder vertrauliche Informationen enthalten, die von Dritten an staatliche

61 Vgl. Freedom of Information Act, Abschnitt (b) „Beispiele für ausgenommene öffentliche Informationen".

Stellen weitergegeben werden. (5) Memoranden oder Schriftverkehr zwischen oder innerhalb von Institutionen, die sich gerade in einem Rechtsstreit befinden, sind rechtmäßig nicht für andere Parteien zur Nutzung zugänglich. (6) Personalangelegenheiten, Krankenakten oder ähnliche persönliche Informationen, deren Offenlegung eindeutig und unzulässig das Recht von Bürgern auf Privatsphäre verletzen würde. (7) Verschiedene Aufzeichnungen und Informationen, die zu Strafverfolgungszwecken erstellt werden. (8) Informationen, die von den Finanzaufsichtsbehörden für die Kontrolle von Finanzinstituten verwendet werden. (9) Geologische und geophysikalische Informationen über Ölvorkommen.

Sicherheitsrisiken der Datenzirkulation: Gefahren für die Datensicherheit im Datenkreislauf konzentrieren sich hauptsächlich auf die Datenerfassung, die Datenübertragung, die Datenspeicherung sowie weitere Teilaspekte. Bei der Erhebung von Daten kann es zu Beschädigung, Verlusten, Leaks, Diebstahl, Privatsphärenverletzungen und anderen Sicherheitsproblemen kommen. Dies erfordert beim Sammeln von Daten Anwendung des Grundsatzes „wer sammelt, trägt die Verantwortung".[62] „Zu klären sind das Ziel und die geplante Verwendung der Daten, und die Rechtmäßigkeit, Legitimität und Notwendigkeit der Datenerhebung müssen gewährleistet sein. Erforderliche Kontrollmaßnahmen in Bezug auf die Umgebung, die Infrastruktur und die Technologie der Datenerhebung sind zu ergreifen, um die Integrität, Kohärenz und Authentizität der Daten zu gewährleisten und sicherzustellen, dass die Daten während des Erhebungsprozesses nicht unerlaubt preisgegeben werden."[63] Zu den

62 Vgl.《贵州省大数据安全保障条例》[Vorschriften zur Big-Data-Sicherheit der Provinz Guizhou], Artikel 13.

63 Vgl.《天津市数据安全管理办法（暂行）》[Tianjin Maßnahmen zum Datensicherheitsmanagement (Zwischenbericht)], Artikel 19. Darüber hinaus haben sich 2014 sechs Landwirtschaftsverbände, darunter die National Farmers Union, die American Soybean Association, National Corn Growers Association, und die National Farmers' Federation und sechs weitere landwirtschaftliche Verbände mit sechs großen Agrartechnologieanbietern (*agricultural technology providers*, ATPs), allen voran Deere und Monsanto, auf die Grundsätze für den Schutz der Privatsphäre und die Erhebung von Daten in der Landwirtschaft geeinigt. Zu diesen Grundprinzipien gehören: (1) Die Landwirte haben Eigentumsrechte und absolute Kontrollrechte über ihre eigenen Betriebsdaten. (2) Die Landwirte

hauptsächlichen Sicherheitsproblemen, mit denen Daten bei der Übertragung konfrontiert sind, gehören Vertraulichkeit, Vollständigkeit und Authentizität, und es gibt Probleme wie das Ausspähen und die Manipulation, vor allem in der Umgebung der drahtlosen Netzübertragung, wo Sicherheitsprobleme beim Datenfluss besonders ausgeprägt sind. In diesem Punkt „sollte die Übermittlung von Daten den Übertragungsweg sorgfältig auswählen und die notwendigen Sicherheitsmaßnahmen ergreifen, um Datendiebstahl, -verlust und -manipulation zu verhindern"[64] „Je nach Datensicherheitsstufe sind Kontrollmaßnahmen zu ergreifen, um die Sicherheit und Zuverlässigkeit der Datenübertragung zu gewährleisten"[65] Sicherheitsprobleme beim Datenspeichermanagement treten in besonderer Weise durch Unklarheiten der Rechtezuordnung von Daten, Probleme bei der Zugangskontrolle und unzureichende Speicherkapazitäten etc.

---

gestatten den Anbietern von Agrartechnologie, Daten an „unmittelbar interessierte Parteien" weiterzugeben. (3) Jegliche Erhebung und Nutzung von Daten muss mit ausdrücklicher vorheriger Genehmigung des Landwirts vertraglich geregelt werden, wobei anzugeben ist, wie die Daten erhoben werden und zu welchem Zweck sie verwendet werden. (4) Die Landwirte haben die Wahl, sich für oder gegen die Erhebung und Weitergabe von Daten zu entscheiden. (5) Sobald der Landwirt sein Einverständnis zurückzieht und die Vernichtung der Daten verlangt, muss der Anbieter die Daten vernichten oder zurückgeben. (6) Der Anbieter darf die Daten nicht für Spekulationen auf dem Finanzmarkt für Futures verwenden. Diese Grundsätze bringen folgende Anforderungen zur Umsetzung: Erstens sollten Methoden und Zweck der Datenerhebung vertraglich geklärt und die Einwilligung der Nutzer eingeholt werden. Ein Benutzer hat die vollständige Kontrolle über seine Daten, kann frei wählen, ob er ein- oder ausoptieren möchte, sowie die Löschung und Rückgabe der Daten verlangen. Zweitens sollte es den Dienstleistern erlaubt sein, Daten mit „unmittelbar interessierten Beteiligten" zu teilen. Das liegt daran, dass die moderne Gesellschaft auf einer spezialisierten Arbeitsteilung beruht, in welcher Benutzerdienstleistungen häufig von einer Gruppe eng zusammenarbeitender Unternehmen gemeinsam erbracht werden. Die Weitergabe von Daten ist also eine Voraussetzung für einen synergetisch koordinierten Dienst. Drittens darf die Verwendung der Daten den Landwirten keinen potenziellen materiellen Schaden zufügen (keine Spekulation auf den Terminmärkten).

64 Vgl.《贵州省大数据安全保障条例》[Bestimmungen über die Sicherheit von Big Data in der Provinz Guizhou], Artikel 19.

65 Vgl.《天津市数据安全管理办法（暂行）》[Tianjin Maßnahmen zum Datensicherheitsmanagement (Zwischenbericht)], Artikel 20.

auf. Daher sollten „bei der Speicherung von Daten die Art, die Menge, der Verwendungszweck, die Sicherheitsstufe, die Priorität und weitere Faktoren, die Auswahl von Systemen, Medien, Anlagen und Geräten mit angemessener Sicherheitsleistung und Schutzniveau sowie das Ergreifen von technischen und administrativen Maßnahmen zur Gewährleistung der Sicherheit von Speichersystemen und Daten berücksichtigt werden.[66]

Die Sicherheitsrisiken bei der Datennutzung: Die häufigsten Risikoquellen für die Sicherheit bei der Datenverwendung treten bei Verarbeitung, Austausch, Benutzung und der Vernichtung von Daten sowie bei der Auslagerung der Verwaltung von Diensten auf. „Die Datenverarbeitung sollte die Originaldaten vor willkürlicher Veränderung, Verfälschung und zerstörerischer Manipulation sowie dauerhaftem Datenverlust durch böswillige Eingriffe schützen".[67] „Die Verarbeitung personenbezogener Daten bedarf der ausdrücklichen Einwilligung der betroffenen Person".[68] „Der Datenaustausch muss die Integrität und Nutzbarkeit der Daten erhalten. Der Datenaustausch muss rechtmäßig erfolgen und die am Austausch beteiligten Parteien dürfen sich nicht als eine andere Person ausgeben oder auf andere Weise in betrügerischer Absicht Daten austauschen."[69] „Die Verwendung von Daten darf nicht für rechtswidrige Absichten und Nutzungszwecke erfolgen. Daten, die bekanntermaßen durch illegale Mittel wie Angriffe, Diebstahl, arglistigen Eingriff etc. erlangt wurden, dürfen nicht verwendet werden. Die Verwendung von Daten für Werbe-, Marketing- und Verkaufsförderungsmaßnahmen darf die gewöhnliche Erwerbstätigkeit und das Leben der Person, deren Daten erhoben werden, nicht beeinträchtigen und die legitimen Rechte und Interessen der Person, deren

66 Vgl.《贵州省大数据安全保障条例》[Bestimmungen über die Sicherheit von Big Data in der Provinz Guizhou], Artikel 19.

67 Vgl.《贵州省大数据安全保障条例》[Bestimmungen über die Sicherheit von Big Data in der Provinz Guizhou], Artikel 20.

68 In der EU-Richtlinie zum Schutz natürlicher Personen bei der Verarbeitung personenbezogener Daten und zum freien Datenverkehr (95/46/EG) heißt es: „Die Mitgliedstaaten sehen vor, dass personenbezogene Daten nur verarbeitet werden dürfen, wenn: a) die betroffene Person ausdrücklich eingewilligt hat".

69 Vgl.《贵州省大数据安全保障条例》[Bestimmungen über die Sicherheit von Big Data in der Provinz Guizhou], Artikel 21.

Daten erhoben werden, oder anderer Personen nicht beschädigen."[70] „Die Löschung von Daten muss sich an den Erfordernissen der Sicherheitsverwaltung für Big Data orientieren, und die Methoden und Anforderungen für die Löschung müssen in angemessener Weise festgelegt werden. Die Löschung von öffentlichen Daten, sensiblen Daten wie z. B. Geschäftsgeheimnissen und personenbezogenen Informationen erfordert eine Sicherheitsrisikobewertung".[71] „Beinhaltet ein Dienstleistungs-Outsourcing die Sammlung, Speicherung, Übermittlung oder Verwendung von Daten, so ist mit dem Outsourcing-Dienstleister eine Sicherheitsvereinbarung im gesetzlichen Rahmen zu unterzeichnen, es sind Sicherheitsmaßnahmen zu ergreifen, und die Auslagerung, das Kopieren und die Löschung von Daten sind zu überwachen".[72] Im Ausland schreibt beispielsweise das deutsche Bundesdatenschutzgesetz vor, dass „Sammeln, Verarbeitung und Nutzung personenbezogener Daten nur zulässig sind, soweit dieses oder ein anderes Gesetz dies erlaubt oder vorschreibt oder das Subjekt der Daten einwilligt."[73]

### *(2) Datensicherheit und Gefahrenabwehr*

Um Datensicherheitsrisiken vorzubeugen und die Datensicherheit wirksam zu garantieren, sollte ein mehrdimensionales System zur Gefahrenabwehr geschaffen werden. Der „Aktionsplan des Staatsrats zur Förderung der Entwicklung von Big Data" listet „Stärkung der Sicherheit, Verbesserung des Managements und Förderung einer nachhaltigen Entwicklung" als die drei Hauptaufgaben und legt konkrete Prioritäten für den Entwurf eines strategischen Leitliniendokuments zur Förderung der Entwicklung von Big Data in China fest. Dies bildet das Top-Level-Design

70 Vgl.《贵州省大数据安全保障条例》[Bestimmungen über die Sicherheit von Big Data in der Provinz Guizhou], Artikel 22.

71 Vgl.《贵州省大数据安全保障条例》[Bestimmungen über die Sicherheit von Big Data in der Provinz Guizhou], Artikel 23.

72 Vgl.《贵阳市大数据安全管理条例》[Vorschriften für das Big-Data-Sicherheitsmanagement der Stadt Guiyang], Artikel 16.

73 Vgl. „Bundesdatenschutzgesetz" der Bundesrepublik Deutschland, Artikel 4 (Zulässigkeit von Datenerhebung, -verarbeitung und -nutzung).

der Big-Data-Sicherheit als Gesamtlayout von höchster staatlicher Ebene ab und bietet eine politische Grundlage und einen Handlungsleitfaden für den Aufbau der Big-Data-Sicherheit in China.

Verstärkung des Schutzes essenzieller Daten in Schlüsselbranchen und -bereichen: Eine Stärkung des Schutzes von Schlüsselindustrien und -bereichen bedeutet den Schutz von zentralen Systemen, Industrien und wichtigen Sektoren des Landes, insbesondere von solchen Daten, die nationale Interessen, die öffentliche Sicherheit, Wirtschaftsgeheimnisse, die Privatsphäre und die militärische Forschung und Produktion betreffen. Gemäß den vom „Nationalen Internet-Informationsbüro" *(Central Cyberspace Affairs Commission)* herausgegebenen „Maßnahmen zum Datensicherheitsmanagement (Entwurf zur Stellungnahme)" beziehen sich „‚essenzielle Daten' auf solche Daten, die sich direkt auf die nationale Sicherheit, die wirtschaftliche Sicherheit, die gesellschaftliche Stabilität oder die öffentliche Gesundheit und Sicherheit auswirken können, wenn sie an die Öffentlichkeit gelangen würden, wie z. B. Daten über nicht offengelegte Regierungsinformationen, weite Bevölkerungsteile, genetische Gesundheit, Geografie, Bodenschätze etc."[74] Der Schlüssel zum Schutz essenzieller Daten in Schlüsselindustrien und -bereichen und zur bestmöglichen Beseitigung von technischen Schlupflöchern, Verteidigungslücken und Schwachstellen im Management liegt in der strikten Umsetzung der einschlägigen Bestimmungen des „Internetsicherheitsgesetzes" und der „Vorschriften zum abgestuften Schutz der Netzwerksicherheit". Insbesondere sind die „von Betreibern kritischer Informationsinfrastrukturen bei ihrer Tätigkeit in der Volksrepublik China gesammelten und generierten personenbezogene Informationen und sensiblen Daten innerhalb des Hoheitsgebietes zu speichern"[75] und es sind „Maßnahmen wie Datenklassifizierung, Speicherung und Verschlüsselung wichtiger Daten zu ergreifen"[76]. Für geheime Daten, bei denen nationale Interessen, Geschäftsgeheimnisse, die Privatsphäre oder

74 Vgl.《数据安全管理办法（征求意见稿）》[Maßnahmen zum Datensicherheitsmanagement (Entwurf zur Stellungnahme)], Artikel 38.

75 Vgl.《中华人民共和国网络安全法》[Internetsicherheitsgesetz der Volksrepublik China], Artikel 37.

76 Vgl.《中华人民共和国网络安全法》[Internetsicherheitsgesetz der Volksrepublik China], Artikel 21.

sensible Daten im Spiel sind, werden besondere Schutzmaßnahmen ergriffen, und es gilt der Grundsatz „drei Festlegungen und vier Abklärungen". Der Grundsatz der „drei Festlegungen" bezieht sich auf eine theoretische Definition, eine rechtliche Abgrenzung und eine politische Festlegung. Die Definition der Begriffe „nationale Interessen", „Geschäftsgeheimnisse", „persönliche Privatsphäre" und „sensible Daten" müssen diesem Grundsatz entsprechen. In Ermangelung einer politischen Richtlinie sollte die Definition von nationalen Interessen, Geschäftsgeheimnissen, persönlicher Privatsphäre und sensiblen Daten durch Gesetze oder Lehrmeinungen festgelegt werden. Das Prinzip der „vier Abklärungen": Erstens sollten die Grenzen des Ausmaßes und die Art und Weise der gemeinsamen Nutzung von Daten in verschiedenen Bereichen, Systemen und Abteilungen geklärt werden, insbesondere die Grenzen, das Ausmaß und die Nutzung offener Behördendaten. Zweitens sollten der Umfang und die Grenzen der Datensicherheit, die verantwortlichen Beteiligten und die spezifischen Anforderungen an die Sammlung, Übertragung, Speicherung, Verwendung und Offenlegung von Daten geklärt werden. Drittens sind die Befugnisse, der Zuständigkeitsbereich und die Vorgehensweise der Regierung in deren vertraglich formulierter Öffnung und koordinierten Nutzung des Big Data Marktes zu klären. Viertens sind die Rechte, Verantwortlichkeiten und Pflichten der von der Sammlung personenbezogener Daten betroffenen Subjekte zu klären.

Sichere und zuverlässige Produkte und Dienstleistungen in Bereichen, welche die nationale Sicherheit und Stabilität tangieren: Ein Internet der nächsten Generation mit chinesischen Merkmalen, das unabhängig und kontrollierbar ist, sollte konzipiert und gestaltet werden. Sicherheitsaspekte innerhalb der neuen oder nächsten Generation der Technologien einer Konvergenz von Netzwerken, der Endgerätemobilität und des Endgerätezugangs unter dem Gesichtspunkt von Technologie, Produkten und Diensten müssen dabei stärker berücksichtigt werden. Gemäß den Bestimmungen des „Internetsicherheitsgesetzes" müssen „Netzwerkprodukte und -dienste den verbindlichen Anforderungen der einschlägigen nationalen Normen entsprechen. Die Anbieter von Internetprodukten und -diensten dürfen keine Schadsoftware einrichten; wenn sie feststellen, dass ihre Produkte und Dienste Sicherheitsmängel, Schwachstellen und andere

Risiken aufweisen, müssen sie unverzüglich Abhilfemaßnahmen ergreifen, die Nutzer umgehend informieren, und die jeweils zuständigen Behörden gemäß den geltenden Vorschriften unterrichten. Die Anbieter von Internetprodukten und -diensten haben die Sicherheitswartung für ihre Produkte und Dienste fortlaufend zu gewährleisten; die Bereitstellung der Sicherheitswartung darf innerhalb des von den Teilnehmern festgelegten oder vereinbarten Zeitraums nicht eingestellt werden".[77] „Netzwerkrelevante Geräte und spezielle Produkte für die Netzsicherheit dürfen nur verkauft oder bereitgestellt werden, nachdem sie von einer autorisierten Stelle für die Sicherheitszertifizierung oder Sicherheitsprüfung gemäß den verbindlichen Anforderungen der einschlägigen nationalen Normvorschriften zugelassen worden sind."[78]

Verbesserung der Sicherheit und des Zuverlässigkeitsniveaus kritischer Informationsinfrastrukturen: Generalsekretär Xi Jinping hat betont, dass „kritische Informationsinfrastrukturen in den Bereichen Finanzen, Energie, Elektrizität, Kommunikation und Verkehr das Zentralnervensystem wirtschaftlicher und gesellschaftlicher Abläufe sind und oberste Priorität für die Internetsicherheit haben, da sie mögliche Ziele von Großangriffen darstellen. Kritische Informationsinfrastrukturen sind die Produkte, Dienste, Systeme und Vermögenswerte, von denen sozioökonomische Aktivitäten in hohem Maße abhängen. „Kritisch" bedeutet eine hochgradige Dependenz. Bei einer Beschädigung kritischer Infrastrukturen werden diese lahmgelegt und der wirtschaftliche und gesellschaftliche Betrieb wird ernsthaft beeinträchtigt. Gegenwärtig gibt es keine eindeutige Definition des Umfangs und des Sicherheitsniveaus kritischer Informationsinfrastrukturen in China, weshalb es dringend notwendig ist, diese Lücken zu schließen. Auf der ganzen Welt betrachtet, ist der Schutz kritischer Informationsinfrastrukturen das Hauptanliegen der Internetsicherheitsgesetze der einzelnen Staaten. Die Intensivierung des Schutzes kritischer Informationsinfrastrukturen ist sowohl ein dringendes Erfordernis angesichts der ernsten Sicherheitslage in China als auch eine unabdingbare Voraussetzung für die wirksame

77 Vgl.《中华人民共和国网络安全法》[Internetsicherheitsgesetz der Volksrepublik China], Artikel 22.

78 Vgl.《中华人民共和国网络安全法》[Internetsicherheitsgesetz der Volksrepublik China], Artikel 23.

Erhaltung der nationalen Sicherheit. Das Niveau von Sicherheit und Verlässlichkeit kritischer Informationsinfrastrukturen spiegelt sich hauptsächlich in vier Aspekten wider. Erstens: die Fähigkeit zur Betriebskontinuität, d. h. die Fähigkeit zur unterbrechungsfreien und zuverlässigen Versorgung. Zweitens: die selbstbestimmte Kontrolle von Schlüsselanlagen, d. h. die Erlangung nationaler Eigenständigkeit bei der Entwicklung, Herstellung, kontrollierten Verwaltung und Nutzung von wichtigen Informationsprodukten, Geräten und Technologien. Drittens: die Systematisierung der Speicherung und Weitergabe sensibler Daten. Viertens: die Eigenverantwortung für zentrale Informationsinfrastruktur. Der Schwerpunkt der Stärkung der Sicherheit kritischer Informationsinfrastrukturen liegt auf dem „Schutz kritischer Informationsinfrastrukturen vor Angriffen, Eindringlingen, Störfällen und Beschädigungen".[79] Der Schlüssel liegt in der „Umsetzung eines fokussierten Schutzes auf der Grundlage des Stufensystems der Sicherheitsniveaus im Netz".[80] Zu den konkreten Maßnahmen gehören die Artikel 32, 33, 34, 35, 36, 37, 38 und 39 des Internetsicherheitsgesetzes sowie alle spezifischen Bestimmungen der „Verordnung über den Schutz kritischer Informationsinfrastrukturen".

Einrichtung eines tragfähigen Systems für Datensicherheitsstandards und Sicherheitsevaluation: Normen sind die *Lingua franca* der Welt und Datensicherheit kann ohne die Hilfe von „Normen" nicht erreicht werden – umso mehr erfordert die Daten-Compliance in erster Linie Standards. Fundierte Systeme der Datensicherheitsstandards und Sicherheitsbewertungsverfahren können insbesondere die folgenden sechs Aspekte umfassen. Erstens: Konzentration auf die Erforschung und Ausarbeitung von grundlegenden Datenstandards, technischen Standards, Applikationsstandards und Managementstandards. Zweitens: Übernahme der Vorreiterrolle bei der Erforschung der Anwendung von Datensicherheitsstandards in Schlüsselbereichen wie dem Schutz der Privatsphäre, dem elektronischen Handel und der nationalen Sicherheit sowie in Bereichen, in denen Sicherheitsprobleme hochfrequent sind. Drittens: Erforschung und Ausformung eines Systems

79 Vgl.《中华人民共和国网络安全法》[Internetsicherheitsgesetz der Volksrepublik China], Artikel 5.

80 Vgl.《中华人民共和国网络安全法》[Internetsicherheitsgesetz der Volksrepublik China], Artikel 31.

von Sicherheitsstandards für den gesamten Prozess von Datenerhebung, -speicherung, -übertragung, -mining, -offenlegung, -sharing und -management. Viertens sollten für wichtige Zielobjekte wie Datenplattformen und Datendiensteanbieter eine Bewertung der Zuverlässigkeit und Sicherheit der Daten, eine Bewertung der Sicherheit von Applikationen, eine Erkennung und Frühwarnung sowie eine Risikobewertung durchgeführt werden. Für Schlüsselbranchen und wichtige Sektoren sollten Sicherheitsassessments ihrer kritischen Informationsinfrastrukturen und sensiblen Daten durch nationale Sicherheitsbehörden durchgeführt werden und nach bestandener Bewertung Lizenzen erteilt werden. Fünftens: Optimierung des Systems zur Bewertung und Überwachung der Netzdatensicherheit und eines Echtzeit-Überwachungssystems sowie Verbesserung der Erkennungs-, Aufdeckungs- und Reaktionsmöglichkeiten auf Bedrohungen durch Big-Data-Angriffe aus dem Netz. Sechstens: beschleunigte Einführung einer Sicherheitsbewertung grenzüberschreitender Datenströme, Stärkung der Sicherheitstests und -beurteilung bei Datenauslagerungen und Gewährleistung der Sicherheit in globalen Datenströmen. Darüber hinaus sollte man „die Förderung und die Fortbildung in Bezug auf nationale Standards, Industriestandards und lokale Standards für die Datensicherheit verstärken und die Datendienstebetreiber anleiten und motivieren, ihre Fähigkeiten zum Schutz der Datensicherheit zu verbessern, indem man sie auf datenschutzgerechte Standards verweist“[81]. Ein robustes Big-Data-Sicherheitsmanagementsystem sollte von einer nationalen Big-Data-Strategie ins Auge gefasst und […] eingerichtet werden und es sollten unter anderem Systeme lokaler Standards für Big-Data-Sicherheit, ein Big-Data-Sicherheitsbewertungssystem und ein Sicherheitsbürgschaftssystem für Big Data aufgebaut werden.[82] Die für die Sicherheit zuständigen Stellen sollten ermutigt werden, neue technische Mittel wie die Blockchain zu nutzen, die gemeinsame Architektur der Datenaggregation zu optimieren, die

81 Vgl.《天津市数据安全管理办法（暂行）》[Tianjin Maßnahmen zum Datensicherheitsmanagement (Zwischenbericht)], Artikel 8.

82 Vgl.《贵州省大数据安全保障条例》[Vorschriften zur Big-Data-Sicherheit der Provinz Guizhou], Artikel 5.

Sicherheitsauthentifizierung und Lösungen zum Schutz vor Manipulationen zu stärken, sowie das Niveau des Schutzes von großen Datensammlungen zu verbessern.[83]

Verbesserung von Überwachungs- und Frühwarnsysteme gegen Angriffe, Leaks, Diebstahl, Manipulation und illegale Datennutzung: Datenangriffe, Datenleaks, Datendiebstahl, Datenmanipulation und illegale Datennutzung geben besonderen Anlass für Frühwarnungen und Prävention in der Datensicherheit. Die Verschränkung und das gemeinsame Auftreten von Angriffen, Leaks, Diebstahl, Manipulation und unrechtmäßiger Nutzung ist einer der wichtigsten Aspekte der Frühwarnprävention im Bereich der Datensicherheit. Die Einrichtung eines Monitoring- und Frühwarnsystems für die Datensicherheit besteht im Wesentlichen darin, „Präventions-, Verwaltungs-, Abwicklungs- und andere Strategien und Maßnahmen zu ergreifen, um große Datenbestände vor Angriffen, Eindringlingen, Zerstörung, Diebstahl, Manipulation, Löschung und illegaler Nutzung sowie vor Unfällen zu schützen und ihre Authentizität, Integrität, Effektivität, Vertraulichkeit und Kontrollierbarkeit zu gewährleisten."[84] Gleichzeitig „sollte es die Analyse, Prognose und Evaluierung von Big-Data-Sicherheitsrisiken verstärken, relevante Informationen sammeln. Wenn ein Big-Data-Sicherheitsvorfall festgestellt wird, der zu einem größeren Hackerangriff, einer Virenverbreitung etc. führen könnte, dann sollten rechtzeitig Frühwarninformationen herausgegeben, Präventiv- und Gegenmaßnahmen vorgeschlagen und die für die Big-Data-Sicherheit verantwortlichen Personen angeleitet und beaufsichtigt werden, um eine optimale Sicherheitsprävention zu leisten".[85] Um Angriffe, Datenleaks, Diebstahl, Manipulation und illegale Nutzung von Daten zu verhindern, müssen Verschlüsselungsmechanismen und Rückverfolgungsroutinen für die drei Verwaltungseinheiten Ausgangspunkt, Verbindungssegmente und System eingerichtet werden, und es sollte ein Sicherheitsmechanismus nach

83 Vgl.《贵州省大数据安全保障条例》[Vorschriften zur Big-Data-Sicherheit der Provinz Guizhou], Artikel 22.

84 Vgl.《贵州省大数据安全保障条例》[Vorschriften zur Big-Data-Sicherheit der Provinz Guizhou], Artikel 3.

85 Vgl.《贵州省大数据安全保障条例》[Vorschriften zur Big-Data-Sicherheit der Provinz Guizhou], Artikel 33.

dem „Dreigestirn" von Gewährleistung der Datensicherheit, Anwendungssicherheit und Sicherheit der Betriebssysteme eingerichtet werden.

Einrichtung und Optimierung der Systeme zum Schutz der Netzwerksicherheit und der Geheimhaltung sowie eines Systems zum Schutz der Informationssicherheit und der Vertraulichkeit in essenziellen Bereichen und für wichtige Datenressourcen: Zur Errichtung eines Systems zum Schutz der Datensicherheit sollte ein standardisiertes System von der Managementebene bis zur technischen Ebene eingesetzt werden, um die weitreichenden Möglichkeiten der Datensicherheit und des Datenschutzes auszuschöpfen und umfangreich zu erweitern. Von der Verwaltungsebene aus betrachtet, lässt sich das System zum Schutz der Datensicherheit und der Vertraulichkeit grob in die Bereiche institutionelles Management, Asset Management, technisches Management und Risikomanagement unterteilen. Aus technischer Sicht gesehen, kann sich der Schutz der Daten auf Technologien wie elektromagnetische Sicherheitstechnologien, Kommunikationssicherheitstechnologien, Sicherheitstechnologien für Endgeräte, Netzwerk-Sicherheitstechnologien etc. stützen, welche für die Datensicherheit und den Schutz der Vertraulichkeit eingesetzt werden. Erstens, das Elementarste ist, „ein Sicherheitsmanagementsystem für Datensicherheitspersonal zu erarbeiten, Sicherheitsverantwortungs- und Vertraulichkeitsvereinbarungen zu vereinbaren und regelmäßige Sicherheitstrainings durchzuführen".[86] Zweitens sollten im Einklang mit den einschlägigen nationalen Vorschriften die Verwendung von Kryptotechnologien, die Verwaltung kryptographischer Mittel und Systeme sowie die Erzeugung, die Verteilung, der Zugriff, die Aktualisierung, die Sicherung und die Vernichtung von Schlüsseln erfolgen. Drittens: „Die für die Sicherheit zuständige Organisationseinheit richtet ein internes Kontrollsystem und Mechanismen der Rechenschaftspflicht des Sicherheitsmanagements ein, benennt die für das Sicherheitsmanagement verantwortliche Person oder verteilt die Zuständigkeiten für das Sicherheitsmanagement entsprechend dem Lebenszyklus, dem Volumen und der Relevanz der Daten sowie der Charakteristika, der Kategorie und der Größe der Organisationseinheit auf

86 Vgl.《天津市数据安全管理办法（暂行）》[Tianjin Maßnahmen zum Datensicherheitsmanagement (Zwischenbericht)], Artikel 15.

verschiedene Positionen. Auch die Betreiber kritischer Informationsinfrastrukturen sollten spezielle Sicherheitsmanagementstellen einrichten."[87]

Verbesserung der Fähigkeiten zur Erkennung der Datenlage, zur Erkennung von Ereignissen, zur Schadensverhütung, zur Kontrolle von Risiken und der Reaktionsfähigkeit in Notfällen: Fähigkeiten zur Erkennung der Datenlage beziehen sich auf die Kombination multipler Warnungen und Datenvolumeninformationen durch Aggregation, Korrelation, Synthese und Zusammenlegung und andere Methoden um ein qualitatives oder quantitatives Indikatorensystem zu erstellen, das den Zweck einer genauen Erfassung der Situation erfüllt. Bei der Ereigniserkennung liegt der Schwerpunkt auf der exakten „Prognose", d. h., bevor ein Angriff erfolgt, werden durch die Sammlung, Analyse und Berechnung umfangreicher Daten von Netzwerkangriffen das auffällige Verhalten und die Muster von Netzwerkangriffen aufgedeckt, die Gefahrenquellen und Einfallstore des Netzwerks ermittelt und der Entwicklungstrend von Netzwerk- und Datensicherheitsereignissen präzise vorhergesagt, sodass Netzwerkangriffe nicht mehr unentdeckt bleiben können. Die Fähigkeit zur Gefahrenabwehr erfordert die Vorbereitung und den Schutz der betroffenen Subjekte vor Gefahren, Rechtsverletzungen und Zwischenfällen sowie einen umfassenden Schutz aller Phasen der Datenanwendung und Verarbeitung. Die Fähigkeit zur Risikokontrolle beruht auf der Erkennung, Bestimmung und Messung von Risiken und der Auswahl und Umsetzung von Aktionsplänen, um die Wahrscheinlichkeit des Auftretens von Risiken zu verringern oder sogar auszuschließen und gleichzeitig Verluste zu reduzieren. Im Hinblick auf die Reaktionsfähigkeit in Notfällen hat die Optimierung von Vorbereitungsplänen der Notfallbereitschaft, der Kopplung von Verfahren, der Datenwiederherstellung und Datenkatastrophen-Bereitschaft sowie anderer Subsysteme allerhöchste Priorität. „Datendienstleister sollten in Übereinstimmung mit den einschlägigen Gesetzen und Vorschriften und unter Bezugnahme auf Datensicherheitsstandards ihren Verpflichtungen zum Schutz der Daten nachkommen. Sie sollten Verantwortungsbereiche für das Datensicherheitsmanagement, Bewertungs- und Evaluierungssysteme

87 Vgl.《贵阳市大数据安全管理条例》[Vorschriften für das Big-Data-Sicherheitsmanagement der Stadt Guiyang], Artikel 10.

sowie Systeme für Datenschutzbeschwerden und -berichte einrichten, Datensicherheitspläne entwickeln, technische Maßnahmen zum Schutz der Datensicherheit umsetzen, Risikobewertungen für die Datensicherheit vornehmen und Notfallpläne für die Vorhersage von Datensicherheitsvorfällen entwickeln. Sie sind angehalten, unverzüglich Datensicherheitsvorfälle zu beseitigen und zu melden, Datensicherheitsschulungen und -trainings zu organisieren und die Überwachung durch die zuständigen Abteilungen und die Gesellschaft zu akzeptieren."[88]

Einrichtung eines Systems zum Schutz der Privatsphäre und persönlicher Informationen sowie zur Stärkung der Verwaltung und der Strafverfolgung bei Datenmissbrauch und Verletzungen der persönlichen Privatsphäre: Der Schutz der Privatsphäre und der persönlichen Daten durchdringt alle Facetten des gesamten Prozesses der Datenerhebung, -speicherung, -übermittlung, -transaktion und -verwendung, und der Schlüssel dazu ist die Reglementierung des Verhaltens aller beteiligten Subjekte. Erstens: In der ersten Phase der Datenerhebung sind die drei wichtigsten Beteiligten der Einzelne, die Regierung und das Unternehmen. Für den Einzelnen ist es am wichtigsten, das Bewusstsein für den Schutz der Privatsphäre und der persönlichen Daten zu schärfen; für die Regierung und die Unternehmen ist es notwendig, die Art und Weise der Datenerfassung durch den öffentlichen Dienst und die Unternehmen zu reglementieren und die rechtlichen und sozialen Verantwortlichkeiten zu klären, die von Regierungsstellen, Unternehmen, Wirtschaftsbranchen und Internetnutzern in der Datengesellschaft zu übernehmen sind. Zweitens sind in der Phase der Datenverarbeitung drei Hauptakteure beteiligt: die Regierung, die Unternehmen und die Branchenverbände. Deren Hauptaufgaben bestehen darin, Mechanismen zur Überprüfung der Verarbeitung personenbezogener Daten und zur Gewährleistung der Desensibilisierung und Aufhebung der Geheimhaltung von Datenvorgängen zu schaffen. Drittens ist in der Phase der Datentransaktion, an der mehrere Parteien beteiligt sind, die Gefahr der Verletzung der Privatsphäre und der ungewollten Weitergabe personenbezogener Daten sehr groß. Es muss ein Mechanismus für die

88 Vgl.《天津市数据安全管理办法（暂行）》[Tianjin Maßnahmen zum Datensicherheitsmanagement (Zwischenbericht)], Artikel 7.

Lizenzierung des Verkaufs personenbezogener Daten, ein Mechanismus für die Erfassung des Flusses personenbezogener Daten und ein Mechanismus für die Nachverfolgung des grenzüberschreitenden Flusses personenbezogener Daten geschaffen werden. Viertens muss in der Phase der Datenverwendung ein multilateraler Mechanismus für die Meldung von Leaks personenbezogener Daten, ein Mechanismus für die Rückverfolgung der Quelle solcher Leaks und ein Mechanismus für die Rechenschaftspflicht bei Datenleaks eingerichtet werden.

Das Verhältnis zwischen wachsamer Beaufsichtigung und dem Schutz von Innovationen sollte sorgfältig bedacht werden. Das Tandem von Regulierung und Innovation ist ein zugleich widersprüchlicher und doch zusammengehöriger Gegensatz. Einerseits stimuliert die Regulierung die Schaffung von Innovationen, andererseits veranlasst die Innovation den ständigen Wandel der Regulierung. „Die Beziehung zwischen der Entwicklung von Innovationen und der Gewährleistung der Sicherheit sachgemäß handhaben, mit Bedacht regulieren, Innovationen schützen, Normen und Maßnahmen für das Sicherheits- und Geheimhaltungsmanagement erforschen und verbessern und die Datensicherheit wirkungsvoll garantieren."[89] Dies sind keine leeren Worte, denn nur wenn wir das Verhältnis zwischen Datenregulierung und Innovation richtig handhaben und das Gleichgewicht zwischen beiden herstellen, können wir inmitten der Regulierung innovationsfähig sein und inmitten der Innovation reglementieren. Eine umsichtige Regulierung und der Schutz von Innovationen bewirken, dass beide miteinander koordiniert werden und sich gesund entwickeln. Nur so kann der vorteilhafte Kreislauf von „Regulierung – Innovation – Re-Regulierung und Re-Innovation" verwirklicht werden. Erstens: kontinuierliche Steigerung des Innovationsniveaus bei der Entwicklung von Big Data. Zweitens: Stärkung einer Regulierung von Prozessen der Entwicklung von Innovationen durch Big Data. Drittens: Verbesserung von Koordinierungsmechanismen für eine Regulierung der Entwicklung von Big Data. Viertens: die Einrichtung von Risikowarnmechanismen. Fünftens: die

89 Vgl. 国务院《促进大数据发展行动纲要》[Staatsrat der Volksrepublik China „Aktionsplan zur Förderung der Entwicklung von Big Data"], (*Verlautbarungen des Staatsrats* 2015, Nr. 50).

Stärkung der internationalen und regionalen Zusammenarbeit bei der Regulierung von Entwicklungen im Bereich Big Data.

### *(3) Die Gesetzgebung zur Datensicherheit*

Die Datensicherheit ist längst zu einer wichtigen Angelegenheit von nationalem Sicherheits- und Entwicklungsinteresse geworden, und spezielle Rechtsvorschriften zur Datensicherheit haben eine besondere strategische Bedeutung. Ohne Datensicherheit kann es auch keine nationale Sicherheit geben, und um die Datensicherheit zu gewährleisten, ist die Gesetzgebung von grundlegender Bedeutung, während die Technologie unterstützend wirkt. Am 7. September 2018 gab der Ständige Ausschuss der 13. Tagung des Nationalen Volkskongresses seinen Gesetzgebungsplan bekannt und das „Gesetz der Volksrepublik China über Datensicherheit" (im Folgenden „Datensicherheitsgesetz") gehörte zu den ausgereifteren Gesetzentwürfen, die während der Amtszeit zur Prüfung vorgelegt werden sollten. Am 28. Juni 2020 beriet der Ständige Ausschuss des 13. Nationalen Volkskongresses auf seiner 20. Sitzung über das Entwurfspapier des „Datensicherheitsgesetzes".

Das Datensicherheitsgesetz (Entwurf) hat einen weiten Geltungsbereich und viele Glanzpunkte, die sich hauptsächlich in den folgenden Aspekten wiederfinden: Erstens, was das gesetzgeberische Konzept anbelangt, hält es sich an das allgemeine nationale Sicherheitsdenken und systematisiert seinen Aufbau mit dem Konzept der Datensicherheitsgovernance, was den großen Gedankenschritt vom „Verwalten" des Landes zur „Regierung" des Landes voll und ganz widerspiegelt. Darin kommen die Strategie und die Weisheit der „Chinesischen Staatsführung" zum Ausdruck. Zweitens führt sie in Bezug auf die Technologien der Gesetzgebung einen dynamischen Ausgleichsmechanismus für die vielzähligen Interessen ein, und hält von Anfang bis Ende an dem Grundprinzip fest, dass „Sicherheit und Entwicklung gleichwertig sind". Drittens wurde, in Bezug auf den Inhalt der Rechtsvorschriften, der grundlegende Rahmen des Datensicherheitssystems geschaffen, welcher Maßnahmen zum Schutz durch Rechtsprechung, ein kollaboratives Governance-System für die Datensicherheit, internationale

Kooperationsmechanismen und den Rechtsstatus von Datengeschäften umfasst, welche die Grundlage für die zukünftige Entwicklung und Verbesserung des Datensicherheitssystems bilden.

Als ein neues Gesetz, an dem viele Jahre gearbeitet wurde, hat das „Datensicherheitsgesetz (Entwurf)" einen historischen Schritt im Prozess der Datenschutzgesetzgebung vollzogen und weist viele anerkennenswerte Punkte auf, aber es gibt immer noch einige Unzulänglichkeiten, die weiter verbessert werden müssen. Erstens ist sein Stellenwert nicht eindeutig genug. Das „Datensicherheitsgesetz" ist ein wichtiger Teil des nationalen Sicherheitssystems und bildet zusammen mit dem „Internetsicherheitsgesetz" und dem „Gesetz zum Schutz personenbezogener Informationen", die derzeit ausgearbeitet werden, ein vollständiges und grundlegendes Rechtssystem im digitalen Bereich. Das „Gesetz zum Schutz personenbezogener Informationen" sollte die Datensicherheit aus der Perspektive des Schutzes der Privatsphäre betrachten, während das Gesetz über die Datensicherheit den roten Faden der nationalen Sicherheit verfolgen sollte, mit „autonomen und kontrollierbaren" Daten und „nationaler und öffentlicher Sicherheit" als dem Fokus der Regulierung. Das Verhältnis zwischen dem „Datensicherheitsgesetz" und dem „Internetsicherheitsgesetz" hat in Kreisen der Justiz ebenso wie der Jurisprudenz zu erheblichen Kontroversen und Mutmaßungen geführt. Zweitens lässt die Gesamtkoordination zu wünschen übrig. Die Frage, wie das „Zivilgesetzbuch", das „Internetsicherheitsgesetz", das „Gesetz zum Schutz personenbezogener Daten" und andere damit zusammenhängende Gesetze harmonisiert und vernünftig geplant werden können, ist ein wesentliches Thema, das bei der Gestaltung des Rechtssystems für die Datensicherheit berücksichtigt werden muss. Drittens: Die juristische Durchsetzbarkeit ist nicht sehr stark ausgeprägt. Im Vergleich zur „Allgemeinen Datenschutz-Grundverordnung" sind die Bestimmungen des „Datensicherheitsgesetzes (Entwurf)" eher vage und allgemein gehalten, mit einem zu weiten Anwendungsbereich und unklaren Grenzen, und es handelt sich überwiegend um allgemeine und prinzipielle Bestimmungen. Einige Bestimmungen bleiben in Form von Appellen ohne substanziellen Inhalt und eine große Anzahl von Compliance-Systemen muss präzisiert werden, bevor sie anwendbar und funktionsfähig sind. Viertens: Der Grad der Internationalisierung ist nicht hoch. „Wenn chinesische

Gesetze hinaus in die Welt gehen sollen, dann werden es höchstwahrscheinlich die Gesetze zur digitalen Wirtschaft sein." Das Datensicherheitsgesetz sollte die Zusammenführung der chinesischen Besonderheiten mit den internationalen Regeln verfolgen. Als inländisches Recht kann es auch von Stimmen der internationalen Gemeinschaft nach internationalen Regeln diskutiert werden. Es ist wichtig, proaktiv in die Vorbereitung zu gehen und die Vereinbarkeit des nationalen Rechts mit internationalen Regeln, Abkommen und dem Völkerrecht in vollem Umfang zu berücksichtigen und sich auf die Beurteilung von Disputen und Rechtsstreitigkeiten im Rahmen des internationalen Rechts vorzubereiten, um bessere Lösungen für die Bemühungen um Datensicherheit zu finden.

Die Gesetzgebung zur Datensicherheit sollte den Gesamtkomplex der digitalen Gesellschaft und die rasante Entwicklung der digitalen Technologie gebührend berücksichtigen und es vermeiden, bei der Formulierung von Gesetzen für die digitale Gesellschaft Denkweisen des Industriezeitalters zu verfolgen. Es sollten Anstrengungen unternommen werden, um Chinas Mitspracherecht am internationalen Diskurs und die Gestaltungsmacht Chinas in der Internetwelt, in der es noch keine Regeln von globaler Reichweite gibt, zu beschleunigen. Erstens sollten wir den Stellenwert des „Datensicherheitsgesetzes" klären, das „Nationale Sicherheitsgesetz" als Rechtsquelle hinzufügen, das Verhältnis zwischen dem „Datensicherheitsgesetz" und anderen Gesetzen im Rahmen des landesweiten Sicherheitskonzepts korrekt handhaben und die grundlegenden Begriffe wie Daten, Datensicherheit, Datenaktivitäten, Online-Datenverarbeitung, Daten, die zur Kontrolle von Gegenständen dienen und Daten innerhalb des Landes sorgfältig herausarbeiten. Zweitens sollte der Geltungsbereich des Datensicherheitsgesetzes angepasst und die Aufnahme von „offenen Regierungsdaten" in den Gesetzgebungsplan des Nationalen Volkskongresses sowie in eine eigenständige Gesetzgebung gefördert werden. Da es sich bei dem Datensicherheitsgesetz um eine rechtlich bindende Verordnung handelt, sollten der logische Ausgangspunkt und Hauptinhalt die Datensicherheit sein, die spezifisch und klar dargelegt werden muss. Drittens sollten die Zuständigkeiten der Behörden für öffentliche Sicherheit, der staatlichen Sicherheitsorgane und der staatlichen Internetbehörden genauer definiert, das System zur Klassifizierung und Einstufung von Daten optimiert, ein

System für Dateneigentumsrechte und die administrative Geltendmachung von Rechten sowie Vereinbarungen über den Datenabgleich geschaffen, Kanäle für Beschwerden und Meldungen bereitgestellt, und strenge rechtliche Rechenschaftspflichten eingeführt werden, um den Schutz der Datenrechte weiter zu stärken.

## Literaturverzeichnis

Kevin Kelly,《必然》[The Inevitable: Understanding the 12 Technological Forces that will shape Our Future], Zhou Fengdeng (Übers.), Publishing House of Electronics Industry, 2016, S. 242.

Barack H. Obama，"Memorandum on Transparency and Open Government", Weekly Compilation of Presidential Documents，January 21，2009.

Max Rheinstein，"Education for Legal Craftsmanship," Lowa Law Review 30, No.408 (1945).

Schlüssellabor für Big-Data-Strategie, 《块数据5.0：数据社会学的理论与方法》[Blockdaten 5.0: Theorie und Methode der Datensoziologie], China CITIC Press, 2019, S. 138.

Ding Daoqin,《基础数据与增值数据的二元划分》[Binäre Aufteilung von Basis- und Mehrwertdaten], Law and Economy, 2017, Nr. 2.

Ding Xiaodong,《什么是数据权利？——从欧洲〈一般数据保护条例〉看数据隐私的保护》[Was sind Datenrechte? Der Schutz privater Daten im Licht der Europäischen Datenschutz-Grundverordnung], Journal of East China University of Political Science and Law, 2018, Nr. 4.

Du Zhenhua, Cha Hongwang,《数据产权制度的现实考量》[Praktische Überlegungen für eine Regelung von Dateneigentumsrechten], Chongqing Social Sciences, 2016, Nr. 8.

Du Zhenhua,《大数据应用中数据确权问题探究》[Untersuchungen zum Thema Datenrechtebestätigung bei Big-Data-Anwendungen], Mobile Communications, 2015–13.

Gao Fuping, 《数据流通理论：数据资源权利配置的基础》[Theorie der Datenflüsse: Grundlagen einer Rechteverteilung von Datenressourcen], Peking University Law Journal, 2019, Nr. 6.

Guo Xiaobei, 《以产业数字化实现多要素有机联动》[Wie die Digitalisierung der Industrie eine organische Integration zahlreicher Faktoren erreicht], Economic Information Daily, 2020.4.16, A01.

Jiang Fan,《全国人大代表游劝荣：加强数据、网络虚拟财产保护》[You Xiangrong, Abgeordneter des Nationalen Volkskongresses: Stärkung des Schutzes von virtuellem Daten- und Netzwerkeigentum], Economic Daily, 2020.5.27, 8.

Jiang Qiping,《个人数据保护，"度"是个难题》[Schutz personenbezogener Daten: eine Frage des richtigen Maßes], People's Daily, 2018.6.6–22.

Jiang Qiping,《数字所有权要求支配权与使用权分离》[Digitales Eigentum erfordert die Trennung von Herrschaftsrecht und Zugangsrechten], China Internet Weekly, 2012, Nr. 5.

Jingdong Law Institute,《欧盟数据宪章：〈一般数据保护条例〉GDPR评述及实务指引》[Eine Charta des EU-Datenschutzes: ‚Datenschutz-Grundverordnung' DSGVO – ein Kommentar und Praxisleitfaden], Law Press·China, 2018.

Li Wenlian, Xia Jianming,《基于"大数据"的商业模式创新》[Innovation von Geschäftsmodellen auf der Grundlage von Big Data], China Industrial Economics, 2013, Nr. 5.

Li Yunchi,《美国、英国政府信息公开立法的比较与借鉴》[Ein Vergleich der Gesetzgebung zur Offenlegung von Regierungsinformationen in den Vereinigten Staaten und im Vereinigten Königreich]，Zeitschrift der Staatlichen Hochschule für Verwaltung, 2012, Nr. 3.

Liu He,《坚持和完善社会主义基本经济制度》[Beibehaltung und Verbesserung des grundlegenden sozialistischen Wirtschaftssystems], People's Daily, 2019.11.22. Ausgabe 06.

Liu Li, 《数据资产要素市场化配置的困境与对策研究》[Forschungen zum Dilemma der Marktallokation von Datenfaktoren und Gegenmaßnahmen], China Management Informationization, 2020, Nr. 14.

Liu Xiaojuan, 《大数据监管的政府责任——以隐私权保护为中心》, [Die Verantwortung der Regierung für die Regulierung von Big Data –mit Schwerpunkt auf dem Privatsphäreschutz], Chinese Public Administration, 2017, Nr. 7.

Long Weiqiu,《再论企业数据保护的财产权化路径》[Erneute Erörterung des Weges zur Verrechtlichung von Vermögen beim Schutz von Unternehmensdaten], Oriental Law, 2018, Nr. 3.

Lu Jianying, Zheng Lei, Sharon S. Dawes,《美国的政府数据开放：历史、进展与启示》[Offene Regierungsdaten in den Vereinigten Staaten: Geschichte, Fortschritt und Erkenntnisse], E-Government, 2013, Nr. 6.

Mu Huijun,《国内大数据交易平台建设及交易情况的相关分析一以华中大数据交易所为例》[Analyse des Aufbaus und des Handels einer inländischen Big-Data-Handelsplattform – eine Fallstudie der Central China BigData Exchange], China CIO News, 2016, Nr. 9.

Peng Yun,《大数据环境下数据确权问题研究》[Forschung zum Problem, der Datenrechtebestätigung in der Big-Data-Umgebung], Modern Science & Technology of Telecommunications, 2016, Nr. 5.

PricewaterhouseCoopers International,《数据资产生态白皮书：构建可持续的数字经济新时代》[Weißbuch zur Ökologie von Datenbeständen: Aufbau einer neuen Ära der nachhaltigen digitalen Wirtschaft]，PwC CN，<https://www.pwccn.com/zh/services/consulting/publications/white-paper-on-data-asset—ecology-nov2020.html>, Nov. 2020.

Forschungsinstitut für Wettbewerbsstrategie der Japan Fair Trade Commission: „Forschungsbericht zur Daten- und Wettbewerbspolicy", Japan Fair Trade Commission, 2017.

Shen Rong, 《加快发展技术要素市场促进社会经济进步》[Die Beschleunigung der Entwicklung der Märkte technologischer Faktoren für den sozioökonomischen Fortschritt], Forum on Science and Technology in China, 2020. Nr. 5.

Shi Yang, Wang Jiandong, Guo Qiaomin,《我国构建数据新型要素市场体系面临的挑战与对策》[Herausforderungen und Maßnahmen zum Aufbau eines neuen Faktormarktsystems für Daten in China], E-Government, 2020, Nr. 3.

Shi Dan,《企业数据财产权利的法律保护与制度构建》[Rechtlicher Schutz und systematischer Aufbau von Eigentumsrechten an Unternehmensdaten], Electronics Intellectual Property, 2019, Nr. 6.

Staatsrat der Volksrepublik China,《促进大数据发展行动纲要》[Aktionsplan zur Förderung der Entwicklung von Big Data], Verlautbarungen des Staatsrats 2015, Nr. 50.

Tian Weilin, 《公共大数据信息安全立法的内涵、现状与依据》[Die Relevanz, der Stand und die Grundlagen der öffentlichen Rechtsvorschriften zur Informationssicherheit von Big Data], Henan Social Sciences, 2018, Nr. 7.

Wang Hailong, Tian Youliang, Yin Xin,《基于区块链的大数据确权方案》[Blockchainbasierte Lösungen für die Rechtebestätigung im Big Data Bereich], Computer Science, 2018, Nr. 2.

Wang Lei,《推进数据要素市场化配置：瓶颈制约与思路对策》[Förderung der marktbasierten Allokation von Datenfaktoren: Beschränkende Engpässe und Lösungskonzepte], China Economic & Trade Herald, 2019, Nr. 24.

Guo Qiang, Chen Qiyun,《数据要素：特点、应用、现状及发展》 [Datenfaktoren: Merkmale, Anwendungen, Stand und Entwicklung], WeChat Account "China Academy of Information and Communications Technology (CAICT)", <https://mp.weixin.qq.com/s/uMOqdK3D3OIEaKe5HIgY-A>, 2020.9.9.

Wei Lubin, 《数据资源的产权分析》 [Analyse der Eigentumsrechte an Datenressourcen], Doktorarbeit an der Shandong-Universität, 2018.

Xie Zaiquan, 《民法物权论》（上册）, [Zivilrechtliche Theorie der Eigentumsrechte (Band 1)], San Min Book, 2003.

Xu Wei, 《企业数据获取"三重授权原则"反思及类型化构建》 [Neukonzipierung und Typisierung des „dreifachen Autorisierungsprinzips" für die Erfassung von Unternehmensdaten], SJTU Law Review, 2019, Nr. 4.

Xu Ke, 《数据保护的三重进路——评新浪微博诉脉脉不正当竞争案》 [Drei Ansätze zum Datenschutz: Ein Kommentar zu Sina Weibos Beschwerde gegen Maimai wegen unlauteren Wettbewerbs], Journal of Shanghai University (Social Sciences Edition), 2017, Nr. 6.

Yang Dong, 《完善数据作为生产要素的利益分享机制》 [Verbesserung der Mechanismen zur Verteilung des Nutzens von Daten als Produktionsfaktoren], Study Times, 2020.5.1, A3.

Yang Lixin, Chen Xiaojiang, 《衍生数据是数据专有权的客体》 [Datenderivate sind Gegenstand ausschließlicher Datenrechte], Chinese Social Sciences Today, 2016.7.13, Nr. 005.

Yang Tao (Hrsg.), 《数据要素：领导干部公开课》 [Der Faktor Daten: Ein offener Kurs für Leader und Kader], People's Daily Publishing House, 2020.

Ye Runguo, Chen Xuexiu, 《政府数据开放共享安全保障问题与建议》 [Probleme und Empfehlungen für den offenen Austausch und die Sicherheit von Regierungsdaten], Information Technology & Standardization, 2016, Nr. 6.

Yu Baihua, 《权利认定的利益判准》 [Kriterien von Interessen zur Anerkennung von Rechten], The Jurist, 2017, Nr. 6.

Zhang Hanqing, 《大数据成推动经济高质量发展新动能》 [Big Data wird zur neuen Triebkraft einer qualitativ hochwertigen wirtschaftlichen Entwicklung], Economic Information Daily, 2020.4.16, A06.

Zhang Minchong, 《数据流通的模式与问题》 [Methoden und Probleme der Datenzirkulation], Information and Communications Technology, 2016, Nr. 4.

China Academy of Information and Communications Technology, Institut für Cloud Computing und Big Data. Weißbuch über Schlüsseltechnologien für die Datenübermittlung (Version 1.0), <http://www.cbdio.com/BigData/2018-05/04/content_5747433.htm>, 2018.5.4.

Zhou Linbin, Ma Ensi, 《大数据确权的法律经济学分析》 [Eine Analyse der Juristik und Ökonomie von Big-Data-Rechtebestätigungen], Journal of Northeast Normal University (Philosophy and Social Sciences), 2018, Nr. 2.

Zhu Baoli, 《数据产权界定：多维视角与体系建构》 [Definition von Dateneigentumsrechten: Multidimensionale Perspektive und Systementwurf], Legal Forum, 2019, Nr. 5.

KAPITEL 3

# Streitfragen der Datengesetzgebung

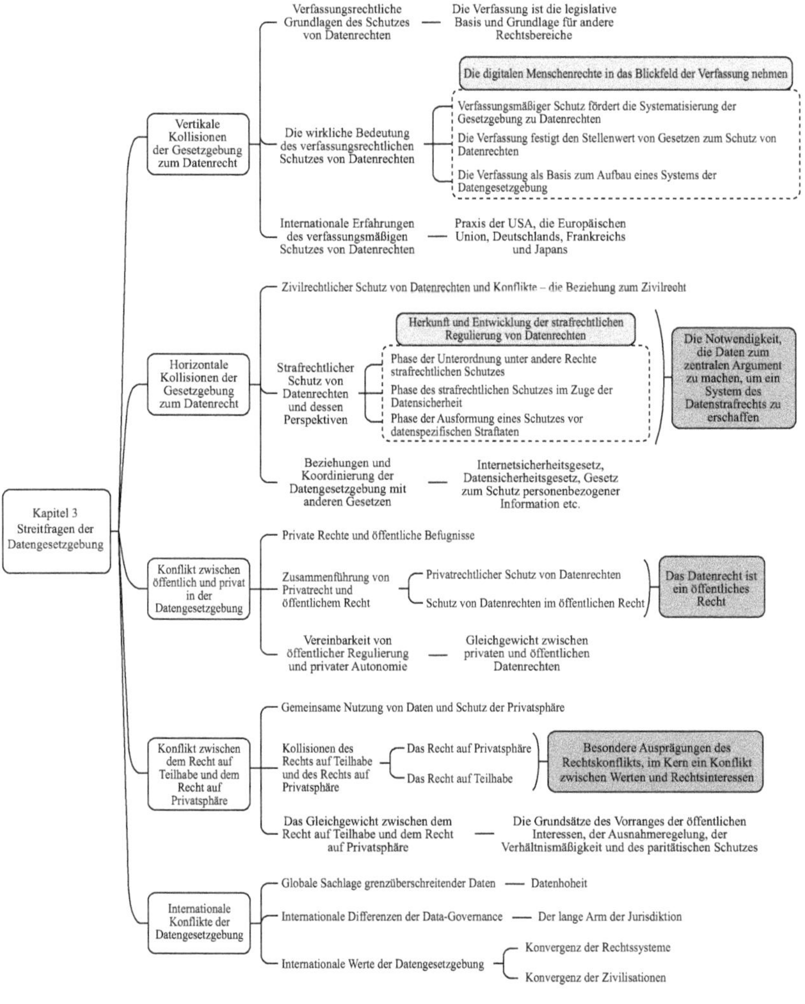

Die digitale Technik stürmt mit noch nie da gewesener Gewalt gegen die „Festung" der bestehenden Ordnung und stellt in einer ununterbrochenen Transgression die Grenzen bestehender Gesetze und Vorschriften infrage, was für die internationale Data-Governance sowohl Chancen als auch Herausforderungen mit sich bringt. Gegenwärtig zeigt der von Europa und den Vereinigten Staaten vertretene Ansatz der internationalen Data-Governance bereits vielfältige neuartige Stoßrichtungen von der Gesetzgebung über die Strafverfolgung bis hin zur internationalen Machtpolitik. In diesem Kontext ist es notwendig und wichtig, den Aufbau der digitalen Rechtsstaatlichkeit in China zu beschleunigen. Da sich der Aufbau der Rechtsstaatlichkeit im digitalen Sektor Chinas noch in der Erkundungsphase befindet, steht die Gesetzgebung zu Datenrechten vor vielen dringenden Herausforderungen, darunter vertikale Kollisionen, horizontale Kollisionen, öffentlich-private Kollisionen, aber auch internationale Kollisionen etc. Ausgehend von der grundlegenden Wertehaltung, die darin besteht, Chinas Datensouveränität zu schützen und die Entwicklung der digitalen Wirtschaft zu fördern, muss daher auf der Ebene der Ausarbeitung spezifischer institutioneller Normen besonderes Augenmerk auf die Besonderheit der Datenfaktoren, die wissenschaftlichere und agilere Einführung von Regelungen für einen Interessenausgleich und die wirksame Koordinierung und Bewältigung verschiedener widersprüchlicher Fragen bei der Gesetzgebung im Bereich der Datenrechte gelegt werden.

## Abschnitt 1 Vertikale Kollisionen der Datengesetzgebung

Vertikale Kollisionen in der Gesetzgebung beziehen sich auf Konflikte zwischen Gesetzestexten verschiedener Geltungsebenen, hauptsächlich auf „Nichtübereinstimmungen" (Liu Shen 2003 S. 10) zwischen der Verfassung und anderen Gesetzen. Der Grad, zu dem die Menschheit auf Daten angewiesen ist, nimmt stetig zu und der im traditionellen Sinne verfassungsrechtlich verankerte Begriff der Menschenrechte ist enger geworden. Mit der lauter werdenden Forderung nach Selbstbestimmung, eigenem Management und eigenen Optionen über persönliche Daten werden die Menschenrechte in zunehmendem Tempo auch auf die digitale Welt ausgedehnt, und die Aufnahme der digitalen Menschenrechte in den verfassungsrechtlichen Schutz ist eine Antwort auf diese Forderung. Die Aufnahme von Datenrechten in die Verfassung bedeutet eine wichtige Garantie für den Fortschritt in Richtung digitaler Zivilisation, und der rechtliche Stellenwert des Schutzes der Datenrechte sollte durch die Verfassung gestärkt werden. Wenn die Datenrechte in die Verfassung aufgenommen werden, kann das gesetzgeberische System zum Schutz der Datenrechte sicherlich mit der Verfassung in Einklang gebracht werden. Auf längere Zeit gesehen, reicht der verfassungsrechtliche Schutz von Datenrechten bereits aus, um ein System mit der Verfassung als Basis des Schutzes, mit Spezialgesetzen als Grundlagen des Schutzes und mit anderen Rechtsnormen als Unterstützung zu schaffen, welche ein mehrdimensionales Rechtssystem für den Schutz des Datenrechts bilden. Mittlerweile haben einige Länder Bestimmungen zum Schutz personenbezogener Daten in ihre Verfassungen aufgenommen; in der chinesischen Verfassung fehlt dagegen noch eine direkte Grundlage für den Schutz der Datenrechte.

### *(1) Verfassungsrechtliche Grundlagen des Schutzes von Datenrechten*

„Die Verfassung ist das Grundgesetz des Staates und hat die höchste juristische Verbindlichkeit."[1] Artikel 5 unserer Verfassung besagt, dass „sämtliche Gesetze, Verwaltungsvorschriften und lokalen Bestimmungen nicht im Widerspruch zur Verfassung stehen dürfen". Bei der Formulierung und Erlassung anderer Gesetze muss zunächst sichergestellt werden, dass deren Rechtsnatur nach Wortlaut und Geist mit der Verfassung übereinstimmt, und alle anderen Gesetze müssen auf der Grundlage der Verfassung abgefasst werden. Die „Verfassungsmäßigkeit" ist die grundlegende Basis für die moderne Rechtsetzung. Auf der Makroebene

1 《中华人民共和国宪法》 [*Verfassung der Volksrepublik China*], Kapitel „Präambel".

leitet und regelt die Verfassung die anderen Gesetze, indem sie logische Prämissen und normative Grundsätze für andere Gesetze liefert; auf der Mikroebene können andere Gesetze die Auslegung der Verfassung noch ergänzen und ihren rechtlichen Status weiter stärken und konsolidieren. Kurz gesagt, die Gewährleistung der zentralen Stellung der Verfassung im nationalen Rechtssystem ist eine wichtige Manifestation des Grundsatzes der Rechtsstaatlichkeit in einer modernen Gesellschaft. Die Verfassung ist das oberste und grundlegende Gesetz, das die Rechtsgrundlage für die Schaffung und den Bestand aller anderen Rechtsformen bildet, sie regelt durch das „Prinzip der Verfassungsmäßigkeit" die Legitimität aller anderen Rechtsformen, und sie gewährleistet unter der Leitung des Prinzips des Verfassungsvorrangs die Systematisierung und Regelmäßigkeit der Rechtsordnung eines Landes und die Wahrung der organischen Einheit dieser Rechtsordnung dieses Landes (Mo Jihong 2007).

Seit dem Eintritt der Menschheit in das Zeitalter der digitalen Zivilisation werden die gesetzlichen Bestimmungen und der Geist des Gesetzes, wie sie in der alten Verfassung festgelegt sind, den praktischen Anforderungen der Rechte immer weniger gerecht. Sobald auf der Grundlage der Wertorientierung der Rechte der jeweiligen Epoche und der Bedürfnisse der Menschen nach einem besseren Leben die entsprechenden Gesetze erlassen werden, werden sie unweigerlich im Widerspruch zu den ursprünglich in der Verfassung festgelegten Rechten stehen oder mit diesen in Konflikt geraten. Um den neuen Ansprüchen und Erwartungen der Menschen an den Aufbau der Rechtsstaatlichkeit in dieser neuen Epoche gerecht zu werden, ist es daher unerlässlich, eine Verbindung zwischen der Gesetzgebung zu Datenrechten und der Verfassung zu knüpfen. Für die Gesetzgebung zu Datenrechten eine verfassungsmäßige Unterstützung bereitzustellen ist ein Anliegen von höchster Dringlichkeit. Weltweit haben 32 Länder, darunter Russland, Schweden, Ungarn, Jugoslawien, Spanien, Portugal und Griechenland, bei der Formulierung oder bei Änderungen ihrer Verfassungen „persönliche Informationen" in ihre Verfassungen geschrieben und somit zu einem Teil ihrer Grundrechte gemacht (Yao Yuerong 2012 S. 111). Natürlich hat die „Verfassung der Volksrepublik Chinas" für die Gesetzgebung zu Datenrechten eine Richtschnur zur Verfügung gestellt, die insbesondere in zweierlei Hinsicht zur Vorschein kommt: Einerseits müssen die jeweiligen Subjekte der Daten und die für die Kontrolle und

Verarbeitung der Daten Verantwortlichen die Verfassung als grundlegende Handlungsrichtlinie für ihre Tätigkeit im Bereich der Daten heranziehen. Der Schutz der Grundrechte in Bezug auf Daten muss im Hinblick auf die Verfassung interpretiert werden, und es gilt die Verpflichtung, die Würde der Verfassung zu wahren, und ihre wirksame Umsetzung zu gewährleisten. Andererseits müssen Gesetze zu Datenrechten auf die Verfassung gestützt sein und zuallererst dem Erfordernis der „Verfassungsmäßigkeit" genügen (He Yuan 2020 S. 7–8).

In China ist der Schutz von Datenrechten nicht direkt in der Verfassung verankert, sondern wird gewöhnlich indirekt durch den Schutz anderer Grundrechte einbezogen. Die Artikel 37, 38, 39 und 40 unserer Verfassung können als einige der wichtigsten Quellen für den Schutz des Rechts auf personenbezogene Daten angesehen werden (siehe Tabelle 3-1). Obwohl der Schutz von Datenrechten nicht explizit genannt ist, wird doch indirekt der Schutz personenbezogener Daten vor Verletzungen durch den Schutz der Grundrechte der Bürger, wie die Persönlichkeitsrechte, das Recht auf Freiheit und die Privatsphäre, formuliert und bildet indirekt eine wichtige Grundlage für die Vorschriften zu Datenrechten. Artikel 33 der Verfassung legt fest, dass „der Staat die Menschenrechte achtet und sie garantiert". Die Menschenrechte sind jedoch ein in der Entwicklung befindliches Recht, das nicht statisch ist, sondern je nach den sozioökonomischen und praktischen Erfordernissen ständig angereichert wird, um dann von der Verfassung verbürgt zu werden (Zhao Yingjie und Sun Ruidong 2020). Beim Übergang ins digitale Zeitalter ist es wichtig, das Konzept der „Menschenrechte" auf der Grundlage des Konzepts der „Datenperson" zu erneuern, um für den Status und die Würde des Menschen im digitalen Zeitalter einzutreten, die „digitalen Menschenrechte" besser zu schützen und die Rechtsstaatlichkeit zu fördern (Ma Changshan 2019). Wenn die digitalen Menschenrechte ein Abbild der Menschenrechte im digitalen Zeitalter werden, erscheint es sinnvoll, die digitalen Menschenrechte über die herkömmlichen Menschenrechte in das Blickfeld der Verfassung zu rücken. Datenrechte weisen sowohl formale als auch inhaltliche Merkmale der verfassungsmäßigen Grundrechte auf, und ihre Aufnahme in den Grundrechtekatalog der Bürger steht im Einklang mit der kontinuierlichen Ausweitung der Bedeutung und der Arten der verfassungsmäßigen Grundrechte in der modernen Gesellschaft.

Tabelle 3-1 Verfassungsrechtliche Quellen des Datenschutzes

| Gesetzesparagraf | Bestimmung |
|---|---|
| § 33 | Alle Personen, die die Staatsangehörigkeit der Volksrepublik China besitzen, sind Bürger der Volksrepublik China. Alle Bürger der Volksrepublik China sind vor dem Gesetz gleich. Der Staat achtet und schützt die Menschenrechte. Jeder Bürger genießt die in der Verfassung und im Gesetz verankerten Rechte und muss gleichzeitig seine in der Verfassung und im Gesetz verankerten Pflichten erfüllen. |
| § 37 | Die persönliche Freiheit der Bürger der Volksrepublik China ist unantastbar. Kein Bürger darf verhaftet werden ohne eine Genehmigung oder einen Beschluss einer Volksstaatsanwaltschaft oder einen Beschluss eines Volksgerichts, der von den Organen der öffentlichen Sicherheit vollzogen wird. Verboten sind illegale Festnahmen und andere Maßnahmen, die die persönliche Freiheit der Bürger unrechtmäßig berauben oder einschränken. Verboten sind unrechtmäßige Körperdurchsuchungen der Bürger. |
| § 38 | Die persönliche Würde der Bürger der Volksrepublik China ist unantastbar. Es ist verboten, Bürger in jedweder Weise zu beleidigen, zu verleumden oder fälschlich zu beschuldigen. |
| § 39 | Die Wohnung von Bürgern der Volksrepublik China ist unverletzlich. Illegale Durchsuchungen oder illegales Eindringen in Wohnungen der Bürger sind verboten. |
| § 40 | Die Freiheit und Vertraulichkeit der Kommunikation von Bürgern der Volksrepublik China sind durch das Gesetz geschützt. Außer aus Gründen der nationalen Sicherheit oder der Verfolgung von Straftaten. Mit Ausnahme der Einsichtnahme in die Korrespondenz durch Organe der öffentlichen Sicherheit oder der Staatsanwaltschaft nach den gesetzlich vorgeschriebenen Verfahren und aus Gründen der nationalen Sicherheit oder zur Verfolgung von Straftaten, darf keine Organisation oder Einzelperson, aus welchem Grund auch immer, die Kommunikationsfreiheit und das Kommunikationsgeheimnis der Bürger verletzen. |

Tabelle 3-1 Fortsetzung

| Gesetzesparagraf | Bestimmung |
|---|---|
| § 41 | Die Bürger der Volksrepublik China haben die Freiheit, wissenschaftliche Forschung, literarisches und künstlerisches Schaffen und andere kulturelle Aktivitäten zu betreiben. Der Staat fördert und unterstützt die schöpferische Betätigung der Bürger in den Bereichen Bildung, Wissenschaft, Technik, Literatur, Kunst und anderen kulturellen Unternehmungen, die für die kreative Arbeit der Bevölkerung von Nutzen sind. |
| § 51 | Bei der Ausübung ihrer Freiheiten und Rechte dürfen die Bürger der Volksrepublik China die Interessen des Staates, der Gesellschaft oder eines Kollektivs sowie die rechtmäßigen Freiheiten und Rechte anderer Bürger nicht beeinträchtigen. |

Quelle: aus öffentlichen Daten zusammengestellt.

### *(2) Die wirkliche Bedeutung des verfassungsrechtlichen Schutzes von Datenrechten*

Wie der verfassungsmäßige Schutz die Systematisierung der Datengesetzgebung vorantreibt: Um die verschiedenen Nachteile zu beheben, welche die Missverständnisse des Verhältnisses zwischen der Verfassung und anderen Rechtsquellen für die rechtswissenschaftliche Forschung und die juristische Praxis mit sich bringen, ist es notwendig, von der Feststellung auszugehen, dass die Verfassung die Eigenschaft besitzt, das Grundgesetz zu gestalten, um dann das Verhältnis zwischen Verfassung und anderen Rechtsquellen zu rekonstruieren (Mo Jihong 2007). Zusammenfassend begründen die besonderen Merkmale von Datenrechten, dass die Gesetzgebung zu Datenrechten in den Rahmen der verfassungsmäßigen Governance gestellt, die Beziehung zwischen der Datengesetzgebung und der Verfassung geklärt und die Verfassung als Ausgangspunkt für die Förderung und Optimierung des Systems der Gesetzgebung zu Datenrechten genutzt werden müssen. Der Datenschutz hat sich im Zeitalter der digitalen Zivilisation tiefgreifend verändert. Datenrechte gewinnen zusehends an Bedeutung und der fehlende Schutz von Datenrechten in Zivilrecht, Strafrecht und anderen Gesetzen verschärft dieses Problem. Daher ist es unerlässlich, sich auf den verfassungsmäßigen Schutz zu stützen, um die Systematisierung der Gesetzgebung zum Datenrecht voranzutreiben. Die Verknüpftheit von Datenschutz und Verfassung macht es erforderlich, dass das legislative System für Datenrechte mit den Anforderungen der Verfassung und der verfassungsmäßigen Gesetze in Einklang stehen muss. Im Gegenzug kann der verfassungsrechtliche Schutz von Datenrechten auch die Verbesserung der Gesetzgebung zum Schutz der Datengesetze voranbringen und die derzeitigen Merkmale der Datenschutzgesetze ändern, die sehr fragmentiert sind, ein niedriges Niveau aufweisen, und denen es an Wirksamkeit und Durchsetzbarkeit mangelt. Obwohl eine Reihe von Vorschriften und Regelungen eingeführt wurde, ist es nach wie vor notwendig, sich auf den verfassungsrechtlichen Schutz zu berufen, um das Rechtssystem zum Schutz der Datenrechte zu fördern. Es liegt zwar bereits eine Reihe von Vorschriften und Verordnungen vor, dennoch muss sich die Gesetzgebung zur Optimierung des Schutzes von Datenrechten auch auf den verfassungsrechtlichen Schutz berufen, um voranzukommen.

Wie die Verfassung den Stellenwert von Gesetzen zum Schutz von Datenrechten festigt: „Die Verfassung ist als Mutter aller Gesetze die Grundlage der anderen Rechtsordnungen und kann durch ihre objektive Wertesystematik mit ihrer Ausstrahlungskraft andere Gesetze beeinflussen, die wiederum die Gesellschaftsordnung prägen" (Yang Xueke 2020). Hier wird erkennbar, dass die von der Verfassung anerkannten oder ratifizierten Gesetze einerseits die gleiche Kraft wie das höchstrangige Gesetz innehaben und andererseits immensen Einfluss auf nationaler Ebene haben und obendrein von der gesamten Bevölkerung befolgt werden müssen. Kurzum, ihr rechtlicher Stellenwert nimmt im gesamten Rechtssystem einen wichtigen Platz ein. Sobald das Datenrecht durch die Verfassung gesichert ist, wird dies mit Sicherheit den Status des Datenrechts unter den Grundrechten festschreiben, und die Datengesetzgebung wird von der theoretischen auf die praktische Ebene gehoben, wodurch die Position der Gesetzgebung zum Datenrecht in der Rechtshierarchie effektiv erhöht wird. Obwohl für die verfassungsrechtliche Grundlage des Schutzes der Datenrechte auch vom theoretischen Standpunkt argumentiert werden kann, sollte die Aufnahme der Datenrechte in den Grundrechtskatalog der Bürger auch auf Ebene der Verfassung festgelegt werden, damit der Schutz der Datenrechte mehr Autorität erlangt und zuverlässiger und gerechter wird. Wenn also die Verfassung dazu herangezogen werden kann, das Datenrecht zu etablieren und der Datengesetzgebung entsprechend Orientierung zu geben, wird die Verfassung zweifellos wirksam dazu beitragen, den grundlegenden rechtlichen Status des Datenrechts in der Rechtsordnung zu untermauern und somit den rechtlichen Status des Schutzes des Datenrechts stärken. Ganz gleich, ob aufgrund der elementaren Eigenschaften von Daten oder aufgrund ihrer spezifischen Merkmale, das Datenrecht ist doch bereits in verschiedensten Formen in das Blickfeld der Verfassung gerückt, und das Verhältnis zwischen dem Datenrecht und der Verfassung ist ein schwieriges Verhältnis, dem begegnet werden muss.

Die Verfassung als Basis zum Aufbau eines Systems der Datengesetzgebung: „In der modernen Gesellschaft ist es zu einem Gebot der Stunde geworden, dass die Staatsmacht nicht am Rande der Zivilgesellschaft verharren darf, sondern sich auf vielfältige Weise aktiv an der Zivilgesellschaft beteiligen muss. Als ein Begleitumstand hiervon hat sich auch die Verwaltungsrolle des Staates auf verschiedene Bereiche wie Gesellschaft, Wirtschaft und Kultur ausgeweitet und einen hohen inhaltlichen Entwicklungsgrad erreicht" (Akira Ōsuka 2001 S. 51) Gerade wegen der Zunahme staatlicher Befugnis sowie aufgrund der unterschiedlichen Abwägungsprozesse zwischen den Interessen des Staates und des Einzelnen sind die Datenrechte in der heutigen Zeit schutzbedürftiger als je zuvor geworden (Wu Changhong 2014 S. 45). Deutschland hat das Recht auf informationelle Selbstbestimmung dem allgemeinen Persönlichkeitsrecht hinzugefügt. Frankreich hat den Schutz personenbezogener Daten sogar direkt in seiner Verfassung verankert, da die Bürger in zunehmendem Maße ihre Rechte einforderten. All dies sind grundlegende Erscheinungsformen des Schutzes von Datenrechten in den Staaten der Welt. Eine wirksame Regulierung und die Gewährleistung eines effektiven Schutzes personenbezogener Daten sollten auf der grundlegenden Prämisse des vollständigen Schutzes der Datenrechte beruhen. Wirksame Regulierung und Gewährleistung des

Schutzes personenbezogener Daten sollten auf der grundlegenden Prämisse des vollständigen Schutzes von Datenrechten beruhen. Nur durch den vollständigen Schutz von Datenrechten können wir Verstöße wirksam verhindern, den Datenraum sauber halten und den maximalen Wert der Daten zur Gänze ausschöpfen. Daher sollte das Gesetzgebungssystem für Datenrechte die Grundkonzepte der Datenrechte, den Schutzzweck, den Grundsatz der Durchführbarkeit sowie das Gesetzgebungsmodell, den gesetzgeberischen Stellenwert und die spezifischen Regeln des Systems der Datenrechte enthalten, um ein Rechtssystem zu schaffen, das mit den Bestimmungen der Verfassung in Einklang steht und mit anderen Gesetzen kompatibel ist.

### *(3) Internationale Erfahrungen des verfassungsmäßigen Schutzes von Datenrechten*

„Der Moral die Moral zurückgeben, dem Recht das Recht zurückgeben und dem Strafrecht das Strafrecht zurückgeben" (Packer 1988 S. 296). Wir müssen dringend ein konsistentes, standardisiertes und kohärentes Datenschutzsystem aufbauen. Der Datenschutz in China muss sich von den bestehenden rechtlichen Rahmenbedingungen lösen und zugleich mit internationalen Standards in Einklang gebracht werden. Wir müssen uns an unseren eigenen nationalen Gegebenheiten ausrichten und von ausländischen Erfahrungen lernen, um für den Beginn des digitalen Zeitalters bestens aufgestellt zu sein.

Die Vereinigten Staaten haben durch richterliche Auslegung das Recht auf den Schutz der Privatsphäre in ihre Verfassung aufgenommen. Der 4. Zusatzartikel der „Verfassung der Vereinigten Staaten von Amerika" besagt ausdrücklich: „Das Recht der Bürger, dass ihre Person, Wohnung, Korrespondenz und Eigentum nicht ohne Anlass beschlagnahmt oder durchsucht werden können, darf nicht verletzt werden. Ein Durchsuchungs- und Beschlagnahmungsbefehl darf nur bei Vorliegen eines hinreichenden Grundes ausgestellt werden, der durch einen Eid oder eine eidesstattliche Erklärung gesichert ist und in dem der zu durchsuchende Ort und die zu beschlagnahmenden Personen oder Sachen angegeben sind." Im Jahr 1967 wurde in der Rechtssache Katz gegen die Vereinigten Staaten[2] entschieden, dass der vierte Zusatzartikel zur Verfassung der Vereinigten Staaten die Rechte von Personen und nicht von Sachen wie die genannte Wohnung, das Eigentum etc. schützt, und dass ihre Rechte nur dann durch die Verfassung geschützt sind, wenn sie ein gesetzliches und legitimes Recht auf Privatsphäre genießen. Im Jahr 2011 wurde in der Rechtssache Carpenter gegen die Vereinigten Staaten[3] die „legitime Erwartung an die Privatsphäre" näher erläutert und festgestellt, dass die legitime Privatsphäre einer Person unverletzlich sei. Da der Geltungsbereich und die Natur des Rechts auf Privatsphäre auf die digitale Welt ausgedehnt werden, weitet sich der Schutz des Rechts auf Privatsphäre in gleichem Maße auf alle Aspekte

2 Der Angeklagte Katz verschickte von einer öffentlichen Telefonzelle in Los Angeles, Kalifornien, illegal Glücksspielinformationen (allgemein als „Report-Karten" bekannt) an Spieler in Florida, Miami und Boston, Massachusetts. Als Beweismaterial legte das Gericht Material zugrunde, welches die FBI-Agenten erlangt hatten, als sie ohne Genehmigung eine Wanze in der öffentlichen Telefonzelle installiert hatten, und verurteilte den Angeklagten wegen Glücksspiels. Der Angeklagte legte vor dem Bundesgerichtshof Berufung ein und machte geltend, dass die Aufnahmen als Beweismittel nicht zugelassen werden sollten, weil sie gegen den vierten Zusatzartikel der Bundesverfassung verstießen. Letztendlich entschied der Bundesgerichtshof mit einer überwältigenden Mehrheit von sieben zu eins, dass „unbefugtes elektronisches Abhören, selbst wenn es sich bei der Aufzeichnung des Gesprächs nicht um einen materiellen Gegenstand handelt und der Polizeibeamte nicht in die Wohnung einer Person eingebrochen ist, um es abzuhören, dennoch eine verfassungswidrige Durchsuchung und Beschlagnahmung darstellt und die abgehörten Aufzeichnungen nicht als Beweismittel zugelassen sind." Gleichzeitig erklärte der Bundesgerichtshof in seiner Entscheidung, dass „die Abhörmaßnahme im vorliegenden Fall rechtmäßig gewesen wäre, wenn zuerst nach gerichtlicher Prüfung ihre Erforderlichkeit bewilligt worden wäre und sie sich darauf beschränkt hätte festzustellen, ob der verdächtigte Angeklagte Katz Glücksspielinformationen versendete".

3 Im Jahr 2011 verhaftete die US-Bundespolizei Carpenter, den Anführer eines mutmaßlichen Raub- und Diebstahlrings, nachdem sie den Auftrag erteilt hatte, über einen Zeitraum von sieben Tagen Informationen über die Standorte seiner eingewählten Mobilfunkzellen abzurufen. Die Ergebnisse dieser Analyse führten zu einer Verurteilung zu über 100 Jahren Gefängnis. Carpenter legte daraufhin Berufung ein und argumentierte, dass die Bundespolizei bei der Erfassung von Standortdaten den Schutz seiner erwartbaren Privatsphäre nicht ausreichend gewahrt habe. Im Jahr 2016 forderte der Oberste Bundesgerichtshof der Vereinigten Staaten eine

des Strebens der Bürger nach Datenfreiheit aus. Die amerikanische Verfassung besitzt Anpassungsfähigkeit, Praktikabilität und Eindeutigkeit, kann sich entsprechend der Bedürfnisse der Bürger stetig verändern und weist zugleich einen hohen Grad an Konkretheit auf. Obwohl das Recht auf Privatsphäre nicht direkt in der US-Verfassung erwähnt wird, haben richterliche Auslegungen in konkreten Fällen ergeben, dass das Recht auf Privatsphäre durch die Verfassung geschützt ist.

In der Europäischen Union wird der Datenschutz als ein Grundrecht behandelt. Die „Grundrechtecharta der Europäischen Union" hat als Vertrag über die Europäische Union einen Status, der einer Verfassung nahekommt, und ist einer der Grundpfeiler des Datenschutzes in der EU sowie ein wichtiges Rechtsinstrument zur Gewährleistung der Gleichwertigkeit der nationalen Datenschutzvorschriften. In Artikel 8 (Fuster 2014 S. 1–2) dieser Verordnung heißt es: „Jede Person hat das Recht auf Schutz, Auskunft und Löschung ihrer personenbezogenen Daten sowie das Recht auf die Gleichbehandlung bei der Verarbeitung von Daten, und die zuständigen unabhängigen Aufsichtsbehörden sind verpflichtet, die Einhaltung dieses Grundsatzes zu gewährleisten." Der Umstand, dass „Personen" Subjekte spezifischer Rechte und alle beteiligten Stellen Subjekte von Pflichten sind, unterstreicht die Tatsache, dass die EU die Datensicherheit als ein Grundrecht von „Personen" schützt. Das impliziert, dass diese Verordnung in dem Maße, wie sich die Dynamik der Daten ändert, auf jedes Land, jedes Unternehmen und jede Person weltweit angewendet werden kann. Auch die Allgemeine Datenschutz-Grundverordnung (DSGVO), die auch als „EU-Datencharta" bekannt ist, sieht für den Schutz und die Überwachung personenbezogener Daten sowie für die Verhängung von Strafen strikte Regelungen vor, die bereits auf globaler Ebene ihre Strahlkraft entfaltet haben.

---

Certiorari-Revision, wobei festgestellt wurde, dass Carpenter zwar eine legitime Erwartung an die Privatsphäre in Bezug auf die Standortdaten der Mobilfunkbasisstationen seines Mobiltelefons hatte, dass aber der Zugriff der Regierung auf die Protokolle der Standortinformationen der Mobilfunkbasisstationen von Carpenters Mobiltelefon mit einer Durchsuchung gemäß dem vierten Zusatzartikel der US-Verfassung vereinbar war.

Deutschland misst dem Schutz personenbezogener Informationen einen sehr hohen Stellenwert bei und hat ihn in den Rang eines Grundgesetzes erhoben. In Artikel 1 des Grundgesetzes der Bundesrepublik Deutschland heißt es: „Die Würde des Menschen ist unantastbar. Sie zu achten und zu schützen ist Verpflichtung aller staatlichen Gewalt." Artikel 2 besagt: „Jeder hat das Recht auf die freie Entfaltung seiner Persönlichkeit, soweit er nicht die Rechte anderer verletzt und nicht gegen die verfassungsmäßige Ordnung oder das Sittengesetz verstößt." Artikel 10 legt fest: „Das Briefgeheimnis sowie das Post- und Fernmeldegeheimnis sind unverletzlich." Diese drei Artikel legen nicht nur fest, dass die Menschenwürde und die Persönlichkeitsrechte der Bürger von der Verfassung geschützt sind, sondern verdeutlichen zugleich die Unverletzlichkeit von Informationen. Im Rahmen der Ausübung legitimer Rechte ist die Wahrung von Autonomie und Selbstbestimmung eine Grundvoraussetzung zum Schutz der „Menschenwürde". Das Bundesverfassungsgericht und seine bisherige Rechtsprechung haben Privatsphäre, Selbstbestimmung und Menschenwürde als die drei wichtigsten Schutzgüter des Persönlichkeitsrechts identifiziert. Das Recht auf informationelle Selbstbestimmung wurde erstmals 1983 vom deutschen Bundesverfassungsgericht anlässlich einer Rechtssache zur Volkszählung eingeführt, in der es befand, dass die Bürgerinnen und Bürger das Recht haben, selbst zu entscheiden, ob sie persönliche Informationen an die Regierung weitergeben wollen oder nicht. Folglich ist das „Recht auf informationelle Selbstbestimmung" nicht nur ein Ausdruck von Autonomie im Rahmen der „Menschenwürde", sondern gleichsam ein Ausdruck von Selbstbestimmung im Persönlichkeitsrecht. Allem Anschein nach sollte das „Recht auf informationelle Selbstbestimmung" von der Verfassung geschützt werden.

In Frankreich betrachtet man den Schutz personenbezogener Daten als sehr wichtig und verfügt nicht nur über Einzelgesetze und -verordnungen, die den Umfang, die Sammlung und die Verwendung personenbezogener Daten sowie andere Verfahren regeln, sondern sieht auch eine besondere gesetzliche Haftung für die Rechtsverletzung von personenbezogenen Daten vor. Das 1978 verabschiedete „Französische Gesetz über Informationsfreiheit und Akteneinsicht" ist ein Gesetz, das speziell zum Schutz der Informationssicherheit geschaffen wurde. Das 2016 in Kraft getretene „Gesetz für eine digitale Republik“ sieht strenge Regelungen für den Schutz personenbezogener Daten mit klaren Bestimmungen über die digitale Wirtschaft, die Öffnung von Daten und die Auskunft über Daten vor. Das Gesetz zum Schutz personenbezogener Daten, das 2018 in Kraft getreten ist, erweitert den Umfang der Subjekte und ihrer Pflichten zum Schutz personenbezogener Daten und präzisiert die zuständigen staatlichen Stellen. Im Jahr 2018 stimmte die französische Nationalversammlung sogar für eine Verfassungsänderung, als der „Kampf gegen die Ausweitung oder unangemessene Verwendung (personenbezogener Daten)“ in Artikel 34 der Verfassung aufgenommen wurde. Der Schutz personenbezogener Daten ging in Frankreich seinen Weg von einem einzelnen Gesetz über einen Gesetzesvorschlag bis hin zur Verfassung und wurde schließlich zu einem wichtigen Bestandteil der französischen Verfassung.

Japan hat den Schutz von Informationen in seiner Verfassung verankert, indem es das Recht auf Privatsphäre erweitert hat. In Artikel 11 der „Verfassung des Staates Japan“ heißt es: „Die Inanspruchnahme sämtlicher grundlegenden Menschenrechte durch Staatsbürger darf nicht behindert werden. Die durch diese Verfassung garantierten grundlegenden Menschenrechte der Staatsbürger sind unverletzlich und dauerhaft und stehen den Staatsbürgern jetzt und in Zukunft zu.“ Artikel 13 legt fest: „Alle Staatsbürger werden als Individuen geachtet. Das Recht der Bürger auf ein Streben für Leben, Freiheit und Glück muss in der Gesetzgebung und in anderen Regierungsangelegenheiten in höchstem Maße respektiert werden, sofern es nicht dem öffentlichen Wohl zuwiderläuft.“ Anhand dessen, was in der Verfassung als „grundlegende Menschenrechte“ und „Recht auf ein Streben nach Glück“ enthalten ist, lassen sich Rechte ableiten, die in der Verfassung nicht näher ausgeführt sind. Im Jahr 1964 erklärte der Gerichtshof von Tokio in der Rechtssache „Nach dem Bankett“ *(Utage no ato)* das Recht auf Privatsphäre zu einem der „grundlegenden Menschenrechte“. Im Jahr 1969 befasste sich der Gerichtshof in der Rechtssache „Akademie der Präfektur Kyoto“ direkt mit der Beziehung zwischen dem Recht auf Privatsphäre und dem „Recht auf ein Streben nach Glück“. Im Jahr 1981 erklärte der Richter in der Rechtssache „Diplomatische Notiz der Anwältevereinigung zum Vorstrafenregister“, dass das Recht auf Privatsphäre anderer durch eine stärkere Kontrolle der persönlichen Informationen geschützt werden sollte.

Daraus lässt sich ableiten, dass das verfassungsrechtliche Persönlichkeitsrecht den Informationsschutz umfasst, welcher wiederum den Status des Informationsschutzes in der Verfassung bestimmt.

## Abschnitt 2 Horizontale Kollisionen der Datengesetzgebung

Eine horizontale Rechtskollision liegt vor, wenn im Inhalt der Regelungen zwischen Gesetzen derselben Rechtsordnung „Uneinheitlichkeit" herrscht, was man auch als „Inkonsistenz" bezeichnet.[4] Eine Kollision zwischen Gesetzen mit gleichem Rechtsstatus bezieht sich auf das Verhältnis zwischen Gesetzen, Verwaltungsvorschriften, örtlichen Verordnungen und Bestimmungen (Hu Jianmao 2020). Wenn eine Angelegenheit in Gesetzen und Verwaltungsvorschriften nicht bereits geregelt ist und nicht in die ausschließliche Gesetzgebungskompetenz der Zentralregierung fällt, werden lokale Gesetze und Vorschriften erlassen, um den örtlichen Erfordernissen gerecht zu werden, was zu einer Vielzahl von Gesetzen für ein und dieselbe Angelegenheit führt und zum Phänomen der „Inkonsistenz" führt. Horizontale Konflikte in der Gesetzgebung zu Datenrechten treten auf, wenn diese mit dem Zivilrecht, dem Strafrecht, dem Internetsicherheitsgesetz, dem Datensicherheitsgesetz, dem Gesetz zum Schutz personenbezogener Daten oder anderen einschlägigen Gesetzen nicht vereinbar sind. Die „Inkonsistenz" zwischen den Rechtsvorschriften zu Datenrechten und anderen Gesetzen ist eine „Inkonsistenz", die aus den Anpassungen der Gesetze im Zuge der Ausweitung des Datenschutzes rührt, welche letztlich das Ziel haben, den Menschen besser zu dienen, ihnen einen gleichberechtigten, effizienten und angemessenen

4 《中华人民共和国立法法》 [*Gesetzgebungsrecht der Volksrepublik China*], Artikel 60: „Falls ein Gesetzentwurf mit den betreffenden Bestimmungen anderer Gesetze unvereinbar ist, muss sich der Antragsteller erklären und vorschlagen, wie damit umzugehen ist und erforderlichenfalls auch einen Antrag auf Änderung oder Aufhebung der betreffenden Bestimmungen anderer Gesetze unterbreiten".

Rechtsschutz zu bieten und die nationale Datensicherheit, die öffentliche Datensicherheit und die Datensicherheit des Einzelnen zu bewahren.

### *(1) Der zivilrechtliche Schutz von Datenrechten und seine Konflikte*

Zivilrechtlicher Datenschutz: Das Zivilrecht schützt in hohem Maße die in den Daten verorteten Persönlichkeitsinteressen, welche möglicherweise das oberste Ziel und die zentrale Wertorientierung eines jeden Datenschutzes sind, und die in den Daten transportierten Persönlichkeitsinteressen sind reich an Konnotationen. Die durch die Verletzung einschlägiger zivilrechtlicher Vorschriften geschädigten Persönlichkeitsinteressen haben ebenfalls verschiedene Ausprägungen, wie z. B. die unzulässige Offenlegung, die unzulässige Veränderung und Verfälschung, die unzulässige kommerzielle Nutzung, die unzulässige Löschung personenbezogener Daten etc. Das Wesensmerkmal von Daten als „Persönlichkeitsrecht" erfordert daher, dass sie berechtigterweise Bedeutungsgehalte wie persönliche Autonomie, persönliche Freiheit und persönliche Würde erhalten sollten. Darüber hinaus steht auch das Merkmal der Eigentumsrechte an Daten im Vordergrund, d. h. der Schutz der Eigentumsrechte an Daten wird dadurch erreicht, dass den Datensubjekten Eigentumsrechte an bestimmten Inhalten eingeräumt werden. Um das Verhältnis zwischen Dateneigentumsrechten und Datennutzung zu entspannen und die beträchtliche Effizienzsteigerung, die Datenelemente für die Volkswirtschaft mit sich bringen, zur vollen Entfaltung zu bringen, kann den Datensubjekten das Recht auf freie Verfügung, das Recht auf eingeschränkte Abtretung, das Recht auf Rücknahme von Änderungen, das Recht auf Anonymität sowie auf Schadensersatz etc. eingeräumt werden, was im Zivilrecht durch seine eigentumsrechtlichen Funktionen gewährleistet wird. Der zivilrechtliche Schutz von Daten hat sich durch die Lösung verschiedenster Datenschutzfälle in der Realität allmählich eingestellt, und auch die Daten haben nach und nach ihre Attribute der Persönlichkeitsrechte und Eigentumsrechte gezeigt, womit der zivilrechtliche Schutz von Daten zu einer feststehenden Tatsache geworden ist. Die Entwicklung der zivilrechtlichen Rechtstheorien von der Neuzeit bis zur Gegenwart ist ein kontinuierlicher Prozess der Intensivierung des Rechtsschutzes, der Ausweitung der Anwendungsbereiche des Rechtsschutzes und der Verkleinerung von dessen Schlupflöchern, und das doppelte Eigentum an Daten ist ein bemerkenswertes rechtsgeschichtliches Phänomen, welches im Laufe der Entwicklung der Zivilrechtswissenschaft entstanden ist.

Grenzen des zivilrechtlichen Datenschutzes: Obwohl die Sensibilisierung für den zivilrechtlichen Datenschutz zugenommen hat, ist ein systematischer, einheitlicher und spezifischer Datenschutz noch nicht voll verwirklicht und hinkt den fortschreitenden Neuerungen in der technologischen Landschaft noch hinterher, was die Wirksamkeit des Datenschutzes umso mehr begrenzt. Erstens fehlt ein zivilrechtliches Datenschutzsystem. Das chinesische Gesetzgebungsverfahren im Datenschutz steckt noch in den Kinderschuhen, und die einschlägigen Gesetze, Verordnungen und Normen sind verstreut, redundant und fragmentarisch, während die Bestimmungen, die in der Praxis direkt angewandt werden können, sehr begrenzt sind und nicht den gesamten Lebenszyklus der Daten umfassen. Dies wird in vielfältiger Weise eine effektive Anwendung der Gesetze behindern und kann sogar dazu führen, dass das gesamte System des zivilrechtlichen Datenschutzes überhaupt nicht vollständig einzurichten ist. Zweitens sind die Bestimmungen zum zivilrechtlichen Schutz von Daten nicht hinreichend spezifisch. Artikel 127 des chinesischen Zivilgesetzbuches sieht vor: „Schreibt das Gesetz den Schutz von Daten und virtuellem Netzeigentum vor, so soll in Übereinstimmung mit diesen Bestimmungen verfahren werden." Obwohl dieser Artikel den Datenschutz betont, ist er doch zu weit gefasst. Der Begriffsumfang und der Bedeutungsinhalt dieser Daten werden nicht spezifiziert, und sie werden auch nicht mit Begriffen wie „Rechten" erläutert. Darüber hinaus ist die Verwendung der Begriffe „Information" und „Daten" im Zivilrecht eher vage, weil Daten eine Ausdrucksform von Informationen und Informationen Träger von Daten sein können und das Verhältnis zwischen beiden nicht näher bestimmt ist. Drittens ist die Praxistauglichkeit des zivilrechtlichen Datenschutzes nicht sehr ausgeprägt. Gegenwärtig berücksichtigen die meisten maßgeblichen Bestimmungen des zivilrechtlichen Datenschutzes nicht die Komplexität und Vielfalt der Szenarien der Datennutzung, was dazu führt, dass der fragliche Inhalt der zivilrechtlichen Bestimmungen hinter der Entwicklung der Zeit zurückbleibt; daher gibt es, obwohl viele zivilrechtliche Schutzvorschriften vorgelegt wurden, kaum praktikable Maßnahmen zum Schutz der Daten (Huang Xiaomin 2020).

Das Verhältnis zwischen der Gesetzgebung zu Datenrechten und dem Zivilgesetzbuch: Wird der Schutz der Datenrechte mit dem Schutz personenbezogener Informationen im Zivilgesetzbuch verwechselt, hat dies natürlich unmittelbare Folgen für die gesetzgeberische Bedeutung des Zivilgesetzbuchs als grundlegendes Gesetz und kann auch dazu führen, dass das Zivilrecht wieder in seine anfängliche Fragmentierung zurückversetzt wird, was die Autorität und Einheit des Grundgesetzes stark beeinträchtigen kann. Die Gesetzgebung zum Schutz der Datenrechte und das Zivilgesetzbuch sind zwei unterschiedliche, aber komplementäre Bereiche. Der Schutz der Datenrechte ist ein völlig neues Rechtsgebiet und ein Kernbestandteil des entstehenden Datengesetzes. Die zwanghafte Anwendung des traditionellen Schutzes personenbezogener Informationen auf den Bereich des Schutzes von Datenrechten wird unweigerlich zu Unstimmigkeiten und sogar zu Inkohärenzen führen, was mit Sicherheit in einer Beeinträchtigung des wissenschaftlichen Anspruchs der Rechtsvorschriften und einer Vielzahl von Konflikten bei der Anwendung der jeweiligen Gesetze resultieren wird. Für das Verständnis sollte daher klar sein, dass die Gesetzgebung zu Datenrechten dem Schutz von Datenrechten dienen soll, und dass die Aufgabe darin besteht, die grundlegenden Prinzipien und Strukturen für den Schutz von Datenrechten zu formulieren, sodass ein geschlossenes Rechtssystem für Datenrechte entsteht. Die Subjekte der Verpflichtungen, die Durchsetzungsmechanismen und der Wirkungsbereich der Gesetze über Datenrechte unterscheiden sich deutlich vom Zivilgesetzbuch, und somit sollte das Datenrecht nicht mit dem Zivilgesetzbuch verwechselt werden. Obwohl es gewisse Überschneidungen zwischen der Gesetzgebung zum Datenrecht und dem Zivilgesetzbuch gibt, unterscheiden sich beide in ihrer Natur und ihren Aufgaben grundlegend, wobei Ersteres darauf abzielt, die Datenrechte zu schützen, und Letzteres das grundlegende zivilrechtliche System beschreibt, und sie erfüllen jeweils unterschiedliche Aufgaben im gesamten Rechtssystem. Nur ein wissenschaftliches Verständnis des Verhältnisses zwischen der Gesetzgebung zu Datenrechten und dem Zivilgesetzbuch erlaubt es, die Gesetzgebung zu Datenrechten auf die Realität der Daten zuzuschneiden und eine entsprechend zielgerichtete Regelung zu entwerfen, anstatt sich an das traditionelle Zivilrechtssystem zu binden (Zhou Hanhua 2020).

### (2) *Der strafrechtliche Schutz von Datenrechten und seine Perspektiven*

In den letzten Jahren ist es häufig zu Datenleaks gekommen: der Fall des illegalen Verkaufs von persönlichen Daten der Nutzer von Meituan, das Datenleak der offiziellen Ctrip Website, das Bekanntwerden von Informationen zu Zimmerbuchungen einer Hotelkette etc. Vorfälle von Datenkriminalität großen Ausmaßes haben sich negativ auf die Gesellschaft ausgewirkt und öffentliche Panik ausgelöst (Wei Xiaomin 2020). Personenbezogene Daten stehen in engem Zusammenhang mit den Rechten und Interessen des Einzelnen, und um den Diebstahl, die Verbreitung und das Bekanntwerden von personenbezogenen Daten der Bürger zu verhindern, sollte der strafrechtliche Schutz von Daten verstärkt werden. Der strafrechtliche Schutz von Datenrechten hat im Wesentlichen drei Phasen durchlaufen: die Unterordnung unter andere Rechte strafrechtlichen Schutzes, den strafrechtlichen Schutz im Zuge der Datensicherheit und die Ausformung eines Schutzes vor datenspezifischen Straftaten.

Die Phase der Unterordnung unter andere Rechte strafrechtlichen Schutzes: Die Anonymität des Internets und der Computer begünstigen herkömmliche Straftaten und stellen die Strafgesetzgebung und die Rechtsprechung vor zahlreiche Herausforderungen und Dilemmata (Britz 2016 S. 69). Einerseits wurde der Datenschutz mit bestehenden Rechten wie dem Recht auf Privatsphäre, dem Recht auf Auskunft, dem Recht auf Freiheit und dem Recht auf persönliche Entfaltung etc. verknüpft; andererseits wurden im Zusammenhang mit dem Datenschutz eine Reihe neuer Rechte wie das Recht auf Vergessenwerden und das Recht auf Datenübertragbarkeit entwickelt. In den USA wurden nacheinander der „Privacy Act", der „Electronic Communications Privacy Act" (ECPA), der „Cable Communications Privacy Act", der „Children's Online Privacy Protection Act" (COPPA) und viele weitere Gesetze beschlossen, die sich, wie leicht zu erkennen, ausnahmslos direkt auf das Recht auf Privatsphäre beziehen. Artikel 16 im japanischen „Gesetz zum Schutz personenbezogener Informationen" besagt: „Verantwortliche, die personenbezogene Informationen verarbeiten, dürfen ohne die vorherige Zustimmung der betroffenen Person nicht über den Umfang hinausgehen, der zur Erreichung des im vorstehenden Artikel genannten Verwendungszwecks erlaubt ist." In Artikel 23 heißt es: „Ändert der Verantwortliche für die Verarbeitung personenbezogener Informationen den Verwendungszweck, so muss er die Person über den geänderten Verwendungszweck informieren oder ihn öffentlich bekannt geben." Es besteht kein Zweifel daran, dass sich diese beiden Bestimmungen direkt auf das Recht auf Auskunft beziehen. Daten sind indessen typische „immaterielle Objekte" *(Res incorporales)*, die nicht durch Zeit und Raum begrenzt sind und durch das Recht auf Privatsphäre, das Recht auf Auskunft und duch andere Rechte noch immer nicht hinreichend geschützt werden. Aufgrund der hierdurch bestehenden Gefahren ist ein strenges, umfassendes, vollständiges und präzises Datenschutzgesetz zur Eindämmung der Datenkriminalität dringend erforderlich. Mit dem Auftauchen neuer Merkmale von Rechten und neuer Auslegungen von Begrifflichkeiten ist die Frage der Rückständigkeit im Strafrecht in Bezug auf den Schutz von Datenrechten und die effiziente Handhabung und rigide Kontrolle der Datenkriminalität zur bedeutendsten Herausforderung der Gegenwart geworden.

Die Phase des strafrechtlichen Schutzes im Zuge der Datensicherheit: In Artikel 1 des deutschen „Bundesdatenschutzgesetzes" heißt es, dass das Gesetz dazu diene, personenbezogene Daten vor Verletzungen zu schützen. Dänemark ist beim Schutz personenbezogener Daten äußerst streng und sieht in seinem „Gesetz über die Verarbeitung personenbezogener Informationen" vor, dass selbst die bloße Verbreitung von Informationen über das Privatleben eines Bürgers strafbar ist. Im Vereinigten Königreich ist das „Datenschutzgesetz (UK)" das maßgebliche Gesetzesdokument, welches durch Regulierungsdokumente wie die „Verordnungen zur Kommunikation", die „Leitlinien für den Schutz von Kommunikationsdaten" und das „Gesetz über das Recht auf Ermittlungen" ergänzt wird, sodass hier ein Modell des Datenschutzes geschaffen wurde, in dem der Datenschutz, die Datenverwaltung und die Datenaufsicht sich gegenseitig ergänzen. Die „Wiener Erklärung über Verbrechen und Gerechtigkeit: Bewältigung der Herausforderungen des. 21. Jahrhunderts" (Vereinte Nationen 2000) enthält hinsichtlich der Definition und Typen von Computerkriminalität detaillierte Bestimmungen. Bei der Bekämpfung der Computerkriminalität besteht weltweiter Konsens darüber, dass bei jeder Verletzung der Integrität von Computersystemen der Verdacht einer strafbaren Handlung nahegelegt werden kann. Dieses Gesetz hat entscheidend dazu beigetragen, dem Problem des illegalen Zugangs zu Computerinformationen zu begegnen (Noriyuki Nishida 2007). Das „Übereinkommen zur Internetkriminalität"[5] fasst die Erfahrungen der Länder des Europarats bei der Bekämpfung der Internetkriminalität zusammen und definiert den Begriff der Internetkriminalität: „Internetkriminalität ist die Gefährdung der Vertraulichkeit, Integrität und Verwendbarkeit von Computersystemen, -netzwerken und -daten sowie der Missbrauch dieser Systeme, Netzwerke und Daten" (Zhao Bingzhi und Yu Zhigang 2004). Handelt es sich bei den erlangten Informationen um Geschäfts- oder Staatsgeheimnisse, so kann dieses Verhalten als Verletzung von Geschäftsgeheimnissen, als kriminelle oder widerrechtliche Aneignung von Staatsgeheimnissen geahndet werden (Wang Qianyun 2019). Auch dort, wo in den betreffenden Gesetzen dieser Staaten das Wort „Datenrecht" keine Erwähnung findet, wird es doch im Strafrecht durch „Datensicherheit", „Informationssicherheit", „Netzsicherheit", „Computersicherheit" etc. abgedeckt.

Die Phase der Ausformung eines Schutzes vor datenspezifischen Straftaten: Für eine Herangehensweise zum strafrechtlichen Schutz von Daten muss die strafrechtliche Verantwortlichkeit für Datenkriminalität bestimmt werden, und die Bestimmung der strafrechtlichen Verantwortlichkeit beginnt mit der Frage der Klärung der Straftatbestände für datenschutzwidrige Handlungen, was wiederum eine Voraussetzung für das wirksame Funktionieren des Strafrechts ist. Das „japanische Strafgesetzbuch" führt eine Reihe einschlägiger Straftaten auf, wie z. B. das Öffnen von Briefen, die Preisgabe von Geheimnissen, das Eindringen in die Wohnung und die Verheimlichung von Briefen (Li Hong 2004 S. 407). Artikel 15 des deutschen Strafgesetzbuches umfasst sechs Straftatbestände zur Regelung der Datenkriminalität, wie z. B. die Verletzung der Vertraulichkeit des Wortes, die Verletzung des Briefgeheimnisses oder das Ausspähen von Daten

5 Das Übereinkommen zur Internetkriminalität wurde im November 2001 in Budapest von 26 EU-Mitgliedstaaten des Europarats und Regierungsvertretern aus 30 weiteren Staaten, darunter die Vereinigten Staaten, Kanada, Japan und Südafrika, unterzeichnet und war somit das weltweit erste internationale Übereinkommen gegen Internetkriminalität.

(Deutsches Strafgesetzbuch (StGB) 2000 S. 156–158). Der Artikel 252[6] sowie ein Passus des Artikels 253 des „Strafgesetzbuches der Volksrepublik China" stellen den Diebstahl, die Unterschlagung, die Zerstörung und den Verkauf von persönlichen Informationen der Bürger als Straftaten dar, die als Verletzung der Kommunikationsfreiheit, und der personenbezogenen Informationen der Bürger etc. geahndet werden. Ausgehend von den Daten und den Werten, die sie enthalten, und unter Berücksichtigung des herkömmlichen Charakters der traditionellen Straftatbestände jedes Landes ist die Brauchbarkeit der Gruppe von Straftatbeständen zu Informationen und der Gruppe von Straftatbeständen zu Computern für ein System der Straftatbestände im Datenbereich zur Geltung zu bringen, sodass ein wirksames System zum strafrechtlichen Schutz der Datenrechte geschaffen werden kann. Der Aufbau eines Systems zum strafrechtlichen Schutz von Datenrechten erfordert zunächst die Schaffung einer sinnvollen Datenerhebungs- und Datennutzungsordnung. Zweitens muss eine einheitliche Datenschutzregelung entwickelt werden, um die verschiedenen Datenoperationen zu regeln, den Schutz personenbezogener Daten zu einem Rechtsanspruch oder Grundrecht zu erheben und seinen grundlegenden Stellenwert in der Rechtsordnung zu klären, und es muss ein solides System für Strafschadensersatz *(Punitive damages)* formuliert und ausgearbeitet werden. Es ist dringend notwendig, ein spezialisiertes, angemessenes und einheitliches System des strafrechtlichen Schutzes der Datenrechte zu schaffen, in welchem die Daten im Mittelpunkt stehen.

### *(3) Beziehungen und Koordinierung der Datengesetzgebung mit anderen Gesetzen*

Das Dilemma des Schutzes von Datenrechten im bestehenden Rechtssystem: Das derzeitige chinesische Rechtssystem bietet einen gewissen

6 《中华人民共和国刑法》第252 条, *[Strafgesetzbuch der Volksrepublik China, Artikel 252]*: „Straftat gegen die Freiheit der Kommunikation – Wer das Recht eines Bürgers auf Kommunikationsfreiheit dadurch verletzt, dass er die Korrespondenz einer anderen Person unterschlägt, vernichtet oder unrechtmäßig öffnet, wird, wenn die Umstände schwerwiegend sind, zu einer Freiheitsstrafe von bis zu einem Jahr oder zu Arrest verurteilt."

Schutz für die Rechte personenbezogener Daten. Jedoch werden hauptsächlich die Grundrechte, die persönlichen Informationen und andere Daten geregelt (siehe Tabelle 3-2). „Aufgrund von begrenzten Wirkungsbereichen und Methoden für eine Anpassung ist das derzeitige Rechtssystem nur eine unvollständige Lösung für den Schutz personenbezogener Daten, bietet keinen ausreichenden Schutz, keine ausreichende Hilfestellung und keine ausreichende Dynamik, legt keine systematischen Regeln für Datenhandel und Datennutzung fest, wird in seiner Anwendung mehr und mehr gehindert und ist immer weniger in der Lage, sich der Herausforderung der Größenordnungen zu stellen, in denen personenbezogene Daten gesammelt, übermittelt und verwendet werden (Lian Yuming 2017 S. 124). Aus Sicht der Lehre von den Persönlichkeitsrechten betrachtet, werden die Persönlichkeitsrechte eher in Form von Bürgerrechten geschützt, wobei sich dieser Schutz nur sehr bedingt auf Daten ausweiten lässt. Aus dem Blickwinkel der Lehre vom Schutz der Privatsphäre ist der Schutz der Privatsphäre eher im privaten Bereich verortet, wohingegen Daten eher im Bereich der öffentlichen Ordnung liegen und der Schutz der Privatsphäre durch das öffentliche Interesse begrenzt ist. Im Hinblick auf die Lehre vom Sachenrecht betont das Sachenrecht „ein Recht auf eine Sache“, demgegenüber es beim Datenschutz eher um „ein Bit und viele Rechte“ geht, was dem Grundprinzip der Eigentumsrechte widerspricht. Aus der Sicht einer Lehre der Gläubigerrechte betont diese die vertragliche Beziehung zwischen Unternehmen und Nutzern, aber Datenrechte haben komplexe und variable Eigenschaften, und es ist unmöglich, einen Interessenvertrag zwischen Datenlieferanten und Datennutzern zu vereinbaren, was die Bestimmungen über Ansprüche und Verbindlichkeiten unpraktikabel werden lässt. Aus Sicht der Lehre von den Rechten des geistigen Eigentums ist das geistige Eigentum innovativ und originell, während der Datenschutz für eine Vielzahl von Datensubjekten gedacht ist, sodass die Schutzmechanismen in beiden Fällen offensichtlich verschieden sind. Alles in allem ist die chinesische Datenschutzgesetzgebung begrifflich vage, systemisch zersplittert und in ihrem Geltungsbereich begrenzt, und es fehlt ein klares und einheitliches Durchsetzungssystem, Durchsetzungsmechanismen sowie eine exekutive Behörde.

Tabelle 3-2 Auswahl relevanter geltender chinesischer Gesetze mit Bezug zum Schutz von Privatsphäre, Informationen oder Daten

| Gesetze und Verordnungen | Paragrafen | Bestimmungen |
|---|---|---|
| Gesetz zum Schutz von Minderjährig en (2020) | § 63 | Keine Organisation oder Person darf den Inhalt von Briefen, Tagebüchern, E-Mails oder anderer Online-Kommunikation eines Minderjährigen unterschlagen, zerstören oder unrechtmäßig löschen. |
| | § 72 | Die für die Verarbeitung von Informationen Verantwortlichen müssen die Grundsätze der Rechtmäßigkeit, Legitimität und Notwendigkeit beachten, wenn sie personenbezogene Informationen von Minderjährigen über das Internet verarbeiten. Werden personenbezogene Informationen von Minderjährigen unter vierzehn Jahren verarbeitet, so ist die Zustimmung der Eltern oder anderer Erziehungsberechtigter des Minderjährigen einzuholen, es sei denn, die Rechts- oder Verwaltungsvorschriften sehen etwas anderes vor. Wenn der Minderjährige, die Eltern oder andere Erziehungsberechtigte den für die Verarbeitung der Informationen Verantwortlichen auffordern, die personenbezogenen Informationen des Minderjährigen zu berichtigen oder zu löschen, hat der für die Verarbeitung der Informationen Verantwortliche rechtzeitig Maßnahmen zu ergreifen, um die Informationen zu berichtigen oder zu löschen, es sei denn, die Gesetze oder Verwaltungsvorschriften sehen etwas anderes vor. |
| | § 252 | Wer das Recht auf Kommunikationsfreiheit dadurch verletzt, dass er die Post einer anderen Person unterschlägt, vernichtet oder unrechtmäßig öffnet, kann, wenn die Umstände schwerwiegend sind, zu einer Freiheitsstrafe von bis zu einem Jahr oder zu einer Haftstrafe verurteilt werden. |

| | | |
|---|---|---|
| Strafgesetzbuch (2017) | § 253 | Ein Postmitarbeiter, der private Briefe oder Telegramme öffnet, unterschlägt oder vernichtet, kann zu einer Freiheitsstrafe von bis zu zwei Jahren oder zu einer Haftstrafe verurteilt werden. Wer eine Straftat nach dem vorstehenden Absatz begeht und Eigentum stiehlt, kann gemäß den Bestimmungen des Artikels 264 dieses Gesetzes verurteilt und streng bestraft werden. Wer unter Verstoß gegen die einschlägigen nationalen Vorschriften personenbezogene Informationen von Bürgern verkauft oder an Dritte weitergibt, kann, wenn die Umstände schwerwiegend sind, zu einer Freiheitsstrafe von bis zu drei Jahren oder zu einem Arrest oder ausschließlich mit einer Geldbuße bestraft werden; wenn die Umstände besonders schwerwiegend sind, ist er zu einer Freiheitsstrafe von mindestens drei und höchstens sieben Jahren zu verurteilen und mit einer Geldstrafe zu belegen. Werden personenbezogene Informationen von Bürgern, die bei der Erfüllung von Aufgaben oder der Erbringung von Dienstleistungen erlangt wurden, unter Verstoß gegen die einschlägigen nationalen Vorschriften verkauft oder an andere weitergegeben, so ist die Strafe gemäß den Bestimmungen des vorstehenden Absatzes höher. Werden personenbezogene Informationen von Bürgern gestohlen oder auf andere Weise unrechtmäßig erlangt, so richtet sich die Strafe nach den Bestimmungen des ersten Absatzes. Begeht eine Organisationseinheit die in den ersten drei Absätzen genannten Straftaten, so wird sie zu einer Geldstrafe verurteilt, und ihre unmittelbar verantwortlichen Vorgesetzten und andere unmittelbar verantwortliche Personen werden gemäß den Bestimmungen der einzelnen Absätze bestraft. |
| Gesetz zum Schutz der Gesundheit von Müttern und Kindern (2017) | § 34 | Das in der Gesundheitsfürsorge für Mütter und Kinder tätige Personal muss sich strikt an die berufsethischen Grundsätze halten und die Vertraulichkeit gegenüber der betroffenen Person wahren. |

(*Fortgesetzt*)

Tabelle 3-2 Fortgesetzt

| Gesetze und Verordnungen | Paragrafen | Bestimmungen |
|---|---|---|
| Kommerzielles Bankengesetz (2015) | § 6 | Die Geschäftsbanken schützen die legitimen Rechte und Interessen ihrer Einleger vor Verletzungen durch Organisationseinheiten oder Einzelpersonen. |
| | § 29 | Die Geschäftsbanken befolgen bei der Verwaltung persönlicher Spareinlagen die Grundsätze der Einzahlungsfreiwilligkeit, der Abhebungsfreiheit, der Verzinsung der Einlagen und der Vertraulichkeit für die Einleger. Bei persönlichen Spareinlagen haben Geschäftsbanken das Recht, jegliche Auskunft, Sperrung oder Sicherstellung durch eine Organisationseinheit oder Einzelperson zu verweigern, sofern das Gesetz nichts anderes vorsieht. |
| Postgesetz (2015) | § 3 | Die Kommunikationsfreiheit und das Briefgeheimnis der Bürger sind gesetzlich geschützt. Keine Organisation oder Einzelperson darf aus irgendeinem Grund die Freiheit und das Geheimnis der Kommunikation der Bürger verletzen, ausgenommen aus Gründen der nationalen Sicherheit oder der Verfolgung von Straftaten können die Organe der öffentlichen Sicherheit, die Organe der Staatssicherheit oder die Organe der Staatsanwaltschaft gemäß den gesetzlich vorgeschriebenen Verfahren die Kommunikation überprüfen. Vorbehaltlich anderslautender gesetzlicher Bestimmungen darf keine Organisation oder Einzelperson Post, Überweisungen oder Geldsendungen einsehen oder zurückhalten. |
| Gesetz über den Schutz von Verbraucherrechten und - interessen (2014) | § 14 | Die Verbraucher haben beim Kauf und der Verwendung von Waren und der Inanspruchnahme von Dienstleistungen ein Recht auf Achtung ihrer Menschenwürde, ihrer ethnischen Sitten, Gebräuche und Gewohnheiten sowie ein Recht auf den Schutz ihrer persönlichen Informationen in Übereinstimmung mit dem Gesetz. |

| | | |
|---|---|---|
| | § 29 | Bei der Erhebung und Verwendung personenbezogener Daten von Verbrauchern sind vom Betreiber die Grundsätze der Rechtmäßigkeit, Legitimität und Notwendigkeit zu beachten, und der Zweck, die Art und der Umfang der Erhebung und Verwendung von Daten sind ausdrücklich anzugeben. Die Einwilligung des Verbrauchers ist einzuholen. Der Betreiber muss die Regeln für die Sammlung und Verwendung personenbezogener Daten offenlegen und darf keine Daten sammeln oder verwenden, die gegen die Bestimmungen der Gesetze und Vorschriften und die Vereinbarung zwischen den Parteien verstoßen. Der Betreiber und sein Personal behandeln die von den Verbrauchern gesammelten persönlichen Daten streng vertraulich und dürfen sie nicht weitergeben, verkaufen oder unerlaubt an andere übertragen. Der Betreiber hat technische und andere notwendige Maßnahmen zu ergreifen, um die Sicherheit der Informationen zu gewährleisten und die Preisgabe oder den Verlust von personenbezogenen Daten der Verbraucher zu verhindern. Im Falle eines Leaks oder eines Informationsverlustes muss der Betreiber unverzüglich Abhilfemaßnahmen ergreifen. Die Betreiber dürfen keine kommerziellen Informationen an Verbraucher senden, ohne dass diese vorher ihre Einwilligung gegeben haben, bzw. wenn sie dies ausdrücklich abgelehnt haben. |
| Gesetz zur Prävention und Bekämpfung von Infektionskrankheiten (2013) | §68 | Wer vorsätzlich Informationen oder Unterlagen preisgibt, die die Privatsphäre von Patienten, Trägern von Krankheitserregern, Personen, die im Verdacht stehen, an einer ansteckenden Krankheit zu leiden, oder engen Kontaktpersonen mit ansteckenden Krankheiten betreffen, muss die entsprechende rechtliche Verantwortung tragen. |

(*Fortgesetzt*)

Tabelle 3-2 Fortgesetzt

| Gesetze und Verordnungen | Paragrafen | Bestimmungen |
|---|---|---|
| Justizvollzugsgesetz (2012) | § 7 | Die Persönlichkeit des Täters darf nicht beleidigt werden, und seine persönliche Sicherheit, sein rechtmäßiges Eigentum und seine Rechte auf Verteidigung, Berufung, Beschwerde, Anzeige und andere Rechte, sofern diese nicht per Gesetz entzogen oder eingeschränkt sind, dürfen nicht verletzt werden. |
| | § 47 | Strafgefangene dürfen während der Verbüßung ihrer Strafe mit anderen Personen korrespondieren, aber der Schriftverkehr muss von der Justizvollzugsanstalt überwacht werden. Briefe von Straftätern an die höheren Behörden und Justizorgane des Gefängnisses unterliegen nicht der Zensur. |
| Gesetz über Personalausweise(2011) | § 6 | Die Gestaltung des Personalausweises wird von der Abteilung für öffentliche Sicherheit des Staatsrats festgelegt. Die Personalausweise werden von den öffentlichen Sicherheitsbehörden einheitlich angefertigt und ausgestellt. Der Personalausweis muss sowohl visuelle als auch maschinenlesbare Funktionen haben, wobei die visuellen und maschinenlesbaren Inhalte auf die in Artikel 3 Absatz 1 dieses Gesetzes genannten Punkte beschränkt sein müssen. Die Organe der öffentlichen Sicherheit und die Volkspolizeibeamten sind verpflichtet, die persönlichen Informationen der Bürger, von denen sie bei der Herstellung, Ausstellung, Kontrolle und Beschlagnahme von Personalausweisen Kenntnis erlangen, vertraulich zu behandeln. |
| | § 20 | Beamte der Volkspolizei, die die legitimen Rechte und Interessen von Bürgern an persönlichen Informationen verletzten, von denen sie im Rahmen der Erstellung, Ausstellung, Kontrolle oder Beschlagnahme von Personalausweisen Kenntnis erlangt haben, müssen die entsprechenden rechtlichen Konsequenzen tragen. |

| | | |
|---|---|---|
| Statistikgesetz (2010) | § 9 | Die statistischen Ämter und die Statistiker sind verpflichtet, Staatsgeheimnisse, Geschäftsgeheimnisse und persönliche Informationen, die ihnen im Rahmen ihrer statistischen Arbeit bekannt werden, vertraulich zu behandeln. |
| Passgesetz (2007) | §20 | Jede Person, die personenbezogene Informationen von Bürgern preisgibt, die ihr aufgrund der Herstellung oder Ausstellung eines Passes bekannt geworden sind, und dadurch die gesetzlichen Rechte und Interessen der Bürger verletzt, muss die entsprechende rechtliche Verantwortung tragen. |
| Ärztegesetz (1998) | § 37 | Wer die Privatsphäre von Patienten preisgibt, muss, wenn dadurch gravierende Nachteile entstehen, die entsprechende rechtliche Verantwortung tragen. |

Quelle: Die obige Bestandsaufnahme ist nicht erschöpfend und wurde aus öffentlichen Quellen zusammengestellt.

Die Datengesetzgebung und ihre Beziehung zu einschlägigen Gesetzen: Für die Legislative zu Datenrechten besteht eine Schlüsselfrage darin, wie die Vereinbarkeit und wechselseitige Unterstützung mit anderen Gesetzen gewährleistet werden können, also die Frage nach einer „systemischen Positionierung". Die systemische Positionierung der Datenrechte spiegelt das Verhältnis zwischen Datenrechten und anderen Rechten in Bezug auf den Grad der Rechtswirksamkeit, die Stärken und Schwächen der Funktionen sowie das Gewicht ihrer Werte wider. Im Hinblick auf die Werte schafft das „Datensicherheitsgesetz (Entwurf)" ein Gleichgewicht zwischen Datenfluss und Datenschutz und trägt den Notwendigkeiten sowohl der Entwicklung als auch der Sicherheit Rechnung. Das „Gesetz über den Schutz personenbezogener Daten (Entwurf)" ist charakteristisch für die heutige Zeit und bietet eine wichtige Unterstützung für die wirksame Umsetzung der nationalen Strategie zur Informatisierung und den Aufbau einer starken Informationsnation. Das „Internetsicherheitsgesetz" hat eine Katalysatorfunktion für die Schaffung einer soliden Internetinfrastruktur und einer gebührenden Ordnung im digitalen Raum Chinas und wird zweifellos einen bedeutenden Einfluss auf Chinas Beitrag zur Formulierung internationaler Regeln im digitalen Raum haben (Li Haiying 2015). Die Gesetzgebung zu Datenrechten wird sowohl den Anforderungen Chinas an die Datensicherheit und an die institutionelle Abdeckung als auch der täglich lauter werdenden Einforderung von Datenrechten durch die Bevölkerung gerecht. Aus inhaltlicher Sicht (siehe Tabelle 3-3) konzentriert sich das „Datensicherheitsgesetz (Entwurf)" auf die Sicherheit wichtiger Daten auf nationaler Ebene, das „Gesetz zum Schutz personenbezogener Informationen (Entwurf)" auf die Rechte personenbezogener Informationen und den Datenschutz, das „Internetsicherheitsgesetz" auf den Schutz kritischer Informationsinfrastrukturen, die Kontrolle und Verwaltung der Netzsicherheit und andere Kernfragen, während sich die Gesetzgebung zu den Datenrechten auf die Governance der Datensicherheit, die Entwicklung und Nutzung von Daten, den Schutz der Interessen von Dateninhabern und auf weitere Fragen konzentriert, insbesondere auf den Schutz der Rechte von „Datenpersonen". Nach ihrer Rangfolge sind das „Datensicherheitsgesetz (Entwurf)" und das „Gesetz zum Schutz personenbezogener Daten (Entwurf)" die Kerngesetze zur Implementierung

Tabelle 3-3 Chinas grundlegender gesetzlicher Rahmen zum Schutz von Privatsphäre, Informationen und Daten

| Zeit | Gesetze und Verordnungen | Einschlägige Inhalte |
|---|---|---|
| Dezember 2012 | Beschluss des Ständigen Ausschusses des Nationalen Volkskongresses zur Stärkung des Schutzes von Informationen im Internet | Zum ersten Mal werden Anforderungen an den Schutz personenbezogener elektronischer Informationen in Form eines Rechtsdokuments klar formuliert |
| Juli 2013 | Bestimmungen zum Schutz der personenbezogenen Informationen von Telekommunikations- und Internetnutzern | Legen für Betreiber von Telekommunikationsdiensten und Anbieter von Internet-Informationsdiensten spezifische Regeln zur Sammlung und Verwendung personenbezogener Informationen von Nutzern sowie die Anforderungen an die Sicherheitsvorkehrungen dieser Informationen fest |
| November 2016 | Internetsicherheitsgesetz | Einbeziehung des Schutzes personenbezogener Informationen in den Aufgabenbereich der Netzsicherheit; Kapitel 4 „Sicherheit von Informationen im Netz" enthält ein spezielles Kapitel über den Schutz personenbezogener Informationen |
| März 2017 | Allgemeine Bestimmungen des Zivilrechts | Schaffen auf der Ebene des grundlegenden Zivilrechts Bestimmungen über den Schutz personenbezogener Informationen |
| Mai 2017 | Auslegung einiger Fragen zur rechtlichen Vorgehensweise bei der Behandlung von Strafsachen im Zusammenhang mit der Verletzung personenbezogener Informationen von Bürgern | Umfassende und systematische Bestimmungen über die Kriterien für die Verurteilung und die Festlegung des Strafmaßes bei Delikten, welche die personenbezogenen Informationen der Bürger zum Gegenstand haben, und damit zusammenhängende Fragen der Rechtsanwendung |

(*Fortgesetzt*)

Tabelle 3-3 Fortsetzung

| Zeit | Gesetze und Verordnungen | Einschlägige Inhalte |
|---|---|---|
| Dezember 2017 | Sicherheitskodex für personenbezogene Informationen in der Informationssicherheitstechnologie | Compliance-Anforderungen für die Sammlung, Speicherung, Verwendung und Weitergabe personenbezogener Informationen in Form einer nationalen Norm |
| August 2018 | E-Commerce-Gesetz | Die ersten umfassenden gesetzlichen Bestimmungen für den E-Commerce China |
| Januar 2019 | Bekanntmachung über die besondere Behandlung der rechtswidrigen und unzulässigen Erhebung und Nutzung personenbezogener Informationen durch Apps | In Zusammenarbeit mit vier Abteilungen, darunter die Zentralbehörde für Internetsicherheit und Informatisierung, das Ministerium für Industrie und Informationstechnologie, das Ministerium für öffentliche Sicherheit und die zentrale Behörde für Marktaufsicht, werden vier Bereiche schwerpunktmäßig behandelt: Prüfung der Datensammlung und -nutzung, Regulierung und Strafverfolgung, Bekämpfung illegaler Straftaten und Zertifizierung der App-Sicherheit |
| August 2019 | Vorschriften zum Schutz der persönlichen Informationen von Kindern im Internet | Die erste chinesische Rechtsvorschrift, die sich dediziert mit dem Schutz von Kindern im Internet befasst, und damit ein Meilenstein. Schutz der personenbezogenen Informationen von Kindern während ihres gesamten Lebenszyklus, einschließlich der Sammlung, Speicherung, Verwendung, Weitergabe, Veröffentlichung, Löschung und anderer Aspekte |

Tabelle 3-3 Fortsetzung

| Zeit | Gesetze und Verordnungen | Einschlägige Inhalte |
|---|---|---|
| November 2019 | Methoden zur Erkennung der rechtswidrigen und unzulässigen Erhebung und Nutzung personenbezogener Informationen durch Apps | Wurden von vier Ministerien und Kommissionen gemeinsam herausgegeben, um für die Aufsichtsbehörden die Feststellung von unerlaubter Erhebung und Nutzung personenbezogener Informationen durch Apps zu regeln und den Unternehmen eine Referenz für die legale Erhebung und Nutzung personenbezogener Informationen an die Hand zu geben |
| Mai 2020 | Bürgerliches Gesetzbuch | Ein gesondertes Kapitel befasst sich mit dem Recht auf Privatsphäre und persönliche Informationen. Es wird ausdrücklich betont, dass natürliche Personen das Recht auf Privatsphäre haben, dass personenbezogene Informationen natürlicher Personen gesetzlich geschützt sind und dass die Verarbeitung personenbezogener Informationen nach den Grundsätzen der Rechtmäßigkeit, Legitimität und Notwendigkeit zu erfolgen haben |
| Juni 2020 | Datensicherheitsgesetz (Entwurf) | Wurde auf der 20. Tagung des Ständigen Ausschusses des 13. Nationalen Volkskongresses zum ersten Mal beraten |
| Oktober 2020 | Gesetz zum Schutz personenbezogener Informationen (Entwurf) | Wurde auf der 22. Tagung des Ständigen Ausschusses des 13. Nationalen Volkskongresses zum ersten Mal beraten. |

Quelle: aus öffentlichen Daten zusammengestellt.

des „Allgemeinen Nationalen Sicherheitskonzepts" also des landesweiten Sicherheitsgesetzes Chinas, und die Inhalte des Internetsicherheitsgesetzes, die sich auf Daten beziehen, werden allmählich durch das „Gesetz zum Schutz personenbezogener Daten (Entwurf)" und das „Datensicherheitsgesetz (Entwurf)" übernommen und ersetzt. Als grundlegendem Gesetz im digitalen Bereich kommt dem „Gesetz der Datenrechte" eine wichtige Rolle bei der Regelung der Datenbeziehungen zu.

Koordinierung der Gesetzgebung zu Datenrechten mit verwandten Gesetzen. Die Gesetzgebung zu den Datenrechten befasst sich mit dem Schutz der Privatsphäre, der Information und der Daten als Hauptgegenstand der Forschung. Sie befasst sich mit dem Eigentum, den Rechten, der Nutzung und dem Schutz von Daten in deren gesamtem Lebenszyklus als Hauptforschungsinhalt und mit der Systematik des Datenrechts als Hauptforschungsmerkmal, was der Oberbegriff für solche Rechtsnormen ist, die das Rechtsverhältnis zwischen den Datensubjekten, den für die Kontrolle der Daten Verantwortlichen und den Datenverarbeitern spezifisch regeln. Die Gesetzgebung zu den Datenrechten hat die relevanten Inhalte des „Gesetzes zum Schutz personenbezogener Daten (Entwurf)" in Bezug auf den Informationsschutz aufgenommen, die relevanten Bestimmungen des „Gesetzes zur Datensicherheit (Entwurf)" in Bezug auf die Entwicklung und den Schutz von Daten integriert, und die relevanten Diskussionen über die Souveränität im Internet und die nationale Sicherheit im Internetsicherheitsgesetz vertieft, wobei einerseits der Datenschutz und die Datensicherheit aus der Perspektive des Einzelnen und andererseits der internationale Status und der internationale Diskurs aus der Perspektive des Staates berücksichtigt wurden. In Artikel 4 des chinesischen „Gesetzgebungsrechts" heißt es: „Die Legislative wird in Übereinstimmung mit den rechtlichen Befugnissen und Verfahren, im gemeinsamen Interesse des Staates und zur Wahrung der Einheit und Würde des sozialistischen Rechtssystems erlassen." Die Abstimmung zwischen mehreren Gesetzen ist sowohl ein grundlegendes Merkmal des sozialistischen Rechtssystems mit chinesischen Merkmalen als auch eine grundlegende Voraussetzung für die Aufrechterhaltung und Verbesserung des sozialistischen Rechtssystems mit chinesischen Merkmalen. Die Gesetzgebung zu Datenrechten soll die traditionellen Rechtsbereiche nicht substituieren, sondern sie hofft, mit einem interdisziplinären Forschungsansatz umfassend und nachhaltig auf die rechtlichen Risiken und Schwierigkeiten die im digitalen Zeitalter immer wieder neu auftreten, zu reagieren, indem sie die Wissenslandschaften der verschiedenen etablierten Rechtsbereiche zusammenführt. Daher fokussiert sich die Gesetzgebung zu Datenrechten auf die gemeinsamen Probleme, die sich aus verschiedenen domänenspezifischen Gesetzen im digitalen Bereich herleiten, integriert Elemente traditioneller Rechtsbereiche auf horizontaler Ebene, durchbricht die Schranken der domänenspezifischen Gesetze auf vertikaler Ebene, erforscht die universellen Gesetze des gesamten Lebenszyklus von Daten durch verschiedene Forschungsperspektiven und bildet einen rechtlichen Forschungsrahmen für Datenrechte mit endogenem, ganzheitlichem und synergetischem Charakter.

## Abschnitt 3 Der Konflikt zwischen öffentlich und privat in der Datengesetzgebung

Das Datenrecht ist nicht nur ein privates Recht des Einzelnen, sondern betrifft auch alle Aspekte der Unternehmensentwicklung, des Funktionierens der Gesellschaft und der nationalen Sicherheit, und ist eine öffentliche Macht mit öffentlichem Wesen. Datenrechte haben die Eigenschaften von privaten und öffentlichen Rechten, wobei der Kern des Ersteren der Schutz privater Interessen und der Kern des Letzteren der Schutz öffentlicher Interessen ist. Die öffentlichen Interessen umfassen nicht nur die Interessen der Gesellschaft und des Staates, sondern auch die Interessen von Unternehmen, Gruppen und anderen Organisationen. Das Recht auf Selbstbestimmung über die Datenverarbeitung steht im Konflikt mit der Nutzung von Daten in einem freien Datenverkehr; ein Konflikt zwischen den privaten Rechten der Betroffenen und den öffentlichen Befugnissen der Behörden, und die Abwägung zwischen privaten und öffentlichen Interessen ist vielschichtig, denn die Konflikte sind weitreichend, überschneidend und komplex. Datenrechte und Datenbefugnisse sind zwei konträre Kräfte und die Idee von privaten Rechten und öffentlicher Befugnis über Daten ist zu dekonstruieren. Die Gesetzgebung zu Datenrechten muss einen Ausgleich zwischen den widersprüchlichen Beziehungen der beiden schaffen, die privaten Datenrechte angemessen berücksichtigen und gleichzeitig die Regulierung der öffentlichen Datenrechte stärken, ein System von Datenrechten aufbauen, das öffentliche und private Rechte zusammenführt, und die Datenzirkulation und -weitergabe fördert, und so eine wirksame Governance der Daten begünstigt.

### *(1) Private Rechte und öffentliche Befugnisse*

„Rechte sind im Grunde der gesetzliche Ausdruck von Interessen, und je mehr Nutzwerte durch die menschliche Produktion geschaffen werden, desto reichhaltiger werden die Rechte sein" (Ma Changshan 2020). In der digitalen Gesellschaft sind „Daten sowohl ein juristisches Paradigma als auch eine Machterzählung" (Schlüssellabor für Big-Data-Strategie 2020 S. 61). In dieser Hinsicht geht es bei den „Datenrechten" in erster Linie darum, die Interessen des Einzelnen zu verwirklichen und zu wahren, und es handelt sich im Wesentlichen um die Interessen und Ansprüche des „Einzelnen" in Bezug auf Daten, die grundsätzlich privater Natur sind, d. h. um ein privates Recht. „Datenmacht" hingegen betont den öffentlichen Charakter, und die ausführenden Subjekte der Macht sind vornehmlich Behörden und gesellschaftliche Organisationen, wobei der unmittelbare Nutzen der Macht das öffentliche Interesse ist, das durch das Gesetz geschützt wird; daher öffentliche Macht. Sowohl private Rechtssubjekte als auch Subjekte der öffentlichen Gewalt können zu Verarbeitern, Kontrollierenden oder Übermittlern von Daten werden, sodass Interessenkonflikte in Bezug auf Daten zwischen privaten Subjekten, öffentlichen Stellen und Datensubjekten unvermeidlich sind.

Ein Recht ist seinem Wesen nach ein privates Recht. Ein Recht ist im Allgemeinen eine einer Person gesetzlich verliehene Befugnis, ihre Interessen zu verwirklichen. In einer Gesellschaft der Privatrechte wird der politische Anspruch, dass alle Menschen gleich sind, durch den Begriff der Rechtsgleichheit der bürgerlichen Subjekte im Zivilrecht ausgedrückt und rechtlich garantiert. „Die bürgerlichen Subjekte haben im Zivilrecht und in den zivilen Handlungen private Rechte, welche die einzige legitime Grundlage und Basis für die Existenz staatlicher Behörden sind" (Liu Kaixiang 2020). Das Zivilrecht ist ein klassisches Privatgesetz, und der logische rote Faden des Zivilgesetzbuchs sind die Privatrechte; es ist die Einräumung von Privatrechten, die Ausübung von Privatrechten und der Schutz von Privatrechten. Chinas „Zivilgesetzbuch – Band über Persönlichkeitsrechte" – hat die zivilrechtliche Anerkennung des Schutzes personenbezogener Daten bewirkt und ihren Status im Rahmen des Persönlichkeitsrechts geklärt; außerdem wurde die Grundlage für den weiteren Aufbau eines umfassenden Rechtssystems für den Datenschutz auf der Grundlage des Systems der Datenrechte geschaffen. Im Zusammenhang mit der Digitalisierung rücken datenschutzrechtliche Fragen immer stärker in den Vordergrund. Dabei geht es um Fragen wie den Schutz der Privatsphäre der Bürger, die Grenzen der Datenverwendungsbefugnis von Unternehmen und die Verteilung der Gewinne auf dem Datenhandelsmarkt. In Wirklichkeit mangelt es an einer gesetzlichen Regelung für die Daten, und das daraus resultierende Rechtsdilemma hat sich zu einem großen Hindernis für die Entwicklung der digitalen Industrie entwickelt.

Das Wesen der Macht ist die öffentliche Gewalt: Öffentliche Gewalt bedeutet die Macht des Staates und kein Recht eines einzelnen Bürgers. Öffentliche Gewalt kann nur vom Staat (namentlich von verschiedenen Staatsorganen) ausgeübt werden, einschließlich der gesetzgebenden Gewalt, der richterlichen Gewalt und der Verwaltungshoheit. Ob es sich um wirtschaftliche, politische oder soziale Macht handelt, die Subjekte der Machtausübung sind stets staatliche Stellen und gesellschaftliche Organisationen, und der unmittelbare inhaltliche Gegenstand der Machtausübung ist das gesetzlich geschützte öffentliche Interesse. „Die Reglementierung der öffentlichen Gewalt ist Aufgabe der Verfassung und des Verwaltungsgesetzes" (Zhang Qianfan 2012 S. 5). Die Verfassung und das Verwaltungsgesetzbuch setzen Leitlinien für die Ausübung der öffentlichen Gewalt, die zwar eine Befugnis, aber eigentlich eher eine Pflicht ist. Im Zeitalter von Big Data „sollte die Regierung als Einrichtung der öffentlichen Gewalt die Erzeugung, Speicherung, Übertragung und Verwendung personenbezogener Daten und Informationen durch öffentliches Recht regeln, und die Regelung dient der nationalen Sicherheit, der öffentlichen Sicherheit und dem Gemeinwohl" (Wu Weiguang 2016). Daten sind Macht, und Macht sind Daten. Daten sind zu einer unverzichtbaren Macht geworden, und in gewissem Sinne wird derjenige, der die Daten hat, die Macht haben. Ein neues Machtsystem – die Datenmacht – ist im Entstehen begriffen.

Es besteht ein naturgemäßer Konflikt zwischen öffentlicher Gewalt und privaten Rechten. „Der Konflikt zwischen privaten Rechten und öffentlicher Gewalt tritt zwischen der öffentlichen Gewalt, die den Status einer Behörde hat, und der Privatperson, die das administrative Gegenstück ist, zutage. Es geht dabei um die Frage, wie personenbezogene Daten im Rahmen des Ziels, die Interessen der Gesellschaft zu verwirklichen, geschützt werden können" (Liu Dexue 2014 S. 126). Die Verantwortung des Staates besteht darin, dafür zu sorgen, dass die Rechte der Bürger gewahrt werden, wozu natürlich auch die privaten Rechte des Einzelnen gehören, die durch die öffentliche Gewalt des Staates nicht verletzt werden dürfen, aber die Ausübung der öffentlichen Gewalt in übermäßigem Umfang und Ausmaß stellt zwangsläufig eine Verletzung der Freiheit der Daten der Bürger dar. Die Verantwortlichkeit des Staates besteht darin, den Schutz der Rechte der Bürger zu gewährleisten, wozu natürlich auch das Recht des Einzelnen gehört, frei von Verletzungen durch die öffentliche Gewalt des Staates zu sein, aber eine exzessive Ausweitung und Ausübung der öffentlichen Gewalt wird unweigerlich die Freiheit der Daten der Bürger beeinträchtigen. Artikel 38 unserer Verfassung besagt, dass „die Menschenwürde der Bürger der Volksrepublik China unantastbar ist. Es ist verboten, die Bürger in jeglicher Form zu beleidigen, zu verleumden oder ungerechtfertigt zu beschuldigen". Dieser Artikel gehört zu den Vorschriften, die sowohl die Verletzung durch andere zivile Subjekte als auch die Verletzung durch die öffentliche Gewalt abdecken, indem sie dem Einzelnen das Recht gewähren, sich an der Verarbeitung von Daten der öffentlichen Gewalt zu beteiligen und verfassungsrechtliche Garantien für die Konfrontation des Einzelnen mit der öffentlichen Gewalt bieten. Eine Verletzung privater Rechte durch die öffentliche Gewalt hat zur Folge, dass die privaten Rechteinhaber ebenfalls die juristische Verantwortung für diese Verletzung einfordern können. In Artikel 12 des chinesischen Verwaltungsverfahrensgesetzes heißt es eindeutig: „Bürger, juristische Personen und Organisationen ohne eigene Rechtspersönlichkeit können ein Verwaltungsverfahren anstrengen, wenn sie der Ansicht sind, dass die Verwaltungsorgane ihre legitimen Rechte und Interessen, z. B. persönliche Rechte oder Eigentumsrechte, verletzt haben." Der Anwendungsbereich des chinesischen Schutzes der Datenrechte im Bereich der privaten Rechte ist relativ eng gefasst und konzentriert sich hauptsächlich auf den Schutz der persönlichen Informationen der Bürger und der Rechte auf Privatsphäre, und der Schutz der privaten Rechte der Bürger ist unzureichend. Die öffentliche Gewalt sollte sicherstellen, dass die privaten Rechte der Bürgerinnen und Bürger in der Gesellschaft auch verwirklicht und wahrgenommen werden können. Die andere Seite der Begrenzung öffentlicher Macht ist der Schutz privater Rechte, und zwischen den Datenrechten und der Datenmacht besteht nach wie vor ein Abhängigkeits- und Widerstandsverhältnis.

### *(2) Die Zusammenführung von Privatrecht und öffentlichem Recht*

Konflikte, bei denen das Subjekt als privates Subjekt auftritt und die sich aus der Ausübung eines privaten Rechts ergeben, sind die Art von Rechtskonflikten, die durch das Privatrecht geregelt werden. Wenn das Subjekt die öffentliche Gewalt ist und diese die öffentlichen Interessen vertritt, wird die Art des Rechtekonflikts durch das öffentliche Recht geregelt.[7] „Der Grund, warum die Theorien des öffentlichen Rechts und des Privatrechts unterschiedliche Auffassungen über die Beurteilung der Gültigkeit ein und desselben Rechtsakts haben können, liegt darin begründet, dass sich die theoretischen Systeme und Werte unterscheiden. In der Praxis

7 Die Einteilung in öffentliches und privates Recht ist ein wichtiger Gesichtspunkt im kontinentalen, antiken römischen Rechtssystem, und der erste Gelehrte, der diese Einteilung vorschlug, war Ulpian (gest. 228 n. Chr.). Er formulierte eine theoretische Grundlage für das öffentliche und private Recht, die auf der Unterscheidung zwischen den Interessen der Gesellschaft und den Rechten des Einzelnen beruhte. Das öffentliche Recht ist jenes Recht, das die regulativen Zuständigkeiten des Staates betrifft, das die Staatsgewalt angeht und die Interessen der Gesellschaft wahrt, und besteht hauptsächlich aus dem Verfassungsrecht und dem Strafrecht. Das Privatrecht befasste sich mit gleichberechtigten Beziehungen zwischen Individuen und dem Schutz ihrer Rechte, vornehmlich im Zivil- und Handelsrecht (Jiang Ping und Mi Jian 1987 S. 8).

gibt es immer mehr Fälle von Verflechtungen zwischen öffentlichem und privatem Recht, d. h. privatrechtliche Handlungen finden im öffentlichen Recht und öffentlich-rechtliche Handlungen im Privatrecht statt" (Jiang Bixin 2019). Im digitalen Zeitalter sind die Datenrechte aus dem „Privatbereich" der traditionellen rechtlichen Trennung zwischen „Persönlichkeitsrechten" und „Privatsphärenrechten" in den „öffentlichen Bereich" übergetreten und haben sich somit zu einem „zusammengesetzten" Recht entwickelt, das sich zwischen dem „öffentlichen und dem privaten Bereich" erstreckt. „Das Gesetz hat den Zweck, die Interessen des Einzelnen zu schützen, aber zugleich auch das gesellschaftliche Wohl und die gesellschaftliche Ordnung zu wahren" (Zhang Huilin 2013 S. 55). Auf der Grundlage des traditionellen „privatrechtlichen Schutzes" sollte das Datenrecht also sowohl durch das öffentliche als auch das private Recht geschützt werden.

Der privatrechtliche Schutz von Datenrechten: Das Gesetz verfolgt das gesellschaftliche Interesse in der Regel indirekt, indem es die vorrangig zu berücksichtigenden privaten Interessen auswählt. Aus zivilrechtlicher Sicht werden die Eigentums- und Persönlichkeitsrechte, die in erster Linie in Datenrechten eingebettet sind, im chinesischen „Zivilgesetzbuch"[8] zusätzlich bestätigt, in welchem der Status des privatrechtlichen Schutzes von Datenrechten etabliert wird. Mit dem Inkrafttreten des „Zivilgesetzbuchs" sollten sowohl die Auslegung und Anwendung der Vorschriften zum Schutz personenbezogener Informationen in bestehenden Gesetzen, wie dem „Internetsicherheitsgesetz" und dem „E-Commerce-Gesetz der Volksrepublik China", als auch der Erlass von Rechtsvorschriften zum Schutz personenbezogener Informationen und zum Dateneigentum, wie dem „Datensicherheitsgesetz", auf der Grundvoraussetzung beruhen, dass die Rechte und Interessen natürlicher Personen in Bezug auf ihre personenbezogenen Daten in vollem Umfang respektiert und geschützt werden. Jede hiervon abweichende Auffassung oder Gesetzgebung verstößt gegen die Bestimmungen des Zivilgesetzbuches. Wie schon die britische

8 Vgl. Artikel 127 des Zivilgesetzbuches der Volksrepublik China: „Wo das Gesetz für Daten und virtuelles Netzeigentum Vorschriften vorsieht, ist diesen Vorschriften Folge zu leisten." und Buch über die Persönlichkeitsrechte Kapitel 6 „das Recht auf Privatsphäre und der Schutz personenbezogener Informationen".

Datenschutzkommission argumentiert hat, „geht es beim Recht auf den Schutz personenbezogener Daten nicht nur darum, ein einzelnes Persönlichkeitsrecht zu entwerfen, sondern einen Rechtsrahmen zu schaffen, der ein Gleichgewicht zwischen den Rechten des Einzelnen, der einzelnen Datennutzer und der Gesellschaft als Ganzes herstellt."[9] Die Rechte und Interessen personenbezogener Daten und der Schutz der Privatsphäre lassen sich jedoch nicht einfach in einer Kodifikation der Persönlichkeitsrechte zusammenfassen. Die Datenrechte müssen durch ein unabhängiges und stichhaltiges Privatrecht abgestützt werden, um die verschiedenen Rechte und Interessen der Datensubjekte zu verwirklichen.

Der Schutz der Datenrechte im öffentlichen Recht: Der römische Denker Cicero sagte: „Die Interessen des Volkes sind das oberste Gesetz. Das öffentliche Recht ist das Recht, das die ordnungspolitischen Funktionen des Staates regelt, das sich auf die Befugnisse des Staates bezieht und die Interessen der Gesellschaft schützt, und besteht hauptsächlich aus der Verfassung und dem Strafrecht. „Im Bereich des öffentlichen Rechts sind der Staat und Privatpersonen die Parteien, die durch das Gesetz geregelt werden. Der Grund, warum die Rechte des Staates höher angesiedelt sind als die Befugnisse des Einzelnen, liegt darin, dass die Staatsgewalt auf die Verwirklichung des öffentlichen Interesses der Gesellschaft ausgerichtet ist" (Wang Xiuxiu 2016). Die Zivilisation der Rechtsordnung wird getragen von der Regelung gesellschaftlicher Interessen, und die Rechtsgrundlagen für den Schutz personenbezogener Informationen durch das öffentliche Recht sind auch in Artikel 1035[10] des chinesischen „Zivilgesetzbuches" festgelegt. Dazu gehören die Einwilligung in Kenntnis der Sachlage, das öffentliche Interesse oder die berechtigten Interessen der betreffenden natürlichen Person sowie die Veröffentlichung von Informationen. Die öffentliche

9 Cmnd. 7341, *The Lindop Report into Data Protection*,London:HMSO,1978, pp. 18–42.

10 Vgl. Artikel 1035 Absatz 1 des „Zivilgesetzbuches der Volksrepublik China": Wer personenbezogene Informationen verarbeitet, muss die Grundsätze der Legitimität, Legalität und Notwendigkeit befolgen, darf Daten nicht übermäßig verarbeiten, und muss sich an die folgenden Bedingungen halten:1. Die Einwilligung der natürlichen Person oder ihres Vormunds ist einzuholen, sofern nicht durch Rechts- oder Verwaltungsvorschriften etwas anderes bestimmt ist.

Sicherheit ist ein wichtiger Teil des gesellschaftlichen Interesses und steht oft im Konflikt mit dem Recht auf personenbezogene Daten und ist daher der Hauptgrund für Einschränkungen des Rechts auf personenbezogene Daten. Artikel 1 des im Oktober 2020 veröffentlichten „Gesetzes zum Schutz personenbezogener Daten (Entwurf)"[11] definiert personenbezogene Daten ebenfalls als „Interesse" und legt damit den Grundstein für den Schutz von Datenrechten als eine neue Art von Rechten des öffentlichen Rechts. „Obwohl der Schutz der personenbezogenen Daten der Bürger ein privates Interesse der betroffenen Person ist, können öffentliche Interessen wie die nationale Sicherheit auf dem Spiel stehen" (Wang Xuehui und Zhao Xin 2015). Man kann sagen, dass der Wert des Schutzes von Datenrechten durch das öffentliche Recht sich auf die Verwirklichung gesellschaftlicher Interessen wie die digitale Ordnung, die digitalen Menschenrechte und die digitale Gerechtigkeit konzentriert, während der privatrechtliche Schutz von Datenrechten mehr Gewicht auf den Wert der Gleichheit und der personenbezogenen Datenrechte legt, was die Diskrepanz im Wert des Rechts zwischen personenbezogenen Datenrechten und gesellschaftlichen Interessen sowie den verschiedenen Grad des Schutzes von Datenrechten kennzeichnet.

Das Datenrecht ist zu einem neuen und eigenständigen öffentlichen Recht geworden. Sowohl das Zivilgesetzbuch als auch das „Gesetz zum Schutz personenbezogener Daten (Entwurf)" stellen einerseits personenbezogene Daten als ein Rechtsinteresse und nicht als ein Recht dar und legen andererseits das Recht des Einzelnen auf Einwilligung, das Recht auf Auskunft, das Recht auf Berichtigung und das Recht auf Löschung seiner Informationen[12] fest, was den gesamten Lebenszyklus der Verarbeitung

11 Vgl. Artikel 1 des „Gesetzes der Volksrepublik China" über den Schutz personenbezogener Informationen (Entwurf): Dieses Gesetz wird erlassen, um die Rechte und Interessen an personenbezogenen Informationen zu schützen, den Umgang mit personenbezogenen Informationen zu regeln, den geordneten und freien Fluss personenbezogener Informationen in Übereinstimmung mit dem Gesetz zu gewährleisten und die angemessene Nutzung von personenbezogenen Informationen zu fördern.

12 Vgl. Artikel 1037 des „Zivilgesetzbuches der Volksrepublik China": Natürliche Personen können ihre personenbezogenen Informationen beim Informationsverarbeiter nach Maßgabe der gesetzlichen Bestimmungen einsehen oder kopieren.

personenbezogener Informationen vor, während und nach der Verarbeitung umfasst und der vollständigen Kontrolle des Einzelnen über seine Informationen gleichkommt. Das Datenrecht ist sowohl ein verfassungsmäßiges Recht als auch ein Bürgerrecht, ein Persönlichkeitsrecht sowie ein Eigentumsrecht. Es handelt sich um eine neue Art von Recht, das sich je nach Anwendung in mehrere Bündel von Rechten unterteilen lässt, darunter das Recht auf Besitz, das Recht auf Nutzung, das Recht auf Verwertung, das Recht auf Teilen, das Recht auf grenzüberschreitende Übertragung und andere Rechte. „Während das Persönlichkeitsrecht ein traditionelles Zivilrecht ist, ist das Recht auf personenbezogene Informationen ein völlig eigenständiges und neues öffentliches Recht, das erst mit der massenhaften Einführung von Computern entstanden ist" (Schwartz und Solove 2011). Wie der Rechtswissenschaftler Zhou Hanhua argumentiert, „führt die Definition des Rechts auf personenbezogene Daten im Sinne des traditionellen zivilrechtlichen Diskurssystems und die Eingliederung des Schutzes personenbezogener Informationen in die Rubrik der privatrechtlichen Persönlichkeitsrechte und die Nebeneinanderstellung mit dem Recht auf Privatsphäre in einem Kapitel unweigerlich zu logischen Widersprüchen und praktischen Konflikten" (Zhou Hanhua 2020). Folglich sieht sich das Gesetz mit dem Schutz eines Teils der Interessen bei der Verarbeitung und Nutzung von Daten konfrontiert, der nur durch das öffentliche Rechtssystem für das Datenrecht geregelt werden kann. Die Bedeutung des Datenrechts als spezifisches, eigenständiges öffentliches Recht liegt auch darin, dass den Datensubjekten nicht nur gleichberechtigte zivile Subjekte, sondern auch Behörden gegenübertreten können, und dass staatliche Behörden gleichermaßen verpflichtet sind, das Recht auf personenbezogene Daten zu achten und zu schützen.

---

Stellen sie fest, dass Informationen fehlerhaft sind, sind sie berechtigt, Einwand zu erheben und zu fordern, dass die notwendigen Maßnahmen wie z. B. eine Korrektur unverzüglich ergriffen werden. Stellt die natürliche Person fest, dass der Informationsverarbeiter einen Verstoß gegen die Rechts- und Verwaltungsvorschriften oder gegen die Vereinbarung der beiden Parteien begangen hat, hat sie das Recht, vom Verarbeiter der Informationen die rechtzeitige Löschung zu verlangen.

### *(3) Das Gleichgewicht zwischen privaten und öffentlichen Datenrechten*

„Eine der vorrangigen Aufgaben des Rechts ist es, widersprüchliche Interessen auszugleichen, seien es die Interessen des Einzelnen oder die der Gesellschaft" (Bodenheimer 2017 S. 414). Im digitalen Zeitalter werden enorme Datenmengen vom Staat und von Unternehmen kontrolliert, und es entsteht ein „Verwaltungsstaat", in dem die öffentliche Macht immer weiter ausgedehnt wird und auch in den „privaten Bereich" eingreift. Im digitalen Raum treffen oft private und öffentliche Datenrechte aufeinander, werden gegeneinander ausgespielt und kontrollieren sich gegenseitig. Infolgedessen hat sich die Gesetzgebung zum Schutz der Datenrechte von einem einseitigen Schutz der Privatsphäre und der Persönlichkeitsrechte hin zu einem umfassenden, ausgewogenen und koordinierten Schutz der vielfältigen Rechte und Interessen entwickelt.

Die Abtretung von privaten Datenrechten: Bisher hat sich der traditionelle Schutz von Informationen bis hin zur „Allgemeinen Datenschutz-Grundverordnung" von einem schwachen zu einem starken Schutz der persönlichen Rechte entwickelt, aber sowohl ein schwacher als auch ein starker Schutz werden zu einem Ungleichgewicht der Datenrechte führen. Bei der Abtretung von privaten Rechtsansprüchen an Daten geht es im Wesentlichen darum, Barrieren im Datenverkehr so weit wie möglich zu beseitigen, den Datenfluss zu erleichtern und so den Wert der Daten zu maximieren. Der Mittelweg zwischen Zugeständnissen und Beschränkungen ist die gemeinsame Nutzung, und die gemeinsame Nutzung von Rechten ist nicht nur eine Aufforderung zur Fortentwicklung der Daten selbst, sondern auch ein wertvolles Mittel, um den Übergang vom Ungleichgewicht zum Gleichgewicht der Datenrechte zu unterstützen. Aus der Perspektive der Rechte sind das Miteinanderteilen und der Besitz der wesentliche Unterschied zwischen dem Datenrecht und dem Sachenrecht. „Für die Daten ist es ebenso wichtig, das Recht auf Teilhabe an den Daten zu betonen wie das Recht auf den dinglichen Besitz, was ein notwendiger Schritt vom Gebrauch der Sachen zum Gebrauch der Daten ist" (Schlüssellabor für Big-Data-Strategie 2019 S. 266). Das private Recht an Daten tritt hinter das öffentliche Interesse und die nationale Sicherheit zurück, wobei jedoch vermieden werden muss, dass die staatlichen Befugnisse über das notwendige Maß hinaus aufgebläht werden, indem sich die staatlichen Befugnisse und die individuellen Rechte innerhalb sinnvoller Grenzen bewegen.[13]

Die Grenzen des öffentlichen Datenrechts: Die Ausübung der Datenhoheit kann sich im Ergebnis auf das gesetzlich geschützte öffentliche Interesse auswirken. Die Gründe für die Einschränkung der öffentlichen Datenrechte sind, dass die Staatsgewalt, welche notwendig das öffentliche Interesse der Gesellschaft und die Interessen der nationalen Sicherheit schützen möchte, tief in den Prozess der Erhebung und Verwendung personenbezogener Daten der Bürger eingebunden sind. Das private Recht an Daten sollte gesetzlich geregelt werden, aber Einzelpersonen sollten kein „Datenmonopol" haben und das öffentliche Interesse sollte nicht dem Schutz ihrer Datenrechte geopfert werden. Daten sind ein neues Phänomen in der digitalen Gesellschaft, und es ist deshalb das oberste Prinzip der Regierung, ihre Entwicklung nicht außer Kontrolle geraten zu lassen. Dies erfordert bestimmte Einschränkungen und Regelungen für die entsprechenden öffentlichen Datenrechte, damit die Nutzung der Datenrechte innerhalb eines vernünftigen Rahmens und auf vernünftige Weise kontrolliert vonstattengehen kann. Aber „die Regulierung der öffentlichen

13 In den Gesetzgebungen von Ländern auf der ganzen Welt ist regelmäßig zu beobachten, dass der Gesetzgeber auf der Grundlage einer Abwägung gesellschaftlicher Interessen die Grundrechte der Bevölkerung einschränkt, indem er bestimmte Eingriffe der staatlichen Behörden per Gesetz zulässt. So bestimmt zum Beispiel Artikel 2 Absatz 1 des deutschen Grundgesetzes: „Jeder hat das Recht auf die freie Entfaltung seiner Persönlichkeit, soweit er nicht die Rechte anderer verletzt und nicht gegen die verfassungsmäßige Ordnung oder das Sittengesetz verstößt." In Artikel 51 der chinesischen Verfassung heißt es: „Bei der Ausübung ihrer Freiheiten und Rechte dürfen die Bürger der Volksrepublik China die staatlichen, sozialen oder kollektiven Rechte sowie die rechtmäßigen Freiheiten und Rechte anderer Bürger nicht beeinträchtigen." Da es häufig zu Konflikten und Widersprüchen zwischen individuellen Rechten und gesellschaftlichen Interessen kommt, müssen der Schutz der persönlichen Rechte und die Wahrung der gesellschaftlichen Interessen miteinander in Einklang gebracht werden. Nur wenn das Verhältnis zwischen individuellen Rechten und gesellschaftlichen Interessen in geeigneter Weise geregelt wird, kann das Rechtssystem gut funktionieren und die gewünschte Wirkung entfalten.

Datenrechte bedeutet jedoch keineswegs eine Schwächung der Autorität der öffentlichen Datenrechte, sondern es geht vielmehr darum, die Ausübung der öffentlichen Datenrechte durch geeignete Regeln und Verfahren zu steuern, die nicht nur die Befugnisse der öffentlichen Datenrechte nicht schwächen, sondern es auch ermöglichen, dass die öffentlichen Datenrechte besser zur Geltung gebracht werden können" (Schlüssellabor für Big-Data-Strategie 2020 S. 105). Im Prozess der Gesetzgebung zu Datenrechten sollte das Konzept der „gesetzlichen Befugnis" eingehalten werden, um sicherzustellen, dass das öffentliche Recht an Daten nicht willkürlich ausgeübt und ausgedehnt wird, um das private Recht an Daten besser zu schützen.

Ein Gesetzgebungssystem, das öffentliches und privates Datenrecht vereint: „Zwei Hauptstränge haben sich immer durch Chinas Verwaltungsrechtspraxis gezogen: Der eine ist die Beachtung der Gesetzmäßigkeit, die sich auf die Begrenzung der öffentlichen Macht und die Wahrung privater Rechte konzentriert, und der andere ist die Beachtung der Optimierungsfähigkeit, die sich auf die Verbesserung der Effizienz des Regierungshandelns konzentriert" (Zhu Xinli und Tang Mingliang2009). Die Datenrechte betonen nicht nur, dass das private Recht auf Daten in engem Zusammenhang mit der Menschenwürde, der persönlichen Freiheit und den Eigentumsrechten der Datensubjekte steht, sondern betonen auch den gemeinsamen, öffentlichen und kollektiven sozialen Wert, den die Wahrnehmung eines privaten Datenrechts besitzt. Und sie halten personenbezogene Daten für unverzichtbar für die Erreichung der Ziele der gesellschaftlichen Interaktion der Datensubjekte, des freien Verkehrs personenbezogener Daten, der Entwicklung der politischen Ökonomie und den Aufbau des Rechtssystems. „Die Regulierung von Big-Data-Technologien sollte nach einem Vorbild erfolgen, das die Regulierung durch die öffentliche Hand mit privater Selbstbestimmung verbindet" (Wu Weiguang 2019). Bei Verstößen gegen das Datenschutzrecht, die sowohl im öffentlichen als auch im privaten Recht vorkommen, müssen beide Seiten die mit einer Anpassung verbundenen Nachteile vermeiden und vielmehr ihre komplementären Vorteile voll zur Geltung bringen. Die Ausarbeitung eines „öffentlich-rechtlichen/privatrechtlichen Modells" für den Schutz vor zivilrechtlichen Verletzungen von Datenrechten mit besseren inhaltlichen, verfahrensrechtlichen und rechtsbehelflichen Garantien für solche

Rechtsverstöße wird den Bedürfnissen eines Schutzes der Datenrechte im Computerzeitalter noch besser gerecht.

## Abschnitt 4 Der Konflikt zwischen dem Recht auf Teilhabe und dem Recht auf Privatsphäre

In Zeiten der digitalen Wirtschaft wird die gemeinsame Nutzung von Daten allmählich zu einer bedeutsamen Form der Datenverwertung und zu einer Grundlage für die Datenzirkulation und die Entwicklung der digitalen Industrie. Die gemeinsame Nutzung von Daten kann jedoch dazu führen, dass personenbezogene Daten missbräuchlich verwendet werden und sogar die Privatsphäre verletzt wird, wodurch die Betroffenen in ihren Datenrechten geschädigt werden. Das Recht auf gemeinsame Nutzung ist das Herzstück des Datenrechts und wird in Form eines Rechts auf öffentliches Gut und eines Rechts auf Nutzung realisiert, wodurch es möglich wird, das Eigentum an Daten vom Recht auf Nutzung zu trennen und ein Verfahren der gemeinsamen Nutzung im Sinne von „nicht alles besitzen müssen, und doch alles verwenden wollen" (Schlüssellabor für Big-Data-Strategie 2020 S. 5) zu schaffen. Das Recht auf Privatsphäre ist das spezifische Persönlichkeitsrecht einer natürlichen Person hinsichtlich der Kontrolle ihrer persönlichen Informationen, ihres Privatlebens und ihrer Privatsphäre, die nicht mit dem öffentlichen Interesse oder dem Interesse einer Gruppe verbunden ist. Wie zu erkennen ist, besteht ein naturgemäßer Konflikt zwischen der gemeinsamen Nutzung von Daten und dem Schutz der Privatsphäre aufgrund des Wechselspiels zwischen öffentlichen und persönlichen Interessen und der Divergenz zwischen Eigentumsinteressen und Persönlichkeitsrechten. Das führt dazu, dass das Recht auf gemeinsame Nutzung und das Recht auf Privatsphäre zu einem Paar kollidierender Rechte werden und somit die Rechtsprechung und die Gesetzgebung zu Datenrechten vor ein nichttriviales Problem stellen.

### *(1) Gemeinsame Nutzung von Daten und Schutz der Privatsphäre*

„Die gemeinsame Nutzung ist ein integraler Anspruch der Entwicklung von Big Data, und um diese gemeinsame Nutzung zu erreichen, müssen Daten öffentlich gemacht werden. Und der Schutz der Privatsphäre bedeutet, dass Daten und Informationen nicht nach außen dringen dürfen, sodass im Zeitalter von Big Data die Offenlegung von Daten um des Teilens willen zwangsläufig zu ernsthaften Problemen wegen der Verletzung der Privatsphäre führen wird" (Wu Xinghua 2017). Die gemeinsame Nutzung von Daten als ein regulierendes System, ein spezifisches Vorgehen und eine Verhaltensweise, die es den Datensubjekten ermöglicht, den Umfang der Verbreitung und die Verwendungsweise der von ihnen erzeugten oder ihnen anvertrauten Daten zu kontrollieren als Voraussetzung für die Förderung einer geordneten und gesunden Entwicklung liegt in der fairen und effizienten Zuweisung von Datenrechten oder Interessen verschiedener Akteure in der Datenindustrie durch rechtsstaatliche Werkzeuge (Chen Bing und Gu Dandan 2020). Im August 2015 veröffentlichte der Staatsrat den Aktionsplan zur Förderung der Entwicklung von Big Data (Guo Fa [2015] Nr. 50), in dem ausgeführt wird, dass „die Vernetzung und die offene gemeinsame Nutzung von staatlichen Informationssystemen und öffentlichen Daten entschlossen vorangetrieben, die Integration staatlicher Informationsplattformen beschleunigt, informationelle Abschottungen beseitigt und die Öffnung von Datenressourcen für die Gesellschaft gefördert werden". Dies ist in der Tat die Forderung der Politik nach einer Gewährleistung des Prinzips der gemeinsamen Nutzung.

Bereits seit dem 19. Jahrhundert gab es in den Strafgesetzbüchern Deutschlands und Frankreichs[14] sowie in Abschnitt 10 des spanischen Strafgesetzbuchs gesetzliche Bestimmungen zum Schutz der Privatsphäre, die den „Straftatbestand des Eindringens in die Privatsphäre, der Offenlegung der Privatsphäre und des unerlaubten Eindringens in die Wohnung"

14 Das deutsche Strafgesetzbuch von 1871 enthält ein Kapitel über „Vergehen gegen Privatgeheimnisse"; Artikel 226-1 des französischen Strafgesetzbuchs regelt ebenfalls die Verletzung des Privatlebens.

schufen, und auch im italienischen Strafgesetzbuch, welches den Straftatbestand des „rechtswidrigen Eingriffs in das Privatleben" schuf, um die unrechtmäßige Beschaffung und Veröffentlichung oder Verbreitung von Informationen über das Privatleben einer anderen Person zu verbieten. Darüber hinaus regelt Artikel 134 des japanischen Strafgesetzbuchs den „Straftatbestand der Weitergabe von Geheimnissen" durch Personen, die in der pharmazeutischen Industrie arbeiten, indem sie die „Preisgabe von Geheimnissen über Dritte, deren Kenntnis sie im Rahmen der Tätigkeit erlangt haben" sofern diese „ohne triftigen Grund geschieht" verbietet. Die Vereinigten Staaten haben dem Schutz der Privatsphäre ihrer Bürger seit jeher große Bedeutung beigemessen und eine Reihe von Bundesgesetzen zum rechtlichen Schutz privater Informationen erlassen, um nicht nur im Bereich der öffentlichen Sphäre einen Schutz der Privatsphäre zu erreichen, sondern auch um die Verarbeitung privater Daten in bestimmten Branchen und Bereichen einzuschränken. Nach der Einführung des Musterstrafgesetzbuchs (Model Penal Code) im Jahr 1962, sollten die darin enthaltenen Bestimmungen zum Schutz der Privatsphäre sowie eine Reihe von Einzelvorschriften, die Bestimmungen zum Schutz der Privatsphäre enthalten, Beachtung finden.[15] Im Verlauf der darauffolgenden Entwicklungen haben

15 Abschnitt 250.12 des Musterstrafgesetzbuchs von 1962 regelt die juristische Behandlung bei einem Eindringen in die Privatsphäre. Abschnitt 552 (a) des Privacy Act von 1974. Abschnitt 1681 (b) des Fair Credit Reporting Act von 1970, Abschnitt 1030 (a), (4) und (5) des Computer Misuse Act von 1984. Der Electronic Communications Privacy Act von 1986 ist ein wichtiges Gesetz der USA zum Schutz der Privatsphäre im Bereich des elektronischen Geschäftsverkehrs. Der Video Privacy Protection Act von 1988 verhindert die unzulässige Offenlegung von Aufzeichnungen über den Verleih und Verkauf von Videokassetten. Der im Jahr 1992 erlassene Cable Television Consumer Protection and Competition Act sieht Beschränkungen für die Herausgabe von personenbezogenen Daten *(personally identifiable information – PII)* von Kabelfernsehteilnehmern vor. Telephone Consumer Protection Act von 1991 schreibt die Einrichtung einer unternehmensinternen Liste von Personen vor, die nicht angerufen werden möchten. Andernfalls können die Teilnehmer auch für Telefonmarketing-Anrufe optieren. Der Health Insurance Portability and Accountability Act (HIPAA) von 1996 klärt das Konzept und den Umfang gesetzlich geschützter Gesundheitsinformationen. Der Children's Online Privacy Protection Act von 1997 geht auf eine Untersuchung der KidsCom-Website durch die Federal Trade Commission (FTC) zurück, bei

immer mehr Länder und Regionen stetig ihre gesetzlichen Regelungen zum Schutz der Privatsphäre und des Datenschutzes verschärft, einschließlich der Einführung einer Reihe von Verordnungen, Übereinkommen oder Bestimmungen zum Schutz der Privatsphäre.[16]

---

der betrügerische *(Uniform Deceptive Practices Act, UDPA*-relevante) Praktiken aufgedeckt wurden und die dazu führte, dass der Schutz von Kinderdaten in den USA in den Blickpunkt rückte. Im Jahr 2018 wurden in allen US-Bundesstaaten Gesetze zur Meldung von Datenpannen *(Data Breach Notification Acts)* erlassen, die private oder staatliche Einrichtungen dazu verpflichten, betroffene Kunden unverzüglich über relevante Vorfälle zu informieren, die eine Verletzung personenbezogener Informationen involvierten. Auch das kalifornische Gesetz zum Schutz der Privatsphäre von Verbrauchern *(2018 California Consumer Privacy Act, CCPA)* sieht einen umfassenden Schutz der Privatsphäre vor.

16 Im Jahr 1980 gab die Organisation für wirtschaftliche Zusammenarbeit und Entwicklung (OECD) Leitlinien für den Schutz der Privatsphäre und den grenzüberschreitenden Fluss personenbezogener Daten heraus. 1981 verabschiedete der Europarat ein „Übereinkommen zum Schutz des Menschen bei der automatischen Verarbeitung personenbezogener Daten". 1988 trat in Australien das Datenschutzgesetz *(Australian Privacy Act)* in Kraft. 1990 legte die Generalversammlung der Vereinten Nationen (UN) normative Leitlinien für die Regulierung von computerverarbeiteten personenbezogenen Daten fest. 1993 wurde das neuseeländische Datenschutzgesetz verabschiedet. 1995 erließen das EU-Parlament und der Europäische Rat die Richtlinie 95/46/EG zum Schutz natürlicher Personen bei der Verarbeitung personenbezogener Daten und zum freien Datenverkehr. 1995 erließ die EU ihre Datenschutzrichtlinie. 2001 setzte Kanada den Personal Information Protection and Electronic Documents Act in Kraft. 2001 wurde in Korea das Gesetz über die Intensivierung des Datenschutzes bei der Nutzung von Informations- und Kommunikationsnetzen verabschiedet. Im Jahr 2001 veröffentlichte der Europarat das „Zusatzprotokoll zum Übereinkommen zum Schutz des Menschen bei der automatischen Verarbeitung personenbezogener Daten bezüglich Kontrollstellen und grenzüberschreitendem Datenverkehr". 2003 erließ Japan das Gesetz zum Schutz persönlicher Informationen. 2004 veröffentlichte die Asiatisch-Pazifische Wirtschaftsgemeinschaft (APEC) das „APEC Privacy Framework". 2009 gab das Abkommen öffentlich bestellter Wirtschaftsprüfer Amerikas die „Allgemein anerkannten Datenschutzgrundsätze" heraus. 2012 verabschiedete der Europarat unter anderem das „Übereinkommen zum Schutz natürlicher Personen bei der Verarbeitung personenbezogener Daten" welches einen Schutz der Privatsphäre persönlichen Informationen implementierte.

Im Artikel 1032 Absatz 2 des chinesischen Zivilgesetzbuches heißt es: „Die Privatsphäre umfasst den Frieden im Privatleben einer natürlichen Person und den privaten Raum, die privaten Aktivitäten und die privaten Informationen, von denen die Person nicht möchte, dass sie anderen bekannt werden." In Artikel 12 Absatz 1 des „Gesetzes zur Prävention und Bekämpfung von Infektionskrankheiten"[17] werden die Informationen und Materialien geregelt, die die Privatsphäre des Einzelnen betreffen. Artikel 4 Absatz 3 des „Gesetzes zur psychischen Gesundheit" besagt: „Die zuständigen Stellen und Personen sind verpflichtet, Namen, Lichtbild, Anschrift, Arbeitsplatz, medizinische Unterlagen von Patienten mit psychischen Störungen und andere Informationen, die Rückschlüsse auf deren Identität zulassen, vertraulich zu behandeln." Artikel 39, Absatz 2 der AIDS-Präventions- und Kontrollverordnung[18] sieht den Schutz der privaten Informationen von Patienten vor. Artikel 1, Absatz 1 des „Beschlusses des Ständigen Ausschusses des Nationalen Volkskongresses über die Verstärkung des Schutzes von Informationen im Internet" besagt, dass „der Staat elektronische Informationen schützt, die Rückschlüsse auf die persönliche Identität der Bürger zulassen und ihre persönliche Privatsphäre betreffen". In Artikel 43 des „Gesetzes über Öffentliche Bibliotheken" heißt es: „Öffentliche Bibliotheken müssen die persönlichen Informationen ihrer Kunden, Informationen über die Ausleihe und andere Informationen, die die Privatsphäre der Kunden betreffen, ordnungsgemäß schützen und dürfen sie nicht verkaufen oder anderweitig unerlaubt an Dritte weitergeben." Das „Gesetz über die Strafverfolgung in der Verwaltung der öffentlichen

17 In Artikel 12 des „Gesetzes der Volksrepublik China über die Prävention und Kontrolle von Infektionskrankheiten (nach Änderung von 2013)" heißt es: „Einrichtungen zur Prävention und Kontrolle von Krankheiten und medizinische Einrichtungen dürfen keine relevanten Informationen oder Dokumente, die die Privatsphäre betreffen, preisgeben".

18 In Artikel 39 Absatz 2 der AIDS-Präventions- und Kontrollverordnung (2019) heißt es: „Keine Behörde oder Einzelperson darf Namen, Adressen, Arbeitsplatz, Porträts, Informationen zur Krankengeschichte oder andere Informationen offenlegen, die Rückschlüsse auf die spezifische Identität von HIV-Infizierten, AIDS-Patienten und ihren Familienangehörigen zulassen, ohne die Zustimmung der Person oder ihres Vormunds".

Sicherheit“[19], das „Delikthaftungsgesetz“[20], das „Zivilprozessgesetz“[21], die „Bestimmungen des Obersten Volksgerichts zu verschiedenen Fragen der Rechtsanwendung bei der Verhandlung von zivilrechtlichen Streitigkeiten über die Verletzung der Rechte und Interessen von Personen durch die Nutzung von Informationsnetzen“[22] und eine Vielzahl anderer Gesetze,

19 Artikel 42 des „Gesetzes über die Strafverfolgung in der Verwaltung der öffentlichen Sicherheit“: „Wer eine der folgenden Handlungen begeht, kann mit einer Haftstrafe von bis zu fünf Tagen oder einer Geldstrafe von bis zu fünfhundert Yuan belegt werden; sind die Umstände schwerwiegender, ist eine Haftstrafe von mindestens fünf und höchstens zehn Tagen zu verhängen, und es kann eine Geldstrafe von bis zu fünfhundert Yuan verhängt werden: (2) öffentliche Beleidigung einer anderen Person oder das Erfinden von Behauptungen zur Verleumdung einer anderen Person; (6) Ausspionieren, heimliches Fotografieren, Abhören oder Preisgeben der Privatsphäre einer anderen Person.“

20 Artikel 62 des Delikthaftungsgesetzes: „Medizinische Einrichtungen und ihr medizinisches Personal müssen die Privatsphäre der Patienten vertraulich behandeln. Wenn sie die Privatsphäre des Patienten preisgeben oder seine medizinischen Unterlagen ohne seine Zustimmung weitergeben und dem Patienten dadurch Schaden zufügen, sind sie wegen unerlaubter Handlung zur Rechenschaft zu ziehen“.

21 Artikel 68 des Zivilprozessgesetzes: „Die Beweismittel werden dem Gericht vorgelegt und sind von den Parteien gegenseitig zu prüfen. Beweismaterial, das Staatsgeheimnisse, Geschäftsgeheimnisse und die Privatsphäre betrifft, ist vertraulich zu behandeln, und wenn es vor Gericht vorgelegt werden muss, darf es nicht in öffentlicher Sitzung vorgelegt werden.“ Artikel 134: „Die Verhandlung von Zivilklagen vor den Volksgerichten ist öffentlich, ausgenommen in Fällen, in denen Staatsgeheimnisse oder das Privatleben betroffen sind, oder in Fällen, in denen das Gesetz etwas anderes bestimmt.“ Artikel 156: „Die Öffentlichkeit kann Einsicht in die rechtskräftigen Urteile und Beschlüsse nehmen, ausgenommen solche, die Staatsgeheimnisse, Geschäftsgeheimnisse und persönliche Daten betreffen“.

22 Artikel 12 Absatz 1 der „Bestimmungen des Obersten Volksgerichts zu verschiedenen Fragen der Rechtsanwendung bei der Verhandlung von zivilrechtlichen Streitigkeiten über die Verletzung der Rechte und Interessen von Personen durch die Nutzung von Informationsnetzen“ sehen Folgendes vor: „Verwendet ein Internetnutzer oder ein Internetdienstleister das Netz, um vertrauliche und andere personenbezogene Informationen wie genetische Informationen, Daten zur Krankengeschichte, Daten zu Gesundheitsuntersuchungen, Strafregisterauszüge, Wohnanschrift oder private Aktivitäten einer natürlichen Person weiterzugeben, wodurch dieser Person ein Schaden entsteht, und beantragt die geschädigte Person,

Verordnungen, Dienstvorschriften und einschlägiger gerichtlicher Auslegungen beinhalten Bestimmungen über den Schutz der Privatsphäre.

### *(2) Kollisionen des Rechts auf Teilhabe und des Rechts auf Privatsphäre*

Das Kernelement der Datenrechte ist das Recht auf gemeinsame Nutzung, und beim System der gemeinsamen Nutzung geht es darum, ein Gleichgewicht zwischen den individuellen Rechten und Interessen an Daten und dem öffentlichen Interesse zu erzielen. Das System der gemeinsamen Nutzung korrigiert die herkömmliche Sichtweise von Daten, welche „privates Interesse betont und demgegenüber öffentliches Gut zurückstellt" und schlägt eine Sichtweise der Datenrechte vor, die ein Gleichgewicht zwischen privaten Interessen und öffentlichem Gut herstellen möchte (Schlüssellabor für Big-Data-Strategie 2020 S. 51). Das Recht auf gemeinsame Nutzung ist nicht nur eine Anforderung für die Entwicklung der Daten an sich, es ist auch der wesentliche Unterschied zwischen Datenrechten und Eigentumsrechten und ein wichtiges Mittel, um Datenrechte aus dem Ungleichgewicht in ein Gleichgewicht zu bringen. Gemäß Artikel 1032 Absatz 1 des Zivilgesetzbuchs haben „natürliche Personen das Recht auf Privatsphäre. Keine Organisation oder Einzelperson darf das Recht einer anderen Person auf Privatsphäre durch Ausspähen, Eindringen, Weitergabe oder Offenlegung verletzen". Wie man sehen kann, ist das Recht auf Privatsphäre ein grundlegendes Persönlichkeitsrecht, auf das die Bürger einen gesetzlichen Anspruch haben, wenn es darum geht, ihr Privatleben in Frieden zu verbringen und ihre persönlichen Informationen nicht an andere weiterzugeben.[23]

dass er für die Rechtsverletzung haftbar gemacht wird, so unterstützt das Volksgericht den Antrag."

23 Das Recht auf Privatsphäre ist sehr vielseitig und es gibt keine einheitliche Definition dieses Rechts. Die Allgemeine Erklärung der Menschenrechte von 1948 schützt ausdrücklich die Unverletzlichkeit der Privatsphäre von Wohnung- und Korrespondenz. In Artikel 12 heißt es: „Niemand darf willkürlichen Eingriffen in sein Privatleben, seine Familie, sein Heim oder seinen Briefwechsel noch Angriffen auf seine Ehre und seinen Ruf ausgesetzt werden. Jeder Mensch hat Anspruch auf rechtlichen Schutz gegen derartige Eingriffe oder Anschläge." Artikel 8 der

Der Geltungsbereich ihres Schutzes umfasst drei große Bereiche: Die Privatsphäre der Selbstbestimmung, die räumliche Privatsphäre und die informationelle Privatsphäre. Auf diese Weise entsteht zwangsläufig eine Kollision zwischen dem Recht auf gemeinsame Nutzung, das die freie Zirkulation und gemeinsame Nutzung von Daten propagiert und öffentliche und Eigentumsinteressen vertritt und dem Recht auf Privatsphäre, das private Interessen und Persönlichkeitsrechte vertritt.

Der Konflikt zwischen dem Recht auf Teilhabe und dem Recht auf selbstbestimmte Privatsphäre: Unter dem Recht auf Privatsphäre und Selbstbestimmung versteht man das Recht der Bürgerinnen und Bürger, Entscheidungen und Wahlmöglichkeiten in Bezug auf ihre Person und ihre Lebensweise zu treffen, wie z. B. das Recht auf Selbstbestimmung in Bezug auf die Verwendung von Verhütungsmitteln, Abtreibung, Homosexualität, Sterbehilfe oder die Art und Weise der Erziehung und Bildung ihrer Kinder (Allen und Turkington 2004 S. 371–372). Der Schutz der Privatsphäre durch die Selbstbestimmung bewahrt die Stellung von Bürgerinnen und Bürgern als unabhängige Individuen und stellt sicher, dass sie ihre eigenen Angelegenheiten in Übereinstimmung mit ihren wahren Absichten und ohne Einmischung durch andere entscheiden können. Einerseits kann durch häufiges Teilen von Daten die selbstbestimmte Privatsphäre der Bürger in hohem Maße beeinträchtigt werden, und die Weitergabe von Daten kann die selbstbestimmten Entscheidungen der Bürger einschränken und zur Offenlegung der selbstbestimmten privaten Informationen der Bürger führen. Andererseits kann eine übermäßige Geltendmachung oder ein Missbrauch der Selbstbestimmung des Schutzes der Privatsphäre in schwerwiegenden Einschränkungen beim Datenaustausch resultieren. Die Schaffung eines Rechts auf gemeinsame Nutzung ermöglicht es, dass mehrere Datensubjekte vorausgesetzt werden, von denen jedes nicht nur ein einziges Recht, sondern ein separates, aber vollständiges Recht auf die

„Europäischen Menschenrechtskonvention" besagt: „Jede Person hat das Recht auf Achtung ihres Privat- und Familienlebens, ihrer Wohnung und ihrer Korrespondenz." In jeder der oben genannten Quellen internationalen Rechts ist das Recht auf Privatsphäre als ein grundlegendes Menschenrecht verankert, was deutlich die Bedeutung unterstreicht, die die internationale Gemeinschaft dem Schutz der Privatsphäre beimisst.

Daten hat. Das Recht auf gemeinsame Nutzung trägt dazu bei, Konflikte zwischen verschiedenen Rechtssubjekten auszugleichen und bietet eine wertvolle Grundlage für die Auflösung konkurrierender Dateninteressen. Eine exzessive Inanspruchnahme oder ein Missbrauch des Schutzes der Privatsphäre für die Selbstbestimmung der Bürgerinnen und Bürger führt in diesem Zusammenhang zwangsläufig zu einer Einschränkung der Erhebung und Nutzung bestimmter Daten und behindert damit die Realisierung der wirtschaftlichen und gesellschaftlichen Wertschöpfung von Datenressourcen.

Die Kollision zwischen dem Recht auf gemeinsame Nutzung und dem Recht auf räumliche Privatsphäre: „Das Recht auf räumliche Privatsphäre ist das zivile Recht einer Person, ihren spezifischen privaten Raum frei von unrechtmäßiger Behelligung, Verletzung oder Einmischung durch andere zu halten" (Wang Liming 2007). Der Anwendungsbereich umfasst sowohl klassische physische Räume als auch mobile Kommunikation, Tagebücher, Korrespondenz, elektronische Chatrooms, E-Mail Postfächer und weitere virtuelle Räume. Konkret ist das Recht auf räumliche Privatsphäre durch zwei Aspekte gekennzeichnet: Erstens ist der Gegenstand des Rechts auf räumlichen Schutz der Privatsphäre der private Raum.[24] Zweitens bietet die räumliche Privatsphäre Schutz vor unbefugtem Eindringen, sowohl in physischer als auch in nicht-physischer Form.[25] Der Schutz der räumlichen Privatsphäre kann für die effektive gemeinsame Nutzung von Daten ein Hindernis darstellen. So können beispielsweise Navigationssysteme wie Baidu Maps und Google Maps, die dem Reisenden in der modernen

24 Der Raum, um den es beim privaten Raum geht, ist ein Raum im Sinne der individuellen Persönlichkeit, der sowohl den materiellen als auch den immateriellen Raum umfasst, und dieser Raum kann in der privaten Sphäre existieren.

25 Mit der Entwicklung des Technologiesektors sind physische Eingriffe inzwischen seltener geworden, und die Verletzung der Privatsphäre im Raum äußert sich häufiger in Form von Spähmaßnahmen wie Lauschangriffen und Überwachung sowie in Form von Belästigungen wie Telefonanrufen und E-Mails. Unter anderem wird die Reglementierung solcher Abhörmaßnahmen damit begründet, dass sie das Interesse des Rechteinhabers an einer angemessenen Erwartung der Privatsphäre in diesem Raum verletzen, und das Verbot der Belästigung im privaten Raum soll sicherstellen, dass der Rechteinhaber ein ungestörtes Leben in seinem privaten Raum führen kann (Wang Yan und Ye 2019).

Gesellschaft ein hohes Maß an Komfort bieten, nicht ohne die Mitteilung von Standortdaten funktionieren. Standortdaten sind aber gerade ein klassischer Fall von räumlichen Privatsphäredaten, da sie sich auf den geografischen Standort des Einzelnen beziehen, was den Konflikt zwischen der gemeinsamen Nutzung von Daten und dem Schutz der räumlichen Privatsphäre verschärft, mit dem Ergebnis, dass die gemeinsame Nutzung von Daten das Risiko eines Eingreifens in den privaten Raum erhöht. Das Recht auf Privatsphäre war stets darauf ausgerichtet, das Recht des Einzelnen zu schützen, seinen privaten Raum frei von Eingriffen durch andere zu genießen. Aber die Vertraulichkeit und Ruhe des privaten Raums und die Kontrolle über die eigenen Daten können durch die gemeinsame Nutzung von Daten beeinträchtigt werden, was in gewisser Weise den Konflikt zwischen dem Recht auf gemeinsame Nutzung und dem Recht auf Privatsphäre verschärft hat.

Die Kollision zwischen dem Recht auf gemeinsame Nutzung und dem Recht auf Vertraulichkeit von Informationen: „Das Recht auf Datenschutz war ursprünglich in erster Linie ein passives Abwehrrecht und bezog sich auf das Recht der Bürger, dass ihre persönlichen Daten nicht ohne ihre Zustimmung veröffentlicht werden“ (Wang Yan und Ye Ming 2019). Mit der Weiterentwicklung von Computern, Big Data und anderen Technologien ist es heute kaum noch möglich, persönliche Daten zurückzugewinnen oder in einen ursprünglichen Zustand zu versetzen, wenn sie einmal ins Internet gelangt sind. Damit wurde aus dem Recht auf Datenschutz allmählich ein Recht auf aktive Nutzung (Wang Liming 2009), in dessen Mittelpunkt die Kontrolle und Nutzung der eigenen Daten steht. Abgesehen von einigen öffentlichen Datenbeständen, die sich im Besitz der Regierung befinden, liegt die Kontrolle über persönliche Online-Verhaltensdaten derzeit hauptsächlich in den Händen von Unternehmen, vor allem von Internetfirmen, die aus ihrem Eigeninteresse als „Wirtschaftsmenschen“ die gemeinsame Nutzung von Daten missbrauchen und die Privatsphäre des Einzelnen verletzen können. Andererseits kann ein strenger Schutz der Privatsphäre die Belastung der Datensubjekte erhöhen, z. B. wegen der Kosten für Benachrichtigung, Änderung und Löschung und so die Datensubjekte von einer gemeinsamen Nutzung abhalten, selbst wenn diese Belastungen gerechtfertigt sein mögen. Das Recht auf gemeinsame Nutzung wurde eingerichtet, um die gemeinsame Nutzung von Daten zu unterstützen, und konzentriert sich auf den Schutz der Eigentumsinteressen an Daten, während das Recht auf Schutz der Privatsphäre mehr auf die Persönlichkeitsinteressen an Daten ausgerichtet ist.

### *(3) Das Gleichgewicht zwischen dem Recht auf Teilhabe und dem Recht auf Privatsphäre*

Die Beendigung von Konflikten durch maßvolles Abwägen ist eine der grundlegenden Funktionen des Rechts und dieses Ziel wird durch die Herstellung eines Ausgleichs zwischen mehreren Interessen erreicht. So stehen das Recht auf Teilhabe und das Recht auf Privatsphäre nicht gänzlich im Widerspruch zueinander, und Rechtskonflikte müssen in der juristischen Praxis im Allgemeinen durch die rechtswissenschaftliche Methode der Interessenabwägung gelöst werden. Im Einzelnen werden die Interessen der beiden nach folgender Methode gegeneinander abgewogen: Wenn verschiedene Rechtssubjekte miteinander in Konflikt stehen, werden die Interessen, die den von den verschiedenen Subjekten beanspruchten Rechten innewohnen, abgewogen und je nach Gewicht der Interessen wird dann entschieden, wie die kollidierenden Rechte gegeneinander ausgehandelt und ausgestaltet werden sollen (Wang Suyuan und Ren Erxin 1999). Will man bei dem Konflikt zwischen dem Recht auf Teilhabe und dem Recht auf Privatsphäre einen Ausgleich zwischen den verschiedenen Interessen erreichen, sollten fundamentale Leitprinzipien wie der Grundsatz des Vorrangs des öffentlichen Interesses, der Grundsatz der Ausnahmeregelung, der Grundsatz der Verhältnismäßigkeit und der Grundsatz des paritätischen Schutzes eingehalten werden. Zudem sollten das Recht auf gemeinsame Nutzung und das Recht auf Privatsphäre in ihren grundlegenden Aspekten geregelt, der Umfang und die Grenzen dieser Rechte geklärt, die Verfahren zur Durchsetzung des Rechts auf gemeinsame Nutzung verbindlich geregelt, die Einhaltung und Überwachung des Rechts auf gemeinsame Nutzung gestärkt und die Haftungs- und Rechtsbehelfsmechanismen bei Verstößen gegen das Recht auf Privatsphäre die aus dem Recht auf gemeinsame Nutzung herrühren verbessert werden.

Der Grundsatz des Vorrangs öffentlicher Interessen: Aristoteles hat gesagt: „Der Mensch ist von Natur aus ein soziales Tier", er steht als Mensch in sozialen Beziehungen und unterliegt bestimmten sozialen Verpflichtungen. „Der Grundsatz des Vorrangs des öffentlichen Interesses bedeutet, dass private Interessen bis zu einem gewissen Grad zurückstehen müssen, wenn dies für das öffentliche Interesse erforderlich ist." (Wang Xuehui und Zhao Xin 2015) Deutschland hat sich für ein Modell entschieden, dass dem öffentlichen Recht auf Kenntnis Vorrang einräumt, wenn öffentliche und individuelle Interessen zueinander in Konflikt stehen.[26] China besitzt in seiner Verfassung[27] sowie in weiteren Fachgesetzen[28] die Feststellung, „dass die Ausübung von Rechten dem öffentlichen Interesse nicht abträglich sein darf." So ist das Prinzip des Vorrangs des öffentlichen Interesses ein grundlegendes Konzept in modernen rechtsstaatlichen Gesellschaften, und kein gesellschaftliches Subjekt darf seine Rechte zum Nachteil des öffentlichen Interesses ausüben, und die nationalen oder regionalen Rechtsvorschriften, ob verfassungsrechtlich oder bereichsspezifisch, schreiben das Grundprinzip der Achtung des öffentlichen Interesses fest (Liang Shangshang 2016).

Der Grundsatz der Ausnahmeregelung: „Unter Ausnahmeregelung versteht man im juristischen Kontext die Aussetzung, die Schmälerung

26 Grundgesetz der Bundesrepublik Deutschland, Artikel 19 Absatz 2: „In keinem Falle darf ein Grundrecht in seinem Wesensgehalt angetastet werden."

27 《中华人民共和国宪法》 [*Verfassung der Volksrepublik China*], Artikel 13: „Das gesetzmäßige private Eigentum der Bürger ist unverletzlich. Der Staat schützt, in Übereinstimmung mit dem Gesetz, die Rechte der Bürger auf privates Eigentum und Erbschaft. Der Staat kann, wenn es das öffentliche Interesse in Übereinstimmung mit den gesetzlichen Vorschriften erfordert, privates Eigentum für seine Erfordernisse enteignen oder beschlagnahmen und soll für diese Enteignung oder -beschlagnahme Entschädigungen erteilen."

28 《中华人民共和国政府信息公开条例》 *[Verordnung über Offenlegung der Regierungsinformationen der Volksrepublik China]* Artikel 15: „Staatliche Informationen, die Geschäftsgeheimnisse, persönliche Privatsphäre und andere Informationen betreffen, deren Offenlegung den legitimen Rechten und Interessen Dritter schaden würde, werden von den Verwaltungsbehörden nicht offengelegt. Erklärt sich der Dritte jedoch mit der Offenlegung einverstanden oder ist die Verwaltungsbehörde der Auffassung, dass die Nichtoffenlegung erhebliche Auswirkungen auf das öffentliche Interesse hätte, so dürfen die Daten offengelegt werden".

von Rechten. Kennzeichnend für den Grundsatz der Ausnahmeregelung ist eine einseitige Einschränkung des Rechts auf Privatsphäre" (Lin Min 2007). Der Grundsatz der Ausnahmeregelung erfordert einen Abwägungsmechanismus, um den Wert der betreffenden Interessen zu bestimmen und eine Abwägung vorzunehmen, damit die wichtigeren Interessen durch eine Ausnahmeregelung vom Recht auf Privatsphäre geschützt werden. Artikel 17 des „Internationalen Pakts über bürgerliche und politische Rechte" der Vereinten Nationen sieht Folgendes vor: Das Recht auf Privatsphäre bzw. der Schutz des Privatlebens ist ein Recht, von dem es Abweichungen geben kann, und der Staat kann in Zeiten eines öffentlichen Notstands, der das Leben der Bürger bedroht, Ausnahmen vom Recht auf Privatsphäre beschließen, einschließlich der Aussetzung des Schutzes der Vertraulichkeit des Privatlebens, der Einschränkung des Umfangs der Vertraulichkeit des Privatlebens etc. Als Mitunterzeichner der Allgemeinen Erklärung der Menschenrechte gilt für den Schutz des Rechts auf Privatsphäre auch in China der Grundsatz der Ausnahmeregelung. Auch beim Schutz des Rechts auf Privatsphäre von Persönlichkeiten des öffentlichen Lebens gilt der Grundsatz der Ausnahmeregelung, da Persönlichkeiten des öffentlichen Lebens bereits in den Genuss von materiellen und ideellen Vorteilen der Gesellschaft insgesamt kommen, die normalen Bürgern nicht zur Verfügung stehen, und der Verzicht auf einige dieser Vorteile im Hinblick auf die Privatsphäre eine Gegenleistung für diese materiellen und ideellen Vorteile darstellt (Tang Kaiyuan 2005).

Der Grundsatz des paritätischen Schutzes: Wenn das Recht auf Teilhabe und das Recht auf Privatsphäre miteinander kollidieren, kann beiden Rechten innerhalb eines bestimmten Rahmens ein gewisses Maß an Zugeständnissen gemacht werden, und es kann mit gegenseitiger Toleranz ein Gleichgewicht der Rechte angestrebt werden. Sowohl das Recht auf Teilhabe als auch das Recht auf Privatsphäre sind Grundrechte der Bürger und haben eine eigenständige Existenzberechtigung. Durch das Recht auf gemeinsame Nutzung wird der Entwicklungsimpuls für die digitale Wirtschaft freigesetzt und zugleich werden die Rechte und Interessen der Nutzer an den Daten gewahrt, indem das Recht auf Privatsphäre den Subjekten das Recht gibt, ihr Privatleben zu kontrollieren, womit beiden der gleiche Schutz durch das Gesetz zusteht. In Artikel 51 der Verfassung der Volksrepublik China heißt es: „Bei der Ausübung ihrer Freiheiten und Rechte dürfen die Bürger weder die staatlichen, sozialen oder kollektiven Interessen noch die legitimen Freiheiten und Rechte anderer Bürger beeinträchtigen." Diese Bestimmung verankert das Konzept des paritätischen Schutzes der Rechte. Die beiden Rechte, das auf Privatsphäre und das Recht auf Weitergabe, sind legitime Rechte, die gesetzlich anerkannt sind, und es gibt keinen Unterschied in der Rangfolge zwischen ihnen. Der Grundsatz des gleichen Schutzes von Rechten ist auch ein ethisches Gebot, denn die Gesetzgebung zu Datenrechten steht im Dienste des Schutzes der Integrität und der Würde des Einzelnen und trägt gleichzeitig der wirksamen Umsetzung des Rechts auf Teilhabe Rechnung.

Der Grundsatz der Verhältnismäßigkeit: Der Grundsatz der Verhältnismäßigkeit lehnt sich an den Gedanken der „Angemessenheit der Strafen" in Artikel 20 der englischen „Magna Carta"[29] an und fand als Grundprinzip erstmals Eingang in das deutsche Verwaltungsrecht. Das Prinzip der Verhältnismäßigkeit ist in Ländern mit Verfassungsgerichten als „übermächtige Klausel im Wertmaßstab der Verfassungsgerichte" gerühmt worden (Li Xiuqun 2007 S. 147). Zunächst wurde es im Bereich des Verwaltungsrechts angewandt, aber in der Tat ist es ebenso ein Grundprinzip des Verfassungsrechts. Nach dem Grundsatz der Verhältnismäßigkeit muss die Regierung bei ihrem Verwaltungshandeln die notwendigen Abwägungen zwischen den Zielen, die sie erreichen will, und den Mitteln, die sie einsetzen will, treffen. Der Grundsatz der Verhältnismäßigkeit setzt sich zusammen aus dem Grundsatz der Angemessenheit, der besagt, dass die von der Regierung ergriffenen Maßnahmen zur Erreichung des Verwaltungszwecks in einem vernünftigen Verhältnis stehen müssen, und dem Grundsatz der Notwendigkeit oder dem Grundsatz des geringstmöglichen Eingriffs, der

29 „Ein freier Mann, der eine geringfügige Straftat begangen hat, wird mit einer Geldstrafe belegt, die der Schwere seiner Tat angepasst ist; bei einer schweren Straftat wird dieselbe Strafe verhängt, jedoch nicht in einem Ausmaß, das ihm den Lebensunterhalt entzieht. Werden ein Kaufmann und ein Bauer vor unsere Gerichte gestellt, so ist der Kaufmann zu bestrafen, dass er seine Geschäftsmittel behalten darf, und der Bauer so, dass er seine landwirtschaftlichen Geräte behalten darf. Solche Strafen dürfen nicht ohne ein Gutachten von vereidigten Personen mit gutem Leumund aus der Nachbarschaft verhängt werden" (Magna Carta 2016 S. 36–37).

besagt, dass unter den Mitteln, welche zur Erreichung des administrativen Ziels gleichermaßen geeignet sind, das für die Bürger am wenigsten einschneidende gewählt werden muss (Zhou Youyong 2005 S. 51). Demzufolge müssen das Recht auf gemeinsame Nutzung und das Recht auf Schutz der Privatsphäre den Anforderungen des Grundsatzes der Verhältnismäßigkeit genügen, um die Übertretungen und Beeinträchtigungen des Rechts der Bürger auf Schutz der Privatsphäre so gering wie möglich zu halten. Das Recht auf gemeinsame Nutzung muss einem gesetzlich vorgeschriebenen Verfahren folgen, um die Inhalte der Daten, die gemeinsam genutzt werden dürfen, auf der Grundlage der Erforderlichkeit auszuwählen und zu bestimmen.

## Abschnitt 5 Internationale Konflikte der Datengesetzgebung

Nach Auffassung des Weltwirtschaftsforums treten wir derzeit in eine neue Ära der digital gesteuerten Globalisierung ein, die als „Globalisierung 4.0" bezeichnet wird. Wenn Daten immer globaler, Asset-bezogener und mobiler werden, wird der grenzüberschreitende Datenverkehr zu einem wichtigen Faktor dieser neuen Globalisierung. Weltweit beraten Länder derzeit auf der Grundlage ihrer Wertmaßstäbe aktiv über die Einführung strategischer Maßnahmen und rechtlicher Regelungen zur Data-Governance, und grenzüberschreitende Datenströme und Datensouveränität sind zu neuen Themen der internationalen Politik geworden. Insgesamt gesehen hat die internationale Gemeinschaft jedoch noch keinen breiten Konsens über die Regulierung grenzüberschreitender Datenströme und den Grundsatz der Datensouveränität erreicht, und die recht unterschiedlichen legislativen Konzepte und Governance-Lösungen der verschiedenen Länder erschweren es allen, einen einheitlichen Konsens in Fragen der globalen Daten-Governance zu finden, was zu internationalen Konflikten führt. Chinas Gesetzgebung zu Datenrechten sollte auf der Makro-Vision der Konvergenz der Zivilisationen sowie auf dem historischen Auftrag der Modernisierung des Rechts fußen. Es sollte die institutionellen Unterschiede zu anderen Ländern harmonisieren und das Verhältnis zwischen innerstaatlichem Recht und internationalem Recht ausbalancieren. Bei gleichzeitiger Abwägung der Entwicklung und Sicherheit der heimischen digitalen Wirtschaft sollte ein wissenschaftlicherer Weg zur Rechtsstaatlichkeit für die globale Data-Governance formuliert und optimiert werden.

### *(1) Zur globalen Sachlage grenzüberschreitender Daten*

Im Zeitalter der Produktivkräfte der Daten werden grenzüberschreitende Datenströme zu einem wichtigen Faktor bei der Förderung einer neuen Art von Globalisierung. Sie sind ein zentrales Thema der Regeln für den digitalen Handel und eine strategische Grenze im Interessenwettbewerb zwischen den Großmächten. Allerdings wirft die Frage der grenzüberschreitenden Datenströme aufgrund wirtschaftlicher, politischer und rechtlicher Unterschiede und Schachzüge zwischen den Ländern unweigerlich Bedenken in Bezug auf den Schutz der Privatsphäre, die nationale Sicherheit und die Zukunft der Wirtschaft auf, sodass ein Widerspruch zwischen den rechtlichen Zuständigkeiten souveräner Staaten und der Fluidität der zirkulierenden Daten entsteht. Als Teil der nationalen Souveränität behält die Datenhoheit jederzeit den obersten und ausschließlichen Charakter der Souveränität. Die unterschiedlichen Systeme der einzelnen Länder haben natürlich zu Differenzen beim grenzüberschreitenden Datenfluss geführt, sodass sich kein globaler Governance-Mechanismus und kein System herausgebildet hat, das die Anforderungen der nationalen Regulierung mit den Erfordernissen des Datenflusses in Einklang bringen kann. Dies ist zu einem schwierigen Streitpunkt bei der Regelung der Gesetzgebung über Datenrechte geworden.

Der grenzüberschreitende Datenfluss ist mit dem traditionellen Konzept der staatlichen Souveränität ernsthaft in Konflikt geraten, was zuerst zu einer Schwächung der staatlichen Souveränität und anschließend zum erneuten schicksalhaften Eingreifen der Datenhoheit führte. Unter Datenhoheit versteht man die Befugnis eines Staates über die Generierung, die Verbreitung, die Verwaltung, die Kontrolle, die Nutzung und den Schutz von Daten innerhalb seines Hoheitsgebiets. Sie ist eine unabdingbare

Voraussetzung für Länder, um ihre nationale Souveränität und Unabhängigkeit zu wahren und sich im Zeitalter von Big Data gegen Datenmonopole und Hegemonie zu wehren. Die Datensouveränität umfasst die Datengerichtsbarkeit, das Recht auf Datenunabhängigkeit, das Recht auf Datengleichheit und das Recht auf den Selbstschutz der Daten (Schlüssellabor für Big-Data-Strategie 2020 S. 190). Die Datensouveränität bildet einen wichtigen Teil der nationalen Souveränität und ist Ausdruck und natürliche Weiterführung der nationalen Souveränität im virtuellen Raum. Während die Bedeutung der Datensouveränität in der Praxis immer deutlicher hervortritt, ist die Frage, wie sich im Spannungsfeld von Ordnung und Freiheit, Entwicklung und Sicherheit die Sicherheit der eigenen nationalen Souveränität gewährleisten und ein Wettbewerbsvorteil bei der Datensouveränität erzielen lässt, zu einem wichtigen Thema für alle Länder geworden. Aktuell wird die Existenz und Bedeutsamkeit der Datensouveränität durch verschiedene internationale Abkommen und nationale Gesetze im In- und Ausland anerkannt, und ihre Bedeutung wächst ständig, aber eine einheitliche Definition der „Datensouveränität" wurde international noch nicht vorgeschlagen.

Als Vorreiter entwickelten die USA eine Strategie für die Datensouveränität, die mit mehr als 130 Gesetzentwürfen das umfassendste System für eine Strategie zur Datensouveränität der Welt darstellt. Der „Clarifying Lawful Overseas Use of Data Act" *(CLOUD Act)*, der 2018 verabschiedet wurde, bedeutet für die USA eine innovative strategische Entscheidung in der neuen Informationslandschaft und gibt die künftige Richtung der US-Datenhoheitsstrategie vor.[30] Das CLOUD-Gesetz befasst sich mit den neu aufgekommenen Problemen beim grenzüberschreitenden Zugang zu Daten in den Vereinigten Staaten. Es behandelt die wichtigsten Souveränitätsfragen in den beiden Szenarien des Datenflusses, in denen Daten,

30 2018 führten die USA den Clarifying Lawful Use of Offshore Data Act ein, der den US-Strafverfolgungsbehörden die ausdrückliche Genehmigung erteilt, auf im Ausland gespeicherte Nutzerdaten von in den USA tätigen Unternehmen zuzugreifen. Ebenso bedeutete dies eine Ausweitung der Befugnisse der US-Strafverfolgungsbehörden zum Zugriff auf extraterritoriale Daten und die Unterzeichnung eines bilateralen Datenzugangsabkommens mit dem Vereinigten Königreich.

die für die Strafverfolgung benötigt werden, im Ausland gespeichert sind, und in denen ausländische Strafverfolgungsbehörden Zugang zu in den Vereinigten Staaten gespeicherten Daten benötigen, und schlägt hierfür Lösungen vor. Die EU hat die Datenschutz-Grundverordnung als Maßstab für die Datenhoheit herangezogen[31], und der Europäische Datenschutzausschuss hat im Jahr 2020 die „Leitlinien 2/2020 für die Übermittlung personenbezogener Daten zwischen Behörden und öffentlichen Stellen im Europäischen Wirtschaftsraum (EWR) und Behörden und öffentlichen Stellen außerhalb des EWR (Entwurf zur Stellungnahme)" veröffentlicht. Diese schreiben vor, dass die für die Kontrolle der Daten Verantwortlichen und Datenempfänger eine Datenübertragungsvereinbarung schließen, die ein relativ flexibles und praktisches Mittel zur Übermittlung von Daten von öffentlichen Einrichtungen des EWR an öffentliche Einrichtungen in Drittländern und internationale Organisationen anbieten. Russlands starkes Bestreben ist die „Lokalisierung" der Datensouveränität, die typischerweise in Form von strengen lokalisierten Speicherungsvorschriften für grenzüberschreitende Daten zum Ausdruck kommt, und das typischste dieser Gesetze ist das „Gesetz über das souveräne Internet"[32], das am 1. November

31 Die Allgemeine Datenschutz-Grundverordnung (DSGVO) verlangt, dass „Datenempfänger außerhalb der EU das gleiche Datenschutzniveau einhalten müssen, bevor Daten die Grenzen überschreiten können", eine Regelung, die auch als die strengste und sicherste Datenschutzvorschrift aller Zeiten bezeichnet wurde.

32 Die russische Gesetzgebung für eine weitergehende Stärkung der Netzsouveränität wurde im Dezember 2018 gemeinsam von parteiübergreifenden Abgeordneten als „Gesetz der Russischen Föderation über Kommunikation und Änderungen des Gesetzes der Russischen Föderation über Information, Informationstechnologie und Informationsschutz" eingebracht und ist auch bekannt als „Stable Runet Law" oder „Sovereign Runet". Dieses Gesetz wurde von der russischen Duma nach erster Lesung am 12. Februar 2019 verabschiedet, vom russischen Föderationsrat am 22. April 2019 förmlich ratifiziert und trat am 1. November 2019 in Kraft, wobei die Bestimmungen über das nationale Domain-Namen-System am 1. Januar 2021 gültig wurden. Die wichtigsten Inhalte des russischen Gesetzes über das souveräne Internet sind fünf Aspekte der Gesetzgebung, die die „autonome und kontrollierte" Internetsouveränität des russischen Netzes festlegen. Der erste Aspekt ist die „Autonomie der Domänennamen", die die Einrichtung eines nationalen Systems für den Empfang von Domänennamen-Informationen (DNS) und eines eigenständigen Adressauflösungssystems vorsieht, das in Notfällen an die Stelle des bestehenden Systems der Domänennamen-Dienste treten soll, und dass alle Netze, die für das Land von vitalem Interesse sind, dieses System nutzen müssen. Dies ist

2019 in Kraft tritt und zusammen mit dem „Föderalen Gesetz über personenbezogene Daten" und anderen Gesetzen das russische System zum Schutz der Datenhoheit definiert.

---

zum Teil gleichbedeutend mit der Schaffung eines autonomen Internets für das Land. Der zweite Aspekt sind die „regelmäßigen Manöver", die vorsehen, dass es Aufgabe eines „Föderalen Dienstes für die Aufsicht im Bereich der Kommunikation, Informationstechnologie und Massenkommunikation" (Roskomnadsor) ist, die Anforderungen an die Gestaltung, die Konstruktionsverfahren und die Regeln für die Nutzung dieses Domänennamensystems festzulegen. Zugleich wird in dem Gesetzentwurf auch die Notwendigkeit regelmäßiger Übungen durch die Regierung, die Telekommunikationsbetreiber und die Eigentümer technischer Netzwerke betont, um Gefährdungen zu erkennen und entsprechende *Preparedness* zu entwickeln. Der dritte Aspekt ist das „Gesetz zur Plattformkontrolle", welches den Internetverkehr reguliert. Der Gesetzentwurf verpflichtet russische Internetdienstleister, den zuständigen Regulierungsbehörden nachzuweisen, auf welche Weise Internetdatenströme zu von der russischen Regierung kontrollierten Routing-Knotenpunkten geleitet werden, sodass inländische Internetdatenübertragungen nicht den Weg über Server außerhalb des Landes nehmen und die Übertragung russischer Nutzerdaten ins Ausland minimiert wird. Die Telekommunikationsunternehmen sind verpflichtet, im Falle einer Bedrohungslage die Möglichkeit einer zentralen Datenverkehrssteuerung zu gewährleisten, indem sie z. B. technische Einrichtungen in das Kommunikationsnetz einbauen, die die Quelle des übertragenen Datenverkehrs identifizieren. Der vierte Aspekt ist die „aktive Abschaltung", die vorsieht, dass der föderale Dienst für die Aufsicht im Bereich der Kommunikation, Informationstechnologie und Massenkommunikation für die Aufrechterhaltung der Stabilität des russischen Internets verantwortlich ist. Sobald eine Bedrohung für das russische Netz erkannt wird, kann die Aufsichtsbehörde die Initiative ergreifen, um die Verbindung zum ausländischen Internet zu unterbrechen und unter Gewährleistung der Stabilität des innerstaatlichen Netzes die Kontrolle über das von der Öffentlichkeit genutzte Kommunikationsnetz zu zentralisieren. Hierbei ist die Aufsichtsbehörde befugt zu entscheiden, ob eine Bedrohung vorliegt und welche Maßnahmen zu ihrer Beseitigung zu treffen sind. Der fünfte Aspekt ist die „technische Koordinierung": In dem Gesetz werden auch Grundsätze der Lenkung von Übertragungswegen festgelegt und Methoden für die Verfolgung und Überwachung vorgeschlagen. Außerdem wird die Einrichtung eines Zentrums für die Aufsicht und Verwaltung öffentlicher Kommunikationsnetze innerhalb des föderalen Dienstes für die Aufsicht im Bereich der Kommunikation, Informationstechnologie und Massenkommunikation gefordert. Dieses Zentrum wird die Gesprächsverbindungsdaten der inländischen Kommunikationsbetreiber und die Inhalte der über das nationale Datenübertragungssystem übermittelten Nachrichten analysieren, um die Sicherheit des russischen Internets zu gewährleisten (Zhao Hongrui et. al. 2019).

In China entwickelt sich die Souveränität des virtuellen Raums dynamisch und auf komplexe Weise. Im August 2015 verkündete der Staatsrat den „Aktionsplan zur Förderung der Entwicklung von Big Data" (Guo Fa [2015] Nr. 50), in welchem „die ausgiebige Nutzung des Vorteils der Ausmaße chinesischer Daten [...] die Verstärkung von Kompetenzen der Datenhoheit im vernetzten Raum, die Wahrung der nationalen Sicherheit und die effektive Steigerung der nationalen Wettbewerbsfähigkeit" Erwähnung finden. Mit dieser Initiative werden Big Data und Datensouveränität offiziell auf die Stufe einer nationalen Strategie gehoben. In den letzten Jahren hat China parallel zu internationalen Trends bei der Gesetzgebung zur Datensouveränität damit begonnen, sein eigenes System zur Datensouveränität im Internet aufzubauen. Auf gesetzgeberischer Ebene wurde das Konzept der „Souveränität im vernetzten Raum" im „Nationalen Sicherheitsgesetz"[33] und im „Internetsicherheitsgesetz"[34] verankert, wodurch die Souveränität, die Sicherheit und die Entwicklung des Internetraums in den Geltungsbereich des gesetzlichen Schutzes einbezogen werden und klargestellt wird, dass jedes Verhalten im virtuellen Raum künftig unter nationaler Souveränität stehen wird. Es bestehen

33 Vgl.《中华人民共和国国家安全法》*[Nationales Sicherheitsgesetzes der Volksrepublik China]*, Artikel 25: „Der Staat errichtet ein System zur Gewährleistung der Netzwerk- und Informationssicherheit, erhöht die Kapazitäten zum Schutz der Netzwerk- und Informationssicherheit, stärkt die innovative Forschung und Entwicklung sowie die Anwendung der Netzwerk- und Informationstechnologien, gewährleistet die Sicherheit und Kontrollierbarkeit von Netzwerk- und Informationskerntechnologien, Schlüsselinfrastrukturen, Informationssystemen und Daten in kritischen Bereichen, stärkt das Netzwerkmanagement, verhindert, unterbindet und ahndet Cyberattacken, das Eindringen in Netzwerke, den Diebstahl im Netzwerk, die Verbreitung von illegalen und schädlichen Informationen und andere Netzwerkaktivitäten gemäß dem Gesetz, um die nationale Souveränität, Sicherheit und Entwicklungsinteressen im virtuellen Raum zu schützen".

34 Vgl.《中华人民共和国网络安全法》*[Internetsicherheitsgesetz der Volksrepublik China]*, Artikel 1: „Dieses Gesetz wird erlassen, um die Sicherheit im Internet zu gewährleisten, die Souveränität des virtuellen Raums und die nationale Sicherheit sowie das öffentliche Interesse der Gesellschaft zu schützen, die legitimen Rechte und Interessen von Bürgern, juristischen Personen und anderen Organisationen zu wahren und die nachhaltige Entwicklung der wirtschaftlichen und sozialen Informatisierung zu fördern".

jedoch gegenwärtig nicht nur gravierende Gesetzeslücken im Bereich des Internets, sondern die einzigen Bestimmungen sind obendrein zumeist in Verordnungen und Dienstvorschriften niedergelegt, die im Vergleich zum Gesetz nur eine untergeordnete Bedeutung haben, und denen es an der Rückhalt durch ein wirksames höherrangiges Gesetz mangelt. Seitdem das Internetsicherheitsgesetz 2017 die Bedingung einer der Sicherheitsbewertung von ausgehenden grenzüberschreitenden Daten kritischer Informationsinfrastrukturen[35] eingeführt hat, haben die zuständigen Behörden das chinesische System für das Management des grenzüberschreitenden Datenverkehrs durch Verordnungen, normative Dokumente und Standards weiter verbessert (siehe Tabellen 3-4).

## *(2) Die internationalen Differenzen der Data-Governance*

Die Annahme, dass Daten eine grundlegende strategische Ressource sind, ist inzwischen allgemeiner Konsens in der internationalen Staatengemeinschaft, und die Datenverwaltung ist unterdessen zu einem der Kernpunkte des Dialogs und des Ringens um internationale Governance im virtuellen Raum geworden. Die allmähliche Ausweitung des Diskurses über eine internationale Datenaufsicht von personenbezogenen Daten auf nicht-personenbezogene Daten zeigt die fortschreitende Verbesserung der Zusammenarbeit und des Wettbewerbs zwischen den Ländern überall auf der Welt rund um das Thema Daten. Die Unterschiede in den Rechtssystemen der einzelnen Länder haben natürlich zu

35 《中华人民共和国网络安全法》*[Internetsicherheitsgesetz der Volksrepublik China]*, Artikel 37: „Personenbezogene Informationen und wichtige Daten, die von Betreibern kritischer Informationsinfrastrukturen bei ihrer Tätigkeit in der Volksrepublik China gesammelt und generiert werden, sind im Hoheitsgebiet der Volksrepublik China zu speichern. Ist es aufgrund betrieblicher Erfordernisse notwendig, sie außerhalb des Landes bereitzustellen, so muss eine Sicherheitsbewertung gemäß den von der staatlichen Internet-Informationsabteilung in Zusammenarbeit mit den zuständigen Abteilungen des Staatsrats formulierten Maßnahmen durchgeführt werden. Vorbehaltlich anderslautender Bestimmungen in Rechts- oder Verwaltungsvorschriften nach deren Maßgabe zu verfahren ist".

Tabelle 3-4 Chinas maßgebliche Gesetze für den grenzüberschreitenden Datenverkehr

| Dokumentenname | Datum der Veröffentlichung | Veröffentlichende Behörde | Maßgebliche Paragrafen |
|---|---|---|---|
| Gesetz über den Schutz personenbezogener Informationen (Entwurf) | 21. Oktober 2020 | Ständige Ausschuss des Nationalen Volkskongresses: Ausschuss für Gesetzgebungsfragen | Kapitel III Regeln für die grenzüberschreitende Bereitstellung personenbezogener Informationen<br>Artikel 38: Wenn ein für die Verarbeitung personenbezogener Daten Verantwortlicher aus geschäftlichen oder anderen Gründen notwendig personenbezogene Informationen außerhalb der Volksrepublik China bereitstellen muss, muss er mindestens eine der folgenden Bedingungen erfüllen: (1) Durchlaufen einer von der staatlichen Internet-Informationsabteilung organisierten Sicherheitsbewertung gemäß den Bestimmungen von Artikel 40 dieses Gesetzes, (2) von einem Fachgremium für den Schutz personenbezogener Informationen gemäß den Bestimmungen der staatlichen Internet-Informationsabteilung zertifiziert sein, (3) Abschluss eines Vertrages mit dem Empfänger im Ausland, Vereinbarung der Rechte und Pflichten beider Parteien und Überwachung des Umgangs mit personenbezogenen Informationen, um die in diesem Gesetz festgelegten Standards zum Schutz personenbezogener Informationen einzuhalten, (4) Andere Bedingungen, die durch Gesetze, Verwaltungsvorschriften oder die staatliche Internet-Informationsabteilung festgelegt sind. |

| | | | |
|---|---|---|---|
| | | | Artikel 39: Stellt ein für die Verarbeitung personenbezogener Informationen Verantwortlicher personenbezogene Informationen außerhalb der Volksrepublik China zur Verfügung, so hat er die betroffene Person über die Identität des ausländischen Empfängers, dessen Kontaktinformationen, den Zweck der Verarbeitung, die Verarbeitungsweise, die Art der personenbezogenen Informationen und die Art und Weise, in der die betroffene Person die in diesem Gesetz festgelegten Rechte gegenüber dem ausländischen Empfänger ausüben kann, zu informieren und die individuelle Zustimmung der betroffenen Person einzuholen.<br>Artikel 40: Betreiber kritischer Informationsinfrastrukturen und Verarbeiter personenbezogener Informationen müssen personenbezogene Informationen, die auf dem Gebiet der Volksrepublik China gesammelt und generiert wurden, bis zu dem von der staatlichen Internet-Informationsabteilung vorgeschriebenen Umfang auf dem Gebiet der Volksrepublik China speichern. Wenn die Bereitstellung außerhalb des Landes erforderlich ist, muss sie die von der staatlichen Internet-Informationsabteilung organisierte Sicherheitsprüfung bestehen; wenn die Gesetze, Verwaltungsvorschriften und die staatliche Internet-Informationsabteilung vorsehen, dass auf die Sicherheitsprüfung verzichtet werden kann, gelten diese Bestimmungen. |

(*Fortgesetzt*)

Tabelle 3-4 Fortgesetzt

| Dokumentenname | Datum der Veröffentlichung | Veröffentlichende Behörde | Maßgebliche Paragrafen |
|---|---|---|---|
| | | | Artikel 41: Ist die Übermittlung personenbezogener Informationen außerhalb des Hoheitsgebiets der Volksrepublik China zum Zwecke der internationalen Rechtshilfe oder der Amtshilfe bei Strafverfolgung erforderlich, so ist eine Genehmigung der jeweils zuständigen Behörden nach den gesetzlichen Bestimmungen einzuholen. Sehen internationale Verträge oder Abkommen, die von der Volksrepublik China geschlossen wurden, oder bei denen die Volksrepublik China Vertragspartei ist, Bestimmungen über die Übermittlung personenbezogener Daten in das Hoheitsgebiet der Volksrepublik China vor, so müssen sie diese Bestimmungen einhalten.<br>Artikel 42: Wenn eine Organisation oder eine Einzelperson außerhalb der Volksrepublik China personenbezogene Informationen verarbeitet, die die Rechte und Interessen von Bürgerinnen und Bürgern der Volksrepublik China in Bezug auf personenbezogene Informationen verletzen oder die nationale Sicherheit oder die öffentlichen Interessen der Volksrepublik China gefährden, kann die staatliche Internet-Informationsabteilung sie in eine Liste eingeschränkter oder verbotener Bereitstellung personenbezogener Informationen aufnehmen, dies öffentlich bekannt geben und Maßnahmen wie z. B. die Einschränkung oder das Verbot der Bereitstellung personenbezogener Informationen an sie ergreifen. |

| | | | |
|---|---|---|---|
| Datensicherheits-gesetz (Entwurf) | 3. Juli 2020 | Ständiger Ausschuss des Nationalen Volkskongresses | Artikel 10: Der Staat führt aktiv den internationalen Austausch und die internationale Kooperation im Bereich der Daten durch, beteiligt sich an der Ausarbeitung internationaler Regeln und Normen für die Datensicherheit und fördert den sicheren und freien grenzüberschreitenden Datenverkehr. |
| Gesamtkonzept für den Bau des Freihandelshafens von Hainan | 1. Juni 2020 | Staatsrat der Volksrepublik China | n) Vereinfachung der Datenströme: Im Rahmen eines nationalen Systems für das Sicherheitsmanagement grenzüberschreitender Datenübermittlungen sollten Pilotprojekte für das Sicherheitsmanagement grenzüberschreitender Datenübermittlungen durchgeführt und die Schaffung von Mechanismen zur Vereinfachung von Datenströmen und zur Gewährleistung deren Sicherheit untersucht werden. |
| Spezifikationen für die Sicherheit persönlicher Informationen der Informations-sicherheits-technologie (GB/T 35273-2020) | 6. März 2020 | Hauptverwaltung für Qualitätsüberwachung, Inspektion und Quarantäne der Normungsorganisation *(Standardization Administration of the People's Republic of China [SAC])* | 9.8: Grenzüberschreitende Übermittlung personenbezogener Informationen: Werden personenbezogene Informationen, die im Rahmen von Geschäftsvorgängen in der Volksrepublik China gesammelt und generiert wurden, ins Ausland übermittelt, muss der für die Verarbeitung der personenbezogenen Informationen Verantwortliche die Anforderungen der einschlägigen nationalen Vorschriften und der einschlägigen Normen erfüllen. |

(*Fortgesetzt*)

Tabelle 3-4 Fortgesetzt

| Dokumentenname | Datum der Veröffentlichung | Veröffentlichende Behörde | Maßgebliche Paragrafen |
|---|---|---|---|
| Maßnahmen für die Verwaltung der Pilot-Freihandelszone Lingang New Area (Shanghai) | 20 August 2019 | Städtische Volksregierung von Shanghai | Artikel 35: (Internet-Infrastruktur) Die neue Zone wird vollständige internationale Kommunikationseinrichtungen aufbauen, den Aufbau einer neuen Generation von Informationsinfrastruktur beschleunigen, die Kapazitäten für den Breitbandzugang, die Qualität der Netzdienste und das Applikationsniveau verbessern und einen sicheren und bequemen internationalen Internet-Datenverkehrsweg aufbauen. Artikel 36: (Grenzüberschreitender Datenfluss) Die neue Zone wird sich auf Schlüsselbereiche wie integrierte Schaltkreise, künstliche Intelligenz, Biomedizin und unternehmerische Hauptsitze konzentrieren. Des Weiteren Sicherheitsbewertungen von grenzüberschreitenden Datenströmen, Einführung von Mechanismen für das Datensicherheitsmanagement, wie z. B. Zertifizierung der Datenschutzkapazität, Überprüfung der Sicherung von Datenströmen und Risikobewertung von grenzüberschreitenden Datenströmen und Transaktionen.<br>Artikel 37: (Rechte an geistigem Eigentum und Datenschutz) Die neue Zone wird Pilotregelungen für die internationale Zusammenarbeit einführen, den Schutz von Rechten und Daten wie Patenten, Urheberrechten und Geschäftsgeheimnissen verbessern und Initiativen ergreifen, um sich am Austausch und an der Kooperation in der digitalen Wirtschaft zu beteiligen. |

| | | | |
|---|---|---|---|
| Gesamtkonzept für die Verwaltung der Pilot-Freihandelszone Lingang New Area (Shanghai) | 27. Juli 2019 | Staatsrat | (9) Gewährleistung eines sicheren und geordneten grenzüberschreitenden internationalen Internet-Datenflusses. Aufbau vollständiger internationaler Kommunikationsanlagen, Beschleunigung des Aufbaus von Informationsinfrastrukturen der neuen Generation wie 5G, IPv6, Cloud Computing, Internet der Dinge und Fahrzeug-Internet, Verbesserung der Breitband-Zugangskapazität, der Netzdienstqualität und des Anwendungsniveaus in der neuen Zone sowie Aufbau eines sicheren und bequemen dedizierten Übertragungsweges für internationale Internetdaten. Unterstützung der neuen Zone bei der Konzentration auf Schlüsselbereiche wie integrierte Schaltkreise, künstliche Intelligenz, Biomedizin und unternehmerische Hauptsitze, Durchführung von Sicherheitsbewertungen grenzüberschreitender Datenströme in Pilotprojekten und Einrichtung von Mechanismen für das Datensicherheitsmanagement, wie z. B. Zertifizierung der Datenschutzkapazität, Überprüfung der Datensicherung und Risikobewertung von grenzüberschreitenden Datenströmen und Transaktionen. Durchführung von Pilotmaßnahmen zur internationalen Kooperation, Verbesserung des Schutzes von Rechten und Daten wie Patenten, Urheberrechten und Geschäftsgeheimnissen von Unternehmen und proaktive Beteiligung an führenden globalen Austausch- und Kooperationsmaßnahmen im Bereich der digitalen Wirtschaft. |

(*Fortgesetzt*)

Tabelle 3-4 Fortgesetzt

| Dokumentenname | Datum der Veröffentlichung | Veröffentlichende Behörde | Maßgebliche Paragrafen |
|---|---|---|---|
| Maßnahmen zur Sicherheitsbewertung ausgehender personenbezogener Daten (Entwurf zur Stellungnahme) | 13. Juni 2019 | Staatliches Internet-Informationsbüro | Gesamter Text |
| Vorschriften der Volksrepublik China über das Management humangenetischer Ressourcen (Erlass des Staatsrats der Volksrepublik China Nr. 717) | 28. Mai 2019 | Staatsrat | Artikel 27: Wenn es aufgrund anderer besonderer Umstände notwendig ist, humangenetische Ressourcen Chinas für die internationale Zusammenarbeit in der wissenschaftlichen Forschung zu nutzen oder humangenetisches Material aus dem Hoheitsgebiet Chinas zu transportieren, zu versenden oder zu verbringen, müssen die folgenden Bedingungen erfüllt sein, und es muss eine von der dem Staatsrat unterstehenden Verwaltungsabteilung für Wissenschaft und Technologie ausgestellte Genehmigung für die Ausfuhr von humangenetischem Material vorliegen: (1) Nicht schädlich für die öffentliche Gesundheit, die nationale Sicherheit und die sozialen öffentlichen Interessen Chinas zu sein, (2) Rechtspersönlichkeit zu besitzen, (3) einen eindeutigen Partner in Übersee und einen angemessenen Zweck für die Ausfuhr haben, |

| | | | |
|---|---|---|---|
| | | | (4) Die Sammlung humangenetischer Ressourcen hat legal zu sein oder aus einer legalen Bestandssammlung zu stammen, (5) Nach Bestehen der ethischen Prüfung müssen die humangenetischen Materialien, wenn sie aus China befördert, versandt oder verbracht werden, die Zollverfahren mit der Abgangsbescheinigung für humangenetische Materialien durchlaufen,<br>(6) Nach Bestehen einer ethischen Prüfung müssen die humangenetischen Materialien, wenn sie aus China heraus befördert, versandt oder verbracht werden, die Zollverfahren mit der Abgangsbescheinigung für humangenetische Materialien durchlaufen. |
| Vorschriften der Volksrepublik China über das Management humangenetischer Ressourcen (Erlass des Staatsrats der Volksrepublik China Nr. 717) | 28. Mai 2019 | Staatsrat | Artikel 31: Die dem Staatsrat unterstehende Verwaltungsabteilung für Wissenschaft und Technologie setzt Sachverständige aus den Bereichen Biotechnologie, Medizin, Gesundheit, Ethik, Recht und anderen Gebieten ein, um einen Sachverständigenausschuss zu bilden, der die technische Beurteilung von Anträgen auf Sammlung und Erhaltung humangenetischer Ressourcen in China, auf internationale Zusammenarbeit in der wissenschaftlichen Forschung und auf Beförderung, Versendung oder Verbringung von Material über humangenetische Ressourcen aus China heraus in Übereinstimmung mit den Bestimmungen dieser Verordnung vornimmt. Das resultierende Bewertungsgutachten dient als Referenzgrundlage für Genehmigungsentscheidungen. |

(*Fortgesetzt*)

Tabelle 3-4 Fortgesetzt

| Dokumentenname | Datum der Veröffentlichung | Veröffentlichende Behörde | Maßgebliche Paragrafen |
|---|---|---|---|
| | | | Artikel 38: Wer gegen die Bestimmungen dieser Verordnung verstößt und humangenetisches Material ohne Genehmigung befördert, versendet oder außer Landes bringt, wird vom Zoll nach Maßgabe der Rechts- und Verwaltungsvorschriften bestraft. |
| Maßnahmen für das Datensicherheits-management (Entwurf zur Stellungnahme) | 28. Mai 2019 | Staatliches Internet-Informationsbüro | Artikel 28: Die Weitergabe personenbezogener Informationen an das Ausland erfolgt nach Maßgabe der einschlägigen Bestimmungen.<br>Artikel 29: Der Internetverkehr inländischer Nutzer, die innerhalb des Hoheitsgebiets auf das Internet zugreifen, darf nicht ins Ausland umgeleitet werden. |
| Leitfaden für Informationssicherheitstechnologie Persönliche Informationssicherheitsfolgenabschätzung (Entwurf zur Stellungnahme) | 11. Juni 2017 | Technischer Ausschuss für Normung zur nationalen Informationssicherheit | 6.2 Typische Aktivitäten zur Folgenabschätzung der Verarbeitung personenbezogener Informationen<br>6.2.1 Typische Bewertungsszenarien: In der Regel sollten Sicherheitsfolgenabschätzungen für personenbezogene Informationen durchgeführt werden, wenn die folgenden Verarbeitungstätigkeiten für personenbezogene Informationen vorgesehen sind: a) Bewertung personenbezogener Informationen vor der Ausfuhr.<br>6.2.2 Bewertung der Sicherheit bei der Ausfuhr personenbezogener Informationen: Die Bewertung von Szenarien für die Ausfuhr personenbezogener Informationen hat sich auf den entsprechenden Inhalt in GB/T „Information Security Technology Data Exit Security Assessment Guide“ zu beziehen. |

| | | | |
|---|---|---|---|
| Leitfaden für die Sicherheitsbewertung von ausgehenden Daten der Informations-sicherheits-technologie (Entwurf zur Stellungnahme) | 30. August 2017 | Technischer Ausschuss für Normung zur nationalen Informationssicherheit | Gesamter Text |
| Maßnahmen zur Bewertung der Sicherheit ausgehender personenbezogener Informationen und kritischer Daten (Entwurf zur Stellungnahme) | 11. April 2017 | Staatliches Internet-Informationsbüro | Gesamter Text |
| Internetsicherheits-gesetz (Erlass des Präsidenten der Volksrepublik China, Nr. 53) | 7. November 2016 | Ständiger Ausschuss des Nationalen Volkskongresses | Artikel 12: Der Staat schützt die Rechte von Bürgern, juristischen Personen und anderen Organisationen auf Nutzung des Internets in Übereinstimmung mit dem Gesetz, fördert den allgemeinen Zugang zum Internet, verbessert das Niveau der Internetdienstleistungen, stellt sichere und praktische Internetdienstleistungen für die Gesellschaft bereit und gewährleistet den freien Fluss von Netzinformationen in geordneter Weise in Übereinstimmung mit dem Gesetz. |

(*Fortgesetzt*)

Tabelle 3-4 Fortgesetzt

| Dokumentenname | Datum der Veröffentlichung | Veröffentlichende Behörde | Maßgebliche Paragrafen |
|---|---|---|---|
| | | | Artikel 37: Personenbezogene Informationen und wichtige Daten, die von Betreibern kritischer Informationsinfrastrukturen bei ihrer Tätigkeit in der Volksrepublik China gesammelt und generiert werden, sind im Hoheitsgebiet der Volksrepublik China zu speichern. Ist es aufgrund geschäftlicher Erfordernisse notwendig, sie außerhalb des Landes bereitzustellen, so wird eine Sicherheitsbewertung gemäß den von der staatlichen Internet-Informationsabteilung in Zusammenarbeit mit den zuständigen Abteilungen des Staatsrats formulierten Maßnahmen durchgeführt; soweit Gesetze oder Verwaltungsvorschriften etwas anderes vorsehen, wird gemäß diesen Bestimmungen vorgegangen. |

| | | | |
|---|---|---|---|
| Vorläufige Maßnahmen für das Management von Online-Taxi Unternehmen | 27. Juli 2016 | Ministerium für Verkehr, Industrie und Informationstechnologie Ministerium für öffentliche Sicherheit Handelsministerium Staatliche Verwaltung für Industrie und Handel (abgeschafft) Staatliche Generalverwaltung für Qualitätsüberwachung, Inspektion und Quarantäne (abgeschafft) Staatliches Internet-Informationsbüro | Artikel 27: Das Unternehmen der Online-Taxiplattform muss die einschlägigen nationalen Vorschriften zur Netzwerk- und Informationssicherheit einhalten, und die gesammelten personenbezogenen Informationen und die gewonnenen Geschäftsdaten müssen in Festlandchina für einen Zeitraum von mindestens zwei Jahren gespeichert und verarbeitet werden, und die genannten Informationen und Daten dürfen nicht exportiert werden, es sei denn, Gesetze und Vorschriften sehen etwas anderes vor. |
| Maßnahmen für die Verwaltung von Gesundheitsinformationen der Bevölkerung (zur versuchsweisen Umsetzung) | 5. Mai 2014 | Nationale Kommission für Gesundheit und Geburtenplanung (abgeschafft) | Artikel 10: Keine Gesundheitsinformationen der Bevölkerung auf Servern außerhalb des Landes speichern und keine Server außerhalb des Landes hosten oder mieten. |

*(Fortgesetzt)*

Tabelle 3-4 Fortgesetzt

| Dokumentenname | Datum der Veröffentlichung | Veröffentlichende Behörde | Maßgebliche Paragrafen |
|---|---|---|---|
| Richtlinien für das Management von Kreditwürdigkeitsrecherchen | 21. Januar 2013 | Staatsrat | Artikel 24: Die Zusammenstellung, Aufbewahrung und Verarbeitung der von den Kredit-Ratingagenturen in China gesammelten Informationen muss in China erfolgen. Kredit-Ratingagenturen, die Organisationen oder Einzelpersonen außerhalb Chinas Auskünfte erteilen, müssen die einschlägigen Bestimmungen der Gesetze, Verwaltungsvorschriften und der dem Staatsrat unterstehenden Aufsichts- und Verwaltungsabteilung für das Kreditwesen einhalten. |
| Bekanntmachung der Chinesischen Volksbank zum Bankwesen über den Schutz persönlicher Finanzdaten durch Finanzinstitute | 21. Januar 2011 | Chinesische Volksbank | (6) Die Speicherung, Verarbeitung und Analyse der in China erhobenen personenbezogenen Finanzinformationen muss in China erfolgen. Sofern die Gesetze und Vorschriften sowie die People's Bank of China nichts anderes vorsehen, dürfen Bankfinanzinstitute keine inländischen personenbezogenen Finanzinformationen nach außerhalb Chinas weitergeben. |

Quelle: aus öffentlichen Materialien zusammengestellt.

Meinungsverschiedenheiten bei der Regulierung des grenzüberschreitenden Datenverkehrs geführt, und das Fehlen eines globalen Governance-Mechanismus und -Systems, das den Erfordernissen der nationalen Regulierung und der Datenströme Rechnung tragen kann, ist zu einem der größten Probleme bei der internationalen Festlegung der Datenrechtsvorschriften geworden. In Anbetracht dieser weltpolitischen Lage muss China sich dringend um die Verbesserung des Systems zur Regulierung grenzüberschreitender Datenströme bemühen und eine umfassende Studie über die inhärente logische Verflechtung und die externe regulatorische Flankierung von Data Governance, Datensouveränität und digitaler Wirtschaft durchführen, um die chinesischen Data-Governance-Fähigkeiten ganzheitlich zu verbessern.

Der „lange Arm der Jurisdiktion" bei der Regulierung grenzüberschreitender Datenströme: Die Strategien der USA und Europas zur Datensouveränität sind „offensive" Strategien, dehnen also die grenzüberschreitende Durchsetzung von Datenrechten durch eine „weitreichende Gerichtsbarkeit" aus. Der CLOUD Act ermächtigt US-amerikanische Aufsichts-, Strafverfolgungs- und Justizbehörden, im Rahmen inländischer Rechtsverfahren auf Daten zuzugreifen, die von US-Unternehmen im Ausland gespeichert wurden. Darüber hinaus können „qualifizierte ausländische Regierungen", wenn sie durch den CLOUD Act anerkannt sind, zu Ermittlungs- und Strafverfolgungszwecken direkt auf inländische Daten von US-Unternehmen zugreifen, wenn diese Regierungen im Gegenzug auf die Verpflichtung zur Datenlokalisierung in ihren Ländern verzichten (Jingdong Law Institute 2018 S. 21). Sowohl der Mechanismus der Evaluierung notwendiger Anforderungen in der Datenschutz-Grundverordnung als auch das EU-Übereinkommen Nr. 108 sehen die Lokalisierung von Einrichtungen (Daten) und den grenzüberschreitenden Datenfluss als wichtige Regulierungsobjekte an.[36] Demgegenüber sind die Strategien für die Datensouveränität von Schwellenländern wie China oder Russland überwiegend „defensiv", d. h. sie setzen zur Lösung von Problemen der Data-Governance und der lokalen Rechtsprechung bei der Datenlokalisierung

36 Artikel 3 der Datenschutzgrundverordnung der Europäischen Union (DSGVO) unterstellt eine individuelle Zuständigkeit, die über den räumlichen Anwendungsbereich traditionell verstandener Rechtsnormen hinausgeht, und für die Integrität

an. So ermöglicht der „lange Arm des Rechts" zwar den Zugang zu Daten außerhalb der traditionellen territorialen Souveränität eines Landes, verschärft aber auch Konflikte mit anderen Ländern über die Zuständigkeit für Daten und die Durchsetzungsrechte. Die Auswirkungen des Effekts des „langem Armes des Rechts" in den USA und Europa werden zweifellos die globale Datenregulierungslandschaft tiefgreifend verändern. Einerseits bietet sie eine Sonderform der Regulierung von Datenströmen, andererseits stellt sie das globale Verwaltungsrechtssystem vor neue Probleme.

Divergierende Regeln beim grenzüberschreitenden Datenverkehr: Will man wirksam gegen Datenkriminalität vorgehen, muss die grenzüberschreitende Strafverfolgung reformiert werden, aber die „Achtung der Souveränität im vernetzten Raum" ist eine Voraussetzung und Garantie für die rechtliche Wirksamkeit einer grenzüberschreitenden Strafverfolgung. Das Recht auf extraterritoriale Rechtsanwendung und der Grundgedanke der Datensouveränität sind Bestandteile des Rechts auf Souveränität und somit von Natur aus miteinander verbunden. Jede Gesetzgebung, die die Souveränität verletzen kann oder sich bereits tatsächlich auf die Souveränität auswirkt, ist unter dem Gesichtspunkt der Verhältnismäßigkeit fragwürdig. Der mit dem CLOUD Act von den Vereinigten Staaten geschaffene

der Durchsetzungsbefugnisse anderer souveräner Staaten eine gewisse Herausforderung darstellen kann. Die Datenschutz-Grundverordnung lässt drei verschiedene Vorgehensweisen bei einer bedingten grenzüberschreitenden Übermittlung personenbezogener Daten zu: (1) Die EU stellt fest, dass ein Land, eine Region, ein oder mehrere bestimmte Branchen oder eine internationale Organisation über ein hinreichendes Datenschutzniveau verfügt (nachstehend „Feststellung der Hinlänglichkeit" genannt). Länder, Regionen oder Branchen, die eine entsprechende Feststellung der Hinlänglichkeit erhalten haben, benötigen keine besondere Genehmigung mehr für die Übermittlung von EU-Daten in Länder außerhalb der EU. (2) Standardvertragsklauseln, verbindliche Unternehmensregeln, Verhaltenskodizes und von der EU genehmigte Zertifizierungsmechanismen gelten vornehmlich für Organisationen und Unternehmen. (3) Besondere Ausnahmegenehmigung wie die Einholung der ausdrücklichen Zustimmung der betroffenen Rechtssubjekte: Das bedeutet, dass jede Organisation, sobald sie an der Verarbeitung personenbezogener Daten von EU-Bürgern beteiligt ist, unabhängig davon, ob sie in der EU ansässig ist oder nicht, unter diese Verordnung fallen kann. Auf diese Weise erhebt die Verordnung somit de facto „universalen Rechtsanspruch" und die Idee vom „langen Arm der Jurisdiktion" ist somit eingeführt.

einseitige Rahmen für den Datenzugang räumt den Rechten der USA Vorrang vor „gegenseitigem Respekt und Vertrauen" ein und untergräbt ernsthaft die Datensouveränität von Ländern, die nicht zu den „berechtigten ausländischen Regierungen" zählen. Intern fördert die EU aktiv das freie Zirkulieren von Daten zwischen ihren Mitgliedstaaten und die Bildung einer Strategie für den digitalen Binnenmarkt, d. h. eine Politik der „internen Entspannung"; im Gegensatz dazu gibt es jedoch strenge Kontrollen für die Übermittlung von Daten aus der EU in das europäische Ausland, welche dem Protokoll der „Hinlänglichkeit" entsprechen müssen. Solchen Ländern, die die Anforderungen erfüllen, wird ein angemessener Schutz gewährt, weshalb man von einer Politik der „äußeren Strenge" sprechen kann. Kurz gesagt, es gibt derzeit noch keine international anerkannten Regeln für grenzüberschreitende Datenströme, und das Fehlen multilateraler Regeln zur Regelung zwischenstaatlicher Meinungsverschiedenheiten hat die Governance der nationalen Datensouveränität noch komplizierter gemacht, da souveräne Staaten die Datenhoheit in ihrem eigenen nationalen Interesse verfolgen.

Internationale Konflikte bei der globalen Governance von Daten: Die Datensouveränität repräsentiert die Macht und Legitimität eines Staates, seine betreffenden Daten zu kontrollieren, und die Frage der Definition der Datensouveränität ist auch zu einem zentralen Punkt bei der Einrichtung eines globalen Data-Governance-Systems und globaler Data-Governance-Regeln geworden. „Auch auf internationaler Ebene beginnen immer mehr Länder und Regionen damit, ihre Regelungen zur Datenhoheit rund um das Datenmanagement rechtlich zu strukturieren" (He Bo 2017). Bei dem US-amerikanischen CLOUD Act und der EU-Datenschutz-Grundverordnung sowie bei anderen Systemen der Data-Governance, die sich um Datensouveränität drehen, geht es um die Einrichtung von Systemen und Regeln, die den eigenen Interessen entsprechen, um den Schutz der eigenen Datenressourcen vor Verstößen und um den Zugriff auf und die Verwaltung von möglichst umfangreichen Datenressourcen außerhalb der eigenen Länder, um die eigenen Vorteile zu vergrößern. In dem Maße, in dem sich immer mehr Schwellenländer an der Verwaltung des digitalen Raums beteiligen, wird das traditionelle Paradigma der Gesetzgebung, das bisher von Europa und den Vereinigten Staaten dominiert wurde, aufgebrochen und umgestaltet, und ein neues Rechtssystem für die globale Data Governance nimmt Gestalt an. Dennoch bleibt die Suche nach einem sensiblen Gleichgewicht zwischen den für einen gemeinsamen Standpunkt erforderlichen Zugeständnissen und dem Schutz der besonderen Interessen der einzelnen Mitgliedstaaten eine echte Herausforderung. Im Großen und Ganzen steckt das heutige internationale Rechtssystem für Datenressourcen noch in der Frühphase, und obwohl in einer Reihe von wichtigen Fragen ein Konsens erzielt wurde, muss sich erst noch ein System des internationalen öffentlichen Rechts oder des internationalen Gewohnheitsrechts herausbilden, das für alle Länder allgemein bindend ist und von allen Ländern gleichermaßen befolgt werden kann. Vor diesem Hintergrund sollte China die Optimierung von Gesetzen und Vorschriften im Hinblick auf die Datenhoheit auf nationaler Ebene beschleunigen und die Erfahrungen und Methoden aus der Zusammenarbeit mit anderen Ländern und Bereichen auf internationaler Ebene in vollem Umfang nutzen, um den Aufbau eines Datenverwaltungssystems im Einklang mit unseren Interessen zu fördern und den internationalen Diskurs zu bereichern.

### *(3) Internationale Werte der Datengesetzgebung*

Der „Antrag des Zentralkomitees der Kommunistischen Partei Chinas zur Formulierung des 14. Fünfjahresplans für die nationale wirtschaftliche und gesellschaftliche Entwicklung und die visionären Ziele für 2035" treffen eine deutliche Ansage zur „aktiven Mitwirkung an der Ausarbeitung internationaler Regeln und Normen im digitalen Bereich". Angesichts der beträchtlichen Unterschiede in den Standpunkten aller Länder steht eine kurzfristige Herstellung gegenseitig abgestimmter globaler Data-Governance-Systeme nicht in Aussicht. China sollte das strategische Ziel verfolgen, eine „starke digitale Wirtschaftsmacht" aufzubauen, den Aufbau und die Gestaltung des Systems für die Gesetzgebung zu Datenrechten auf höchster Ebene umfassend fördern, und ein Rahmensystem zur Verwaltung grenzüberschreitender Datenströme erkunden, das den nationalen Bedingungen und dem Entwicklungspfad Chinas entspricht und die Dominanz von Regeln bestärkt.

Datenrechte als Dreh- und Angelpunkt zur Integration des nationalen Rechts mit dem internationalen Recht: „Von der Warte der Rechtsquellen aus gesehen bedeutet die Globalisierung des Rechts eigentlich die Harmonisierung und Integration des innerstaatlichen Rechts mit dem internationalen Recht und den innerstaatlichen Gesetzen der einzelnen Länder".[37] In der Welle der Globalisierung und der Digitalisierung, bei der auch der grenzüberschreitende Datenfluss ein wichtiger Bestandteil geworden ist, wird das Recht nicht mehr von einem einzigen Land diktiert, sondern hat sich zu nationalen Gesetzen innerhalb konkurrierender Souveränitäten sowie zu internationalen Gesetzen entwickelt, die gegenwärtig Gestalt annehmen. Wenngleich momentan zwischen den Ländern ein Konsens über die Anwendung des internationalen Rechts zur Regelung der internationalen Beziehungen im digitalen Raum und des Datenschutzes besteht, so stoßen die Diskussionen über Grundsätze und konkrete Maßnahmen zur Festlegung internationaler Datenvorschriften dennoch häufig auf Konflikte mit den einschlägigen nationalen Gesetzen der Länder, insbesondere der westlichen Industrieländer. Die westlichen Industrieländer tendieren eher dazu, in ihren nationalen Gesetzen einige Grundsätze, die dem Schutz ihrer eigenen Interessen dienen, anderen Ländern aufzuzwingen, was zu Unstimmigkeiten mit den meisten Entwicklungsländern, so auch mit China, beim Aufbau des internationalen Rechts- und Regulierungssystems für Daten führte und zu einem gewissen Grad den Prozess der Verrechtlichung der globalen Verwaltung des internationalen digitalen Raums behindert. „Das Datenrecht hat gleichzeitig private, öffentliche und hoheitsrechtliche Eigenschaften, wie etwa die Souveränität, die die Würde eines Staates widerspiegelt, die öffentlichen Rechte, die das öffentliche Interesse widerspiegeln, und die Datenrechte, die das Wohlergehen des Einzelnen hervorheben" (Schlüssellabor für Big-Data-Strategie 2019 S. 160). Um zu verhindern, dass die Datenhoheiten einander ins Gehege

37 Das innerstaatliche Recht ist symmetrisch zum „internationalen Recht", aus der Perspektive der Entstehung des Rechts und der Subjekte, die es verwenden, ist es eine Klassifizierung, es ist das von einem bestimmten Staat geschaffene und innerhalb seiner Souveränität angewandte Recht. Das Subjekt des innerstaatlichen Rechts ist in der Regel eine Person oder eine Organisation, aber auch der Staat kann in einem bestimmten Rechtsverhältnis Subjekt sein (Gao Changfu 2008).

kommen, sollten durch internationale Zusammenarbeit internationale Normen formuliert, ein digitales Regelwerk für Datenrechte geschaffen und eine internationale Rechtsgemeinschaft geformt werden – ein gangbarer Weg für die Menschheit, eine Schicksalsgemeinschaft im virtuellen Raum mit den Mitteln der Rechtsstaatlichkeit aufzubauen. Betrachtet man die weltweiten Ausprägungen der Entwicklung von Rechtsstaatlichkeit, so konvergieren die verschiedenen Gesetze ständig und tendieren zu einer globalen Vereinheitlichung, und das Datenrecht basiert auf der wohlwollenden Interaktion zwischen internationalem Recht und innerstaatlichem Recht und wird zu einer wichtigen Triebkraft für die organische Integration von innerstaatlichem Recht und internationalem Recht.

Die Datenrechte fördern den Aufbau einer Schicksalsgemeinschaft im virtuellen Raum: In Chinas Verfassung wird ausdrücklich die „Förderung des Aufbaus einer Schicksalsgemeinschaft der Menschheit" verankert.[38] Dies bedeutet, dass der Gedanke einer Schicksalsgemeinschaft der Menschheit nun umfassend in den Aufbau des chinesischen Rechtsstaatssystems eingeflossen ist und zu einer grundlegenden Führungsphilosophie für Chinas Außenbeziehungen und seine Beteiligung an der Global Governance in der neuen Ära geworden ist. Der Aufbau einer Schicksalsgemeinschaft im digitalen Raum ist ein Konzept des Regierungshandelns, das sich an dem globalen Wert der „menschlichen Schicksalsgemeinschaft" orientiert. Gegenwärtig ist der Wandel des globalen Data-Governance-Systems in eine kritische Phase eingetreten, und der Aufbau einer Schicksalsgemeinschaft im digitalen Raum ist zunehmend zu einem universellen Konsens in der internationalen Gemeinschaft geworden, der die Beachtung der nationalen Datenhoheit im Rahmen des internationalen Rechts erfordert. „Die Rechtsstaatlichkeit in den internationalen Beziehungen soll durch Einhaltung und Durchsetzung des Völkerrechts durch alle Länder die Rechte der menschlichen Gemeinschaft schützen, die Verpflichtungen der Gemeinschaft stärken

38 《中华人民共和国宪法（2018修正）》*[Verfassung der Volksrepublik China, Fassung von 2018, Präambel]*: „China hält am Weg der friedlichen Entwicklung, der Strategie des gegenseitigen Nutzens und der Öffnung mit Gewinnen für alle Seiten fest, entwickelt die diplomatischen Beziehungen und den wirtschaftlichen und kulturellen Austausch mit anderen Ländern und fördert den Aufbau einer Schicksalsgemeinschaft der Menschheit."

und die Rechtsstaatlichkeit in der globalen Governance fördern, um eine faire, gerechte, vernünftige und demokratische Schicksalsgemeinschaft der Menschheit aufzubauen." (Reidenberg 1993). Das Datengesetz über die Rechte und Pflichten von Datenfaktoren im digitalen Raum verkörpert die Denkweise, Werte und Governance-Konzepte des digitalen Zeitalters. In der Internet Governance spiegelt sich der derzeitige Paradigmenwechsel in der Entwicklung der globalen Daten Governance wider, und die Datenrechtsregelung ist ein von China ausgestelltes innovatives Rezept für eine globale Internet Governance, welches chinesische Weisheit und chinesische Lösungswege zur Förderung des Aufbaus einer Schicksalsgemeinschaft im digitalen Raum bietet.

Die Konvergenz der Zivilisationen und die Ordnung der Welt: Die umfassende Nutzung von Wissenschaft und Technologie hat im Laufe der Geschichte den Austausch und das Zusammenwachsen der Zivilisationen erheblich befördert, und der Verbreitungsprozess von Technologien ist gleichsam ein Prozess der Integration der Zivilisationen. Die heutige Welt befindet sich jedoch inmitten großer Veränderungen, wie wir sie seit einem Jahrhundert nicht mehr erlebt haben. Vom Internet bis hin zur Blockchain, von der sozialen Ordnung bis hin zu ethischen Normen, von der digitalen Wirtschaft bis hin zur digitalen Governance – ein *„Clash of Civilisations"* ist unvermeidlich. Der Aufbau einer Schicksalsgemeinschaft im digitalen Raum ist nicht nur eine Vereinigung von Interessen, sondern, was noch wichtiger ist, eine Anerkennung universeller menschlicher Werte. Und eine solche Anerkennung wird nicht kurzfristig zu erreichen sein, sondern muss durch die kontinuierliche Förderung des Dialogs zwischen den Zivilisationen im digitalen Zeitalter herbeigeführt werden. Wie Staatspräsident Xi Jinping auf der Konferenz für den Dialog der asiatischen Zivilisationen sagte: „Alle guten Dinge sind miteinander in Verbindung. Das menschliche Sehnen nach den guten Dingen ist durch keine Kraft aufzuhalten. Es gibt keinen Kampf der Kulturen, man muss nur die Augen haben, um die Schönheit jeder Zivilisation zu erkennen" (Xi Jinping 2019). Das Zusammenwachsen der Zivilisationen dient der Verwirklichung einer Werteorientierung der Weltordnung. Unter dem Ansturm einer neuen Runde der digitalen Revolution wird weltweit über institutionelle Regeln für das digitale Zeitalter nachgedacht und nach solchen gestrebt, und das Datenrecht wird diese Weltordnung auf ihrem Weg zu einer vernünftigeren und gerechteren digitalen Gemeinschaft voranbringen, die nach digitaler Gerechtigkeit strebt. Die wirksame Lösung für ein gelingendes Zusammenwachsen und eine Ordnung der Kulturen ist die Informatisierung und die Zivilisierung der digitalen Welt. Das ist es, was wir als digitale Zivilisation bezeichnen. Die wirksame Lösung zur Förderung der zivilisatorischen Integration und der zivilisatorischen Ordnung ist die Informatisierung der Zivilisation und der Daten, die wir digitale Zivilisation nennen. Im Zuge der Beschleunigung der digitalen Zivilisation wird das Datenrecht eine Schlüsselrolle bei der Zusammenführung der Zivilisationen und der Neugestaltung der Weltordnung spielen.

## Literaturverzeichnis

Edgar Bodenheimer,《法理学：法律哲学和法律方法》[Jurisprudence: The Philosophy and Method of the Law], Deng Zhenglai (Übers.), Verlag der Chinesischen Universität für Politikwissenschaft und Recht, 2017, S. 414.

Marjie T. Britz,《计算机取证与网络犯罪导论》（第三版）[Computer Forensics and Cyber Crime: an Introduction, 3rd Ed.], Dai Peng, Zhou Wen, Deng Yongjin (Übers.), Publishing House of Electronics Industry, 2016, S. 69.

Richard C Turkington; Anita L Allen,《美国隐私法：学说、判例与立法》[American Privacy Law: Cases and Materials], Feng Jianmei (Übers.), China Democracy and Legal System Publishing House, 2004.

Akira Ōsuka,《生存权论》[Das Recht auf Leben], Lin Jie (Übers.), Law Press·China, 2001.

Noriyuki Nishida,《日本刑法各论》[Übersicht der Theorien zum japanischen Strafrecht], Liu Mingxiang, Wang Zhaowu (Übers.), China Renmin University Press (CRUP), 2007, S. 104–105.

Magna Carta 《大宪章》, übersetzt von Chen Guohua, The Commercial Press, 2016, S. 36–37. 陈国华译， 商务印书馆，2016.

Deutsches Strafgesetzbuch (StGB) 《德国刑法典》, Xu Jiusheng, Zhuang Jinghua (Übers.), China Legal Publishing House, 2000, S. 156–158.

Vereinte Nationen, 《关于犯罪与司法：迎接二十一世纪的挑战的维也纳宣言》[Wiener Erklärung über Verbrechen und Gerechtigkeit: Bewältigung der Herausforderungen des 21. Jahrhunderts], offizielle Website der Vereinten Nationen: <https://www.un.org/zh/documents/treaty/files/A-CONF.187-4-REV.3.shtml>, 2000.4.17.

Cmnd. 7341，The Lindop Report into Data Protection，London：H MSO，1978.

Gloria González Fuster，The Emergence of Personal Data Protection as a Fundamental Right of the EU，New York：Springer International Publishing，2014.

Herbert L. Packer，The Limits of the Criminal Sanction，Redwood City：Stanford University Press，1988.

Joel R. and Reidenberg, "Rules of the Road for Global Electronic Highways： Merging the Trade and Technical Paradigms，" Harvard Journal of Law and Technology 6， （1993）.

Paul M.Schwartz， Daniel J.Solove."The PII Problem： Privacy and a New Concept of Personally Identifiable Information，" New York University Law Review 1814，No. 86（2011）.

Chen Bing, Gu Dandan,《数字经济下数据共享理路的反思与再造一以数据类型化考察为视角》[Umdenken und Neugestaltung des Grundprinzips der gemeinsamen Nutzung von Daten in der digitalen Wirtschaft: Eine Untersuchung aus der Perspektive der Datentypologie], Verlag der Shanghai University of Finance and Economics, 2020年第2期。

Chen Haifan et al. (Hrsg.), 载陈海帆等主编《个人资料的法律保护——放眼中国内地、香港、澳门及台湾》[Rechtlicher Schutz personenbezogener Daten: Ein Blick auf Festlandchina, Hongkong, Macau und Taiwan], Social Sciences Academic Press, 2014.

Schlüssellabor für Big-Data-Strategie,《块数据5.0：数据社会学的理论与方法》[Block Data 5.0: Theorie und Methoden für die Soziologie der Daten], China CITIC Press, 2019, S. 266.

Schlüssellabor für Big-Data-Strategie,《数权法1.0： 数权的理论基础》[Datenrechtsgesetz 1.0: Die theoretische Basis], Social Sciences Academic Press, 2019, S. 160.

Schlüssellabor für Big-Data-Strategie,《数权法2.0:数权的制度建构》[Datenrechtsgesetz 2.0: Die Systemkonstruktion der Datenrechte], Social Sciences Academic Press, 2020.

Gao Changfu,《浅议法律全球化——兼论国际法和国内法的互动》 [Die Globalisierung des Rechts: Das Zusammenspiel von internationalem und nationalem Recht], Journal of Jishou University (Social Sciences Edition), 2008, Nr. 3.

He Bo,《数据主权法律实践与对策建议研究》[Forschung zur Rechtspraxis der Datensouveränität und Vorschläge für Abwehrmaßnahmen], Information Security and Communications Privacy, 2017, Nr. 5.

He Yuan (Hrsg.)《数据法学》[Rechtswissenschaft der Daten], Verlag der Peking Universität, 2020.

Hu Jianmao,《如何认识"法律冲突"》[Wie Rechtskonflikte zu erkennen sind], Study Times, 2020.10.14, 002.

Huang Xiaomin,《大数据时代个人数据民法保护若干问题分析》[Analyse von Fragen des zivilrechtlichen Schutzes personenbezogener Daten im Big-Data-Zeitalter], Legality Vision, 2020, Nr. 8.

Jiang Bixin,《法律行为效力：公法与私法之异同》[Wirksamkeit von Rechtsakten: Gemeinsamkeiten und Unterschiede zwischen öffentlichem Recht und Privatrecht], National Judges College Law Journal, 2019-3.

Jiang Ping und Mi Jian,《罗马法基础》[Grundzüge des römischen Rechts], Verlag der Chinesischen Universität für Politikwissenschaft und Recht, 1987.

Jingdong Law Institute,《欧盟数据宪章：〈一般数据保护条例〉GDPR评述及实务指引》[Eine Charta des EU-Datenschutzes: ‚Datenschutz-Grundverordnung' DSGVO – ein Kommentar und Praxisleitfaden], Law Press·China, 2018.

Li Hong,《日本刑法精义》[Japanisches Strafrecht im Überblick], China Procuratorial Press, 2004.

Li Haiying,《网络安全法的价值追求与制度选择》[Das Wertestreben und die institutionellen Optionen des Internetsicherheitsgesetzes], Information Security and Communications Privacy, 2015, Nr. 9.

Li Xiuqun,《宪法基本权利水平效力研究》[Forschungen zur Effektivität auf der Ebene der verfassungsmäßigen Grundrechte], Chinesische Universität für Politikwissenschaft und Recht, Dissertation, 2007.

Lian Yuming,《大数据蓝皮书：中国大数据发展报告No.1》[Big Data Blue Book: China Big Data Development Report No. 1], Social Sciences Academic Press, 2017, S. 124.

Liang Shangshang《公共利益与利益衡量》[Öffentliches Interesse und Interessenabwägung], Tribune of Political Science and Law, 2016, Nr. 6.

Lin Min,《政府信息公开中知情权和隐私权的冲突与协调原则》[Konflikte zwischen dem Recht auf Auskunft und dem Recht auf Schutz der Privatsphäre bei der Offenlegung staatlicher Informationen und der Grundsatz der Vereinbarkeit], Library and Information Service, 2007, Nr. 2.

Liu Dexue,《个人资料保护中的权利冲突问题研究》[Studie über Rechtskollisionen beim Schutz personenbezogener Daten]，Chen Haifan et al. (Hrsg.) 载陈海帆等主编《个人资料的法律保护——放眼中国内地、香港、澳门及台湾》[Rechtlicher Schutz personenbezogener Daten: Ein Blick auf Festlandchina, Hongkong, Macau und Taiwan], Social Sciences Academic Press, 2014.

Liu Kaixiang,《民法典中的公权力与私权利界限及其意义》[Abgrenzung und Bedeutung von öffentlichen und privaten Rechten im Zivilgesetzbuch], Social Governance Review, 2020, Nr. 7.

Liu Shen:《国内法律冲突及立法对策》[Innerstaatliche Rechtskollisionen und gesetzgeberische Maßnahmen], Verlag der Chinesischen Universität für Politikwissenschaft und Recht, 2003.

Ma Changshan,《数字社会的治理逻辑及其法治化展开》[Die Governance-Logik in der digitalen Gesellschaft und die Entfaltung der Rechtsstaatlichkeit], Science of Law (Journal of Northwest University of Political Science and Law), 2020, Nr. 5.

Ma Changshan, 《智慧社会背景下的"第四代人权"及其保障》[Die vierte Generation der Menschenrechte vor dem Hintergrund der intelligenten Gesellschaft und ihre Garantien], China Legal Science, 2019, Nr. 5.

Mo Jihong,《论宪法与其他法律形式的关系》[Zum Verhältnis von Verfassung und anderen Rechtsformen], Reihe Rechtsstaatlichkeit (Journal of Shanghai University of Political Science & Law), 2007, Nr. 6.

Tang Kaiyuan,《论政府信息公开与保密的量度》[Ausmaß der Geheimhaltung und Offenlegung von Regierungsinformationen], Seeker, 2005, Nr. 8.

Wang Liming,《隐私权的新发展》[Neue Entwicklungen im Recht auf Privatsphäre], Renmin University Law Review, 2009, Nr. 1.

Wang Liming,《隐私权内容探讨》[Untersuchungen zum Inhalt des Rechts auf Privatsphäre], Zhejiang Social Sciences, 2007, Nr. 3.

Wang Qianyun,《人工智能背景下数据安全犯罪的刑法规制思路》[ Überlegungen zum Strafrecht und zur Regulierung von Datensicherheitsdelikten im Kontext der künstlichen Intelligenz], Legal Forum, 2019, Nr. 2.

Wang Suyuan, Ren Erxin,《权利冲突及其配置》[Rechtekollisionen und deren Ausgestaltung], Journal of Lanzhou University, 1999, Nr. 1.

Wang Xiuxiu,《个人数据权：社会利益视域下的法律保护模式》[Das Recht auf personenbezogene Daten: ein Modell des Rechtsschutzes im Kontext gesellschaftlicher Interessen], Dissertation, East China University of Political Science and Law, 2016.

Wang Xuehui und Zhao Xin,《隐私权之公私法整合保护探索一以大数据时代个人数据隐私为分析视点》[„Exploring the Protection of the Right to Privacy in Public and Private Law: An Analysis of Personal Data Privacy in the Era of Big Data"], Hebei Law Science, 2015, Nr. 5.

Wang Yan, Ye Ming,《人工智能时代个人数据共享与隐私保护之间的冲突与平衡》, [Konflikt und Gleichgewicht zwischen der Weitergabe persönlicher Daten und dem Schutz der Privatsphäre im Zeitalter der künstlichen Intelligenz], Theory Journal, 2019, Nr. 1.

Wei Xiaomin,《公民个人信息的刑法保护》[Strafrechtlicher Schutz personenbezogener Informationen von Bürgern], The South Journal, 2020, Nr. 7.

Wu Changhong,《个人信息的刑法保护研究》[Studie über den strafrechtlichen Schutz personenbezogener Daten], Shanghai Academy of Social Sciences Press, 2014, S. 45.

Wu Weiguang,《大数据技术下个人数据信息私权保护论批判》[Eine Kritik an der Theorie des Schutzes der Privatsphäre und personenbezogener Daten vor dem Hintergrund der Big-Data-Technologie], Political Science and Law, 2016, Nr. 7.

Wu Weiguang,《构建公权与私权相结合的大数据技术规治体系》[Aufbau eines technischen Regulierungssystems für Big Data, welches öffentliche und private Rechte kombiniert], Journal of Cyber and Information Law, 2019, Nr. 1.

Wu Xinghua,《数据共享与隐私权保护》[Die gemeinsame Nutzung von Daten und der Schutz der Privatsphäre], Journal of Shandong University of Science and Technology (Social Science Edition), Nr. 4, 2017.

Xi Jinping,《在亚洲文明对话大会开幕式上的主旨演讲》[Eröffnungsrede der Konferenz für den Dialog der asiatischen Zivilisationen]，People's Daily, 2019.5.15. Nr. 5.

Yang Xueke,《数字宪治主义研究》[Studie zum digitalen Konstitutionalismus], Dissertation, Jilin-Universität, 2020, S. 1.

Yao Yuerong,《宪法视野中的个人信息保护》[Der Schutz personenbezogener Daten aus verfassungsrechtlicher Sicht], Law Press·China, 2012, S. 111.

Zhang Huilin,《论公共利益对私权的限制一以所有权过度限制的救济为视角》[Beschränkungen privater Rechte im öffentlichen Interesse – eine Perspektive im Hinblick auf Rechtsbehelfe bei übermäßigen Eigentumsbeschränkungen], Dissertation, Jilin-Universität, 2013, S. 55.

Zhang Qianfan (Hrsg.),《宪法》[Die Verfassung], Verlag der Peking Universität, 2012.

Zhao Bingzhi, Yu Zhigang,《计算机犯罪比较研究》[Vergleichende Studie zur Computerkriminalität], Law Press·China, 2004, S. 155.

Zhao Hongrui, Wang Hongwei, Zhang Chunlei und Wang Heyong,《俄罗斯最新〈主权互联网法〉的内容、特点、对策》[Inhalt, Merkmale und Reaktionen auf das neueste russische Gesetz über das souveräne Internet], Netzwerk juristischer Informationen der Universität Peking. <http://lawyer edu.pkulaw.cn:8091/index.php?m=content&c=index&a=show&catid=11&id=1138>, 11 Sept. 2019.

Zhao Yingjie, Sun Ruidong,《宪法视角下环境权之人权属性分析》[Analyse des Menschenrechtsstatus der Umweltrechte aus Sicht der Verfassung], Journal of North China University of Science and Technology (Social Sciences Edition), 2020, Nr. 3.

Zhou Hanhua,《个人信息保护的法律定位》[Die Rechtslage zum Schutz personenbezogener Daten], Studies in Law and Business, 2020, Nr. 3.

Vgl. Zhou Youyong,《行政法基本原则研究》（第二版）[Studie über die Grundprinzipien des Verwaltungsrechts, 2. Aufl.], Verlag der Universität Wuhan, 2005.

Zhu Xinli, Tang Mingliang,《法治政府建设的二维结构—合法性、最佳性及其互动》[Die zweidimensionale Struktur beim Aufbau einer rechtsstaatlichen Regierung: Rechtmäßigkeit, Optimierung und ihre Wechselwirkungen], Zhejiang Academic Journal, 2009, Nr. 6.

KAPITEL 4

# Innovationen im Gesetzgebungssystem des Datenrechts

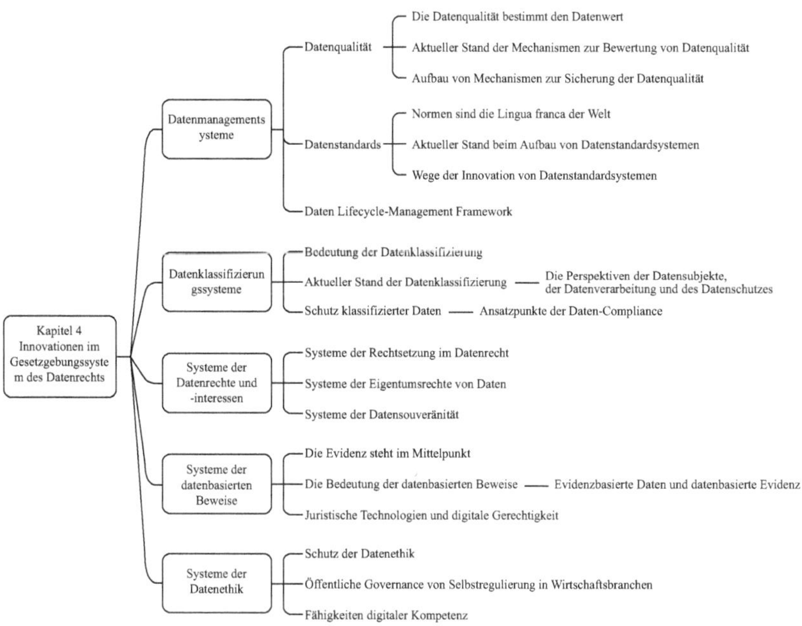


Das Rechtesystem koordiniert zwischen gesellschaftlichen Idealen und gesellschaftlicher Realität. Anders gesagt, es befindet sich in einer schwer zu definierenden Grauzone zwischen normativer und deskriptiver Realität. Die Etablierung von Institutionen zur Datengesetzgebung ist gerade so ein Fall. Ihre Bedeutung liegt nicht nur in der Wahrung und Verwirklichung von Gerechtigkeit, sondern auch darin, sich der Schaffung einer Ordnung zu verschreiben. Das heißt, durch eine Verknüpfung von

Datenrechtsbeziehungen und Datenrechtsbestimmungen initiiert und durch Erstellung eines Systems zur wirksamen Verbindung, Regulierung und Schutz der Datenbeziehungen realisiert, wird eine größtmögliche Kosteneinsparung der Datennutzung bei gleichzeitiger Effektivitätssteigerung der Allokation von Datenressourcen erreicht. Unter realistischen Gesichtspunkten muss der Datenschutz aus den Grenzen des Schutzes privater Rechte heraustreten und über den Grundsatz von Auskunft und Einwilligung hinausgehen. Er sollte sowohl der industriellen Entwicklung als auch der sozialen Gerechtigkeit Rechnung tragen, eine offenere, inklusivere und freundlichere Datenökologie ins Leben rufen, dabei die Regeln dynamisch und flexibel halten und durch einen verteilten Bottom-up-Mechanismus für die Erstellung von Regeln ein flankierendes System erschaffen, das den spezifischen Wertzielen besser gerecht wird, und eine Datenschutzregelung und Rechtssystem herausbildet, die den tatsächlichen Erfordernissen besser gerecht werden. In der Erforschung der Gesetzgebung zu Datenrechten sind wir bestrebt, Systeme von Institutionen zu schaffen, wie z. B. Datenmanagementsysteme, Datenklassifizierungssysteme, Datenrechts- und Dateninteressensysteme, Datenbeweissysteme und Datenethiksysteme, in der Hoffnung, einen Beitrag zur theoretischen Erforschung und zur Verbesserung der Rechtsvorschriften zu leisten.

## Abschnitt 1 Datenmanagementsysteme

„Die Konvergenz von Informationstechnologie und Volkswirtschaft hat ein rapides Wachstum von Daten ausgelöst, wodurch diese zu einer grundlegenden strategischen Ressource für das Land geworden sind, und Big Data hat in zunehmendem Maße einen wichtigen Einfluss auf die globalen Produktions-, Zirkulations-, Vertriebs- und Konsumtätigkeiten sowie auf die wirtschaftlichen Funktionsmechanismen, die gesellschaftlichen Lebensstile und die nationalen Governance-Möglichkeiten" (Staatsrat der Volksrepublik China 2015). Im Hinblick auf den Entwicklungstrend hin zu riesigen Datenmengen, verstreuten Quellen und verschiedenartigsten Formaten ist die Innovation des Datenmanagementsystems zum

Schlüssel für die nachhaltige Entwicklung von Big Data geworden, und die Entwicklung qualitativ hochwertiger Daten ist zum zentralen Anliegen schlechthin avanciert. Der Bericht des 19. Parteitags der Kommunistischen Partei Chinas sieht den Aufbau eines „digitalen China" vor. Der „14. Fünfjahresplan" unterstreicht die „Einrichtung grundlegender Systeme und Standards für die Eigentumsrechte, den Zirkulation der Transaktionen, die grenzüberschreitende Übertragung und den Schutz von Datenressourcen, um die Entwicklung und Nutzung von Datenressourcen zu fördern. Die Verwirklichung dieser politischen Zielsetzungen muss auf der Grundlage und unter der Voraussetzung qualitativ hochwertiger Daten geschehen. In diesem Kontext sind die Normierung der Datenqualität, die Etablierung von Datenstandards und der Aufbau eines Datenmanagementsystems unter dem Gesichtspunkt einer Verwaltung des gesamten Lebenszyklus von Daten als wissenschaftliche Leitlinie und wegweisend zu einer optimalen Nutzung von Daten anzusehen.

### *(1) Datenqualität*

„Datenqualität ist der Grad, in dem die Eigenschaften der Daten bei ihrer Nutzung unter wohldefinierten Bedingungen explizite und implizite Anforderungen erfüllen" (Zentralbüro der obersten nationalen Marktaufsicht 2018 S. 1). Die Datenqualität ist die Grundlage für die Entwicklung, den Einsatz von Big Data und ein Gradmesser der digitalen Zivilisation. Die gewaltigen Datenmengen führen nach wie vor zu einer verzerrten Wahrnehmung von Daten. Will man den Wert von Big Data bestmöglich nutzen und seine negativen Auswirkungen eindämmen, sodass die persönliche Sicherheit, die gesellschaftliche Sicherheit und die nationale Sicherheit effektiv gewahrt werden können, ist der Aufbau eines Datenqualitätsmanagementsystems unter Beachtung der Grundprinzipien des Datenschutzes unerlässlich (Qi Aimin und Pan Jia 2015).

Die Qualität der Daten bestimmt den Wert der Daten. Die Welt ist Zeuge einer globalen Bewegung, die durch Daten, Technologie und soziale Medien angetrieben wird. Diese Bewegung hat das enorme Potenzial, verantwortungsvollere, effizientere, ansprechbarere und effektivere Regierungen und Unternehmen zu schaffen und dabei das Wirtschaftswachstum zu stimulieren. Im Juni 2013 unterzeichneten die Staatsoberhäupter der G8-Staaten die „Open-Data-Charta", in der sie klare Vorgaben für die Qualität und Quantität von Daten verlautbaren: Einerseits sollen qualitativ hochwertige Daten gewonnen werden, andererseits sollen zeitnahe, umfassende und aussagefähige Daten hoher Qualität zugänglich gemacht werden.[1] Open Data ist inzwischen integraler Bestandteil dieser globalen Bewegung, und die Datenqualität ist zum Schlüssel für die Wirksamkeit von Open Data geworden. Artikel 57 der im Juli 2020 vom Justizamt der Stadt Shenzhen veröffentlichten „Datenverordnung der Sonderwirtschaftszone Shenzhen (Entwurf zur Stellungnahme)" besagt: „Die Teilnehmer am Markt für Datenfaktoren sollten eine solide Data-Governance-Organisationsstruktur und einen Mechanismus zur Selbstevaluation einrichten, Data-Governance-Aktivitäten organisieren, das Datenqualitätsmanagement stärken und die Wertschöpfung aus Daten fördern." Die Wertschöpfung von Big Data basiert vor allem auf der Verknüpfung von qualitativ hochwertigen Daten; isolierte Daten besitzen keinen wirklichen Wert. Eine

1 „Open Data Charta" 2. Grundsatz: Qualität und Quantität. Wir wissen, dass Regierungen und der öffentliche Sektor über große Mengen an Informationen verfügen, die für die Bürger von Interesse sein können. Ebenso ist uns bewusst, dass die Aufbereitung qualitativ hochwertiger Daten viel Zeit in Anspruch nehmen kann und dass es wichtig ist, sich mit den anderen Mitgliedstaaten und den Nutzern offener Daten zu beraten, um zu ermitteln, welche Daten für eine Veröffentlichung oder Verbesserung vorrangig zu behandeln sind. Wir werden aktuelle, umfassende und zutreffende offene Daten von hoher Qualität publizieren, d. h. wann immer möglich, Daten in ihrer ursprünglichen, unveränderten Form und auf dem feinsten verfügbaren Level der Granularität. Wir stellen sicher, dass die Informationen in den Daten in einer klaren und unmissverständlichen Sprache abgefasst sind, sodass sie von allen verstanden werden können, auch wenn eine Übersetzung in andere Sprachen in dieser „Charta" nicht vorgeschrieben ist. Wir werden sicherstellen, dass die Daten adäquat beschrieben werden, damit die Verbraucher hinlänglich informiert sind, um ihre Stärken, Schwächen, analytischen Beschränkungen und Sicherheitsvorgaben zu kennen und zu wissen, auf welche Weise die Daten verarbeitet werden. Ferner sollten die Daten früh genug freigegeben werden, um den Nutzern die Möglichkeit zu geben, Rückmeldungen zu geben, und dann weiter überarbeitet werden, um sicherzustellen, dass die höchsten Qualitätsstandards für offene Daten erfüllt werden.

Entwicklung wissenschaftlicher und vernünftiger Managementstandards für die Datenqualität kann die interne Verknüpfung von Daten begünstigen und so den maximalen Wert der Daten erzielen.

Der aktuelle Stand der Systeme zur Bewertung von Datenqualität: Der Internationale Währungsfonds (IWF) und andere internationale Organisationen sowie mehrere Länder wie das Vereinigte Königreich und Schweden legen großen Wert auf ihre Gesetzgebung zum Datenqualitätsmanagement. Im Großen und Ganzen lassen sich die Gesetzgebungen zum Datenqualitätsmanagement auf internationaler Ebene in drei Arten unterteilen: die Entwicklung spezifischer Gesetze und Verordnungen zum Management der Datenqualität, normative Dokumente und die Einführung von Inhalten zum Datenqualitätsmanagement im Kontext der allgemeinen Gesetzgebung. So gibt es beispielsweise den Rahmen zur Bewertung der Datenqualität *(Data Quality Assessment Framework)* und das Gemeinsame System für die Datenverbreitung *(General Data Dissemination System)* des Internationalen Währungsfonds, und Länder wic das Vereinigte Königreich und Schweden haben ihre eigenen umfassenden Rahmenwerke für die Evaluierung und das Management der Datenqualität entwickelt. In der aktuellen Phase ist die chinesische Gesetzgebung zum Datenqualitätsmanagement eine Kombination aus allen drei Arten und besteht hauptsächlich aus normativen Dokumenten. Bestimmungen zum Datenqualitätsmanagement sind dabei häufig in einzelnen einschlägigen Branchenstandards zu finden. So z. B. der „Leitfaden zur Einstufung der Datensicherheit für Finanzdaten", der „Leitfaden zur Datenklassifizierung und -einstufung für die Industrie (Vorentwurf)", der „Leitlinien zur Datenklassifizierung und -einstufung für die Wertpapier- und Futures-Branche", der „Data Governance-Leitlinien für Banken und Finanzinstitute" etc.

Der Aufbau von Mechanismen zur Sicherung der Datenqualität: Der im Juni 2018 von der Staatlichen Administration für Marktregulation (SAMR) und der Staatlichen Kommission für Normungsverwaltung der Volksrepublik China herausgegebene „Index zur Bewertung der Datenqualität im Bereich der Informationstechnologie" besagt eindeutig, dass die Merkmale der Daten sechs Kriterien umfassen, nämlich Normkonformität, Vollständigkeit, Genauigkeit, Konsistenz, Aktualität und Zugänglichkeit (siehe Tabelle 4-1).

Tabelle 4-1 Indikatoren zur Bewertung von Datenqualität

| Datenmerkmale | Indikatorname | Beschreibung des Indikators |
|---|---|---|
| Normkonformität | Datenstandards | Metriken für die Standard-Compliance von Daten<br>Anm. 1: Bei der Evaluierung der Datenqualität müssen Standards erfasst werden, die für die Benennung, Erstellung, Definition, Aktualisierung und Archivierung von Daten einzuhalten sind, einschließlich internationaler Standards, nationaler Standards, Branchenstandards, lokaler Standards oder relevanter Vorschriften.<br>Anm. 2: Mindestens ebenso wichtig, wie die Datenarchivierung ist, dass eine umfassende Datenordnung auch detaillierte und durchsetzbare Regelung für die Vernichtung alter Daten enthält. |
| | Datenmodelle | Metriken für die Compliance der Daten mit dem Datenmodell<br>Anm. 1: Datenmodelle sind ein Mittel zur visuellen Beschreibung der Struktur organisierter Daten und eine Spezifikation für diese Darstellung.<br>Anm. 2: Die Bewertung der Datenqualität setzt voraus, dass eine klare und verständliche Definition des Datenmodells und der Organisation der Daten vorhanden ist. |
| | Metadaten | Metriken für die Konformität von Daten mit Metadatendefinitionen<br>Anm.: Metadaten sind Standards für die Beschreibung oder Darstellung anderer Daten, die das Auffinden oder die Nutzung von Informationen erleichtern. Die Bewertung der Datenqualität erfordert das Vorliegen einer interpretierbaren Metadaten-Dokumentation. |

Tabelle 4-1 Fortgesetzt

| Datenmerkmale | Indikatorname | Beschreibung des Indikators |
|---|---|---|
| | Branchenregeln | Metriken für die Übereinstimmung der Daten mit Branchenregeln<br>Anm. 1: Eine Branchenregel ist ein maßgeblicher Grundsatz oder eine Richtlinie, die eine geschäftliche Interaktion beschreibt und eine Vorgabe für die Ergebnisse und Erfüllungskriterien von Handlungen und Verhalten mit Daten macht.<br>Anm. 2: Die Bewertung der Datenqualität erfordert auch eine Überprüfung, ob gut dokumentierte Branchenregeln vorhanden sind. |
| | Maßgebliche Referenzdaten (verbindliche Referenzquellen) | Referenzdaten sind Zusammenstellungen oder aufgegliederte Tabellen von Werten, die als Referenz für Systeme, Anwendungsdatenbanken, Prozesse, Berichte, Transaktionsaufzeichnungen und Stammdaten dienen.<br>Anm.: Referenzdatenlisten sollen zur Bewertung der Datenqualität herangezogen werden. |
| | Sicherheits-spezifikationen | Sicherheitsspezifikationen sind Regeln für die Sicherheit und den Schutz der Privatsphäre, einschließlich der Verwaltung von Datenrechten, der Desensibilisierung (Datenmaskierung) von Daten etc. |
| Vollständigkeit | Vollständigkeit der Datenelemente | Der Umfang, in dem Datenelementen in einem Datensatz Werte zugewiesen werden sollten, wie es die Branchenregeln erfordern |

(*fortgesetzt*)

Tabelle 4-1 Fortgesetzt

| Datenmerkmale | Indikatorname | Beschreibung des Indikators |
|---|---|---|
| | Vollständigkeit der Datenprotokolle | Der Umfang, in dem den Datensätzen im Datenbestand Werte gemäß den Branchenregeln zugewiesen werden sollten |
| Genauigkeit | Genauigkeit der Dateninhalte | Ob die Dateninhalte den erwarteten Daten entsprechen |
| | Einhaltung der Datenformate | Ob das Datenformat (einschließlich Datentyp, Wertebereich, Datenlänge, Datengenauigkeit usw.) den erwarteten Anforderungen entspricht |
| | Wiederholungsrate der Daten | Das Maß der nicht intendierten Redundanz bestimmter Felder, Protokolle, Dateien oder Datensätze |
| | Einzigartigkeit der Daten | Ein Maß für die Einzigartigkeit bestimmter Felder, Protokolle, Dateien oder Datensätze |
| | Frequenz von Datenverunreinigung | Ein Maß an ungültigen Daten innerhalb der entsprechenden Felder, Protokolle, Dateien oder Datensätze |
| Konsistenz | Konsistenz identischer Daten | Übereinstimmung der Daten, wenn dieselben Daten an verschiedenen Orten gespeichert oder von verschiedenen Anwendungen oder Nutzern verwendet werden; gleichzeitige Änderung derselben Daten, die an verschiedenen Orten gespeichert sind, wenn sich die Daten ändern. |
| | Konsistenz verwandter Daten | Überprüfung der Konsistenz von verknüpften Daten anhand von Konsistenzkriterien |
| Aktualität | Korrektheit hinsichtlich Zeitraum | Inwieweit die Anzahl der Datensätze oder die Häufigkeitsverteilung auf der Grundlage eines Datumsbereichs den Branchenanforderungen entspricht |

Tabelle 4-1 Fortgesetzt

| Datenmerkmale | Indikatorname | Beschreibung des Indikators |
|---|---|---|
| | Korrektheit hinsichtlich Zeitpunkt | Das Ausmaß, in dem die Anzahl der Datensätze oder die Häufigkeitsverteilung auf der Grundlage von Zeitstempeln oder Verzögerungszeiten den Branchenanforderungen entspricht |
| | Zeitverlauf | Relative zeitliche Beziehungen zwischen Datenelementen der gleichen Instanz in einem Datensatz |
| Zugänglichkeit | Zugänglichkeit | Der Umfang, in dem Daten bei Bedarf zugänglich sind |
| | Benutzbarkeit | Die Verwendbarkeit von Daten innerhalb eines festgelegten, gültigen Life Cycles |

Quelle: Zentralbüro der obersten nationalen Mar ktaufsicht und Standardization Administration of the People's Republic of China „Indikatoren zur Bewertung der Datenqualität in der Informationstechnologie", 2018.

1. Normkonformität: Die Normkonformität bezieht sich auf den Grad, zu dem Daten mit Datenstandards, Datenmodellen, Branchenregeln, Metadaten oder maßgeblichen Referenzdaten übereinstimmen. Unter diesen sind Datenstandards Regeln und Bezugsgrößen für die Benennung, Definition, Struktur und den Wertebereich von Daten. Ein Datenmodell ist eine bildliche und textliche Analysedarstellung, welche die Daten identifiziert, die eine Organisation zur Erfüllung ihrer Aufträge, Funktionen, Ziele und Strategien und zum Management und zur Evaluierung der Organisation benötigt. Metadaten sind Daten über Daten oder Datenelemente (einschließlich ihrer Datenbeschreibungen) sowie Daten über Dateneigentum, Zugriffsrechte, Zugangswege und Austauschbarkeit. Maßgeblichen Referenzdaten sind verbindliche Referenzquellen.
2. Vollständigkeit: Vollständigkeit ist das Ausmaß, in dem den Datenelementen die in den Datenrichtlinien geforderten Werte zugeordnet sind.

3. Genauigkeit: Die Genauigkeit bezieht sich auf das Ausmaß, in dem die Daten den wahren Wert des tatsächlichen Objekts, das sie beschreiben, korrekt wiedergeben. 4. Konsistenz: Konsistenz ist der Grad, zu dem die Daten frei von Widersprüchen zu anderen, in einem bestimmten Kontext verwendeten Daten sind. 5. Aktualität: Die Aktualität bezieht sich auf das Maß, in dem die Daten im Laufe des zeitlichen Wandels korrekt bleiben. 6. Zugänglichkeit: Die Zugänglichkeit bezieht sich auf den Umfang, in dem auf die Daten zugegriffen werden kann (Staatliche Kommission für Normungsverwaltung der Volksrepublik China 2018 S. 1). Die Schaffung eines Mechanismus zur Sicherung der Datenqualität soll den gesamten Lebenszyklus der Daten u. a. im Hinblick auf die sechs Kriterien der Daten regeln und anleiten. Der Gesetzgebungsprozess des Datenqualitätsmanagements kann durch einen perfekten Mechanismus zur Bewertung der Datenqualität erreicht werden.

### *(2) Datenstandards*

Normen sind die *Lingua franca* der Welt. Normen im Bereich Big Data sind der „Reisepass" zum internationalen Big-Data-Markt. Wer die Normen definiert, hat auch ein Mitspracherecht. Wer die Normen kontrolliert, ist in der dominanten Position. Generalsekretär Xi Jinping bekräftigte, dass es eine wichtige und dringende Aufgabe sei, die Normierungsarbeit zu stärken und Normierungsstrategien zu implementieren. Normen sind ein Motor für Innovation und Entwicklung und ein Wegbereiter für den Fortschritt der Zeit. Datenstandards als eine der elementaren Garanten für die positive Entwicklung der Big-Data-Branche sind entscheidend für die Qualität ihrer Branchenentwicklung, und nur hohe Normungsanforderungen werden zu qualitativ hochwertigen Ergebnissen führen. Um eine unbedenkliche und geordnete Entwicklung im Big-Data-Bereich zu gewährleisten, ist es dringend erforderlich, ein perfektes Paket von Referenzstandardspezifikationen zu erstellen. Nur durch eine Stärkung des Bewusstseins für Big-Data-Standards im internationalen Wettbewerb, eine energische Umsetzung der Standardisierungsstrategie, eine schnellere Fortentwicklung der Daten-Standardisierungsarbeit, eine weitere Förderung der allseitigen Integration verschiedenster Standards und das Bestreben, durch die Erforschung von Standards im Bereich Big Data die Vorreiterrolle oder gar die Vorherrschaft über internationale Standards für Big Data zu erlangen, können wir bei der Zuteilung globaler Datenressourcen eine dominierende Position einnehmen, die Initiative im sich ständig verändernden internationalen Datenwettbewerb ergreifen und der digitalen Revolution ihren Weg in die Zukunft weisen.

Aktueller Stand beim Aufbau von Datenstandardsystemen: Im Juli 2015 gab das Generalbüro des Staatsrats „Mehrere Stellungnahmen zur Nutzung von Big Data für die Verbesserung von Dienstleistungen und die Aufsicht über die Marktakteure" und im August 2015 den „Aktionsplan zur Förderung der Entwicklung von Big Data" heraus, welche klare Anforderungen an die Einrichtung eines Datenstandardsystems stellen.[2] Rund um die nationale Politik, „basierend auf den Branchen- und

2 Die „Stellungnahmen zur Nutzung von Big Data für die Verbesserung von Dienstleistungen und die Aufsicht über die Marktakteure" bekräftigen den wichtigen Beitrag von Big Data bei den Dienstleistungen der Marktaufsicht und schlagen in der Vereinbarung über die Aufgabenverteilung vor, „ein Big-Data-Standardsystem einzurichten und grundlegende, technische, Anwendungs- und Managementstandards in Bezug auf Big Data zu untersuchen und zu formulieren etc. Die Einführung technischer Standards für die Sammlung, Speicherung, Veröffentlichung, Weitergabe, Verwendung, Qualitätssicherung und das Sicherheitsmanagement von Regierungsinformationen ist zu beschleunigen; die Einführung von Standardspezifikationen für die gemeinsame Nutzung und den Austausch von Informationen zwischen Unternehmen ist anzuleiten". Der Aktionsplan zur Förderung der Entwicklung von Big Data entfaltet systematisch die Arbeit der Entwicklung von Big Data in China und setzt im Kapitel über strategische Mechanismen den Schwerpunkt auf die „Einrichtung eines Standard-Spezifikationssystems, Förderung des Aufbaus eines Systems für Big-Data-Industriestandards, Beschleunigung der Einrichtung von Datenstandards und eines Systems für statistische Standards für Regierungsabteilungen, Institutionen und andere öffentliche Einrichtungen, Förderung der Entwicklung und Umsetzung gemeinsamer Schlüsselstandards für die Datenerhebung sowie für die Öffnung von Regierungsdaten, Indexformate, Klassifizierungskataloge, Austauschschnittstellen, Zugangsschnittstellen, Datenqualität, Datentransaktionen, technische Produkte, Sicherheit und Vertraulichkeit. Die Beschleunigung der Einrichtung eines Normungssystems für Big-Data-Markttransaktionen; Durchführung von Pilotversuchen zur Validierung und Anwendung von Normen, Einrichtung eines Systems zur Evaluierung der Normkonformität und vollständige Nutzung der Funktion von Normen bei der Förderung des

regionalen Besonderheiten der Entwicklung der Big-Data-Industrie, haben verschiedene Regionen im ganzen Land lokale Big-Data-Standardisierungsausschüsse eingerichtet, um schrittweise die Ausarbeitungen lokaler Big-Data-Standards durchzuführen, mit dem Ziel, ein sicheres und zuverlässiges, einheitliches und standardisiertes, komfortables und effizientes lokales Big-Data-Standardsystem zu schaffen, das der Entwicklung der lokalen Big-Data-Industrien dienlich ist" (Nationaler Technischer Normenausschuss der Informationstechnik 2020). So haben beispielsweise Guizhou, Guangdong und Shandong technische Komitees für die Standardisierung von Big Data auf der Provinzebene eingerichtet, die Innere Mongolei hat das Technische Komitee für Cloud Computing und Big-Data-Standardisierung der Autonomen Region Innere Mongolei gegründet, Shanxi hat das Technische Komitee für Netzwerksicherheit und Big-Data-Standardisierung der Provinz Shanxi eingerichtet und Shanghai hat das Technische Komitee für die Standardisierung öffentlicher Daten in Shanghai gegründet. Auf der Grundlage von technischen Normungsausschüssen der Provinzen hat jede Region ihre eigenen lokalen Normen entwickelt und in Kraft gesetzt. Die Provinz Guizhou hat beispielsweise mehr als 10 lokale Standards für Regierungsdaten entwickelt, darunter „Zentrale Metadaten für offene Regierungsdaten", „Leitfaden für offene Regierungsdaten" und „Leitfaden für die Klassifizierung und Klassifizierung von Regierungsdaten" für den Bereich der Regierungsdaten. Die Provinz Shandong konzentrierte sich auf die angebotsseitige Strukturreform der Landwirtschaft der Provinz Shandong und entwickelte 10 lokale Standards für Big Data in der Landwirtschaft, darunter das „Landwirtschaftliche Big-Data-Standardsystem" und die „Grundanforderungen für die Datenverarbeitung von Big Data in der Landwirtschaft". Auf der Grundlage des Aufbaus der Cloud-Plattform „Cloud in der nördlichen Grenzregion" hat die Autonome Region Innere Mongolei lokale Standards wie den „Leitfaden für das Sicherheitsmanagement öffentlicher Big Data", die „Spezifikationen für die Qualität des Datenzugriffs auf Big-Data-Plattformen" und die „Vorläufigen Spezifikationen für das Big-Data-Standardsystem" entwickelt, um so die

---

Dienstleistungsmarktes, der Verbesserung der Dienstleistungskapazitäten und der Unterstützung des Branchenmanagements sowie Arbeiten in weiteren Richtungen; aktive Beteiligung an der Entwicklung einschlägiger internationaler Normen".

gemeinsame Nutzung und den Austausch von Regierungsdaten und eine qualitativ hochwertige Freigabe von öffentlichen Daten zu ermöglichen.

Wege der Innovation von Datenstandardsystemen: Die Entwicklung eines Standardsystems ist eine unerlässliche Voraussetzung für die nachhaltige Entwicklung des Datenqualitätsmanagements und ein wichtiges Zeichen für dessen Reife. Der „Leitfaden für die Normungsarbeit – Teil 1: Allgemeines Glossar zur Normierung und damit verbundener Tätigkeiten (GB/T 20000.1-2002)" definiert „Normung" wie folgt: „Um die bestmögliche Ordnung innerhalb des vorgegebenen Rahmens zu schaffen und zur Förderung der gemeinsamen Vorteile werden gemeinsam zu verwendende und wiederzuverwendende Klauseln für tatsächliche oder potenzielle Probleme und ihre Ausarbeitung, Veröffentlichung und Anwendung in Dokumentationen festgelegt." Der Aufbau eines Systems von Datenstandards beruht darauf, durch die Entwicklung einer Reihe von Standards für die Datenerhebung, die Datenverarbeitung, die Datenzirkulation, die Datenpreisgestaltung und die Datenöffnung das System der Datenstandards neu zu gestalten, um eine wissenschaftliche und effiziente Datenordnung zu schaffen, die gemeinsamen Interessen der einzelnen Subjekte zu fördern und den politischen, wirtschaftlichen und gesellschaftlichen Vorteil der Datenöffnung und -nutzung zu maximieren. Konkret bedeutet dies, dass in dem Maße, in dem die industrielle Basis in der digitalen Wirtschaft weiter wächst und einige Unternehmen internationaler werden, der Aufbau eines Systems von Datenstandards von einer einseitigen „Lokalisierungs"-Strategie abrücken und einen stärker diversifizierten Mechanismus des Datenflusses für Unternehmen bereitstellen muss, um eine globale Entwicklung zu verwirklichen, damit die Interessen von Sicherheit, Entwicklung und Offenheit wirksam ausgeglichen werden.

### *(3) Ein Rahmenwerk für das Lifecycle-Management von Daten*

Eine Voraussetzung für die Realisierung von Datenwerten ist das richtige Grundverständnis, das Management und die Nutzung des gesamten Lebenszyklus von Daten. „Im Jahr 2014 veröffentlichte die Europäische Kommission die ‚Strategie für eine datengesteuerte Wirtschaft', die sich auf eine eingehende Untersuchung der Innovationsmechanismen auf der Grundlage der Wertschöpfungskette von Big Data stützt und vorschlägt, den ‚Strategieplan für die Datenwertschöpfungskette' mit Nachdruck voranzutreiben, um die verschiedenen Datenwertschöpfungsketten durch ein kohärentes EU-Ökosystem zu ermöglichen, in dessen Mittelpunkt Daten stehen. Die Datenwertschöpfungskette wird als der Lebenszyklus von Daten betrachtet, von ihrer Erzeugung, Validierung und Weiterverarbeitung bis hin zu ihrer Nutzung und Wiederverwendung in Form neuer und innovativer Produkte und Dienste" (Nationaler Technischer Normenausschuss der Informationstechnik 2018). „Eine Gegenüberstellung einiger typischer Datenlebenszyklen im In- und Ausland zeigt, dass mehrere Life-Cycle-Modelle Kernaspekte wie Datenerfassung, Datenverarbeitung und Datennutzung beinhalten" (Chu, Jiewang und Xia 2020). Entsprechend den zentralen Zusammenhängen und dem systematischen Charakter des Datenerzeugungsprozesses, dem Lebenszyklus des Prozesses der Organisation und der Anhäufung von Datenressourcen kann das Data-Life-Cycle-Management in sechs Phasen unterteilt werden: Datenerhebung, Datenverarbeitung, Datenaufbewahrung, Datenaustausch, Datenanalyse und Datenwiederverwendung. Zur Datenerhebung gehören vor allem die Bedarfsermittlung und die Datenerfassung. Die Datenverarbeitung umfasst hauptsächlich das Screening, die Umstrukturierung und die Zusammenführung von Daten. Die Datenaufbewahrung umfasst vor allem die Datenarchivierung, die Datenspeicherung und die Datenpflege. Der Austausch von Daten umfasst hauptsächlich die Öffnung und Verbreitung von Daten. Die Datenanalyse umfasst vor allem die Wertbestimmung, die Bewertung der Aktualität und eine umfassende Wertentscheidung. Die Wiederverwendung von Daten umfasst vor allem die erneute Verwendung und Regenerierung neuer Daten. Die oben genannten sechs Schritte und ihre Unterschritte bilden einen geschlossenen Rahmen für das Data-Life-Cycle-Management. Mit dem Subjekt der Datennutzung als Gegenstand eines Kreislaufs ist die effektive Datenerfassung und -freigabe der wichtigste Teil des Data-Life-Cycle-Managements. Er ist von großer praktischer Bedeutung für die Förderung eines sicheren und freien Datenflusses zwischen verschiedenen Parteien und die vollständige Freisetzung und Nutzung des Werts der Daten.

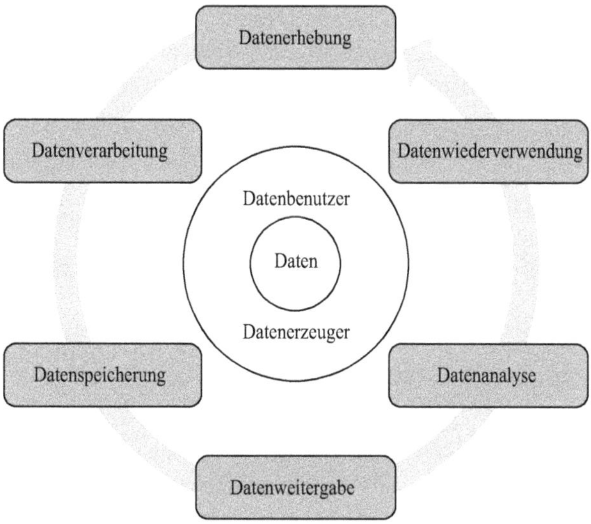


Abbildung 4-1 Ein Rahmenwerk für das Lifecycle-Management von Daten.

## Abschnitt 2 Datenklassifizierungssysteme

Die Gesetzgebung zum Datenrecht muss nicht nur die Gegebenheiten des digitalen Zeitalters angemessen abbilden und aktiv auf die Herausforderungen reagieren, die der Wandel der Zeit an das Recht stellt, sondern auch entsprechende institutionelle Regelungen für die Produkte des digitalen Zeitalters vorsehen. Das Datenklassifizierungssystem basiert dabei auf unterschiedlichen Datentypen, und das Gesetz sieht gemäß den spezifischen Anforderungen der Aufsichtsbehörden abgestimmte Rahmenbedingungen und Strategien für den Datenschutz vor. Der Aufbau eines Datenklassifizierungssystems wird für das Erreichen der Ziele, marktbestimmte Preise, autonome und geordnete Datenflüsse und eine effiziente und gerechte Allokation von Datenfaktoren zu verwirklichen, sowie für die Lösung von Fragen zu Datenrechten, Datensicherheit und dem Schutz der Privatsphäre eine wichtige Rolle spielen. Die Klassifizierung von Daten aus der Perspektive der Datensubjekte, der Datenverarbeitung und des Datenschutzes und die Festlegung der Methoden und Grundsätze dieser Datenklassifizierung je nach Anwendungsszenario sowie der Strategien und Maßnahmen für die Datenklassifizierung und den Datenschutz werden beim Aufbau eines Rechtssystems hilfreich sein, das die Rechte und Interessen des Einzelnen wirksam schützen und gleichzeitig die Freiheit des Datenverkehrs in vollem Umfang gewährleisten kann und die Vorzüge dieses Rechtesystems der digitalen Wirtschaft voll zur Geltung bringt.

### *(1) Die Bedeutung der Datenklassifizierung*

„Unter dem Aspekt der Verknüpfungen kann die hierarchische Klassifizierung von Daten auch als Schutz klassifizierter Daten bezeichnet werden, da die Datenhierarchie auch ein Ausdruck der Klassifizierung von Daten ist" (Liu Yun 2020). Die Wissenschaftlichkeit und Rationalität der Datenklassifizierung spielen bei der Festlegung der Datenhierarchie eine begünstigende unterstützende Rolle. Eine vernünftige Datenklassifizierung kann vorbehaltlich der Einhaltung von Gesetzen, Vorschriften und behördlichen Auflagen das höchste Schutzniveau für die kritischsten und wertvollsten Daten gewährleisten und gleichzeitig unnötige Investitionen minimieren (Li Songtao und Xie Zongxiao 2019). Im Kontext des gesellschaftlichen Wandels, der wirtschaftlichen Transformation und der inkrementellen technologischen Entwicklung sind schubweise neue Arten von datenbezogenen Interessen und Rechtsansprüchen aufgetaucht, und verschiedene Datenrechtssubjekte haben neuartige Forderungen nach Reformen im Rechtssystem des Datenschutzes vorgebracht (Li Xiaoyu 2019). „Subjekte wie ‚Datenerzeuger' werden sich zunehmend der Notwendigkeit und der Bedeutsamkeit des Schutzes personenbezogener Daten bewusst, und Subjekte wie die ‚für Daten Verantwortlichen' oder die ‚Datennutzer' spüren sowohl die Bedeutung von Daten als auch den Zwang zum Schutz der Privatsphäre bei der Verarbeitung von personenbezogenen Daten. Das Verhältnis zwischen den Subjekten der ‚Datenerzeuger' und der ‚für die Datenverarbeitung Verantwortlichen' ist nicht immer ein harmonisches, und gerade dann, wenn ihre jeweiligen

Interessen nicht gleichwertig oder sogar diametral entgegengesetzt sind, tritt der Wert des Schutzes personenbezogener Daten oder der Handhabe nach Treu und Glauben umso deutlicher zutage" (Zhang Wenliang 2018). Aus diesem Grund ist die Klassifizierung von Daten eine Grundvoraussetzung für den Schutz personenbezogener Daten im Rahmen der Rechtsstaatlichkeit und zudem ein wichtiger Schritt zur Förderung einer gesunden Entwicklung der digitalen Wirtschaft und eine praktische Notwendigkeit zur Aufrechterhaltung einer guten digitalen Ökologie.

### *(2) Aktueller Stand der Datenklassifizierung*

Das Internetsicherheitsgesetz (Entwurf) schlägt in seinem 19. Artikel vor, dass „der Staat eine hierarchische Klassifizierung des Datenschutzes einführt, die sich nach der Relevanz der Daten für die wirtschaftliche und gesellschaftliche Entwicklung und nach dem Ausmaß des Schadens richtet, der der nationalen Sicherheit, den öffentlichen Interessen oder den legitimen Rechten und Interessen von Bürgern und Organisationen zugefügt wird, wenn die Daten manipuliert, zerstört, geleakt oder unerlaubt zugänglich gemacht oder illegal verwendet würden." In der Praxis variieren die Grundlagen für die Datenklassifizierung, von einer Klassifizierung auf der Grundlage unterschiedlicher Compliance-Anforderungen wie Vorschriften/Normen über eine Klassifizierung auf der Grundlage von Faktoren wie Nutzen, Wert und Eigentum von Datenbeständen bis hin zu Klassifizierungen auf der Grundlage von Faktoren wie der Sensibilität der Daten, dem Risikostatus etc. Zusammen betrachtet kann die Klassifizierung von Datenkategorien unter den Gesichtspunkten der Datensubjekte, der Datenverarbeitung und des Datenschutzes untersucht werden.

#### 1. Die Perspektive der Datensubjekte

Aus Sicht der Datensubjekte können die Daten in verschiedene Arten unterteilt werden, z. B. in personenbezogene Daten, Unternehmensdaten, öffentliche Daten und Daten anderer Organisationen. Personenbezogene Daten sind alle Daten, die zur Identifizierung einer Person dienen. Diese Daten betreffen sämtliche Aspekte des physischen, psychischen, intellektuellen, familiären, sozialen, wirtschaftlichen und kulturellen Lebens einer Person und betreffen dabei nicht nur Themen des Persönlichkeitsrechts wie Reputation, Gesundheitszustand, Strafregister, soziale Kreise etc., sondern auch Themen des Eigentumsrechts wie etwa Schriftstücke oder Vermögen. „Personenbezogene Daten weisen die ‚Identifizierbarkeit' als ein konstituierendes Element für die Bestimmung ihres Inhalts auf. Der Schutz der Rechte und Interessen an personenbezogenen Daten setzt zunächst voraus, dass sie mit einer bestimmten Person verknüpft sind, und der Prozess der Verknüpfung und Rückverfolgung wird auf rechtlicher Ebene als ‚Identifizierung' bezeichnet"(Li Yang und Li Xiaoyu 2019). Aus diesem Grund wird sowohl im „Common Law" als auch im kontinentalen „Civil Law" die Identifizierbarkeit als Kriterium für die Bestimmung personenbezogener Daten verwendet. Allerdings gibt es einige Unterschiede zwischen den beiden Rechtsfamilien.[3] In Artikel 4 Absatz 1 der EU-Datenschutz-Grundverordnung (DSGVO) heißt es: „‚personenbezogene Daten' alle Informationen, die sich auf eine identifizierte oder identifizierbare natürliche Person (im Folgenden ‚betroffene Person') beziehen; als identifizierbar wird eine natürliche Person angesehen, die direkt oder indirekt, insbesondere mittels Zuordnung zu einer Kennung wie einem Namen, zu einer Kennnummer, zu Standortdaten, zu einer Online-Kennung oder zu einem oder mehreren

3 In den Vereinigten Staaten, wo die Handlungsfreiheit und die Online-Datenindustrie am höchsten geschätzt werden, werden personenbezogene Daten in restriktiver Weise definiert, entweder durch die Gesetzgebung oder durch Richter auf der Ebene der Auslegung, wodurch die Charakteristik der Querbezüge personenbezogener Daten betont wird. Im Gegensatz zu den Vereinigten Staaten vertritt Deutschland, das von Kants Philosophie des „Menschen als Selbstzweck" beeinflusst wurde, den Wert des Vorrangs der Menschenwürde und der persönlichen Freiheit. In Deutschland soll daher das Selbstbestimmungsrecht natürlicher Personen in Bezug auf personenbezogene Daten die Würde und Freiheit der Persönlichkeit schützen. Wenn der Einzelne nicht mehr in der Lage ist, selbst zu entscheiden, ob seine Daten von anderen gesammelt, gespeichert oder verwendet werden dürfen, dann geraten die Würde und Freiheit des Einzelnen zur Makulatur. Demnach sollte der Schutz des verfassungsmäßigen Rechts auf personenbezogene Daten Vorrang vor dem Schutz der wirtschaftlichen Interessen haben.

besonderen Merkmalen identifiziert werden kann, die Ausdruck der physischen, physiologischen, genetischen, psychischen, wirtschaftlichen, kulturellen oder sozialen Identität dieser natürlichen Person sind". Personenbezogene Daten werden durch eine weiter gefasste Kombination von direkten und indirekten Identifikationskriterien definiert. Infolgedessen herrscht in der chinesischen Wissenschaftsgemeinde die Auffassung vor, dass das wesentliche Kriterium für die Bestimmung personenbezogener Daten die „Identifizierbarkeit" ist (Cheng Xiao 2018), (Yu Chong 2018), (Gao Fuping und Wang Weiyang 2017), und auch in der Gesetzgebung wird ein weit gefasstes und vages Kriterium der „direkten bzw. indirekten Identifizierbarkeit"[4] für personenbezogene Daten zugrunde gelegt.

„Als Unternehmensdaten gelten Daten, die tatsächlich von Unternehmen kontrolliert und genutzt werden, darunter sowohl kommerzielle Daten wie Finanz- und Betriebsdaten als auch Nutzerdaten, die rechtmäßig von Unternehmen gesammelt und verwendet werden" (Shi Dan 2019). Erstere gehören zu den nicht öffentlichen Geschäftsdaten und fallen hauptsächlich in die Kategorie der zu schützenden Geschäftsgeheimnisse, während Letztere zu den öffentlichen Geschäftsdaten gehören, für die das geltende Recht keine klaren Bestimmungen enthält, und für die in gewissem Maße eine Rechtslücke besteht. Im Großen und Ganzen sind „Unternehmensdaten Daten in Form von Symbolen oder Codes, die knapp sind und den Unternehmen wirtschaftlichen Nutzen bringen können und die sich im Besitz von Unternehmen befinden. Im Gegensatz zu herkömmlichen materiellen

4 Die Definition des Begriffs „personenbezogene Daten" in Artikel 76 Punkt 5 des 2016 verabschiedeten „Internetsicherheitsgesetzes", der 2012 vom Ständigen Ausschuss des Nationalen Volkskongresses verabschiedete „Beschluss über die Stärkung des Schutzes von Informationen im Internet" und Artikel 4 der „Bestimmungen zum Schutz der personenbezogenen Informationen von Telekommunikations- und Internetnutzern" verwenden beispielsweise alle den Standard der Identifizierbarkeit. Zu den Daten, mit denen eine bestimmte natürliche Person direkt identifiziert werden kann, gehören Daten wie der persönliche Name, die Personalausweisnummer, Fingerabdrücke, Gene, die Sozialversicherungsnummer und das Lichtbild, während Daten, mit denen eine bestimmte natürliche Person in Kombination mit anderen Daten indirekt identifiziert werden kann, Geschlecht, Alter, Beruf, Ausbildung, Familienstand, Interessen, Hobbys, Sexualleben, Gewohnheiten und der finanzielle Status sind.

Gegenständen sind Unternehmensdaten immateriell und gestaltlos, ihre Existenz hängt von einem bestimmten Trägermedium ab, und sie zeichnen sich dadurch aus, objektiv nicht exklusiv und nicht abnutzbar zu sein" (Li Yang und Li Xiaoyu 2019). „Im Gegensatz zu personenbezogenen Daten, die starke Persönlichkeitsrechte und schwache Eigentumsrechte haben, und zu öffentlichen Daten, die gesellschaftliche Attribute aufweisen, sind Unternehmensdaten mit starken Eigentumsrechten und schwachen Persönlichkeitsrechten verbunden" (Li Yang und Li Xiaoyu 2019).

Nach der „Arbeitstheorie des Eigentums"[5] von Locke und der „utilitaristischen Theorie" von Bentham können substanzielle Investition in das Unternehmen und der wirtschaftliche Wert der Unternehmensdaten als die wesentlichen konstituierenden Elemente der Unternehmensdaten gelten. Konkret besagt die Arbeitstheorie des Eigentums, dass Menschen Eigentumsrechte an Dingen beanspruchen können, die durch ihre Arbeit entstanden sind, und dass sie Anspruch auf den Nutzen ihrer Handlungen haben (John Locke 2009 S. 17–19). Unternehmensdaten sind Daten von wirtschaftlichem Wert, die auf der Grundlage einer beträchtlichen und umfangreichen Investition, einschließlich menschlicher, materieller und finanzieller Ressourcen, durch das Unternehmen erzeugt wurden. Andere Wettbewerber oder Einzelpersonen sollten einen angemessenen Preis für die Nutzung von Unternehmensdaten zahlen, andernfalls verstößt dies gegen den Fairnessgedanken. Die Theorie des Utilitarismus befasst sich nicht nur mit den Interessen der einzelnen Rechtsinhaber, vielmehr geht es auch um die Interessen des Wohlergehens der breiten allgemeinen Mehrheit.[6] Im Zeitalter der Digitalisierung stürzen sich alle Marktteilnehmer

5 Die Arbeitstheorie des Eigentums, die üblicherweise zur Erklärung der Rechtfertigungsquellen für den Schutz des Eigentums an beweglichen Sachen herangezogen wird, kann nicht in vollem Umfang zur Erklärung der Rechtfertigung des Schutzes von Interessen an Unternehmensdaten dienen, da es sich bei Unternehmensdaten um unkörperliche Sachen handelt. Die romantische Sichtweise einer Idee der Schöpferschaft, die hinter der Arbeitstheorie des Eigentums steht, ist aber doch hilfreich, um die Rechtfertigung für den Schutz der Datenrechte und -interessen von Unternehmen zu verstehen.

6 Was von einigen Forschern auch als Prinzip des größtmöglichen Glücks bezeichnet wird (Li Wei 2019).

auf Unternehmensdaten, und wenn im Wettbewerb auf dem Markt alle Arten von Trittbrettfahrern zugelassen werden, wird der Anreiz für Unternehmen, zu investieren und neue Produkte zu schaffen, gemindert, und das Angebot an Produkten aus Unternehmensdaten und die Vorteile, die sie für die Mitglieder der Gesellschaft insgesamt bringen, werden geschmälert.

„Öffentliche Daten sind im Wesentlichen ein nicht exklusives und nicht wettbewerbsfähiges öffentliches Wirtschaftsgut" (Li Xiaoyu 2019) und die damit verbundenen Interessen sind im Wesentlichen kollektive Interessen[7]. Es handelt sich um einen Sammelbegriff für alle Arten von Datenressourcen, die auf landesweiter Ebene im Rahmen gesetzlicher Abläufe unter der Verwaltung des Staates oder im Auftrag staatlicher Stellen bei der gesetzmäßigen Erfüllung ihrer Aufgaben für die Verwaltung öffentlicher Einrichtungen oder sonstiger Erfordernisse in Übereinstimmung mit den einschlägigen Gesetzen und Verwaltungsvorschriften erworben werden. Die große Menge an öffentlichen Datenressourcen, die durch die kontinuierliche Zusammenführung von Daten entsteht, hat nicht nur einen tiefgreifenden Einfluss auf das unternehmerische Ökosystem, sondern kann auch zur Innovation des Verwaltungsmodells der Regierung für soziale und öffentliche Einrichtungen beitragen (Wang Yongqi 2019). Öffentliche Daten betreffen dabei alle Aspekte der gesellschaftlichen Produktion und des Lebens, und obwohl sie von der Regierung oder den zuständigen Stellen im Namen des Staates verwaltet werden, ist ihr Inhalt für die Öffentlichkeit zugänglich. Anders als personenbezogene Daten haben sie den öffentlichen Charakter von Ressourcen, Nicht-Privatheit, Nicht-Exklusivität und Gesamtheitlichkeit (Wu Changhai und Chang 2017). Der Unterschied zwischen der Nutzung von öffentlichen Daten und der Nutzung von materiellen Gegenständen besteht darin, dass die Nutzung und Entsorgung von materiellen Gegenständen zur Zerstörung des Objekts führen kann und der Nutzer eine Gegenleistung erbringen muss. Im Gegensatz

7 Das kollektive Interesse impliziert das Vorhandensein einer gemeinsamen Renditechance innerhalb der Gruppe in einem gemeinsamen Interessenbereich. Speziell im Fall von öffentlichen Datenressourcen steht es jedem Einzelnen, Unternehmen oder anderen Organisationen als Mitglied einer gesellschaftlichen Gruppe frei, öffentliche Daten zu nutzen, wodurch eine kollektive Sichtweise des Individualismus zum Ausdruck kommt (Zeng Junping 2006).

dazu haben öffentliche Daten die Eigenschaften abstrakter Objekte und ihre Verwendung führt nicht zur eigentlichen Zerstörung der Daten. Mit anderen Worten, der nicht wettbewerbsorientierte Charakter öffentlicher Daten als öffentliches Gut bedeutet, dass die Grenzkosten eines erhöhten Verbrauchs gleich null sind und sie deshalb kostenlos und offen sein sollten (Li Xiaoyu 2019). In Bezug auf ihre wesentlichen Konstituenten sollten öffentliche Daten drei Aspekte enthalten: Offenheit, gemeinsame Nutzung und freier Zugang. Offenheit bedeutet, dass öffentliche Daten öffentlich zugänglich sein sollten und jedes Subjekt uneingeschränkten Zugang zu den Daten haben sollte. Das konstituierende Element der Offenheit bildet die Voraussetzung für die Nutzung öffentlicher Daten und schließt nicht-öffentliche, vertrauliche Daten von öffentlichen Daten aus. Die gemeinsame Nutzung verweist darauf, dass öffentliche Daten im Wesentlichen eine öffentliche Ressource sind, die nicht ausschließlich im Besitz von Einzelpersonen oder Institutionen sein darf, sondern von allen Mitgliedern der Gesellschaft gemeinsam genutzt werden sollte. Der freie Zugang betont das Recht eines jeden Subjekts, öffentliche Daten in angemessener Weise nach seinem eigenen Willen zu nutzen und in den Genuss der Vorteile öffentlicher Daten zu kommen, die sich aus der Entwicklung der Daten ergeben.

„Andere Organisationen" ist ein seit Langem in unseren Rechtsvorschriften verwendeter und weitverbreiteter Begriff, der zwei Bedeutungsebenen hat: nicht subjektive und subjektive. „Andere Organisationen" im nicht subjektiven Sinne hat weder eine spezifische Konnotation noch eine eindeutige Orientierung, hat keine rechtswissenschaftliche Bedeutung und ist kein normativer oder wissenschaftlicher Rechtsbegriff, sondern hat die gleiche Bedeutung wie „andere Organisationen" (siehe Tabelle 4-2). Der Begriff „andere Organisation" im subjektiven Sinne hat eine besondere Bedeutung. „Seit dem Inkrafttreten des Verwaltungsverfahrensgesetzes im Jahr 1989, das ‚andere Organisationen' den ‚Bürgern' und ‚juristischen Personen' gegenüberstellte, und insbesondere nachdem die Definition und die Arten von ‚anderen Organisationen' in Artikel 40 der ‚Stellungnahmen des Obersten Volksgerichts zu verschiedenen Fragen im Zusammenhang mit der Anwendung des Zivilprozessrechts der Volksrepublik China' eindeutig festgelegt wurden, entwickelte sich der Begriff ‚andere Organisationen' allmählich zu einem spezifischen Begriff und einer Formulierung mit einer festen Bedeutung im Sinne eines Subjekts, d. h. er wurde speziell zur Bezeichnung einer dritten Kategorie von Subjekten neben natürlichen und juristischen Personen verwendet" (Tan Qiping 2017). Gemäß Artikel 52 der richterlichen Auslegung der Zivilprozessordnung bezieht sich „Andere Organisationen" auf Organisationen, die rechtmäßig gegründet sind, eine bestimmte Organisationsstruktur und Eigentum haben, aber keine Rechtspersönlichkeit besitzen. In diesem Sinne sollten „andere Organisationen" als Subjekte das Recht haben, Daten zugeordnet zu bekommen, und die Daten anderer Organisationen sollten als eine Art von Daten im Sichtfeld von Subjekten behandelt werden.

## 2. Die Perspektive der Datenverarbeitung

Aus Sicht der Datenverarbeitung lassen sich Daten in zwei Typen einteilen, nämlich in Primärdaten und abgeleitete Datenderivate, abhängig von der Art und Weise, wie der Dateninhalt erzeugt wurde. Primärdaten sind Daten, die nicht von bestehenden Daten abhängen und durch rechtmäßige Aufzeichnung und Speicherung erzeugt wurden. „Die Erzeugung von Primärdaten ist ein Prozess, der aus dem Nichts generiert wird, und die Aufzeichnung und Speicherung sind wichtige technische Merkmale von Primärdaten" (Li Yanan 2018). „Ein einzelnes Paket von Primärdaten wird nicht in die Diskussion einbezogen; Daten in ihrem Umfang als Ressource sollten das sein, was wir gemeinhin als Big Data bezeichnen. Zu den Primärdaten gehören sowohl Daten, die einen wirtschaftlichen Wert haben, als auch Daten ohne Wert. In dem Maße, in dem Datensätze von quantitativen zu qualitativen Daten werden, verdrängen Verfügbarkeit und wirtschaftlicher Wert allmählich die personenbezogenen Daten" (Zhu Mingjie 2019). „Abgeleitete Daten sind Primärdaten, die aufgezeichnet und gespeichert wurden und von Algorithmen verarbeitet, berechnet und aggregiert werden, um systematische, lesbare und verwertbare Daten zu erhalten. Beispiele hierfür sind Daten über Nutzungsgewohnheiten, Einkaufspräferenzen, Kreditverläufe etc." (Yang Lixin 2016) Datenderivate haben einen Nutz- und Tauschwert und sind Gegenstand des aktuellen Datenhandelsmarktes. Im Gegensatz zu den Merkmalen der Primärdatenerfassung und -speicherung spiegeln sich die technischen

Merkmale der Datenderivate in der Verarbeitung, Berechnung, Aggregation und anderen Verarbeitungsmethoden wider. Tatsächlich gibt es ein Dilemma bei der Definition von Primärdaten und Datenderivaten. Auch wenn Artikel 1038 des Bürgerlichen Gesetzbuchs eindeutig festlegt, dass der Datenverarbeiter die von ihm gesammelten oder gespeicherten personenbezogenen Daten nicht weitergeben oder verfälschen darf, darf er ohne Einwilligung einer natürlichen Person deren personenbezogene Daten nicht unrechtmäßig weitergeben, es sei denn, die Verarbeitung ist nicht zur Identifizierung einer bestimmten Person geeignet und kann nicht rekonstruiert werden. Wenn diese Primärdaten und Datenderivate ausschließlich Einzelpersonen zugewiesen sind, kann der schwerfällige und kostspielige Prozess ihrer Abgrenzung die optimale Allokation von Datenressourcen beeinträchtigen und zu einem Verlust an gesellschaftlichem Wohlstand führen. Wenn diese Daten hingegen den mit der Kontrolle Betrauten und den Datenverarbeitern, die sie erworben haben, zugewiesen sind, sind sie anfällig für Probleme wie Datenmonopole und Verletzungen der Privatsphäre des Einzelnen (Zhang Liangliang und Chen Zhi 2020).[8]

8 Zhang Liangliang, Chen Zhi,《培育数据要素市场需加快健全数据产权制度体系》[Die Förderung der Märkte für Datenfaktoren erfordert eine Beschleunigung und Verbesserung des Systems der Dateneigentumsrechte], *Science and Technology of China*, 2020, Nr. 5.

Tabelle 4-2 Die Verwendung von „andere Organisationen" im nicht-subjektiven Sinne im geltenden Recht

| Laufende Nummer | Gesetzestitel | Paragrafen | Verwendung |
|---|---|---|---|
| 1 | Archivgesetz | §§ 6, 7, 11, 13 | Institutionen, Vereinigungen, Unternehmen, Einrichtungen und andere Organisationen |
| 2 | Vermögensbewertungsgesetz | § 12 | Zuständige Staatsorgane oder andere Organisationen |
| 3 | Wohltätigkeitsgesetz | §§ 61, 70 | Gemeinnützige und andere Organisationen |
| 4 | Gesetz zur Förderung der Umsetzung wissenschaftlicher und technologischer Errungenschaften | §§ 17, 24, 26, 27, 39 | Unternehmen oder andere Organisationen; Unternehmen, Forschungs- und Entwicklungseinrichtungen, Hochschulen und andere Organisationen; staatliche, lokale, Unternehmen und Institutionen sowie andere Organisationen oder Einzelpersonen |
| 5 | Lebensmittelsicherheitsgesetz | § 140 | Gesellschaftliche Vereinigungen oder andere Organisationen |
| 6 | Gesetz über den Schutz der Rechte und Interessen älterer Menschen | §§ 7, 35, 37 | Staatliche Einrichtungen, Vereinigungen, Unternehmen, Institutionen und andere Organisationen; gemeinnützige Organisationen sowie andere Organisationen; professionelle Dienstleistungsorganisationen und andere Organisationen |
| 7 | Spionageabwehrgesetz | § 7 | Einrichtungen, Vereinigungen und andere Organisationen |

(*Fortgesetzt*)

Tabelle 4-2 Fortgesetzt

| Laufende Nummer | Gesetzestitel | Paragrafen | Verwendung |
|---|---|---|---|
| 8 | Umweltschutzgesetz | § 36 | Staatliche Einrichtungen und andere Organisationen, die Finanzierungsmittel verwenden |
| 9 | Gesetz über den Schutz von Verbraucherrechten und -interessen | § 45 | Gesellschaftliche Vereinigungen oder andere Organisationen und Einzelpersonen |
| 10 | Markengesetz | § 3 | Vereinigungen, Verbände oder andere Organisationen |
| 11 | Agrargesetz | §§ 13, 44 | Unternehmen, wissenschaftliche Forschungseinrichtungen und andere Organisationen; Zuliefer- und Vermarktungsgenossenschaften, ländliche kollektive Wirtschaftsorganisationen, genossenschaftliche Wirtschaftsorganisationen von Landwirten, andere Organisationen und Einzelpersonen |
| 12 | Strafgesetz für die Verwaltung der öffentlichen Sicherheit | § 52 | Staatliche Einrichtungen, Bürgerorganisationen, Unternehmen und Institutionen oder andere Organisationen |
| 13 | Straßenverkehrssicherheitsgesetz | § 6 | Einrichtungen, Streitkräfte, Unternehmen und Institutionen, gesellschaftliche Vereinigungen und andere Organisationen |
| 14 | Gesetz über die Schlichtung von Streitfällen in der Bevölkerung | § 34 | Kommunen, Straßen und gesellschaftliche Vereinigungen oder andere Organisationen |

| | | | |
|---|---|---|---|
| 15 | Statistikgesetz | §§ 7, 21, 41 | Staatliche Einrichtungen, Unternehmen, Institutionen und andere Organisationen sowie Einzelunternehmer und Einzelpersonen usw.; Unternehmen, Institutionen oder andere Organisationen |
| 16 | Patentrecht | §§ 10, 18, 19 | Ausländer, ausländische Unternehmen oder ausländische sonstige Organisationen |
| 17 | Gesetz zur Förderung der Recyclingwirtschaft | §§ 15, 25, 37 | Verkäufer oder andere Organisationen; staatliche Einrichtungen und andere Organisationen, die über Finanzmittel verfügen; Abfallverwertungsunternehmen und andere Organisationen |
| 18 | Betäubungsmittelgesetz | §§ 3, 16 | Staatliche Einrichtungen, gesellschaftliche Vereinigungen, Unternehmen und Institutionen sowie andere Organisationen |
| 19 | Gesetz über die Popularisierung von Wissenschaft und Technologie | § 3 | Staatliche Einrichtungen, Streitkräfte, gesellschaftliche Vereinigungen, Unternehmen und Institutionen, ländliche Basisorganisationen und andere Organisationen |
| 20 | Buchführungsgesetz | § 2 | Staatliche Einrichtungen, gesellschaftliche Vereinigungen, Firmen, Unternehmen, Institutionen und andere Organisationen |

Quelle: Tan Qiping 2017.

## 3. Die Perspektive des Datenschutzes

Aus der Perspektive des Datenschutzes lassen sich Daten in allgemeine Daten, wichtige Daten, private Daten, sensible/desensibilisierte Daten, Daten mit Geschäftsgeheimnissen und Daten mit Bezug zur nationalen Sicherheit einteilen. Insbesondere die 1995 von der EU verabschiedete Richtlinie 95/46/EG zum Schutz natürlicher Personen bei der Verarbeitung personenbezogener Daten und zum freien Datenverkehr und die 2016 verabschiedete Datenschutz-Grundverordnung enthalten detailliertere Bestimmungen zu den Kriterien für die Definition und Abgrenzung des Umfangs personenbezogener Daten und unterteilen personenbezogene Daten in allgemeine Daten und sensible Daten[9] (siehe Tabelle 4-3). „Die besondere Gesetzesregelung für Geschäftsgeheimnisdaten ist ein Produkt der industriellen Revolution und der rasanten

9 Kriterien für die Definition sensibler personenbezogener Daten: Die Präambel und die spezifischen Bestimmungen der Richtlinie 95 sagen nichts über die Kriterien für die Definition sensibler Daten aus, aber die Arbeitsgruppe zum Artikel 29 der EU-Aufsichtsbehörde für den Schutz der Privatsphäre hat einen Bericht veröffentlicht, in dem sie zu dem Schluss kommt, dass sensible Daten im Sinne der Richtlinie 95 mit Grundrechten wie dem Recht auf Privatsphäre und dem Recht, nicht diskriminiert zu werden, zusammenhängen. In Artikel 51 der Präambel der allgemeinen Datenschutzgrundverordnung heißt es, dass personenbezogene sensible Daten „besonders empfindlich für die Grundrechte und Grundfreiheiten natürlicher Personen" sind, und dass die Verarbeitung dieser Daten insbesondere für die Grundrechte und Grundfreiheiten ein „erhebliches Risiko" darstellen kann. Im Allgemeinen stuft die EU Daten nach dem Grad der Beeinträchtigung der Grundrechte und -freiheiten ein. Was die Abgrenzung des Geltungsbereichs sensibler personenbezogener Daten betrifft, so sind nach der Richtlinie 95 sensible Daten solche, die „die ethnische und nationale Herkunft, politische Meinungen, religiöse oder philosophische Überzeugungen, die Mitgliedschaft in einer Gewerkschaft, die persönliche medizinische Versorgung oder das Sexualleben" betreffen. Im Einklang mit den wirtschaftlichen Entwicklungen und der veränderten öffentlichen Wahrnehmung von Sensibilität hat die Allgemeine Datenschutzgrundverordnung (DSGVO) die Definition sensibler personenbezogener Daten um folgende Aspekte erweitert: „Ethnische oder nationale Herkunft, politische Meinungen, religiöse oder philosophische Überzeugungen, Gewerkschaftszugehörigkeit, Gene, biometrische Daten, persönliche medizinische Versorgung, Sexualleben, sexuelle Orientierung". Im Vergleich zur Richtlinie 95 hat die EU die Liste der Daten, deren Verarbeitung verboten ist, um „genetische Daten, biometrische Daten und Daten über die sexuelle Orientierung"

Entwicklung der Marktwirtschaft. Die Länder des Common-Law, vertreten durch das Vereinigte Königreich und die Vereinigten Staaten, hatten bereits im 18. Jahrhundert spezielle sektorale Gesetze für die Rechtsprechung zum Geschäftsgeheimnis entwickelt" (Xiang Liling und Shi 2005). Am 3. April 2019 wurden die Vorschriften der Volksrepublik China über die Offenlegung von Regierungsinformationen erlassen, die festlegen, welche Informationen, die Staatsgeheimnisse, Geschäftsgeheimnisse und persönliche Daten betreffen und wie diese kontrolliert werden müssen.[10]

Tabelle 4-3 Die wichtigsten Arten und spezifischen Inhalte von sensiblen personenbezogenen Daten in der EU

| Haupttypen | Spezifischer Inhalt |
|---|---|
| Genetische Daten | Personenbezogene Daten über das Erbgut oder die Genetik einer natürlichen Person, die einzigartige Informationen über die Physiologie oder die Gesundheit dieser natürlichen Person liefern, insbesondere einzigartige Informationen, die aus der Analyse einer Probe des Körpers einer natürlichen Person stammen |
| Biometrische Daten | Personenbezogene Daten, die aus der Verarbeitung von physischen, physiologischen oder verhaltensbezogenen Merkmalen einer natürlichen Person auf der Grundlage spezieller technologischer Verfahren stammen, mit denen eine natürliche Person eindeutig identifiziert oder bestimmt werden kann, wie z. B. Gesichtsbild- oder Fingerabdruckdaten |
| Gesundheitsbezogene Daten | Umfasst gesundheitsbezogene Dienstleistungen: zum Beispiel Krankheit, Behinderung, Krankheitsrisiko, Krankengeschichte, klinische Behandlung oder physiologischer oder biomedizinischer Status der betroffenen Person; von einem Arzt oder anderen Angehörigen der Gesundheitsberufe, Krankenhäuser, medizinische Geräte oder In-vitro-Diagnosetests |
| Andere | Politische Ansichten, religiöse oder philosophische Überzeugungen, Mitgliedschaft in einer Gewerkschaft, Sexualleben, sexuelle Orientierung, ethnische oder nationale Herkunft |

Quelle: aus öffentlichen Daten zusammengestellt.

erweitert und hierdurch die technologischen Entwicklungen und die veränderte Einstellung der Öffentlichkeit zur Datensensibilität berücksichtigt.

10 Artikel 14 der Verordnung der Volksrepublik China über die Offenlegung von Regierungsinformationen legt fest, dass Regierungsinformationen, die gemäß dem

### *(3) Schutz klassifizierter Daten*

Auf Grundlage der Datenklassifizierung, der Unterscheidung der Schutzzielsetzungen verschiedener Daten und der Einbeziehung der Grundsätze der Identifizierbarkeit, der Sensibilität, des Umfangs und der Nichtkontrollierbarkeit als Kriterien für die Datenklassifizierung ist es möglich, den Grad der Sensibilität von Daten im Rahmen der entsprechenden Grundsätze zu klassifizieren (siehe Tabelle 4-4). Erstens, der Grundsatz der Identifizierbarkeit: Wenn es nicht ein zwingend erforderlicher und rechtmäßiger Verwendungszweck ist, das betreffende Datensubjekt zu identifizieren, dann sollten Daten identifizierbarer Personen vor der Verwendung deidentifiziert (maskiert) werden, sodass sie ohne zusätzliche Daten nicht als solche identifiziert werden können. Sofern mit der betroffenen Person nichts anderes vereinbart wurde, wird nur das Mindestmaß an Daten verarbeitet, das erforderlich ist, um die autorisierte Einwilligung der betroffenen Person zu erfüllen. Darüber hinaus sollte bei besonders leicht identifizierbaren Daten eine Bestätigung des Eigentumsrechts an den Informationen der Daten erfolgen, und eine unbefugte Nutzung oder Weitergabe der Daten ist dann nicht gestattet. Zweitens: der Grundsatz der Sensibilität. Daten sind bis zu einem gewissen Grad sensibel, und bei sehr sensiblen Daten sollte vor der Verwendung eine Desensibilisierung durchgeführt werden[11], um einen zuverlässigen Schutz sensibler Daten zu erreichen. Sowohl bei der Speicherung als auch bei der Übertragung sollten kryptografische Verfahren eingesetzt werden, um die Vertraulichkeit

Gesetz als Staatsgeheimnisse eingestuft sind, Regierungsinformationen, deren Offenlegung durch Gesetz oder Verwaltungsvorschriften verboten ist, sowie Regierungsinformationen, deren Offenlegung die nationale Sicherheit, die öffentliche Sicherheit, die wirtschaftliche Sicherheit oder die gesellschaftliche Stabilität gefährden könnte, nicht offengelegt werden dürfen. Artikel 15 legt fest, dass staatliche Informationen, die Geschäftsgeheimnisse, persönliche Daten usw. betreffen und deren Offenlegung die legitimen Rechte und Interessen Dritter beeinträchtigen würde, von den Verwaltungsbehörden nicht veröffentlicht werden dürfen. Stimmt aber der Dritte der Offenlegung zu oder ist das Verwaltungsorgan der Auffassung, dass die Nichtoffenlegung erhebliche Auswirkungen auf das öffentliche Interesse hätte, so wird die Information offengelegt.

11 Das Desensibilisierungsverfahren ähnelt der Deidentifizierung, konzentriert sich aber mehr auf den Aspekt des Datenschutzes.

der Daten zu gewährleisten. Bei sensibleren Daten sollte eine besondere Bewertung der möglichen negativen Auswirkungen von Datenpannen auf die Datensubjekte durchgeführt werden, und Daten, die schwerwiegende negative Konsequenzen haben können, sollten gezielt geschützt und regelmäßig bewertet werden. Drittens, das Prinzip der Skalierung: Die im System gespeicherten großen Datenmengen sollten zunächst klassifiziert und in einer Hierarchie entsprechend der Sicherheitsstufe der Daten geschützt werden. Hoch eingestufte Daten sollten einer Integritätsprüfung unterzogen werden, um zu verhindern, dass die Integrität der Daten während der Speicherung und Übertragung beeinträchtigt wird. Qualitativ hochwertige Daten sollten regelmäßig gesichert werden, und die Validität der Sicherungen sollte überprüft werden. Viertens: der Grundsatz der Nichtkontrollierbarkeit: Wenn Daten zwischen verschiedenen Sicherheitsstufen übergehen, sollten die Fähigkeiten jeder Organisation zum Schutz der Daten umfassend bewertet werden, um sicherzustellen, dass während des Datenflusses Kontinuität und Kohärenz der Sicherheitsmaßnahmen gegeben sind. Die Sicherheitsüberwachung durch externe Stellen sollte für Daten mit einer Vielzahl von Nutzern und häufigen externen Datenflüssen kontinuierlich durchgeführt werden und bei Bedarf einer staatlichen Aufsicht unterliegen (Gao Lei 2019).

Tabelle 4-4 Stufen der Sensibilität von Daten und entsprechende Maßnahmen

| Grundsätze der Datenklassifizierung | Grad der Relevanz | Bewertungsgrundsätze |
|---|---|---|
| Grundsatz der Identifizierbarkeit | geheim | Sehr einfache Identifizierung eines bestimmten Datensubjekts, keine zusätzlichen Informationen erforderlich |
| | sensibel | Problemlose Identifizierung einer bestimmten betroffenen Person, da nur wenige verknüpfte Informationen erforderlich sind |
| | allgemein | Schwierige Identifizierung eines bestimmten Datensubjekts, erfordert viele verknüpfte Informationen, hoch mittel niedrig |

(*Fortgesetzt*)

Tabelle 4-4 Fortgesetzt

| Grundsätze der Datenklassifizierung | Grad der Relevanz | Bewertungsgrundsätze |
|---|---|---|
| Grundsatz der Sensibilität | geheim | Leaks von Informationen können die Interessen der betroffenen Personen ernsthaft verletzen |
| | sensibel | Leaks von Informationen können den Interessen der betroffenen Person allgemein schaden |
| | allgemein | Leaks von Informationen können den Interessen der betroffenen Person nur geringen Schaden zufügen |
| Grundsatz der Skalierung | geheim | Große Datenmengen und hohe Datenqualität |
| | sensibel | Mäßiges Datenvolumen und relativ hohe Datenqualität |
| | allgemein | Geringes Datenvolumen und durchschnittliche Datenqualität |
| Grundsatz der Nichtkontrollierbarkeit | geheim | Hohe Frequenz der externen Datenströme und hohe Nutzerzahl |
| | sensibel | Mäßige Häufigkeit externer Datenströme und mäßige Nutzerzahl |
| | allgemein | Geringe Häufigkeit externer Datenströme und geringe Nutzerzahl |

Quelle: Gao Lei 2019.

Klassifizierung und Schutz sind die wesentlichen Wege und Methoden des Datenmanagements. Der Aktionsplan zur Förderung der Entwicklung von Big Data sieht vor, dass „große Datensammlungen wissenschaftlich und standardisiert genutzt und die Datensicherheit wirksam geschützt werden sollen". Im Entwurf des 13. Fünfjahresplans für die nationale wirtschaftliche und soziale Entwicklung der Volksrepublik China wird ferner vorgeschlagen, „ein Sicherheitsmanagementsystem für Big Data einzurichten, die Klassifizierung und das Klassifizierungsmanagement von Datenressourcen umzusetzen und sichere, effiziente und vertrauenswürdige Anwendungen zu gewährleisten". Unter praktischen Gesichtspunkten fehlt in China immer noch ein umfassendes Managementsystem für den gesamten Lebenszyklus großer Datensammlungen, und es gibt noch blinde Flecken im Gültigkeitsbereich von Policies und Verordnungen (Wang Shan et al. 2011). Auch die Effizienz der Umsetzung der verkündeten Datennutzungsstandards und -spezifikationen stimmt nicht optimistisch, und es gibt immer noch Lücken bei der Regelung der Compliance im Verhalten (Li Lu und Jiao 2018). Im aktuellen Stadium weist das netz- und systemzentrierte Sicherheitsmodell Probleme auf, wie beispielsweise eine unzureichende Koordinierung der Sicherheitsmaßnahmen auf die Schutzzielsetzungen und das Nichterreichen des gewünschten Schutzniveaus. Der Schutz durch Datenklassifizierung basiert auf der Klassifizierung und Einstufung von Datenbeständen, der Identifizierung, Klassifizierung und Einstufung von Daten für das Sicherheitsmanagement, der Erstellung von Sicherheitsrichtlinien auf der Grundlage von Geheimhaltung, Integrität, Zugänglichkeit, Kontrollierbarkeit und anderen Erfordernissen sowie der Verlagerung des Datensicherheitsmodells von einem netz- und systemzentrierten zu einem datenbestandszentrierten Ansatz.

Die Datenklassifizierung ist nicht das Ende, sondern der Ausgangspunkt für die Compliance im Bereich der Daten als Ganzem. Laut einem von der International Data Corporation (IDC) veröffentlichten White Paper mit dem Titel „Data Age 2025" wird für das Jahr 2025 ein Anstieg des weltweiten Datenvolumens auf 163 Zettabyte prognostiziert, das Zehnfache des heutigen Wertes. Das rasante Anwachsen der Datenmengen stellt nicht nur eine neue Herausforderung für die Verwaltung der Daten dar, sondern ist ein fortwährendes Problem. In absehbarer Zeit reichen weder die digitale Technologie noch die damit verbundenen technischen Voraussetzungen aus, um einen umfassenden und uneingeschränkten Datenschutz zu gewährleisten, und der Klassifizierungsschutz wird der einzig gangbare Weg sein, um das Management und die Risikovermeidung zu verbessern. Auf der einen Seite sollten die Datenklassifizierungs- und Sicherheitsmanagementsysteme verbessert werden: „Um das Datenklassifizierungs- und Sicherheitsmanagementsystem zu optimieren und zu vervollkommnen, das an das Big-Data-Ökosystem angepasst ist, müssen alle am Faktormarkt beteiligten Akteure einbezogen werden, einschließlich, aber nicht beschränkt auf Regierungsstellen, Unternehmen und Organisationen im Besitz von Datenressourcen sowie professionelle Datendienstleister von Drittanbietern, und es müssen die Hauptverantwortlichkeiten der einzelnen Akteure für das Sicherheitsklassifizierungs- und -bewertungsmanagement klar benannt werden. Gleichzeitig ist es notwendig, Richtlinien für einzelne Branchen zu entwickeln, die den Merkmalen der Datenressourcen in der jeweiligen Branchen und ihren Bereichen entsprechen, und Regeln für die Datenklassifizierung und das Sicherheitsmanagement zu entwickeln, die an die Bedürfnisse der Entwicklung, Nutzung und Verbreitung von Datenressourcen in diesen Branchen und Bereichen zugeschnitten sind (Chen Tian und Liu 2020). Auf der anderen Seite sollte die Entwicklung von Datenklassifizierungsstandards beschleunigt werden. Die wichtigsten Faktoren wie Erscheinungsform, Merkmale, Sensibilität, Relevanz und Verbreitungsszenarien von Daten für verschiedene Unternehmen im Kontext digitaler Technologien wie dem Internet der Dinge, Cloud Computing, künstlicher Intelligenz und 5G sind zu untersuchen. Die praktischen Fragen, die in den Normen behandelt werden sollten, sind zu klären, die derzeitige Situation des Sicherheitsmanagements für verschiedene Arten von Daten ist eingehend zu untersuchen, alle Beteiligten sind zu ermutigen und anzuleiten, sich an der Ausarbeitung von Normen zu beteiligen, Datenklassifizierungsnormen zu erarbeiten, die für die neue digitale Wirtschaft, die neuen Bedürfnisse des digitalen Lebens und die neue Ordnung der digitalen Gesellschaft adäquat sind, und Leitlinien für das Datensicherheitsmanagement und die Zuweisung von Sicherheitsressourcen bereitzustellen.

## Abschnitt 3 Systeme der Datenrechte und -interessen

„Die neue technologische Revolution hat Veränderungen in der Wirtschafts- und der Gesellschaftsordnung ausgelöst und das derzeitige System von Rechtsansprüchen vor neue Herausforderungen gestellt" (Schlüssellabor für Big-Data-Strategie 2019 S. 178). Das Verständnis der digitalen Welt und der Ansatz zur rechtlichen Regulierung durch das derzeitige

System der Rechte haben praktische Unzulänglichkeiten offenbart, die im aktuellen Kontext schwer zu bewältigen sind. Die Entstehung und Entwicklung eines neuen Systems sollte in die Gene von „Big Data" eingebaut werden, und ein zukunftsweisendes Rechtssystem sollte aus einer neuen Perspektive für den dreidimensionalen Raum, in den die Menschheit eintritt, innoviert werden, um der kommenden Ära der digitalen Zivilisation zu begegnen. Die Rechte- und Interessenregelung ist eine auf der Grundlage der Datenrechte geschaffene Ordnung, die vor allem die Systeme der Rechtsetzung der Datenrechte, die Regelung der Dateneigentumsrechte und die Regelung der Datenhoheit umfasst. Unter diesen erhebt die Rechtsetzung der Datenrechte das Datenrecht zu einer eigenen gesetzlichen Kategorie von Rechten. Bei der Regelung der Dateneigentumsrechte handelt es sich um das Recht der Datensubjekte, sich selbst oder anderen in Bezug auf die Eigentumsrechte an den durch die Datenverarbeitung erzeugten Daten einen Vorteil oder einen Nachteil zu bescheren. Das Regelwerk der Datenhoheit ist eine Ausweitung der staatlichen Souveränität im Datenraum und die Verkörperung der höchstrangigen Zuschreibung von Hoheitsrechten. Jede der drei Dimensionen hat ihren eigenen Schwerpunkt, und zusammen bilden sie einen institutionellen Rahmen für den Schutz und die Nutzung von Datenrechten.

### *(1) Systeme der Rechtsetzung im Datenrecht*

Die Rechtsetzung des Datenrechts ist Ausgangspunkt für eine Untersuchung der Rechtsverwirklichung: Geht man von der Grundform des Rechts aus, so ist die juristische Setzung des Datenrechts zwar nicht mit der Verwirklichung des Datenrechts gleichzusetzen, aber es verbindet das intendierte Datenrecht mit dem tatsächlichen Datenrecht, ist eine Nachbearbeitung des Datenrechts und bildet die unumgängliche Wahl, die zum eigentlichen Datenrecht führt. Aus theoretischer Sicht ist die Setzung von Datenrechten eine interessengeleitete und vergesellschaftete Interpretation des Datenrechts. Die Interessen sind der äußerliche Niederschlag der Rechte und das Ergebnis der Vergesellschaftung der Rechte (Chen Hongyan und Yin Quijie 2014). Aus praktischer

Sicht ist die Verrechtlichung von Datenrechten das Ergebnis eines Prozesses der Konkretisierung und Realisierung des Datenrechts, der die Trajektorie des juristischen Betriebs beschreibt und eine wichtige Garantie für die Verwirklichung der Datenrechte darstellt. Aus institutioneller Sicht steht die Verrechtlichung von Datenrechten mit dem grundlegenden Wirtschaftssystem eines Landes oder einer Region in Zusammenhang. Nur durch die Verrechtlichung von Datenrechten, die Klärung der Zuschreibung von Datenrechten, die Festlegung der Arten und Inhalte von Datenrechten und die institutionelle Anpassung des Dateneigentums können die Dateneigentumsverhältnisse eines Landes oder einer Region zu einer rechtsgültigen Beziehung werden und die normalen wirtschaftlichen und sozialen Beziehungen und Ordnungen gefestigt und gepflegt werden (Schlüssellabor für Big-Data-Strategie 2019 S. 187). Zum gegenwärtigen Zeitpunkt sind die Datenrechte noch nicht zu einem gesetzlichen Anspruch erhoben worden, und können die damit verbundenen Erwartungen der Menschen nicht erfüllen, was zu Konflikten und Konfrontationen zwischen dem intendierten Datenrecht und den tatsächlichen Datengesetzen in der gesellschaftlichen Praxis führt.

Die Verrechtlichung von Datenrechten legt das Recht in Bezug auf die Art, den Inhalt und die Gültigkeit des Rechts fest und beschreibt es, sodass die Realisierung der Datenrechte sich auf das Recht stützen kann. Die Rechtsetzung der Arten von Datenrechten bedeutet, dass die Arten von Datenrechten im Gesetz vorgesehen sein müssen und dass es den Menschen nicht erlaubt ist, Arten von Datenrechten zu schaffen, die vom Gesetz nicht anerkannt wurden, noch ist es ihnen erlaubt, die Arten von Datenrechten, die vom Gesetz vorgesehen sind, durch entsprechende Vereinbarungen zu ändern. Die Inhalte der Datenrechte sind gesetzlich geregelt, d. h., ihre Inhalte müssen durch Rechtsvorschriften festgelegt werden, und die Menschen dürfen keine Datengesetze schaffen, die mit dem Inhalt der Rechtsetzung von Datenrechten unvereinbar sind, noch dürfen sie Vereinbarungen treffen, die mit den zwingenden gesetzlichen Bestimmungen unvereinbar sind. Die Rechtsetzung der Gültigkeit von Datenrechten bedeutet, dass die Gültigkeit des Datenrechts gesetzlich geregelt sein muss und die Menschen es nicht durch Vereinbarungen oder

Konventionen oder dergleichen festlegen oder ändern können. Im Zuge der Ausarbeitung von Gesetzen zum Datenrecht muss der Gesetzgeber angemessene Normen zur Begrenzung und zum Schutz von Datenrechten schaffen, um so eine rationale Grundlage für die Verwirklichung von Datenrechten zu schaffen. In der privatrechtlichen Praxis des Datenrechts sollten die Strafverfolgungsbehörden und die Justizbehörden die Interessen von Datenrechten rationell schützen, um ein realistisches Maß an Garantien für die Verwirklichung des Datenrechts zu bieten. Im Zusammenhang mit Rechtsbehelfen für Datenrechte sollten die Menschen eine rationale Perspektive einnehmen, um die Datenrechte zu untersuchen und so die Datenrechte, die sie genießen, zu schützen, was der Schlüssel zur Verwirklichung des Datenrechts ist. Nur durch eine organische Verbindung von Gesetzgebung, Justiz, Rechtsmitteln und der rationalen Auffassung der Menschen über Datenrechte können wir das reibungslose Funktionieren des Systems der Datenrechtsetzung sicherstellen.

Die Verrechtlichung des Datenrechts ist ein dynamischer Prozess. Als ein für das Überleben und die Entwicklung der Menschheit grundlegendes Recht sollte dieses, um zu einem gesetzlichen Rechtsanspruch erhoben zu werden, selbst ein legitimer und angemessener Interessenanspruch sein, der mit den tatsächlichen institutionellen Anforderungen und Werten in Einklang steht und damit auch von wirtschaftlichen, politischen und kulturellen Faktoren beeinflusst wird. Auf der Ebene der Rechtsordnung beeinflussen sämtliche Bestandteile der mit den Datenrechten in Bezug stehenden Rechte den Erfolg oder Misserfolg der Rechtssetzungen im Datenrecht, und im Bereich der Datenrechte fehlt es an dem notwendigen und spezifischen Schutz des materiellen Rechts sowie an einer Regelung des Verfahrensrechts. Auf der geistigen und kulturellen Ebene werden die gedanklichen und kulturellen Trends der Gesellschaft den Prozess der Verrechtlichung der Datenrechte einschränken. Obwohl das digitale Zeitalter bereits angebrochen ist, muss das Bewusstsein der Öffentlichkeit für Daten, Datenrechte und Datengesetze noch geschärft werden, denn das Fehlen einer Datenkultur wird die Entstehung des Datenrechts behindern. Auf der Ebene der gesellschaftlichen Entwicklung spiegelt die Verrechtlichung der Datenrechte den Grad der rechtlichen und sozialen Zivilisierung wider. Zurzeit nimmt der Wert der Daten stetig zu, und die Menschheit bewegt sich auf das „Zeitalter der Datenrechte“ zu, aber aufgrund der eingeschränkten soziohistorischen Entwicklung haben die Datenrechte noch nicht die Anerkennung in allen Bereichen der Gesellschaft gefunden, und die Verrechtlichung der Datenrechte hinkt hinterher. Eine Rechtsetzung von Datenrechten, die über den Entwicklungsstand der soziohistorischen Entwicklung hinausgeht und von der gesellschaftlichen Entwicklung abgekoppelt ist, hat keine Bedeutung.

### *(2) Systeme der Eigentumsrechte von Daten*

„In der digitalen Wirtschaft sind die Daten das ‚neue Öl‘ geworden, ein immaterielles Gut von beträchtlichem Wert, und ein klares System von Dateneigentumsrechten ist das vorrangige Anliegen für die Entwicklung der digitalen Wirtschaft und ein wichtiges Thema, das das rechtsstaatliche System für die digitale Wirtschaft dringend angehen muss“ (Shen Weixing 2018). Im Januar 2017 verkündete die Europäische Kommission den „Aufbau einer europäischen Datenwirtschaft“, in der die drei Hauptziele der europäischen Strategie für einen digitalen Binnenmarkt erläutert werden.[12] In diesem Zusammenhang wurden auf europäischer

12 Erstens: Maximierung des Nutzens von Daten und Erleichterung des Zugangs zu und der gemeinsamen Nutzung von maschinell erzeugten Daten. Zweitens: Schutz von Investitionen, Vermögenswerten und vertraulichen Daten sowie Schaffung solider Anreize für Investitionen und Innovation. Drittens: Sicherstellung einer gerechten Aufteilung der Erträge zwischen Dateninhabern, Datenverarbeitern und Dienstleistern innerhalb der Wertschöpfungskette. Die Zielsetzung des neuen Mechanismus zum Schutz und zur Verwertung von Dateneigentumsrechten. Das Konzept der „Dateneigentumsrechte“ wurde im Prozess der Allokation von Datenfaktoren wiederholt erwähnt, vor allem weil es keine klaren Regeln dafür gibt, wie man Datenfaktoren besitzen kann und wie die Eigentumsrechte an Datenfaktoren verteilt werden können. Die Stärkung des Schutzes von Dateneigentumsrechten kann den Datenfluss und die Verwendungsmöglichkeiten von Datenprodukten besser stimulieren, was für die Freisetzung und Entwicklung der Datenproduktivität, die Bewirtschaftung der Datenfaktormärkte und die Erreichung einer vorwiegend durch Innovation geführten und unterstützten digitalen Wirtschaft von großer Bedeutung ist.

Ebene Untersuchungen zu nicht personenbezogenen Daten und den Rechten von Datenerzeugern durchgeführt, die zur Einführung neuer Arten von Dateneigentumsrechten zur Regulierung von Märkten und Transaktionen geführt haben. Im Dezember 2017 erklärte Generalsekretär Xi Jinping während der zweiten gemeinsamen Studie zur Umsetzung der nationalen Big-Data-Strategie im Politbüro des Zentralkomitees der KPCh: „Es sollte eine digitale Wirtschaft mit Daten als Schlüsselelement aufgebaut werden." „Es sollte ein System für die Rechtebestätigung, die Freigabe, die Verbreitung und den Handel mit Datenressourcen entwickelt und das System zum Schutz der Eigentumsrechte an Daten verbessert werden." Im März 2020 wurde in den „Stellungnahmen des Staatsrats des Zentralkomitees der Kommunistischen Partei Chinas zum Aufbau eines vervollkommneteren institutionellen Mechanismus für die marktorientierte Allokation von Faktoren" vorgeschlagen, „die Optimierung der Eigenschaften der Eigentumsrechte entsprechend der Merkmale der Daten zu untersuchen". Im Oktober desselben Jahres gaben das Generalbüro des Zentralkomitees der Kommunistischen Partei Chinas und das Generalbüro des Staatsrats den „Realisierungsplan für das umfassende Reform-Pilotprojekt zum Aufbau einer wegweisenden Modellzone des Sozialismus mit chinesischen Merkmalen in Shenzhen (2020–2025)" heraus, in dem Shenzhen die Vorreiterrolle bei der Verbesserung des Systems der Dateneigentumsrechte übernahm, und die Definition von Dateneigentumsrechten als notwendige Voraussetzung für die effektive Allokation von Datenfaktoren untersucht wurde. „Die Vergabe von Dateneigentumsrechten ist eine grundlegende Frage, die bei der Entwicklung der Datenindustrie angegangen werden muss und die bestimmt, wie Datenwerte, Verpflichtungen und Verantwortlichkeiten zwischen verschiedenen Subjekten aufgeteilt werden" (Zhu Baoli 2019). „Ein gerechtes Eigentumsrechtssystem sollte eine vernünftige Verteilung von Rechten und Pflichten im Rechtsverhältnis der Eigentumsrechte vornehmen und die Konflikte zwischen den Interessen des gesellschaftlichen Lebens so weit wie möglich ausgleichen" (John Rawls 1999 S. 5). In seinem Artikel „Toward a Theory of Property Rights" stellte der Ökonom Harold Demsetz fest, dass „die Schaffung von Eigentumsrechten im Wesentlichen immer noch ein Prozess von Kosten-Nutzen-Abwägungen ist. Eigentumsrechte entstehen nur dann, wenn die Vorteile der Internalisierung von Externalitäten durch die Definition von Eigentumsrechten die Kosten des Handelns überwiegen". Im Bereich der Daten besteht eine wirtschaftliche Grundlage für die Schaffung von Rechten an Daten, wenn die Vorteile der Schaffung von Dateneigentumsrechten größer sind als die Kosten der Schaffung von Dateneigentumsrechten. Der Nutzen von Dateneigentumsrechten wird größer, weil Daten immer mehr an Wert gewinnen und Vermögenseigenschaften erhalten oder sogar zu einem Produktionsfaktor werden. Der Rechtsstreit zwischen LinkedIn und HiQ Labs, der Kampf zwischen Shunfeng und Cainiao um Logistikdaten, der Kampf um die Datenerfassung zwischen Huawei und WeChat, die Datenpanne bei Facebook usw. – alle diese Fälle weisen auf eine zentrale Frage hin: Wie lassen sich die Eigentumsrechte an Daten definieren und schützen? Die derzeitige Realität zeigt, dass die Rahmenbedingungen für die Festlegung von Dateneigentumsrechten bereits ausgereift sind und dass die Definition von Dateneigentumsrechten untrennbar mit allen Aspekten des Lebenszyklus von Daten verbunden ist.

Das System der Dateneigentumsrechte ist ein Resultat der staatlichen Regulierung des Datenverkehrs, allerdings müssen praktische Anpassungen im Einklang mit der gesellschaftlichen Effizienz vorgenommen werden, um einen Interessenausgleich zwischen den verschiedenen Subjekten und der Öffentlichkeit zu gewährleisten. Daten als Gegenstand von Dateneigentumsrechten bilden die Grundlage des Systems der Dateneigentumsrechte, und Subjekte wie natürliche Personen, Plattformbetreiber, Regierungsbehörden oder Datenvermittler können alle zu Subjekten von Dateninteressen werden. Als Bündel von Rechten umfassen die Dateneigentumsrechte das Nutzungsrecht, das Verwertungsrecht, das Besitzrecht und das Verfügungsrecht. Ein System der Dateneigentumsrechte manifestiert sich hauptsächlich in der Festlegung der Rechte auf Dateneigentum, Datenbesitz, Datenkontrolle, Datennutzung, Datenverwertung und Datenverfügung. Die Besonderheit des Dateneigentumsrechts besteht darin, dass sich sein Entstehungsmechanismus grundlegend von anderen Vermögensrechten an Vermögenswerten unterscheidet: Während Vermögensrechte an Vermögenswerten einmalig und exklusiv sind, sind Dateneigentumsrechte reproduzierbar und nicht exklusiv. Dateneigentumsrechte können mithilfe von Governance-Technologien oder durch institutionelle Ausgestaltung definiert werden. Die Definition von Dateneigentumsrechten ist jedoch komplexer als die aller Rechte vergangener Zeiten, und es ist eindeutig unangemessen und unrealistisch, einfach ein System nach dem Motto „ein Eigentum, ein Recht" zu verfolgen. Es sollte vielmehr eine neue rechtswissenschaftliche Norm geschaffen werden, die ein Wesensmerkmal der digitalen Zivilisation ist, und die Koexistenz von Dateneigentumsrechten zwischen verschiedenen Subjekten ermöglicht.

*(3) Systeme der Datensouveränität*

Unter dem Einfluss der rasanten Entwicklung der Digitaltechnik ist der vernetzte Raum im 21. Jahrhundert zum fünften Raum nach dem Meer, dem Land, der Luft und dem Himmel geworden, und die länderübergreifende Datenübertragung und -speicherung ist zunehmend zu einem alltäglichen und komfortablen Vorgang geworden, was neue Implikationen für das traditionelle Konzept der staatlichen Hoheit mit sich gebracht hat. Dies hat dazu geführt, dass die Datensouveränität heute die theoretische Grundlage für die Verwaltung und Zuständigkeit der Länder für Daten und damit verbundene Technologien und Infrastrukturen bildet. Die Datenhoheit leitet sich aus der nationalen Souveränität ab und ist eine neue Form der Souveränität, die unter den neuen Bedingungen aus der nationalen Souveränität hervorgegangen ist. Als Ergebnis der staatlichen Hoheit im digitalen Zeitalter entsteht die Datensouveränität auf der Grundlage der Existenz des vernetzten Raums, und sie ist Verkörperung, Verlängerung und Spiegelbild der staatlichen Souveränität im virtuellen Raum. Mit der Entkopplung des Gedankens der Souveränität von geografischen Faktoren wird die Datensouveränität zu einem neuen Zweig dieses Konzepts und bildet das Zentrum der Landkarte des Souveränitätssystems. Die Datenhoheit betrifft unter anderem die Erzeugung, Sammlung, Speicherung, Analyse und Verwendung von Daten, die mit den lebenswichtigen Interessen des Staates, der Unternehmen und des Einzelnen verbunden sind und praktisch einen unbegrenzten Wert besitzen. Die internationale und innenpolitische Lage zeigt, dass die

Datensouveränität nach der Grenz-, See- und Luftverteidigung zu einem weiteren Spielfeld der Großmächte geworden ist. So haben viele Länder und Regionen bereits mit dem Schutz von Datenressourcen, dem Aufbau von Datensicherheitssystemen und dem Ausbau der Dateninfrastruktur begonnen, um die Kapazitäten zum Schutz ihrer Datenhoheit zu verbessern und so die nationale Sicherheit zu gewährleisten.

China ist ein aktiver Verfechter und entschlossener Verteidiger der Datenhoheit. Der Aktionsplan des Staatsrats zur Förderung der Entwicklung von Big Data vom August 2015 enthielt eine klare Aussage zur Datensouveränität: „Chinas Größenvorteil im Datenbereich [...] voll ausschöpfen, um die Fähigkeit zum Schutz der Datenhoheit im Internet zu verbessern, die nationale Sicherheit zu gewährleisten und die nationale Wettbewerbsfähigkeit wirksam zu steigern." Im November 2016 wurde offiziell das Internetsicherheitsgesetz veröffentlicht, in dessen Artikel 37 eindeutig festgelegt ist: „Die Betreiber kritischer Informationsinfrastrukturen, die im Rahmen ihrer Tätigkeit in der Volksrepublik China personenbezogene Informationen und kritische Daten sammeln und generieren, müssen im Hoheitsgebiet der Volksrepublik China gespeichert werden." Dies spiegelt die immense Bedeutung wider, die China der Datenhoheit beimisst. Man kann sagen, dass die Datensouveränität zu einer unabdingbaren Voraussetzung in den Bemühungen um eine gleichberechtigte Teilnahme und einen gleichberechtigten Diskurs in internationalen netzpolitischen Angelegenheiten für die Wahrung nationaler Interessen geworden ist.

Im April 2013 veröffentlichte die NATO offiziell das Tallinn-Handbuch, in dem es heißt, dass „die Staaten das Recht haben, die Kontrolle über die Internet-Infrastruktur und das Verhalten im Internet innerhalb ihres Hoheitsgebiets auszuüben, und dass jeder Eingriff in die Internet-Infrastruktur eines anderen Staates eine Verletzung der Souveränität darstellt" (Zhu Lixin 2015). Im Juni 2013 hieß es in Artikel 20 der Resolution der 6. Generalversammlung der Vereinten Nationen, die von der „Gruppe der Regierungsexperten für Entwicklungen im Bereich der Information und Telekommunikation im Kontext der internationalen Sicherheit" verabschiedet wurde, dass „Nationale Souveränität und aus der Souveränität abgeleitete internationale Normen und Grundsätze für die Aktivitäten des jeweiligen Staates in der Informations- und Kommunikationstechnologie und die Zuständigkeit der Staaten für die Informations- und Kommunikationsinfrastruktur in ihrem Hoheitsgebiet gelten." Damit wird die Existenz staatlicher Souveränität im vernetzten Raum bestätigt. Artikel 1 des Tallinn-Handbuchs zur Anwendung des Völkerrechts auf Internet-Operationen, Version 2.0 (2017) gibt an, dass die „Souveränität (allgemeiner Grundsatz)" die „Idee globaler Gemeingüter" im virtuellen Raum ausdrücklich ablehnt und argumentiert, dass „obwohl die Charakterisierung (der globalen Gemeingüter) außerhalb des rechtlichen Kontextes nützlich sein mag, die internationale Expertengruppe diese Charakterisierung nicht akzeptiert. Der Grund dafür ist, dass er solche territorialen Eigenschaften des vernetzten Raums und von Handlungen im Internet ignoriert, die den Grundsatz der Souveränität betreffen" (Schmitt 2017 S. 12). Im Einklang mit Artikel 2 der UN-Charta und den einschlägigen Resolutionen der UN-Generalversammlung hat die internationale Gemeinschaft allmählich ein weitgehendes Verständnis dafür entwickelt, dass „ein Informationsfluss über die Grenzen eines souveränen Staates ohne die Zustimmung des jeweiligen souveränen Staates eine Verletzung der staatlichen Souveränität darstellt". Heutzutage sind die Existenz und die Tragweite der „Datensouveränität" durch verschiedene internationale Abkommen und nationale Gesetze sowohl im In- als auch im Ausland anerkannt worden, und ihre Bedeutung wird ständig aufgewertet.

„Die ‚These der Datensouveränität', stützt sich auf die moderne Völkerrechtsordnung und insistiert darauf, dass das Datenmanagement der traditionellen Souveränität untergeordnet bleibt, während ihre theoretische Entwicklung von der Internet-Souveränität zur technologischen Souveränität fortschreitet, während die ‚These von der Datenfreiheit' auf dem weltanschaulichen Ideal des Internet-Kosmopolitismus beruht und betont, dass Daten frei und ohne staatlichen Eingriffen fließen können sollten. Diese konzentriert sich auf den langen Arm der Rechtsprechung über Daten und derjenigen, die sie kontrollieren. Diese beiden Ordnungen bilden in der Praxis eine komplexe Mischung aus konkurrierenden und miteinander verflochtenen Forderungen" (Liu Tianjiao 2020). Um einen Ausgleich zwischen den beiden Ordnungen zu schaffen, ist es notwendig, den Aufbau einer auf Datensouveränität basierenden Ordnung aufrechtzuerhalten, aber dabei auch die Bedeutung des Wertes der Effizienz im digitalen Zeitalter positiv zu betrachten. Die Entwicklung im Bereich der digitalen Technologie hat zu einem Übergang von der „Netzsouveränität" zur „Datensouveränität" geführt, was sich tiefgreifend auf den Aufbau des internationalen Rechts und der internationalen Ordnung im neuen Zeitalter auswirkt (Huang Haiying und He Meng 2019). Während die Bedeutung der Datensouveränität immer wieder hervorgehoben wird, ist aus der Frage, wie die Sicherheit der nationalen Souveränität gewährleistet und zugleich ein Wettbewerbsvorteil bei der Datensouveränität erlangt werden kann, im Rahmen des Spiels zwischen Ordnung und Freiheit, Entwicklung und Sicherheit zu einem wichtigen Thema für alle Länder geworden.

Die Einhaltung der Datenhoheit ist von großer praktischer Bedeutung für die nationale Sicherheit, die wirtschaftliche Entwicklung und die gesellschaftliche Stabilität. In Staaten mit starken Datenkontrollkapazitäten macht man sich keine Sorgen über Datendiebstahl und -missbrauch, während Staaten mit schwachen Datenkontrollkapazitäten hoffen, durch internationale Kooperation ihre Datenmanagement und -verwertungskompetenzen zu stärken. In der gegenwärtigen Phase dreht sich die Rechtspolitik im Zusammenhang mit der Datensouveränität hauptsächlich um das Management und die Kontrolle von Daten, und die Ansprüche und Praktiken der Länder in Bezug auf die Datensouveränität konzentrieren sich auf die Erfordernisse des Managements von grenzüberschreitenden Datenströmen. Auch auf internationaler Ebene haben immer mehr Länder und Regionen damit begonnen, aus rechtlicher Sicht Regelungen für die Datenhoheit im Bereich der Datenverwaltung zu schaffen (He Bo 2017). Denn nur unter der Bedingung, dass die souveränen Grenzen aller Staaten im digitalen Raum anerkannt werden, kann auch den rechtswissenschaftlichen Grundlagen des internationalen Rechts bei der Regelung von Datenressourcen zugestimmt werden. Nur dann kann auf der Basis eines einheitlichen Konsenses, der durch gleichberechtigte Konsultationen zwischen den Ländern erreicht wird, ein spezifisches, systematisches und praktikables System des internationalen Rechts und der Regulierung geschaffen werden. Und nur so kann eine wirksame internationale Rechtsregelung für Datenressourcen entstehen. Auch kann man nur dann von allen Ländern der Welt verlangen, dass sie sich an die in der Charta der Vereinten Nationen verankerten Grundsätze des Friedens, der Zusammenarbeit und der Entwicklung halten. Andernfalls wird es schwierig sein, die internationale Regulierung von Datenressourcen in der Praxis wirksam zu gestalten. Hierfür sollte man die Datensouveränität auf eine rechtliche Basis stellen und die Verbesserung des internationalen Systems der Data Governance fördern. Man sollte sich auf die Gewinnung und Nutzung von Datenressourcen konzentrieren, während der Datensicherheit und dem Datenschutz mehr Aufmerksamkeit zu schenken ist, um dem Risiko des Missbrauchs der Datenhoheit auf besonnene Weise zu begegnen. Wir sollten einen institutionellen Rahmen für die Datensouveränität in Bezug auf grenzüberschreitende Datenströme auf der Grundlage der Datenklassifizierung und der Beseitigung des Missbrauchs der Datenhoheit im Rahmen einer Schicksalsgemeinschaft schaffen.

## Abschnitt 4 Systeme der datenbasierten Beweise

Die Entwicklung der digitalen Technologie hat einen Wandel in der Erbringung von Beweismitteln bei Rechtsangelegenheiten eingeleitet. Die rechtliche Feststellung von Sachverhalten hat schon immer von den Fortschritten in Wissenschaft und Technik profitiert. Bereits im chinesischen Altertum gab es schon seit jeher Fälle, in denen Verbrecher mithilfe der damaligen Wissenschaft und Technik ermittelt und identifiziert wurden. Am Ende des 19. Jahrhunderts, mit Vollendung der industriellen Revolution, kam es zu einer dritten Welle der Wissenschaft, mit welcher sich die Anwendungen von Wissenschaft und Technologie sprunghaft entwickelten. Die wissenschaftlichen Forschungsaktivitäten, die sich aus unseren alltäglichen Forschungsaktivitäten heraus entwickelt haben, haben den Umfang unabhängiger menschlicher Beweisführung vergrößert, die unabhängige menschliche Vorstellungskraft erweitert, die Belastbarkeit von Beweisen gestärkt, die Beurteilung von Beweisen durch Technologie verfeinert und vieles mehr. Der Datenbeweis ist ein Produkt der fortgeschrittenen Entwicklung des elektronischen Beweises. „Im Vergleich zu den frühen listenbasierten elektronischen Daten nutzt der Beweis auf der Grundlage von Big Data die Besonderheiten der großen

Datenmengen und kann Fakten in Verfahren vorlegen, deren Gesetzmäßigkeiten sich zuvor diesen Daten verbargen. Dies bedeutet bereits eine qualitative Veränderung. Im aktuellen Stadium wurden bereits Big-Data-Beweisdaten zur Lösung verschiedener Beweisverfahren verwendet und dies wird sich auch weiterhin längerfristig so entwickeln. Wie die Untersuchung der juristischen Praxis zeigt, besteht die dringende Notwendigkeit, den rechtlichen Status von Big-Data-Beweisen anzuerkennen und Beweisregeln aufzustellen“ (Liu Pinxin 2019).

### *(1) Die Evidenz steht im Mittelpunkt*

Was die Methoden der gerichtlichen Beweisführung anbelangt, so hat die menschliche Gesellschaft zwei große Umwälzungen durchlaufen. Die erste war der Übergang von einer auf „göttlichen Beweisen“ beruhenden Methode zu einer auf „menschlichen Beweisen“ beruhenden Methode. Der zweite Schritt war der Wechsel von einer auf „menschlichen Beweisen“ basierenden Methode zu einer auf „physischen Beweisen“ basierenden Methode. Was die Systematik der gerichtlichen Beweisverfahren oder die Systematik der Beweisführung betrifft, so hat die Entwicklung der menschlichen Gesellschaft in gewissem Maße die Regel von der Negation der Negation abgebildet, d. h. vom freien Beweis zum nicht-freien Beweis und dann zum relativ freien Beweis (He Jiahong und Liu Pinxin 2019 S. 1). Die Grundsätze, die bei der Formulierung von Rechtsvorschriften über Beweise aufgestellt werden sollten, und die Leitlinien, die in der gerichtlichen Praxis bei der Verwendung von Beweisen zum Nachweis der Sachverhalte beachtet werden sollten, nennt man Beweisgrundsätze. Sie besitzen einen wichtigen grundsätzlichen Stellenwert und sind das Leitprinzip des gesamten Mechanismus der Funktionsweise von Beweisen. Die Rechtskommission des Ständigen Ausschusses des Nationalen Volkskongresses wies in ihrer Mitteilung „Über die Notwendigkeit und Grundprinzipien der Gesetzgebung zu Beweisen im Strafrecht“ darauf hin, dass es in China zwar bisher kein einheitliches Beweisgesetz gibt, das klare Aussagen zu den Grundsätzen von Beweisen macht, der nationale Gesetzgeber jedoch seit Langem damit begonnen habe, sich mit dieser Frage zu befassen und anerkannte Experten und Wissenschaftler in China zu zahlreichen Gesprächen eingeladen hat. Die Experten und Wissenschaftler kommen zu der einhelligen Auffassung, dass für die Formulierung eines guten Beweisrechts zunächst die einschlägigen Grundprinzipien des Beweissystems festgelegt werden sollten. Darüber hinaus sind die renommierten Rechtswissenschaftler He Jiahong und Liu Pinxin der Ansicht, dass China nicht nur die axiomatischen Grundsätze der allgemeinen Regeln der gerichtlichen Beweisführung, wie das Prinzip der Wahrheitsfindung aus Tatsachen, das Prinzip der Beweisführung auf der Grundlage von Beweismitteln, das Prinzip der unmittelbaren Rede und das Prinzip der Kombination von gesetzlich vorgeschriebenen und freien Beweisen klären sollte. Auch müssten politische Grundsätze, die rechtliche und gesellschaftspolitische Werte widerspiegeln, geklärt werden, wie die Grundsätze der Rechtsordnung, der Grundsatz der Fairness und Integrität etc. (He Jiahong und Liu Pinxin 2019 S. 1–101).

Die faktische und die reflexive Theorie: In der Rechtswissenschaft existiert eine Vielzahl von Ansichten über Beweise. Gleichwohl gibt es nur zwei wirklich einflussreiche Sichtweisen: die faktische und die reflexive Sichtweise. Die faktische Theorie besagt, dass ein Beweis eine Tatsache ist, die objektiv existiert oder sich ereignet hat und mit dem zu beweisenden Sachverhalt in Verbindung steht und primordialen Charakter hat. Die Theorie der Reflexion besagt, dass ein „Beweis nicht eine objektive Tatsache *per se*, sondern eine Vorstellung einer objektiven Tatsache im Bewusstsein der Menschen ist. Sie ist also nicht primordial, sondern nachrangig und sie ist nicht unabhängig vom menschlichen Willen, sondern untrennbar mit dem subjektiven Bewusstsein des Menschen verbunden“ (Wu Jialin 1981). Kurz gesagt, die faktische Sichtweise besagt, dass Beweise Tatsachen sind, während die reflexive Sichtweise besagt, dass Beweise Widerspiegelungen von Tatsachen sind. In der Beziehung zwischen „Reflexionen“ und „Tatsachen“ sind die Tatsachen das Ursprüngliche, sie ist dasjenige im Verhältnis der beiden, was substanzielle Qualität aufweist. Bei den beiden großen Debatten über Beweise in den 1950er und 1980er-Jahren ging es um diese beiden Auffassungen von Beweisen. Zugleich sind diese beiden Auffassungen auch die beiden Beweiskonzepte, die derzeit in der chinesischen Rechtsprechung existieren.

Das Unterscheidungsmerkmal zwischen Fakten und Beweisen ist die Wahrheitsfähigkeit. Tatsachen sind Sachverhalte in einem wahren Zustand, ihr wesentliches Merkmal ist die Wahrheitsfähigkeit. Die Worte „wahr" und „tatsächlich" haben eine ähnliche Bedeutung, eine Tatsache ist demnach „eine Sache, ein Ereignis, ein greifbares Objekt oder eine Erscheinung, die tatsächlich vorkommt, gewöhnlich existiert und eine reale und absolute Realität hat, nicht eine bloße Spekulation oder Meinung" (Xue Bo 2003 S. 825). Einfach ausgedrückt: Fakten sind „wahr" und nicht „falsch", es gibt keine „falschen Fakten" auf der Welt, aber es gibt falsche Beweise. Die beiden Begriffe „Tatsache" und „Existenz" sind kategorial miteinander verbunden. Black's Law Dictionary definiert eine Tatsache als „etwas, das tatsächlich existiert". In der Philosophie ist die Existenz ein ontologischer Begriff, der sich auf eine objektive Welt bezieht, welche nicht vom subjektiven Bewusstsein des Menschen abhängt: „die Welt ist unabhängig von meinem Willen" (Wittgenstein 1962 S. 94). Lenin hat darauf hingewiesen, dass „wenn man die Tatsachen in ihrer ganzen Summe und in ihren Zusammenhängen erfasst, dann gewinnen sie nicht nur an Überzeugungskraft, sondern werden nachweislich hieb- und stichfeste Dinge. Wenn Tatsachen nicht in ihrer ganzen Summe und in ihren Zusammenhängen, sondern aus ausgewählten Fragmenten und zufällig erfasst werden, erfasst werden, dann werden die Tatsachen lediglich zu Spielereien oder sogar weniger als Spielereien. „Beweise sind im weitesten Sinne Informationen, die sich auf den zu beweisenden Sachverhalt beziehen. Shannon, der Begründer der Informationstheorie, vertrat die Auffassung, dass Information die Beseitigung oder Reduzierung von Ungewissheit in Bezug auf das, was Menschen über Dinge wissen, sind. Die Systematik eines Datenbeweises zielt darauf ab, die Ungewissheiten bei der Feststellung von Tatsachen zu beseitigen oder zu verringern, was zweifellos von universeller Bedeutung für das menschliche Streben nach Fairness und Gerechtigkeit ist.

Die Beweisorientierung ist eine Brücke, welche das Recht hin zur Fairness und Gerechtigkeit baut. Beweisorientiert bedeutet, dass „bei juristischen Tätigkeiten die Feststellung des Sachverhalts auf der Grundlage von Beweisen erfolgen muss und juristische Beweisverfahren sich auf Beweise als Eckpfeiler stützen müssen. Mit anderen Worten: Die Rechtsprechung muss sich auf Beweise stützen, daher der Begriff ‚Evidentialismus'." (He Jiahong und Liu Pinxin 2019 S. 86). Morikazu Taguchi, eine japanische Koryphäe des Strafrechts, argumentiert, dass sich „eine Feststellung von Tatsachen auf belastbare Beweise stützen muss, und erst nach einer Untersuchung können die Tatsachen, die den Kern der Straftat bilden, festgestellt werden. Dem Begriff ‚Tatsache' und dem Begriff ‚auf Beweise stützen' kommt hierbei eine besondere normative Bedeutung zu." Von einem praktischen Standpunkt aus betrachtet, kommt es immer wieder zu kriminellen Handlungen, die oft ein Ergebnis des Zusammenspiels mehrerer Ursachen darstellen, und die Gesamtheit dieser Ursachen spiegelt die zehn großen Fehlannahmen wider, die im chinesischen Strafrechtssystem, in unseren Einrichtungen und Konzepten bestehen.[13] Das Erkennen dieser Missverständnisse ist nur der erste Schritt zur Verhinderung von Fehlurteilen. Auf dieser Grundlage müssen wir auch konkrete und wirksame Maßnahmen ergreifen, um sicherzustellen, dass wir nicht weiterhin diesen Verfehlungen anheimfallen. Es ist eine Tatsache, dass wir die Möglichkeit von Fehlurteilen nicht gänzlich ausräumen können, aber wir müssen dennoch alles in unserer Macht Stehende unternehmen, um sie zu verhindern und an der Verbesserung des entsprechenden Prozesssystems und der Beweisregeln arbeiten.

### *(2) Die Bedeutung der datenbasierten Beweise*

Der Datenbeweis ist ein Ergebnis der Entwicklung der digitalen Technologie. Unter Datenbeweisen fassen wir in der Regel alle Beweise zusammen, die mithilfe digitaler Technik oder elektronischer Geräte erstellt

13 Die zehn großen Verfehlungen in der Strafjustiz im heutigen China: 1. Das Versäumen vorgeschriebener Fristen für die Aufklärung von Straftaten. 2. Die Methode der Ermittlung von Geständnissen zu Beweiszwecken. 3. Voreingenommene, einseitige Forensik. 4. Unsachgemäße Auslegung wissenschaftlicher Erkenntnisse. 5. Beharrliche Torturen zur Erlangung von Geständnissen. 6. Die Abkehr von den Grundsätzen zugunsten einer Übereinstimmung mit der öffentlichen Meinung. 7. Ein allseitiges Hemmnis aufgrund von ungerechtfertigtem Renommee 8. Gerichtsprozesse, die eine Farce sind. 9. Lange Haftzeiten, die schwer zu überstehen sind. 10. Die Milderung von Anfangsverdachten aufgrund unzureichender Beweise (He Jiahong 2014).

wurden, oder alle Beweise, die den Sachverhalt in elektronischer Form belegen können. Die Weiterentwicklung und der Einsatz digitaler Technologien haben die Formen der Informationsübermittlung grundlegend verändert, und der Status traditioneller Beweismittel wird nach und nach durch neue Arten von Beweismitteln in der Form von Datenbeweisen ersetzt.

Die Standardisierung der Beweise: „Einheitliche Beweisstandards für Daten wurde aufgrund der Notwendigkeit entwickelt, eine vollständige Beweiskette für verschiedene Arten von Fällen zu erstellen und diese werden von den Staatsanwaltschaften und Strafverfolgungsbehörden einheitlich angewandt. Dabei handelt es sich um einen Beweisstandard, der in das datenbasierte Verfahrenssystem eingebettet ist. Ihr Zweck ist es, dass die Rede von Beweisstandards, welche ‚die Fakten klarmachen, die Beweise zuverlässig und hinlänglich zu machen' einen bestimmten Grad von Konkretisierung gewinnt. Die Datafizierung ist dabei das wesentliche Merkmal und die Einheitlichkeit ist ein abgeleitetes Merkmal. Die innovative Praxis dieser Standards hat für die Vorgänge in der Bearbeitung von Fällen durch Staatsanwaltschaften und die Justiz einen gewissen Raum geöffnet, welcher in die Richtung einer Reform der Beweisstandards weist und das entsprechende theoretische System bereichert. Sie bietet einen Korrekturmechanismus für die gerichtliche Entscheidungsfindung" (Liu Pinxin und Chen Li 2019). In der Praxis haben sich datengestützte Beweisstandards zu einem wichtigen Aspekt der Justizreform entwickelt, die in Guizhou, Shanghai, Jiangsu und Sichuan bereits umgesetzt wird. Im Vergleich zu herkömmlichen Beweisen ist dies ein effektiver Weg, um das „echt, also legal", „bestätigt, also legal", „stabil, also legal"[14] sowie andere

14 Echt, also legal bedeutet, dass das Gericht den Wahrheitsgehalt des Geständnisses eines Angeklagten bejaht und unmittelbar zu dem Schluss kommt, dass das Geständnis auf rechtmäßige Weise erlangt wurde. Bestätigt, also legal bedeutet, dass der Wahrheitsgehalt des Geständnisses aus der Erhärtung der Beweise des Geständnisses und anderen Beweisen abgeleitet wird, woraus dann die Rechtmäßigkeit des Verfahrens zur Erlangung des Geständnisses abgeleitet wird. Stabil, also legal bedeutet, dass aus der Stabilität des Geständnisses auf die Echtheit des Inhalts des Geständnisses geschlossen wird und dann die Echtheit des Inhalts des Geständnisses zur Bestimmung der Rechtmäßigkeit des Beweisverfahrens herangezogen wird. (Yi Yanyou 2016).

unangemessene Denkweisen bezüglich der Legitimität von Beweisverfahren und der Authentizität von Beweismitteln zu vermeiden.

Die Verwissenschaftlichung der Feststellung von Tatsachen: „Die Klassifizierung ist eine wichtige Methode der theoretischen Untersuchung von Beweisen. Es wird allgemein angenommen, dass die frühesten akademischen Forschungen zur Klassifizierung von Beweisen von dem englischen Juristen Jeremy Bentham (1748–1832) im 18. Jahrhundert durchgeführt wurden, der in seinem Meisterwerk »Rationale of Judicial Evidence« erstmals neun Methoden zur Klassifizierung von Beweisen vorschlug, darunter physische und menschliche Beweise, fakultative und obligatorische Beweise, mündliche, eidesstattliche und dokumentenbasierte Beweise, direkte und Indizienbeweise, Beweise aus erster Hand und Hörensagenbeweise etc. Seither haben sich in verschiedenen Ländern Beweisrechtsexperten eingehend mit der Klassifizierung von Beweismitteln befasst, wobei die Kriterien für die Klassifizierung unterschiedlich sind. In den letzten Jahren haben sich die Meinungen der chinesischen Forscher zur Klassifizierung von Beweisen allmählich einander angenähert und sie neigen dazu, zwischen mündlichen Beweisen und physischen Beweisen, primären Beweisen und abgeleiteten Beweisen, direkten Beweisen und indirekten Beweisen, sowie Beweisen und Gegenbeweisen etc. zu unterscheiden (He Jiahong und Liu Pinxin 2019 S. 125). Mündliche und körperliche Beweise beziehen sich auf den Inhalt und die Art und Weise des Zutagetretens der Beweise, primäre und abgeleitete Beweise auf die Herkunft oder Quelle der Informationen, direkte und Indizienbeweise auf die Beziehungen zwischen den wesentlichen Sachverhalten des Falles, primäre und sekundäre Beweise fokussieren auf die von Parteien behaupteten Tatsachen. Der Datenbeweis ist ein Ergebnis der Überschneidung zwischen Recht und Technologie. „Mit dem Einsatz von Wissenschaft und Technologie in Gerichtsverfahren haben sich auch die traditionellen Beweisregeln weiterentwickelt, wobei Zeugenaussagen mittels audiovisuellen Medien die Regeln traditioneller auf Hörensagen basierter Beweismittel infrage stellen. Während die traditionelle ‚Best-Evidence-Rule' allmählich an Bedeutung verliert, rückt die Frage nach einer Regel für den besten Beleg bei elektronischen Beweismitteln immer mehr in den Vordergrund" (Chen Xuequan 2008). Der Datenbeweis als ein Folgeprodukt des elektronischen Beweises verfolgt nicht nur die Quelle des Beweisstücks zurück, sondern fördert auch eine noch wissenschaftlichere Feststellung von Tatsachen.

Von der objektiven Wirklichkeit zur juristischen Wirklichkeit: „Da sich die objektive Wirklichkeit und die juristische Wirklichkeit ebenso wie die absolute Wahrheit und die relative Wahrheit gegenseitig bedingen und beeinflussen, können und dürfen die objektive Wirklichkeit und die juristische Wirklichkeit nicht zu zwei diametral entgegengesetzten Ansichten über die Realität werden. Stattdessen handelt es sich um zwei Aspekte der Wirklichkeit eines Falls, zwei Ebenen. Obwohl die objektive Wirklichkeit, ebenso wie die absolute Wahrheit ein schöner, wenngleich utopischer Gedanke ist, so ist das Vorhandensein eines schönen Zieles, welches die Dynamik subjektiver Motivationen des Justizpersonals und der öffentlichen Sicherheit aktivieren keine allzu gute Sache (Lei Jianchang 2004). Der berühmte britische Rechtsgelehrte Simon vertritt die Auffassung: „Beweise sind dann relevant, wenn sie eine Sache, die bewiesen werden muss, logisch beweisen oder widerlegen. Selbst auf die Gefahr hin, dass es sich um eine etymologische Tautologie handelt, kann man mit Fug und Recht sagen, dass relevante Beweise solche Beweise sind, die die zu beweisenden Sachverhalte wahrscheinlicher oder unwahrscheinlicher werden lassen." Die Objektivität und Relevanz großer Datenmengen determinieren, dass der Datenbeweis eine Grundlage in Professionalität, Direktheit, Objektivität der Inhalte, Relevanz und Authentizität sowie weitere charakteristische Merkmale aufweist. Evidenzbasierte Daten und datenbasierte Evidenz als eine konzentrierte Manifestation von Datenbeweisen mit hohem Relevanzniveau sind keine rhetorische Finte, sondern existieren in räumlich vernetzter Weise und bilden zeitlich ein deutliches Netzwerk mit Knotenpunkten und Adern heraus. Eine Intensivierung der Sammlung, des Minings und der Analyse von Daten zum Tracking von Vorfällen, die prädiktive Warnung vor und Abwendung von drohenden Straftaten, bringt nicht nur neue Inhalte in das Beweisrecht ein, sondern gibt auch eine neue Richtung für den Wandel des Forschungsparadigmas im Beweisrecht vor.

### *(3) Juristische Technologien und digitale Gerechtigkeit*

Die Rechtstechnologie ist zwar nicht neu, aber sie war noch nie so nahtlos in unser Leben integriert und stellte noch nie eine so gewaltige Herausforderung für die traditionellen Rechtsnormen der Nationen dar wie heute. „Blickt man auf die evolutionäre Entwicklungsgeschichte des Internets zurück, kann man unschwer erkennen, dass die Herausforderungen und Veränderungen, die das Internet für die traditionellen Rechtsnormen mit sich gebracht hat, von einem partiellen hin zu einem übergreifenden Prozess, von einem quantitativen hin zu einem qualitativen Wandel geführt haben" (Li Qian 2016). Das Zeitalter der juristischen Technologie ist ein Novum, und die Gesetze der vorherigen Ära sind naturgemäß nicht vollständig an das digitale Zeitalter angepasst. Nicolas Negroponte erklärte: „Für mich sieht unser Rechtssystem aus wie ein Fisch, der an Deck eines Schiffes zappelt und um sein Leben kämpft. Diese sterbenden Fische schnappen verzweifelt nach Luft, denn die digitale Welt ist eine völlig andere Umgebung. Die meisten Gesetze sind für eine Welt der Atome gedacht, nicht für die Welt der Bits. [...] die nationalen Gesetze finden keinen Zufluchtsort in den Gesetzen des Computerraums" (Negroponte 2017 S. 278). So führt die rechtliche Ordnung der Daten zu einer weiteren Sublimation des rechtlichen Denkens. Die Entwicklung der Technik birgt schwierige Probleme, sorgt aber gleichzeitig auch für deren Linderung. Der Wandel in der Art und Weise, wie große Datenmengen beurteilt, gesammelt und genutzt werden und die Innovationen bei den Methoden wirken sich nicht nur auf alle Aspekte des gesellschaftlichen Lebens aus, sondern liefern auch neue Möglichkeiten für ein verändertes Verständnis von Kausalität in der Rechtswissenschaft. „Die Menschheit wird schließlich von der Entwicklung und dem Fortschritt der Technologie profitieren und im kommenden intelligenten Zeitalter größere Unabhängigkeit und Freiheit erlangen" (Li Haiying 2016). Das Aufkommen der digitalen Technologie wird die bestehende Ordnung und das Gleichgewicht verändern oder gar zunichtemachen und damit das bisherige Rechtssystem erschüttern und umgestalten.

In der digitalen Welt steht das Recht dem stürmenden Orkan der Datenströme ratlos gegenüber wie in einer belagerten Burg, in die kein

Eindringen möglich scheint. E. Bodenheimer führt aus: „Eine der grundlegenden Funktionen des Rechts liegt darin, ein vernünftiges Maß an Ordnung in die zahlreichen, vielfältigen und unterschiedlichen Verhaltensweisen und Beziehungen der Menschen zu bringen und Verhaltensregeln oder -normen festzulegen, die für bestimmte Handlungen oder Verhaltensweisen gelten, die eingeschränkt werden sollten" (Bodenheimer 2017 S. 500). Die Grenzen der gesetzlichen Regulierung der digitalen Welt bestehen darin, dass Daten natürlich der Kontrolle durch den Code unterliegen und sich natürlich jeglicher Eingriffe jenseits des Codes entziehen. Auch wenn das Gesetz das Recht Eigentum an Daten vorsieht, so ist der Rechteinhaber dennoch außerstande, sie anders als mittels des Codes unter seine mögliche Kontrolle zu bringen. Es ist wie ein Apfel, den man auch nicht aus dem Computerbildschirm heraus nehmen kann. Tatsächlich kann das Recht nicht auf der Ebene der Naturgesetze Einfluss auf die Technik ausüben. Im Wesentlichen muss sich die Art und Weise, wie das Gesetz die digitale Welt regeln kann, auf kontrollierbares menschliches Verhalten konzentrieren, um zu einer verträglichen Datenordnung zu gelangen. In der Geburtsstunde des digitalen Rechts zeigt sich, dass sein gesonderter rechtlicher Schutz wohlbegründet und theoretisch machbar ist. Noch wichtiger aber ist, dass auf der Grundlage der Klärung des digitalen Rechts gesetzliche Vorschriften über die Rechte des Einzelnen an Daten geschaffen werden, die die Erhebung, Verwendung, Speicherung, Übermittlung und Verarbeitung von Daten regeln und so eine gute Ordnung für den Schutz und die Verwendung von Daten schaffen.

Seit dem Eintritt in das digitale Zeitalter sind wir alle sowohl Produzenten als auch Konsumenten von Daten geworden, und niemand kann mehr ohne Daten leben. Dementsprechend wurde jede soziale Beziehung in der menschlichen Gesellschaft direkt oder indirekt als „datafiziert" bezeichnet, und deshalb sollten die Gesetze, die diese sozialen Beziehungen regulieren, ebenfalls „datafiziert" werden. Personenbezogene Daten und Privatsphäre sind unzertrennlich miteinander verwoben, aber da Daten mehrere Werte verkörpern, wie z. B. die persönliche Freiheit und Würde des Menschen, den kommerziellen Wert und den Wert für die öffentliche Verwaltung, wird die Neuabwägung der Interessen am Schutz und an der Verwendung von Daten zum theoretischen Ausgangspunkt und zur Grundlage des Datenrechts. Interessensausgleiche sind ein Gebot des zivilrechtlichen Geistes und der sozialen Gerechtigkeit. Die Theorie der Interessensausgleiche findet im gesamten Prozess des rechtlichen Schutzes personenbezogener Daten Anwendung, um Fairness und Gerechtigkeit zu erzielen und die Allokation der Ressourcen zu optimieren, worin sich auch die digitale Gerechtigkeit im digitalen Zeitalter unmittelbar zu erkennen gibt. Die rasche Entwicklung der digitalen Technologie hat die Problematik der personenbezogenen Daten zu einer komplexen Angelegenheit gemacht, und der Konflikt zwischen privaten und öffentlichen Rechten an personenbezogenen Daten hat sich zugespitzt. Der rechtliche Schutz personenbezogener Daten ist dabei von besonderer Bedeutung. Angesichts der Vielfalt gegensätzlicher Interessen ist das Recht der beste Mechanismus, um ein Gleichgewicht zwischen grenzenlosen Ansprüchen und begrenzten Ressourcen zu finden und durch die Abwägung der gesetzgeberischen Interessen eine rationale Anordnung der verschiedenen Interessen in der Hierarchie zu erreichen.

## Abschnitt 5 Systeme der Datenethik

Gesetzliche Vorschriften sind das universelle Instrument des internationalen Datenschutzes, aber das bedeutet nicht, dass das Gesetz das einzige Instrument ist, geschweige denn, dass es andere Schutzmittel ausschließt. Als ein wichtiges Instrument im System der gesellschaftlichen Regulierung bilden die Rechtsnormen zusammen mit den ethischen Normen und der Selbstregulierung der Wirtschaft den normativen Rahmen für das Verhalten der Menschen. Big Data als eine Art moralische Perspektive, die den Weg zur Vereinigung der Zivilisationen vorzeichnet, bündelt sogleich die positive Energie von wertschätzendem Feedback oder auch Kritik, lässt die Gesellschaft dynamischer, freier und offener, fairer und effizienter werden und fördert so die Entwicklung einer menschlichen Ethik (Yue Jin 2016). Die Selbstregulierung von Unternehmen ist ein Modell (Priest 1998) der Restriktion unternehmerischen Verhaltens neben der Regulierung mittels Gesetzen und Richtlinien wie beispielsweise in Branchenleitlinien und Unternehmenschartas und damit eine extrinsische Form ethischen Datenschutzes.

### *(1) Schutz der Datenethik*

Die Ethik hatte in verschiedenen Zeitaltern spezifische unterschiedliche Bedeutungen. In der frühen Phase der Entstehung des vernetzten Raums spielten spontan entstandene ethische Normen eine wichtige Rolle bei der Gewährleistung der Datensicherheit. Als im Zuge der Digitalisierung eine massive Neugestaltung der Gesellschaft in großem Ausmaß stattfand, setzte eine stillschweigende Veränderung der traditionellen Ethik ein, wobei sich Konzepte einer inklusiven Koexistenz mehr und mehr als Verhaltenskodex mit ethischen Implikationen in der digitalen Gesellschaft durchsetzten. Damit die Verhaltensweisen im virtuellen Raum die angestrebten Ziele erreichen, müssen sie durch datenethische Normen abgesichert werden.

Die Datenethik befasst sich mit den ethischen Fragen, die sich aus einer Reihe von Handlungen wie etwa bei Verfahren der Sammlung und Analyse von Daten sowie während der Nutzung, Beschreibung, Verbreitung und der Öffnung von Daten in der biomedizinischen und sozialwissenschaftlichen Forschung ergeben. „Daten sind zu strategisch wichtigen Assets geworden, und die damit verbundenen enormen sozialen und wirtschaftlichen Nutzeffekte führen unweigerlich zu ethischen Problemlagen wie der illegalen Erhebung, Verbreitung und dem Missbrauch von Daten. So kommt es vor, dass personenbezogene Daten unrechtmäßig gesammelt und gespeichert oder missbraucht werden, die Kontrolle der Datensubjekte ausgehöhlt wird, Datenmonopole entstehen, dass Daten auf ungerechte Weise eingesetzt werden, oder dass Daten Menschen zu abwegigen Tendenzen verleiten (Chen Yi 2020). In den verschiedenen Entwicklungsstadien haben die verschiedenen Subjekte unterschiedliche Bedürfnisse in Bezug auf Daten und auch die Auffassungen hinsichtlich datenethischer Fragen unterscheiden sich. Im Jahr 2016 hat der Europäische Wirtschafts- und Sozialausschuss (EESC) die ethischen Dilemmata herausgearbeitet, mit denen die Menschen in den verschiedenen Phasen des menschlichen Lebenszyklus konfrontiert werden. Diese sind in zehn Hauptthemen unterteilt: Dazu gehören Eigentums-, Verfügungs- und Auskunftsrechte, das Recht auf Privatsphäre, Vertrauen, Überwachung und Sicherheit, digitale Identität, Personalisierung, De-Anonymisierung und digitale Kluft. Die ethischen Aspekte von Daten sind letztlich untrennbar mit dem „Menschen" verbunden. Die Menschen nehmen sogar schon vor ihrer Geburt an der digitalen Welt teil und tragen im Laufe ihres Lebens in unterschiedlichem Maße und auf unterschiedliche Weise Daten bei und nutzen diese auch.

„Die Datafizierung hat den Begriff des Dataismus hervorgebracht, der eine philosophische Ausdrucksform der Datafizierung ist. Durch seine Auffassung, dass die Maximierung des Datenflusses und die Informationsfreiheit die höchsten Güter seien, entfernt sich der Dataismus im Wesentlichen weg von der Menschenzentriertheit und hin zu einer Zahlenzentriertheit, ersetzt also den Humanismus durch einen Numerismus. Und er bewegt sich weg von einer Betonung der menschlichen Freiheit zu einer Betonung der Freiheit der Daten, stellt also den Dataismus an die Stelle des Liberalismus" (Li Lun und Huang Guan 2019). Ganz so wie Yuval Noah Harari es ausdrückt: „Im 18. Jahrhundert bewegte der Humanismus das Weltbild von einem gottzentrierten hin zu einem menschenzentrierten Weltbild und drängte Gott an den Rand. Im 21. Jahrhundert hingegen könnte sich der Dataismus von der Menschenzentrierung zur Datenzentrierung entwickeln und den Menschen in den Hintergrund drängen" (Harari 2017 S. 347). Um den Auswüchsen des Dataismus Einhalt zu gebieten, die Freiheit und die Rechte der Menschen zu achten, eine geregelte gemeinsame Datennutzung zu fördern und um den unmenschlichen Missbrauch von Daten zu bekämpfen, sind wir aufgerufen, eine humanistische Datenethik zu propagieren.

Datensicherheit ist nicht nur ein technisches Problem, sondern vielmehr eine Frage der Abwägung von Interessen, Werten und Ethik. Datenschutz sollte nicht einfach als bloßer Schutz von Geheimnissen verstanden werden, sondern vielmehr als ein System von Regeln für die Erhebung und Offenlegung personenbezogener Informationen. Im „Antrag für die Bildung der Nationalen Ethikkommission für Wissenschaft und Technologie", der vom Zentralen Komitee für die Vertiefung der Reform geprüft und angenommen wurde, besagt: „Es müssen dringend die institutionellen

Normen und die Mechanismen der Governance verbessert, die ethische Beaufsichtigung gestärkt, die einschlägigen Gesetze und Verordnungen sowie die Regeln für eine ethische Kontrolle verfeinert und die verschiedenen Arten wissenschaftlicher Forschungstätigkeiten geregelt werden." Auf der vierten Plenartagung des 19. Zentralkomitees der Kommunistischen Partei Chinas wurde vorgeschlagen, „das System der ethischen Steuerung von Wissenschaft und Technologie zu verbessern". Die Empfehlungen des 14. Fünfjahresplans heben gleichfalls die Notwendigkeit hervor, „das ethische System von Wissenschaft und Technologie zu verbessern". Aus dem Blickwinkel einer ethischen Richtschnur gesehen, bedeutet die ethische Governance des Datenschutzes im Zeitalter der digitalen Zivilisation eine Einhaltung ethischer Normen. Hinsichtlich der Ethikrichtlinien hat der amerikanische Wissenschaftler Richard A. Spinello darauf hingewiesen, dass „sich die Technologie gewöhnlich schneller entwickelt als die Ethik, und dass das Zurückbleiben in diesem Bereich uns oft beträchtlichen Schaden zufügt", und er hat drei Grundsätze für ethische Normen im Internet vorgeschlagen: Selbstbestimmung, Nichtschädlichkeit und informierte Einverständnis (Spinello 1998).[15] Auch in China haben Wissenschaftler drei ethische Grundsätze für die ethischen Probleme aufgestellt, die durch Big-Data-Technologien ausgelöst werden, nämlich den Grundsatz der Nichtschädlichkeit, den Grundsatz der Einheit von Rechten und

15 Der Erste ist der Grundsatz der Selbstbestimmung: Selbstbestimmung bedeutet das Vermögen des Einzelnen, seine Lebensweise selbst zu bestimmen. Wenn dieser Gedanken mit personenbezogenen Daten zusammengedacht wird, wird er zum Recht des Dateneigentümers, über die Verwendung und den Wert seiner personenbezogenen Daten zu entscheiden. Der zweite ist der Grundsatz der Nichtschädlichkeit: Der Einsatz moderner Technologien zur Verarbeitung personenbezogener Daten und zum Erzielen einer Wertschöpfung sollte ohne jederlei Schaden für den Dateneigentümer vonstattengehen. Der dritte ist der Grundsatz des informierten Einverständnisses: „Eine Einwilligung ist Ausdruck des subjektiven Willens einer Person, und dieser Ausdruck des subjektiven Willens setzt voraus, dass die betroffene Person klar und deutlich versteht, wie und zu welchem Zweck die Daten verarbeitet werden, also ist informierte Einverständnis eine Voraussetzung." Vgl. Richard A. Spinello, 《世纪道德：信息技术的伦理方面》[Ethical Aspects of Information Technology], Liu Gang (Übers.), Central Compilation & Translation Press, CCTP, 1998.

Pflichten und den Grundsatz der Achtung der Selbstbestimmung.[16] Insgesamt betrachtet, sollten wir das Problem der Metaethik und ihrer Verwirklichung der Gerechtigkeit in den ethischen Institutionen der digitalen Gesellschaft in den Mittelpunkt stellen, die Institutionen zum Schutz der Datenethik verbessern, den mit einer technischen Entfremdung durch Big Data einhergehenden negativen Konsequenzen vorbeugen und Anstrengungen unternehmen, um die Gerechtigkeit des Systems der Datenethik an sich zu gewährleisten. Mit anderen Worten: Die Ausgestaltung eines ethischen Systems muss sich darauf konzentrieren, wie der Dehumanisierung, Demoralisierung und Deliberalisierung im Zeitalter von Big Data zuvorgekommen werden kann (Chen Shiwei 2016).

### *(2) Öffentliche Governance von Selbstregulierung in Wirtschaftsbranchen*

Die Selbstregulierung der Wirtschaftsbranchen ist eine Form der Regulierung des Verhaltens von Unternehmen mit anderen Instrumenten als Gesetzen und Vorschriften, beispielsweise durch Branchenleitlinien und Unternehmenschartas (Priest 1998). Es handelt sich dabei um freiwillige Einhaltung von Auflagen im Verhaltens von Unternehmen (Maxwell, Lyon und Hackett 2000). Die Selbstregulierung der Branche im Datensektor ist geeignet, um Fehlstellen staatlicher Regulierung und gesetzlicher Vorschriften wirksam auszugleichen. Es ist wichtig, eine Ökologie der Datenindustrie aufzubauen, welche die Privatsphäre schützt, illegalen Datenverkehr bekämpft und die Zusammenarbeit und Innovation in der Industrie fördert.

16 Der Grundsatz der Nichtschädlichkeit bedeutet, dass die Entwicklung von Big-Data-Technologien einen auf den Menschen ausgerichteten Ansatz verfolgen und der nachhaltigen Entwicklung der menschlichen Gesellschaft und der Verbesserung der Lebensqualität der Menschen dienen sollte. Mit dem Prinzip der Einheit von Rechten und Pflichten ist gemeint, dass wer sammelt, auch verantwortlich ist, und ebenso ist, wer nutzt, verantwortlich. Der Grundsatz der Achtung der Selbstbestimmung bedeutet, dass das Recht, Daten zu speichern, zu löschen, zu verwenden und über sie Auskunft zu erhalten denjenigen zugestanden werden sollte, die die Daten erzeugen. (Yang Weidong 2018).

Eleanor Ostrom argumentiert, dass das Entweder-oder von allmächtigem Leviathan oder Privatisierung nicht die einzige wirksame Lösung ist. Eine Vielzahl der Probleme im Zusammenhang mit den *Common Pool Resourcen (CPR)* in menschlichen Gesellschaften lassen sich weder durch den Staat noch durch den Markt lösen. In der Tat sind Selbstorganisation und ihre in menschlichen Gesellschaften weitaus wirksamere institutionelle Arrangements für die Verwaltung öffentlicher Angelegenheiten (Ostrom 2000 S. 22–50). Wirtschaftsverbände und Handelskammern können als Brücken zwischen Staat und Unternehmen fungieren und in Fällen von Marktversagen und Politikversagen die Marktteilnehmer zur Selbstregulierung durch Aufsicht, Selbstregulierung und Koordinierung anleiten und so eine organisierte „private Ordnung"[17] als Pendant zu einer öffentlichen Ordnung schaffen. Es gibt in der Forschung sechs Arten von Anreizen, welche in den Branchen der Wirtschaft für Selbstregulierung sorgen: die „Kosten-Nutzen-Theorie", die „Theorie der Risikovermeidung", die „Theorie des Schutzes der Commons", die „systemgetriebene Theorie", die „Theorie des Marktversagens" und die „Innovationsgetriebene Theorie" (siehe Tabelle 4–5). In der Praxis werden die Unternehmen bei ihren Entscheidungen, inwieweit sie sich an der Selbstregulierung ihrer Branche beteiligen wollen, eine Kombination dieser theoretischen Faktoren berücksichtigen. In einem Bericht der australischen Wirtschaftszweige über die Selbstregulierung in den gewerblichen Branchen wurden die Beweggründe für die Selbstregulierung der Wirtschaft wie folgt kategorisiert: Selbstregulierung sei zur Verbesserung der Industriestandards, als Marktinstrument, um den eigenen Informationsstand zu erhöhen, um staatlicher Regulierung zuvorzukommen und zur Erfüllung der gesetzlichen Anforderungen (Eijlander 2005).

17 Die private Ordnung bezieht sich auf die Selbstregulierung der Individuen in der Gesellschaft, die auf der selbstständigen Herausbildung von Ressourcen persönlicher Beziehungen oder der freiwilligen Mitgliedschaft in organisierten Vereinigungen beruht. Diese Systeme der Selbstregulierung bilden sich im Spiel von Aushandlungsprozessen regelmäßiger Interaktionen über einen langen Zeitraum hinweg aus (Yu Hui 2008 S. 290).

Tabelle 4-5 Theorie der Beweggründe zur Selbstregulierung in Wirtschaftsbranchen

| Name der Theorie | Erklärung |
|---|---|
| Kosten-Nutzen-Theorie | Die „Kosten-Nutzen-Theorie" besagt, dass mit der Selbstregulierung der Unternehmen Kosten verbunden sind, zu denen auch der Aufwand gehört, den die Branchenmitglieder bei der Entwicklung und Umsetzung von Regelwerken der Selbstregulierung betreiben. Gleichzeitig hat die Selbstregulierung für die Branche Nutzen, da die Entwicklung und Einhaltung eines Selbstregulierungskodexes den Branchenmitgliedern bestimmte Vorteile bringen kann. |
| Theorie der Risikovermeidung | Nach der „Theorie der Risikovermeidung" ist die typischste Motivation für die Selbstregulierung der Industrie die Vermeidung eines negativen Unternehmensimages. Einige Monopole praktizieren Selbstregulierung, indem sie beispielsweise Produktionsmengen- und Preisfindungs-Policies ändern und so die Nutzung des Monopolstatus einschränken, um zu verhindern, dass Reformbestrebungen ihre Monopolstellung bedrohen. |
| Theorie des Schutzes der Commons | Die Theorie des „Schutzes der Commons" legt nahe, dass Unternehmen in modernen Industrien ein „immaterielle Gemeingüter" *(intangible commons)* teilen. Einschränkungen zum Schutz dieser „immateriellen Gemeingüter" können die Interessen der gesamten Branche beeinträchtigen, was wiederum die Notwendigkeit zur Bildung Selbstregulierungsmechanismen schuf. |
| Systemgetriebene Theorie | Die „systemgetriebene Theorie" besagt, dass sich die Unternehmen an die Selbstregulierung halten, um das Funktionieren des Systems zu sichern. Und um ihre Kontakte zur Regulierungsbehörde zu verbessern und dadurch den Regulierungsdruck seitens der Behörde zu verringern und für sich selbst Legitimität zu erlangen, schließen sie sich einer freiwilligen Selbstregulierung an. |

(*Fortgesetzt*)

Tabelle 4-5 Fortgesetzt

| Name der Theorie | Erklärung |
| --- | --- |
| Theorie des Marktversagens | Die „Theorie des Marktversagens" geht davon aus, dass die Selbstregulierung der Wirtschaftsunternehmen auf eine Form des Marktversagens zurückzuführen ist, insbesondere auf marktexterne Effekte, Informationsasymmetrien oder Unzulänglichkeiten im Privatrecht. Die überbordenden Kosten für die Korrekturen des Marktversagens sowie weitere Faktoren motivieren die Unternehmen zur Durchführung der Selbstregulierung. |
| Innovationsgetriebene Theorie | Die „innovationsgetriebene" Theorie besagt, dass die Selbstregulierung zwar die Markttransparenz verringert, dass sie aber durch Innovation das gesellschaftliche Wohlergehen im Allgemeinen verbessert. Denn die Gewinne aus der Innovation im Allgemeinen überwiegen die Verluste aufgrund mangelnder Preistransparenz, sodass in diesem Sinne die Innovation eine Triebkraft der Selbstregulierung sei. |

Quelle: Chang Jian und Guo Wei 2011.

Aus der Sicht des Verhältnisses zwischen Selbstregulierung der Wirtschaftsbereiche und staatlicher Regulierung kann die Selbstregulierung in reine Selbstregulierung, stellvertretende Selbstregulierung und gebundene Selbstregulierung unterteilt werden. Bei der reinen Selbstregulierung liegen die Befugnisse zur Durchführung der Selbstregulierung alleine in den Händen privater Körperschaften. Solange die Selbstregulierung nicht mit allgemeinen Werten wie dem fairen Wettbewerb kollidiert, akzeptiert die Regierung dies und schreitet nicht ein. Bei der stellvertretenden Selbstregulierung liegt die Befugnis zur Durchführung der Selbstregulierung bei privaten Akteuren, aber der Staat überwacht den Prozess, um sicherzustellen, dass das öffentliche Interesse nicht gefährdet wird. Bei der gebundenen Selbstregulierung sind öffentliche Regulierung und private Selbstregulierung miteinander verflochten und unterliegen staatlicher Aufsicht. Je nach dem Grad staatlicher Intervention kann die Selbstregulierung der Branchen als obligatorisch, autorisiert, erzwungen oder freiwillig eingestuft werden. Bei der obligatorischen Selbstregulierung wird der Rahmen für die Selbstregulierung von der Regierung vorgegeben. Bei der autorisierten Selbstregulierung erarbeiten die Branchen ihr eigenes Selbstregulierungskonzept legen es der Regierung zur Genehmigung und Umsetzung vor. Bei der erzwungenen Selbstregulierung wird das Selbstregulierungssystem im Hinblick auf eine drohende staatliche Zwangsregulierung eingeführt. Bei der freiwilligen Selbstregulierung greift der Staat weder direkt noch indirekt ein, fördert die Selbstregulierung nicht und ordnet sie auch nicht an (Black 1996). Unter dem Gesichtspunkt der Wirksamkeit der Selbstregulierungen kann man zwischen zwei Arten von Selbstregulierung der Wirtschaftszweige unterscheiden: „freiwillige Konsultation" und „wettbewerbsorientierte Selbstregulierung". Das Modell der „freiwilligen Konsultation" erfordert die Beteiligung aller Beteiligten Interessengruppen an der Festlegung von Normen, wobei durch Kommunikation die Informationsasymmetrien beseitigt werden. Die daraus resultierenden Branchenverhaltensregeln sind besser an das Branchenumfeld angepasst und alle Beteiligten sind ermutigt, Anstrengungen zu unternehmen, um Methoden der Gefahrenabwehr zu entwickeln, die noch geringere Kosten verursachen. Das Modell der „wettbewerbsorientierten Selbstregulierung" setzt voraus, dass zwischen verschiedenen Vertretereinrichtungen der Selbstregulierung ein Wettbewerb stattfindet. Den Verbrauchern ist damit die Möglichkeit gegeben, zwischen kompetitiven Selbstregulierungssystemen zu wählen, womit die Probleme der marktexternen Effekte und der Informationsasymmetrie wirksam vermieden werden. Allerdings ist dieses Modell nur dann anwendbar, wenn es keine signifikanten externen Effekte oder Informationsasymmetrien gibt, und es steht vor dem Paradox des „Freiwilligendilemmas". Die kompetitive Selbstregulierung kann wirksam verhindern, dass die Vertretereinrichtungen der Selbstregulierung Marktschranken errichten oder Preisabsprachen vereinbaren oder anderweitig wettbewerbswidrig handeln. Dort wo aber die externen Effekte erheblich sind, muss die staatliche Aufsicht auch durchgesetzt werden, weshalb die Anbieter zur Einhaltung von Mindeststandards verpflichtet sind (Ogus 1995).

Die Selbstregulierung der Wirtschaftsbranchen stellt einen wichtigen Prüfstand für die Politik der Regierung dar und kompensiert Fehlstellen in den gesetzlichen Regelungen, aber sie hat auch ihre Grenzen. Erstens ist die

Selbstregulierung der Branche möglicherweise nicht streng genug geregelt und die angewandten Verfahren erreichen nicht die von den Gerichten festgelegten Standards. Innerhalb von Branchen kann es zu Meinungsverschiedenheiten zwischen den Körperschaften über die Anforderungen an die Selbstregulierung kommen, und die entwickelten Leitlinien können sich häufig ändern. Zweitens mangelt es der Selbstregulierung der Branchen an Kontrolle und Durchsetzung. Die ausländischen Wissenschaftler Deidre K. Mulligan und Janlori Goldman sind der Meinung, dass der Mangel an Kontrolle und Durchsetzung die Ursache für die fehlende Selbstregulierung der Wirtschaftsbranchen ist […] man verleite die Öffentlichkeit, die politischen Entscheidungsträger und die Befürworter der Selbstregulierung zur Schönfärberei, um notwendige Regulierungsmaßnahmen zu verhindern. Auch weist die Europäische Organisation für die Informationsgesellschaft darauf hin, dass die Umsetzung der Selbstregulierung der Wirtschaftsbranchen keiner unabhängigen Stelle rechenschaftspflichtig ist und dass es an rechtlicher Unterstützung mangelt, weshalb man es mit einem Durchsetzungsproblem zu tun habe. Solange die Teilnahme keine Verpflichtung ist, treffen die Normen der Selbstregulierung nur diejenigen, die die Regeln ohnehin nicht auf die leichte Schulter nehmen. Drittens mangelt es der Selbstregulierung der Branchen an Rechtsbehelfen. Das Fehlen wirksamer Rechtsmittel für die geschädigten Parteien ist ein weiteres Problem bei der Selbstregulierung der Gewerbezweige. Die von der Wirtschaft erarbeiteten Konzepte bieten den Verbrauchern kaum sinnvolle Rechtsmittel und Entschädigungsmöglichkeiten, und es gibt auch keine Ausgleichsansprüche bei Schlupflöchern in den Policies. Viertens kann die zusätzliche Kostenbelastung durch die Selbstregulierung der Branchenunternehmen die Ausübung der Geschäftstätigkeiten erschweren oder die Kosten müssen an die Verbraucher weitergegeben werden. Fünftens besteht die Gefahr, dass die Selbstregulierung der Branchen von Eigeninteressen durchdrungen sein kann, und dass ihre Verfahren zum Nachteil der Wettbewerber oder zur Schaffung von Marktzutrittsschranken eingesetzt werden, möglicherweise mit dem Ziel, die Umsetzung staatlicher Vorschriften zu vereiteln. Sechstens mangelt es der Selbstregulierung der Unternehmen an Offenheit und Transparenz, und die Einbeziehung der Verbraucher ist suboptimal, was dazu führt, dass die Identifikation der Verbraucher mit den Selbstregulierungsnormen der Wirtschaft nicht gewährleistet ist. „Im gleichen Maße wie die Dienstleistungen von Organisationen der Selbstregulierung, wie z. B. Branchenverbänden, zur Koordinierung der Märkte immer wichtiger werden, und auch die proaktive Rolle der großen Unternehmen auf dem Markt immer sichtbarer an Bedeutung gewinnt, wird die Gesellschaft als Ganzes erkennen, dass ohne Selbstregulierung der Branchen und gemeinsame Governance sich die Effizienz der Unternehmen nicht stetig verbessern lässt. Dann werden sich auch die Branchen insgesamt weder besser noch rascher entwickeln können" (Li Baokuan und Ye Zijing 2019). Für die Governance der Selbstregulierung von Wirtschaftsbranchen gilt: „Sind sie mit zu harter Hand reglementiert, hat man ein stehendes Gewässer und Stillstand; Unter *Laissez-faire*-Bedingungen schlagen die Wellen hoch und es geht auch nicht gut aus." Die Selbstregulierung der Wirtschaft im Datenbereich sollte sich auf den Kerngedanken der Selbstregulierung der Ökonomie und der gemeinsamen Governance stützen, der sich mit dem Verhältnis zwischen Vitalität und Ordnung befasst. Das gemeinschaftliche Governance-System mit unternehmerischer Verantwortung, demokratischer Konsultation, gesellschaftlicher Kollaboration, öffentlicher Beteiligung und wissenschaftlicher und technologischer Unterstützung muss optimiert werden. So kann die Schaffung einer Gemeinschaft der Selbstregulierung und Governance in einer Branche erreicht werden, in der jede Einheit ihre eigenen Verantwortlichkeiten und Pflichten hat.

### *(3) Fähigkeiten digitaler Kompetenz*

Im Jahr 1994 brachte Yoram Eshet-Alkalai „die Fähigkeit, die auf einem Computer angezeigten digitalen Ressourcen und Informationen zu verstehen und anzuwenden" mit dem Begriff „digitale Kompetenz" auf den Punkt. 1997 wurde das Konzept der „digitalen Kompetenz" von Paul Gilster in seinem Buch *Digital Literacy* formell eingeführt. Ihm zufolge umfasst die digitale Kompetenz vor allem die Fähigkeit, digitale Informationen zu erschließen, zu verstehen und zu verknüpfen. Im August 2017 hat die International Federation of Library Associations and Institutions (IFLA) eine „IFLA-Erklärung zur digitalen Kompetenz" herausgegeben, das weltweit erste internationale systematische Manifest zur digitalen Kompetenz. Nach dem Manifest bedeutet digitale Kompetenz, dass man in der Lage ist, die digitalen Technologien effizient und sinnvoll zu nutzen, um den Informationsbedarf im persönlichen, sozialen und beruflichen Bereich zu decken. Zusammengenommen „wird die digitale Kompetenz zu einer universellen Kompetenz, die sogar eine Voraussetzung für den Erwerb anderer Fähigkeiten darstellt, die sich konkret in der allgemeinen Fähigkeit und Kompetenz der Bürger zur Nutzung der Informationstechnologie niederschlagen“ (Sun und Luo et. al. 2020).

Soziale Ungleichheit begleitet die Entwicklung der menschlichen Gesellschaft und nimmt immer wieder neue Erscheinungsformen an. Die Stellung von Männern und Frauen im Wandel von matrilinearen zu patrilinearen Clan-Gesellschaften. Vom diametralen Gegensatz, die durch den Besitz von Sklaven und Land durch den Sklavenbesitzer gebildet wird, bis hin zur Hierarchie der „Kaskaden von Ausbeutung“, welche die Grundbesitzer den Bauern auferlegten, indem sie Land kontrollierten und ihnen Geld liehen. Von der extremen Schere zwischen Arm und Reich, die von den Kapitalisten der Vergangenheit durch die Aneignung der Produktionsmittel und die Ausbeutung des Mehrwerts der Arbeiter geschaffen wurde, hin zur Gegenwart, in der die Kapitalisten auf den Kauf von Aktien als Mittel zum Erhalt von Dividenden und zur Kontrolle des Lebensnervs des Unternehmens und seiner Angestellten angewiesen sind. Unterschiede hinsichtlich der Geschlechter, Produktionsmittel, Produktionswerkzeuge, Land, Kapital, wirtschaftlichem Status, politischer Macht und andere Faktoren haben schon immer die relative Position verschiedener sozialer Klassen und Gruppen sowie die gesamte Gesellschaftsstruktur geprägt. Der Begriff der digitalen Ungleichheit ist eine noch eingehendere Anerkennung und Einschätzung des Ausmaßes, in dem digitale Technologien vergesellschaftet wurden. Professor Timothy W. Luke, der als Erster das Konzept der „digitalen Ungleichheit“ aufgeworfen hat, meint dazu, dass kennzeichnend für die digitale Ungleichheit sei, dass das was historisch einmal Klassenkämpfe gewesen waren, in der neuen Ära „Informationskriege“ zwischen Unternehmern und Arbeitnehmern, zwischen Produzenten und Verbrauchern, zwischen Informierten und Uninformierten, zwischen denjenigen, die Zugang zur Technologie haben, und denjenigen, die keinen haben, und zwischen denen mit Netzwerk-Kompetenz und denjenigen ohne, geworden sind. Aus Sicht der Praxis hat sich die digitale Ungleichheit allmählich von einer Ungleichheit der Absichten, Nutzungsfähigkeiten und Effektivität hin zu einer Ungleichheit des ökonomischen, sozialen, kulturellen und informationellen Kapitals, bis hin zu einem Gefälle von Status und Einfluss in sozialen Netzwerken verlagert (Yan Hui 2013 S. 10–21).

Die Entwicklung der digitalen Technologie hat zu einem bestimmten Maß an digitaler Ungleichheit geführt, wobei sich die Menschen und Organisationen in drei Kategorien einteilen lassen. Personen, die Daten generieren, Personen, die über die Mittel verfügen, sie zu sammeln, und Personen, die in der Lage sind, sie zu analysieren – das sind die „Datenklassen" im Zeitalter von Big Data. Während Daten einerseits zu den Produktionsfaktoren zählen, sind sie gleichzeitig auch ein elementares Gut, gleichrangig mit Nahrung, Kleidung, Unterkunft, Sicherheit und Bildung, und sollten daher gerecht an die Menschen verteilt werden. Die entstehende digitale Ungleichheit hindert dic Menschen daran, die Früchte der Spitzentechnologie gleichberechtigt zu nutzen, was zum „Auseinanderklaffen einer Schere zwischen Arm und Reich" der Informationen führt. Im digitalen Zeitalter leben wir in einem grenzenlosen Datenmeer, in dem alle möglichen Arten von Daten im Internet gespeichert sind. Es ist ein völlig offenes Datenmeer, das auch den Aufbau einer ethischen Datenordnung erfordert. Infolge der digitalen Ungleichheit wird die Situation, dass „die Reichen immer reicher und die Armen immer ärmer werden", sich zwangsläufig zuspitzen. Anders gesagt, wird es auch in der digitalen Ära die folgende Situation geben: Diejenigen, die die Daten verarbeiten werden auch weiterhin die ihnen zur Verfügung stehenden technologischen Vorteile nutzen, um sich Zugang zu unserer Privatsphäre zu verschaffen und diese auszunutzen. Wir als Datenerzeuger werden auch weiterhin fortwährend Daten erzeugen und unsere Privatsphäre verletzbar und ausnutzbar machen. Andererseits haben wir weder die Möglichkeit noch die Befugnis, auf die Daten von Datenverarbeitern zugreifen und diese nutzen. Um die Privatsphäre zu schützen und die Verteilung der Werte von Datenfaktoren zu optimieren, sollte daher sowohl der Ausarbeitung einer Datenethik als auch der Verbesserung der digitalen Kompetenzen der digitalen Bürger Aufmerksamkeit geschenkt werden.

Li Baokuan, Ye Zijing,《行业自律在社会共治新机制中的定位与价值》[Verortung und Wert der Selbstregulierung in Wirtschaftsbranchen in neuen Mechanismen der gesellschaftlichen Governance], Financial News, <https://www.financialnews.com.cn/ll/gdsj/201901/t20190121_153352.html>, 2019.1.21.

Li Haiying,《大数据的法律挑战和建议》[Juristische Herausforderungen und Empfehlungen für Big Data], Big Data, 2016. Nr. 2.

Li Lu, Jiao Chengpeng《大数据安全保护策略研究》[Studien zu Sicherheitsstrategien für Big Data], Cyberspace Security, 2018-5.

Li Lun, Huang Guan《数据主义与人本主义数据伦理》[Dataismus und humanistische Datenethik], Studies in Ethics, 2019. Nr. 2.

Li Qian,《"互联网+"时代法律规则的变革与发展》[Wandel und Entwicklung der Rechtsvorschriften im Zeitalter von „Internet+"], Administration Reform, 2016. Nr. 3.

Li Songtao, Xie Zongxiao《数据分类/分级及其相关标准解析》[Analyse der Datenklassifizierung und -einstufung und der damit verbundenen Normen], China Quality and Standards Review, 2019, Nr. 4.

Li Wei,《功利概念之辩：休谟与边沁》[Debatten über Konzepte des Utilitarismus: Hume und Bentham], Academic Research, 2019, Nr. 3.

Li Xiaoyu,《权利与利益区分视点下数据权益的类型化保护》[Klassifizierender Schutz von Datenrechten und -interessen unter dem Gesichtspunkt der Unterscheidung von Rechten und Interessen], Intellectual Property, 2019, Nr. 3.

Li Yanan,《数据保护行为规制路径的实现》[Die Realisierung von Wegen zur Datenschutz-Verhaltensregelung], Academic Exchange, 2018, Nr. 8.

Li Yang, Li Xiaoyu,《大数据时代企业数据边界的界定与澄清——兼谈不同类型数据之间的分野与勾连》[Definition und Abgrenzung der Grenzen von Unternehmensdaten in der Ära von Big Data und eine Diskussion von Trennungslinien und Zusammenspiel verschiedener Datentypen], Fujian Tribune (The Humanities and Social Sciences Monthly), 2019, Nr. 11.

Li Yang, Li Xiaoyu,《大数据时代企业数据权益的性质界定及其保护模式建构》[Definition der Rechte und Interessen an Unternehmensdaten im Zeitalter von Big Data und Aufbau eines entsprechenden Modells zum Schutz dieser Daten], Academia Bimestrie, 2019, Nr. 4.

Liu Pinxin, Chen Li,《数据化的统一证据标准》[Ein einheitlicher Beweisstandard für Daten], Journal of National Prosecutors College, 2019, Nr. 2.

Liu Pinxin,《论大数据证据》[Über Big-Data-Beweise], Global Law Review, 2019, Nr. 1.

Liu Tianjiao,《数据主权与长臂管辖的理论分野与实践冲突》[Die theoretische Kluft und der praktische Konflikt zwischen Datensouveränität und der Datengerichtsbarkeit des langen Armes], Global Law Review, 2020. Nr. 2.

Liu Yun, 《健全数据分级分类规则，完善网络数据安全立法》[Tragfähige Regeln für Dateneinstufung und Datenklassifizierung und verbesserte Rechtsvorschriften für die Sicherheit von Netzwerkdaten], Cyberspace Administration of China, <http://www.cac.gov.cn/2020-09/28/c_1602854536494247.htm>, 2020.09.28.

Qi Aimin, Pan Jia,《数据权、数据主权的确立与大数据保护的基本原则》[Die Schaffung von Datenrechten und Datensouveränität und die Grundprinzipien des Schutzes großer Datenmengen], Journal of Soochow University (Philosophy and Social Sciences Edition), 2015, Nr. 1.

Nationaler Technischer Normenausschuss der Informationstechnik – Arbeitsgruppe für Big Data Normierung, China Electronics Standardization Institute (CESI), 《大数据标准化白皮书（2018版）》[Weißbuch zur Standardisierung von Big Data (Ausgabe 2018)], China Electronics Standardization Institute Information Research Center, <http://www.cesi.cn/201803/3709.htm>, 2018.03.29.

Nationaler Technischer Normenausschuss der Informationstechnik – Arbeitsgruppe für Big Data Normierung, China Electronics Standardization Institute (CESI), 《大数据标准化白皮书（2020版）》[Weißbuch zur Standardisierung von Big Data (Ausgabe 2020)], China Electronics Standardization Institute Information Research Center, <http://jl.cesi.cn/202009/6826.html>, 2020.09.21.

Shen Weixing,《实施大数据战略应重视数字经济法治体系建设》[Die Umsetzung der Big-Data-Strategie sollte sich auf den Aufbau eines rechtsstaatlichen Systems für die digitale Wirtschaft konzentrieren], Guangming Daily, 2018.7.23. Nr. 11.

Shi Dan,《企业数据财产权利的法律保护与制度构建》[Rechtlicher Schutz und Institutionelle Konstruktion der Eigentumsrechte an Unternehmensdaten], Electronics Intellectual Property, 2019, Nr. 6.

Sun, Xuxin, Luo Yue et al.《全球化时代的数字素养：内涵与测评》[Digitale Kompetenz im Zeitalter der Globalisierung: Bedeutung und Messbarkeit.], Journal of World Education, 2020. Nr. 8.

Tan Qiping, 《论民事主体意义上"非法人组织"与"其他组织"的同质关系》[Zum gleichwertigen Verhältnis zwischen „Organisationen ohne eigene Rechtspersönlichkeit" und „anderen Organisationen" im Sinne der bürgerlichen Subjekte], Journal of Sichuan University (Philosophy and Social Science Edition), 2017, Nr. 4.

Wang Shan et al., 《架构大数据：挑战、现状与展望》[Architektur von Big Data: Herausforderungen, aktueller Stand und Aussichten.], Chinese Journal of Computers, 2011, Nr. 10.

Wang Yongqi,《公共数据法律内涵及其规范应用路径》[Die rechtliche Bedeutung von öffentlichen Daten und ihr legaler Anwendungsweg], Digital Library Forum, 2019, Nr. 9.

Wu Jialin,《论证据的主观性与客观性》[Über die Subjektivität und Objektivität von Beweisen], Chinese Journal of Law,1981. Nr. 6.

Wu Changhai, Chang Zheng,《大数据经济背景下公共数据获取与开放探究》[Untersuchung zum Zugang zu öffentlichen Daten und deren Offenheit im Kontext der Big-Data-Ökonomie], Reform of the Economic System, 2017-1.

Xiang Liling, Shi Shangyuan,《中外信息保密的立法精神比较及其思考》[Vergleich des Charakters der Rechtsvorschriften über die Vertraulichkeit von Informationen zwischen China und anderen Ländern und Reflexionen], Information Studies: Theory & Application, 2005-4.

Xue Bo,《元照英美法词典》[Yuanzhao Wörterbuch des englischen und amerikanischen Rechts], Law Press·China, 2003, S. 825.

Yan Hui,《中国数字化社会阶层研究》[Eine Studie über Chinas digitale gesellschaftliche Hierarchien], National Library of China Publishing House, 2013.

Yang Lixin, Chen Xiaojiang,《衍生数据是数据专有权的客体》[Datenderivate sind Gegenstand ausschließlicher Datenrechte], Chinese Social Sciences Today, 2016.7.13, Nr. 005.

Yang Weidong, 《有效应对大数据技术的伦理问题》[Die ethischen Fragen der Big-Data-Technologien wirksam angehen], People's Daily, 2018.3.23. Nr. 7.

Yi Yanyou,《非法证据排除规则的中国范式——基于1459个刑事案例的分析》[Das chinesische Paradigma der Regeln für den Ausschluss unzulässiger Beweise – eine Analyse auf der Grundlage von 1.459 Strafverfahren], China Social Science, 2016. Nr. 1.

Yu Chong,《侵犯公民个人信息罪中"公民个人信息"的法益属性与人罪边界》[Die juristischen Attribute und Abgrenzung von Straftaten im Begriff der „personenbezogenen Informationen von Bürgern" im Straftatbestand der Verletzung personenbezogener Informationen], Political Science and Law, 2018, Nr. 4.

Yu Hui,《管制与自律》[Kontrolle und Selbstregulierung], Verlag der Zhejiang Universität, 2008, S. 290.

Yue Jin,《大数据技术的道德意义与伦理挑战》[大数据技术的道德意义与伦理挑战], Marxism & Reality, 2016, Nr. 5.

Zhang Lixin, Zhang Xiaoyan,《论数字原住民向数字公民转化》[Über die Verwandlung von Digital Natives in digitale Bürger], China Educational Technology, 2015. Nr. 10.

Zhang Liangliang, Chen Zhi,《培育数据要素市场需加快健全数据产权制度体系》[Die Förderung der Märkte für Datenfaktoren erfordert eine

Beschleunigung und Verbesserung des Systems der Dateneigentumsrechte], Science and Technology of China, 2020, Nr. 5.

Zhang Wenliang, 《个人数据保护立法的要义与进路》[Grundzüge und Roadmap des gesetzlichen Schutzes personenbezogener Daten], Jiangxi Social Sciences, 2018, Nr. 6.

Staatsrat der Volksrepublik China, 《促进大数据发展行动纲要》[Aktionsplan zur Förderung der Entwicklung von Big Data], Website des chinesischen Staatsrates, <http://www.gov.cn/zhengce/content/2015-09/05/content_10137.htm>, 2015.9.5.

Zhu Baoli, 《数据产权界定：多维视角与体系建构》[Definition von Dateneigentumsrechten: mehrdimensionale Perspektiven und Systemkonstruktion], Legal Forum, 2019. Nr. 5.

Zhu Lixin, 《聚焦〈塔林手册〉透视网络战规则》[Betrachtung des Tallinn-Handbuchs zur Perspektivierung der Regeln der Internet-Kriegsführung.], *China Information Security*, 2015, Nr. 10.

Zhu Mingjie, 《数据权利保护矛盾与法律路径探析》[Untersuchung von Widersprüchen im Schutz von Datenrechten und rechtlichen Lösungswegen], Gansu Finance, 2019, Nr. 11.

KAPITEL 5

# Gesetzgebungsmodelle des Datenrechts im Vergleich

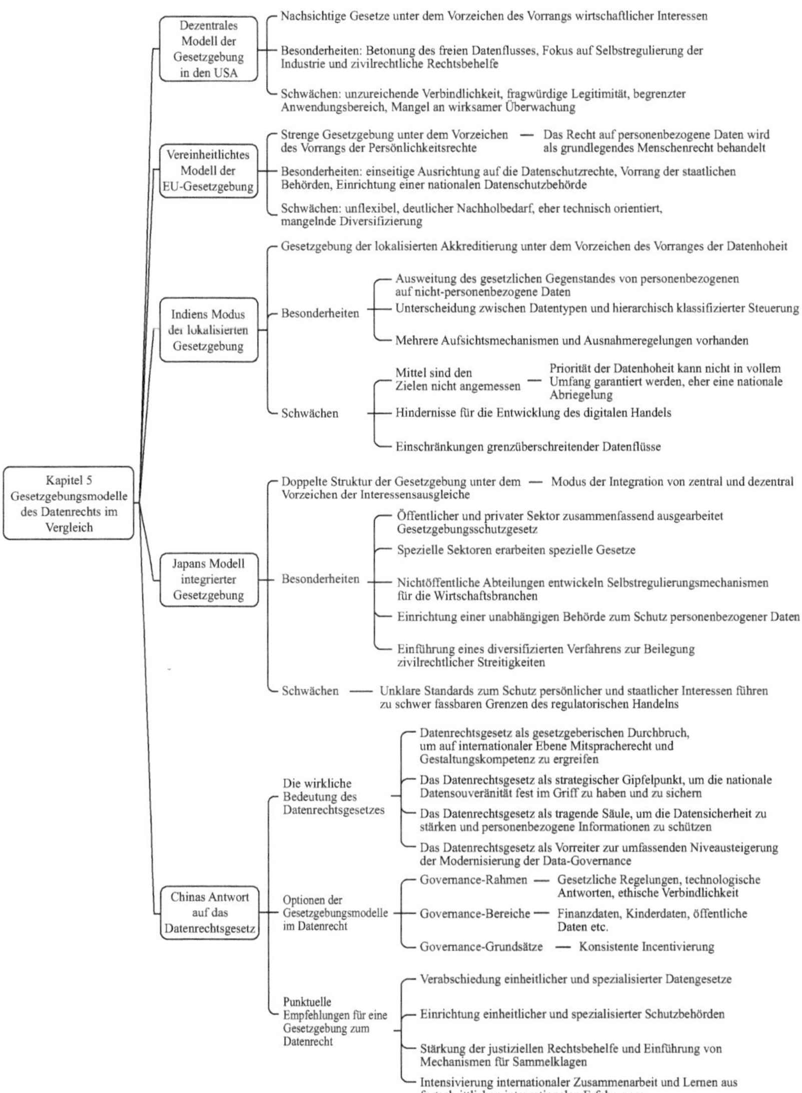

Mit der Gesetzgebung zum Schutz personenbezogener Daten in den 1970er-Jahren als wichtigem Meilenstein ist der weltweite Datenschutz in eine Phase der legislativen „Blüte“ eingetreten. Bis zum Jahr 2020 haben bereits mehr als 140 Länder oder Regionen weltweit Rechtsnormen zum Schutz von Privatsphäre, Informationen oder Daten erlassen. Mit dem Aufkommen digitaler Technologien wie Internet, Big Data, künstliche Intelligenz und Blockchain sind die ausländischen Gesetze zum Schutz personenbezogener Daten in eine neue Runde von Gesetzesnovellierungen eingetreten. Die Gesetzgebungsmodelle zum Schutz der Datenrechte sind je nach historischem und kulturellem Hintergrund und sozioökonomischer Entwicklung von Land zu Land sehr unterschiedlich und lassen sich in vier Typen zusammenfassen: das verteilte Gesetzgebungsmodell der Vereinigten Staaten, das vereinheitlichte Gesetzgebungsmodell der Europäischen Union, das lokalisierte Gesetzgebungsmodell Indiens und das integrierte Gesetzgebungsmodell Japans. Jedes der vier Rechtsetzungsmodelle hat seine eigenen Stärken und Schwächen, gleichzeitig gibt es aber auch Unterschiede und Gemeinsamkeiten. Auf der Grundlage einer eingehenden Untersuchung und objektiven Analyse der vier Gesetzgebungsmodelle werden wir uns das integrierte japanische Gesetzesmodell als Beispiel nehmen, die vernünftigen Teile des amerikanischen Modells, des Modells der Europäischen Union und des indischen Modells übernehmen und obendrein Innovationen vornehmen, um ein Datenrechtssystem mit chinesischen Merkmalen zu schaffen, das den nationalen Gegebenheiten Chinas entspricht.

## Abschnitt 1 Das verteilte Modell der Gesetzgebung in den USA

Die Vereinigten Staaten waren eines der weltweit ersten Länder, die einen theoretischen und gesetzgeberischen Schutz der Datenrechte entwickelt haben, und sie verfügen über die umfassendsten Abhandlungen und die am weitesten entwickelte Gesetzgebung. Gleichwohl gibt es in den Vereinigten Staaten keine spezifischen Rechtsvorschriften zum Schutz von Datenrechten, und die einschlägigen Normen sind nur verstreut in einer Reihe von Bundesgesetzen zum Schutz personenbezogener Informationen zu finden. Was die konkreten Regelungen zum Schutz der Datenrechte angeht, so haben sich die Vereinigten Staaten für eine nachsichtige Gesetzgebung entschieden, die kommerziellen Interessen den Vorrang gibt. So hat sich ein einzigartiges amerikanisches Modell der dezentralisierten Gesetzgebung in Verbindung mit Selbstregulierungsmechanismen herausgebildet, wobei die Verteiltheit der Gesetzgebungen das legislative Modell dominiert.

Ein dezentrales Gesetzgebungsmodell ist ein Modell, bei dem es kein grundlegendes nationales Gesetz zum Schutz der Privatsphäre, der Informationen oder der Daten gibt und bei dem die einschlägigen Rechtsvorschriften in Form von separaten Rechtsvorschriften vorliegen, die sich je nach den verschiedenen Domänen oder Gegenstandsbereichen unterscheiden. Die Vereinigten Staaten sind ein klassisches Beispiel für ein dezentralisiertes Gesetzgebungsmodell, bei dem der Schutz der Datenrechte über ein komplexes Flickwerk von Bundesgesetzen verstreut ist. Diskussionen über personenbezogene Informationen oder Datenschutz im US-amerikanischen Rechtskontext werden immer als Diskussionen über den Schutz der Privatsphäre geführt. Gleich, ob es um das Verfassungsrecht oder um Gesetze zu Rechtsverletzungen geht, sie alle fußen auf dem Recht auf Privatsphäre. „Im Bereich des amerikanischen Verfassungsrechts und des gemeinen Rechts existiert das Recht auf Privatsphäre als Recht auf die Wahrung der Integrität und Unabhängigkeit der Person und auf Freiheit der Persönlichkeit von Verletzungen ihrer Rechte" (Qi Aimin 2005). Um die Privatsphäre vor Eingriffen der öffentlichen Hand zu schützen, erklärte der Oberste Gerichtshof der USA Anfang des 20. Jahrhunderts das Recht auf Privatsphäre zu einem Grundrecht, das nicht in der Verfassung verankert ist. Gegliedert in die zwei Hauptphasen der Vermeidung der schädlichen Offenlegung personenbezogener Informationen und der Vermeidung des unrechtmäßigen Eindringens in die Privatsphäre, wurden schrittweise Rechtsgrundlagen als „Richtlinien für eine faire Informationspraxis" (FIP) (Arbeitsgruppe zum Schutz personenbezogener Informationen 2017 S. 56). für personenbezogene Informationen festgelegt und der Gesetzgebung an die Hand gegeben (Vgl. Tabelle 5-1). Auf dieser Grundlage erließen die USA in einigen Bereichen kodifizierte Gesetze zum Schutz der Privatsphäre, was schließlich den über die Verfassung, das Strafrecht und verschiedene rechtliche Satzungen verteilten Zustand der Datenschutzrechte in den USA bewirkte. Hierbei gibt es drei Ebenen: Erstens: der allgemeine Schutz des Rechts auf Datenschutz im Rahmen der Verfassung und des Gemeinrechts. Zweitens: Spezielle Gesetze zum Schutz von sensiblen persönlichen Informationen und für Risikogruppen, deren Privatsphärenrechte anfällig für Verletzungen sind. Drittens: Der Federal Trade Commission Act (FTC Act) schützt personenbezogene Informationen unter dem Aspekt von „unzulässigem oder betrügerischem Verhalten"[1] in einer Weise, die „Sachverhalte offengelegt" und die Sicherheit von privaten Informationen und Daten, sowie andere datenintensive Geschäftspraktiken im gewerblichen Bereich überwacht (Arbeitsgruppe zum Schutz personenbezogener Informationen 2017 S. 58).

„Der Schutz personenbezogener Informationen wird in den Vereinigten Staaten durch Gesetze zum Schutz der Privatsphäre gewährleistet, die sowohl auf Bundes- als auch auf Staatsebene gelten. Ursprünglich konzentrierte sich der Schutz der Privatsphäre in den Vereinigten Staaten auf öffentliche Eingriffe in die Privatsphäre der Bürger, und in den ‚Neuformulierungen des Gesetzes' von 1934 wurde ein zivilrechtlicher Klagegrund für schwerwiegende ungerechtfertigte Eingriffe in die Privatsphäre festgelegt" (Zhang Jiaxin 2019). In der amerikanischen Verfassung ist der Schutz der Rechte der Bürger auf Privatsphäre im vierten Verfassungszusatz[2]

1 Gemäß Artikel 5 des FTC-Gesetzes, der „unzulässige oder irreführende Handlungen oder Praktiken im oder mit Auswirkungen auf den Handel" verbietet, ist eine Handlung dann „betrügerisch", wenn die Datenschutzerklärung eines Händlers geeignet ist, die Verbraucher in die Irre zu führen, sie die Entscheidung eines Verbrauchers über ein Produkt oder eine Dienstleistung wesentlich beeinflusst und zu irrationalem Verhalten aufseiten des Verbrauchers verleitet. Eine Handlung oder Verhaltensweise ist „unzulässig", wenn sie geeignet ist, den Verbrauchern einen erheblichen und unausweichlichen Schaden zuzufügen und nicht zu einem entsprechenden Nutzen für die Verbraucher oder den Wettbewerb führt.

2 Der vierte Zusatzartikel zur Verfassung der Vereinigten Staaten besagt: „Eine Verletzung der Rechte der Bürger, in Bezug auf ihre Person, ihre Häuser, ihre Dokumente und ihr Eigentum vor unangemessenen Durchsuchungen und Beschlagnahmungen

verankert, der das Recht auf Freiheit von unangemessenen Durchsuchungen und Beschlagnahmungen der Person, der Wohnung, der Dokumente und des Eigentums garantiert. Auf der Grundlage des Perspektivwechsels der Verfassung als einer Verteidigerin zu einer Beschützerin ist sich das Land der Notwendigkeit bewusst geworden, die Privatsphäre seiner Bürger zu schützen, und der Gesetzgeber und die Gerichte haben das Konzept und die Grundsätze des Schutzes der Privatsphäre auf viele andere Bereiche des Privatsphärenrechts übertragen, was den Prozess der Gesetzgebung zum Schutz personenbezogener Informationen in den Vereinigten Staaten vorantrieb. Die US-Gesetzgebung zum Schutz personenbezogener Informationen gliedert sich in die zwei Ebenen des Bundes und der Bundesstaaten. Auf Bundesebene gibt es in den USA annähernd 40 Gesetze zum Schutz personenbezogener Informationen; auf Ebene der Bundesstaaten gibt es in den meisten dieser Staaten Gesetze zum Schutz der persönlichen Privatsphäre. Unter diesen war Kalifornien aufgrund seiner Konzentration von Internetunternehmen stets ein Vorreiter bei der Gesetzgebung zum Privatsphärenschutz (Zhang Li 2019 S. 163–64).

geschützt zu sein, ist verboten. Ein Durchsuchungs- und Beschlagnahmebeschluss darf nur dann ausgestellt werden, wenn ein wahrscheinlicher Grund vorliegt, der durch eine eidesstattliche oder eine förmliche Erklärung bestätigt wird, und wenn ein zu durchsuchender genauer Ort und die zu beschlagnahmende genaue Person oder Sache angegeben ist."

Tabelle 5-1 Die Praxis des Privatsphärenschutzes in den Vereinigten Staaten

| Jahr | Titel | Hauptinhalte |
|---|---|---|
| 1792 | Vierter Zusatzartikel zur Verfassung | Das Recht der Bürger auf Freiheit von unangemessenen Durchsuchungen und Beschlagnahmungen ihrer Personen, Häuser, Dokumente und ihres Eigentums darf nicht verletzt werden |
| 1966 | Freedom of Information Act (FOIA) | Die Forderung, dass staatliche Stellen der Öffentlichkeit so weit wie möglich Informationen zur Verfügung stellen sollten und dass die Rechenschaftspflicht für eine Nichtveröffentlichung bei der Regierung liegt |
| 1970 | Fair Credit Reporting Act (FCRA) | räumt den Verbrauchern das Recht ein, Fehler zu korrigieren, und schützt sie davor, dass Fehler in Verbraucherberichten gegen die Verbraucher verwendet werden |
| 1974 | Privacy Act | Regelung des Umgangs mit personenbezogenen Informationen durch Bundesbehörden unter Abwägung des öffentlichen Interesses und des Schutzes der Privatsphäre des Einzelnen |
| 1978 | Right to Financial Privacy Act (RFPA) | Verbot für Finanzinstitute, die Finanzdaten ihrer Kunden an die Bundesregierung weiterzugeben, ohne den Kunden zu informieren und seine Zustimmung einzuholen, und Verpflichtung für die Bundesregierung, bestimmte vorgeschriebene Verfahren einzuhalten und geeignete Unterlagen vorzulegen, um Zugang zu den Finanzdaten des Kunden zu erhalten |
| 1980 | Right to Financial Privacy Act (RFPA) | regelt den Zugang zu Bankaufzeichnungen durch Finanzbehörden der Bundesregierung |
| | Privacy Protection Act | Festlegung von Datenstandards für die Verwendung von Zeitungs- und anderen Medienaufzeichnungen durch Strafverfolgungsbehörden |
| 1984 | Cable Communications Policy Act | Verbot für Kabelfernsehanbieter, über Kabelsysteme personenbezogene Informationen von Abonnenten ohne deren vorherige Zustimmung zu sammeln |
| 1986 | Electronic Communications Privacy Act | verbietet das unbefugte Abhören von Kommunikationsinhalten nicht nur durch Regierungsstellen, sondern auch durch alle Privatpersonen und Unternehmen |
| 1988 | Video Privacy Protection Act | bietet sicheren Schutz der Privatsphäre beim Kauf und Verleih von Videos |

Tabelle 5-1 Fortgesetzt

| Jahr | Titel | Hauptinhalte |
|---|---|---|
| 1994 | Drivers Privacy Protection Act | Beschränkungen für die Verwendung und Weitergabe von Fahrzeugdaten von Einzelpersonen durch bundesstaatliche Verkehrsbehörden |
| 1996 | Health Insurance Portability and Accountability Act | Schutz der Vertraulichkeit privater Gesundheitsinformationen von Einzelpersonen vor unbefugter Nutzung und Offenlegung |
| 1999 | The Gramm-Leach-Bliley Act (GLB Act) | legt die Verfahren fest, mit denen Finanzinstitute mit persönlichen Informationen von Einzelpersonen verarbeiten |
| 2000 | Children's Online Privacy Protection Act | Schutz personenbezogener Informationen, die von Online-Diensten im Web und im Internet verarbeitet werden; Bundesgesetze und -verordnungen beschränken die Erfassung und Verwendung personenbezogener Daten von Kindern ohne elterliche Zustimmung |
| 2008 | Genetic Information Nondiscrimination Act | verbesserter Schutz der Privatsphäre und der Sicherheit von genetischen Daten |
| 2010 | Consumer Protection Act | Ermächtigung des Consumer Financial Protection Bureau zur Regulierung und zum Schutz im Bereich der finanziellen Privatsphäre |
| 2018 | California Consumer Privacy Act 2018 | erhebliche Erweiterung des Anwendungsbereichs, darüber hinaus auch ein Datenzugriffsrecht, das Recht auf Löschung, das Recht auf Auskunft und eine Reihe weiterer Rechte der Verbraucher auf Schutz der Privatsphäre und erhöht die Verantwortung der Unternehmen für den Schutz personenbezogener Daten weiter |
| 2020 | California Privacy Rights Act 2020 | schafft neue Datenschutzrechte, erlegt Unternehmen und Dienstleistern neue Pflichten und Verantwortlichkeiten auf und schafft eine unabhängige Datenaufsichtsbehörde, die befugt ist, die kalifornischen Datenschutzgesetze durchzusetzen und Verstöße zu ahnden |

Quelle: aus öffentlichen Daten zusammengestellt.

„Die amerikanische Gesetzgebung zum Schutz personenbezogener Informationen steht in engem Zusammenhang mit der amerikanischen Rechtslehre zum Schutz der Privatsphäre und ihrer Rechtstradition und setzt sich aus einer Vielzahl von bereichsspezifischen Rechtsvorschriften zum Schutz der Privatsphäre zusammen" (Hong Hailin 2010 S. 99). Der 1974 erlassene Privacy Act ist die wichtigste Rechtsvorschrift der Vereinigten Staaten zum Schutz personenbezogener Informationen und gilt als Grundgesetz für den Schutz personenbezogener Informationen in den Vereinigten Staaten. Artikel 552a Paragraf (b) des Gesetzes besagt: „Ohne einen schriftlichen Antrag oder die vorherige schriftliche Zustimmung der betreffenden Person darf keine Behörde Aufzeichnungen in einem Aufzeichnungssystem auf irgendeinem Übertragungsweg an jedweder andere Personen oder Behörden weitergeben."[3] Der Privacy Act umfasst derzeit 22 Artikel und enthält fünf Hauptaspekte. Der erste ist der Anwendungsbereich, der nur für Einrichtungen oberhalb der Ebene eines Bundesministeriums gilt. Der zweite Aspekt ist der Schutzgegenstand: D. h. die von den Verwaltungsbehörden im „Datensystem" gespeicherten personenbezogenen Aufzeichnungen sind Schutzgegenstand dieses Gesetzes. Drittens die Rechte der Informationssubjekte: Die Rechtssubjekte der Informationen haben das Recht, zu entscheiden, ob sie der Weitergabe ihrer Informationen zustimmen, das Recht auf Zugang zu ihren personenbezogenen Informationen und das Recht auf deren Berichtigung. Viertens die Pflichten der Verwaltungsbehörden: Die Verwaltungsbehörden sind verpflichtet, Daten zu erheben, zu informieren, die Vertraulichkeit, Sicherheit und Qualität der Daten zu wahren und den erforderlichen Umfang einzuhalten. Fünftens die zivilrechtlichen Rechtsbehelfe: Jegliche Behörde, die Aufzeichnungen von Informationssubjekten nicht auf Anfrage ändert oder einer erneuten Untersuchung unterzieht, hält Daten, die nicht den Grundsätzen der „Richtigkeit, Relevanz, Aktualität und Vollständigkeit" entsprechen. Die geschädigte Person hat das Recht, vor dem örtlichen

3 Datenschutzgesetz Artikel 552a (b) besagt: „Keine Behörde darf Aufzeichnungen in einem Aufzeichnungssystem an eine Person oder eine andere Behörde auf irgendeinem Übermittlungsweg weitergeben, außer auf schriftlichen Antrag oder mit vorheriger schriftlicher Zustimmung der Person, auf die sich die Aufzeichnung bezieht."

Gericht auf Schadenersatz zu klagen, wenn eine falsche Entscheidung gegen sie ergangen ist.

In den Vereinigten Staaten wurden Gesetze zur kommerziellen Nutzung personenbezogener Informationen vor allem in den Bereichen Finanzen, Bildung, Kommunikation, Gesundheitsinformationen und Verbraucherschutz entwickelt (Xiang Dingyi 2019). Im Finanzsektor verbietet der 1978 erlassene Right to Financial Privacy Act (RFPA) den Finanzinstituten, Finanzdaten von Kunden an die Bundesregierung weiterzugeben, ohne den Kunden davon in Kenntnis zu setzen und seine Zustimmung einzuholen, es sei denn, die Bundesregierung befolgt bestimmte Verfahren und legt geeignete Unterlagen vor (Arbeitsgruppe zum Schutz personenbezogener Informationen 2017 S. 62). Im Bildungsbereich verbietet der 1974 verabschiedete Family Educational Rights and Privacy Act (FERPA) Bildungseinrichtungen die Weitergabe personenbezogener Informationen über Schüler, es sei denn, sie haben die Zustimmung eines volljährigen Schülers selbst oder die schriftliche Zustimmung der Eltern eines minderjährigen Schülers. Für die Kommunikationsbranche enthält der 1986 eingeführte Electronic Communications Privacy Act detaillierte Bestimmungen über das Abfangen oder die Weitergabe von Informationen über persönliche Kommunikation durch unbefugte Dritte, wobei der Schwerpunkt auf dem strikten Verbot des Eingriffs in die Kommunikation der Bürger ohne gerichtliche Genehmigung liegt. Im Bereich der Gesundheitsinformationen fordert der 1996 verabschiedete Health Insurance Portability and Accountability Act, dass personenbezogene Gesundheitsinformationen geschützt werden sollten und dass medizinische Einrichtungen ohne Zustimmung des Patienten Dritten nicht gestatten sollten, personenbezogene Gesundheitsinformationen zu verwenden oder weiterzugeben. Im Bereich des Verbraucherschutzes wird in der 2012 eingeführten Consumer Privacy Bill of Rights betont, dass Einzelpersonen rechtzeitig informiert werden sollten, wenn personenbezogene Informationen zum wiederholten Mal genutzt werden, und es wird ausdrücklich das Auskunftsrecht der Verbraucher auf Information in Bezug auf den Schutz der Privatsphäre und der Sicherheit hervorgehoben.

Es liegt auf der Hand, dass die Gesetzgebung zum Schutz personenbezogener Informationen in den Vereinigten Staaten hauptsächlich auf die öffentliche Sphäre konzentriert ist und dort angewandt wird, wobei ein dezentralisiertes Gesetzgebungsmodell angewandt wird. Die Rechtsvorschriften behandeln ein breites Spektrum von Bereichen, die alle Aspekte des Lebens der Menschen betreffen, und sie können in besonderen Bereichen einen verhältnismäßig guten Schutz für personenbezogene Informationen bieten. Dieses Gesetzgebungsmodell zielt darauf ab, ein Gleichgewicht zwischen dem rechtlichen Schutz und der angemessenen Nutzung personenbezogener Informationen herzustellen, indem es den freien Datenverkehr stärkt und sich auf die Selbstregulierung der Industrie und zivilrechtliche Rechtsmittel konzentriert, was die folgenden Vorteile verspricht: Erstens bedeutet es eine Einschränkung der Gesetzgebungsbefugnis. Dieses Modell ermöglicht es, die Gesetzgebungsbefugnisse auf verschiedene Verwaltungsorgane zu verteilen, wodurch eine übermäßige Ausweitung der legislativen Befugnisse vermieden wird. Zweitens kann flexibel auf die Marktnachfrage reagiert werden. Die dezentralisierte Gesetzgebung ist aufgrund der Veränderlichkeit des Rechts in der Lage, flexibel zu regeln und positiv auf gesellschaftliche Belange zu reagieren. Drittens bildet sie ein diversifiziertes Schutzmodell. „Ein solches Gesetzgebungsmodell kann einen durchaus minutiösen Schutz für personenbezogene Informationen bieten und gesonderte Regelungen für den Schutz personenbezogener Informationen unterschiedlicher Art sowie für unterschiedliche Handlungen der Verletzung personenbezogener Informationen vorsehen" (Qi Aimin 2009 S. 90). Viertens trägt dieses Modell dazu bei, die Initiative der Legislative zu mobilisieren und die Gesetzgeber in den verschiedenen Sektoren zu einer rechtzeitigen Gesetzgebung zu veranlassen. Gleichzeitig hat dieses ausschließlich dezentralisierte Gesetzgebungsmodell auch seine Schwächen, vor allem durch das „Fehlen zentraler und einheitlicher Rechtsvorschriften, was unweigerlich zu Kollisionen oder Redundanzen zwischen verschiedenen Rechtsvorschriften führt, wodurch wiederum uneinheitliche Schutzstandards resultieren, was mitunter keinen ausgewogenen und effektiven Schutz für personenbezogene Informationen ermöglicht" (Qi Aimin 2009 S. 184).

Das Modell der dezentralen Gesetzgebung ist hauptsächlich auf den öffentlichen Bereich anwendbar, es ist aber nicht auf den privaten Bereich wie Vereine und gesellschaftliche Gruppierungen anwendbar. In Anbetracht der raschen Entwicklung der Marktwirtschaft ist man in den Vereinigten

Staaten nicht gewillt, sich beim Schutz personenbezogener Informationen durch übermäßige staatliche Eingriffe oder Gesetze einengen zu lassen, und zieht es vor, die Sicherheit der personenbezogenen Informationen der Bürger durch Selbstkontrolle der Industrie, Selbstverwaltung und Selbstbeschränkung zu schützen. Mit dem Übergang ins digitale Zeitalter haben die Vereinigten Staaten für den Schutz personenbezogener Informationen im privaten Bereich, z. B. in Vereinen und gesellschaftlichen Organisationen, ein „hohes Maß an Marktkräften und individueller Handhabung, die durch das Gesetz unterstützt werden" (Zhou Hanhua 2006 S. 102) angenommen, d. h. in diesem Bereich wird in den Rechtsvorschriften zum Schutz personenbezogener Informationen eine „Selbstregulierung der Industrie" vorausgesetzt. Das sogenannte Selbstregulierungsmodell der Wirtschaftszweige bezieht sich auf die Entwicklung von Branchenvorschriften oder -leitlinien durch Branchenverbände oder Fachgremien, um ein Verhaltensmodell für den Schutz personenbezogener Informationen in der Branche zu schaffen (Jiang Po 2001 S. 443). In den USA ist die Selbstregulierung der Branchen kein völliges Laissez-faire, sondern eng mit der Regierung verbunden, und zwar sogar in dem strengen Sinne, dass es sich um ein von der Regierung gesteuertes Selbstregulierungsmodell der Industrie handeln sollte.

Die Selbstregulierung der Industrie in den USA orientiert sich in erster Linie an normativen Vorgaben, wobei die Organisatoren in den Branchen Standards festlegen, die den Mindestanforderungen der Gesetzgebung entsprechen. Zu den wichtigsten Formen einer solchen Selbstregulierung der Branchen gehören konstruktive Branchenleitlinien und Zertifizierungssysteme für den Online-Privatsphärenschutz. Hierbei werden insbesondere von Selbstregulierungsorganisationen tragfähige Branchenleitlinien für den Schutz personenbezogener Informationen entwickelt, und die Mitglieder solcher Organisationen sind verpflichtet, die in ihrer Branche vorgegebenen Regeln für den Schutz personenbezogener Informationen einzuhalten. So hat beispielsweise die Online Privacy Alliance (OPA), eine Gruppe von 46 Unternehmen und Organisationen, im Juni 1988 ihre „Online-Datenschutzrichtlinien" veröffentlicht, die von den Websites der Mitglieder verlangen, dass sie bei der Erhebung personenbezogener Informationen von Benutzern die Bestimmungen dieses Dokuments einhalten

(Privacy Alliance 1998). Das Online-Privacy-Zertifizierungsprogramm ist eine Möglichkeit, den Schutz personenbezogener Informationen zu erhöhen, indem Organisationen, welche die Normen und Anforderungen in Bezug auf den Schutz personenbezogener Informationen erfüllen, ein Datenschutzzertifikat ausgestellt wird (Jiang Po 2001 S. 449–450). Die Regelung verlangt von denjenigen Websites, damit diese ihr Datenschutz-Zertifizierungslogo auf ihrer Website anbringen dürfen, dass sie die Verhaltensregeln für die Online-Erhebung personenbezogener Informationen einhalten und sich diversen Arten der Kontrolle fügen (Zhou Xinyue 2013). Eine der bekannteren der vielen derzeit in den USA existierenden Web-Zertifizierungsorganisationen ist TRUSTe, welches sich aus einem zweiteiligen Zertifizierungsprogramm zusammensetzt, das aus allgemeinen Anforderungen an das Online-Privacy-Programm sowie speziellen Anforderungen an das Zertifizierungsprogramm besteht (Li Yuan 2016 S. 62–63).

Im Vergleich zum dezentralen Gesetzgebungsmodell ist das Selbstregulierungsmodell der US-Branchen tatsächlich überlegen. Angesichts der rasanten Entwicklung der Informationstechnologie verhindert die Selbstregulierung der Industrie nicht nur, dass eine verfrühte nationale Gesetzgebung die Nutzung der Informationstechnologie in der Gesellschaft einengt, sondern auch, dass die Regierung sich auf eine bestimmte Technologie als Standard festlegt, was dann später zu einer unausgewogenen Gesetzgebung führen würde. Andererseits kann das Modell der Selbstregulierung der Branchen die Relevanz des Schutzes personenbezogener Informationen verbessern, da die Erhebung und Verarbeitung personenbezogener Informationen von Bereich zu Bereich unterschiedlich ist (Qi Aimin 2004). Das Modell der Selbstregulierung der Branchen hat jedoch auch signifikante Nachteile. Erstens fehlt es ihm an Befugnissen zur Durchsetzung. Die Selbstregulierung wird einerseits nicht direkt durch staatliche Zwangsmaßnahmen forciert, und es fehlen obendrein ein endgültiger Rechtsbehelfsmechanismus und klare Streitbeilegungsverfahren. Zweitens mangelt es an der Allgemeinverbindlichkeit. Da die Selbstregulierung der Industrie auf der Freiwilligkeit der Unternehmen beruht, haben sich zwar viele namhafte Unternehmen an der Selbstregulierung der Branchen beteiligt, aber viele von ihnen weichen noch immer von den Selbstregulierungsnormen ab. Drittens ist die Rechtmäßigkeit fraglich.

Die von einigen Industriezweigen aufgestellten Selbstregulierungskodizes stellen häufig den Schutz der „Eigentumsrechte" der Unternehmen an den in ihrem Besitz befindlichen Informationen in den Vordergrund, was zu einem eindeutigen Widerspruch zwischen den Rechten personenbezogener Informationen und den „Eigentumsrechten" der Organisation führt (Spinello 1999 S. 50–51). Die daraus resultierende Legitimität des selbstregulativen Regelwerks ist besonders problematisch. Viertens mangelt es an einer wirksamen Überwachung. Das Fehlen einer staatlichen Aufsicht über das Selbstregulierungsmodell der Wirtschaftszweige kann aufgrund des Gewinnstrebens zu illegalen Praktiken wie Monopolen führen.

Insgesamt vermeiden das dezentrale Gesetzgebungsmodell und das Modell der Selbstregulierung der Branchen, dass durch eine einheitliche Gesetzgebung alles über einen Kamm geschoren wird, was den Erfordernissen des raschen technologischen Fortschritts und der raschen Entwicklung der digitalen Wirtschaft im digitalen Zeitalter entgegenkommt. Sie ermöglicht angesichts des Wandels, flexible Handlungsspielräume und vermeidet die negativen Auswirkungen auf die Technologie, die wirtschaftliche Entwicklung und den gesellschaftlichen Fortschritt, die sich aus einer rigiden Gesetzgebung ergeben würden (Ren Longlong 2017 S. 79). Das US-amerikanische Modell bietet den Gesetzgebern in anderen Ländern auf der ganzen Welt wertvolle Lehren für die Legislative in diesem Bereich. Erstens sollten der Wert und die Effizienz, die die Verbreitung personenbezogener Informationen mit sich bringt, wertgeschätzt werden, und der Schutz personenbezogener Informationen sollte sich um ein Gleichgewicht zwischen der Verbreitung und dem Schutz personenbezogener Informationen bemühen. Zweitens kann die Selbstregulierung der Branchen, flankiert von Gesetzen, die Komplexität der Verwaltung personenbezogener Informationen in diesen Wirtschaftszweigen bewältigen und helfen, Verfahrenskosten zu sparen. Drittens legen die Länder hohe Standards für den Schutz personenbezogener Informationen fest, um den Risiken und Herausforderungen der zahlreichen grenzüberschreitenden Datenströme zu begegnen und so die Internationalisierung der personenbezogenen Datenströme sicherzustellen (Yang Ji 2012).

## Abschnitt 2 Das vereinheitlichte Gesetzgebungsmodell in der Europäischen Union

Die anhaltende weltweite Welle von Datenschutzgesetzen in den letzten Jahren zeigt, mit welcher Besorgnis die Länder über Datenschutzfragen debattieren. Da die europäischen Länder scharenweise Datenschutzgesetze erlassen, können sich Unterschiede im Schutzniveau der einzelnen nationalen Rechtsvorschriften auf den grenzüberschreitenden Fluss personenbezogener Daten auswirken. In Anbetracht dessen und um unnötige Hindernisse für die europäische Integration im Namen des Datenschutzes zu vermeiden, fordert die EU die Mitgliedstaaten auf, ein einheitliches Gesetzesmodell für den Schutz personenbezogener Daten zu verabschieden, damit die personenbezogenen Daten der Bürger in jedem Mitgliedstaat angemessen geschützt werden können, wobei ein unvollständiger Schutz und die Nichtanwendung von Gesetzen so weit wie möglich vermieden werden. Die EU-Gesetzgebung zum Schutz personenbezogener Daten basiert auf der althergebrachten Theorie der Persönlichkeitsrechte, mit besonderem Schwerpunkt auf dem Schutz der ideellen Rechte und persönlichen Interessen der Subjekte, und bietet mit ihrem einheitlichen Gesetzesmodell einen einheitlichen und wissenschaftlichen Standard für den Schutz personenbezogener Daten. Gleichzeitig hat dieses Modell jedoch den Nachteil, dass es den Besonderheiten des Schutzes personenbezogener Daten in den einzelnen Bereichen nicht Rechnung trägt und nicht flexibel genug ist, um sich an das für die Entwicklung der einzelnen Bereiche erforderliche rechtliche Umfeld anzupassen.

Seit den 1970er-Jahren gab es zahlreiche Leaks und Rechtsverletzungen der persönlichen Daten der Bürger, die in den europäischen Ländern Besorgnis über die Sicherheit persönlicher Daten ausgelöst haben. Als Reaktion auf die dringende Notwendigkeit des Datenschutzes haben die europäischen Länder Versuche unternommen, gezielte Gesetzgebungen auf den Weg zu bringen, und haben nacheinander ihre eigenen Gesetze zum Schutz personenbezogener Daten erlassen. 1970 erließ das deutsche Bundesland Hessen mit dem „Hessischen Landesdatenschutzgesetz“ das weltweit erste eigene Gesetz zum Schutz personenbezogener Daten (Bennett und

Rawls 1992 S. 48). 1973 erließ Schweden mit dem „Schwedischen Datengesetz" (Burkert 2000 S. 43–70) das weltweit erste nationale Gesetz zum Schutz personenbezogener Daten, und 1977 erließ auch Deutschland sein bundesweites „Bundesdatenschutzgesetz". Neben Schweden und Deutschland verabschiedete auch Frankreich 1978 das „Gesetz über Information, Archive und Freiheiten" (Flaherty 1989 S. 166–222). Island 1981 das „Gesetz über die Verarbeitung personenbezogener Daten" und England 1984 das „Datenschutzgesetz" (Bennett 1992 S. 47–48). Im gleichen Zeitraum führte auch Irland entsprechende Gesetzgebungen ein. Darüber hinaus haben auch andere europäische Länder wie Portugal, Belgien und die Niederlande eigene Rechtsvorschriften zum Schutz personenbezogener Daten eingeführt. Die Rechtsvorschriften zum Schutz personenbezogener Daten in diesen Ländern hatten weitreichende Auswirkungen auf den späteren Datenschutz in ganz Europa (Zhang Xinbao 2015).

Schon relativ früh nach der Gründung der Europäischen Union wurde unter Berücksichtigung der Praxis personenbezogener Datenflüsse in den Mitgliedstaaten beschlossen, die Rechtsvorschriften zum Schutz personenbezogener Daten1 im Rahmen des Integrationsprozesses zu harmonisieren (Pearce und Platten 1998 S. 532). Dies bedeutet, dass für alle Bereiche, (einschließlich staatlicher Stellen und Unternehmen des privaten Sektors,) für alle personenbezogenen Daten einheitliche Schutzstandards und Datenverarbeitungsgrundsätze gelten, indem ein Schutzpaket mit einem einheitlichen Gesetzesmodell verabschiedet wird (Arbeitsgruppe zum Schutz personenbezogener Informationen 2017 S. 68). Ein sogenanntes einheitliches Gesetzgebungsmodell meint ein Modell, bei dem ein Land die Erhebung, Verwendung und Verarbeitung personenbezogener Daten hinsichtlich seiner Behörden und zivilrechtlicher Subjekte gesetzlich regelt (Qi Aimin 2009 S. 177). Ein derartiges Gesetzgebungsmodell sieht ein einheitliches landesweites Gesetz zum Schutz personenbezogener Daten vor, das die für den Schutz personenbezogener Daten erforderlichen Grundprinzipien strikt regelt, und auf dieser Rechtsgrundlage den Schutz personenbezogener Daten durch die Einrichtung einer speziellen Behörde für den Schutz personenbezogener Daten gewährleistet. Das einheitliche Gesetzgebungsmodell der Europäischen Union hat seither einen enormen Einfluss auf die einzelstaatlichen Gesetzgebungen gehabt. Objektiv betrachtet ist dieser Einfluss aber nicht darauf zurückzuführen, dass die EU das Modell der einheitlichen Rechtsvorschriften gesetzt hat, sondern vielmehr darauf, dass das Modell der einheitlichen Rechtsvorschriften mit den Rechtssystemen der meisten Länder der Welt harmoniert.

Die Entscheidung für ein vereinheitlichtes Rechtsetzungsmodell durch die EU hat tiefe Wurzeln in ihrer Geschichte. Einerseits ist die EU eine regionale, multinationale internationale Organisation, und ihre einzigartigen Charakteristiken erfordern die Annahme eines vereinheitlichten Gesetzesmodells für den Schutz personenbezogener Daten in den Mitgliedstaaten, denn nur so können die personenbezogenen Daten der EU-Bürger angemessen geschützt werden. Auf der anderen Seite haben die Länder der EU unter zwei Weltkriegen gelitten, weshalb der Schutz und die Kontrolle personenbezogener Daten strenger ausgefallen sind. Die Verabschiedung eines vereinheitlichten Legislativmodells bietet nicht nur einen einheitlichen Schutzstandard für den Schutz personenbezogener Daten, sondern auch eine wirksame rechtliche Unterstützung und eine strenge autoritative Plattform für den Schutz personenbezogener Daten durch die Einrichtung einer speziellen Agentur für den Schutz personenbezogener Daten. Diese ist in der Lage, zeitnah auf Leaks und andere Rechtsverletzungen personenbezogener Daten zu reagieren und die Sicherheit der personenbezogenen Daten der Bürger zu schützen, und sie kann Unsicherheiten bei der Rechtsanwendung und die durch rechtliche Verfahrensweisen bedingte Verzögerung und Unübersichtlichkeit bei der Bearbeitung von Vorfällen verringern und einen unverzüglichen Datenfluss gewährleisten.

Die EU hat bereits früh mit dem Schutz personenbezogener Daten begonnen und verfügt über eine lange Tradition bei der Verabschiedung von einheitlichen Rechtsvorschriften zum Schutz personenbezogener Daten (siehe Tabelle 5-2). Schon 1981 verabschiedete das Europäische Parlament das weltweit erste verbindliche internationale Übereinkommen über den Schutz personenbezogener Daten, das „Übereinkommen zum Schutz des Menschen bei der automatischen Verarbeitung personenbezogener Daten" (Übereinkommen 108), das als Beginn der einheitlichen EU-Gesetzgebung angesehen werden kann. Und während sich die EG zur Europäischen Union entwickelte, wurde auch dem Schutz personenbezogener Daten größere Aufmerksamkeit gewidmet. 1990 erkannte der Exekutivausschuss der EG, dass die Datenschutzgesetze der 14 EU-Mitgliedstaaten den Datenverkehr mit personenbezogenen Daten einschränkten und die Schaffung des EU-Binnenmarktes behinderten. Um diesen Konflikt zu entschärfen, entwarf die EU 1995 die „Richtlinie 95/46/EG zum Schutz natürlicher Personen bei der Verarbeitung personenbezogener Daten und zum freien Datenverkehr", die den Beginn eines vollständig abgestimmten Gesetzgebungsverfahrens für die EU-Länder markiert. Weitere Rechtsquellen der EU zum Schutz personenbezogener Daten sind die „Richtlinie 2002/58/EG über die Verarbeitung personenbezogener Daten und den Schutz der Privatsphäre in der elektronischen Kommunikation" und die „Richtlinie 2006/24 über die Vorratsdatenspeicherung". Darüber hinaus wurde auf dem EU-Gipfel im Jahr 2000 die „Charta der Grundrechte der Europäischen Union" unterzeichnet und bestätigt. Artikel 8 der Charta besagt eindeutig, dass „jede Person das Recht auf den Schutz personenbezogener Daten hat", und der Inhalt der Charta wurde zudem in vollem Umfang in die EU-Verfassung aufgenommen. Es zeigt sich, dass die EU dem Schutz personenbezogener Daten seit jeher eine große Bedeutung beimisst.

Tabelle 5-2 Die legislativen Schritte der Europäischen Union zum Datenschutz

| Jahr | Name | Hauptinhalte |
|---|---|---|
| 1970 | Deutschlands „Hessisches Landesdatenschutzgesetz" | Das Gesetz ist das erste umfassende Datenschutzgesetz der Welt. Es verdeutlicht die Verpflichtung der Verwaltungsbehörden, personenbezogene Daten vertraulich zu behandeln und definiert die Zuständigkeit und die Stellung der Körperschaften und der Verwaltungen auf der Ebene eines Bundeslandes in Bezug auf die Verwendung von Personendaten neu |
| 1973 | Schwedisches Datengesetz | Erfordert die Einrichtung einer besonderen Stelle für den Schutz personenbezogener Daten, die ohne die Zustimmung dieser Stelle von niemandem verarbeitet werden dürfen |
| 1977 | Deutschlands Bundesdatenschutzgesetz | stützt sich auf das allgemeine Persönlichkeitsrecht und das Recht auf informationelle Selbstbestimmung als Grundlage für die Forderung, einen einheitlichen Schutz personenbezogener Daten zu bieten. Legt die Grundprinzipien des Datenschutzes, den grundlegenden Inhalt des Rechts auf personenbezogene Daten, die Aufsichtsbehörde und ein System des Schadensersatzes fest |
| 1978 | Frankreichs „Gesetz über Information, Archive und Freiheiten" | legt fest, dass die Verarbeitung personenbezogener Daten die Rechte des Einzelnen in Bezug auf seine Persönlichkeit, seine Identität und sein Privatleben nicht beeinträchtigen darf |

Tabelle 5-2 Fortgesetzt

| Jahr | Name | Hauptinhalte |
|---|---|---|
| 1981 | Übereinkommen zum Schutz des Menschen bei der automatischen Verarbeitung personenbezogener Daten | bei dem Übereinkommen handelt es sich um vorläufige Bestimmungen zum Begriff der personenbezogenen Daten, zu den Schutzgrundsätzen und zur grenzüberschreitenden Übermittlung; es ist das weltweit erste verbindliche internationale Übereinkommen zum Schutz personenbezogener Daten und der Privatsphäre |
| 1995 | Richtlinie zum Schutz natürlicher Personen bei der Verarbeitung personenbezogener Daten und zum freien Datenverkehr | verpflichtet die Länder, ein einheitliches Gesetzesmodell zu verabschieden und unabhängige Datenschutzbehörden einzurichten, um einen angemessenen Schutz für personenbezogene Daten zu gewährleisten. Mit der Richtlinie wird ein umfassendes Datenschutzsystem für den Schutz personenbezogener Daten in der EU geschaffen, das das allgemeine Niveau des Schutzes personenbezogener Daten in der EU verbessert und gleichzeitig Hindernisse für den freien Verkehr personenbezogener Daten zwischen den Mitgliedstaaten beseitigt |
| 2002 | Richtlinie über die Verarbeitung personenbezogener Daten und den Schutz der Privatsphäre in der elektronischen Kommunikation | verbietet die Speicherung oder Verwendung von Nutzerdaten durch Kommunikations- und Internetdiensteanbieter ohne deren Zustimmung; verpflichtet Kommunikations- und Internetdiensteanbieter, die Nutzer über ihre Absicht zu informieren, ihre Daten weiterzuverarbeiten, wenn sie ihre Daten speichern oder verwenden, zugleich haben Nutzer das Recht, zu wählen, ob sie ihre Zustimmung geben oder nicht, wodurch ihr Recht auf Information geschützt wird, etc. |

(*Fortgesetzt*)

Tabelle 5-2 Fortgesetzt

| Jahr | Name | Hauptinhalte |
|---|---|---|
| 2006 | Richtlinie über die Vorratsdatenspeicherung | Verpflichtung von öffentlichen Telekommunikationsanbietern, Kommunikationsanbietern oder Betreibern öffentlicher Kommunikationsnetze, Verkehrs- und Standortdaten für einen bestimmten Zeitraum aufzubewahren, um die Strafverfolgungsbehörden bei ihren Ermittlungen zu schweren und terroristischen Straftaten zu unterstützen |
| 2016 | Richtlinie zum Schutz natürlicher Personen bei der Verarbeitung ihrer personenbezogenen Daten durch Polizei- und Strafverfolgungsbehörden sowie zum freien Datenverkehr | Vereinfachung und Auferlegung der erforderlichen Beschränkungen für die Verwendung personenbezogener Daten zu strafrechtlichen Zwecken durch öffentliche Stellen in den einzelnen Mitgliedstaaten |
| 2018 | Allgemeine Datenschutzgrundverordnung | verlangt, dass Datensammler Nutzerdaten mit der ausdrücklichen Erlaubnis des Nutzers sammeln und dass der Nutzer das volle Eigentum an den gesammelten Daten behält, sowie das Recht, die persönlichen Daten und ihre Verwendung einzusehen, und die Möglichkeit, die entsprechende Erlaubnisvereinbarung jederzeit zu widerrufen und zu löschen, woraufhin der Datensammler die entsprechenden Daten unverzüglich löschen muss |

Quelle: aus öffentlichen Daten zusammengestellt.

Das wichtigste Rechtsdokument für den Datenschutz in der EU ist die 1995 verabschiedete Richtlinie zum Schutz personenbezogener Daten, bei der es sich um die weltweit erste rechtliche Regelung handelt, die einen umfassenden Schutz der Privatsphäre und der Daten bietet (sie gilt für fast alle Sektoren und alle Arten der Datenverarbeitung) (Zhou Hanhua 2006 S. 26). In Artikel 5 der Richtlinie heißt es: „Die Mitgliedstaaten legen die Bedingungen für die rechtmäßige Verarbeitung personenbezogener Daten innerhalb der in diesem Artikel festgelegten Grenzen im Detail fest." Nach dieser Bestimmung verlangt die EU, dass jeder Mitgliedstaat sein eigenes Datenschutzgesetz erlässt, und die Datenschutzgesetze aller Mitgliedstaaten müssen alle Elemente der Richtlinie behandeln (Guo Yu 2012 S. 46). Nach der Einführung der Richtlinie haben die Mitgliedstaaten ihre nationalen Datenschutzgesetze in Übereinstimmung mit dieser Richtlinie geändert (Qi Aimin 2015 S. 57). Die Gesetzgebung wurde von der Überlegung geleitet, die Interessen des Einzelnen bei der Datenverarbeitung zu schützen und gleichzeitig dem freien Datenverkehr Rechnung zu tragen (Europäisches Parlament und Rat der Europäischen Union 1995 S. 31–50). Die Richtlinie wurde zu einem internationalen Vorreiter auf dem Gebiet des Schutzes personenbezogener Daten, da sie Gesichtspunkte wie die Grundsätze für die Datenverarbeitung und Konzepte wie den Grundsatz der Datenqualität und den Grundsatz der Zweckbindung einführte, die seither einen breiten Konsens gefunden haben. Auf der Grundlage der Richtlinie wurde ein vereinheitlichter Rechtsrahmen für den Schutz personenbezogener Daten in der gesamten EU geschaffen, der den grenzüberschreitenden politischen Dialog über den Schutz personenbezogener Daten zwischen den EU-Mitgliedstaaten und die Schaffung eines Binnenmarktes für den freien Datenverkehr erleichterte (Korff 2008).

Die EU-Richtlinie über den Schutz personenbezogener Daten aus dem Jahr 1995 enthält eine äußerst informative Präambel mit insgesamt 72 Punkten, in denen der Zweck der Gesetzgebung und ihr Anwendungsbereich detailliert beschrieben werden. Der Haupttext besteht aus sieben Kapiteln und 34 Artikeln, von denen Artikel 1, Zweck der Rechtsvorschriften, wie folgt lautet: „Die Mitgliedstaaten gewährleisten nach den Bestimmungen dieser Richtlinie den Schutz der Grundrechte und Grundfreiheiten und insbesondere den Schutz der Privatsphäre natürlicher Personen bei der Verarbeitung personenbezogener Daten." Allerdings heißt es dort auch: „Die Mitgliedstaaten beschränken oder untersagen nicht den freien Verkehr personenbezogener Daten zwischen Mitgliedstaaten aus Gründen des gemäß Absatz 1 gewährleisteten Schutzes." Im Anwendungsbereich von Artikel 3 heißt es: „Diese Richtlinie gilt für die ganz oder teilweise automatisierte Verarbeitung personenbezogener Daten sowie für die nicht automatisierte Verarbeitung personenbezogener Daten, die in einer Datei gespeichert sind oder gespeichert werden sollen." Die Richtlinie legt die Pflichten der für die Verarbeitung Verantwortlichen in vier Bereichen fest: Anforderungen an die Datenqualität (Artikel 6), Anforderungen an die Legitimierung der Datenverarbeitung (Artikel 7), Anforderungen an das Verbot der Verarbeitung sensibler Daten (Artikel 8, 9) und die Benachrichtigungspflicht (Artikel 10, 11). Was beispielsweise die Benachrichtigungspflicht anbelangt, so sehen die Artikel 10 und 11 vor, dass der die Daten Verarbeitende oder die Daten kontrollierende bei der Verarbeitung der Daten einer Person verpflichtet ist, der betroffenen Person die zu ihr in Bezug stehenden, wesentlichen Einzelheiten und spezifischen Fakten über die Verarbeitung der Daten mitzuteilen.

Neben den Pflichten der für die Datenverarbeitung Verantwortlichen regelt die EU-Richtlinie über den Schutz personenbezogener Daten auch die Rechte der Datensubjekte, darunter das Recht der Betroffenen auf Beteiligung, das Recht der Betroffenen auf Auskunft über ihre eigenen Daten, das Recht auf Widerspruch gegen die Datenverarbeitung und das Recht der Betroffenen auf Schadensersatz. Konkret sieht Artikel 12[4] das

4 Artikel 12 der EU-Richtlinie über den Schutz personenbezogener Daten lautet: „Die Mitgliedstaaten garantieren jeder betroffenen Person das Recht, vom für die Verarbeitung Verantwortlichen folgendes zu erhalten: a) frei und ungehindert in angemessenen Abständen ohne unzumutbare Verzögerung oder übermäßige Kosten. Die Bestätigung, dass es Verarbeitungen sie betreffender Daten gibt oder nicht gibt, sowie zumindest Informationen über die Zweckbestimmungen dieser Verarbeitungen, die Kategorien der Daten, die Gegenstand der Verarbeitung sind, und die Empfänger oder Kategorien der Empfänger, an die die Daten übermittelt werden. Eine Mitteilung in verständlicher Form über die Daten, die Gegenstand der Verarbeitung sind, sowie die verfügbaren Informationen über die Herkunft der Daten. Auskunft über den logischen Aufbau der automatisierten Verarbeitung der sie betreffenden Daten, zumindest im Fall automatisierter Entscheidungen

Recht vor, in angemessenen Abständen, und ohne unverhältnismäßige Verzögerung und Kosten die Bestätigung zu erhalten, ob eine Verarbeitung der eigenen Daten stattgefunden hat oder nicht. Falls die Verarbeitung von Daten nicht mit den Bestimmungen der Richtlinie übereinstimmt, sind entsprechende Änderungen und Löschungen erforderlich. Die betroffenen Personen haben das Recht auf Auskunft über ihre eigenen Daten, einschließlich der Auskunft über die Herkunft der Daten, die Zwecke, für die die Daten verarbeitet wurden, und der Orte, an dem die Daten genutzt wurden etc. Artikel 14 sieht vor, dass „die Verarbeitung von Daten, die zur betroffenen Person in Bezug stehen, aus Gründen, die sich aus ihrer besonderen Situation ergeben, jederzeit abgelehnt werden kann" und dass „die Verarbeitung von Daten, die zur betroffenen Person in Bezug stehen und die von dem für die Verarbeitung Verantwortlichen für Zwecke der Direktwerbung verwendet werden sollen, abgelehnt werden kann". Artikel 15 sieht vor, dass Betroffene das Recht haben, „keiner für sie rechtliche Folgen nach sich ziehenden und keiner sie erheblich beeinträchtigenden Entscheidung unterworfen zu werden, die ausschließlich aufgrund einer automatisierten Verarbeitung von Daten zum Zwecke der Bewertung einzelner Aspekte ihrer Person ergeht". In Artikel 23 heißt es, dass „jede Person, der wegen einer rechtswidrigen Verarbeitung oder jeder anderen mit den einzelstaatlichen Vorschriften zur Umsetzung dieser Richtlinie nicht zu vereinbarenden Handlung ein Schaden entsteht, das Recht hat, von dem für die Verarbeitung Verantwortlichen Schadenersatz zu verlangen".

Die Richtlinie über den Schutz personenbezogener Daten spielte nach ihrem Inkrafttreten bereits für geraume Zeit eine entscheidende Rolle beim Schutz personenbezogener Daten. Da jedoch viele der in der Richtlinie[5] festgelegten regulatorischen Anforderungen und Vorschriften zu Rechten

---

im Sinne von Artikel 15 Absatz 1. b) je nach Fall die Berichtigung, Löschung oder Sperrung von Daten, deren Verarbeitung nicht den Bestimmungen dieser Richtlinie entspricht, insbesondere wenn diese Daten unvollständig oder unrichtig sind. c) die Gewähr, dass jede Berichtigung, Löschung oder Sperrung, die entsprechend Buchstabe b) durchgeführt wurde, den Dritten, denen die Daten übermittelt wurden, mitgeteilt wird, sofern sich dies nicht als unmöglich erweist oder kein unverhältnismäßiger Aufwand damit verbunden ist." (Zhou Hanhua 2006 S. 48–49).

5 Artikel 27 der EU-Richtlinie über den Schutz personenbezogener Daten.

und Pflichten nicht direkt anwendbar sind, sondern vielmehr Gegenstand nationaler Rechtsvorschriften sind, die auf den in der Richtlinie festgelegten Anforderungen basieren,[6] treffen die Mitgliedstaaten bei der Umsetzung in nationales Recht häufig unterschiedliche Auslegungen und Optionen (Liu Yun 2007). In der Praxis hat die Richtlinie jedoch nicht wie beabsichtigt funktioniert, und ihre beabsichtigten Ziele der „Harmonisierung des Binnenmarktes" und des „Schutzes der Grundrechte" wurden weniger gut umgesetzt (Jiang Ge 2011). In der Praxis hat die Richtlinie daher nicht wie beabsichtigt funktioniert, und die angestrebten Ziele der „Harmonisierung des Binnenmarktes" und des „Schutzes der Grundrechte" wurden nur unzureichend erreicht (Arbeitsgruppe zum Schutz personenbezogener Informationen 2017 S. 315). Um hier Abhilfe zu schaffen, erließ die EU im Jahr 2002 die „Richtlinie über den Schutz der Privatsphäre in der elektronischen Kommunikation." Diese Richtlinie gleicht die Mängel der Datenschutzrichtlinie in den Bereichen Cookies und Spam-E-Mail, Behandlung von Geschäftsdaten und Vertraulichkeit von Informationen etc. aus (Li Yuan 2019 S. 45). Die Richtlinie über den Schutz der Privatsphäre in der elektronischen Kommunikation verpflichtet die Anbieter von Telekommunikations- und Internetdiensten, geeignete Maßnahmen zu ergreifen, um die Sicherheit der personenbezogenen Daten der Nutzer öffentlicher Kommunikationsdienste zu gewährleisten (Arbeitsgruppe zum Schutz personenbezogener Informationen 2017). Nach dieser Richtlinie haben die Nutzer öffentlicher Kommunikationsdienste ein Recht auf Vertraulichkeit der Kommunikation, auf die Verwendung personenbezogener Daten für Direktmarketingzwecke, auf die Regelung der Verwendung von kleinen Textdateien und die Beschränkung der Aufzeichnungen über die Verwendung durch den Nutzer sowie weitere Rechte.

Im Jahr 2006 erließ die EU eine Richtlinie über die Vorratsdatenspeicherung. Diese Richtlinie ist in erster Linie eine verpflichtende Regelung, deren Zweck es ist, Leitlinien für die Verarbeitung und Aufbewahrung von Geschäftsdaten festzulegen, die sich im Besitz von Anbietern öffentlicher elektronischer Kommunikationsdienste in Mitgliedsstaaten der EU befinden, und die sicherstellen soll, dass im Falle einer Verletzung

6 Artikel 28 der EU-Richtlinie über den Schutz personenbezogener Daten.

der nationalen Sicherheit oder bei schweren Fällen von Kriminalität, die personenbezogenen Daten der Nutzer, die sich im Besitz solcher kommerzieller Organisationen befinden, umgehend zur Aufdeckung krimineller Aktivitäten verwendet werden können (Guo Yu 2012 S. 47). Die Richtlinie verpflichtet Mobilfunkunternehmen, verschiedene Daten, darunter IP-Adressen, Ausschaltzeiten, Verbindungsdauer sowie ausgehende und eingehende Telefonnummern, mindestens sechs Monate und höchstens zwei Jahre lang aufzubewahren, wobei die Aufbewahrung im Ermessen der einzelnen Mitgliedstaaten liegt (Li Yuan 2019 S. 46). Die Richtlinie verpflichtet alle Staaten, Maßnahmen zu ergreifen, um sicherzustellen, dass die auf Vorrat gespeicherten Daten nur mit Zustimmung der Justizbehörden und anderer zuständiger Stellen zur Verwendung durch staatliche Behörden zur Verfügung gestellt werden. „Speichert ein Betreiber eines öffentlichen elektronischen Kommunikationsdienstes oder eines öffentlichen Kommunikationsnetzes Daten, so sollte er sicherstellen, dass die Daten und die dazugehörigen Informationen den zuständigen Behörden erforderlichenfalls unverzüglich vorgelegt werden können" (Hong Hailin 2010 S. 93).

Mit der Entwicklung von Big Data und der Erschließung des Informationssektors werden personenbezogene Daten immer zügiger verarbeitet und auf ganz unterschiedliche Weise genutzt, und die EU-Datenschutzrichtlinie scheint im Hinblick auf den Schutz personenbezogener Daten an ihre Grenzen zu stoßen. Um den Anforderungen des digitalen Zeitalters besser gerecht zu werden, hat das Europäische Parlament im Jahr 2016 die Allgemeine Datenschutzgrundverordnung (im Folgenden DSGVO) verabschiedet. Diese Verordnung ist im Mai 2018 in Kraft getreten und löst direkt die ursprüngliche EU-Datenschutzrichtlinie ab. Die Datenschutz-Grundverordnung ist das strengste Gesetz zum Schutz personenbezogener Daten in der Geschichte und in ihrem Anwendungsbereich werden die Grundsätze der territorialen Gerichtsbarkeit und des Personalitätsprinzips miteinander überlagert (DSGVO 2019 Art. 3). Sie findet nicht nur für Personen in den Mitgliedstaaten, die innerhalb oder außerhalb des Hoheitsgebiets Daten verarbeiten, sondern auch für Personen in Drittstaaten, die innerhalb der EU Daten verarbeiten Anwendung. Im Vergleich zur EU-Datenschutzrichtlinie stärkt die Datenschutz-Grundverordnung die Regulierung des Datenschutzes, indem sie Bestimmungen hinzufügt, wie das Recht auf Vergessenwerden (Artikel 17), das Recht auf Datenübertragbarkeit (Artikel 20) und indem sie die Standards der Einwilligung der betroffenen Personen (Artikel 7) erhöht. Der Verantwortungsbereich der für die Datenverarbeitung Verantwortlichen wurde erweitert (Artikel 27), die Meldepflichten der für die Datenverarbeitung Verantwortlichen wurden ausgeweitet (Artikel 19, 33, 34), die Aufsicht über den Datenschutz wurde verstärkt (Artikel 58) und die Sanktionen für Verstöße gegen die Vorschriften wurden verschärft (Artikel 83) (Ji Leilei 2017).

Die oben genannten Richtlinien oder Verordnungen behandeln das Thema unter dem Gesichtspunkt, das Persönlichkeitsrecht auf personenbezogene Daten zu verankern und es strenger zu schützen. Die EU ist der Ansicht, dass „der Sinn des Schutzes personenbezogener Daten in einem Schutz grundlegender Menschenrechte und in der Achtung der Menschenwürde liegt" (Lei Wanlu 2018). Im Verlauf der beiden Weltkriege litten die Länder Europas unter den schlimmsten Vergehen gegen die Menschlichkeit, und die leidvolle Erinnerung an das Herumtrampeln auf der Menschenwürde durch die Nazis führte zu einem ausgeprägten Bewusstwerden der Bedeutsamkeit der Menschenrechte und des Schutzes des Rechts auf persönliche Integrität. Daher neigen alle von der EU und ihren Mitgliedstaaten entwickelten Regelungen dazu, die Menschenwürde als zentralen Wert und ethische Grundlage für die Rechtsvorschriften zum Schutz personenbezogener Daten in den Vordergrund zu stellen. Auf der Grundlage der Wahrung der Menschenwürde des Einzelnen fördern sie den freien Verkehr personenbezogener Daten. In der EU ist die Lehre von den Persönlichkeitsrechten die Theorie, die dem Schutz personenbezogener Daten auf rechtlicher Ebene zugrunde liegt, und personenbezogene Daten sind ein Ausdruck der allgemeinen Persönlichkeitsinteressen. Unabhängig davon, ob es sich um die EU-Datenschutzrichtlinie oder die DSGVO geht, das Ziel des Schutzes personenbezogener Daten in der EU besteht darin, die Würde und Freiheit der menschlichen Person zu achten und den Schutz personenbezogener Daten als ein Grundrecht zu betrachten, das über anderen Rechten steht (Schwartz und Solove 2014 S. 877).

Zusammenfassend lässt sich sagen, dass das einheitliche EU-Gesetzgebungsmodell durch ein einheitliches Gesetz zum Schutz personenbezogener Daten ausgezeichnet ist und sein Datenschutzmodell drei Merkmale aufweist: Erstens favorisiert sie den „Datenrechteschutz" und betrachtet den Schutz personenbezogener Daten als ein grundlegendes Menschenrecht, das der Person des Betroffenen inhärent ist, mit seiner Menschenwürde verknüpft ist, keine wirtschaftlichen Attribute hat und nicht übertragbar ist (Wang Xiuxiu 2017), mit der Absicht, für die Bürger ein Grundrecht auf Daten zu schaffen. Zweitens übernimmt der Staat kraft öffentlichen Rechts die Leitungsfunktion, und unter der Leitung des Staates ist ein vereinheitlichtes Regelwerk zu entwickeln, um entsprechend zu regeln, wie personenbezogene Daten vom Staat, von Unternehmen, Einzelpersonen etc. erhoben, verarbeitet und genutzt werden. Drittens die Einrichtung der nationalen Datenschutzbehörden und des Europäischen Datenschutzausschusses, welche die Datenverarbeitungstätigkeiten von Unternehmen und anderen Organisationen beaufsichtigen und auf rechtswidrige Datenerhebung hin prüfen, und selbige untersuchen, bestrafen und sanktionieren soll. Das abgestimmte Rechtsetzungsmodell der EU hat sich positiv auf den Schutz personenbezogener Daten ausgewirkt und hatte auch positive und weiter reichende Wirkungen auf die Rechtsvorschriften zum Schutz personenbezogener Daten in fast allen Ländern der Welt. Die wichtigsten Vorteile dieses Modells sind: Erstens kann es den Schutz personenbezogener Daten innerhalb eines staatlichen Hoheitsgebiets klären, indem sie die Rechte natürlicher Personen in Bezug auf ihre personenbezogenen Daten zu einem absoluten Rechtsanspruch macht (Qi Aimin 2009). Zweitens kann es einen einheitlichen gesetzlichen Standard und einen verbindlichen, geregelten Rechtsschutz für personenbezogene Daten bieten. Drittens kann es hinlängliche Rechtsmittel und notwendige Garantien für Fälle von Schädigungen vorsehen.

Die Verabschiedung eines vereinheitlichten gesetzgeberischen Modells, das in allen Bereichen anwendbar ist, ermöglicht einen wirksameren rechtlichen Rechtsschutz der Daten und der Wahrung der Menschenwürde (Qi Aimin 2009 S. 79). Während das einheitliche Gesetzesmodell einen spezifischeren und umfassenderen Datenschutz ermöglicht, hat es jedoch auch Nachteile. Erstens kann es den freien Verkehr personenbezogener Daten und sogar von Daten generell behindern und außerdem sind die Kosten für die Umsetzung des Gesetzes relativ hoch (Rowland, Diane und Macdonald

2004 S. 308). Zweitens mangelt es an gesetzgeberischem Willen bei der eigentlichen Gesetzgebung. Eine vereinheitlichte Gesetzgebung erfordert eine abgestimmte Legislative, die Gesetze erlässt, aber das Phänomen vom „Brachliegen öffentlicher Felder“ in der Gesetzgebung kann die Einführung einheitlicher Gesetze zum Schutz personenbezogener Daten wieder zurückwerfen. Drittens ist es nicht in der Lage, die Besonderheiten des Schutzes personenbezogener Daten in den einzelnen Bereichen gleichzeitig zu berücksichtigen. Und es ist zu wenig flexibel, offenkundig zu langsam, zu technisch und zu wenig diversifiziert. Es ist nicht einfach, durch Änderungen die in jedem Bereich durch dessen eigene Entwicklungen notwendig gewordene gesetzliche Umgebung anzupassen. Abschließend lässt sich sagen, dass das von der Europäischen Union angenommene einheitliche Gesetzgebungsmodell trotz seiner unvermeidlichen Unzulänglichkeiten einen tiefgreifenden und dauerhaften Einfluss auf die zivilrechtliche Gesetzgebung insgesamt hatte. Die späteren Gesetzgebungen der Länder des Civil Law sind dem EU-Modell der einheitlichen Gesetzgebung gefolgt. Sogar einige Länder des angloamerikanischen Common Law haben sich für dieses Modell der Gesetzgebung entschieden.

## Abschnitt 3 Indiens Modus der lokalisierten Gesetzgebung

Mit dem Eintritt in das Zeitalter ist der grenzüberschreitende Fluss personenbezogener Daten zu einem wichtigen Faktor für die sozialen Interaktionen, die wirtschaftliche Entwicklung und den technischen Fortschritt geworden. Gleichzeitig haben der „Prismgate“-Skandal und die diversen Angriffe auf globale Dateninfrastrukturen die zahlreichen Sicherheitsrisiken aufgezeigt, mit denen der grenzüberschreitende Fluss personenbezogener Daten verbunden ist. Vor diesem Hintergrund haben nach und nach eine große Zahl von Ländern sich des Gesetzgebungsmodells der Lokalisierung bedient, um die Speicherung, die Nutzung und den Fluss von Daten zu regulieren, wofür Überlegungen wie die Wahrung der nationalen Sicherheit, der Schutz der Privatsphäre und die Förderung der Entwicklung der Datenwirtschaft ausschlaggebend waren. Als klassisches Beispiel für ein Land, das Gesetze zur Datenlokalisierung einführt, hat Indien eine Art lokaler Zugangsgesetzgebung verabschiedet, um den grenzüberschreitenden Fluss personenbezogener Daten einzuschränken, wobei der Gedanke der Datensouveränität oberste Priorität genießt. Dieses Modell der Gesetzgebung hat bis zu einem gewissen Grad den Schutz von Datenrechten hinter verschlossenen Türen erreicht, aber es behindert auch die Entwicklung des digitalen Handels im Inland, und die Einschränkung des freien Datenflusses wird sich nachteilig auf das Wachstum des Bruttoinlandsprodukts auswirken.

Mit der raschen Entwicklung der wirtschaftlichen Globalisierung und dem immer regeren Handel zwischen Ländern auf der ganzen Welt sind grenzüberschreitende Dienstleistungen wie Cloud-Dienste, E-Commerce und digitaler Handel zu den Top-Themen unserer Zeit avanciert, der grenzüberschreitende Datenfluss ist mittlerweile Normalität und hat sich zu einem wichtigen Faktor entwickelt, der sich auf die Weltwirtschaft auswirkt und die Handelsstrukturen prägt. Laut einer Studie der Brookings Institution, einer führenden US-amerikanischen Denkfabrik, trug der weltweite grenzüberschreitende Datenfluss in den zehn Jahren von 2009 bis 2018 ganze 10,1 % zum globalen Wirtschaftswachstum bei, wobei der Wert des grenzüberschreitenden Datenflusses im Jahr 2014 mehr als 2,8 Billionen US-Dollar zum globalen Wirtschaftswachstum beitrug und im Jahr 2025 voraussichtlich 11 Billionen US-Dollar übersteigen wird (Zhang Monan 2020). Gleichzeitig lassen die Häufigkeit und die Schwere von Datenschutzverletzungen weltweit die Risiken des grenzüberschreitenden Datenverkehrs immer deutlicher erkennen. Wie kann ein Ausgleich geschaffen werden zwischen Sicherheitsinteressen wie der nationalen Sicherheit und dem Schutz der persönlichen Privatsphäre und den dazu in Spannung stehenden wirtschaftlichen Werten, die aus grenzüberschreitenden Datenströmen resultieren? Diese Herausforderung stellt sich heute für alle Länder der Welt (Huang Daoli und Hu Wenhua 2019). In diesem Zusammenhang ist einerseits die Förderung der „Datenliberalisierung und der Beseitigung von Handelshemmnissen" allmählich zu einem heißen Thema in den jüngsten Runden der internationalen multi- und bilateralen Verhandlungen geworden. Andererseits hat ein Land nach dem anderen zur Wahrung ihrer Datensouveränität, zur Gewährleistung der nationalen

Sicherheit, zur gezielten Unterstützung ihrer industriellen Entwicklung und zum Schutz der Privatsphäre Rechtsvorschriften zur Datenlokalisierung[7] erlassen, welche die Speicherung, die Nutzung und den Fluss von Daten (Zhang Qianwen 2020) regeln, und somit den Sicherheitsrisiken entgegenwirken, die durch grenzüberschreitende Daten entstehen können (Hu Wenhua und Kong Huafeng 2019).

Die Rechtsvorschriften zur Datenlokalisierung sind das Resultat des „Prismgate"-Skandals. Im Juni 2013 enthüllte Edward Snowden, ein ehemaliger Mitarbeiter des US-Rüstungsunternehmens Booz Allen Hamilton, über den Guardian und die Washington Post, dass die National Security Agency (NSA) der USA und das FBI ein geheimes Überwachungsprogramm mit dem Codenamen Prism betrieben. Die beiden Behörden hatten direkten Zugang zu den zentralen Servern von neun großen multinationalen IT-Unternehmen in den USA, darunter Apple, Microsoft, PalTalk, Skype etc., um Audio- und Videodaten, Fotos, E-Mails, Dateien und Verbindungsprotokolle zu sammeln (Greenwald 2013 S. 1). Nach den Prismgate-Enthüllungen hat die Angst vor ausländischer Überwachung und die Sorge um die nationale Sicherheit dazu geführt, dass die Zahl der Länder, die Gesetze zur Datenlokalisierung erlassen haben, erheblich gestiegen ist. Nach Angaben des U.S. Information Technology and Innovation Fund (ITIF) haben die allermeisten Länder in unterschiedlichem Maße Gesetzgebungen zur Datenlokalisierung eingeführt (Huang Daoli und Hu Wenhua 2019), mit Ausnahme von Afrika, das ein niedriges Niveau der Informationstechnologie aufweist (siehe Tabelle 5-3). Ein Blick auf die jeweiligen Gesetzgebungen zeigt, dass sich die Datenlokalisierung in verschiedenen Anforderungen an die Einhaltung der Rechtsvorschriften niederschlägt, darunter das Verbot, Daten ins Ausland zu senden, das Erfordernis der Zustimmung der Datensubjekte, bevor Daten grenzüberschreitend übermittelt werden können, das Erfordernis, Kopien von Daten im Inland aufzubewahren, und die Besteuerung der Datenausfuhr etc. (Chander Anupam and Uyen 2015 S. 679–704).

7 Datenlokalisierung bedeutet, dass die Regierung eines Landes vorschreibt, dass sowohl die Speicherung als auch die Verarbeitung personenbezogener Daten, die innerhalb der eigenen Grenzen erhoben wurden, innerhalb der Landesgrenzen stattfinden müssen, und eine freie Übermittlung personenbezogener Daten

Tabelle 5-3 Rechtsvorschriften zur Datenlokalisierung im weltweiten Überblick

| Intensität der Datenlokalisierung | Land (Region) |
|---|---|
| Stark: ausdrückliche Verpflichtung zur Speicherung der Daten auf Servern im Hoheitsgebiet | Indien, Brunei, Vietnam, Nigeria, Russland |
| Anforderungen an die Umsetzung: Die einschlägigen rechtlichen Anforderungen für Datenübermittlungen laufen auf eine Datenlokalisierung hinaus | Europäische Union |
| Partielle Anforderungen: Viele Maßnahmen erfordern die Zustimmung der jeweiligen Subjekte vor einer grenzüberschreitenden Übermittlung | Weißrussland, Kasachstan, Malaysia, Korea |
| Geringfügige Anforderungen: Beschränkungen für grenzüberschreitende Überweisungen unter bestimmten Bedingungen | Argentinien, Brasilien, Kolumbien, Peru, Uruguay |
| Sektorspezifische Anforderungen: Beschränkungen nur in bestimmten Bereichen wie Gesundheitswesen, Telekommunikation, Finanzen und nationale Sicherheit | Australien, Kanada, Neuseeland, Türkei, Venezuela |
| Keine Anforderungen: keine bekannten rechtlichen Anforderungen an die Datenlokalisierung | die Vereinigten Staaten und andere Länder |

Quelle: aus öffentlichen Daten zusammengestellt.

Im Gegensatz zum „Bottom-up"-Ansatz der Europäischen Union, bei dem personenbezogene Daten als grundlegendes Menschenrecht der Bürger gesetzlich streng geschützt sind, handelt es sich bei den indischen Rechtsvorschriften eher um eine Art lokale Speicher- und Zugangsregelung, bei der die personenbezogenen Daten der Bürger zunächst gemäß dem Konzept der Datensouveränität geschützt werden. Als ein typisches Beispiel für die konsequente Umsetzung von Rechtsvorschriften zur Datenlokalisierung hat

außerhalb der Landesgrenzen nicht zugelassen wird. So verlangen bestimmte Länder wie Belgien, Dänemark, Finnland, Deutschland, Russland, Schweden und England, dass bestimmte Finanzdaten im Inland gespeichert werden, und einige Länder, darunter Australien und England, schreiben vor, dass Gesundheitsdaten innerhalb ihrer Grenzen aufbewahrt werden müssen.

Indien im Zuge der Entwicklung der digitalen Wirtschaft in den vergangenen Jahren eine Reihe wichtiger Gesetze oder Rechtsdokumente erlassen, die weitreichende Bestimmungen zur Datenlokalisierung enthalten. Die Verabschiedung von Rechtsvorschriften zur Datenlokalisierung zum Schutz personenbezogener Daten in Indien erfolgte erstmals 1993 mit der Einführung des „Public Records Act". Artikel 4 dieses Gesetzes über öffentliche Aufzeichnungen besagt: „Niemand darf ohne vorherige Genehmigung der Zentralregierung öffentliche Aufzeichnungen aus Indien ausführen oder ausführen lassen. Aber wenn es sich um öffentliche Unterlagen handelt, die für einen amtlichen Zweck beschafft oder übermittelt werden, so ist keine vorherige Erlaubnis erforderlich." Das Gesetz schreibt außerdem ausdrücklich vor, dass IT-Unternehmen einen Teil ihrer Infrastruktur im Land behalten müssen und dass personenbezogene Daten indischer Bürger, öffentliche Daten der Regierung und kommerzielle Daten, die in diesen Unternehmen gespeichert sind, nicht ins Ausland übertragen werden dürfen (siehe Tabelle 5-4).

Tabelle 5-4 Indiens Praxis der Gesetzgebung zum Datenschutz

| Jahr | Name | Hauptinhalte |
|---|---|---|
| 1993 | Public Records Act | Verbietet die Übermittlung öffentlicher Unterlagen aus Indien ins Ausland außer für „öffentliche Zwecke". |
| 2000 | Gesetz über Informationstechnologie (Informations Technology Act) | Regelt die Versäumnisse, angemessene Sicherheitsmaßnahmen und -verfahren zum Schutz sensibler personenbezogener Daten oder Informationen[a] zu ergreifen. Haftung für Schäden oder bei unzulässiger Bereicherung aufgrund von Fahrlässigkeit eines Organs oder einer Person. |
| 2005 | Gesetzliche Bestimmungen (Zugang zu Informationen) der Regulierungsbehörde für Telekommunikation Indiens | sieht ein Recht für Diensteanbieter vor, von der Weitergabe kommerziell oder wirtschaftlich sensibler Informationen befreit zu werden, wenn die Offenlegung solcher Informationen dem Diensteanbieter wahrscheinlich einen unlauteren Vorteil oder Verlust bescheren würde |

Tabelle 5-4 Fortgesetzt

| Jahr | Name | Hauptinhalte |
|---|---|---|
| 2011 | Verordnungen zur (angemessenen Sicherheitspraxis und Verfahren für sensible personenbezogene Daten und Informationen) der Informationstechnologie | eine Bestimmung, die die grenzüberschreitende Übermittlung sensibler personenbezogener Daten oder Informationen auf zwei Fälle beschränkt, nämlich auf den Fall, in dem eine solche Übermittlung erforderlich ist oder den Fall in dem die betroffene Person ihre Einwilligung gegeben hat |
| 2018 | Verordnungen für elektronische Apotheken (Entwurf) | sieht vor, dass die über E-Pharmacy-Portale generierten Daten lokal in Indien aufbewahrt werden und in keiner Weise außerhalb Indiens übertragen oder gespeichert werden dürfen |
| | Entwurf einer nationalen Rahmenstrategie für den digitalen Handel in Indien | umfassende Anforderungen an die Datenlokalisierung für personenbezogene und andere Daten sowie die Vorgabe, dass Daten, die von den von der indischen Regierung als „kritische personenbezogene Daten" klassifizierten Plattformen für elektronischen Handel, soziale Medien, Suchmaschinen etc. erzeugt werden, nur in Indien gespeichert werden dürfen |
| 2019 | Gesetz zum Schutz personenbezogener Daten von 2019 | verlangt von Internetunternehmen, erhobene kritische personenbezogene Daten in Indien zu speichern, damit diese erst nach einer Desensibilisierung und nur für gesetzlich zulässige Zwecke ins Ausland übermittelt werden können |

[a] „Reasonable security practices and procedures" (RSPP), „protecting sensitive personal data and information" (SPDI).
Quelle: aus öffentlichen Daten zusammengestellt.

Gegenwärtig hat Indien durch zahlreiche gesetzgeberische Maßnahmen zur Datenlokalisierung ein System zum Schutz personenbezogener Daten entwickelt, das eine Kombination aus allgemeinen Gesetzen und Teilgesetzen darstellt. Für die Erfassung, Verarbeitung, Speicherung, Offenlegung und Übermittlung personenbezogener Daten gilt vor allem das im Jahr 2000 in Kraft getretene Gesetz über die Informationstechnologie. Das indische Informationstechnologiegesetz sieht vor, dass das Bestehen einer Notwendigkeit oder die Zustimmung der betroffenen Rechtssubjekte eine Voraussetzung für die Übermittlung sensibler personenbezogener Daten oder Informationen ins Ausland ist. Insbesondere die vom indischen Ministerium für Technologie und Kommunikation im Jahr 2011 erlassenen Vorschriften zur Umsetzung verschiedener Bestimmungen des Informations Technology Act aus dem Jahr 2000 beschränken die Übermittlung sensibler personenbezogener Daten oder Informationen ins Ausland auf zwei Situationen: wenn sie notwendig ist oder wenn die betroffene Person ihre Zustimmung gegeben hat. Insbesondere die vom indischen Ministerium für Technologie und Kommunikation im Jahr 2011 erlassenen Vorschriften zur Umsetzung verschiedener Bestimmungen des Informationstechnologiegesetztes aus dem Jahr 2000[8] beschränken die Übermittlung sensibler personenbezogener Daten oder Informationen ins Ausland in zwei Szenarien: wenn diese Übertragung notwendig ist, oder wenn die betroffene Person ihre Zustimmung gegeben hat.[9] Gemäß den Vorschriften muss bei der Übermittlung sensibler personenbezogener

8 Im Jahr 2011 erließ das indische Ministerium für Technologie und Kommunikation die „Verordnungen zur (angemessenen Sicherheitspraxis und Verfahren für sensible personenbezogene Daten und Informationen) der Informationstechnologie." Diese Vorschriften präzisieren und verdeutlichen mehrere Bestimmungen des „Informationstechnologiegesetzes" von 2000, der von der indischen Regierung eingeführt wurde.

9 Information Technology Rules（Reasonable Security Practices and Procedures and Sensitive Personal Data or Information), 2011, Gazette of India. 印度2000年《信息技术法》仅关注计算机滥用问题，未涉及数据安全事项（Information Technology Act, 2000, No.21, Acts of Parliaments, 2008); 2008 年，该法被修订，增加了两个条款——43A条和72A条，专门针对个人数据的丢失和保护事项 [Information Technology (Amendment) Act, 2008, No.10, Acts of Parliament, 2009].

Daten oder Informationen durch oder im Namen einer Körperschaft an Körperschaften und natürliche Personen in Indien selbst oder in anderen Ländern sicherstellen, dass diese Körperschaften oder natürlichen Personen in der Lage sind, das gleiche Datenschutzniveau zu gewährleisten. Solche Übermittlungen sind nur zulässig, wenn sie der Erfüllung eines rechtmäßigen Vertrags zwischen der Körperschaft oder natürlichen Person und dem Datenlieferanten dienen oder wenn der Datenlieferant der Übermittlung zugestimmt hat (Li Jianing 2018).

Im Dezember 2019 verabschiedete der Ministerrat der Bundesrepublik Indien das „Gesetz zum Schutz personenbezogener Daten", die strengste Maßnahme zur Datenlokalisierung in der Geschichte Indiens. „Das Gesetz lehnt sich im Allgemeinen an die Bestimmungen der EU-Datenschutz-Grundverordnung an und führt neue Rechte ein, wie das Recht auf Berichtigung und Löschung, das Recht auf Datenübertragbarkeit, das Recht auf Vergessenwerden, Datenschutz-Folgenabschätzungen, den Schutz der Privatsphäre durch Gestaltung und andere neue Mechanismen, um das Niveau des Schutzes personenbezogener Daten in Indien zu verbessern" (Hu Wenhua und Kong Huafeng 2019). Der Gesetzentwurf unterteilt personenbezogene Daten in allgemeine personenbezogene Daten, sensible personenbezogene Daten und kritische personenbezogene Daten und legt für die drei Datenkategorien unterschiedliche Anforderungsniveaus fest (siehe Tabelle 5-5). In dem Gesetzentwurf werden zwei äußerst wichtige Anforderungen an die Datenlokalisierung festgelegt. Zum einen können sensible personenbezogene Daten ins Ausland übermittelt werden, doch sollten die Daten dieser Kategorie weiterhin in Indien gespeichert werden. Zum anderen dürfen kritische personenbezogene Daten nur in Indien verarbeitet werden. Darüber hinaus schreibt das Gesetz zum Schutz personenbezogener Daten von 2019 vor, dass alle Organisationen die ausdrückliche Zustimmung der betroffenen Person zur Erhebung ihrer personenbezogenen Daten einholen müssen (Artikel 11), außer in Fällen, die die nationale Sicherheit, die Behandlung medizinischer Notfälle etc. betreffen (Abschnitt 12[10]).

10 Artikel 12 des Gesetzes zum Schutz personenbezogener Daten von 2019 besagt: „Ungeachtet der Bestimmungen von Abschnitt 11 dürfen personenbezogene Daten verarbeitet werden, wenn folgende Voraussetzungen erfüllt sind: (a)

Tabelle 5-5 Besondere Anforderungen unterschiedlicher personenbezogener Daten

| Datentyp | Konkrete Definition | Besondere Anforderungen |
| --- | --- | --- |
| Allgemeine personenbezogene Daten | in erster Linie Daten, die unter Berücksichtigung oder in Kombination mit einem Merkmal einer natürlichen Person direkt oder indirekt eine natürliche Person identifizieren oder einen Bezug zu einer natürlichen Person herstellen können | Niemand darf personenbezogene Daten verarbeiten, es sei denn für einen spezifischen, ausdrücklichen und legitimen Zweck; für allgemeine personenbezogene Daten gibt es keine Vorschriften zur lokalisierten Speicherung, sie können frei ins Ausland übermittelt werden |
| Sensible personenbezogene Daten | umfasst Finanzdaten, Gesundheitsdaten, amtliche Kennungen, Religion/Politik/Weltanschauung, Sexualleben, biometrische und genetische Daten, Transgender-Identität, bisexuelle Identität, Kaste und Stammeszugehörigkeit und andere Datenkategorien, wie in der DPA angegeben, etc. | die grenzüberschreitende Übermittlung sensibler personenbezogener Daten unterliegt den Bedingungen von Artikel 34 Absatz 1; solche sensiblen personenbezogenen Daten werden weiterhin in Indien gespeichert |
| Kritische personenbezogene Daten | personenbezogene Daten, die von der Zentralregierung als kritische personenbezogene Daten deklariert wurden, und bei denen die Regierung formuliert oder festgelegt hat, was als kritische personenbezogene Daten anzusehen ist | Übermittlung ins Ausland ist grundsätzlich verboten, nur in medizinischen Notfällen gemäß Artikel 34 Absatz 2 oder mit Genehmigung der Zentralregierung ist eine Übertragung ins Ausland erlaubt |

Quelle: aus öffentlichen Daten zusammengestellt.

Der Datenschutz in den sektorspezifischen Rechtsvorschriften, insbesondere in Branchen wie dem Finanzwesen, dem Gesundheitswesen und dem elektronischen Handel, wirft Fragen der Lokalisierung auf. So hat die Reserve Bank of India (RBI) im April 2018 ein Rundschreiben herausgegeben, in dem gefordert wird, dass alle Daten von Zahlungssystemen nur innerhalb Indiens gespeichert und nicht exfiltriert werden dürfen. Außerdem wurde den Unternehmen eine Frist mit Stichtag zum 15. Oktober 2018 gesetzt, um die „Datenlokalisierung" umzusetzen (Reserve Bank of India 2019). Im Gesundheitssektor sieht der Entwurf der Verordnung für elektronische Apotheken des indischen Ministeriums für Gesundheit und Familienwohlfahrt aus dem Jahr 2018 vor, dass Daten, die über E-Pharmacy-Portale generiert werden, in keiner Weise ins Ausland übermittelt oder dort gespeichert werden dürfen und dass diese Daten innerhalb Indiens aufbewahrt werden müssen (Mondaq 2018). Im Bereich des elektronischen Geschäftsverkehrs heißt es in der Präambel des vom Handelsministerium herausgegebenen Entwurf einer nationalen Rahmenstrategie für den digitalen Handel in Indien eindeutig, dass Indien schrittweise eine Politik der Datenlokalisierung verfolgen wird, die die Einrichtung von Datenzentren erfordert" (Alibaba Forschungsinstitut für Datensicherheit 2019). Darüber hinaus sieht der Entwurf auch vor, dass Daten, die beispielsweise von Social

für die Durchführung der folgenden Aufgaben der Bundesregierung, zu denen sie gesetzlich ermächtigt ist.: i) die Erbringung einer Dienstleistung oder eines Nutzens für die betroffene Person durch den Bund; oder ii) die Erteilung von Bescheinigungen, Genehmigungen oder Lizenzen für Handlungen oder Verhaltensweisen der betroffenen Person durch den Bund; (b) aufgrund eines geltenden Gesetzes des Parlaments oder der Legislative eines Bundesstaates; oder c) zur Durchführung eines Urteils oder einer Anordnung einer Entscheidungsinstanz eines indischen Gerichts; (d) um auf medizinische Notfälle zu reagieren, die eine Bedrohung für das Leben oder eine ernsthafte Bedrohung für die Gesundheit der betroffenen Person oder einer anderen Person darstellen; (e) alle Maßnahmen zu ergreifen, um jeder Person während einer Epidemie, eines Krankheitsausbruchs oder einer anderen Bedrohung der öffentlichen Gesundheit medizinische Behandlung oder Gesundheitsdienste zur Verfügung zu stellen; oder (f) bei Katastrophen oder Störungen der öffentlichen Ordnung jedwede Maßnahmen zu ergreifen, um die Sicherheit von Personen zu gewährleisten oder ihnen Hilfe oder Dienstleistungen anzubieten."

Media- und E-Commerce-Plattformen generiert werden, sowie solche, die die indische Regierung als „kritische persönliche Daten" betrachtet, nur auf indischem Boden gespeichert werden dürfen (Huang Daoli und Hu 2019).

Obwohl viele der oben genannten Rechtsvorschriften noch nicht vollständig ausformuliert sind, weist Indiens Gesetzgebungsmodell der Datenlokalisierung zum Schutz der Datenrechte in der veröffentlichten Fassung drei Hauptmerkmale auf. Das erste ist die Ausweitung des Gegenstands der Regelungen von personenbezogenen Daten auf nicht-personenbezogene Daten. Das indische Gesetz zum Schutz personenbezogener Daten von 2019 berücksichtigt neben den Mechanismen für den grenzüberschreitenden Datenverkehr auch personenbezogene Daten im Rahmen der Datenlokalisierungsvorschriften, indem es die Speicherung personenbezogener Daten im Inland vorschreibt. Typisch für die jüngsten Entwicklungen in der Gesetzgebung und die politischen Präferenzen für die Datenlokalisierung in Indien ist, dass auch der „Entwurf einer nationalen Rahmenstrategie für den digitalen Handel in Indien" nicht die jeweils notwendige Verarbeitung personenbezogener Daten ausführt, sondern einheitlich die Regeln der Datenlokalisierung anwendet. Man kann sich vorstellen, dass für die indischen Gesetzgeber personenbezogene Daten für den grenzüberschreitenden Datenverkehr ebenso wichtig sind wie die Lokalisierung von Daten, und sie sind sowohl Gegenstand der Regulierung des Ersteren als auch ein wichtiger Gegenstand der Regulierung des Letzteren. Dazu kommen die Differenzierung von Datentypen und die Implementierung hierarchischer Kontrollen. Indien hat zwar umfassende Anforderungen an die Datenlokalisierung festgelegt, reguliert aber nicht alle Arten von Daten auf die gleiche Weise; vielmehr werden die Kontrollen auf der Grundlage verschiedener Datentypen und unter Berücksichtigung von Faktoren wie Sensibilitätsschwellen differenziert. Das indische Gesetz zum Schutz personenbezogener Daten von 2019 beispielsweise stuft verschiedene personenbezogene Daten nach drei Ebenen ein: allgemeine personenbezogene Daten, sensible personenbezogene Daten und kritische personenbezogene Daten. Zu den sensiblen personenbezogenen Daten gehören Finanzdaten, Gesundheitsdaten, amtliche Kennungen, Sexualleben, sexuelle Ausrichtung, biometrische Daten, genetische Daten, Transgender-Identität, neutrale Identität, Kaste oder Stammeszugehörigkeit, religiöse oder politische Weltanschauungen oder

Vereinigungen.[11] Kritische personenbezogene Daten haben zwar keinen genau definierten Geltungsbereich, aber das Gesetz gibt der Regierung das Recht zu definieren, was kritische personenbezogene Daten sind, und stellt strengere Anforderungen an die grenzüberschreitende und lokalisierte Speicherung beider Arten von Daten, was Indiens Regelungslogik der Governance durch die Lokalisierung von Daten und damit die Lokalisierung der Datenwerte widerspiegelt (Huang Daoli und Hu Wenhua 2019).

Letztendlich gibt es eine Vielzahl von Regulierungsmechanismen und Ausnahmeregelungen. Da die rechtlichen Beziehungen, die mit der Datenlokalisierung einhergehen, sehr breit gefächert und komplex sind, hat Indien strenge Regulierungsmaßnahmen ergriffen, die seinen eigenen Gegebenheiten entsprechen. Obwohl in Indien ein einziger Regulierungsmechanismus verwendet wird, so ist es doch keiner, der simplifiziert und alles über einen Kamm schert. Vielmehr hat man sich einerseits die Erfahrungen der Europäischen Union zunutze gemacht, und eine Reihe möglicher Mechanismen für grenzüberschreitende Datenübermittlungen wie Standardvertragsmechanismen und Genehmigungsverfahren der Datenschutzbehörden eingerichtet. Andererseits gibt es alternative Maßnahmen für die grenzüberschreitende Übermittlung und den Export personenbezogener Daten entsprechend den Besonderheiten der verschiedenen Branchen und Sektoren, d. h. es werden unterschiedliche Kontrollmethoden für die Verwaltung verschiedener Arten personenbezogener Daten über die Grenzen hinweg angewandt (Huang Daoli und Hu Wenhua 2019). Ferner gibt es einige Ausnahmen. So sieht das Gesetz zum Schutz personenbezogener Daten von 2019 vor, dass die indische Zentralregierung einige allgemeine personenbezogene Daten von den Anforderungen an Lokalisierung freistellen kann. Der „Entwurf einer nationalen Rahmenstrategie für den digitalen Handel in Indien" nennt fünf Arten von Daten, die nicht den Anforderungen an die Datenlokalisierung oder die grenzüberschreitende Übermittlung unterliegen, wie z. B. Datenübermittlungen im Zusammenhang mit Cloud-Diensten und Datenübermittlungen für interne Geschäfte in internationalen Unternehmen (Hu Wenhua und Kong Huafeng 2019).

11 Artikel 3 des Gesetzes zum Schutz personenbezogener Daten von 2019.

Vor dem Hintergrund des weltweiten Trends zur Datenlokalisierung hat Indien eine Gesetzgebung zur Datenlokalisierung unter dem Gesichtspunkt des Schutzes personenbezogener Daten verabschiedet. Es zielt darauf ab, eine Lokalisierung des Datenwerts zu erreichen, d. h. die ursprüngliche Anhäufung von Datenressourcen zu erreichen, indem die Größenordnung des inländischen Nutzermarktes genutzt wird. Die Lokalisierung des Datenwerts wird durch die Lokalisierung von Daten erreicht, indem die Entwicklung digitaler Infrastrukturen und lokaler Datenzentren gefördert wird (Hu Wenhua und Kong Huafeng 2019). Die indische Gesetzgebung zur Datenlokalisierung tut ein Übriges, um die heimische IT-Industrie und verwandte Branchen zu schützen. Einerseits können Rechtsvorschriften zur Datenlokalisierung ausländische Unternehmen vom heimischen Markt ausschließen, wenn sie nur grenzüberschreitende Dienste anbieten können. Andererseits erhöhen die Rechtsvorschriften zur Datenlokalisierung die Kosten für Compliance und untergraben so den Wettbewerbsvorteil ausländischer Unternehmen. Darüber hinaus bieten die indischen Rechtsvorschriften zur Datenlokalisierung nicht nur die Grundlage für die Entwicklung neuer Technologien in Indien, sondern auch Chancen für einen wachsenden einheimischen Markt für Rechenzentren und digitale Infrastrukturdienste. Eine Studie der führenden globalen Unternehmensberatung Cushman & Wakefield besagt, dass das digitale Datenwachstum in Indien bis 2020 doppelt so schnell, wie das weltweite Wachstum sein wird und 230.000 Petabyte erreichen könnte. Dem Unternehmen zufolge wird Indien, wenn alle oben genannten Daten zur Verfügung stehen, bis 2050 der fünftgrößte Markt für Rechenzentren weltweit werden (The Economic Times 2018).

Die Verabschiedung der indischen Gesetzgebung zur Datenlokalisierung im Rahmen des Konzepts der Datensouveränität ist in erster Linie strategischer Natur. Strenge Auflagen für die Speicherung im Inland können zwar die Datenhoheit und die Datensicherheit gewährleisten, die Privatsphäre des Einzelnen schützen und die Entwicklung der Datenindustrie fördern, doch hat diese Maßnahme auch schwerwiegende Nachteile, da der Zweck und die Mittel nicht übereinstimmen. Die spezifischen Maßnahmen, die eine lokale Speicherung von grenzüberschreitenden Daten vorschreiben, können nämlich nicht in vollem Umfang das Primat der

Datensouveränität garantieren, sondern sind vielmehr ein eng fokussierter, geschlossener Ansatz zum Schutz der Datensouveränität, der durch den Verlust von Entwicklungsmöglichkeiten noch weiter verschärft wird (Hu Wei 2018). Gleichzeitig behindern die strengen indischen Gesetze zur Datenlokalisierung die Entwicklung des digitalen Handels im Inland, und Beschränkungen des freien Datenflusses werden sich negativ auf die Wachstumsraten des Bruttoinlandsproduktes auswirken (Shi Yue 2015). Nach einer Studie des European Centre for International Political Economy (ECIPE) hat die Datenlokalisierung Indien bereits 0,80 % seines BIP gekostet. Auch auf internationaler Ebene hat die strenge indische Gesetzgebung zur Datenlokalisierung in einer Zeit zunehmender Globalisierung große internationale Aufmerksamkeit erregt und ist auf entschiedenen Widerspruch der europäischen und amerikanischen Länder gestoßen, die die Maßnahme als „protektionistisch" und „Zeichen eines Rückschritts im Globalisierungsprozess" bezeichnet haben.

## Abschnitt 4 Japans integriertes Gesetzgebungsmodell

Was die Gesetzgebung zum Schutz personenbezogener Informationen anbelangt, so hat Japan ein integriertes Gesetzgebungsmodell eingeführt. Dieses integrierte Gesetzgebungsmodell ist ein Kompromiss zwischen dem dezentralisierten und dem einheitlichen Gesetzgebungsmodell, bei dem der Staat unterschiedliche Regulierungsstandards zugrunde legt und die von Individuen und Verwaltungsbehörden gesammelten und verarbeiteten Informationen durch separate Gesetze regelt. Dieses Gesetzesmodell ist mit den europäischen und amerikanischen Modellen kompatibel und besitzt dennoch seine eigenen Besonderheiten. Es hat einen angemessenen Schutz personenbezogener Daten in Japan gewährleistet und die Entwicklung der digitalen Wirtschaft des Landes erleichtert, gleichzeitig aber auch eine Reihe von Problemen geschaffen.

Seit der Meiji-Restauration gibt es in Japan ein System der lokalen Selbstverwaltung, in dem jede lokale Selbstverwaltungseinheit die Autonomie hat, innerhalb eines bestimmten Rahmens Verordnungen zu erlassen, und die lokalen Systeme zum Schutz personenbezogener Daten haben sich je nach den spezifischen Umständen unterschiedlich entwickelt. Aufgrund der lokalen Unabhängigkeit wurden in Japan die Systeme zum Schutz personenbezogener Daten von den lokalen Selbstverwaltungsorganen in der Regel bereits vor der nationalen Gesetzgebung eingeführt. Die Stadt Tokushima war die erste, die 1973 eine „Verordnung über den Schutz von mit elektronischen Computern verarbeiteten personenbezogener Daten" einführte. In der Folge verankerten die lokalen Selbstverwaltungsorgane auf allen Ebenen in Japan den Schutz personenbezogener Daten schrittweise im Rechtssystem. Infolge des positiven Einflusses eines Berichts des japanischen Verwaltungsamtes der Regierung im Jahr 1982 wetteiferten die lokalen Regierungen um die Einführung von Vorschriften zum Schutz personenbezogener Informationen. Im April 1999 hatten 72,3 % der Lokalverwaltungen in Japan Systeme zum Schutz personenbezogener Informationen, einschließlich Verordnungen, Regeln oder Protokolle, eingeführt (Shimpo Fumio 2000 S. 349–350), (Zhou Hanhua 2006 S. 157). Die Stadt Kasuga in der Präfektur Fukuoka war die erste Stadt, die 1984 die „Verordnung der Stadt Kasuga über den Schutz personenbezogener Daten" erließ. Und die Stadt Kawasaki erließ 1985 die „Verordnung der Stadt Kawasaki über den Schutz personenbezogener Daten" (siehe Tabelle 5-6).

Tabelle 5-6 Die Praxis des Schutzes personenbezogener Informationen in Japan

| Jahr | Name | Hauptinhalte |
|---|---|---|
| 1973 | die von der Stadt Tokushima erlassene „Verordnung über den Schutz von mit elektronischen Computern verarbeiteten personenbezogenen Daten“ | Rechtsvorschriften zur Wahrung der Rechte und Interessen des Einzelnen am Schutz der Privatsphäre im Zusammenhang mit dem Umgang mit personenbezogenen Informationen durch die Regierung |
| 1988 | „Gesetz über den Schutz personenbezogener Informationen, die von automatisierten elektronischen Computern von Verwaltungsbehörden verarbeitet werden“ | regelt in erster Linie die Nutzung von Computern durch staatliche Verwaltungsbehörden bei der Verarbeitung personenbezogener Informationen |
| 1997 | die vom Ministerium für internationalen Handel und Industrie geprüften „Leitlinien für den Umgang mit und den Schutz von persönlichen Informationen durch elektronische Computer im privaten Sektor“ | Zertifizierung des Datenschutzes für Unternehmen mit angemessenen Schutzmaßnahmen Siegel (P-MARK-Zertifizierung), etc. |
| 1999 | „Gesetz über die Berichtigung des Einwohnermelderegisters“ | die Verpflichtung privater Unternehmen zum Schutz personenbezogener Informationen wurde gestärkt, und dem Gesetz wurde ein Anhang hinzugefügt, in dem es heißt, dass „die erforderlichen Maßnahmen für einen Rundum-Sorglos-Schutz personenbezogener Informationen so bald wie möglich verbessert werden müssen“ |

Tabelle 5-6 Fortgesetzt

<table>
<tr><th>Jahr</th><th>Name</th><th>Hauptinhalte</th></tr>
<tr><td rowspan="5">2003</td><td>„Gesetz zum Schutz personenbezogener Informationen“</td><td rowspan="5">von den sogenannten „Fünf verbundenen Gesetzen zum Schutz personenbezogener Informationen“, ist das „Gesetz zum Schutz personenbezogener Daten“ ist das grundlegendste Gesetz, welches die Erhebung, Verarbeitung und Nutzung personenbezogener Daten im Allgemeinen regelt und dieselben Grundprinzipien sowohl für den öffentlichen als auch für den nicht-öffentlichen Sektor anwendet.</td></tr>
<tr><td>„Gesetz über den Schutz personenbezogener Informationen im Besitz von Verwaltungsbehörden.“</td></tr>
<tr><td>„Gesetz über den Schutz personenbezogener Daten, die sich im Besitz unabhängiger juristischer Personen mit Verwaltungsaufgaben etc. befinden“</td></tr>
<tr><td>„Gesetz über die Einsetzung einer Kommission zur Überprüfung der Offenlegung von Informationen und des Schutzes personenbezogener Informationen“</td></tr>
<tr><td>„Gesetz zur Verbesserung der einschlägigen Gesetze im Zusammenhang mit der Umsetzung des ‚Gesetzes über den Schutz personenbezogener Informationen im Besitz von Verwaltungsbehörden.‘ “</td></tr>
<tr><td>2017</td><td>„Leitlinien für den Schutz personenbezogener Informationen im Finanzsektor“</td><td>Regelt die Verwendung und Weitergabe von personenbezogenen Informationen etc. im Finanzsektor</td></tr>
</table>

Tabelle 5-6 Fortgesetzt

| Jahr | Name | Hauptinhalte |
|---|---|---|
| 2020 | Änderung des „Gesetzes zum Schutz personenbezogener Informationen" | Um den Anforderungen der technologischen Innovation im Zeitalter von Big Data gerecht zu werden und potenzielle Risiken beim Schutz personenbezogener Informationen in Zukunft zu vermeiden und zu lösen, erweitert die Novelle zahlreiche Aspekte, wie den Schutz der Rechte des Einzelnen, die Förderung der Informationsnutzung, die Ausweitung der Unternehmensverantwortung, die Verschärfung der rechtlichen Sanktionen und die Ausweitung der extraterritorialen Anwendung |

Quelle: aus öffentlichen Daten zusammengestellt.

Verglichen mit dem aktiven Trend bei der Gesetzgebung durch die lokalen Selbstverwaltungsorgane ist das Tempo der Gesetzgebung durch die japanische Regierung konservativer und vorsichtiger gewesen. Auf der Grundlage von acht Grundsätzen des Datenschutzes, die von der Organisation für wirtschaftliche Zusammenarbeit und Entwicklung (OECD) aufgestellt wurden, verabschiedete Japan 1988 das erste landesweite Gesetz zum Schutz personenbezogener Daten, das „Gesetz über den Schutz personenbezogener Informationen, die von automatisierten elektronischen Computern von Verwaltungsbehörden verarbeitet werden". Das Gesetz regelt bestimmte Verwaltungsabläufe bei der Erfassung, Verarbeitung und Speicherung personenbezogener elektronischer Informationen durch die Mitarbeiter der Verwaltungsorgane und weist drei inhaltliche Hauptmerkmale auf. Was den Anwendungsbereich anbelangt, so gilt er erstens für personenbezogene Informationen, die von den staatlichen Verwaltungsorganen mithilfe von elektronischen Computern verarbeitet wurden. Zweitens, was die Rechte der Einzelperson anbelangt, so umfassen diese unter anderem das Recht auf Einsichtnahme, das Recht, Änderungen zu beantragen und das Recht, eine erneute Untersuchung zu beantragen. Drittens gibt es Einschränkungen bei den Pflichten der Verwaltungsbehörden. Die Verwaltungsbehörde darf nicht mehr personenbezogene Informationen aufbewahren, als für ihre Tätigkeit benötigt werden, und muss bei der Aufbewahrung von Dateien mit personenbezogenen Informationen so weit wie möglich die spezifischen Zwecke festlegen, für die sie aufbewahrt werden. Beschränkungen der Verwendung und Bereitstellung personenbezogener Informationen verbieten es grundsätzlich, personenbezogene Informationen für andere Zwecke als die, für die sie aufbewahrt werden, zu verwenden und bereitzustellen. Verwaltungsorgane, die personenbezogene Informationen aufbewahren, erstellen vorab ein Archiv mit personenbezogenen Informationen und legen sie an einem Ort ab, an dem sie von den Bürgerinnen und Bürgern kostenlos eingesehen werden können.

Das Gesetz selbst reguliert jedoch nur die Verwaltungsbehörden, nicht aber z. B. private Unternehmen. Das Gesetz regelt nur die Sammlung, Verarbeitung und Speicherung personenbezogener Informationen durch Verwaltungseinrichtungen, nicht aber eine Vielzahl von Handlungen, wie z. B. die Sammlung und Speicherung etc. personenbezogener Informationen durch private Unternehmen, die nicht durch das Gesetz geregelt sind. Außerdem ist dieses Gesetz noch nicht vollkommen, und seine Verabschiedung ist zunächst nur eine erste Sondierung des Schutzes personenbezogener Informationen, die noch ihre eigenen Probleme hat, sodass es keine gute Lösung für Probleme wie etwa bei Leaks personenbezogener Informationen für die Bürger in Japan bietet. Neben den strengen Vorschriften zum Schutz personenbezogener Informationen, die von den Behörden aufbewahrt werden, wurden in Japan auch Branchenrichtlinien für die sichere Verwendung und den Schutz personenbezogener Informationen in verschiedenen Bereichen der Wirtschaft aufgestellt. So hat beispielsweise das japanische Ministerium für internationalen Handel und Industrie im Jahr 1997 die „Richtlinien für den Umgang mit und den Schutz von personenbezogenen Informationen durch elektronische

Computer im privaten Sektor“ herausgegeben, gefolgt vom Ministerium für Post und Telekommunikation, welches 1998 die „Richtlinien für den Schutz personenbezogener Informationen in der Telekommunikationsbranche“ veröffentlichte etc. Die oben genannten Grundsatzdokumente sind nicht rechtsverbindlich und dienen lediglich als Orientierungshilfe in verschiedenen Branchen.

Die darauffolgende Serie bösartiger Vorfälle von Leaks und Verkauf persönlicher Informationen durch Unternehmen, Banken usw. in der japanischen Gesellschaft führte der Öffentlichkeit drastisch vor Augen, dass das System zum Schutz persönlicher Informationen immer noch unzureichend ist. Im November 1998 formulierte die japanische Regierung die „Grundlegenden Leitlinien für die Förderung der Entwicklung einer Informations- und Kommunikationsgesellschaft auf hohem Niveau“. Diese Politik unterstreicht, dass Japan zwar weiterhin die staatliche Aufsicht und die private Selbstdisziplin beim Schutz personenbezogener Daten stärkt, während gleichzeitig die Notwendigkeit weiterer gesetzgeberischer Maßnahmen in Japan besteht (Chi Jianxin 2016). Im Oktober 2000 legte die japanische Regierung dem Kabinettsminister offiziell die „Grundzüge des Grundgesetzes zum Schutz personenbezogener Informationen“ vor, und die Zentrale der Japanischen Strategie für Informationstechnologie beschloss, diesen Entwurf um einige spezifische Inhalte zu ergänzen und ihn dem Parlament zur Prüfung vorzulegen, um möglichst zügig eine umfassende Gesetzgebung zum Schutz personenbezogener Informationen zu schaffen (Horibe Masao 2000). Im Mai 2003 verabschiedete das japanische Parlament eine Reihe von Gesetzen, darunter das „Gesetz zum Schutz personenbezogener Informationen“, das „Gesetz über den Schutz personenbezogener Informationen im Besitz von Verwaltungsbehörden.“, das „Gesetz über den Schutz personenbezogener Daten, die sich im Besitz unabhängiger juristischer Personen mit Verwaltungsaufgaben etc. befinden“, das „Gesetz über die Einsetzung einer Kommission zur Überprüfung der Offenlegung von Informationen und des Schutzes personenbezogener Informationen“ und das „Gesetz zur Verbesserung der einschlägigen Gesetze im Zusammenhang mit der Umsetzung des ‚Gesetzes über den Schutz personenbezogener Informationen im Besitz von Verwaltungsbehörden.‘“ Das Gesetz über den Schutz personenbezogener Daten ist unter der Bezeichnung der „Fünf verbundenen Gesetze zum Schutz personenbezogener Informationen“ bekannt. Zum jetzigen Zeitpunkt ist in Japan ein umfassendes Rechtssystem zum Schutz personenbezogener Daten in Kraft (siehe Abbildung 5-1).

Was die Form betrifft, so ist das japanische Rechtssystem zum Schutz des Rechts auf personenbezogene Informationen eine Synthese aus einem einheitlichen und einem geteilten Modell (Qi Aimin 2009), d. h. ein Schutzmodell, das eine einheitliche landesweite Gesetzgebung und die Selbstregulierung der Wirtschaftsbranchen integriert. Unter umfassender Bezugnahme auf internationale Regulierungsstandards und einschlägige internationale Normen begann sich ein mehrstufiges rechtliches Regulierungssystem herauszubilden, das von internationalen Rechtsnormen über Gesetze zum Schutz personenbezogener Informationen bis hin zu staatlichen Maßnahmen und Leitlinien reicht. Ergänzend dazu können die Regierung und die Privatwirtschaft auf der Grundlage des Gesetzes zum Schutz personenbezogener Informationen auch einzelne Gesetze oder Selbstregulierungskodizes der Industrie erlassen, die letztlich ein vergleichsweise vollständiges System rechtlicher Regelungen für den Schutz personenbezogener Informationen schaffen. Insgesamt stellt das japanische Gesetzgebungsmodell für den Schutz personenbezogener Informationen einen Kompromiss zwischen dem US-amerikanischen und dem EU-Modell dar. Es berücksichtigt die begrenzten Selbstregulierungsmechanismen der Wirtschaftsbranchen und die Notwendigkeit der Rechtsetzung in Japan, entspricht aber nicht der europäischen Forderung nach einem strikten Schutz der Datenrechte, sondern versucht, ein Gleichgewicht zwischen dem Schutz personenbezogener Daten und der Gewährleistung freier Datenströme zu finden (Zhou Hanhua 2006 S. 102). So kann man sagen, dass Japans Ansatz voll und ganz das fortschrittliche Modell des Lernens von den entwickelten westlichen Ländern widerspiegelt und sich auf die erfolgreiche Gesetzgebungspraxis der EU und der USA im Bereich des Schutzes von Datenrechten stützt.

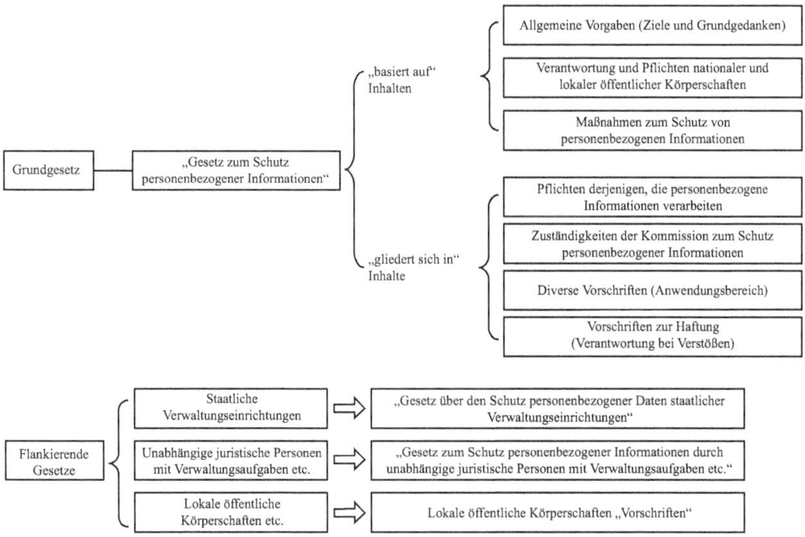


Schaubild 5-1 Überblick über das japanische Rechtssystem zum Schutz der Datenrechte

Das Herzstück des japanischen Rechtssystems zum Schutz personenbezogener Informationen ist das im Jahr 2005 vollständig in Kraft getretene Gesetz zum Schutz personenbezogener Informationen. Es handelt sich um ein Grundgesetz, das den Schutz personenbezogener Informationen gebietet. Das Gesetz geht formal auf die Anforderungen der EU-Richtlinie über den Schutz personenbezogener Daten ein, übernimmt aber in der Sache Merkmale des US-Gesetzes zum Schutz personenbezogener Informationen, während es gleichzeitig einige Gedanken seiner eigenen ursprünglichen Rechtsphilosophie beibehält. Aus inhaltlicher Sicht verleiht das Gesetz der Bevölkerung nicht direkt besondere Rechte, sondern es gewährleistet, unter der Anerkennung einer effektiven Nutzung der personenbezogenen Informationen, dass die gesetzmäßigen Rechte und Interessen der Bevölkerung nicht beeinträchtigt werden (Li Dandan 2015). Gegliedert ist das Gesetz in sechs Kapitel und 59 Artikel sowie sieben Zusatzbestimmungen. Darunter werden in Kapitel 1 die Ziele und Grundgedanken, die dem Erlass dieses Gesetzes zugrunde liegen, dargelegt. In Kapitel 2 werden die Verantwortlichkeiten und Pflichten nationaler und lokaler öffentlicher

Körperschaften geklärt. In Kapitel 3 werden die Maßnahmen zum Schutz personenbezogener Daten festgelegt. In Kapitel 4 sind die Pflichten der Unternehmen bei der Verarbeitung personenbezogener Informationen geregelt. Kapitel 5 enthält die Ausnahmen von der Anwendung des Gesetzes, und Kapitel 6 enthält die Rechtsvorschriften. Die Einführung dieses Gesetzes war sowohl für Privatpersonen als auch für Unternehmen von außerordentlicher Bedeutung. Erstens kann dadurch die Sicherheit personenbezogener Informationen mit rechtlichen Instrumenten gewährleistet werden. Zweitens werden die Unternehmen dem Schutz der persönlichen Informationen der Nutzer eine noch nie da gewesene Aufmerksamkeit schenken und diesen gar zur Unternehmensstrategie erheben.

Um die Rückverfolgbarkeit von Informationsströmen zu gewährleisten (Sogabe Masahiro)[12], wurde 2017 das Gesetz zum Schutz personenbezogener Informationen grundlegend geändert, um die zentralisierte Verwaltung personenbezogener Informationen durch die nationale Aufsichtsbehörde zu stärken. Erstens wurde der Begriff der „sensiblen Informationen" hinzugefügt. „Sensible Informationen" beziehen sich auf Informationen über politische Meinungen, Religion, Gewerkschaftszugehörigkeit, ethnische und nationale Zugehörigkeit sowie Informationen über Geburtsort und Wohnsitz, Gesundheitsvorsorge, Sexualleben, Strafregister etc.[13] Zweitens wurde das Kapitel über die „Kommission zum Schutz personenbezogener Informationen" (Artikel 59–74) hinzugefügt. Dieses Kapitel regelt die Einsetzung der Kommission für den Schutz personenbezogener Daten, ihren Auftrag, die Unabhängigkeit bei der Ausübung ihrer Befugnisse, den Vorsitz der Kommission, die Sonderbeauftragten, deren Amtszeiten, die Unkündbarkeit, die Amtsenthebung, das Sekretariat, die Sitzungen, die Verpflichtung zur Vertraulichkeit, die Festlegung von Regeln etc. (Zhang Hong 2020). Drittens wird der Straftatbestand der „unerlaubten Bereitstellung einer Informationsdatenbank" hinzugefügt. Dieser Straftatbestand liegt vor, wenn eine Person, die mit der Verarbeitung personenbezogener

12 曾我部真裕（Sogabe Masahiro）. 個人情報保護法とメディア［J］.マスコミ倫理, 2017（695号）： 2..

13 渡辺雅之（Watanabe Masayuki）. これ一冊で即対応平成29 年施行改正個人情報保護法Q & A と誰でもつくれる規程集［J］. 第一法規, 2016： 80.

Informationen betraut ist, oder eine juristische Person, die mit der Verarbeitung einer mit dieser Person verbundenen Datenbank betraut ist (einschließlich einer Vereinigung von Führungskräften und Managern ohne eigene Rechtspersönlichkeit), eine Datenbank mit personenbezogenen Informationen bereitstellt oder entwendet, um sich oder einem Dritten einen unrechtmäßigen Vorteil zu verschaffen (einschließlich der Vervielfältigung oder Verarbeitung eines Teils oder der Gesamtheit der Informationen). Sie wird mit einer Freiheitsstrafe von bis zu einem Jahr oder einer Geldstrafe von bis zu 500.000 Yen bestraft.

Im Vergleich zum alten Gesetz umfasst das neue Gesetz zum Schutz personenbezogener Daten sieben Kapitel und 88 Paragrafen. Kapitel 1 enthält die allgemeinen Vorgaben, Kapitel 2 die Verantwortlichkeiten und Pflichten der lokalen und staatlichen Behörden und Kapitel 3 die spezifischen Leitlinien für den Schutz personenbezogener Informationen, die nationale Strategie und Maßnahmen wie die Mitwirkung durch Körperschaften des Staates und der lokalen Selbstverwaltung. In Kapitel 4 werden die Pflichten der Unternehmen, die personenbezogene Informationen verarbeiten, etc. erläutert, Kapitel 5 enthält maßgebliche Bestimmungen über die Kommission für den Schutz personenbezogener Daten, Kapitel 6 enthält diverse Bestimmungen und Kapitel 7 Strafregelungen. Besonders beachtenswert ist, dass das neue Gesetz zum Schutz personenbezogener Daten zwar den Rahmen des alten Gesetzes beibehält, aber die Inhalte der betreffenden Kapitel verbessert hat, besonders beachtenswert ist, dass das neue Gesetz zum Schutz personenbezogener Informationen zwar den Rahmen des alten Gesetzes beibehält, aber die Inhalte der betreffenden Kapitel verbessert hat, wie z. B. Kapitel 4, Absatz 1 über die Beschränkung der Weitergabe personenbezogener Informationen an Dritte im Ausland (Artikel 24), Absatz 2 über die Pflichten der Betreiber anonymer Datenverarbeitungssysteme (Artikel 36 bis 39) und Absatz 3 über die Aufsichtsbefugnisse der Kommission für den Schutz personenbezogener Informationen (Artikel 40 bis 46) und Kapitel 5 über die Kommission für den Schutz personenbezogener Informationen, etc.[14]

14 参见西村洋（Nishimura Yo）《日本个人信息保护制度及其对中国的启示》[Japans System zum Schutz persönlicher Daten und seine Auswirkungen auf China], Internet Law Review, 2016, 1.

Das neue Gesetz zum Schutz personenbezogener Daten sieht weitreichende und gezielte Bestimmungen vor, die sich an spezifischen Szenarien orientieren und folgende Hauptmerkmale aufweisen: erstens, die Einführung von Begriffen wie „persönliche Identifikationszeichen". Das neue Gesetz über den Schutz personenbezogener Informationen nimmt in Artikel 2 Absatz 1 neben der grundlegenden Definition des Begriffs „personenbezogene Informationen" auch „persönliche Identifikationszeichen" in die Definition des Begriffs „personenbezogene Daten" auf.[15] In Ergänzung zu diesem Absatz sieht Absatz 2 zwei Fälle vor, in denen „persönliche Identifikationszeichen" zum Tragen kommen: Im ersten Fall werden Teile der körperlichen Merkmale einer bestimmten Person in Wörter, Zahlen, Zeichen und andere Symbole für die Verwendung in elektronischen Computern umgewandelt[16]. Der zweite Fall ist die Zuweisung verschiedener Zeichen zu unterschiedlichen Gegenständen (Personen)

15 Artikel 2, Absatz 1 des Gesetzes zum Schutz personenbezogener Daten besagt: „Personenbezogene Daten lassen sich anhand des Namens, des Geburtsdatums und anderer in den personenbezogenen Daten enthaltener Beschreibungen ermitteln. (Dokumente, Bilder oder elektromagnetische Aufzeichnungen oder alle Dinge [außer persönlichen Identifizierungsmerkmalen], die durch die Anwendung von Ton, Bewegung und anderen Methoden offenbart werden) Informationen, die eine bestimmte Person identifizieren (einschließlich Informationen, die leicht mit anderen Informationen abgeglichen werden können und anhand derer eine bestimmte Person identifiziert werden kann)". In Absatz 2 heißt es: „Für die Zwecke dieses Gesetzes bedeutet personenbezogener Identifikator" unter den Wörtern, Zahlen, Zeichen und anderen Symbolen, die durch eine Verordnung vorgeschrieben sind, jedes der folgenden Elemente.(1) Die Umwandlung eines Teils der körperlichen Merkmale einer bestimmten Person in Wörter, Zahlen, Zeichen und andere Symbole, die für elektronische Rechner vorgesehen sind und zur Identifizierung einer bestimmten Person dienen können. (2) die Verwendung von Wörtern, Zahlen, Zeichen und anderen Symbolen, die auf Karten und anderen Dokumenten aufgezeichnet oder elektromagnetisch aufgezeichnet sind, die an Einzelpersonen im Rahmen der Verteilung von Waren ausgegeben werden, die an Einzelpersonen gegen Arbeit geliefert oder zum Verkauf an Einzelpersonen erworben werden. Die Verteilung bzw. Aufzeichnung ist in der Lage, den jeweiligen Nutzer bzw. Käufer oder Empfänger der Emission anhand der Unterschiede zwischen den einzelnen Nutzern bzw. Käufern oder Empfängern der Emission zu identifizieren".

16 Artikel 1 (1) der Durchführungsverordnung des Gesetzes zum Schutz personenbezogener Daten (Verordnung Nr. 507 von 2003).

im normalen Arbeitsablauf.[17] Zweitens, die Verbesserung des Schutzes personenbezogener Informationen. Artikel 25 Absatz 1 sieht vor, dass, von besonderen Ausnahmefällen abgesehen, gemäß den einschlägigen Bestimmungen der Kommission für den Schutz personenbezogener Informationen der spezifische Zeitraum, in dem personenbezogene Informationen einer dritten Person zur Verfügung gestellt wurden, sowie der Name oder die Bezeichnung dieser dritten Person und andere Inhalte aufgezeichnet und für die Dauer eines gesetzlich vorgegebenen Zeitraums aufbewahrt werden müssen.[18] Drittens die Einsetzung der Kommission für den Schutz personenbezogener Informationen und die Kriterien für die Ahndung von Verstößen gegen das Gesetz. Die Kommission für den Schutz personenbezogener Informationen ist befugt, alle Anbieter zu überprüfen, die personenbezogene Informationen verarbeiten (einschließlich aller Arten von personenbezogenen Informationen, wie in Artikel 2 des geltenden Gesetzes beschrieben).

Das neue Gesetz zum Schutz personenbezogener Informationen spiegelt voll und ganz das japanische Gesetzgebungsmodell zum Schutz personenbezogener Informationen wider, wobei in Kapitel 1 Artikel 1 des Gesetzes der Zweck der Gesetzgebung wie folgt dargelegt wird: „In Anbetracht der Tatsache, dass die Verwendung personenbezogener Informationen mit der fortschreitenden Entwicklung einer ausgeprägten Informations- und Kommunikationsgesellschaft erheblich zugenommen hat, zielt dieses Gesetz […] darauf ab, unter vollumfänglicher Berücksichtigung des Nutzens personenbezogener Informationen die Rechte und Interessen des Einzelnen zu schützen." Dadurch wird deutlich, dass die japanische Regierung für den Schutz von Datenrechten ein dual konstruiertes Rechtsmodell gewählt hat, das einen Kompromiss zwischen dem dezentralen Gesetzesmodell der Vereinigten Staaten und dem vereinheitlichten Gesetzesmodell der Europäischen Union darstellt. Das neue Gesetz zum Schutz personenbezogener Daten kombiniert das verteilte Modell der

17 Artikel 1 (2–8), Artikel 3 und 4 der Durchführungsverordnung des Gesetzes zum Schutz personenbezogener Daten.

18 Die Bestimmungen von Artikel 25 (Aufzeichnung der Weitergabe von personenbezogenen Daten an Dritte usw.) und Artikel 26 (Bestätigung der Annahme der Weitergabe durch Dritte etc.) desselben Gesetzes.

Gesetzgebung in den USA mit dem einheitlichen Modell der Gesetzgebung in der EU und nutzt beide Modelle, um ein Gleichgewicht zwischen dem Schutz personenbezogener Informationen und dem Austausch von Informationen herzustellen. Das Gesetz basiert dabei auf Eigenschaften, die aus einem Kompromiss zwischen den Grundgesetzen nach dem EU-Modell und den allgemeinen Gesetzen nach dem US-Modell konstruiert sind (Chi Jianxin 2016). Die ersten drei Kapitel des Gesetzes sind dem Teil der Grundgesetze gewidmet und betreffen vor allem die Prinzipien für öffentliche und nicht-öffentliche Stellen, während die letzten vier Kapitel den Teil der allgemeinen Gesetze darstellen, der vor allem die obligatorischen Bestimmungen für nicht-öffentliche Stellen, einschließlich natürlicher Personen, Unternehmen und Organisationen, betrifft, von denen die Medien, politische Vereinigungen etc. von den obligatorischen Bestimmungen ausgenommen sind, aber selbstregulierende Maßnahmen ergreifen müssen (Xie Qing 2006).

Das japanische Gesetzgebungsmodell zeichnet sich durch ein umfassendes Konzept für den Schutz personenbezogener Informationen aus, das ein einheitliches Gesetz zum Schutz personenbezogener Daten für den öffentlichen und den privaten Bereich und zugleich auch Sondergesetze für spezielle Bereiche vorsieht, und die zivilgesellschaftlichen Körperschaften dazu ermutigt, Selbstregulierungsmechanismen für die Wirtschaftsbranchen zu entwickeln. Dieses synthetisierende Modell der Legislative verknüpft die Vorteile des US- und des EU-Modells und überwindet gleichzeitig die Mängel und Unzulänglichkeiten der beiden Modelle. Auch wenn dieses umfassende Gesetzesmodell die Datenrechte angemessen und streng schützt, so wirft es doch zugleich auch einige Probleme auf. Zum Beispiel sind im wirklichen Leben alle Handlungen auf die eine oder andere Weise explizit oder implizit mit personenbezogenen Daten behaftet, und aufgrund der Einschränkungen durch die betreffenden Gesetze mussten viele kreative Ideen und Unternehmungen im theoretischen Stadium auf dem Papier verbleiben. Dies zeigt, dass das Gesetz zum Schutz personenbezogener Informationen in gewissem Maße die Möglichkeiten der Menschen, sich selbst auszudrücken, eingeschränkt und so die Entwicklung der Vielfalt in der japanischen Gesellschaft gehemmt hat. Gleichzeitig haben unscharfe Maßstäbe für den Schutz der persönlichen Interessen und den Schutz der nationalen Interessen dazu geführt, dass die Grenzen der Regulierungsmaßnahmen nicht leicht zu erfassen sind.

## Abschnitt 5 Chinas Antwort auf die Gesetzgebung zum Datenrecht

Auch aus fremden Fehlern wird man klug. „In den Gesetzen anderer Länder nach erfolgreichen Erfahrungen Ausschau zu halten sowie das Lernen aus deren Fehlern oder sogar die direkte Einführung bestimmter bewährter Gesetze und Institutionen kann zweifellos von großem Nutzen sein." Wer die internationalen Regeln der Data-Governance nicht vergleichend betrachtet, wird nicht in der Lage sein, die Hauptgedanken der Datenrechtsgesetzgebung zu erfassen und den Puls der digitalen Rechtsstaatlichkeit zu fühlen. Im Ausland hat sich die Forschung im Bereich des Datenschutzes „schon früh von einer unbeachteten Nebenbeschäftigung zu einem wichtigen interdisziplinären Thema entwickelt, das für Regierungen, Unternehmen und Privatpersonen von Belang ist". In China wurden die Fragen nach einer Legislative des Datenrechtsgesetzes aus verschiedenen Blickwinkeln, nach verschiedenen Theorien und auf verschiedenen Ebenen intensiv verhandelt. „Im Verwalten eines Staates beachte man die Bräuche und erlasse Gesetze, mit dem Ergebnis, dass Ordnung herrsche. Man untersuche den Staat und lege das Wesentliche zugrunde, mit dem Ergebnis, dass die Dinge angemessen seien."[19] Der Schlüssel für den Erfolg oder Misserfolg einer Gesetzesinitiative liegt darin, von der tatsächlichen Situation auszugehen, die sich an den nationalen Gegebenheiten Chinas orientiert und den realistischen Bedürfnissen entspricht.

19 Aus den Klassikern der Legalisten (Buch des Edlen Shang, 商君書), Zeit der Streitenden Reiche (475-221 BCE) Anm. d. Übers.

### *(1) Die wirkliche Bedeutung des Datenrechtsgesetzes*

Das Studium der kanonischen Bücher erhellt unser Rechtssystem, aus dem antiken Frühling und Herbst breitete es sich über ganz China aus. Eine Regierungskunst, die sich dieses Maßes bedient, wird Frieden und Wohlstand schaffen. Die Erfahrung der Geschichte zeigt, dass fortschrittliche Systeme das Fundament und die Garantie für ökonomischen Aufschwung sowie den Wohlstand der Nation und Frieden in der Bevölkerung sind; die Realität der heutigen Welt belegt, dass eine effektive Regierungsführung der Kern und die Grundlage für den Wettbewerb der Nationen und die nationale Verjüngung ist. Das heutige China durchläuft den umfangreichsten und tiefgreifendsten digitalen gesellschaftlichen Wandel in der Geschichte der Menschheit und es erlebt auch die ehrgeizigsten und prägendsten Innovationen im Bereich der Digital-Governance. Die Geburtsstunde des „Zivilgesetzbuches der Volksrepublik China" markierte den Eintritt Chinas in das Zeitalter des kodifizierten Rechts. Das Zivilgesetzbuch trägt den Besonderheiten des digitalen Zeitalters in vollem Umfang Rechnung, reagiert auf die Herausforderungen, die der Wandel der Zeit an das Recht stellt, und trifft besondere institutionelle Vorkehrungen für die Produkte des digitalen Zeitalters. Wenn der französische *Code civil* von 1804 das Zivilgesetzbuch des Dampfzeitalters war und das deutsche Bürgerliche Gesetzbuch von 1900 das Zivilgesetzbuch des Elektrizitätszeitalters, dann ist das chinesische Zivilgesetzbuch von 2020 das Zivilgesetzbuch des digitalen Zeitalters. Anders als die Mehrzahl der Länder der Welt hat China noch kein einheitliches Sondergesetz zum Schutz von Datenrechten erlassen, sondern ein dezentralisiertes Gesetzgebungsmodell gewählt, wobei das Gesetzgebungssystem aus Gesetzen, Verordnungen, Regeln und verschiedenen normativen Dokumenten besteht und ein mehrstufiges, multidisziplinäres, inhaltlich dezentralisiertes und strukturell komplexes Rechtssystem zum Schutz digitaler Rechte bildet. Die Systematik der Rechtsvorschriften zu den Datenrechten tendiert zu einer Verbesserung, aber es zeigt sich auch eine Tendenz zur dezentralen Gesetzgebung. Die Kodifizierung ist eine reale Notwendigkeit und ein unumgänglicher Trend in der Gesetzgebung der Datenrechte, und wir sollten uns bemühen, die Systematisierung der Strukturen der Datenrechte durch die Kodifizierung zu verbessern.

Verwenden wir das Datenrechtsgesetz als Einfallstor für eine Gesetzgebung, um das Recht auf Teilnahme am internationalen Diskurs und auf Mitgestaltung der Regeln zu ergreifen. Im digitalen Zeitalter wird derjenige, der die Daten besitzt und das Recht hat, sie auszuwerten, einen Vorsprung im künftigen Wettbewerb haben. Generalsekretär Xi Jinping hat betont: „Wenn China global agieren und als verantwortungsbewusste Macht an internationalen Angelegenheiten teilnehmen will, muss es sich darauf verstehen, die Rechtsstaatlichkeit anzuwenden." Das Datenrechtsgesetz ist eine Innovation und ein Durchbruch auf juristischem Gebiet, der die Globalisierung des Rechts leitet und vorantreibt. Wenn man das Datenrechtsgesetz als gesetzgeberischen Durchbruch betrachtet und damit die Schaffung eines Big-Data-Rechtssystems mit Datenrechten, einem System von Datenrechten und einem Datenrechtsgesetz als Kernstück beschleunigt, dann kann dies auch dazu beitragen, den kritischen Gipfelpunkt der globalen Big-Data-Entwicklung zu erklimmen, die Mitsprache am internationalen Diskurs und die Kompetenz zur Regelsetzung Chinas im Bereich Big Data zu verstärken und chinesische Weisheit und chinesische Lösungen zur Förderung der Rechtsstaatlichkeit in der globalen Internet-Governance einzubringen.

Das Datenrechtsgesetz ist der strategische Ansatzpunkt, um die nationale Datensouveränität fest im Griff zu haben und zu bewahren. Mit der Globalisierung der Daten steht auch die Datensouveränität vor großen Herausforderungen. Einerseits sind die Fähigkeiten der verschiedenen Länder, ihre Datenhoheit wirksam auszuüben, aufgrund der unterschiedlichen Gesetzesmodelle und -strategien, die sie für die Datenverwaltung und den Datenschutz angenommen haben, sowie aufgrund von Faktoren wie der grenzüberschreitenden Datenströme, der Besonderheiten der Datenverarbeitung an sich und der Machtspiele um die Datenhoheit zwischen den Ländern sehr begrenzt, und ihre Fähigkeit, Daten zu speichern und zu kontrollieren, ist dementsprechend geschwächt. Da andererseits die Datenhoheit von der internationalen Gemeinschaft bislang nicht klar definiert wurde, befindet sie sich in einem Vakuum, was die internationale Rechtsetzung betrifft. Gleichzeitig steht die Datensouveränität als neues Staatenrecht heute auch vor neuen Herausforderungen und Bedrohungen, zu denen Datensicherheit, Datenhegemonie, Datenprotektionismus, Datenkapitalismus und Datenterrorismus zählen (Schlüssellabor für Big-Data-Strategie

2020 S. 124). Wenn man also das Recht auf Datensouveränität als einen strategischen Gipfelpunkt betrachtet, den Weg der rechtlichen Regulierung der Datensouveränität verfolgt und den Status der Datensouveränität gesetzlich verankert, dann wird dies umso mehr dazu beitragen, die Initiative der Datensouveränität zu ergreifen und die nationale Datensicherheit sowie die internationale Datenordnung zu gewährleisten.

Verwenden wir das Datenrechtsgesetz als tragende Säule, um die Datensicherheit und den Schutz personenbezogener Informationen zu verstärken. Verwenden wir das Datenrechtsgesetz als Stützapparat, um die Gesetzgebung der Datenrechte als übergeordnetes Gesetz zu beschleunigen, und im Prozess der Gesetzgebungen zur Datensicherheit und zum Schutz personenbezogener Informationen die Datenrechte, die Systematik der Datenrechte und die theoretische Forschung zum Datenrechtsgesetz sowie den Aufbau eines Gesetzgebungssystems der Datenrechte zu bestärken. Dies wird für die Systematik und Anwendung des Internetsicherheitsgesetzes, des Datensicherheitsgesetzes und des Gesetzes zum Schutz personenbezogener Informationen und anderer Gesetze im digitalen Bereich Fortschrittscharakter, Wissenschaftlichkeit und Leitungsfunktion bereitstellen.

Unter Federführung des Datenrechtsgesetzes wird das Niveau der Modernisierung der Data Governance umfassend angehoben. Das eigentliche Kennzeichen von Chinas Aufstieg ist die Modernisierung der staatlichen Regierungsführung und die Zusicherung eines internationalen Mitspracherechts im Rahmen des globalen Regierungssystems. Die Governance-Technologie, deren Kernstück die Data-Governance ist, ist ein Schlüsselelement für die Modernisierung der staatlichen Regierungsführung, und es kann keine Modernisierung der staatlichen Regierungsführung ohne Modernisierung der Data-Governance geben. Am 8. Dezember 2017 betonte Generalsekretär Xi Jinping als Vorsitzender der zweiten gemeinsamen Studientagung des Politbüros des Zentralkomitees der Kommunistischen Partei Chinas über die Umsetzung der nationalen Big-Data-Strategie, „wir die internationalen strategischen Reserven der Data-Governance und die Erforschung ihrer Regeln verstärken und chinesische Lösungen aufzeigen sollten". Als weltweit führende Datengroßmacht ist es wichtig, Chinas einzigartige Vorteile in Bezug auf Datenumfang und Anwendungsszenarios voll auszuschöpfen, die Rolle von Governance-Technologien wie Internet,

Big Data, künstliche Intelligenz, Blockchain und Quanteninformationen bei der Modernisierung der Modernisierung der staatlichen Regierungsführung zu stärken und die Vorteile des Datenrechtssystems in eine effektive Data Governance transformieren. Wenn wir mit dem Datenrechtsgesetz als Leitmotiv die Interaktionen zwischen nationalen und internationalen Rechtsstaatlichkeiten fördern und ein globales Data-Governance-System einrichten, das nationale Interessen schützt und gleichzeitig Dialog, Wettbewerb und Zusammenarbeit ermöglicht, wird dies dazu beitragen, Chinas Stimme im Diskurs und seine Fähigkeiten zur Governance im globalen Data-Governance-System insgesamt zu stärken.

### *(2) Die Entscheidung für ein Gesetzgebungsmodell zum Datenrecht*

Obwohl weltweites Einvernehmen darüber besteht, dass personenbezogene Daten zu schützen sind, gibt es erhebliche Unterschiede in den spezifischen Regelungen der einzelnen Länder. Bis heute gibt es weder einen weltweiten Konsens darüber, wie das Gleichgewicht zwischen den Wettbewerbern zu erhalten, noch wie der Schutz der Rechte des Einzelnen zu gewährleisten, geschweige denn darüber, wie der rechtliche Rahmen hierfür zu gestalten ist. Ganz allgemein ist das „EU-Modell" (d. h. nationale Rechtsvorschriften) dem Schutz personenbezogener Daten eher förderlich, während das „US-Modell" (d. h. dezentrale Rechtsvorschriften und Selbstregulierung der Industrie) eher den Erfordernissen ungehinderter Datenströme entspricht, wobei beide Modelle ihre eigenen Vor- und Nachteile aufweisen. Im Mittelpunkt der Debatte über die Modelle zum Schutz personenbezogener Daten steht die Frage, wie ein Gleichgewicht zwischen der Erleichterung der kommerziellen Nutzung und dem angemessenen Schutz der Rechte des Einzelnen gefunden werden kann.

Der Rahmen der Governance: Gegenwärtig besteht in chinesischen akademischen Kreisen ein breiter Konsens darüber, dass Datenrechte durch spezifische Rechtsvorschriften geschützt werden sollten, aber es hat noch keine eingehende Diskussion über die Frage stattgefunden, welches Gesetzesmodell angenommen werden sollte (Yang Ji 2012). Aus globaler Sicht beruhen die von den Ländern verabschiedeten Gesetzesmodelle zum Schutz der Datenrechte alle auf Entscheidungen auf der Basis ihren jeweiligen eigenen nationalen Gegebenheiten. Folglich kann der Schutz der Datenrechte in China nicht vollständig vom Gesetzesmodell eines bestimmten Landes kopiert werden, sondern muss ein vernünftiges Gleichgewicht zwischen nationalen Interessen, wirtschaftlicher Entwicklung und den Interessen des Einzelnen an der Privatsphäre herstellen. Der Schutz der Datenrechte ist das Projekt eines komplexen Systembaus, das die gemeinsame Konstruktion einer agilen Ethik und harter Gesetze erfordert, wozu auch ein ethisch orientiertes System gesellschaftlicher Normen, ein auf Algorithmen basierendes System technischer Restriktionen, sowie ein durch Gesetze garantiertes System der Risikoprävention und -kontrolle gehören. Erstens, die gesetzliche Regelung: Obwohl Chinas derzeitiges System zum Schutz von Datenrechten unterschiedliche Ebenen und Arten von normativen Dokumenten umfasst, so sind diese nur einzeln verstreut in verschiedenen gesetzlichen Paragrafen enthalten, weshalb der Grad der Systematisierung der Gesetzgebung zu digitalen Rechten weiter verstärkt werden muss. Zweitens, die technische Antwort: Mit Gesetzen lassen sich keineswegs alle Probleme ein für alle Mal lösen, und so ist es nicht realistisch, allein auf Gesetze zu setzen. Wenn wir auf der technischen Ebene ansetzen und digitale Technologien wie das Internet, Big Data, Cloud Computing und Blockchain nutzen, um Schutzschranken zu errichten, kann der Schutz der Datenrechte ein neues Niveau erreichen. Drittens, die ethischen Verbindlichkeiten: Fehlt es an ethischer Mäßigung, wenn die neuen Technologien unrechtmäßig angewandt und für die vulgären und schmutzigen Zwecke der Menschen eingesetzt werden, dann ist es kein Segen für die Menschheit, sondern ein Rückfall der Technologie in die Finsternis (Chen Jiang 2019). Momentan befindet sich das Selbstregulierungssystem der chinesischen Wirtschaftsbranchen im Bereich des Schutzes digitaler Rechte noch in der Erprobungsphase und hat keine ethisch verbindliche Kraft. Es wäre sinnvoll, einen Selbstregulierungsmechanismus der Branchen unter der Leitung der Regierung aufzubauen und den Raum für die Selbstregulierung der Branchenverbände zunächst auf der Grundlage von Gesetzgebungen zu erweitern.

Die Bereiche der Governance: Bisher hat China ein Rechtssystem zum Schutz digitaler Rechte geschaffen, das mehrere Ebenen und Bereiche umfasst: Neben der Internetbranche im klassischen Sinne erstreckt sich der Schutz der Datenrechte auch auf die Bereiche Finanzen, Telekommunikation, Verkehr, Bildung, Gesundheitswesen etc. Die geltenden Bestimmungen über den Schutz von Datenrechten decken im Allgemeinen verschiedene Arten von Daten in unterschiedlichen Bereichen ab, vor allem Finanzdaten, Daten von Kindern, öffentliche Daten etc. Erstens, die Finanzdaten: Finanzdaten sind ihrem Wesen nach eine besondere Form von personenbezogenen Informationen, und es gibt derzeit keine klare Definition des Konzepts der Finanzdaten in der chinesischen Gesetzgebung, wo sie gewöhnlich als Daten betrachtet werden, die von Finanzinstituten gesammelt und verwendet werden (He Yuan 2020 S. 205). Auf rechtlicher Ebene schlagen sich die spezifischen Rechtsvorschriften Chinas zum Schutz von Finanzdaten hauptsächlich in den ministeriellen Verordnungen und den nationalen Normen nieder, wodurch bereits ein vorläufiges Regulierungssystem geschaffen wurde. So hat die Chinesische Volksbank im Februar 2020 die „Technische Spezifikation für den Schutz personenbezogener Finanzdaten" herausgegeben, worin umfassende und systematische institutionelle Anforderungen für die Verpflichtungen der Finanzinstitute zum Schutz von Finanzdaten festgelegt sind. Zweitens, die Daten der Kinder: Der Schutz der Daten von Kindern ist bereits ein wichtiges Kapitel geworden. Die Vereinten Nationen setzen sich nachdrücklich für den Schutz der Daten von Kindern ein, und die europäischen Länder und die Vereinigten Staaten arbeiten weiter daran, den Schutz der Daten von Kindern zu verbessern. Auch in China wird dem Datenschutz für Kinder zunehmende Aufmerksamkeit geschenkt. Der Schutz der Daten von Kindern ist ein wesentlicher Bestandteil des Schutzes von Minderjährigen in China, und China erforscht und verbessert derzeit aktiv seine institutionellen Entwicklungen auf dem Gebiet des Datenschutzes von Kindern, indem es spezielle Rechtsvorschriften für den Datenschutz von Kindern einführt – die „Vorschriften zum Schutz der personenbezogenen Daten von Kindern im Netz". Drittens, öffentliche Daten: Einhergehend mit dem fortschreitenden Prozess der Öffnung staatlicher Daten in China entwickelt sich die auf öffentlichen Daten basierende Big-Data-Industrie ständig weiter, und die Gesetzgebung zu öffentlichen Daten ist schon zu einem zentralen institutionellen Baustein der aktuellen nationalen

Big-Data-Strategie geworden. Bei der Initiierung einer Gesetzgebung für öffentliche Daten sollte als Erstes die Wahl eines Gesetzesmodells für öffentliche Daten in China geprüft werden. Obwohl China eine Reihe von Gesetzen und Verordnungen im Bereich der öffentlichen Daten erlassen hat, fehlt es an einer einheitlichen Gesetzgebung zu öffentlichen Daten, was dazu geführt hat, dass es bei der Erhebung und gemeinsamen Nutzung von öffentlichen Daten durch lokale Regierungen und damit verbundene Abteilungen keine Klarheit über die Abgrenzung der öffentlichen Daten gibt (Wang Yongqi 2019). Kurz gesagt, eine zentrale einheitliche Gesetzgebung zu öffentlichen Daten sollte auf nationaler Ebene genügend Aufmerksamkeit verdienen.

Die Grundsätze der Governance: Das Gesetz ist ein Regelungsmechanismus der sozialen Beziehungen, eine organische Einheit von Verhaltens- und Urteilsnormen. „Wenn Rechtsvorschriften lediglich verschiedene Verbote oder zwingende Bestimmungen vorschreiben, wird ihre wirksame Umsetzung durch unvereinbare Anreize beeinträchtigt" (Zhou Hanhua 2018). Sowohl die theoretische Erforschung als auch die praktische Entwicklung zeigen, dass eine Gesetzgebung mit widersprüchlichen Incentives eher zu einer „verwaltenden" als zu einer „regulierenden" Gesetzgebung führt.[20] Gesetze, die auf diese Weise zustande kommen, lassen sich in der Praxis nur schwer durchsetzen.[21] Sie kann zu einer ganzen Kette von Problemen führen, wie z. B. kampagnenartige Umsetzungen, uneffektive Umsetzungen, selektive Umsetzungen, Untergrabung der Durchsetzungsbefugnis und Widerstand seitens der Zielgruppen der Verordnung sowie Vorspiegelung falscher Tatsachen durch die durchsetzenden Instanzen.[22] Ungeachtet der

20 Einige Wissenschaftler haben darauf hingewiesen, dass „ein Großteil der Rechtsvorschriften in der Vergangenheit eher die Idee der Verwaltung und sogar der Kontrolle widerspiegelte, wobei die Macht der Regierung zu sehr betont und den Rechten der Marktteilnehmer nicht genügend Aufmerksamkeit geschenkt wurde". (Zhang Shouwen 2014).

21 Diskussion über das Verhältnis zwischen der Wissenschaft der Politikentwicklung und der Wirksamkeit der Durchführung (Ding Huang 2002).

22 Zhou Xueguang analysierte die institutionellen Ursachen für die Abweichung der Politikumsetzung von ihrem ursprünglichen Zweck und das Phänomen der Komplizenschaft bei der Fälschung durch die Regierungsstellen an der Basis aus einer organisatorischen Perspektive und schlug vor, dass „der Zweck der Anreizgestaltung

unterschiedlichen Gesetzgebungsmodelle gibt es sowohl in den USA und der EU als auch in Indien und Japan, gibt es tatsächlich einige gemeinsame Gesetze, die in ihren Gesetzgebungsmodellen zu befolgen sind: Unabhängig vom Gesetzgebungsmodell und unabhängig davon, wie streng das Gesetz auch sein mag, können nur Anreize, die untereinander kompatibel sind, den gewünschten Schutz bewirken; eine Inkompatibilität erschwert die Durchsetzung[23] und kann sogar zu dem doppelten Versagen führen, dass sowohl die Innovation behindert als auch der Datenschutz vernachlässigt werden (Zarsky 2017 S. 996). Der Schlüssel zum Erfolg oder Misserfolg liegt also nicht in den Unterschieden zwischen den im Gesetz festgelegten Modellen, sondern darin, ob die Governance-Grundsätze der Rechtsvorschriften über Datenrechte wissenschaftlich begründet sind. Auf der Suche nach einem chinesischen Gesetzesmodell für Datenrechte, muss man einerseits über den einfachen Vergleich der vier Modelle im Hinblick auf die Rechtsnormen hinausgehen und nicht nur die Unterschiede zwischen den vier Modellen betrachten, sondern auch nützliche Lehren aus ihren Erfahrungen ziehen. Andererseits „sollte man den größeren systemischen Hintergrund nicht außer Acht lassen und es ist notwendig, aus den grundlegenden Erfahrungen der Reform- und Öffnungspolitik Chinas und dem allgemeinen Trend der weltweiten Verwaltungsreformen einen Nährboden zu gewinnen, um Umwege zu vermeiden oder zu verringern“ (Zhou Hanhua 2018). Nur so

---

in Organisationen darin besteht, Verhaltensweisen zu induzieren, die den organisatorischen Zielen förderlich sind. Wenn die Anreize jedoch nicht richtig gestaltet sind, können sie zu Verhaltensweisen führen, die den Organisationszielen zuwiderlaufen“, und „je stärker der formale Anreizmechanismus ist, desto schwerwiegender ist das Phänomen der Zielsubstitution und desto stärker ist der Drang zur Komplizenschaft“, wenn Anreize und Organisationsziele nicht übereinstimmen. Es ist durchaus überzeugend, diese Theorie zu verwenden, um die Schwierigkeiten bei der Umsetzung einiger scheinbar strenger Gesetze in der Praxis zu analysieren. (Zhou Xueguang 2008).

23 Britische Wissenschaftler haben darauf hingewiesen, dass die EU-Datenschutzrichtlinie von den Unternehmen eher als Bürokratie und bürokratische Anforderungen angesehen wird, als dass sie den Unternehmen helfen würde, bessere Produkte herzustellen. Dies führt dazu, dass die Richtlinie zwar sehr streng ist, aber nur auf dem Papier und nicht in der Praxis eingehalten wird. (Edwards 2010 S. 871)

können wir uns die Vorzüge von allen Seiten aneignen und den Weg in eine digitale Rechtsstaatlichkeit mit chinesischer Prägung ebnen.

### *(3) Einige Empfehlungen zur Gesetzgebung des Datenrechts*

Die Verabschiedung einheitlicher und spezialisierter Datengesetze: Aus Gründen wie in der Gesellschaft verbreitete Einstellungen, der digitalen Industrie, der Wissenschaft und Technologie sowie der Planung von Gesetzesvorhaben und anderer Gründe hat China bisher noch kein einheitliches Sondergesetz zum Schutz von Datenrechten erlassen, und die Rechtsnormen, die den Schutz von Datenrechten betreffen, sind größtenteils in grundlegenden Gesetzen wie dem Zivil- und Strafrecht sowie in Sondervorschriften der nationalen gesetzgebenden Institutionen und anderen Rechtsdokumenten verstreut. Gegenwärtig haben einige lokale Stellen und Wirtschaftszweige nützliche Sondierungen im Bereich der Datengesetzgebung vorgenommen, die in gewissem Maße die praktische Umsetzung abstrakter Rechtsgrundsätze für den Schutz von Datenrechten gefördert haben. Mangels klarer Vorgaben von höherer Stelle hat diese Bottom-up-Gesetzgebungspraxis jedoch nur begrenzte Auswirkungen auf das Gesamtniveau des Datenschutzes in dem Land gehabt. Im Vergleich dazu wäre es vorteilhafter, ein einheitliches und spezifisches Datenrecht auf nationaler Ebene zu haben. Daher sollte China internationalen Trends und Praktiken folgen, um den Schutz digitaler Rechte wirklich auf die Bahnen der Rechtsstaatlichkeit zu lenken und so bald wie möglich ein vollständiges und einheitliches Datengesetz formulieren und einführen und den Schutz digitaler Rechte zu systematisieren.

Die Einrichtung einheitlicher und spezialisierter Schutzbehörden: Gegenwärtig steht man vor der Situation der Data-Governance in China wie vor einer neunköpfigen Hydra, wobei die Befugnisse der einzelnen Stellen auf ihren ursprünglichen Basisbefugnissen basieren und nun auf die Verwaltung des Datenschutzes ihrer Abteilung oder verwandter Abteilungen ausgedehnt werden. In den Finanz-, Telekommunikations-, Gesundheits- und Internetsektoren beispielsweise werden die Datenschutzaufgaben der jeweiligen Branche von den Aufsichtsbehörden wahrgenommen. Der

Vorteil eines solchen dezentralen Schutzes besteht darin, dass er mit den Besonderheiten der eigenen Branche in Einklang gebracht werden kann, aber langfristig kann die Nutzung und Regulierung von Daten nicht auf bestimmte Kontexte beschränkt werden. Dieser dezentralisierte Schutz führt zu einer wachsenden Zahl von Subjekten der Regulierung, was zu einer zunehmenden Zahl von Regulierungsbehörden mit unklaren Befugnissen und Zuständigkeiten und unzureichender Regulierung führen wird. Die Einrichtung einer spezialisierten Datenschutzbehörde ist in vielen Ländern gängige Praxis und trägt dazu bei, die ordnungsgemäße Umsetzung der nationalen Datenschutzgesetze zu überwachen, das Datenschutzniveau im ganzen Land zu verbessern und eine zentrale Anlaufstelle für Betroffene einzurichten, um ihre Rechte zu verteidigen und Beschwerden zu bearbeiten. Daher können in Chinas Datenschutzgesetzgebung die Federal Trade Commission der Vereinigten Staaten, die Datenschutzkommission der Europäischen Union und die Personal Information Protection Commission in Japan etc. zurate gezogen werden, um eine einheitliche und spezialisierte Datenschutzbehörde einzurichten, die die Rolle eines administrativen Regulierungssystems übernimmt, Streitfälle schnell und effektiv löst und die normale Entwicklung des Marktes sicherstellt.

Die Stärkung der justiziellen Rechtsbehelfe und die Einführung von Mechanismen für Sammelklagen: Die Verletzung der legitimen Interessen der Datensubjekte ist eine Verletzung des Datenrechts. Wenn es ein Recht gibt, muss es auch ein Rechtsmittel geben, und um ein ursprüngliches Recht wahrnehmen zu können, muss es das Recht auf ein entsprechendes Rechtsmittel als Garantie geben. Derzeit sind die Rechtsmittel in China noch auf unangemessenes öffentliches Handeln beschränkt, und es gibt noch keine Bestimmungen für die unangemessene Erhebung und Nutzung von Daten auf der Grundlage neuer Technologien, neuer Berufspraktiken und neuer Geschäftsmodelle im Big-Data-Umfeld. Die Erfahrungen aus dem Ausland zeigen, dass in vielen Ländern eine Kombination aus strenger staatlicher Durchsetzung, Selbstregulierung der Branchen unter Ausübung von Druck und wenig einschneidenden Gerichtsverfahren üblich ist. Bei einer Verletzung von Datenrechten können sich die betroffenen Personen nicht nur bei den zuständigen Aufsichtsbehörden beschweren, um verwaltungsrechtliche Durchsetzungsmaßnahmen zu ergreifen, sondern auch auf gerichtlichem Wege Rechtsmittel einlegen. Im Gegensatz dazu sind die Rechtsmittel in China noch weit davon entfernt, eine nennenswerte Rolle bei der Wahrung des Wertes Datenrechte zu spielen. Es empfiehlt sich daher, die gerichtlichen Rechtsbehelfe zu stärken, die Erscheinungsformen der Verletzung digitaler Rechte im Big-Data-Umfeld durch gerichtliche Auslegungen usw. zu erweitern, einen Mechanismus für Sammelklagen einzurichten und zahlreichen betroffenen Personen die Möglichkeit zu geben, als gemeinsame Kläger aufzutreten. Und die gleichen Rechtsschutzfragen an professionelle Agenten zu richten, wird die Kosten des Rechtsschutzes weiter senken und die Fähigkeit des Rechtsbehelfs verbessern, bei Verletzungen digitaler Rechte Abhilfe zu schaffen.

Die Intensivierung internationaler Zusammenarbeit und das Lernen aus fortschrittlichen internationalen Erfahrungen: In der heutigen hochgradig integrierten globalen Welt muss die nationale Gesetzgebung zwangsläufig in den allgemeinen internationalen Kontext eingeordnet werden, und die extraterritorialen Auswirkungen von Gesetzen müssen mit dem internationalen Recht und internationalen Verträgen in Einklang gebracht werden. Weltweit gesehen lassen die einzelnen Staaten dem Schutz von Datenrechten immer mehr Aufmerksamkeit zuteilwerden, und Rechtskonflikte in diesem Bereich werfen auf vielen Ebenen Fragen auf. Der Schutz der Datenrechte ist nicht mehr nur eine Angelegenheit des innerstaatlichen Rechts, und große Datenmengen können unabhängig von Zeit und Raum in einem Land oder sogar weltweit erfasst, gespeichert und genutzt werden. Je nach den unterschiedlichen Schutzzwecken variiert der Schutz digitaler Rechte von Land zu Land. In diesem Sinne sollten Chinas künftige Rechtsvorschriften zu Datenrechten die internationale Zusammenarbeit stärken, eine aktive Rolle bei der Ausarbeitung und Unterzeichnung internationaler Übereinkommen zum Schutz von Datenrechten spielen, Kommunikations- und Kooperationsmechanismen sowie Mechanismen zur Zusammenarbeit bei der Strafverfolgung einrichten, Streitigkeiten hinsichtlich der grenzüberschreitenden Strafverfolgung zum Schutz der Datenrechte zwischen verschiedenen Ländern koordinieren und gemeinsam eine Sicherheitsplattform für den Schutz von Datenrechten aufbauen. Gleichzeitig werden wir uns an den fortschrittlichen Leitlinien, Grundsätzen und Gesetzen zum Schutz digitaler

Rechte der maßgeblichen internationalen Organisationen, Länder und Regionen orientieren und ein tragfähiges Rechtssystem schaffen, das an die Erfordernisse der Entwicklung der digitalen Wirtschaft angepasst ist. Mit einer globalen Perspektive und einer Zukunftsvision ist es umso aussichtsreicher, je früher wir im Marathon der Digitalisierung die Gesetzgebung zu den digitalen Rechten vorantreiben und den Ton für die Regulierung der Werte von Daten angeben, um so eher werden wir die Gelegenheit haben, durch schrittweise Schaffung der Werte von Daten die Führung zu übernehmen und in der Folge das Heft in der Hand haben. Wenn Chinas Gesetze in Zukunft weltweit exportiert werden sollen, wird es sich höchstwahrscheinlich um Gesetze für die digitale Wirtschaft handeln. Wenn Chinas digitale Wirtschaft eine Führungsrolle in der Welt anstreben soll, müssen vor allem qualitativ hochwertigere, gerechtere und nachhaltigere institutionelle Garantien für die Datenrechte der verschiedenen Subjekte geschaffen und vollständige und präzise rechtliche Regelungen für den digitalen Sektor festgelegt werden.

## Literaturverzeichnis

Richard A Spinello,《世纪道德：信息技术的伦理方面》[Ethical aspects of information technology], Gang Liu (Übers.), Bei jing: Zhong yang bian yi chu ban she, 1999.

〔日〕新保史生(Shimpo Fumio),《隐私权的生成与展开》[Entstehung und Entfaltung des Rechts auf Privatsphäre], Seibundoh Publishing, 2000.

Rowland, Diane und Macdonald, Elizabeth,《信息技术法》[Information Technology Law], Lianbin Song, Yifei Lin, and Guomin Lu (Übers.), Verlag der Wuhan Universität, 2004.

The Economic Times, „Alles über Indiens Datenlokalisierungspolitik“, <https://economictimes.indiatimes.com/tech/ites/all-about-indias-data-localisation-policy/articleshow/66297596.cms>, Oktober 21, 2018.

Mondaq,“Entwurf von Regeln für E-Pharmacy im Rahmen der Vorschriften für Arzneimittel und Kosmetika” , <https://www.mondaq.com/india/food-and-drugs-law/740234/draft-rules-for-e-pharmacy-under-the-drugs-and-cosmetic-rules-1945>， September 27， 2018.

Privacy Alliance, “Online Privacy Alliance will Serve as Vanguard of Industry Efforts to Protect Privacy in Cyberspace”， Privacy Alliance，June 22，1998，<http: //www.privacyalliance.org/news/06221998/>.

Reserve Bank of India, „Speicherung von Zahlungsverkehrsdaten“, <https://m.rbi.org.in/commonperson/English/Scripts/FAQs.aspx?Id=2995>, Juni 26, 2019.

Bennett C. J. and John Rawls， Regulating Privacy: Data Protection and Public Policy in Europe and the United States，Ithaca: Cornell University Press，1992.

Burkert H.，“Privacy-Data Protection/ German/European Perspective”， In Governance of Global Networks in the Light of Differing Local Values，edited by Christoph Engel and Kenneth H. Keller，pp. 43–70， Baden-Baden: Nomos Verlagsgesellschaft, 2000.

Chander Anupam and Uyen P. Le，“Data Nationalism”, Emory Law Journal 64，（2015）

Europäisches Parlament und Rat der Europäischen Union „Richtlinie 95/46/EG des Europäischen Parlaments und des Rates vom 24. Oktober 1995 zum Schutz natürlicher Personen bei der Verarbeitung personenbezogener Daten und zum freien Datenverkehr“, Official Journal 281, No. 38 (1995). S. 31–50.

Flaherty D. H.， Protecting Privacy in Surveillance Societies: The Federal Republic of Germany，Sweden，France，Canada，and the United States，Chapel Hill and London: University of North Carolina Press，1989.

DSGVO, Datenschutz-Grundverordnung, Art. 3: Territorial Scope，Intersoft Consulting，<https: //gdpr-info.eu/art-3-gdpr>，March 27，2019.

Graham Pearce and Nicholas Platten，“Achieving Personal Data Protection in the European Union”, Journal of Common Market Studies 36，No.4（1998）.

Greenwald G.，“US Orders Phone Firm to Hand Qver Data on Millions of Calls: Top Secret Court Ruling Demands Ongoing”, The Guardian，June 6，2013.

Korff D.，“EC Study on the Implementation of the Data Protection Directive,” SSRN，October 24，2008，<http: //ssrn.com/abstract=1287667>.

Edwards, Lilian，“Coding Privacy，” Chi.-Kent L. Rev 84，（2010）。

Schwartz P. and Solove D. J.，“Reconciling Personal Information in the United States and European Union,” California Law Review 102，No. 2（2014）.

Tal Z. Zarsky，“Incompatible: The GDPR in the Age of Big Data，” Seton Hall L.Rev 47，（2017）.

阿里巴巴数据安全研究院：《全球数据跨境流动政策与中国战略研究报告》，安全内参，<https: //www.secrss.com/articles/13274>，2019年8月28日。

Alibaba Forschungsinstitut für Datensicherheit, 《全球数据跨境流动政策与中国战略研究报告》[Forschungsbericht zur Politik des globalen grenzüberschreitenden Datenverkehrs und Chinas Strategie], Interne Sicherheitsdokumente, <https://www.secrss.com/articles/13274>，2019.8.28.

曾我部真裕（Sogabe Masahiro）.個人情報保護法とメディア［J］.マスコミ倫理, 2017（695号）[Gesetz zum Schutz personenbezogener Daten und die Medien. Ethik der Massenmedien, 2017 (695)]

Chen Jiang,《避免新技术伤人，需要伦理和法律约束》[Um zu verhindern, dass neue Technologien den Menschen schaden, sind ethische und rechtliche Einschränkungen erforderlich], Qianjiang Evening News, 2019.11.18, A0016.

Chi Jianxin,《日韩个人信息保护制度的比较与分析》[Vergleich und Analyse des Systems zum Schutz persönlicher Daten in Japan und Korea], Journal of Information, 2016, Nr. 12.

Schlüssellabor für Big-Data-Strategie,《主权区块链1.0:秩序互联网与人类命运共同体》[Souveräne Blockchain 1.0: Die Ordnung des Internets und die menschliche Schicksalsgemeinschaft], Verlag der Zhejiang Universität, 2020.

Ding Huang,《政策制定的科学性与政策执行的有效性》[Die Wissenschaft der Politikformulierung und die Effektivität der Politikumsetzung], Nanjing Journal of Social Sciences, 2002, Nr. 1.

渡邉雅之（Watanabe Masayuki）. これ一冊で即対応平成29 年施行改正個人情報保護法Q ＆ A と誰でもつくれる規程集［J］. 第一法規, 2016：80.[Fragen und Antworten zur Umsetzung des revidierten Gesetzes zum Schutz personenbezogener Daten 2017, Erste Verordnungen 2016:80]

Arbeitsgruppe zum Schutz personenbezogener Informationen,《个人信息保护国际比较研究》[Ländervergleichsstudie über den Schutz personenbezogener Informationen.], Zhong guo jin rong chu ban she, 2017.

Guo Yu,《个人数据保护法研究》[Forschung zum Recht auf Schutz personenbezogener Daten]，Beijing University Press，2012.

He Yuan Hrsg.,《数据法学》[Datenjurisprudenz], Verlag der Peking Universität, 2020.

Hong Hailin,《个人信息的民法保护研究》[Studie über den zivilrechtlichen Schutz personenbezogener Informationen], Beijing Shi: Fa lü chu ban she, 2010, S. 99.

Hu Wei,《跨境数据流动立法的价值取向与我国选择》[Wertorientierungen der Rechtsvorschriften über den grenzüberschreitenden Datenverkehr und Chinas Auswahl], Sozialwissenschaft, 2018, Nr. 4.

Hu Wenhua, Kong Huafeng,《印度数据本地化与跨境流动立法实践研究》[Eine Studie über die gesetzgeberische Praxis der Datenlokalisierung und des grenzüberschreitenden Datenverkehrs in Indien], Computer Applications and Software, 2019, Nr. 8.

Huang Daoli, Hu Wenhua,《全球数据本地化与跨境流动立法规制的基本格局》[Das Grundschema der Gesetzgebung und Regulierung der globalen

Datenlokalisierung und des grenzüberschreitenden Datenflusses], Information Security and Communications Privacy, 2019, Nr. 9.
Ji Leilei,《个人信息保护立法路径比较研究》[Eine vergleichende Studie über den gesetzgeberischen Weg zum Schutz personenbezogener Daten], Library Development, Nr. 9, 2017.
Jiang Ge,《个人信息保护法立法模式的选择——以德国经验为视角》[Die Wahl eines legislativen Modells für den Schutz personenbezogener Daten – ein Blick auf die deutschen Erfahrungen], Science of Law (Journal of Northwest University of Political Science and Law), 2011, Nr. 2.
Jiang Po,《国际信息政策法律比较》[Internationaler Vergleich von Rechtsnormen von Informationspolicies], Law Press, 2001, S. 443.
堀部政男（Horibe Masao）. 日本における個人情報保護のぁり方 ［J］... ジュリスト，2000（119 号）：33.[Maßnahmen zum Schutz personenbezogener Daten in Japan, 2000（119）:33]
Lei Wanlu,《我国个人信息权的立法保护——对美国和欧盟个人信息保护最新进展的比较分析》[Der gesetzgeberische Schutz der Persönlichkeitsrechte in China – eine vergleichende Analyse der neuesten Entwicklungen beim Schutz personenbezogener Daten in den Vereinigten Staaten und der Europäischen Union], Renming Luntan·Xueshu Qianyan, 2018, Nr. 23.
Li Dandan, 《日本个人信息保护举措及启示》[Japans Initiativen zum Schutz persönlicher Daten und deren Auswirkungen]， People's Forum, 2015, Nr. 11.
Li Jia-ning,《印度个人信息保护法律研究》[Studie über das Gesetz zum Schutz persönlicher Daten in Indien], Legal and Economy, 2018, Nr. 9.
Li Yuan,《大数据时代个人信息保护研究》[Forschung zum Schutz personenbezogener Daten in der Ära von Big Data], Huazhong University of Science and Technology Press, 2019.
Li Yuan,《大数据时代个人信息保护研究》[Forschung zum Schutz personenbezogener Informationen in der Ära von Big Data], Doktorarbeit an der Southwest University of Political Science & Law, 2016, S. 62–63.
Liu Yun,《欧洲个人信息保护法的发展历程及其改革创新》[Die Entwicklung des europäischen Rechts zum Schutz personenbezogener Daten, seine Reform und Innovation], Jinan Journal (Philosophy Social Science Edition), 2017, Nr. 2.
Qi Aimin, 《美德个人资料保护立法之比较一兼论我国个人资料保护立法的价值取向与基本立场》[Ein Vergleich der US-amerikanischen und deutschen Datenschutzgesetze: Diskussion über die Werte und die grundlegende Position der chinesischen Datenschutzgesetze], Zeitschrift für Sozialwissenschaften in Gansu, 2004, Nr. 3.

Qi Aimin,《美国信息隐私立法透析》[Ein Blick auf die Gesetzgebung zum Schutz der Privatsphäre vom Informationen in den Vereinigten Staaten], Presentday Law Science, 2005, Nr. 2.

Qi Aimin,《拯救信息社会中的人格：个人信息保护法总论》[Die Rettung der persönlichen Identität in der Informationsgesellschaft: Eine allgemeine Theorie des Rechts zum Schutz personenbezogener Informationen], Verlag der Peking Universität, 2009.

Qi Aimin,《中国信息立法研究》[Forschung zur Legislative über Informationen in China], Verlag der Wuhan-Universität, 2009, S. 90.Qi Aimin, 《论个人保护法的统一立法模式》[Zu einem einheitlichen Gesetzesmodell für das Personenschutzrecht], Journal of Chongqing Technology and Business University (Social Science Edition), 2009, Nr. 4.

Qi Aimin, 《论个人信息保护法的统一立法模式》[Über ein einheitliches Gesetzesmodell für den Schutz personenbezogener Daten], Journal of Chongqing Technology and Business University (Social Science Edition), 2009, Nr. 4.

Qi Aimin,《大数据时代个人信息保护法国际比较研究》[International vergleichende Studie zum Recht des Schutzes personenbezogener Daten im Zeitalter von Big Data], Law Press·China, 2015.Ren Longlong, 《大数据时代的个人信息民法保护》[Zivilrechtlicher Schutz personenbezogener Informationen im Zeitalter von Big Data], Doktorarbeit an der Universität für Außenwirtschaft und Handel (UIBE), 2017, S. 79.

Shi Yue, 《数字经济环境下的跨境数据流动管理》[Verwaltung grenzüberschreitender Datenströme im Umfeld der digitalen Wirtschaft], Information Security and Communications Privacy 2015, Nr. 10.

Wang Xiuxiu,《个人数据保护立法的经济分析与路径选择》 [Wirtschaftliche Analyse der Gesetzgebung zum Schutz personenbezogener Daten und Auswahl der Vorgehensweise], Journal of Shanghai Normal University (Philosophy & Social Sciences Edition), 2017, Nr. 3.

Wang Yongqi,《公共数据法律内涵及其规范应用路径》[Die rechtliche Bedeutung von öffentlichen Daten und ihr regulatorischer Anwendungsbereich], Digital Library Forum, 2019, Nr. 8.

西村洋 (Nishimura Yo), 《日本个人信息保护制度及其对中国的启示》[Japans System zum Schutz persönlicher Daten und seine Auswirkungen auf China], Internet Law Review, 2016, 1.

Xiang Dingyi,《比较与启示：欧盟和美国个人信息商业利用规范模式研究》[Vergleich und Einblick: Eine Studie über das Regulierungsmodell der kommerziellen Nutzung personenbezogener Informationen in der EU und den USA], Chongqing: Chongqing you dia xue yuan xue bao bian ji bu, 2019, Nr. 4.

Xie Qing, 《日本的个人信息保护法制与启示》[Japans rechtlicher Rahmen für den Schutz personenbezogener Daten und dessen Auswirkungen], Political Science and Law, 2006, Nr. 6.

Yang Ji, 《域外个人信息保护立法模式比较研究——以美、德为例》[Eine vergleichende Studie über die Gesetzesmodelle zum Schutz personenbezogener Daten im Ausland: die Beispiele der Vereinigten Staaten und Deutschlands], Library Theory and Practice, 2012, Nr. 6.

Zhang Hong, 《大数据时代日本个人信息保护法探究》[Eine Untersuchung des japanischen Rechts zum Schutz personenbezogener Daten im Zeitalter von Big Data], Law and Economy, 2020, Nr. 3.

Zhang Jiaxin, 《大数据时代个人信息安全问题探析——基于中美欧制度的比较》[Untersuchung zur Sicherheit personenbezogener Informationen im Zeitalter von Big Data: ein Vergleich der Systeme in China, den Vereinigten Staaten und Europa], China Market, 2019, Nr. 12.

Zhang Li, (Hrsg.), 《数据治理与数据安全》[Data Governance und Datensicherheit], Beijing Shi: Ren min you dian chu ban she, 2019, S. 163–64.

Zhang Xiaonan, 《跨境数据流动：全球态势与中国对策》 [Grenzüberschreitende Datenströme: Globale Dynamik und Chinas Reaktion], China Opening Journal, 2020, Nr. 2.

Zhang Qianwen, 《数据本地化措施之国际投资协定合规性与中国因应》 [Maßnahmen zur Datenlokalisierung bei der Einhaltung internationaler Investitionsabkommen und Chinas Reaktionen], Studies in Law and Business, 2020, Nr. 2.

Zhang Shouwen, 《政府与市场关系的法律调整》[Die rechtliche Anpassung der Beziehungen zwischen Staat und Markt], China Legal Science, 2014, Nr. 5.

Zhang Xinbao, 《从隐私到个人信息：利益再衡量的理论与制度安排》 [Von der Privatsphäre zur persönlichen Information: Theoretische und institutionelle Regelungen für eine erneute Interessenabwägung], China Legal Science, 2015, Nr. 3

Zhou Hanhua, 《探索激励相容的个人数据治理之道一中国个人信息保护法的立法方向》[Erkundung des Weges der Verwaltung personenbezogener Daten mit kompatiblen Anreizen Eine gesetzgeberische Richtung des chinesischen Gesetzes zum Schutz personenbezogener Daten]，Chinese Journal of Law, 2018, Nr. 2.

Zhou Hanhua (Hrsg.), 《个人信息保护前沿问题研究》[Forschung über die Frontlinien des Schutzes personenbezogener Informationen], Law Press, 2006, S. 102.

Zhou Hanhua (Hrsg.), 《域外个人数据保护法汇编》[Eine Zusammenstellung ausländischer und inländischer Gesetze zum Schutz personenbezogener Daten], Law Press·China, 2006.

Zhou Xinyue,《论美国行业自律模式及对我国个人信息保护立法模式的启示》[Das Selbstregulierungsmodell der Wirtschaft in den USA und seine Auswirkungen auf das chinesische Gesetzgebungsmodell zum Schutz persönlicher Informationen], Business, 2013, Nr. 23.
Zhou Xueguang, 《基层政府间的"共谋现象"——一个政府行为的制度逻辑》[Verdunkelung zwischen Basisregierungen: Die institutionelle Logik des Regierungsverhaltens], Sociological Studies, 2008, Nr. 6.

# Abschließende Bemerkungen: Epochencharakter und Neugewichtung des Datenrechtsgesetzes

Die Welt befindet sich in einer kritischen Zeit, dem größten Umbruch seit einem Jahrhundert. Im Jahr 1945 hatte die Menschheit zum ersten Mal von Atomwaffen Gebrauch gemacht und die Fähigkeit zu ihrer eigenen Auslöschung erlangt. Seitdem hat die Menschheit diese Fähigkeit zur Selbstzerstörung unentwegt weiterentwickelt, ist aber auch in Richtung anderer Arten zivilisatorischer Bedrohungen fortgeschritten. Vom Klimawandel bis zur Katastrophe der Pandemie, von der Gentechnik bis zur künstlichen Intelligenz – aus der Sicht existenzieller Risikoanalysen ist die jetzige Zeit ein historischer Schlüsselmoment im Übergang von einer Entwicklung aller erdenklichen Arten der Selbstvernichtung hin zum Aufkommen einer globalen Governance, die uns mit den Mitteln der Koordinierung und Systematisierung diese Herausforderungen bewältigen lässt und sich dabei nicht mehr auf ihr Glück verlässt. Angesichts der Ausbreitung der Coronavirus-Pandemie werden wir abermals daran erinnert, welche historische Stellung der Mensch in seinem Ökosystem und seiner Evolutionsgeschichte innehat. Die Herausforderung, die mit der Coronavirus-Pandemie einherging, bezeugt ein weiteres Mal das Aufeinandertreffen von Ost und West. Das Wesen dieses Konflikts ist ein Aufeinandertreffen der westlichen und der östlichen Zivilisationen. Oder, mit anderen Worten, ist dieser Konflikt ein unvermeidliches Resultat vor dem Hintergrund der industriellen Zivilisation. Was hinter dieser Art von Konflikten steht, uns in vertieftes Nachdenken versetzt und uns wichtige Erkenntnisse verschafft hat, ist die Frage, mit welchen Ansätzen die Menschheit weiter in die Zukunft vorangehen will. Unsere Forschung zeigt, dass das Fördern des Aufbaus einer menschlichen Schicksalsgemeinschaft der grundlegende Ausweg ist, um mit dem Blickwinkel und der Vision eines geteilten Schicksals der Menschheit gemeinsam die globale Architektur der digitalen Ära aufzubauen. Die menschliche Schicksalsgemeinschaft kündet von der Notwendigkeit der Menschheit, sich von einer industriellen Zivilisation zur digitalen Zivilisation zu entwickeln. Angesichts dieses Trends ist der Aufbau einer neuen Ordnung für die digitale Zivilisation dringend erforderlich geworden.

## Fragestellungen der Rechtstheorie im digitalen Zeitalter

Von der binären zur ternären Welt: Die menschliche Gesellschaft vollzieht den Übergang von einem dualistischen Weltsystem zu einem ternären Weltsystem. In der Vergangenheit lebten die Menschen in einer Welt, die aus einem physischen Raum und einem menschlich-gesellschaftlichen Raum bestand, und die Ordnung der Aktivitäten wurde durch Interaktion und wechselseitigen Einfluss zwischen Menschen und Menschen und Menschen und Dingen geformt, wobei die Menschen die Gestalter und Lenker der menschlichen Gesellschaftsordnung waren. Die Konvergenz von Vernetzung, Datafizierung und Smartifizierung hat die physische Raumzeit durchbrochen und digital wieder aufgebaut, und der digitale Raum ist der neue Angelpunkt der Welt geworden. In diesem neuen Raum sind Daten der Nährboden, auf dem alles gedeiht. Die Welt hat sich von einer traditionellen dualistischen Welt zu einer ternären Welt gewandelt, und die Ordnung der menschlichen Aktivitäten muss dementsprechend neu gestaltet werden. Die Gesetze der Produktion und des Lebens, die Formen der sozialen Organisation, die Systeme der gesellschaftlichen Governance, die Rechtssysteme und die Normen, die auf der Grundlage der ursprünglichen dualistischen Welt gebildet wurden und funktionieren, werden zweifellos von der Logik der Entwicklung der ternären Welt beeinflusst werden. Die Digitalwirtschaft, selbstfahrende Fahrzeuge, Gen-Editing etc. lassen unaufhörlich neue Rechtsbeziehungen entstehen, und die etablierten menschlichen Erfahrungen und Grundsätze stehen vor disruptiven Herausforderungen und strukturellen Umgestaltungen, die dringend theoretische Forschung und praktische

Antworten verlangen. Wenn das Recht auf der Höhe der Zeit bleibt, wird Ordnung herrschen. Wir sollten die Spitzentechnologie aufmerksam im Auge behalten und proaktiv auf die Herausforderungen reagieren, potenzielle Risiken regulieren, dafür sorgen, dass sich das Recht in Übereinstimmung mit der Zeit entwickelt und als Reaktion auf die gesellschaftliche Transformation aktiv den Wandel von Rechtstheorie, Gesetzen und Rechtsstaatlichkeit fördern.

Vom natürlichen Menschen zur Datenmensch-Hypothese: Die menschliche Natur ist der logische Ausgangspunkt des Rechts, und das Recht ist der gebündelte Ausdruck der menschlichen Natur. Die menschliche Natur legt den Grundstein des rechtswissenschaftlichen Fundaments des Datenrechtsgesetzes, daher muss die Ausdrucksweise des Systems in der menschlichen Natur gesucht werden. Während die Abhängigkeit der Menschen von anderen Menschen sowie die Abhängigkeit der Menschen von Dingen noch nicht vollständig beseitigt wurden, ist eine Abhängigkeit der Menschen von den „Zahlen" entstanden. Wenn datengestützte Produktion, Dasein und Leben Realität werden und die menschliche Intelligenz mit der künstlichen Intelligenz verschmilzt, wird sich der „natürliche Mensch" allmählich zum „Datenmenschen" entwickeln, und das Bild, die Konnotation und der Umfang des Begriffs des „Menschen" werden sich fundamental verändern. In der Zukunft wird die menschliche Gesellschaft wahrscheinlich aus natürlichen Menschen, Robotern und Gen-Menschen bestehen und der „Datenmensch" wird ein neuer Phänotyp der menschlichen Natur im digitalen Zeitalter sein. Dabei ist zu beachten, dass der Status des „Datenmenschen" eine rechtliche Frage ist, die in Zukunft zu klären sein wird. Die Entwicklung der Biotechnologie und der intelligenten Technologie verändert den „Menschen" ganz wesentlich, er wird ausgebessert, umgestaltet und neu organisiert, und menschlich-maschinelle Komplementarität, menschlich-maschinelle Interaktion, menschlich-maschinelle Verknüpfung, menschlich-maschinelle Zusammenarbeit und menschlich-maschinelle Integration werden immer mehr zu Trends. Die Datenmacht und die Beziehungen der Daten im digitalen Zeitalter erfordern zwangsläufig eine Rechtsprechung und Institutionen, die sich von jenen unterscheiden, die durch das Fließband des 19. und die Automatisierung des 20. Jahrhunderts geprägt waren. Das traditionelle Rechtssystem, das insbesondere ein System der

Rechtssubjekte war, wurde bzw. wird so sehr infrage gestellt wie nie zuvor. Betrachtet man die Entwicklungsgeschichte des Rechts, so gibt es wohl keinen Grund, daran zu zweifeln, dass die künftige institutionelle Ausgestaltung der Rechtssubjekte sich auf Datenmenschen oder neue Geschöpfe im virtuellen Raum erstrecken wird. Auch wenn es sich hierbei lediglich um Spekulationen handelt, sollte die Menschheit dennoch proaktiv und achtsam mit dieser potenziell wichtigen Rechtsfrage umgehen.

Von den traditionellen Menschenrechten zu den digitalen Menschenrechten: Daten sind bereits zu einer bedeutenden strategischen Ressource und einem Schlüsselelement der Wertschöpfung geworden, sie umfassen und verzeichnen jegliche Aspekte eines Menschen von der Wiege bis zur Bahre und wurden zu einem Träger und einer Ausdrucksform des Wertes der Menschenrechte im neuen Zeitalter. Die Form der Menschenrechte erfährt eine tiefgreifende digitale Umgestaltung, was die Eigenschaften, die Elemente, den Inhalt und die Form betrifft, die sich gerade alle von einem physischen zu einem digitalen Ansatz bewegen, wobei die „digitalen Menschenrechte" entstehen. Die digitale Technologie ist ein zweischneidiges Schwert, das nicht nur einen Segen für die Rechte, sondern auch eine Krise der Rechte mit sich bringt. Aus diesem Grund erscheint es wichtig und notwendig, sich an die Entwicklungserfordernisse des digitalen Zeitalters anzupassen, die Umwandlung und Erweiterung des Konzepts der Menschenrechte von der physischen in die digitale Welt zu fördern und mit der Kraft und Autorität der Menschenrechte die ethischen Schranken und die rechtliche Regulierung der Entwicklung digitaler Technologien und ihrer Nutzung zu stärken. Im Bereich der Global Governance steht Chinas Rolle als Weltmacht in keinem Verhältnis zu seinem fehlenden diskursiven System, weshalb es dringend erforderlich ist, ein chinesisches diskursives System, insbesondere ein diskursives System der Menschenrechte, zu schaffen, das seinem Status als Großmacht gerecht wird. Wir sollten die Chancen des digitalen Zeitalters ergreifen und am Puls der Zeit bleiben. Wenn wir uns auf die rechtswissenschaftliche Auslegung und den institutionellen Aufbau der digitalen Menschenrechte konzentrieren, werden wir auf diese Weise in die Lage versetzt, die theoretischen, institutionellen und praktischen Innovationen der Schicksalsgemeinschaft der Menschheit zu nutzen und zu Gründern und Hütern des zukünftigen Menschenrechtssystems zu werden.

## Die Reform des Rechts im digitalen Zeitalter

Vom exklusiven Besitzen zur altruistischen Teilhabe: Sowohl im Agrar- als auch im Industriezeitalter war der ausschließliche Besitz von Ressourcen das zentrale Gebot: Was dein ist, ist dein, und was mein ist, ist mein – vom Grund und Boden bis zu den Bodenschätzen wurden klare Trennlinien gezogen und keine Ausnahmen gemacht. Eben dieses exklusive Eigentumsmodell hatte zur Folge, dass die menschliche Gesellschaft häufig in einen „Kampf auf Leben und Tod" um Ressourcen verwickelt wurde, was zu Disparitäten und zu einer enormen Verschwendung brachliegender gesellschaftlicher Ressourcen führte. Im digitalen Zeitalter beginnen das Eigentumsrecht und das Nutzungsrecht sich voneinander zu trennen. Man kann wohl sagen, dass das Zugangsrecht bedeutender ist als das Eigentumsrecht, und dass anstelle des Besitzes die Nutzung vorzuziehen ist, bei der es im Wesentlichen darum geht, die eigenen Ressourcen für den Austausch und die Verbindung mit anderen zu öffnen. Dabei kommt es möglicherweise nicht so sehr darauf an, wem die Daten gehören, sondern wer das Recht hat, sie zu nutzen, und welchen Wert sie schaffen können. Auf den Märkten für Datenfaktoren sollte dringend ein Kurswechsel Einzug halten, der ganz im Sinne der Teilhabe „nicht alles besitzen muss, und doch alles verwenden will". Da der inhärente Mechanismus der Beziehungsstrukturen im digitalen Zeitalter dezentralisiert, flach und schrankenlos ist, ist der ihr zugrunde liegende Geist einer der Offenheit, des Teilens, der Zusammenarbeit und des gegenseitigen Nutzens. Diese Merkmale haben den humanistischen Grundton der „Menschenzentriertheit" dieser Gesellschaft begründet und auch den Kernwert dieser Zeit des „Altruismus" geprägt. Mit dem Wertversprechen des Altruismus wird die subjektive Bereitschaft der Menschen gestärkt, ihre Datenrechte und Teilhaberechte abzutreten und zu teilen, was der Transformation zu einem selbstlosen und an gemeinsamer Nutzung orientiertem Verhalten förderlich ist. Wenn Datenressourcen im Überfluss vorhanden sind und nach Bedarf verteilt werden können, wird der Gedanke des gerechten Teilens tief in das Bewusstsein der Menschen eindringen. Digitale Arbeit wird zum Wegbereiter für eine Arbeitsethik, die den Altruismus zu einer Blütezeit führen wird. Der in der menschlichen Natur verborgene Altruismus wird zum Vorschein gebracht, und das System der Datenrechte spielt somit in gewisser Weise eine Rolle als „Geburtshelferin des Altruismus".

Von der gesetzlichen Ermächtigung zur technischen Ermächtigung: Die Philosophen des 17. bis 18. Jahrhunderts entwickelten ein feinsinniges System, das den Übergang von den natürlichen Menschenrechten zur Ermächtigung kraft des Gesetzes ermöglichte. Das Aufgeben bestimmter Rechte, die in der Natur des Menschen liegen, sowie die Einführung der öffentlichen Gewalt und der Schranken des Rechts gewährleisteten die notwendigen Kontrollen der natürlichen Rechte. Mit der Gründung von Staaten und Regierungen durch Gesellschaftsverträge und der Erlassung von Gesetzen und Institutionen ist die rechtliche Ermächtigung zu einem wichtigen Merkmal der modernen Gesellschaft geworden. Mit der sich zusehends beschleunigenden Entwicklung der menschlichen Gesellschaft in Richtung Vernetzung, Daten und Intelligenz ist die technologische Ermächtigung zu einem wichtigen Merkmal des digitalen Zeitalters geworden. Es hat eine Verschiebung der gesellschaftlichen Machtstrukturen von Gewalt, Reichtum, Wissen etc. hin zur Technologie stattgefunden, und jedes „technologische Zentrum" ist in gewissem Sinne zu einem „Machtzentrum" geworden. In seinem Buch „Code and Other Laws of Cyberspace" (1999) stellt der Harvard-Professor Lawrence Lessig sogar die Behauptung auf, dass „Code gleich Gesetz ist". Mit dem Aufkommen der digitalen Technologie hat die Gestaltung der technologischen Architektur die gesellschaftlichen Faktoren als Taktgeber des menschlichen Handels allmählich abgelöst. Da alle Schritte und Regeln im Voraus durch einen Code determiniert werden, bleibt den Menschen nichts anderes übrig, als diesen Code zu befolgen. Da die Rechtsvorschriften im Internet durch den Code bestimmt werden, hat derjenige, der über den Code verfügt, die Macht, die Rechtsvorschriften zu definieren. Das wachsende Angebot an Technologie hat zur Entstehung von Codevorschriften und Regeln für Algorithmen geführt. Wie es auch Yuval Harari in „Eine kurze Geschichte der Menschheit" sagte: „Unser Gesetz wird zu einer Art von digitalen Regeln, die das gesamte menschliche Verhalten bestimmen. Mit Ausnahme der Gesetzmäßigkeiten der Physik, die sie nicht bestimmen können, können sie das gesamte menschliche Verhalten steuern. So könnten in Zukunft der Code und das Rechtswesen Hand in Hand gehen.

Von der Annäherung an Gerechtigkeit zur digitalen Gerechtigkeit: In dem Maße, wie sich die Grenzen der digitalen Technologie erweitern, nimmt die Zahl der Online-Rechtsstreitigkeiten sprunghaft zu, und das traditionelle Verfahrensmodell und die alternativen Streitbeilegungsmechanismen sind dem nicht gewachsen. Es bedarf daher dringend Online-Streitbeilegungsmechanismen, intelligenter Gerichte etc., um sicherzustellen, dass die Rechte der Menschen in einer digitalen Gesellschaft gewahrt bleiben. Der Einsatz digitaler Technologien ermöglicht neue Wege zur Beilegung von Datenrechtsstreitigkeiten, und zwar nicht nur durch die Verlagerung von Fällen, die Straffung von Verfahren, die Senkung von Kosten, die Vermeidung von Auseinandersetzungen und die Verbesserung von Streitbeilegungsverfahren, sondern auch dadurch, dass sie dazu beitragen, die Menschen der „Gerechtigkeit näher zu bringen" als je zuvor. In „Digital Justice: Technology and the Internet of Disputes" (2019) legen Ethan Katsh und Orna Rabinovich-Einy die erste Theorie der digitalen Gerechtigkeit in der Welt des Internets vor und weisen darauf hin, dass die digitale Gerechtigkeitstheorie nach und nach die Grundsätze und Leitlinien der traditionellen Gerechtigkeitstheorie für die digitale Welt ablösen wird. Die Theorie der digitalen Gerechtigkeit ist von epochemachender Bedeutung, nicht nur als bedeutsamer Meilenstein in der Gerechtigkeitstheorie, sondern auch als Wegweiser und Code für unseren Zugang zur Zukunft, unser Verstehen der Zukunft und unsere Bewältigung der Zukunft. Ganz wie Lord Briggs es ausdrückte: „Traditionelle Gerichte sind ein Resultat des Industriezeitalters, während Online-Gerichte das Produkt des Internetzeitalters sind. Traditionelle Gerichte werden unweigerlich zurückgehen und den Online-Gerichten Platz machen. Auch wenn für das Ziel der Einrichtung von Online-Gerichten Zeit, Geld und Mühen aufgewendet werden müssen, so wird dieser Aufwand nicht umsonst getätigt worden sein! Online-Gerichte werden die bahnbrechendsten und disruptivsten Gerichte unserer Zeit sein. Online-Gerichte werden die Art und Weise, wie Gerichte Recht sprechen, und die Art und Weise, wie Parteien Recht bekommen, verändern." „Alle großen Erfindungen von epochalem Ausmaß haben Revolutionen in der Rechtswelt ausgelöst." Im digitalen Zeitalter werden Gleichheit, Freiheit und Demokratie sowie Recht, Ordnung und Gerechtigkeit neu definiert werden, wobei die Konvergenz von Recht und Technologie zu einem emergenten Trend wird.

## Das Paradigma der Rechtsstaatlichkeit im digitalen Zeitalter

Das Datenrechtsgesetz ist das Programm, das der Digital-Governance die Rückkehr in die schwarzen Zahlen ermöglichen wird. „Wenn wir davon ausgehen, dass eine große soziale Revolution in der menschlichen Gesellschaft bevorsteht, dann wird es keine gewaltsame Zerschlagung eines alten Staatsapparates sein, sondern eine Revolution der Rechtsstaatlichkeit, die ein digitales Imperium reguliert." Das Gesetz ist die Schatzkammer des Regierens, ein gutes Gesetz ist die Voraussetzung für gute Regierungsführung. Die Rechtsstaatlichkeit ist die grundlegende Maßnahme der Global Governance und die grundlegende Garantie für eine globale Good Governance. Eine Rechtsstaatlichkeit, die auf Regeln beruht und Regeln als Richtschnur ihrer Ordnung hat, ist nicht nur die heute vorherrschende Form der globalen Governance und der gemeinsame Nenner im Weltdiskurs, sie ist auch ein Maßstab für die zivilisatorische Entwicklung und den Fortschritt. Eine Rechtsstaatlichkeit mit klarer Vorhersehbarkeit ist die gemeinsame Sprache, das Bestreben und die Hoffnung aller Länder der Welt. Um das Problem des globalen Governance-Defizits zu lösen, bedarf es eines neuen Schlüssels, und der richtige Weg zur Lösung von Defiziten der Global-Governance besteht darin, gemeinsam zu debattieren, zu gestalten und miteinander zu teilen. Mit dem Vorbringen der Gesetzgebung zu Datenrechten wird die globale Internet-Governance gefördert und der Grundstein für Rechtsstaatlichkeit gelegt, um beim Schutz der nationalen Datenhoheit und dem Recht auf Setzung der Regeln und Teilnahme am internationalen Diskurs das Heft dauerhaft in der Hand zu behalten. Dafür ist es von besonderer Bedeutung, den Aufbau einer Schicksalsgemeinschaft im virtuellen Raum voranzubringen. Das Datenrechtsgesetz ist ein innovativer Ansatz, der sowohl realitätsnah als auch zukunftsorientiert ist und sich zweifellos vorteilhaft auf die Entwicklung der digitalen Wirtschaft, den Aufbau einer digitalen Regierung, die Governance der digitalen Gesellschaft und den Fortschritt der digitalen Zivilisation auswirken wird.

Das Recht auf Teilhabe ist ein zentrales Recht im Zeitalter der digitalen Zivilisation. Das Datenrechtsgesetz ist der Aufbau eines Systems von

Datenrechten unter der kulturellen Rahmenbedingung des Altruismus, das sich einer Systematisierung des Rechts im digitalen Raum verschrieben hat. Die Hypothese des Datenmenschen liefert die theoretische Grundlage für eine kulturelle und institutionelle Konstruktion des Altruismus, und wenn sich die Theorie des Altruismus als gültig erweist, dann wird das Recht auf gemeinsame Nutzung als grundlegendes Menschenrecht möglich. Diese Möglichkeit wird das Wesen des Datenrechts zum Vorschein bringen und basierend auf diesem Wesen werden das System des Datenrechts und das dazugehörige Rechtssystem konstruiert und so die Schaffung einer neuen Ordnung der digitalen Zivilisation gefördert. In diesem Sinne ist das Recht auf gemeinsame Nutzung eine auf dem System der Menschenrechte basierende theoretische Annahme, ein wesentliches Merkmal des Systems der digitalen Rechte, der kulturelle Inbegriff des Altruismus, eine wichtige Säule der digitalen Zivilisation und eine Wertorientierung der menschlichen Schicksalsgemeinschaft. Das Datenrechtsgesetz ist das juristische Glanzstück der Global Governance und das Recht auf Teilhabe wird dabei den Ausschlag geben und eine entscheidende Rolle spielen. Dank theoretischer Innovationen und nachhaltiger Bemühungen verspricht das Recht auf Teilhabe, ein neuer Meilenstein in der Geschichte der Menschenrechte zu werden.

Die „digitale Rechtsstaatlichkeit" als Trendsetterin der „Staatsführung Chinas": Das Studium der klassischen Bücher erhellt unser Rechtssystem, aus dem antiken Frühling und Herbst breitete es sich über ganz China aus. Eine Regierungskunst, die sich dieses Maßes bedient, wird Frieden und Wohlstand schaffen. Die Erfahrung der Geschichte zeigt, dass fortschrittliche Systeme das Fundament und die Garantie für ökonomischen Aufschwung sowie den Wohlstand der Nation und Frieden in der Bevölkerung sind. Das System der Rechtsstaatlichkeit ist das Rückgrat des nationalen Regierungssystems: „Wenn der Welt gute Gesetze gegeben werden, wird die Welt in Frieden sein; wenn einem Land gute Gesetze gegeben werden, wird das Land in Frieden sein." Generalsekretär Xi Jinping unterstrich, dass „China, wenn es sich international engagiert und als verantwortungsbewusste Großmacht an internationalen Angelegenheiten teilnimmt, gut darin sein müsse, die Rechtsstaatlichkeit anzuwenden", und dass „das globale Governance-System sich in einer kritischen Phase der Anpassung und des Wandels befindet. Wir sollten uns aktiv an der internationalen Regelsetzung beteiligen und ein Teilnehmer, Förderer und Vorreiter im Prozess des Wandels der globalen Governance sein". Doch lange Zeit ist China in der internationalen Rechtsetzung ein schwacher Staat gewesen, der in den internationalen Beziehungen im Hinblick auf das Völkerrecht sogar eine Randstellung einnehmen musste. Derzeit passt China seine Haltung und sein Image an und wandelt sich von einem Teilnehmer an der internationalen Ordnung zu einem konstruktiven Anführer im Gefüge. Für den Aufbau eines perfekten digitalen Governance-Systems mit chinesischen Merkmalen und zur Förderung neuer Dynamiken einer innovationsgetriebenen Entwicklung und zur Schaffung neuer Entwicklungsvorteile in allen Bereichen ist eine Stärkung der Gesetzgebung im digitalen Bereich von großer Bedeutung. „Wenn Chinas Gesetze in Zukunft weltweit exportiert werden sollen, wird es sich höchstwahrscheinlich um Gesetze für die digitale Wirtschaft handeln." Auf der fünften Plenartagung des 19. Zentralkomitees der Partei wurde vorgeschlagen, ein international wettbewerbsfähiges Cluster der digitalen Industrie aufzubauen. Als Land mit einer bedeutenden digitalen Wirtschaft hat China die Verantwortung, einen eigenständigen Weg der digitalen Rechtsstaatlichkeit zu beschreiten, um im Bereich der Digital Governance zu überholen und die Führung zu übernehmen. Die Gesetzgebung zum Datenrecht ist in diesem Zusammenhang ein innovatives Produkt und dürfte sich zu einem mächtigen Instrument für den Aufstieg des chinesischen Rechts und seinen Eintritt in die Mitte der Weltbühne entwickeln. Gegenwärtig unterliegt die internationale Lage einem ständigen Wandel. Instabilität und Unsicherheit haben erheblich zugenommen, die Auswirkungen der Coronavirus-Pandemie sind umfassend und weitreichend, die wirtschaftliche Globalisierung ist auf eine Gegenströmung gestoßen, die Welt ist in eine Phase turbulenter Veränderungen eingetreten, und Unilateralismus, Protektionismus und Hegemonie stellen Bedrohungen für den Weltfrieden und die Entwicklung dar. Vor diesem Hintergrund ist das Konzept der menschlichen Schicksalsgemeinschaft gerade zur rechten Zeit entwickelt und umgesetzt worden. Der Aufbau einer menschlichen Schicksalsgemeinschaft hängt von der Förderung und der Absicherung der internationalen digitalen Rechtsstaatlichkeit ab. Indem wir eine verantwortungsvolle Gesetzgebung und gute Regierungsführung in der internationalen Gemeinschaft etablieren und die Funktion der digitalen Rechtsstaatlichkeit als Achse der globalen Internet-Governance vollständig zur Geltung bringen, streben wir ein neues Niveau der „chinesischen Staatsführung" an und fördern die Umwandlung der menschlichen Schicksalsgemeinschaft von einem Ideal in die Realität.

Gegenwärtig gewinnt der digitale Rechtsstaat Tag für Tag an Gestalt. Die digitale Rechtswissenschaft ist zu einer anerkannten Disziplin geworden, für die es in den traditionellen Lehrbüchern keine fertigen Lösungen gibt, und die Innovationen und Vorstöße von „0 auf 1" verlangt. In der Zeit nach der Pandemie wird sich der internationale digitale Wettbewerb zwangsläufig verschärfen und die Komplexität der Probleme wird exponentiell zunehmen. In der Post-Covid-Ära wird der internationale digitale Wettbewerb den Siedepunkt erreichen und die Komplexität der Probleme wird exponentiell zunehmen. Auf der Fünften Plenartagung des 19. Zentralkomitees der KPCh wurde betont, dass die „Beschleunigung der digitalen Entwicklung", der „konsequente Aufbau eines starken vernetzten Landes und eines digitalen China" und die „Selbstständigkeit und Selbstoptimierung von Wissenschaft und Technologie als strategische Unterstützung der nationalen Entwicklung […] den Aufbau einer leistungsstarken Wissenschafts- und Technologienation beschleunigen". Verglichen mit diesem Anspruch ist der Aufbau eines disziplinären, wissenschaftlichen und diskursiven Systems für die digitale Rechtsstaatlichkeit nur ein kleiner Schritt nach vorn. Auf viele der Fragen im wirklichen Leben haben wir keine Antworten, und das Unbekannte ist weitaus größer als das Bekannte.

Das Schlüssellabor für Big-Data-Strategie hat sich in den letzten Jahren der theoretischen Forschung über die digitale Ordnung gewidmet und nacheinander drei wesentliche theoretische Errungenschaften auf den Weg gebracht, nämlich Blockdaten, Datenrechtsgesetz und souveräne Blockchain, die als „Dreigestirn der digitalen Zivilisation" bezeichnet werden. Die Kernideen dieses Dreigestirns sind die drei Hauptsäulen der neuen Ordnung der digitalen Zivilisation. Blockdaten, Datenrechtsgesetz und souveräne Blockchain befassen sich mit der Lösung der drei Kernprobleme der neuen Ordnung der digitalen Zivilisation, und werden zu wichtigen Eckpfeilern für den Übergang der Menschheit von der industriellen Zivilisation zur digitalen Zivilisation. Durch Blockdaten wird das Problem der

Konvergenz gelöst. Wenn erst einmal alle Dinge datenbasiert sind, wird Konvergenz möglich. Darin liegt der tiefere Sinn der Formel „alles wird zur Zahl – die Weisheit liegt in der Integration". Das Datenrechtsgesetz löst das Problem der gemeinsamen Nutzung. Den Kern des Datenrechtsgesetzes bildet das Recht auf Teilhabe, und das Recht auf Teilhabe ist ein institutionelles Konstrukt, das auf einer Kultur des Altruismus beruht. Die souveräne Blockchain adressiert das Problem der Güte. Mit „Güte" ist hier das von Wang Yangmings (1472–1529) „Lehre des Herzens" vertretene „Gewissen" gemeint. Wenn es gelingt, auf theoretischer Ebene die drei großen Werte der Integration, der Teilhabe und des Gewissens zu verbinden, können die kulturellen Hindernisse, die dem Fortschritt der Menschheit auf dem Weg zur digitalen Zivilisation im Wege stehen, beseitigt werden.

Chinas anhaltender Aufstieg ist die größte internationale politische Veränderung des 21. Jahrhunderts. Der wahre Aufstieg einer Nation besteht darin, der Welt eine Zivilisation beizutragen. Wie der bekannte amerikanische Rechtsphilosoph Roscoe Pound einmal feststellte, hat die Rechtsordnung eine doppelte Aufgabe: Sie soll die Werte der bestehenden Zivilisation bewahren und die Entwicklung der menschlichen Fähigkeiten fördern. In diesem Sinne kann die digitale Zivilisation als eine digitale Ethik, eine digitale Governance und eine digitale Rechtstheorie betrachtet werden, auf die sich das Datenrechtsgesetz stützt. Es leitet und unterstützt die Werteentscheidungen und die funktionale Positionierung des Datenrechtsgesetzes, und durch einen wirksamen Ausgleich der widerstreitenden Interessen im Bereich des Datenrechts formt und erhält es eine digitale Ordnung, die dem Datenschutz und der wohlwollenden Nutzung von Daten förderlich ist, und verwirklicht damit letztlich die Absicherung der digitalen Menschenrechte. Gerade im Vorfeld einer neuen Welle der technologischen Revolution und des industriellen Wandels sowie der verflochtenen Koexistenz von industrieller und digitaler Zivilisation ist es ein vordringliches Anliegen, die sich mit jedem Tag mehrenden chinesischen Gesetzgebungen zum Datenrecht und ihre Interessensausgleiche zu reflektieren und weiterzuentwickeln. Der Moment, in dem die ontologische Sicherheit gestört wird, wurde von Anthony Giddens einmal als „Schicksalsmoment" bezeichnet, da er bedeute, „sich von der Vergangenheit zu verabschieden und in die Zukunft zu gehen, um aus dem alten Selbst herauszutreten und ein neues Selbst zu erfinden". Wir hoffen, dass das Datenrechtsgesetz einen wichtigen Beitrag zu der großen historischen Aufgabe leisten wird, die digitale Zivilisation zu vollenden, zu erhalten und voranzubringen.

## Literatur

Wang Chunhui, Cheng Le, 《解读民法典 "隐私权和个人信息保护"》 [Auslegung der Bestimmungen des Zivilgesetzbuchs zum „Schutz der Privatsphäre und der persönlichen Informationen"], *Journal of Nanjing University of Posts and Telecommunications (Social Science)*, 2020, Nr. 3.

# Nachwort

Im März 2017 wurde von Professor Lian Yuming, Direktor des Schlüssellabors für Big-Data-Strategie, erstmals der Begriff „Datenrechtsgesetz“ vorgeschlagen, der später vom Nationalen Ausschuss für die Validierung wissenschaftlicher und technischer Begriffe validiert und veröffentlicht wurde, womit China als erstes Land der Welt ein Datenrechtsgesetz vorgeschlagen hat. Am 6. Juni desselben Jahres unterzeichneten die Volksregierung der Stadt Guiyang und die Chinesische Universität für Politikwissenschaft und Recht eine Vereinbarung zur gemeinsamen Einrichtung einer Forschungsbasis des Schlüssellabors für Big-Data-Strategie an der Chinesischen Universität für Politikwissenschaft und Recht. Am 6. Juli genehmigte die Chinesische Universität für Politikwissenschaft und Recht die Einrichtung des ersten Forschungszentrums des Landes für Datenrechtsgesetz.

Am 28. Mai 2019 eröffneten die Chinesische Universität für Politikwissenschaft und Recht und die Volksregierung der Stadt Guiyang das Gründungsmeeting und das wissenschaftliche Symposium der „Digital China Think-Tank Alliance“ zu dem Erscheinen von »Datenrechtsgesetz 1.0« *(Digital Rights Law)* in chinesischer, englischer und traditionell chinesischer Edition. Zhao Deming, Mitglied des Ständigen Ausschusses des Parteikomitees der Provinz Guizhou und Sekretär des Parteikomitees der Stadt Guiyang, nahm an der Veranstaltung teil und hielt eine Rede, in der er die bedeutende theoretische Innovation des »Datenrechtsgesetz 1.0« sowie den positiven Einfluss des »Datenrechtsgesetzes« auf die Entwicklung der digitalen Ökonomie, den Aufbau einer digitalen Regierung, die Governance der digitalen Gesellschaft und den Fortschritt der digitalen Zivilisation bekräftigte. Das »Datenrechtsgesetz 1.0« hat unmittelbar nach seinem Erscheinen weltweit für starke Reaktionen gesorgt: Mehr als 200 fremdsprachige, Medien auf Englisch, Französisch, Deutsch, Spanisch und weiteren westlichen Sprachen und mehr als 170 chinesische Medien berichteten darüber; die ausländische Presseschau kommentierte, dass „die

Veröffentlichung die juristische Grundlage für den Übergang der Menschheit von der industriellen zur digitalen Zivilisation legt und der neue Schlüssel sein wird, der die Türen zur Zukunft der digitalen Zivilisation öffnet."

Am 28. Juli 2020 hielten die Chinesische Universität für Politikwissenschaft und Recht und die Volksregierung der Stadt Guiyang die „Eröffnung der digitalen Expo des Digital China Think-Tank Forums und die erste Zeremonie zur Veröffentlichung der Editionen von »Datenrechtsgesetz« in vereinfachtem und traditionellem Chinesisch, Englisch, Französisch und Deutsch ab. Die französische und deutsche Ausgabe von »Datenrechtsgesetz 1.0« sowie die englische und chinesische Version von »Datenrechtsgesetz 2.0« wurden gleichzeitig in Peking und Guiyang vorgestellt. Dies bedeutet nicht nur eine weitere Vertiefung der theoretischen Forschung zum Datenrechtsgesetz durch das Schlüssellabor für Big-Data-Strategie, sondern auch ein wichtiges Signal für den bedeutenden Durchbruch bei der theoretischen Innovation von Big Data in Guiyang. Die größten Neuerungen und Errungenschaften von »Datenrechtsgesetz 2.0« sind: erstens die Einführung des innovativen Konzepts der „Datenmensch-Hypothese"; zweitens die Einführung der drei bedeutendsten digitalen Rechte und Interessen: „Datenrecht, Recht auf gemeinsame Nutzung und Datensouveränität"; Drittens entspricht sie dem Leitgedanken des Grußschreibens von Präsident Xi Jinping anlässlich der Digital Expo 2019: „Bewältigung der Herausforderungen der Big-Data-Entwicklung in Bezug auf Recht, Sicherheit und Regierungsführung".

Das »Datenrechtsgesetz 3.0« befasst sich mit mehr als 300 Rechtsquellen zum Schutz der Privatsphäre, von Informationen oder Daten im Original, die von wichtigen Ländern (Regionen) und internationalen Organisationen auf der ganzen Welt erlassen wurden, und untersucht die zukunftsweisenden Fragen der chinesischen Gesetzgebung zum Datenrecht, indem es die relevanten Bestimmungen ausländischer Systeme zum Datenrecht aufspürt, sortiert, vergleicht und analysiert. Gleichzeitig werden die zentralsten und neuartigsten Rechtssysteme im Zusammenhang mit Datenrechten in anderen Ländern zur Übersetzung und Veröffentlichung ausgewählt und bilden die „Reihe Anthologien von Datenrechtsgesetzen in Übersetzung". Zum einen können wir die Errungenschaften und ausgereiften Praktiken ausländischer Datenrechtssysteme studieren und daraus lernen, um den Aufbau einer digitalen Rechtsstaatlichkeit in China zu unterstützen. Zum anderen sollen auf der Grundlage von Vergleichen und Abwägungen Regeln für Datenrechtsbestimmungen vorgeschlagen werden, die mit den Interessen Chinas übereinstimmen, und es soll der Export chinesischer Rechtsregeln gefördert werden, insbesondere um chinesische Rechtsregeln als Vorlagen für die Gestaltung regionaler oder globaler Bestimmungen zu schaffen.

Dieses Buch wurde vom Schlüssellabor für Big-Data-Strategie nach Diskussionen und Austausch, vertiefender Forschung und fokussiertem Schreiben zusammengestellt. Im Verlauf des Forschungs- und Schreibprozesses dieses Buches schlug Lian Yuming die Grundgedanken und zentralen Perspektiven vor und entwarf das übergreifende Rahmensystem. Long Rongyuan war hauptsächlich für die Verfeinerung der Gliederung und der Themenideen zuständig, während Lian Yuming, Zhu Yinghui, Song Qing, Wu Jianzhong, Zhang Tao, Long Rongyuan, Song Xixian, Zhang Longxiang, Zou Tao, Chen Wei, Shen Xudong, Yang Zhou, Yang Lu und Xi Jinting für die Abfassung und Long Rongyuan für den Gesamtentwurf verantwortlich zeichneten. Viele weitsichtige und richtungsweisende Ideen hat der Genosse Chen Gang für dieses Buch eingebracht. Zhao Deming, Mitglied des Ständigen Ausschusses des Komitees der Provinz Guizhou, Sekretär des Komitees der Stadt Guiyang und Sekretär des Arbeitsausschusses der Partei der Gui'an New Area. Chen Yan, stellvertretender Vorsitzender des Komitees der Politischen Konsultativkonferenz des Chinesischen Volkes in der Provinz Guizhou, stellvertretender Sekretär des Komitees der Stadt Guiyang und Bürgermeister, stellvertretender Sekretär des Arbeitskomitees der Partei und Direktor des Verwaltungsausschusses der Gui'an New Area. Xu Hao, damals Mitglied des Ständigen Ausschusses und stellvertretender Bürgermeister von Guiyang, und Liu Benli, Mitglied des Ständigen Ausschusses und Generalsekretär des Stadtkomitees von Guiyang, trugen eine Fülle von zukunftsweisenden Ideen und Perspektiven bei. Man kann sagen, dass dieses Buch die Summe einer kollektiven Weisheit ist. Besonderer Dank gebührt den Leitern und Redakteuren der Social Sciences Academic Press. Verlagspräsident Wang Limin hat die Veröffentlichung dieses Buches mit seinem vorausschauenden Denken, seiner einzigartigen Vision und seinem übermenschlichen Wagemut unterstützt und mehrere

Redakteure organisiert, die das Buch sorgfältig planten, redigierten und gestalteten, damit es den Lesern und Leserinnen wie angekündigt vorgelegt werden konnte.

Im Zuge der Recherchen und der Zusammenstellung dieses Buches wurde eine Reihe von hochrangigen und anspruchsvollen akademischen Seminaren abgehalten, zu denen führende Experten, maßgebliche Wissenschaftler und Unternehmenslenker aus dem juristischen, wissenschaftlichen und praxisorientierten Bereich eingeladen wurden, um eine Vielzahl von Diskussionsrunden zu führen. Wu Dahua (Guizhou Akademie der Sozialwissenschaften), Pan Shanbin (Guizhou Nationalitäten-Universität), Sun Zhiyu (Guizhou Universität) und Shen Xuefeng (Guiyang Universität) vertraten die Ansicht, dass sich das Gesetz, wenn die Daten zu einem Produktionsfaktor werden, bewegen müsse und den Schutz von Daten in der gleichen Weise verstärken sollte wie den von Faktoren wie Land, Arbeit, Kapital und Technologie. Li Zheng (Chinesische Universität für Politikwissenschaft und Recht), Qu Qingchao (Longxin Data Research Institute), Li Youxing (Zhejiang Universität) und Su Yu (Universität für öffentliche Sicherheit der Volksrepublik China) wiesen unter anderem darauf hin, dass es bei dem Datenrechtsgesetz nicht nur um den Schutz und die Nutzung von Daten geht, sondern dass seine größere Bedeutung darin liegt, den grundlegenden Wandel der Gesetzgebung zu Datenrechten voranzutreiben – vom Schutz der Dateninteressen bis hin zur Gesetzgebung zu Datenrechten wird die auf dem Datenrechtsgesetz basierende Governance-Technologie zu einem neuen Motor für die Modernisierung des Governance-Systems und den Aufbau von Governance-Kapazitäten. Gu Fugang (Behörde für die Entwicklung von Big Data in Guiyang), Zhao Hong (Chinesische Universität für Politikwissenschaft und Recht), Qin Shuai (Universität für öffentliche Sicherheit der Volksrepublik China), Song Qing (Guiyang Innovation-Driven Development Strategy Research Institute) und Wu Yueguan (Akademie der Sozialwissenschaften Guizhou) erklärten, wenn das Eigentumsrecht der Grundstein für die Regeln der industriellen Zivilisation ist, dann sei das Datenrechtsgesetz der Grundstein für die Regeln der digitalen Zivilisation. Yang Xiaohu (Zhejiang Universität), Luo Yihong (Akademie der Sozialwissenschaften Guizhou), Xiao Yu (Anwaltskanzlei Zhongchuanglian Guizhou), Zheng Weicheng (Guiyang

Big Data Industry Group Co., Ltd.) und andere sind der Meinung, dass der Schlüssel zum Datenrechtsgesetz darin liegt, ein Gleichgewicht zwischen dem wirksamen Schutz von Datenrechten und der Förderung der bestmöglichen Nutzung von Daten herzustellen, mit dem Ziel, das öffentliche Interesse und die öffentliche Sicherheit zu schützen und gleichzeitig die freie Weitergabe von persönlichen Daten zu fördern.

»Blockdaten«, »Datenrechtsgesetz« und »Souveräne Blockchain«, die vom Schlüssellabor für Big-Data-Strategie erforscht und lanciert wurden, gelten als die drei Säulen der neuen Ordnung der digitalen Zivilisation und entfalten eine große Wirkung im In- und Ausland. Nie zuvor war das Recht mit derartigen Herausforderungen konfrontiert, wie sie die heutigen Entwicklungen in Wissenschaft und Technik mit sich bringen. Wir sollten die Spitzentechnologie sehr genau im Auge behalten und positiv auf die Herausforderungen reagieren, mögliche Risiken regulieren, das Rechtswesen und die Technologie in Übereinstimmung bringen, und die Initiative ergreifen, um Reformen in Recht, Rechtsstaatlichkeit und Rechtsprechung als Antwort auf den gesellschaftlichen Wandel zu fördern. Wir werden die Veröffentlichung von »Datenrechtsgesetz 4.0« und »Datenrechtsgesetz 5.0« fortsetzen, um das theoretische System des Datenrechtsgesetzes weiter zu verbessern. Gleichzeitig werden eine traditionelle chinesische Ausgabe und Editionen in mehreren Sprachen wie Englisch, Französisch und Deutsch herausgegeben, deren Urheberrechte exportiert werden und für die im Ausland Werbung gemacht wird. Wir sind bestrebt, unser Recht auf Mitsprache am internationalen Diskurs und das Recht auf Gestaltung der Regeln in einer Welt des Internets, in welcher bis dato keine internationalen Regeln existieren, aufzuwerten und zu ergreifen.

Während wir über dieser Buchreihe nachdenken und sie schreiben, wird bereits deutlich, dass die chinesische Rechtsforschung sich die Digitalisierung voll und ganz zu eigen gemacht hat. Die großen juristischen Fakultäten haben unabhängige Forschungsinstitute für Internetrecht, Datenrecht, intelligentes Recht, digitale Rechtsstaatlichkeit oder künftige Rechtsstaatlichkeit eingerichtet, und ihre Forschungskapazitäten nehmen rapide zu, wobei junge Wissenschaftler und Wissenschaftlerinnen in den Mittelpunkt gerückt sind. Gleichzeitig gibt es zahllose Juristen, die in der turbulenten Strömung der digitalen Transformation und Entwicklung an vorderster Front kämpfen. Die Ausarbeitung der Monografienreihe zum »Datenrechtsgesetz« folgt diesem Trend, lässt ihn aber auch nicht ungenutzt verstreichen. Die Reihe der Monografien zum »Datenrechtsgesetz« möchte aktuellste Beobachtungen, theoretische Forschungen und andere akademische Errungenschaften auf dem Gebiet des digitalen Rechts im In- und Ausland präsentieren und gemeinsam den Fortschritt und das Aufblühen von Gesetzgebung und Forschung im Bereich des Datenrechts festhalten und bezeugen. In diesem Buch versuchen wir, unsere eigenen Ansichten über die Wertentscheidungen, die Kernfragen, die schwierigen Problemstellungen, die wichtigsten Institutionen und die Gesetzgebungsmodelle im Bereich des Datenrechts darzulegen, in der Hoffnung, einen Beitrag zur theoretischen Erforschung und zur Verbesserung der Rechtsnormen zu leisten. Im Zuge der Abfassung haben wir uns bemüht, die neueste Literatur zusammenzutragen und die neuesten Standpunkte einzubeziehen. Aufgrund des begrenzten Niveaus, mangelnder akademischer Fähigkeiten und beschränktem Wissen, gepaart mit der Komplexität der in diesem Buch behandelten Themen, ist unser Verständnis der verhandelten Meinungen nicht unbedingt immer vollständig zutreffend, sodass das Buch unweigerlich Auslassungen und Fehler enthält. Insbesondere dort, wo es Unvollständigkeiten in den zitierten Quellen und Belegen gibt, wären wir für jede Kritik unserer Leser und Leserinnen dankbar.

Schlüssellabor für Big-Data-Strategie
15.11.2020

ANHANG 1

# Auswahl von Gesetzesparagrafen zu Internet, Informationen und Daten aus dem Zivilgesetzbuch mit Erläuterungen*

## § 111 „Recht auf personenbezogene Informationen"

Die personenbezogenen Informationen natürlicher Personen sind gesetzlich geschützt. Jede Organisation oder Einzelperson, die sich personenbezogene Informationen anderer Personen verschaffen möchte, muss sich diese Informationen rechtmäßig verschaffen und die Sicherheit der Informationen gewährleisten, und darf die personenbezogenen Informationen anderer Personen nicht unrechtmäßig sammeln, verwenden, bearbeiten oder übermitteln oder unrechtmäßig mit den personenbezogenen Informationen anderer Personen handeln, sie zur Verfügung stellen oder sie offenlegen.

## Verständnis und Anwendung

Der Begriff „personenbezogene Informationen" wird im Internetsicherheitsgesetz wie folgt definiert: „Personenbezogene Informationen sind alle Arten von elektronisch oder auf andere Weise aufgezeichneten

* Vgl.《中华人民共和国民法典》[Zivilgesetzbuch der Volkspreublik China], China Legal Publishing House, 2020, S. 82, 96, 304, 321, 344, 553, 560, 562, 564, 567, 681, 682, 684, 685, 706.

Informationen, die allein oder in Kombination mit anderen Informationen die persönliche Identität einer natürlichen Person identifizieren können, einschließlich, aber nicht beschränkt auf, den Namen einer natürlichen Person, ihr Geburtsdatum, ihre Personalausweisnummer, persönliche biometrische Daten, ihre Adresse, Telefonnummer etc. Nach diesem Artikel müssen personenbezogene Informationen die folgenden grundlegenden Elemente enthalten: ① Das Subjekt der Information ist eine natürliche Person, ausgenommen sind juristische Personen und Organisationen ohne Rechtspersönlichkeit. ② Personenbezogene Informationen werden elektronisch oder auf andere Weise gespeichert. ③ Sie sind identifizierbar und können die persönliche Identität einer natürlichen Person entweder allein oder in Kombination mit anderen Informationen identifizieren. Dieser Unterabsatz ist eine „Mindest-"Anforderung: Zusätzlich zu den im Gesetz aufgeführten allgemeinen Arten personenbezogener Informationen wie Name, Geburtsdatum, Personalausweisnummer, persönliche biometrische Daten, Adresse und Telefonnummer einer natürlichen Person fällt alles, was die persönliche Identität einer natürlichen Person allein oder in Kombination mit anderen Informationen identifizieren kann, in den Bereich der personenbezogenen Informationen. Mit der modernen Informationstechnologie, dem Internet, mobilen intelligenten Endgeräten, tragbaren Geräten und anderen Geräten können beispielsweise alle Aspekte des Lebens einer Person aufgezeichnet werden, und solche Standortinformationen und Verhaltensdaten stellen ebenfalls personenbezogene Informationen dar. Das Recht auf personenbezogene Informationen ist ein wichtiges Recht, das die Bürger in der modernen Informationsgesellschaft genießen, das die Persönlichkeitsinteressen der Informationssubjekte schützt und auch eng mit anderen persönlichen und vermögensrechtlichen Interessen des Subjektes der Informationen verbunden ist. Der Schutz personenbezogener Informationen ist daher von praktischer Bedeutung für den Schutz der persönlichen Würde und Freiheit der Bürger, den Schutz der Bürger vor rechtswidrigem Eindringen und die Aufrechterhaltung einer normalen sozialen Ordnung. Vgl. Artikel 14, 29 und 50 des Gesetzes über den Schutz von Verbraucherrechten und -interessen; Artikel 42 und 76 des Internetsicherheitsgesetzes; Artikel 29 des Gesetzes über kommerzielle

Banken; Artikel 22 des Ärztegesetzes; Artikel 19 des Gesetzes über Personalausweise; Artikel 252-1 des Strafgesetzes und die Auslegung einiger Fragen durch das Oberste Volksgericht und die Oberste Staatsanwaltschaft zur rechtlichen Vorgehensweise bei der Behandlung von Strafsachen im Zusammenhang mit der Verletzung personenbezogener Informationen von Bürgern.

§ 127 „Schutz von Daten und virtuellem Netzeigentum"

Wo das Gesetz für Daten und virtuelles Netzeigentum Vorschriften vorsieht, ist diesen Vorschriften Folge zu leisten.

## Verständnis und Anwendung

Daten können in Primärdaten und Datenderivate unterschieden werden. Primärdaten sind Daten, die nicht auf der Basis von bereits vorhandenen Daten generiert wurden. Datenderivate sind Daten, die durch algorithmische Verarbeitung, Berechnung und Aggregation von Primärdaten nach deren Aufzeichnung und Speicherung gewonnen wurden und Systematik, Lesbarkeit und Nutzwert besitzen wie z. B. Daten zu Einkaufspräferenzen, Daten zur Kreditgeschichte etc. Virtuelles Netzwerkeigentum bezieht sich auf das virtuelle Netzwerk selbst und das elektromagnetisch aufgezeichnete Eigentum, das im Netzwerk existiert, und ist eine neue Art von Eigentum, das digitalisiert und dessen Wert mithilfe bestehender Metriken gemessen werden kann. Als eine neue Art von Eigentum weist das virtuelle Netzeigentum Merkmale auf, die sich von den bestehenden Arten von Eigentum unterscheiden. Vgl. Artikel 10 des Internetsicherheitsgesetzes.

§ 469 „Form von Vertragsschlüssen und Schriftform"

Parteien können Verträge in Schriftform, mündlich oder in anderer Form abschließen.

Schriftform ist eine Form, in der Inhalte physisch zum Ausdruck kommen, wie Vertragsurkunden, Briefe, Telegramme, Fernschreiben und Faxe.

Datenschriftstücke im Austausch von elektronischen Daten und E-Mails, bei denen der Inhalt körperlich zum Ausdruck kommt und die jederzeit eingesehen und überprüft werden können, gelten als Schriftform.

## Verständnis und Anwendung

Haben die Beteiligten keinen schriftlichen oder mündlichen Vertrag geschlossen, kann aber aufgrund der beiderseitigen zivilrechtlichen Handlungen davon ausgegangen werden, dass sie den Willen haben, einen Vertrag zu schließen, kann das Volksgericht feststellen, dass ein Vertrag in „anderer Form" geschlossen wurde. Vgl. Artikel 2 der Auslegung des Obersten Volksgerichts zu einigen Fragen im Zusammenhang mit der Anwendung des Vertragsrechts der Volksrepublik China; Vgl. Artikel 135 des Zivilgesetzbuchs; Artikel 4 des Gesetzes über die elektronische Signatur; Artikel 16 des Gesetzes über Schiedsverfahren.

§ 491 Artikel 491 „Bestätigung und Zeitpunkt des Zustandekommens von Verträgen; Abgabe von Bestellungen und Zeitpunkt des Zustandekommens von Verträgen im Internet"

Schließen die Parteien einen Vertrag in Briefform, als Datenschriftstück oder in anderen Formen, die die Unterzeichnung einer Bestätigung erfordern, so kommt der Vertrag mit der Unterzeichnung der Bestätigung zustande.

Wenn Informationen über Waren oder Dienstleistungen, die von einer der Parteien über das Internet oder andere Informationsnetze veröffentlicht werden, den Bedingungen ihres Angebots entsprechen, kommt der Vertrag dann zustande, wenn die andere Partei die Waren oder Dienstleistungen auswählt und die Bestellung erfolgreich absendet, sofern die Parteien nichts anderes vereinbart haben.

## Verständnis und Anwendung

Im Fall von Verträgen, die per Brief oder mit elektronischen Daten geschlossen werden, kommt der Vertrag de facto zustande, wenn die erforderliche Zusage gegeben worden ist. Sofern die Parteien jedoch vereinbart haben, dass auch eine Bestätigung unterzeichnet werden soll, kommt der Vertrag erst mit der Unterzeichnung der Bestätigung zustande. Daher ist der Zeitpunkt, zu dem beide Parteien die Bestätigung unterzeichnen, der Zeitpunkt, zu dem der Vertrag per Brief oder Datenschriftstück zustande kommt. In Anbetracht der Besonderheiten von Online-Transaktionen (Online-Vertragsabschluss, Fehlen eindeutiger Anzeichen für die Handlungen des Anbietens und Annehmens) wird bestätigt, dass zum Vertragsabschluss bei Online-Transaktionen, bei denen eine Partei Informationen über Waren oder Dienstleistungen in einem Informationsnetz wie dem Internet veröffentlicht, dies als Angebot für einen Online-Transaktionsvertrag gilt, sofern es die Bedingungen eines Angebots erfüllt. Wenn die andere Partei, d. h. der Verbraucher, die Waren oder Dienstleistungen im Netz auswählt und eine Bestellung abgibt, gilt dies als Annahme. Wenn die Benutzeroberfläche des Online-Handelsdienstes anzeigt, dass der Auftrag erfolgreich übermittelt wurde, kommt ein Vertrag zustande. Somit ist der Zeitpunkt, an dem die Benutzeroberfläche „Auftrag erfolgreich übermittelt" anzeigt, der Zeitpunkt, an dem der Vertrag über die Online-Transaktion zustande gekommen ist. Vgl. Artikel 49 des Gesetzes über den elektronischen Handel; Artikel 52 des Gesetzes über Versteigerungen.

§ 512 „Regeln für die Bestimmung des Zeitpunktes der Erfüllung eines elektronischen Vertrages"

Wenn der Gegenstand eines über das Internet oder andere Informationsnetze abgeschlossenen elektronischen Vertrags die Lieferung von Waren unter Nutzung eines Expresslogistik-Diensleisters ist, dann ist die Unterschrift des Empfängers der Zeitpunkt der Erfüllung. Wenn der elektronische Vertrag die Erbringung von Dienstleistungen zum Gegenstand hat, gilt der in dem erstellten elektronischen oder materiellen Beleg angegebene Zeitpunkt als Zeitpunkt der Erbringung der Erfüllung. Enthält der vorgenannte Beleg keine Zeitangabe oder eine Zeitangabe, die mit der tatsächlichen Zeit der Leistungserbringung nicht übereinstimmt, ist die tatsächliche Zeit der Leistungserbringung maßgebend.

Wird der Vertragsgegenstand im Wege einer Online-Übertragung übergeben, so gilt als Zeitpunkt der Erfüllung der Zeitpunkt, zu dem der Vertragsgegenstand in das von der anderen Partei bezeichnete System eingegeben wird und abgerufen und identifiziert werden kann.

Vereinbaren die Parteien eines elektronischen Vertrages etwas anderes über die Art und Weise und den Zeitpunkt der Lieferung von Waren oder der Erbringung von Dienstleistungen, so haben sie sich an ihre Vereinbarung zu halten.

## Verständnis und Anwendung

Bestimmung des Zeitpunktes der Erfüllung von Verträgen bei Transaktionen über das Internet anhand von drei Situationen: ① Bei der Lieferung von Waren aus Onlineverträgen unter Verwendung der Zustellung des Gegenstandes durch einen Expresslogistik-Dienstleister sollte der Zeitpunkt der Unterschrift des Empfängers als Zeitpunkt der Erfüllung angesehen werden. Bei Verträgen über netzbasierte Dienstleistungen, bei denen es keine offensichtlichen Anzeichen für eine Zustellung gibt, gilt der auf dem elektronischen Beleg oder dem erstellten physischen Beleg angegebene Zeitpunkt als Zeitpunkt der Erbringung der Dienstleistung. Enthält der vorgenannte Beleg keine Zeitangabe oder stimmt die darin angegebene Zeit nicht mit der tatsächlichen Zeit der Erbringung der Dienstleistung überein, so ist der Zeitpunkt der tatsächlichen Erbringung der Dienstleistung maßgebend. ② Wird der Gegenstand eines elektronischen Vertrags auf dem Wege einer Online-Übertragung übermittelt, z. B. im Fall eines Vertrags über Online-Beratungsdienste, dann gilt als Zeitpunkt der Erfüllung der Zeitpunkt an dem der Vertragsgegenstand (z. B. ein Beratungsbericht) zu einem vom Vertragspartner bestimmten Zeitpunkt eingeht und abruf- und identifizierbar ist. ③

Wenn die Parteien eines elektronischen Vertrags über die Art und den Zeitpunkt der Lieferung von Waren oder der Erbringung von Dienstleistungen etwas anderes vereinbart haben, so sind diese Vereinbarungen einzuhalten. Wenn der Käufer eines Online-Verkaufsvertrags beispielsweise angibt, die Ware von einem selbst ausgewählten Expressdienst abholen lassen zu wollen, gilt der Zeitpunkt der Lieferung des Kaufgegenstands an die vom Käufer gewählte Expressdienststelle als Zeitpunkt der Erfüllung. Vgl. Artikel 51–57 des Gesetzes über den elektronischen Handel.

§ 1019 „Schutz der Rechte am eigenen Bild"

Keine Organisation oder Einzelperson darf das Recht am eigenen Bild einer anderen Person durch Verunglimpfung, Verunstaltung oder Verfälschung mithilfe der Informationstechnologie verletzen. Ohne die Einwilligung des Rechteinhabers darf das Bildnis des Rechteinhabers nicht hergestellt, verwendet oder veröffentlicht werden, es sei denn, das Gesetz sieht etwas anderes vor.

Ohne Zustimmung des Rechteinhabers des Bildnisses darf der Inhaber der Werkrechte des Bildnisses das Bildnis des Rechteinhabers nicht durch Veröffentlichung, Vervielfältigung, Verbreitung, Vermietung, Ausstellung etc. verwenden oder veröffentlichen.

## Verständnis und Anwendung

Verunglimpfung und Verunstaltung sind gängige Handlungen, die die Rechte am eigenen Bild anderer Personen verletzen. Allerdings stellt nicht jede Verunglimpfung oder jede Verunstaltung eine illegale Handlung dar. Wenn ein Vergnügungspark, um den Unterhaltungswert zu steigern, die Gesichter von Besuchern als Karikaturen abbildet, so wird der Schweregrad der Bösartigkeit einer Verunglimpfung und Verunstaltung nicht erreicht und es liegt daher keine widerrechtliche Straftat vor. Die Verwendung informationstechnischer Mittel zur Fälschung des Bildnisses einer anderen Person und damit zur Verletzung der Bildnisrechte anderer stellt eine neuartige Bestimmung dar. Durch den Einsatz von künstlicher

Intelligenz und anderen informationstechnischen Werkzeugen kann heutzutage ein „Deepfake" des menschlichen Gesichts vorgenommen werden, wodurch ein Gesicht nach Belieben transplantiert werden kann und so falsche Tatsachen als wahr vorgespiegelt werden können. Solange der Handelnde die Informationstechnologie nutzt, um das Bildnis einer anderen Person zu fälschen, können dieser Artikel und die einschlägigen Bestimmungen des Abschnitts über die Deliktshaftung angewandt werden, um dies zu regulieren. Da viele Websites „Face-Swapping"-Software verkaufen, können Anbieter von Onlinediensten, die ihren Verpflichtungen nicht nachkommen, gesamtschuldnerisch haftbar gemacht werden. Vgl. Artikel 42 des Gesetzes über den Schutz der Rechte und Interessen von Frauen; Artikel 4 des Gesetzes über die geistige Gesundheit; Artikel 22 des Gesetzes über den Schutz von Märtyrern und Helden; Artikel 39 der Verordnungen über die Prävention und Eindämmung von AIDS, sowie das Schreiben des Obersten Volksgerichts über die Berufung in der Rechtssache der Nachrichtenagentur für Wissenschaft und Technologie aus Shanghai und von Chen Guangyi und Zhu Hong wegen Verletzung von Bildnisrechten.

§ 1028 „Verletzung des Reputationsrechts durch unrichtige Inhalte in Medienberichten"

Wenn eine Zivilperson Beweise dafür hat, dass der Inhalt von Medienberichten in Zeitungen, Magazinen, Internet und anderen Medien unrichtig ist und ihr Recht auf Reputation verletzt, hat diese Person das Recht, die Medien aufzufordern, die notwendigen Maßnahmen zu ergreifen, wie z. B. eine rechtzeitige Korrektur oder Löschung.

## Verständnis und Anwendung

Die Bestimmungen dieses Artikels stimmen mit den Bestimmungen von Artikel 1025, Punkt 2, des Titels der Persönlichkeitsrechte überein. Berichten Medien wie die Presse oder das Internet unrichtige Inhalte, die das Recht auf Ansehen einer anderen Person verletzen, so besteht die

Verpflichtung, diese zeitnah zu korrigieren und zu entfernen. Diejenigen, die einen Schaden verursacht haben, sind zum Schadenersatz verpflichtet.

§ 1032 „Privatsphäre und das Recht auf Privatsphäre"

Natürliche Personen genießen ein Recht auf Privatheit. Jeglichen Institutionen oder Einzelpersonen ist es verboten, in die Privatsphäre anderer einzudringen, sie zu belästigen, Informationen zu veruntreuen oder zu veröffentlichen, und sie auf diese Weise zu schädigen.

Privatsphäre ist die Ungestörtheit des privaten Raums, des privaten Verhaltens und privater Information im Privatleben einer natürlichen Person, von denen sie nicht möchte, dass sie anderen Menschen bekannt werden.

## Verständnis und Anwendung

Das Recht auf Privatsphäre ist ein Persönlichkeitsrecht natürlicher Personen und bedeutet das spezifische persönliche Recht natürlicher Personen, ihre privaten Sicherheitsinteressen, wie ein unbehelligtes Privatleben und Privatsphäre, private Aktivitäten und private Informationen, von denen sie nicht wollen, dass andere davon erfahren, ohne Einmischung anderer selbst zu regeln und zu kontrollieren.

§ 1033 „Arten von Verletzungen des Rechts auf Privatsphäre"

Vorbehaltlich anderslautender gesetzlicher Bestimmungen oder der ausdrücklichen Zustimmung des Rechteinhabers darf keine Organisation oder Einzelperson die folgenden Handlungen vornehmen:

1. Durch Telefon, Textnachrichten, Instant Messaging, E-Mail, Flugblätter etc. in den Frieden des Privatlebens einer anderen Person eindringen.
2. Betreten, Filmen oder Ausspionieren der Privatsphäre einer anderen Person in deren Wohnung, Hotelzimmer etc.
3. Filmen, Ausspähen, Abhören oder Offenlegen der privaten Aktivitäten einer anderen Person.
4. Filmen oder Ausspähen der körperlichen Intimsphäre einer anderen Person.
5. Verarbeiten von vertraulichen Informationen einer anderen Person.

6. Verletzen des Rechts auf Privatsphäre einer anderen Person auf andere Weise.

## Verständnis und Anwendung

Als Subjekte von Pflichten des Rechts auf Privatsphäre darf keine Organisation oder Einzelperson die folgenden Handlungen zur Verletzung des Privatsphärenrechts begehen, die die privaten Räumlichkeiten, die privaten Aktivitäten, die Intimsphäre, die privaten Informationen und das unbehelligte Leben einer Person betreffen. ① Durch Telefon, Textnachrichten, Instant Messaging, E-Mail, Flugblätter etc. in den Frieden des Privatlebens einer anderen Person eindringen: Der Frieden des Privatlebens ist das Recht einer natürlichen Person, ein ruhiges und friedliches Privatleben zu führen und unrechtmäßige Eingriffe durch andere auszuschließen sowie die Befriedigung immaterieller geistiger Bedürfnisse zu erhalten. Das Eindringen in die Privatsphäre durch Telefonanrufe, Textnachrichten, Instant Messaging, E-Mails, Flugblätter etc., die gemeinhin als belästigende Telefonanrufe, unerwünschte Textnachrichten, Spam-E-Mails etc. bezeichnet werden, verletzt die Privatsphäre und stellt eine Verletzung des Rechts auf Privatsphäre dar. ② Betreten, Filmen oder Ausspionieren der Privatsphäre einer anderen Person in deren Wohnung, Hotelzimmer etc.: Der durch das Recht auf Privatsphäre geschützte private Raum umfasst sowohl den konkreten privaten Raum als auch den abstrakten privaten Raum. Erstere, wie z. B. persönliche Räumlichkeiten, Hotelzimmer, Reisegepäck, Schultaschen von Schülern, persönliche Korrespondenz etc., während Letztere sich ausschließlich auf Tagebücher, d. h. den privaten Raum des Geistes, beziehen. ③ Filmen, Ausspähen, Abhören oder Veröffentlichen der privaten Aktivitäten einer anderen Person: Private Aktivitäten sind alle persönlichen Aktivitäten, die nicht von öffentlichem Interesse sind, wie das tägliche Leben, soziale Interaktionen, das Eheleben, außereheliche Affären etc. Dies zu filmen, aufzuzeichnen, zu veröffentlichen, auszuspionieren oder abzuhören, stellt eine Verletzung der Privatsphäre dar. ④ Filmen oder Ausspähen der körperlichen Intimsphäre einer anderen Person. Der Intimbereich des Körpers zählt ebenfalls zur Privatsphäre, zur körperlichen Intimsphäre, wie zum Beispiel die Genitalien oder sexuell aufreizende Körperteile. Das Fotografieren oder Ausspähen der privaten Körperbereiche einer anderen Person stellt eine Verletzung des Rechts auf Privatsphäre dar. ⑤ Verarbeiten von vertraulichen Informationen einer anderen Person. Vertrauliche Informationen sind private Informationen über eine natürliche Person und der Erwerb, die Löschung, die Weitergabe oder der Handel mit privaten Informationen einer anderen Person stellen eine Verletzung des Rechts auf Privatsphäre dar. ⑥ Verletzen des Rechts auf Privatsphäre einer anderen Person auf andere Weise. Dieser Paragraf gibt Aufschluss über den Bedeutungsumfang: Jede Handlung, die private Informationen, private Aktivitäten, den privaten Raum, die körperliche Intimsphäre, den Frieden des Privatlebens etc. beeinträchtigt, stellt eine Verletzung des Rechts auf Privatsphäre dar. Vgl. Artikel 39 der Verfassung; Artikel 136 der Strafprozessordnung; Artikel 24 des Überwachungsgesetzes; Artikel 245 des Strafgesetzbuches; Artikel 32 des Spionageabwehrgesetzes; Artikel 42 und 48 des Strafgesetzes für die Verwaltung der öffentlichen Sicherheit; Artikel 12 und 22 des Volkspolizeigesetzes; Artikel 19 des Gesetzes über die bewaffnete Volkspolizei; Artikel 4 der Verordnung über diplomatische Vorrechte und Immunitäten; Artikel 25 der Verordnung über die Verwaltung von Sicherheitsdiensten; Artikel 496 der Auslegung des Obersten Volksgerichts zum „Gesetz über die Anwendung des Zivilprozessrechts der Volksrepublik China"; Artikel 39 und 58 des Gesetzes über den Schutz von Minderjährigen.

§ 1034 „Schutz personenbezogener Informationen"

Die personenbezogenen Informationen natürlicher Personen sind gesetzlich geschützt.

Personenbezogene Informationen sind jegliche Informationen einer natürlichen Person, die in digitaler oder anderer Weise aufgezeichnet und einzeln oder mit anderen Informationen verknüpft eine bestimmte natürliche Person identifizieren können, einschließlich Name, Geburtsdatum, Ausweisnummer, biometrische Informationen, Adresse, Telefonnummer,

E-Mail-Adresse, Gesundheitsinformationen, Informationen zum Aufenthaltsort etc.

Solche in den personenbezogenen Informationen enthaltenen vertraulichen Informationen fallen in den Geltungsbereich der Richtlinien zum Schutz der Privatsphäre. Wo es keine Bestimmungen gibt, finden die Vorschriften zum Schutz personenbezogener Informationen Anwendung.

## Verständnis und Anwendung

Die im Zivilgesetzbuch vorgenommene Definition des Begriffs „personenbezogene Informationen" entspricht im Wesentlichen der Definition des Begriffs „personenbezogene Informationen", die im Internetsicherheitsgesetz festgelegt ist und sie lautet im Grunde wie folgt: „alle Arten von Informationen, die elektronisch oder auf andere Weise aufgezeichnet werden und mit denen eine bestimmte natürliche Person entweder allein oder in Verbindung mit anderen Informationen identifiziert werden kann." Das chinesische Internetsicherheitsgesetz erklärt in Artikel 76 den Begriff „personenbezogene Informationen" wie folgt: „Personenbezogene Informationen sind alle Arten von Informationen, die mit elektronischen oder anderen Mitteln aufgezeichnet werden und die persönliche Identität einer natürlichen Person einzeln oder in Verbindung mit anderen Informationen identifizieren können, einschließlich, aber nicht beschränkt auf den Vor- und Nachnamen einer natürlichen Person, ihr Geburtsdatum, die Nummer ihres Personalausweises, persönliche biometrische Daten, ihre Adresse, Telefonnummer etc." Aus der obigen Definition des Begriffs „personenbezogene Informationen" wird ersichtlich, dass der Ausdruck „Informationen zur Identifizierung natürlicher Personen" im Zivilgesetzbuch und im Internetsicherheitsgesetz unterschiedlich gebraucht wird. Das Zivilgesetzbuch legt besonderen Wert auf die „Identifizierung aller Arten von Informationen über eine bestimmte natürliche Person", während das Internetsicherheitsgesetz die „Identifizierung aller Arten von Informationen über die persönliche

Identität einer natürlichen Person" hervorhebt. Tatsächlich handelt es sich bei den personenbezogenen Informationen einer natürlichen Person nicht nur um Informationen, die sich auf die persönliche Identität der natürlichen Person beziehen, als vielmehr auch um Informationen, die nicht im Zusammenhang mit der Identität der natürlichen Person stehen. Im Zivilgesetzbuch werden personenbezogene Informationen definiert als „alle Arten von Informationen, die elektronisch oder auf andere Weise aufgezeichnet werden und mit denen eine bestimmte natürliche Person entweder allein oder in Verbindung mit anderen Informationen identifiziert werden kann", womit der Inhalt und der Umfang ihres Schutzes weiter gefasst sind als der im Internetsicherheitsgesetz. Artikel 1 der „Auslegung einiger Fragen durch das Oberste Volksgericht und die Oberste Staatsanwaltschaft zur rechtlichen Vorgehensweise bei der Behandlung von Strafsachen im Zusammenhang mit der Verletzung personenbezogener Informationen von Bürgern" führt aus: „Die in Artikel 253 des Strafgesetzbuches festgelegte Bezeichnung ‚personenbezogene Informationen von Bürgern' bezieht sich auf alle Arten von Informationen, die mit elektronischen oder anderen Mitteln aufgezeichnet werden und die entweder allein oder in Kombination mit anderen Informationen die Identität einer bestimmte natürlichen Person identifizieren oder die Aktivitäten einer bestimmten natürlichen Person widerspiegeln können, einschließlich Vor- und Nachname, Ausweisnummer, Kommunikations- und Kontaktdaten, Wohnsitz, Kontonummer, Passwort, Vermögensverhältnisse, Bewegungsdaten etc. Die Definition des Begriffs „personenbezogene Informationen" in Artikel 104 des Zivilgesetzbuches fügt den im Internetsicherheitsgesetz genannten Beispielen „E-Mail, Gesundheitsinformationen und Informationen über den Aufenthaltsort" hinzu. E-Mail, oder im Englischen „e-mail", meint im Wesentlichen die Adresse eines elektronischen Postfachs. Die E-Mail unterscheidet sich von der normalen Post dadurch, dass die Adresse eine virtuelle Adresse ist, die in elektronischer Form existiert. Gesundheitsdaten beziehen sich auf den Gesundheitszustand, die körperlichen Merkmale, die Genetik etc. einer Person; Aufenthaltsinformationen spiegeln den Aufenthaltsort einer bestimmten natürlichen Person wider, wie z. B. Informationen über den persönlichen Reiseverkehr, die Wohnung, den Aufenthaltsort etc. und sind meist Informationen privater Natur. Derzeit sind die geltenden Rechtsvorschriften zum Schutz personenbezogener Informationen relativ eng gefasst und heben den Inhalt der Privatsphäre nicht eigens hervor. Tatsächlich hat das Recht auf personenbezogene Informationen die beiden Attribute von Persönlichkeitsrechten und Eigentumsrechten, aber das Rechtsinteresse an personenbezogenen privaten Informationen besitzt nur das Attribut des Persönlichkeitsrechts, folglich sollte der Kern des Schutzes personenbezogener Informationen in China im Schutz der privaten Informationen natürlicher Personen liegen. Das Zivilgesetzbuch hebt den Schutz „vertraulicher Informationen" im Zusammenhang mit personenbezogenen Informationen hervor und wendet die einschlägigen Bestimmungen über das Recht auf Privatsphäre an. Schließlich ist das Zivilgesetzbuch kein spezielles Gesetz für den Schutz personenbezogener Informationen, sodass das Anspruchsrecht, die Rechtsmittel- und Schutzmechanismen und solche Verkehrstransaktionen, die personenbezogene nicht private und nicht vertrauliche Informationen betreffen, durch ein spezielles Gesetz für den Schutz personenbezogener Informationen, das „Gesetz zum Schutz personenbezogener Informationen", geregelt werden sollten. Diesbezüglich schreibt das Zivilgesetzbuch vor, dass „auf vertrauliche Informationen, die Bestandteil personenbezogener Informationen sind, die Bestimmungen über das Recht auf Privatsphäre anzuwenden sind. Sind keine Bestimmungen vorhanden, gelten die Bestimmungen über den Schutz personenbezogener Informationen". Auf diese Weise eröffnet sich ein gesetzgeberischer Gestaltungsspielraum für das Gesetz zum Schutz personenbezogener Informationen, um den Schutz privater Informationen natürlicher Personen weiter zu betonen.[1]

§ 1035 „Grenzen der Verarbeitung personenbezogener Informationen"

Wer personenbezogene Informationen verarbeitet, muss die Grundsätze der Legitimität, Legalität und Notwendigkeit befolgen, darf Daten nicht übermäßig verarbeiten, und muss sich an die folgenden Bedingungen halten:

1 Wang Chunhui, Cheng Le, 《解读民法典 "隐私权和个人信息保护"》 [Auslegung der Bestimmungen des Zivilgesetzbuchs zum „Schutz der Privatsphäre und der persönlichen Informationen"], *Journal of Nanjing University of Posts and Telecommunications (Social Science)*, 2020, Nr. 3.

1. Die Einwilligung der natürlichen Person oder ihres Vormunds ist einzuholen, sofern nicht durch Rechts- oder Verwaltungsvorschriften etwas anderes bestimmt ist;
2. Die Regeln für die Verarbeitung der Informationen sind offenzulegen;
3. Der Zweck, die Art und der Umfang der Verarbeitung der Informationen ist ausdrücklich anzugeben;
4. Gegen die Bestimmungen der Rechts- und Verwaltungsvorschriften und die Vereinbarung der Parteien darf nicht verstoßen werden;

Die Verarbeitung personenbezogener Informationen umfasst die Erhebung, Speicherung, Nutzung, Verarbeitung, Übermittlung, Bereitstellung und Offenlegung personenbezogener Informationen.

## Verständnis und Anwendung

Heutzutage beruht der Grundsatz des Schutzes personenbezogener Informationen in China hauptsächlich auf den Prinzipien der „Legitimität, Legalität und Notwendigkeit". In gesetzlicher Form tauchte der Grundsatz erstmals in Artikel 29 des im Jahr 2013 überarbeiteten Gesetzes über den Schutz von Verbraucherrechten und -interessen auf: „Bei der Erhebung und Verwendung personenbezogener Informationen von Verbrauchern sind vom Betreiber die Grundsätze der Legitimität, Legalität und Notwendigkeit zu beachten, und der Zweck, die Art und der Umfang der Erhebung und Verwendung von Informationen sind ausdrücklich anzugeben." Dieser Grundsatz wurde später in Artikel 41 des Internetsicherheitsgesetzes, das am 1. Juni 2017 in Kraft trat, übernommen: „Netzbetreiber müssen bei der Erhebung und Nutzung personenbezogener Informationen die Grundsätze der Legitimität, Legalität und Notwendigkeit beachten." Artikel 1035 des Zivilgesetzbuches über den Schutz personenbezogener Informationen ist im Wesentlichen identisch mit dem Internetsicherheitsgesetz und dem Gesetz über den Schutz der Rechte und Interessen von Verbrauchern, wobei der Grundsatz gilt, dass „die Prinzipien der Legitimität, Legalität und Notwendigkeit befolgt werden müssen“. Jedoch verwenden das Internetsicherheitsgesetz und das Gesetz über den Schutz von Verbraucherrechten und -interessen die beiden Verben „erheben und verwenden“ vor „personenbezogene Informationen“, d. h. „personenbezogene Informationen erheben und verwenden“, während Artikel 1035 des Zivilgesetzbuches vor „personenbezogene Informationen“ nur ein einziges Verb verwendet, nämlich „verarbeiten“, d. h. „personenbezogene Informationen zu verarbeiten“. In der Tat ist der Grundsatz des Schutzes personenbezogener Informationen als „legitim, legal und notwendig“, wie er in unserem Gesetz definiert ist, nicht gut umgesetzt. In der Praxis ist die sogenannte Bedingung der „Legitimität“, „Legalität“ und „Notwendigkeit“ erfüllt, solange die betroffene Person die „Datenschutzklausel“ des für die Datenverarbeitung Verantwortlichen oder des Auftragsverarbeiters akzeptiert. Artikel 1035 des Zivilgesetzbuches legt nicht nur fest, dass „die Verarbeitung personenbezogener Informationen nach den Grundsätzen der Legitimität, Legalität und Notwendigkeit zu erfolgen hat“, sondern enthält auch vier gesetzliche Bedingungen, die auf der Betonung der „nicht übermäßigen Verarbeitung“ beruhen (Wang Chunhui und Cheng 2020).[2]

§ 1036 „Ausschluss von zivilervf Haftung bei der Verarbeitung personenbezogener Informationen“

Der Handelnde kann für die Verarbeitung personenbezogener Informationen nicht zivilrechtlich haftbar gemacht werden, sofern eine der folgenden Voraussetzungen erfüllt ist:

1. Handlungen, die im Rahmen der Einwilligung der natürlichen Person oder ihres Vormunds in angemessener Weise vorgenommen werden;
2. angemessene Verarbeitung von Informationen, die die natürliche Person von sich aus offengelegt hat oder die bereits auf andere Weise rechtmäßig offengelegt wurden, es sei denn, die natürliche Person hat dies ausdrücklich abgelehnt oder der Umgang mit diesen Informationen verletzt ihre vitalen Interessen;

2 Wang Chunhui, Cheng Le,《解读民法典 “隐私权和个人信息保护”》[Auslegung der Bestimmungen des Zivilgesetzbuchs zum „Schutz der Privatsphäre und der persönlichen Informationen“], *Journal of Nanjing University of Posts and Telecommunications (Social Science)*, 2020, Nr. 3.

3. sonstige Handlungen, die in angemessener Weise zur Wahrung des öffentlichen Interesses oder der legitimen Rechte und Interessen der betreffenden natürlichen Person vorgenommen werden;

## Verständnis und Anwendung

Dieser Artikel nennt drei Situationen, in denen die Verarbeitung personenbezogener Informationen von der zivilrechtlichen Haftung ausgenommen ist. Die dritte Situation ist „jede andere Handlung, die in angemessener Weise im öffentlichen Interesse oder im berechtigten Interesse der natürlichen Person erfolgt". Im Großen und Ganzen sind die im Zivilgesetzbuch vorgesehenen Ausnahmen von der Haftung für die Verarbeitung personenbezogener Informationen an Bedingungen geknüpft und unterliegen bestimmten Einschränkungen: ① Handlungen, die im Rahmen der Einwilligung der natürlichen Person oder ihres Vormunds in angemessener Weise vorgenommen werden; Unter den Begriff „Einwilligung" fallen in diesem Absatz sowohl volljährige natürliche Personen als auch Vormünder von Minderjährigen oder psychisch Kranken, und die Verarbeitung personenbezogener Informationen ist auf den Umfang der Einwilligung der natürlichen Person oder ihres Vormunds beschränkt und darf darüber nicht hinausgehen. ② Angemessene Verarbeitung von Informationen, die die natürliche Person von sich aus offengelegt hat oder die bereits auf andere Weise rechtmäßig offengelegt wurden, es sei denn, die natürliche Person hat dies ausdrücklich abgelehnt oder der Umgang mit diesen Informationen verletzt ihre vitalen Interessen: Dieser Absatz hat zwei Bedeutungen. Erstens kann der Handelnde die Informationen verarbeiten, die die natürliche Person selbst offengelegt hat, oder andere Informationen, die rechtmäßig an andere weitergegeben wurden, wie den Namen, die Telefonnummer oder die E-Mail-Adresse der natürlichen Person, aber die Verarbeitung dieser Informationen muss dem Grundsatz „legitim, legal und notwendig" entsprechen; Zweitens darf der

Handelnde, auch wenn die Informationen von der natürlichen Person selbst offengelegt wurden oder in anderer Weise rechtmäßig veröffentlicht wurden, diese Informationen nicht verarbeiten, wenn die natürliche Person dem ausdrücklich widerspricht oder wenn er sie in einer Weise verarbeitet, die ihre vitalen Interessen verletzt. ③ Sonstige Handlungen, die in angemessener Weise zur Wahrung des öffentlichen Interesses oder der legitimen Rechte und Interessen der betreffenden natürlichen Person vorgenommen werden: Der Begriff „öffentliches Interesse" ist das Gegenteil von „privatem Interesse", und es erscheint angebracht, im Zivilgesetzbuch den Begriff „öffentliches Interesse" zu vereinheitlichen. Im Internetzeitalter sollte die Anwendung von Ausnahmen im „öffentlichen Interesse" so weit wie möglich eingeschränkt werden, um zu vermeiden, dass die „privaten Informationen" natürlicher Personen beeinträchtigt werden. Das Zivilgesetzbuch sieht bei der Freistellung personenbezogener Informationen aus Gründen des „öffentlichen Interesses" eine Wahlmöglichkeit zwischen „im öffentlichen Interesse" und „zur Wahrung der legitimen Rechte und Interessen der natürlichen Person" vor. Ferner wird festgelegt, dass die Verarbeitung personenbezogener Daten in angemessener Weise erfolgen muss, um von der Haftung ausgenommen zu sein, auch wenn sie „im öffentlichen Interesse oder im legitimen Interesse der natürlichen Person" erfolgt.[3]

§ 1037 „Recht auf Entscheidung über personenbezogene Informationen"

Natürliche Personen können ihre personenbezogenen Informationen beim Informationsverarbeiter nach Maßgabe der gesetzlichen Bestimmungen einsehen oder kopieren. Stellen sie fest, dass Informationen fehlerhaft sind, sind sie berechtigt, Einwand zu erheben und zu fordern, dass die notwendigen Maßnahmen wie z. B. eine Korrektur unverzüglich ergriffen werden.

Stellt die natürliche Person fest, dass der Informationsverarbeiter einen Verstoß gegen die Rechts- und Verwaltungsvorschriften oder gegen die

3 Wang Chunhui, Cheng Le,《解读民法典"隐私权和个人信息保护"》[Auslegung der Bestimmungen des Zivilgesetzbuchs zum „Schutz der Privatsphäre und der persönlichen Informationen"], *Journal of Nanjing University of Posts and Telecommunications (Social Science)*, 2020, Nr. 3.

Vereinbarung der beiden Parteien begangen hat, hat sie das Recht, vom Verarbeiter der Informationen die rechtzeitige Löschung zu verlangen.

## Verständnis und Anwendung

In China wurden mit dem Internetsicherheitsgesetz erstmals das „Recht auf Löschung" und „Recht auf Berichtigung" personenbezogener Informationen von natürlichen Personen gesetzlich verankert. Das im Internetsicherheitsgesetz festgelegte Recht der Bürger auf Löschung ihrer Daten greift hauptsächlich in zwei Situationen: Erstens, wenn der Betroffene feststellt, dass der Netzbetreiber seine Informationen unter Verletzung von Gesetzen und Verwaltungsvorschriften oder unter Verstoß gegen die beiderseitigen Vereinbarungen zwischen den Parteien gesammelt und verwendet hat. Zweitens, wenn der spezifische Zweck der vom Netzbetreiber gesammelten personenbezogenen Informationen erfüllt ist oder die zwischen den Parteien vereinbarte Frist abgelaufen ist. In beiden Fällen hat die betroffene Person das Recht, vom Betreiber die Löschung und Beendigung der Nutzung ihrer personenbezogenen Informationen zu verlangen. Das Recht der Bürger auf Berichtigung ihrer unzutreffenden Informationen bedeutet, dass die betroffene Person das Recht hat, zu verlangen, dass ihre vom Netzbetreiber erhobenen oder gespeicherten personenbezogenen Informationen ergänzt oder berichtigt werden, wenn sie Fehler oder Unzulänglichkeiten feststellt. Laut Zivilgesetzbuch genießen die Subjekte personenbezogener Informationen drei Rechte. Das erste ist das Recht auf Einsichtnahme oder Kopie ihrer personenbezogenen Informationen durch den Informationsverarbeiter gemäß den gesetzlichen Bestimmungen. Mit dem „Informationsverarbeiter" ist hier der Anbieter von Online-Dienstleistungen gemeint, der personenbezogene Informationen „sammelt, speichert, verwendet, aufbereitet, übermittelt, zugänglich macht oder veröffentlicht", und das Subjekt personenbezogener Informationen hat das Recht, auf seine personenbezogenen Informationen zuzugreifen und sie in Übereinstimmung mit dem

Gesetz zu kopieren. Zweitens besteht im Fall eines Fehlers in den personenbezogenen Informationen das Recht, Einspruch zu erheben und eine zügige Korrektur zu verlangen. Normalerweise ist es für die betroffene Person schwierig, Fehler bei der Kontrolle und Verarbeitung ihrer personenbezogenen Informationen durch den Anbieter des Netzwerks zu erkennen, und das Vorhandensein von Fehlern kann nur durch Erfragen oder Kopieren ihrer personenbezogenen Informationen entsprechend den gesetzlichen Bestimmungen festgestellt werden. Durch diese Bestimmung des Zivilgesetzbuchs wird die unzureichende Ausübung der Rechte der Betroffenen im Rahmen des Internetsicherheitsgesetzes ausgeglichen. Drittens besteht für den Fall, dass sich herausstellt, dass der die Informationen Verarbeitende die personenbezogenen Informationen unter Verletzung von Rechts- und Verwaltungsvorschriften oder der beiderseitigen Vereinbarung zwischen den Parteien verarbeitet hat, das Recht, die unverzügliche Löschung zu verlangen. Das „Recht auf Löschung" der personenbezogenen Informationen nach dem Zivilgesetzbuch gründet sich auf zwei gesetzliche Voraussetzungen. Zum einen kann es vorkommen, dass ein Informationsverarbeiter die personenbezogenen Informationen des Betroffenen unter Verletzung von Gesetzen und Verwaltungsvorschriften verarbeitet. Zum anderen, wenn der Datenverarbeiter gegen die Vereinbarung mit dem Betroffenen verstößt. Wann immer eine dieser beiden Situationen eintritt, hat die betroffene Person das Recht, den für die Verarbeitung der personenbezogenen Informationen Verantwortlichen aufzufordern, die Informationen unverzüglich zu löschen. Die Betonung liegt hier auf „unverzüglich", d. h. „ohne Verzug". Es ist zu bedenken, dass es für die Anbieter von Internetdiensten schwierig ist, Fehler in den von ihnen kontrollierten und verarbeiteten personenbezogenen Informationen zu ermitteln, so wie es auch schwierig ist, personenbezogene Informationen, die unter Verletzung von Gesetzen und Verwaltungsvorschriften oder in gegenseitigem Einvernehmen verarbeitet wurden, zu „löschen". Deshalb bedienen sich das Zivilgesetzbuch und das Internetsicherheitsgesetz in Angelegenheiten des Rechts auf Korrektur und des Rechts auf Löschung der „Safe-Harbour-Regelung" (englisch für „sicherer Hafen"): Diese setzt voraus, dass der Netzdiensteanbieter benachrichtigt wird, was eine Art Toleranz für Netzdiensteanbieter oder Anbieter von Informationsdiensten (Daten) nach dem Internetsicherheitsgesetz und dem Zivilgesetzbuch darstellt.[4]

§ 1038 „Die Sicherheit personenbezogener Informationen“

Die Informationsverarbeiter dürfen die von ihnen erhobenen oder gespeicherten personenbezogenen Informationen nicht weitergeben oder verfälschen.

Ohne Zustimmung der natürlichen Person dürfen diese ihre personenbezogenen Informationen nicht unerlaubt an eine andere Person weitergeben, es sei denn, die Informationen wurden so verarbeitet, dass eine bestimmte Person nicht identifiziert und nicht rekonstruiert werden kann.

Die Informationsverarbeiter treffen die technischen und sonstigen erforderlichen Maßnahmen, um die Sicherheit der von ihnen erhobenen und gespeicherten personenbezogenen Informationen zu gewährleisten und deren Leaken, Verfälschung oder Verlust zu verhindern. Im Falle eines aufgetretenen oder möglich gewordenen Leaks, einer Manipulation oder eines Verlusts personenbezogener Informationen sind gemäß den Bestimmungen rechtzeitig Abhilfemaßnahmen zu ergreifen, die natürliche Person zu informieren und die zuständigen Behörden zu unterrichten.

## Verständnis und Anwendung

Gemäß Artikel 42 des Internetsicherheitsgesetzes dürfen Netzbetreiber die von ihnen gesammelten personenbezogenen Informationen nicht offenlegen, verfälschen oder zerstören und sie nicht ohne die Zustimmung der Person, von der sie gesammelt wurden, an Dritte weitergeben. Ausgenommen sind jedoch Informationen, die so verarbeitet wurden, dass eine bestimmte Person nicht mehr identifiziert oder rekonstruiert werden kann. Der Netzbetreiber hat die technischen und sonstigen

4 Wang Chunhui, Cheng Le,《解读民法典“隐私权和个人信息保护”》[Auslegung der Bestimmungen des Zivilgesetzbuchs zum „Schutz der Privatsphäre und der persönlichen Informationen“], *Journal of Nanjing University of Posts and Telecommunications (Social Science)*, 2020, Nr.3.

erforderlichen Maßnahmen zu ergreifen, um die Sicherheit der von ihm gesammelten personenbezogenen Informationen zu gewährleisten und Leaken, Zerstörung oder Verlust dieser Informationen zu verhindern. Sind personenbezogene Daten geleakt, zerstört oder verloren gegangen oder besteht die Möglichkeit, dass sie geleakt sind, sind unverzüglich Abhilfemaßnahmen zu ergreifen, der Nutzer ist unverzüglich zu informieren und die zuständigen Behörden sind gemäß den Bestimmungen zu unterrichten. Der Artikel 1038 des Zivilgesetzbuches folgt im Wesentlichen den Bestimmungen des Artikels 42 des Internetsicherheitsgesetzes, aber das Zivilgesetzbuch betont mehr die Verarbeitung von „gespeicherten" Informationen auf der Grundlage des „Sammelns" von Informationen. Informations- und Datenspeicherdienste sind ein wichtiger Teil des Geschäfts eines Netzwerkanbieters, aber ihre Verarbeitung muss unter der tatsächlichen Kontrolle über die Informationen und Daten erfolgen. Das Zivilgesetzbuch und das Internetsicherheitsgesetz stellen vier Anforderungen an die Informationssicherheitspflichten von Internetanbietern oder Informationsverarbeitern. Erstens dürfen Informationsverarbeiter die von ihnen erhobenen oder gespeicherten personenbezogenen Informationen nicht preisgeben oder verfälschen. Die vom Informationsverarbeiter gemäß dem Gesetz und der Vereinbarung gesammelten und aufbewahrten persönlichen Informationen sind Teil eines treuhänderischen Rechtsverhältnisses zwischen dem Informationsverarbeiter und dem Subjekt der personenbezogenen Informationen. Daher ist es den Informationsverarbeitern strengstens untersagt, die von ihnen gesammelten und gespeicherten personenbezogenen Informationen ohne die Zustimmung und Erlaubnis der betroffenen Person oder des Treuhänders der Informationen weiterzugeben oder zu manipulieren. Zweitens dürfen personenbezogene Informationen einer natürlichen Person nicht unrechtmäßig und ohne ihre Zustimmung an andere Personen weitergegeben werden, es sei denn, die Informationen wurden so verarbeitet, dass eine bestimmte Person nicht identifiziert und nicht rekonstruiert werden kann. Den Verarbeitern von Informationen ist es strengstens untersagt, personenbezogene Informationen, die sie in Übereinstimmung mit dem Gesetz und den vertraglichen Vereinbarungen gesammelt und gespeichert haben, ohne die Zustimmung der betroffenen Person an Dritte weiterzugeben – dies ist eine rote Linie, die nicht überschritten werden darf. Es versteht sich von selbst, dass Informationen, die durch technische Mittel wie die Desensibilisierung persönlicher Informationen deidentifiziert wurden, und die nicht mehr einer bestimmten Person zugeordnet werden können, sodass diese Person nicht rekonstruiert werden kann, nicht in den Anwendungsbereich der Einschränkungen fallen. Drittens müssen die Informationsverarbeiter technische und andere notwendige Maßnahmen ergreifen, um die Sicherheit der von ihnen gesammelten und gespeicherten personenbezogenen Informationen zu gewährleisten und ein Leaken von Informationen, sowie deren Manipulation und Verlust zu verhindern. Das „Ergreifen technischer und anderer notwendiger Maßnahmen" umfasst hier vor allem zwei Aspekte. Zum einen die Technologien zur Verhinderung von Datenleaks, die hauptsächlich auf Verschlüsselungstechnologien wie Datenbankverschlüsselung, Datenbank-Firewall, Datendesensibilisierung etc. setzen. Zum Zweiten „andere notwendige Maßnahmen", die sich hauptsächlich auf dic Systeme und Mechanismen zur Verhinderung von Informationsleaks, Manipulationen und Verlusten beziehen, wie z. B. ein Compliance-Management-System für personenbezogene Informationen und Daten, ein Sicherheitsaudit-Mechanismus für personenbezogene Informationen und Daten, die Klassifizierung von personenbezogenen Informationen und Daten und die Sicherung wichtiger personenbezogener Informationen und Daten etc. Viertens sind im Fall eines bestätigten oder vermuteten Leaks, einer Manipulation oder des Verlusts personenbezogener Informationen rechtzeitig Abhilfemaßnahmen zu ergreifen und die betroffenen natürlichen Personen zu informieren sowie die zuständigen Behörden im Einklang mit den Vorschriften zu benachrichtigen. Die Gründe für eine Reihe von Vorkommnissen von Informationsleaks, Manipulationen und Verlusten liegen aufseiten der Online-Diensteanbieter, während andere von Hackern verursacht werden, die sich mithilfe von Netzwerktechnologie illegal in das Datensystem des Netzbetreibers einhacken, um Informationen zu stehlen und Daten zu manipulieren, was zur Zerstörung und zum Verlust von Daten führt. Im Fall eines Leaks, einer Manipulation oder eines Verlusts personenbezogener Informationen hat der Online-Diensteanbieter unverzüglich Abhilfemaßnahmen zu ergreifen; insbesondere im Fall eines „Leaks, einer Manipulation oder eines Verlusts“ personenbezogener Informationen, die zu gravierenden Folgen führen oder möglicherweise führen können, hat er dies unverzüglich der zuständigen Behörde für die Erteilung von Genehmigungen oder die Archivierung zu melden und unverzüglich mit den für die Untersuchung und Aufarbeitung zuständigen Stellen zu kooperieren. Im Jahr 2016 wurde mit der Änderung (9) des Strafgesetzes eigens ein neuer Straftatbestand der „Weigerung, den Verpflichtungen des Informationsnetzwerk-Sicherheitsmanagements nachzukommen“ eingeführt, welcher vorsieht, dass ein Online-Diensteanbieter strafrechtlich haftbar gemacht werden kann, wenn er seinen Verpflichtungen im Bereich des Netzsicherheitsmanagements nicht nachkommt, sich weigert, Abhilfemaßnahmen zu ergreifen, nachdem er von der Aufsichtsbehörde dazu aufgefordert wurde, und wenn er die Verbreitung illegaler Informationen in großen Mengen oder das Durchsickern von Nutzerinformationen verursacht, was schwerwiegende Folgen hat, oder wenn er den Verlust von Beweisen für Straftaten verursacht oder die Justizbehörden bei der Untersuchung von Straftaten erheblich behindert.[5] Vgl. Artikel 42 des Internetsicherheitsgesetzes; Artikel 29 des Gesetzes über den Schutz der Rechte und Interessen von Verbrauchern; Artikel 35 der Verordnungen über die Landkartenverwaltung; Artikel 12 der Richtlinien des Obersten Volksgerichts zur Anwendung des Rechts in Anhörungen bei zivilrechtlichen Streitigkeiten über Verletzungen persönlicher Rechte und Interessen unter Verwendung von Informationsnetzwerken.

§ 1039 „Verpflichtung staatlicher Behörden und ihres Personals zur Geheimhaltung personenbezogener Informationen“

Staatliche Behörden und gesetzlich bestimmte Einrichtungen, die Verwaltungsfunktionen erfüllen, sowie deren Personal müssen die Privatsphäre und die personenbezogenen Informationen natürlicher Personen, von denen sie bei der Erfüllung ihrer Amtsaufgaben Kenntnis erlangen, geheim halten und dürfen diese Informationen nicht bekannt werden lassen oder Dritten unerlaubt zur Verfügung stellen.

5 Wang Chunhui, Cheng Le, 《解读民法典“隐私权和个人信息保护”》 [Auslegung der Bestimmungen des Zivilgesetzbuchs zum „Schutz der Privatsphäre und der persönlichen Informationen“], *Journal of Nanjing University of Posts and Telecommunications (Social Science)*, 2020, Nr. 3.

## Verständnis und Anwendung

Artikel 14 der Bestimmungen des Staatsrates zu Online-Behördendiensten fordern, dass Regierungsbehörden und ihre Mitarbeiter, die persönliche Informationen, private oder Geschäftsgeheimnisse, welche ihnen im Verlauf der Erfüllung ihrer Aufgaben bekannt geworden sind, weitergeben, verkaufen oder illegal zur Verfügung stellen, oder die ihre Aufgaben nicht in Übereinstimmung mit dem Gesetz erfüllen, ihre Pflichten vernachlässigen, ihre Befugnisse missbrauchen oder sich an Korruption beteiligen, gemäß dem Gesetz rechtlich zur Verantwortung gezogen werden müssen. Tatsächlich sollten zu den Institutionen, die Netzregulierungsfunktionen wahrnehmen, neben den staatlichen Einrichtungen und ihren Mitarbeitern selbst auch andere Institutionen mit administrativen Regulierungsfunktionen außerhalb der staatlichen Organe gehören, bei denen es sich hauptsächlich um Einrichtungen des öffentlichen Rechts handelt, die von den staatlichen Regulierungsorganen beauftragt werden und administrative Regulierungsfunktionen wahrnehmen. Staatliche Einrichtungen und ihre Mitarbeiter sowie Institutionen, die von staatlichen Einrichtungen mit der Überwachung von Netzen betraut sind, und deren Mitarbeiter erhalten bei der Erfüllung ihrer Aufgaben Kenntnis von einer Vielzahl personenbezogener Informationen, insbesondere von privaten Informationen von Einzelpersonen, die streng vertraulich zu behandeln sind, deren Veröffentlichung strikt untersagt, und deren unrechtmäßige Weitergabe an andere strengstens verboten ist. Das Recht auf personenbezogene Informationen weist die beiden Attribute der Persönlichkeitsrechte und der Eigentumsrechte auf, das Interesse an privaten personenbezogenen Informationen besitzt jedoch nur das Attribut der Persönlichkeitsrechte. Daher sollte das Hauptaugenmerk des Schutzes personenbezogener Informationen in China auf dem Schutz der privaten (vertraulichen) Informationen der Bürger liegen. Schließlich handelt es sich bei dem Zivilgesetzbuch nicht um ein spezielles Gesetz zum Schutz personenbezogener Informationen, sodass die Anspruchsrechte, Rechtsbehelfe und Schutzmechanismen in Bezug auf nicht private und nicht vertrauliche personenbezogener Informationen sowie die

Verkehrstransaktionen durch ein spezielles Gesetz zum Schutz personenbezogener Informationen, ein „Gesetz zum Schutz personenbezogener Informationen", geregelt werden sollten.

§ 1194 „Haftung von Nutzern und Diensteanbietern bei Rechtsverletzungen im Internet"

Internetnutzer und Anbieter von Dienstleistungen im Internet, die das Internet in einer Weise nutzen, die die Rechte und Interessen anderer Personen verletzt, haften für Verstöße. Soweit gesetzlich anderes vorgesehen ist, ist diesen Bestimmungen zu entsprechen.

## Verständnis und Anwendung

Der Begriff Rechtsverletzungen im Internet bezieht sich auf alle Arten von Verletzungen der Rechte und Interessen anderer Personen, die im Internet stattfinden. Gemeint sind weder konkrete Verletzungshandlungen, die ein bestimmtes Recht (Interesse) verletzen, noch gehört sie dem Tatbestand nach zu einer spezifischen Verletzung eines bestimmten Rechts (Interesses). Vielmehr bezieht er sich auf alle Verstöße, die im Internet stattfinden. Die Verletzung der Rechte und Interessen anderer Personen durch die Nutzung des Internets durch Anwender lässt sich grob in die folgenden Arten unterteilen. Erstens: Verletzungen der Persönlichkeitsrechte. Die wichtigsten Erscheinungsformen sind ① Diebstahl oder Vortäuschung des Namens einer anderen Person, Verletzung des Namensrechts. ② Unerlaubte Verwendung des Bildnisses einer anderen Person, die das Recht am eigenen Bild verletzt. ③ Die Veröffentlichung von Inhalten, die andere angreifen oder verleumden und das Reputationsrecht verletzen. ④ Unrechtmäßiges Eindringen in das Computersystem einer anderen Person, unrechtmäßiges Abfangen von Informationen, die von einer anderen Person übermittelt wurden, unbefugte Veröffentlichung der persönlichen Informationen einer anderen Person und Massenspamming stellen Verletzungen des Rechts auf Privatsphäre dar. Zweitens: Verletzungen von Eigentumsinteressen. Da Handlungen im Internet so bequem und schnell sind und zugleich Geschäftscharakter aufweisen, kommt es häufiger vor, dass Eigentumsrechte über das Netz verletzt werden, wie z. B. das Stehlen von Geldbeträgen von einem Online-Bankkonto einer anderen Person. Am typischsten ist aber die Verletzung von virtuellem Online-Eigentum, wie z. B. der Diebstahl von Online-Spielequipment, virtueller Währung etc. Drittens: Verletzungen der Rechte an geistigem Eigentum. Die hauptsächlichen Erscheinungsformen sind die Verletzung von Urheberrechten und Markenrechten anderer. ① Verstöße gegen das Urheberrecht. Hierzu zählen beispielsweise die unerlaubte digitale Übertragung fremder Werke, die Umgehung technischer Schutzmaßnahmen, das Eindringen in Datenbanken etc. ② Verletzungen von Markenrechten. Beispiele hierfür sind die Verwendung der Marke einer anderen Person auf der Website, die vorsätzliche Irreführung der Verbraucher, dass es sich bei der Website um die Website des Markeninhabers handelt, die böswillige Aneignung des identischen oder ähnlichen Domänennamens mit der Marke einer anderen Person etc. Der Begriff „Internetdiensteanbieter" ist weit gefasst und sollte nicht nur Anbieter technischer Dienste, sondern auch Anbieter von Content-Diensten umfassen. Die sogenannten technischen Diensteanbieter beziehen sich hauptsächlich auf Akteure im Internet, die Zugangs-, Zwischenspeicher-, Informationsspeicherplatz-, Such- und Verlinkungsdienste sowie andere Arten von Diensten bereitstellen, die den Internetnutzern keine direkten Informationen liefern. Die sogenannten Content-Dienstleister beziehen sich auf Akteure im Internet, die den Netznutzern aktiv Inhalte zur Verfügung stellen. Sie besitzen denselben rechtlichen Status wie Verleger und sollten für die Echtheit und Rechtmäßigkeit der von ihnen hochgeladenen Inhalte verantwortlich sein. Werden von ihnen rechtsverletzende Informationen bereitgestellt, wie z. B. erfundene Tatsachen zur Diffamierung anderer oder die Veröffentlichung urheberrechtsverletzender Film- oder Fernsehwerke, dann sollten sie für die Verletzung von Rechten haftbar gemacht werden. Zu den allgemeinen Haftungsregeln für Rechtsverletzungen im Internet gehören die Regeln für die Haftung von Internetnutzern, die in fremden Netzen Rechtsverletzungen begehen, und die Regeln für die Haftung von Netzdiensteanbietern, die unter Verwendung ihrer eigenen Netze Rechtsverletzungen begehen. Unabhängig davon, welche der beiden oben genannten Situationen vorliegt, wird zur Bestimmung der Haftbarkeit aus unerlaubter Handlung der Grundsatz der Verschuldenshaftung angewandt, und der Internetnutzer oder Netzdiensteanbieter ist selbst für die von ihm begangenen Rechtsverletzungen im Internet verantwortlich. Die Formulierung „soweit gesetzlich anderes vorgesehen ist" in diesem Paragrafen bezieht sich auf Fälle, in denen andere Gesetze eine zivilrechtliche Haftung von Internetnutzern und Netzdiensteanbietern für die Verletzung der zivilrechtlichen Rechte und Interessen anderer Personen bei der Nutzung des Internets vorsehen. So enthalten beispielsweise das E-Commerce-Gesetz, das Gesetz über den Schutz der Rechte und Interessen der Verbraucher und das Lebensmittelsicherheitsgesetz besondere Bestimmungen für solche Delikte und die Verantwortlichkeiten dieser zivilrechtlichen Subjekte für Verstöße sollte gemäß den jeweiligen Bestimmungen festgelegt werden. Vgl. Artikel 13–17 und 20–24 der Verordnung über Schutz des Rechts auf öffentliche Verbreitung von Werken über Informationsnetze; Bestimmungen des Obersten Volksgerichtshofs zu mehreren Fragen der Rechtsanwendung in Zivilstreitigkeiten wegen Verletzung des Rechts auf Verbreitung von Informationen im Internet.

§ 1195 „Benachrichtigungsvorschriften für die Safe-Harbor-Regelung bei der Haftung für Internetdelikte"

Nutzt ein Internetnutzer Netzdienste zur Begehung einer Rechtsverletzung, so hat der Rechteinhaber das Recht, den Netzdiensteanbieter zu veranlassen, die erforderlichen Maßnahmen zu ergreifen, z. B. die Löschung, Blockierung oder Sperrung von Links. Die Mitteilung muss Anscheinsbeweise für die Rechtsverletzung und die tatsächlichen Angaben zur Identität des Rechteinhabers enthalten.

Nach Erhalt der Mitteilung hat der Netzdiensteanbieter die Mitteilung unverzüglich an den betreffenden Internetnutzer weiterzuleiten und auf der Grundlage des Anscheinsbeweises der Rechtsverletzung und der Art des Dienstes die erforderlichen Maßnahmen zu ergreifen. Werden die erforderlichen Maßnahmen nicht rechtzeitig ergriffen, so haftet er gesamtschuldnerisch mit dem Internetnutzer für eine Ausweitung des Schadens.

Verursacht der Rechteinhaber dem Internetnutzer oder dem Netzbetreiber durch eine unrichtige Mitteilung einen Schaden, so haftet er für den Verstoß. Soweit gesetzlich anderes vorgesehen ist, ist diesen Bestimmungen zu entsprechen.

## Verständnis und Anwendung

Das Recht des Rechteinhabers auf Benachrichtigung: Wenn ein Internetnutzer bei der Nutzung eines Onlinedienstes eine Rechtsverletzung begeht, haftet der Netzdiensteanbieter grundsätzlich nicht, da er nicht die Verpflichtung übernehmen kann, die große Menge an Informationen zu überprüfen. Das bedeutet, dass ein Rechteinhaber, der der Ansicht ist, dass seine Rechte und Interessen verletzt wurden, das Recht hat, den Netzdiensteanbieter zu benachrichtigen und die erforderlichen Maßnahmen zu ergreifen, um die rechtsverletzenden Informationen und ihre Auswirkungen zu beseitigen, indem er die von dem Netznutzer auf der Website eingestellten Informationen löscht, blockiert oder abschaltet. Dieses „Notice and take down"-Verfahren soll in erster Linie dazu dienen, den Netzdiensteanbieter von der Haftung für mittelbare Rechtsverletzungen bei direkten Verstößen durch den Internetnutzer zu befreien. Nach Erhalt der Mitteilung eines Rechteinhabers muss der Netzdiensteanbieter zwei Maßnahmen ergreifen: zum einen die rechtzeitige Weiterleitung der Mitteilung an den betreffenden Internetnutzer und zum anderen das rechtzeitige Ergreifen der erforderlichen Maßnahmen, wie z. B. die Löschung, Blockierung oder Abschaltung von Links zu den rechtsverletzenden Informationen, je nach den tatsächlichen Umständen, wie z. B. dem Anscheinsbeweis für eine Rechtsverletzung und der Art des Dienstes. Wenn der Netzdiensteanbieter die beiden oben genannten Verpflichtungen erfüllt hat, haftet er nicht für Verstöße. Netzdiensteanbieter, die es versäumen, rechtzeitig die erforderlichen Maßnahmen zu ergreifen, haften für Verstöße und haften teilweise gesamtschuldnerisch mit dem Internetnutzer für einen sich ausweitenden Anteil des Schadens. Bei Zuwiderhandlungen, die der Netzdiensteanbieter von sich aus begeht, haftet er, sofern er den gesetzlichen Tatbestand erfüllt, für die Zuwiderhandlung und kann sich nicht durch die Anwendung des „Notice and Take down"-Verfahrens von der Haftung befreien. Der wesentliche Inhalt der Mitteilung: Sie sollte Anscheinsbeweise für die Rechtsverletzung und die wahre Identität des Rechteinhabers enthalten; eine Mitteilung ohne diese notwendigen Elemente ist unwirksam. Maßnahmen zur Ahndung eines durch den Rechteinhaber missbräuchlich ausgeübten Benachrichtigungsrechts: Führen die aufgrund missbräuchlicher Ausübung des Benachrichtigungsrechts durch den Rechteinhaber ergriffenen notwendigen Maßnahmen zu einem Schaden beim Internetnutzer oder beim Netzdiensteanbieter, so haftet der Verursacher der missbräuchlichen Benachrichtigung gegenüber dem Internetnutzer für den durch die missbräuchliche Ausübung des Benachrichtigungsrechts verursachten Schaden.

§ 1196 „Vorschriften über Gegendarstellungen beim Grundsatz der Safe-Harbor-Regelung zur Haftung für Internetdelikte"

Nach Erhalt einer weitergeleiteten Mitteilung kann ein Internetnutzer gegenüber dem Netzbetreiber eine Erklärung abgeben, dass kein Verstoß vorliege. Die Erklärung muss Anscheinsbeweise für das Nichtvorliegen eines Verstoßes und die wahren Angaben zur Identität des Netznutzers enthalten.

Nach Eingang der Erklärung muss der Netzdiensteanbieter die Erklärung an den Rechteinhaber, der die Mitteilung abgeschickt hat, weiterleiten und ihn darüber informieren, dass er bei den zuständigen Behörden Beschwerde einlegen oder beim Volksgericht Klage erheben kann. Nach Eingang der Erklärung muss der Netzdiensteanbieter die Erklärung an den Rechteinhaber, der die Mitteilung abgeschickt hat, weiterleiten und ihn darüber informieren, dass er bei den zuständigen Behörden Beschwerde einlegen oder beim Volksgericht Klage erheben kann. Erhält der Netzdiensteanbieter innerhalb einer angemessenen Frist nach Zugang der weitergeleiteten Erklärung beim Rechteinhaber keine Mitteilung, dass der Rechteinhaber eine Beschwerde eingereicht oder einen Rechtsstreit angestrengt hat, so muss er die getroffenen Maßnahmen unverzüglich einstellen.

## Verständnis und Anwendung

Wenn der Rechteinhaber von seinem Recht Gebrauch macht, gegen die vom Internetnutzer veröffentlichten Informationen die erforderlichen Maßnahmen ergreifen zu lassen, leitet der Netzdiensteanbieter die Mitteilung an den Internetnutzer weiter, nach Erhalt der Meldung hat der Internetnutzer das Recht auf Gegendarstellung und kann dem Netzdiensteanbieter gegenüber erklären, dass keine Rechtsverletzung vorliegt. Die eingereichte Gegendarstellung sollte auch Anscheinsbeweise für das Nichtvorliegen einer Zuwiderhandlung sowie Informationen über die wirkliche Identität enthalten. Eine Gegendarstellung, die diese Anforderungen nicht erfüllt, hat nicht die Wirkung einer Gegendarstellung. Teilt der Rechteinhaber dem Netzdiensteanbieter nicht innerhalb einer angemessenen Frist nach Eingang der Gegendarstellung mit, dass er eine Klage eingereicht oder eine Strafverfolgung eingeleitet hat, so muss der Netzdiensteanbieter die Maßnahmen zur Löschung, Blockierung oder Abschaltung der vom Netznutzer veröffentlichten Informationen unverzüglich beenden, um die Meinungsfreiheit des Netznutzers, d. h. des Rechteinhabers der Gegendarstellung, zu schützen.

§ 1197 „Die gesamtschuldnerische Haftung von Internetnutzern und Netzdiensteanbietern"

Weiß ein Netzbetreiber oder sollte er wissen, dass ein Internetnutzer seinen Netzdienst nutzt, um die zivilen Rechte und Interessen anderer zu verletzen, und unterlässt er es, die erforderlichen Maßnahmen zu ergreifen, so haftet er gesamtschuldnerisch zusammen mit dem Internetnutzer.

## Verständnis und Anwendung

Die Einschätzung von „Wissen" ist in der Praxis ein sehr schwieriges Problem, sodass der Richter in einem konkreten Fall verschiedene Faktoren einbeziehen sollte. Um nach einem angemessenen Standard zu urteilen, sollten im Allgemeinen drei wichtige Grundsätze befolgt werden. Erstens sollte der Beurteilungsstandard je nach Art eines Netzbetreibers, der technische Dienste erbringt, unterschiedlich sein. Der Standard für die Feststellung, ob ein Netzdiensteanbieter, der Zugangs- und Zwischenspeicher-Dienste anbietet, etwas „gewusst" hat, sollte strenger sein als der für Netzdiensteanbieter, die andere Dienste anbieten. Zugangsdienste verbinden Websites und Internetnutzer miteinander, und alle Netzwerkinformationen, einschließlich rechtsverletzender Informationen, müssen über Zugangsdienste übertragen werden. Diese Übertragung erfolgt jedoch unmittelbar und die Menge an Informationen ist sehr groß, weshalb ein solcher Anbieter von Netzwerkdiensten nicht jede einzelne Information überprüfen kann; wenn der Bestimmungsmaßstab also zu weit gefasst ist, kann dies dazu führen, dass der Anbieter von Zugangsdiensten eine zu große Verantwortung trägt und die universellen Zugangsdienste beeinträchtigt werden. Zweitens sollte je nach Schutzgegenstand auch der Beurteilungsstandard unterschiedlich sein. Wenn bei Urheberrechtsverletzungen der Internetdiensteanbieter die vom Internetnutzer hochgeladenen Informationen keiner manuellen Kontrolle unterzogen hat, muss im Allgemeinen nicht von einer Rechtsverletzung ausgegangen werden, es sei denn, die Urheberrechtsverletzung war sehr offensichtlich. Bei Verdacht auf Rufschädigung, missbräuchliche Verwendung fremder Porträts, rechtswidrige Veröffentlichung fremder personenbezogener Informationen etc. ist es ohne eine gerichtliche Anhörung manchmal schwierig, genau festzustellen, ob tatsächlich ein Rechtsverstoß vorliegt. Netzdiensteanbieter sind keine Justizbehörden und sollten nicht verpflichtet sein, über professionelle juristische Kenntnisse zu verfügen, geschweige denn, die von den Nutzern veröffentlichten Informationen einzeln zu überprüfen. Im Allgemeinen ist man der Meinung, dass Informationen, die keine Verletzung darstellen sollten, von der Haftung ausgenommen werden können. Drittens besteht für den Internetdienstanbieter, der technische Dienste anbietet, keine allgemeine Zensurpflicht. In der Gerichtspraxis sollte sorgfältig verifiziert werden, ob die Anbieter von Netzdiensten „wussten", dass Internetnutzer ihre Netzdienste zur Begehung von Rechtsbrüchen nutzten. Ein zu weit gefasster Beurteilungsmaßstab kann dazu führen, dass der Netzdienstanbieter zu einer allgemeinen Zensur verpflichtet wird. Aufgrund des offenen Charakters des Internets sind die Informationen im Internet sehr vielfältig, und eine Verpflichtung der Anbieter von Internetdiensten, jede einzelne Information zu überprüfen, kann deren Betriebskosten erheblich erhöhen und die Entwicklung der Internetbranche behindern.

§1226 „Haftung medizinischer Einrichtungen für die Verletzung der Privatsphäre und der Vertraulichkeit personenbezogener Informationen von Patienten"

Medizinische Einrichtungen und ihr medizinisches Personal müssen die Privatsphäre und die persönlichen Informationen der Patienten vertraulich behandeln. Wer die Privatsphäre und die persönlichen Informationen von Patienten offenlegt oder ihre medizinischen Unterlagen ohne ihre Zustimmung weitergibt, haftet für Verstöße.

## Verständnis und Anwendung

Während des Beratungsgesprächs informieren die Patienten den Arzt über ihre Privatsphäre und ihre persönlichen Informationen, um es dem medizinischen Personal zu ermöglichen, eine genaue Diagnose zu stellen und die so durch Aufzeichnungen des Behandlungsverlaufs erstellten Krankenakten der Patienten, beinhalten selbst die Privatsphäre und die persönlichen Informationen der Patienten. Medizinische Einrichtungen und medizinisches Personal haben die Pflicht zur Vertraulichkeit und dürfen die Privatsphäre der Patienten, persönliche Informationen und Krankenakten nicht weitergeben oder öffentlich machen. Die Preisgabe der Privatsphäre und personenbezogener Informationen von Patienten oder die unbefugte Weitergabe von Krankenakten von Patienten sind Handlungen, die das Recht der Patienten auf Privatsphäre und persönliche Informationen verletzen und schadensersatzpflichtig sein sollten. Zwischen der Deliktshaftung medizinischer Einrichtungen für Verletzungen des Rechts der Patienten auf Schutz ihrer Privatsphäre und ihrer persönlichen Informationen und dem Recht auf Inanspruchnahme der

Persönlichkeitsrechte gemäß dem Abschnitt über die Persönlichkeitsrechte des Zivilgesetzbuches besteht eine Gesetzeskonkurrenz. In Artikel 995 des Zivilgesetzbuches heißt es: „Wird das Persönlichkeitsrecht verletzt, so hat der Geschädigte das Recht, den Verursacher gemäß den Bestimmungen dieses Gesetzbuches und anderer Gesetze zivilrechtlich haftbar zu machen." Der Patient kann einen Schadensersatzanspruch gemäß den Bestimmungen dieses Artikels oder eine zivilrechtliche Haftung gegenüber der medizinischen Einrichtung gemäß den Bestimmungen des Artikels 995 geltend machen. Da es sich bei diesem Artikel um ein Sondergesetz handelt, ist es für den geschädigten Patienten angemessener, die medizinische Einrichtung gemäß diesem Artikel auf Schadenersatz zu verklagen. Vgl. Artikel 995 des Zivilgesetzbuches; Artikel 22 des Ärztegesetzes; Artikel 1 der Auslegung des Obersten Volksgerichts zu verschiedenen Fragen im Zusammenhang mit der Feststellung der Haftung für immaterielle Schäden in zivilrechtlichen Delikten.

ANHANG 2

# Verzeichnis ausländischer Gesetze und Richtlinien zum Datenschutz

Tabelle (Anhang) Verzeichnis ausländischer Gesetze und Richtlinien zum Datenschutz

| Land / Organisation (in alphabetischer Reihenfolge) | Deutschsprachige Bezeichnung | Fremdsprachige Bezeichnung |
|---|---|---|
| Argentinien | Gesetz zum Schutz personenbezogener Daten | Law for the Protection of Personal Data |
| Aserbaidschan | Gesetz zu Informationen, Informatisierung und Informationsschutz | Law of the Republic of Azerbaijan on Information, Informatization and Protection of Information |
| | Gesetz zum Recht auf Zugang zu Informationen | Law of the Republic of Azerbaijan on Right to Obtain Information |
| Ägypten | Gesetz zum Schutz personenbezogener Daten | Data Protection Law |
| | Gesetz zur Bekämpfung von Internet- und IT-Kriminalität | مكافحة†جرائم†تقنية†المعلومات“ |
| Irland | Praktischer Leitfaden zur Meldung von Datenschutzverletzungen nach der DSGVO | A Practical Guide to Personal Data Breach Notifications under the GDPR |
| | Gesetzentwurf zur gemeinsamen Nutzung und Governance von Daten | Data Sharing and Governance Bill |
| | Gesetzentwurf zu Online-Sicherheit und Medienregulierung | General Scheme of the Online Safety & Media Regulation Bill |
| | Datenschutzgesetz Entwurf 2018 | Data Protection Act 2018 |
| Estland | Gesetz zum Schutz personenbezogener Daten | Personal Data Protection Act |

| Land / Organisation (in alphabetischer Reihenfolge) | Deutschsprachige Bezeichnung | Fremdsprachige Bezeichnung |
|---|---|---|
| Angola | Gesetz Nr. 22/11 zum Schutz personenbezogener Daten | Law 22/11 on Personal Data Protection |
| | Gesetz über den Schutz von Informationssystemen und -netzen | Protection of Information Systems and Networks Law |
| Österreich | Bundesgesetz zum Schutz personenbezogener Daten | Bundesgesetz über den Schutz personenbezogener Daten |
| | Gesetz zum Schutz von Informationen | Bundesgesetz vom 18. Oktober 1978 über den Schutz personenbezogener Daten |
| Australien | Gesetzentwurf zur Änderung des Gesetzes zum Schutz der Privatsphäre 2020 (Kontaktinformationen im öffentlichen Gesundheitswesen) | Privacy Amendment (Public Health Contact Information) Act 2020 |
| | Gesetzentwurf über die persönliche Kontrolle elektronischer Gesundheitsdaten | Personally Controlled Electronic Health Records Act |
| | Gesetzentwurf zur Benachrichtigung bei Datenschutzverletzungen | Notifiable Data Breaches Act |
| | Gesetzesänderung zur Privatsphäre im Gesundheitswesen | Privacy Amendment (Privacy Sector) Act |

(*Fortgesetzt*)

Tabelle (Anhang) Fortgesetzt

| Land / Organisation (in alphabetischer Reihenfolge) | Deutschsprachige Bezeichnung | Fremdsprachige Bezeichnung |
|---|---|---|
| | Gesetzentwurf zu Verbraucherdatenrechten | Customer Data Right Bill |
| | Richtlinien zum Sicherheitsmanagement von Informationen | Information Security Management Framework |
| | Gesetz zur Privatsphäre | Privacy Act |
| Barbados | Gesetz über Computermissbrauch | Computer Misuse Act |
| Papua-Neuguinea | Verordnung zur Cyberkriminalität 2016 | Cybercrime Code Act 2016 |
| Bahamas | Gesetzentwurf über den Datenschutz (Schutz personenbezogener Daten) | Data Protection （Privacy of Personal Information） Act |
| Pakistan | Gesetzentwurf zur Abwendung elektronischer Straftaten | Prevention of Electronic Crimes Bill |
| Paraguay | Gesetz zum Schutz personenbezogener Daten | Law for the Protection of Personal Data |
| Brasilien | Schutz von Software und Urheberrechten an Softwareprodukten und andere einschlägige Vorschriften | Protection of Software, Intellectual Property Rights of Software Products and Other Relevant Regulations |
| | Gesetz zur Bekämpfung von Internetkriminalität | Crimes cibernéticos sob a égide da Lei 12.737/2012 |

| Land / Organisation (in alphabetischer Reihenfolge) | Deutschsprachige Bezeichnung | Fremdsprachige Bezeichnung |
|---|---|---|
| | Allgemeines Gesetz zum Schutz personenbezogener Daten | Lei Geral de Proteção de Dados Pessoais |
| Bulgarien | Gesetz zum Schutz personenbezogener Daten | Personal Data Protection Act |
| | Gesetz über den Zugang zu öffentlichen Informationen | Access to Public Information Act |
| | Gesetz zum Schutz von geheimen Informationen | Protection of Classified Information Act |
| Benin | Digitalgesetzbuch von Benin | Loi n° 2017–20 portant code du numérique en République du Bénin |
| Belgien | Gesetz über den Datenschutz bei der Verarbeitung personenbezogener Dokumente | Act of 8 December 1992 on the Protection of Privacy in Relation to the Processing of Personal Data |
| | Gesetzentwurf zu Überwachungskameras | The Act of 21 March 2018 modifying the act on the installation and use of cameras （Camera Act） |
| | Gesetzentwurf zur Privatsphäre | The Act of 30 July 2018 on the protection of natural persons with regard to the processing of their personal data ("Privacy Act") |
| Peru | Verordnung zum Gesetz über den Schutz persönlicher Daten | Personal Data Protection Law |

(*Fortgesetzt*)

Tabelle (Anhang) Fortgesetzt

| Land / Organisation (in alphabetischer Reihenfolge) | Deutschsprachige Bezeichnung | Fremdsprachige Bezeichnung |
|---|---|---|
| Iceland | Gesetzentwurf über den Datenschutz und die Verarbeitung personenbezogener Daten | Act on Data Protection and the Processing of Personal Data |
| Polen | Gesetz zum Schutz personenbezogener Daten | Act on the Protection of Personal Data |
| Botswana | Gesetzentwurf zum Datenschutz | Data Protection Act |
| Burkina Faso | Gesetz zum Schutz personenbezogener Daten | Law N°010- 2004/AN Portant Protection des Données à Caractère Personnel |
| Dänemark | Datenschutzgesetz Dänemarks | Danish Data Protection Act |
| | Gesetzentwurf über die Verarbeitung von personenbezogenen Daten | Act on Processing of Personal Data |
| | Gesetzentwurf über die Wiederverwendung von Informationen im öffentlichen Sektor | Act on the Reuse of Public Sector Information |
| | Zweites Datenschutz-Anpassungs- und Umsetzungsgesetz | Zweites Datenschutz-Anpassungs- und Umsetzungsgesetz |
| | Gesetz zum Schutz vor Missbrauch personenbezogener Daten bei der Datenverarbeitung | Gesetz zum Schutz vor Missbrauch personenbezogener Daten bei der Datenverarbeitung |
| | Hessisches Datenschutzgesetz | Hessisches Datenschutzgesetz |

| Land / Organisation (in alphabetischer Reihenfolge) | Deutschsprachige Bezeichnung | Fremdsprachige Bezeichnung |
|---|---|---|
| Deutschland | Bundesdatenschutzgesetz | Bundesdatenschutzgesetz |
| | Gesetz gegen Wettbewerbsbeschränkungen | Die 10. Novelle des Gesetzes gegen Wettbewerbsbeschränkungen – Schwerpunkt: Digitale Märkte und ECN+ Richtlinie |
| | Charta der digitalen Grundrechte der Europäischen Union | Charta der digitalen Grundrechte der Europäischen Union |
| | Teledienstegesetz | Teledienstegesetz |
| | IT Sicherheitsgesetz | IT Sicherheitsgesetz |
| Dubai | Gesetz zum Datenschutz | Data Protection Law （DIFC LAW No.5 of 2020） |
| Togo | Gesetz zum Schutz personenbezogener Daten | Data Protection Law |
| ASEAN | Rahmen zum Datenmanagement | ASEAN Data Management Framework |
| Zehn ASEAN-Länder und China, Japan, Korea, Australien, Neuseeland | Regionale umfassende Wirtschaftspartnerschaft (datenbezogene Bestimmungen) | Regional Comprehensive Economic Partnership （RCEP） |
| | Gesetz zu kritischen Dateninfrastrukturen | The Federal Law On Security of Critical Russian Federation Information Infrastructure |

(*Fortgesetzt*)

Tabelle (Anhang) Fortgesetzt

| Land / Organisation (in alphabetischer Reihenfolge) | Deutschsprachige Bezeichnung | Fremdsprachige Bezeichnung |
|---|---|---|
| Russland | Gesetz über Information, Informationstechnologie und Informationsschutz | The Federal Law （No.149-FZ of July 27， 2006） On Information， Informational Technologies and the Protection of Information |
| | Änderungsentwurf der Gesetzesreihe der Russischen Föderation „Zur weiteren Präzisierung der Regelung zur Verarbeitung personenbezogener Daten im Internet“ | Federal Law No.242-FZ， On the Introduction of Amendments to Certain Legislative Acts of the Russian Federation with regard to the Clarification of the Procedure for the Processing of Personal Data in Data Telecommunications Networks |
| | Gesetz über technische Kontrolle | The Federal Law （No.184 of 27.12.2002） on Technical Regulation |
| | Föderales Gesetz über Kommunikation und Änderungen des Gesetzes der Russischen Föderation über Information, Informationstechnologie und Informationsschutz | Федеральный закон от 01.05.2019 n 90-ФЗ “О внесении изменений в Федеральный закон” О связи “и Федеральный закон” Об информации, информационных технологиях и о защите информации |
| | Bundesgesetz zum Schutz personenbezogener Daten | Federal Law of 27 July 2006 No.152-FZ on Personal Data |
| | Gesetz über die Lokalisierung von Daten | Федеральный закон от 21 июля 2014 г N 242 ФЗ О внесении изменений в отдельные за |

| Land / Organisation (in alphabetischer Reihenfolge) | Deutschsprachige Bezeichnung | Fremdsprachige Bezeichnung |
|---|---|---|
| | Doktrin der Informationssicherheit | Доктрины информационной безопасности |
| | Gesetz über die neuen Regeln für führende Blogger | Russia's New "Bloggers Law" |
| Frankreich | Gesetz gegen Hasskriminalität im Internet | Proposition de loi visant a lutter contre les contenus haineux sur internet |
| | Gesetz zum Schutz personenbezogener Daten | LOI n°2018-493 du 20 juin 2018 relative à la protection des données personnelles |
| | Gesetz über den Schutz von Personen bei der Verarbeitung personenbezogener Daten | La loi n°2004-801 du 6 août 2004 relative à la protection des personnes physiques à l'égard des traitements de données à caractère personnel transpose |
| | Datenschutzgesetz | Personal Data Protection Act |
| | Gesetz über die digitale Republik | LOI n°2016-1321 du 7 octobre 2016 pour une République numérique |
| | Gesetz über Datenverarbeitung, Datendateien und persönliche Freiheiten | Act No.78-17 of 6 January 1978 on Data Processing, Data Files and Individual Liberties |

(*fortgesetzt*)

Tabelle (Anhang) Fortgesetzt

| Land / Organisation (in alphabetischer Reihenfolge) | Deutschsprachige Bezeichnung | Fremdsprachige Bezeichnung |
|---|---|---|
| | Gesetz zur Digitalsteuer | LOI n°2019-759 du 24 juillet 2019 portant création d'une taxe sur les services numériques et modification de la trajectoire de baisse de l'impôt sur les sociétés |
| Fidschi | Gesetz zur Internetkriminalität 2021 | Cybercrime Act 2021 |
| Philippinen | Gesetz zur Datenprivatsphäre | Data Privacy Act |
| Afrikanische Union | Leitfaden für den Schutz personenbezogener Daten in Afrika | Personal Data Protection Guidelines for Africa |
| | Übereinkommen über Netzwerksicherheit und den Schutz personenbezogener Daten | African Union Convention on Cyber Security and Personal Data Protection |
| Finnland | Dokumentenschutzgesetz | Data Protection Act |
| | Gesetz zum Schutz personenbezogener Daten | Personal Data Protection Act |
| Kolumbien | Gesetz zum Schutz personenbezogener Daten (Gesetz 1581) | Personal Data Protection law 2012 （Law 1581/2012） |
| Costa Rica | Gesetz Nr. 8968 über den Schutz von Personen beim Umgang mit personenbezogenen Daten | Law No.8968 on the Protection of the Person Concerning the Treatment of Personal Data |
| Grenada | Gesetz über den elektronischen Geschäftsverkehr | Electronic Transaction Act |

| Land / Organisation (in alphabetischer Reihenfolge) | Deutschsprachige Bezeichnung | Fremdsprachige Bezeichnung |
|---|---|---|
| Korea | Gesetz mit Bezug zur Förderung der Nutzung von Informations- und Kommunikationsnetzen und zum Schutz von Informationen | Act on Promotion of Utilization of Information and Communication Network and Data Protection |
| | Gesetz zum Schutz personenbezogener Informationen | Personal Information Protection Act |
| | Gesetz über den Schutz personenbezogener Informationen in Behörden | 공공기관 개인정보 보호법 |
| | Verordnung über die Sicherheit von Informationssystemen und den Schutz der Privatsphäre persönlicher Informationen | Regulations on Establishing Information System Security and Protecting Personal Information Privacy |
| | Entwurf zum Grundgesetz der Robotik | 로봇기본법안 |
| | Gesetz über den Schutz und die Nutzung von Standortinformationen | Act on the Protection， Use， etc.， of Location Information |
| | Gesetz zur Förderung der Informationssicherheitsindustrie | 정보보호산업의 진흥에 관한 법률 |
| | Gesetz zur Förderung der Industrie der Informations- und Kommunikationssicherheit | 정보보호산업의진흥에관한법률 |

*(Fortgesetzt)*

Tabelle (Anhang) Fortgesetzt

| Land / Organisation (in alphabetischer Reihenfolge) | Deutschsprachige Bezeichnung | Fremdsprachige Bezeichnung |
|---|---|---|
| | Gesetz über die Nutzung und den Schutz von Kreditinformationen | Credit Information Use and Protection Act |
| | Gesetz über die Entwicklung des Cloud Computing und den Schutz der Nutzer | Act on the Development of Cloud Computing and Protection of its Users |
| | Gesetz zur Förderung der Nutzung von Informations- und Kommunikationsnetzen und zum Schutz von Informationen | Act on Promotion of Information and Communications Network Utilization and Information Protection |
| | Gesetz zur Förderung der Entwicklung und Verbreitung von intelligenten Robotern | Intelligent Robots Development and Distribution Promotion Act |
| Niederlande | Gesetzentwurf über Nachrichtendienste und Sicherheit | Wet op de inlichtingen en veiligheidsdiensten |
| | Dokumentenschutzgesetz | Data Protection Act |
| | Gesetz zur Umsetzung der digitalen Charta 2020 | Digital Charter Implementation Act，2020 |
| | Verordnungen zu Informationen bei Einlagenversicherungsgesellschaften und Einlagenversicherungen | Deposit Insurance Corporation Deposit Insurance Information Regulations |

| Land / Organisation (in alphabetischer Reihenfolge) | Deutschsprachige Bezeichnung | Fremdsprachige Bezeichnung |
|---|---|---|
| Kanada | Verordnung über die elektronische Anmeldung und Bereitstellung von Informationen (GST/HST) | Electronic Application and Provision of Information （GST/HST） Regulations |
| | Verordnungen über elektronische Dokumente und elektronische Informationen | Electronic Documents and Electronic Information Regulations |
| | Gesetzentwurf zur Datenbank für Sexualstraftäter mit hohem Risiko für Kinder | High Risk Child Sex Offender Database Act |
| | Gesetz zum Schutz persönlicher Informationen und elektronischer Dokumente | Personal Information Protection and Electronic Documents Act |
| | Verordnungen über Informationen im Rundfunk | Broadcast Information Regulations |
| | Vorschriften über die Haftung im Seeverkehr und die Rückgabe von Informationen | Maritime Liability and Information Return Regulations |
| | Verordnung über den Zugang zu Informationen | Access to Information Regulations |
| | Kanadisches Gesetz über die Sicherheit beim Informationsaustausch | Security of Canada Information Sharing Act |
| | Informationen zur Eingabe von Steuergutschriften, (GST/HST) Vorschriften | Input Tax Credit Information （GST/HST） Regulations |

*(Fortgesetzt)*

Tabelle (Anhang) Fortgesetzt

| Land / Organisation (in alphabetischer Reihenfolge) | Deutschsprachige Bezeichnung | Fremdsprachige Bezeichnung |
|---|---|---|
| | Digitale Charta | Digital Charter |
| | Gesetz über den digitalen Privatsphärenschutz | Digital Privacy Act |
| | Gesetz über die Informationssicherheit | Security of Information Act |
| | Gesetz über den Zugang zu Informationen | Access to Information Act |
| | Vorschriften für Gutschrifts- und Lastschriftinformationen (GST/HST) | Credit Notes and Debit Memo Information （GST/HST） Regulations |
| | Verordnungen über Kreditinformationen (Versicherungsgesellschaften) | Credit Information （Insurance Company） Regulations |
| | Gesetz zum Schutz der Privatsphäre | Privacy Act |
| | Verordnungen zur Überprüfung der Informationen zu gefährlichen Substanzen | Hazardous Materials Information Review Act |
| Tschechische Republik | Gesetz zum Schutz personenbezogener Informationen | Personal Data Protection Act |

| Land / Organisation (in alphabetischer Reihenfolge) | Deutschsprachige Bezeichnung | Fremdsprachige Bezeichnung |
| --- | --- | --- |
| Simbabwe | Gesetz zur Verarbeitung personenbezogener Daten | Personal Data Processing Act |
| | Gesetz über den Zugang zu Informationen und den Schutz der Privatsphäre | The Access to Information and Protection of Privacy Act |
| Organisation für wirtschaftliche Zusammenarbeit und Entwicklung (OECD) | Grundsätze und Richtlinien für den offenen Zugang zu öffentlich finanzierten Forschungsdaten | Principles and Guidelines for Access to Research Data from Public Funding |
| | Empfehlungen für Richtlinien zum Schutz der Privatsphäre und zum grenzüberschreitenden Verkehr von personenbezogenen Daten | Recommendation of the Council Concerning Guidelines Governing the Protection of Privacy and Transborder Flows of Personal Data |
| | Erklärung zu grenzüberschreitenden Datenströmen | Declaration on Trans-border Data Flows |
| | Ein Leitfaden für den Schutz der Privatsphäre und den grenzüberschreitenden Fluss personenbezogener Daten | OECD Guidelines on the Protection of Privacy and Trans-border Flows of Personal Data |

*(Fortgesetzt)*

Tabelle (Anhang) Fortgesetzt

| Land / Organisation (in alphabetischer Reihenfolge) | Deutschsprachige Bezeichnung | Fremdsprachige Bezeichnung |
|---|---|---|
| Katar | Gesetz zum Schutz der Privatsphäre und personenbezogener Daten | Law No.13 of 2016 Concerning Privacy and Protection of Personal Data |
| Kroatien | Gesetz zum Schutz personenbezogener Daten | Personal Data Protection Act |
| Kenia | Gesetz zum Schutz personenbezogener Daten in Kenia | Kenya Data Protection Bill of 2020 |
| | Gesetz über den Datenschutz | Data Proteciton Act of 2019 |
| Lettland | Gesetz zum Schutz personenbezogener Daten | Personal Data Protection Law |
| Laos | Gesetz zum Schutz elektronischer Daten | Law on Electronic Data Protection |
| Litauen | Gesetzentwurf über den Schutz personenbezogener Daten | Law on the Legal Protection of Personal Data |
| | Richtlinien für computergestützte Dateien mit personenbezogenen Daten | Guidelines Concerning Computerized Personal Data Files |
| Vereinte Nationen | Schutz personenbezogener Daten und Grundsätze des Schutzes der Privatsphäre | Personal Data Protection and Privacy Pinciples |
| | Leitfaden mit Spezifikationen für die computergestützte Verarbeitung personenbezogener Datendokumente | Guidelines for the Regulation of Computerized Personal Data Files |

| Land / Organisation (in alphabetischer Reihenfolge) | Deutschsprachige Bezeichnung | Fremdsprachige Bezeichnung |
|---|---|---|
| | Gesetz zur eingeschränkten Nutzung von digitalcomputergestützter Verarbeitung von Daten | Act Concerning Use of Nominal Data in Computer Processing |
| | Datenprivatsphäre, -ethik und -schutz: Ein Leitfaden zu Big Data in der Agenda für 2030 | Data Privacy， Ethics and Protection: Guidance Note on Big Data for Achievement of the 2030 Agenda |
| Liechtenstein | Entwurf zum Datenschutzgesetz | Datenschutzgesetz （DSG） |
| Luxemburg | Bestimmungen über die Verarbeitung personenbezogener Daten in elektronischen Nachrichtengruppen | Specific Provision for the Protection of Persons with Regard to the Processing of Personal Data in the Electronic Communications Act |
| | Allgemeiner Datenschutz-Rahmen | Act of 1 August 2018 on the Organisation of the National Data Protection Commission and the General Data Protection Framework |
| | Gesetz Nr. 677/2001 über den Schutz natürlicher Personen bei der Verarbeitung personenbezogener Daten und den freien Datenverkehr, geändert und ergänzt | Law No.677/2001 on the Protection of Individuals with regard to the Processing of Personal Data and Free Movement of Such Data |

(*Fortgesetzt*)

Tabelle (Anhang) Fortgesetzt

| Land / Organisation (in alphabetischer Reihenfolge) | Deutschsprachige Bezeichnung | Fremdsprachige Bezeichnung |
|---|---|---|
| | Gesetz über den Schutz von Personen bei der Verarbeitung personenbezogener Daten | The Law of 2 August 2002 on the Protection of Persons with Regard to the Processing of Personal Data |
| Rumänien | Gesetz Nr. 102/2005 über die Einrichtung, Organisation und Arbeitsweise der nationalen Kontrollstelle für die Verarbeitung personenbezogener Daten | Law No 102/2005 on the Setting Up, Organisation and Functioning of the National Supervisory Authority for Personal Data Processing |
| | Rumänisches Gesetz Nr. 190/2018 | Romanian Law No.190/2018 |
| | Datenschutzgesetz | Data Protection Act |
| Malta | Entwurf zum Datenschutzgesetz | Data Protection Act |
| Malaysia | Gesetz zum Schutz personenbezogener Daten | Personal Data Protection Act |
| Mauritius | Gesetzentwurf zur Cybersicherheit 2012 | Cybersecurity Act of 2012 |
| | Datenschutzgesetz | Data Protection Act |
| Vereinigte Staaten Amerika | Gesetz über sichere und vertrauenswürdige Kommunikationsnetze | Secure and Trusted Communications Networks Act |
| | Gesetz zum Schutz der Privatsphäre von Kindern im Internet | Children's Online Privacy Protection Act |

| Land / Organisation (in alphabetischer Reihenfolge) | Deutschsprachige Bezeichnung | Fremdsprachige Bezeichnung |
|---|---|---|
| | Gesetzentwurf zur Sicherheit von Versicherungsdaten | Insurance Data Security Model Law |
| | Gesetz über Daten zum Grenzschutz | Protecting Data at the Border Act |
| | Gesetz zur Klärung der rechtmäßigen Nutzung von Daten im Ausland (USA) | Clarifying Lawful Overseas Use of Data Act （“Cloud” Act） |
| | Gesetz zur strafrechtlichen Durchsetzung und Abschreckung von Missbrauch durch telefonische Roboteranrufe | Telephone Robocall Abuse Criminal Enforcement and Deterrence Act |
| | Gesetz zum Schutz von Telefonnutzern | Telephone Consumer Protection Act |
| | Gesetz über Kabelkommunikation | Cable Communications Policy Act |
| | Gesetz über Computerabgleich und Privatsphärenschutz | Computer Matching and Privacy Protection Act |
| | Telekommunikationsgesetz | Telecommunication Act |
| | Gesetz über elektronische Signaturen | ESign Act |

(*Fortgesetzt*)

Tabelle (Anhang) Fortgesetzt

| Land / Organisation (in alphabetischer Reihenfolge) | Deutschsprachige Bezeichnung | Fremdsprachige Bezeichnung |
|---|---|---|
| | Gesetz zur Privatsphäre in der elektronischen Kommunikation | Electronic Communications Privacy Act |
| | Gesetzentwurf zur Freiheit elektronischer Informationen (Änderung) | The Electronic Freedom of Information Act （Amendment） |
| | Gesetzentwurf zur Abwehr telefonischer Roboteranrufe | Pallone-Thune Traced （Pallone-Thune Telephone Robocall Abuse Criminal Enforcement and Deterrence） |
| | Gesetz zur Bekämpfung ausländischer Propaganda und Desinformation | Countering Foreign Propaganda and Disinformation Act |
| | Gesetzentwurf zur persönlichen Privatsphäre und Sicherheit | Personal Data Privacy and Security Act |
| | Gesetz über die Sicherheit öffentlicher Netzwerke | Secure Public Networks Act |
| | Gesetz über gerechte Kreditauskunft | Fair Credit Reporting Act |
| | Gesetz über den Schutz von Informationen zu kritischer Infrastruktur | Critical Infrastructure Information Act |
| | Eine große Übereinkunft bei der Gesetzgebung zum Datenschutz für Amerika | A Grand Bargain on Data Privacy Legislation For America |

| Land / Organisation (in alphabetischer Reihenfolge) | Deutschsprachige Bezeichnung | Fremdsprachige Bezeichnung |
|---|---|---|
| | Internationale Safe-Harbor Grundsätze zum Schutz der Privatsphäre | Safe Harbor Privacy Principles |
| | Gesetz über den Schutz der nationalen Sicherheit und personenbezogener Daten | National Security and Personal Data Protection Act |
| | Entwurf einer Verordnung zur Wiederherstellung der Internetfreiheit | Restoring Internet Freedom Order Draft |
| | Gesetz zur Nichtdiskriminierung aufgrund genetischer Informationen | Genetic Information Nondiscrimination Act |
| | Gesetz über Computerbetrug und -missbrauch | Computer Fraud and Abuse Act |
| | Kalifornisches Gesetz zur Privatsphäre von Verbrauchern | California Consumer Privacy Act |
| | Gesetz zur Verbesserung der Computersicherheit (Änderung) | Computer Security Enhancement Act （Amendment） |
| | Gesetz zum Schutz der Privatsphäre von Fahrern | Drivers Privacy Protection Act |

(*Fortgesetzt*)

Tabelle (Anhang) Fortgesetzt

| Land / Organisation (in alphabetischer Reihenfolge) | Deutschsprachige Bezeichnung | Fremdsprachige Bezeichnung |
|---|---|---|
| | Kalifornische Vorschriften zur Durchsetzung des Gesetzes über die Privatsphäre von Verbrauchern | California Consumer Privacy Act Regulation |
| | Kalifornischer Gesetzentwurf zu Privatsphärerechten | California Privacy Rights Act |
| | Gesetzentwurf zu Weiterbildungs- und Privatsphärerechten von Familien | Family Educational Rights and Privacy Act |
| | Gesetz über die Übertragbarkeit und die Haftung bei Krankenversicherungen | Health Insurance Portability and Accountability Act |
| | Gesetz zur Modernisierung der Finanzdienstleistungen | Financial Services Modernization Act （Gramm-Leach-Bliley Act） |
| | Gesetz zum Schutz der finanziellen Privatsphäre | Right to Financial Privacy Act |
| | Gesetz über offene Regierungsdaten | Open Government Data Act |
| | Richtlinie zur offenen Verwaltung | Open Government Directive |
| | Gesetzentwurf über Breitbanddaten | Broadband Data Act |
| | Bundesgesetz über gerechte Kreditauskunft | The Fair Credit Reporting Act |

| Land / Organisation (in alphabetischer Reihenfolge) | Deutschsprachige Bezeichnung | Fremdsprachige Bezeichnung |
|---|---|---|
| | Bundesgesetz über das Management der Informationssicherheit | Federal Information Security Management Act |
| | Erlass zur Änderung des Bundesgesetzes über Informationssicherheit | Federal Information Security Amendment Act |
| | Gesetz zum Schutz der Privatsphäre auf Videoband | Video Privacy Protection Act |
| | Gesetz zur Gesichtserkennung | Facial Recognition Technology Warrant Act |
| | Gesetz zum Schutz biometrischer Daten Illinois | Biometric Information Privacy Act Illinois |
| | Gesetz über Datenbroker | Vermont's Act 171 of 2018 Data Broker Regulation |
| | Rahmen-Gesetzentwurf über Datenethik | Data Ethics Framework (Draft) |
| | Gesetzentwurf über Benachrichtigungen für Datenleak-Vorfälle | Data Security and Breach Notification Act |
| | Gesetzentwurf zur Prävention und Entschädigung von Datenleaks 2018 | Data Breach Prevention and Compensation Act of 2018 |
| | Gesetzentwurf für Datenprivatsphäre | Digital Accountability and Transparency to Advance Privacy Act or the Data Privacy Act |

(*Fortgesetzt*)

Tabelle (Anhang) Fortgesetzt

| Land / Organisation (in alphabetischer Reihenfolge) | Deutschsprachige Bezeichnung | Fremdsprachige Bezeichnung |
|---|---|---|
| | Gesetz über digitale globale Zugangsbestimmungen von 2019 | Digital Global Access Policy Act of 2019 |
| | Rahmenwerk zur Verbesserung der Netzwerksicherheit kritischer Basisinfrastrukturen | Framework for Improving Critical Infrastructure Cybersecurity |
| | Gesetz zur Förderung der Führungsrolle der Vereinigten Staaten im Wireless-Bereich | Promoting United States Wireless Leadership Act |
| | Gesetz zur Überwachung in der Auslandsaufklärung (Änderung) | The Foreign Intelligence Surveillance Act (Amendment) |
| | Durchführungsverordnung zur Stärkung der Cybersicherheit | Executive Order on Strengthening the Cybersecurity |
| | Gesetz zur Verbesserung der Cybersicherheit | Cyber Security Enhancement Act |
| | Rahmen für die Netzsicherheit | Network Security Framework |
| | Gesetz zur Behebung von Cyberschwachstellen | Cyber Vulnerability Remediation Act |
| | Gesetz über den Informationsaustausch in der Cybersicherheit | Cybersecurity Information Sharing Act |
| | Gesetz zur Offenlegung von Schwachstellen im Internet | Cyber Vulnerability Disclosure Reporting Act |

| Land / Organisation (in alphabetischer Reihenfolge) | Deutschsprachige Bezeichnung | Fremdsprachige Bezeichnung |
|---|---|---|
| | Gesetz zum Austausch und Schutz von Geheimdienstinformationen in Netzwerken | Cyber Intelligence Sharing and Protection Act |
| | Gesetz zur Netzneutralität | Network Neutrality Act |
| | Gesetz über die Zusammenarbeit mit der Ukraine im Bereich der Cybersicherheit von 2017 | Ukraine Cybersecurity Cooperation Act of 2017 |
| | Gesetz über angemessene Datenerhebung und Offenlegung zu COVID-19 | Equitable Data Collection and Disclosure on COVID-19 Act |
| | Sicherheits- und Datenschutzkontrollen für Informationssysteme und Organisationen | Security and Privacy Controls for Information Systems and Organizations |
| | Gesetz über die Informationsfreiheit | Freedom of Information Act |
| | Gesetz zum Schutz genetischer Informationen | Genetic Information Privacy Act |
| | Gesetz zum Schutz der Privatsphäre | Privacy Bill of Rights Act |
| | Gesetz zum Schutz der Privatsphäre bei Videodaten | Video Privacy Protection Act |
| | Selbstdisziplinierungsnormen für einen wirksamen Schutz der Privatsphäre | Self-discipline Norms for Effective Protection of Privacy |

(*Fortgesetzt*)

Tabelle (Anhang) Fortgesetzt

| Land / Organisation (in alphabetischer Reihenfolge) | Deutschsprachige Bezeichnung | Fremdsprachige Bezeichnung |
|---|---|---|
| | Gesetz über die Sicherheit der aktiven Cyberverteidigung | Active Cyber Defense Certainty Act |
| | Freiheitsgesetz der USA | USA Freedom Act |
| | Einfrieren des Eigentums bestimmter Personen, die an erheblichen böswilligen Aktivitäten im Zusammenhang mit dem Internet beteiligt sind | Blocking the Property of Certain Persons Engaging in Significant Malicious Cyber-Enabled Activities |
| | Gesetz zur Verbesserung der Cybersicherheit im Internet der Dinge | Internet of Things Cybersecurity Improvement Act |
| Marokko | Gesetz Nr. 09-08 über den Schutz von Personen bei der Verarbeitung personenbezogener Daten | Law No.09-08 relating to protection of individuals with regard to the processing of personal data |
| Mexiko | Bundesgesetz über den Schutz personenbezogener Informationen (Bundesgesetz über den Schutz personenbezogener Informationen im Privateigentum) | The Ley Federal de Protección de Datos Personales en Posesión de los Prticulares (Federal aw on the Protection of Personal Data Possessed by Private Persons) |
| Südafrika | Gesetz zum Schutz personenbezogener Informationen 2020 | Proclamation No. R21 of 2020 on the Commencement of Certain Sections of the Protection of Personal Information Act |

| Land / Organisation (in alphabetischer Reihenfolge) | Deutschsprachige Bezeichnung | Fremdsprachige Bezeichnung |
|---|---|---|
| Südafrika | Gesetz über den Schutz personenbezogener Informationen 2018 | Protection of Personal Information Act of 2018 |
| | Gesetz zum Schutz persönlicher Informationen 2013 | Protection of Personal Information Act of 2013 |
| | Verbraucherschutzgesetz | Consumer Protection Act |
| | Gesetz zur Förderung des Zugangs zu Informationen | Promotion of Access to Information Act |
| | Gesetz zu persönlichen Datenregistern | Act Relating to Personal Data Registers |
| Entwicklungsgemeinschaft des südlichen Afrika | Modellgesetz zum Datenschutz | Model Data Protection Act |
| Nigeria | Gesetz über personenbezogene Daten 2000 | Personal Data Act of 2000 |
| | Nigeria-Datenschutzverordnung | Nigeria Data Protection Regulation （NDPR） |
| Norwegen | Gesetz über personenbezogene Daten 2018 | Lov om behandling av personopplysninger（personopplysningsloven） Lov data of 2018 |
| | Vorschriften über personenbezogene Daten | Personal Data Regulations |
| | Verfahren zur Verarbeitung personenbezogener Daten | Act Relating to the Processing of Personal Data |

(*Fortgesetzt*)

Tabelle (Anhang) Fortgesetzt

| Land / Organisation (in alphabetischer Reihenfolge) | Deutschsprachige Bezeichnung | Fremdsprachige Bezeichnung |
|---|---|---|
| | Leitlinien zur extraterritorialen Anwendung der Datenschutz-Grundverordnung | Guidelines for Extraterritorial Application of the GDPR |
| | Leitlinien für den Schutz von personenbezogenen Daten im Internet der Fahrzeuge | Guidelines for the Protection of Personal Data in the Internet of Vehicles |
| | Rahmenbeschluss 2005/222/JI des Rates vom 24. Februar 2005 über Angriffe auf Informationssysteme | Council Framework Decision 2005222 JHA of 24 February 2005 on Attacks Against Information Systems |
| | UrheberrechtsrichtlinieRichtlinie über das Urheberrecht im digitalen Binnenmarkt | Directive on Copyright in the Digital Singles Market |
| | Resolution zur Rahmenresolution zur Bekämpfung der Informationssystemkriminalität | Telecom Industry Personal Data Processing and Privacy Protection Directive |

| Land / Organisation (in alphabetischer Reihenfolge) | Deutschsprachige Bezeichnung | Fremdsprachige Bezeichnung |
|---|---|---|
| | Datenschutzrichtlinie für elektronische Kommunikation | Electronic Communication Data Protection Directive |
| | Verordnung über elektronische Beweise (Entwurf) | EU e-Evidence Regulation |
| | Vorschlag für eine Verordnung des Europäischen Parlaments und des Rates über die Achtung des Privatlebens und den Schutz personenbezogener Daten in der elektronischen Kommunikation und zur Aufhebung der Richtlinie 2002/58/EG (Verordnung über Privatsphäre und elektronische Kommunikation) | Proposal for a Regulation of the European Parliament and of the Council Concerning the Respect for Private Life and the Protection of Personal Data in Electronic Communications and Repealing Directive 2002/58/EC (Regulation on Privacy and Electronic Communications) |
| | Rahmen für den freien Verkehr nicht-personenbezogener Daten in der Europäischen Union | Framework for Free Flow of Nonpersonal Data |

(*Fortgesetzt*)

Tabelle (Anhang) Fortgesetzt

| Land / Organisation (in alphabetischer Reihenfolge) | Deutschsprachige Bezeichnung | Fremdsprachige Bezeichnung |
|---|---|---|
| | Verordnung über den freien Verkehr nicht-personenbezogener Daten in der Europäischen Union | Regulation on the Free Flow of Nonpersonal Data |
| | Leitlinien des EDSB für die Bewertung der Verhältnismäßigkeit von Maßnahmen, die die Grundrechte auf Privatsphäre und den Schutz personenbezogener Daten einschränken | EDPS Guidelines on Assessing the Proportionality of Measures that Limit the Fundamental Rights to Privacy and to the Protection of Personal Data |
| | Leitlinien für die Meldung von Verletzungen des Schutzes personenbezogener Daten gemäß der Verordnung (EU) 2016/679 | Guidelines on Personal Data Breach Notification under Regulation 2016/679 |
| | Besserer Schutz und neue Chancen – Leitfaden der Kommission zur unmittelbaren Anwendbarkeit der Datenschutz-Grundverordnung | EU Stronger Protection， New Opportunities: Commission Guidance on the Direct Application of the General Data Protection Regulation |
| | Leitlinien 2/2020 zu Artikel 46 (2) (a) und 46 (3) (b) der Verordnung 2016/679 für die Übermittlung personenbezogener Daten zwischen EWR- und Nicht-EWR-Behörden und -Einrichtungen | Guidelines 2/2020 on Articles 46 （2） （a） and 46 （3） （b） of Regulation 2016/679 for Transfers of Personal Data between EEA and Non-EEA Public Authorities and Bodies |

| Land / Organisation (in alphabetischer Reihenfolge) | Deutschsprachige Bezeichnung | Fremdsprachige Bezeichnung |
|---|---|---|
| | Leitlinien zum Recht auf Vergessenwerden in Fällen von Suchmaschinen nach der DSGVO | Guidelines on the Right to be Forgotten in Search Engine Cases under the GDPR |
| | Richtlinie 2006/24/EG über die Vorratsspeicherung von Daten, die bei der Bereitstellung öffentlich zugänglicher elektronischer Kommunikationsdienste oder öffentlicher Kommunikationsnetze erzeugt oder verarbeitet werden, und zur Änderung der Richtlinie 2002/58/EG | Directive 2006_24_EC on the Retention of Data Generated or Processed in Connection |
| | Empfehlungen 01/2020 zu Maßnahmen zur Ergänzung der Übermittlungsinstrumente, um die Einhaltung des EU-Schutzniveaus für personenbezogene Daten sicherzustellen | Recommendations 01/2020 on Measures that Supplement Transfer Tools to Ensure Compliance with the EU Level of Protection of Personal Data Adopted on 10 November 2020 |

*(Fortgesetzt)*

Tabelle (Anhang) Fortgesetzt

| Land / Organisation (in alphabetischer Reihenfolge) | Deutschsprachige Bezeichnung | Fremdsprachige Bezeichnung |
|---|---|---|
| | Richtlinie 2002/58/EG über die Verarbeitung personenbezogener Daten und den Schutz der Privatsphäre in der elektronischen Kommunikation | 2002/58/EC Directive on Privacy and Electronic Communications Concerning the Processing of Personal Data and the Protection of Privacy in theElectronic Communications Sector |
| | Übereinkommen zum Schutz des Menschen bei der automatischen Verarbeitung personenbezogener Daten (Konvention Nr. 108) | Convention for the Protection of Individuals with Regard to Automatic Processing of Personal Data |
| | Empfehlung 1/99 zur unsichtbaren und automatischen Verarbeitung personenbezogener Daten im Internet durch Software und Hardware | Recommendation 1/99 on Invisible and AutomaticProcessing of Personal Data on the Internet Performed by Software and Hardware |
| | Verordnung (EG) Nr. 460/2004 zur Errichtung der Europäischen Agentur für Netz- und Informationssicherheit | Regulation （EC） No 460_2004 of European Network and Information Security Agency |
| | Leitlinien 3/2019 zur Verarbeitung personenbezogener Daten durch Videogeräte | Guidelines 3/2019 on Processing of Personal Data Through Video Devices |

| Land / Organisation (in alphabetischer Reihenfolge) | Deutschsprachige Bezeichnung | Fremdsprachige Bezeichnung |
|---|---|---|
| Europäische Union | Richtlinie 95/46/EG zum Schutz natürlicher Personen bei der Verarbeitung personenbezogener Daten und zum freien Datenverkehr | Regulations Regarding the Protection of Individuals Related to the Processing of PersonalData by the European Community and Organizations and the Free Flow of Such Data |
| | Richtlinien zum Schutz des Menschen bei der Erhebung und Verarbeitung auf der Datenautobahn | Guidelines for the Protection of Individuals with Regard to the Collections and Processing on the Information Highway |
| | Leitlinien zu automatisierten Entscheidungen im Einzelfall, einschließlich Profiling für Zwecke der Verordnung 2016/679 | Guidance on Automated Individual Decision-making and Profiling for the Purposes of Regulation |
| | Allgemeine Grundsätze für den Schutz der Privatsphäre im Internet | General Principles for the Protection of Privacy on the Internet |
| | Übereinkommen über Cyberkriminalität | Convention on Cybercrime |

(*Fortgesetzt*)

Tabelle (Anhang) Fortgesetzt

| Land / Organisation (in alphabetischer Reihenfolge) | Deutschsprachige Bezeichnung | Fremdsprachige Bezeichnung |
|---|---|---|
| | Richtlinie 2008/114/EG über die Ermittlung und Ausweisung europäischer kritischer Infrastrukturen und die Bewertung der Notwendigkeit, ihren Schutz zu verbessern | Council Directive 2008_114_EC European Critical Infrastructures |
| | Entwurf eines Berichts mit Empfehlungen an die Kommission für zivilrechtliche Vorschriften zur Robotik | Draft Report with Recommendations to the Commission on Civil Law Rules on Robotics |
| | Die Charta der Grundrechte der Europäischen Union | The Charter of Fundamental Rights of the European Union |
| | Leitfaden für die grenzüberschreitende internationale Datenübermittlung | Guidance on Cross-Border International Data Transfer |
| | Vorschlag für eine Verordnung des Europäischen Parlaments und des Rates über europäische Daten-Governance (Data Governance Act) | Proposal for a regulation of the European Parliament and of the Council on the European data governance （Data Governance Act） |
| | Richtlinie 95/46/EG des Europäischen Parlaments und des Rates vom 24. Oktober 1995 zum Schutz natürlicher Personen bei der Verarbeitung personenbezogener Daten und zum freien Datenverkehr | Directive 95/46/EC of the European Parliament and of the Council of 24 October 1995 on the Protection of Individuals with Regard to the Processing of Personal Data and on the Free Movement of Such Data |

| Land / Organisation (in alphabetischer Reihenfolge) | Deutschsprachige Bezeichnung | Fremdsprachige Bezeichnung |
|---|---|---|
| | Richtlinie 2006/24/EG des Europäischen Parlaments und des Rates vom 15. März 2006 über die Vorratsspeicherung von Daten, die bei der Bereitstellung öffentlich zugänglicher elektronischer Kommunikationsdienste oder öffentlicher Kommunikationsnetze erzeugt oder verarbeitet werden, und zur Änderung der Richtlinie 2002/58/EG | Directive 2006/24/EC of the European Parliament and of the Council of 15 March 2006 on the Retention of Data Generated or Processed in Connection with the Provision of Publicly Available Electronic Communications Services of Public Communication Networks and Amending Directive |
| | Charta der Grundrechte im Kontext von Künstlichen Intelligenz und digitalem Wandel | The Chapter of Fundamental Rights in the Context of Artificial Intelligence and Digital Change |
| | Datenschutzrichtlinie 95/46/EG | Directive 95/46/EC on Data Protection |
| | Leitlinien zu den Begriffen des für die Verarbeitung Verantwortlichen und des Auftragsverarbeiters in der Datenschutz-Grundverordnung | Guidelines on the Concepts of "Controller" and "Processor" under the GDPR |
| | Gesetz über digitale Dienste | Digital Services Act |
| | Gesetz über digitale Märkte | Digital Markets Act |

(*Fortgesetzt*)

Tabelle (Anhang) Fortgesetzt

| Land / Organisation (in alphabetischer Reihenfolge) | Deutschsprachige Bezeichnung | Fremdsprachige Bezeichnung |
|---|---|---|
| | Leitlinien für die Anwendung des Datenschutzes durch Technik und Voreinstellungen | Guidelines for Application of Data Protection by Design and Default |
| | Leitlinien für den Schutz von Personen bei der Erhebung und Verarbeitung personenbezogener Daten auf Datenautobahnen | Guidelines for the Protection of Individuals with Regard to the Collection and Processing Of Personal Data on Information Highways |
| | Allgemeine Datenschutz-Grundverordnung | The General Data Protection Regulation （GDPR） |
| | Leitlinien zur Einwilligung nach der DSGVO | Guidelines on Consent under the GDPR |
| | Leitlinien zur Transparenz im Rahmen der DSGVO | Guidelines on Transparency under the GDPR |
| | Vorschlag für eine Verordnung über die Achtung des Privatlebens und den Schutz personenbezogener Daten in der elektronischen Kommunikation | Proposal for a Regulation on Privacy and Electronic Communications |
| | Erste jährliche Überprüfung der Funktionsweise des EU-US-Datenschutzschilds | The First Annual Review of the Functioning of the EU-U.S. Privacy Shield |
| | Leitlinien über die gezielte Ansprache von Nutzer:innen sozialer Medien | Guidelines on the Targeting of Social Media Users |

| Land / Organisation (in alphabetischer Reihenfolge) | Deutschsprachige Bezeichnung | Fremdsprachige Bezeichnung |
|---|---|---|
| | Mobile Anwendungen zur Unterstützung der Ermittlung von Kontaktpersonen für COVID-19 | Mobile Applications in Support of Contact Tracing for COVID-19 |
| | Datenschutzrichtlinie (EU) 2016/680 für Polizei- und Strafjustizbehörden | Data Protection Directive （EU） 2016/680 for Police and Criminal Justice Authorities |
| | Bericht über EU-weit koordinierte Risikobewertung von 5G-Netzen | EU Coordinated Risk Assessment of the Cybersecurity of 5G Networks |
| Europarat | Übereinkommen des Europarats zum Schutz des Menschen bei der automatischen Verarbeitung personenbezogener Daten | Convention for the Protection of Individuals with regard to Automatic Processing of Personal Data |
| | Richtlinie 2002/58/EG über die Verarbeitung personenbezogener Daten und den Schutz der Privatsphäre in der elektronischen Kommunikation | Directive 2002/58/EC of the European Parliament and of the Council of 12 July 2002 Concerning the Processing of Personal Data and the Protection of Privacy in the Electronic Communications Sector |
| Europäisches Parlament | EU data protection in police and judicial cooperation matters: Rights of suspects and defendants under attack by law enforcement demands | EU data protection in police and judicial cooperation matters: Rights of suspects and defendants under attack by law enforcement demands |
| | Richtlinie zur Netz- und Informationssicherheit | Network and Information Security Directive |

(*Fortgesetzt*)

Tabelle (Anhang)　Fortgesetzt

| Land / Organisation (in alphabetischer Reihenfolge) | Deutschsprachige Bezeichnung | Fremdsprachige Bezeichnung |
|---|---|---|
| EU und USA | Rahmen des Safe-Harbor-Abkommens | Safe Harbor Agreement Framework |
| | EU-US-Datenschutzschild | Privacy Shield Framwork |
| | Grundsätze des EU-US-Datenschutzschildes | The EU-US Privacy Shield Framework Principles |
| Portugal | Gesetz zum Schutz personenbezogener Daten | Lei no 58/2019- Lei de execu9ao do RGPD |
| | Leitlinien für den Datenschutz bei der Verwaltung der elektronischen computergestützten Datenverarbeitung | 電子計算機処理に係るデータ保護管理規程 |
| | Strategie zum Öffnen von Daten im E-Government | 電子行政オープンデータ戦略 |
| | Gesetz zum Schutz personenbezogener Daten, die von unabhängigen Verwaltungsstellen aufbewahrt werden | 独立行政法人等の保有する個人情報の保護に関する法律 |

| Land / Organisation (in alphabetischer Reihenfolge) | Deutschsprachige Bezeichnung | Fremdsprachige Bezeichnung |
|---|---|---|
| Japan | Grundgesetz über die Schaffung einer Gesellschaft der Informationsnetze auf hohem Niveau | 高度情報通信ネットワーク社会形成基本法 |
| | Gesetz zum Schutz personenbezogener Daten | 個人情報の保護に関する法律 |
| | Grundgesetz zur Förderung der Nutzung von staatlichen und zivilen Daten | 官民データ活用推進基本法 |
| | Überblick über grundlegende rechtliche Regelungen für den Schutz personenbezogener Daten | 個人情報保護基本法制に関する大綱 |
| | Leitlinien für den Schutz personenbezogener Daten im privaten Sektor | 行政機関の保有する個人情報の保護に関する法律 |
| | Gesetz über das Verbot des unrechtmäßigen Zugangs zu Informationen | 不正アクセス行為の禁止等に関する法律 |
| | Gesetz über die Überwachung der Kommunikation | 犯罪捜査のための通信傍受に関する法律 |
| | Grundgesetz zur Internetsicherheit | サイバーセキュリティ基本法 |
| | Gesetz über den Schutz personenbezogener Daten von Verwaltungsbehörden | Act on the Protection of Personal Information Held by Administrative Organs |

(*Fortgesetzt*)

Tabelle (Anhang) Fortgesetzt

| Land / Organisation (in alphabetischer Reihenfolge) | Deutschsprachige Bezeichnung | Fremdsprachige Bezeichnung |
|---|---|---|
| | Gesetz über den Schutz personenbezogener Daten bei Verwaltungsorganen | 行政機関の保有する個人情報の保護に関する法律 |
| | Grundlegende Leitlinien für Informations- und Kommunikationsinfrastrukturen | 高度情報通信社会に向けた基本方針 |
| | Gesetz über den Schutz personenbezogener Daten, die mithilfe der elektronischen Datenverarbeitung von Verwaltungsbehörden verarbeitet werden | 行政機関の保有する個人情報の保護に関する法律 |
| Schweden | Gesetz über Kriminalitätsdaten | Criminal Data Act |
| | Gesetz über personenbezogene Daten (Änderung) | Personal Data Act Amendment |
| | Datengesetz | Data Act |
| Schweiz | Bundesdatenschutzgesetz | Federal Act on Data Protection |
| Serbien | Gesetz zum Schutz personenbezogener Daten | The Law on Personal Data Protection |
| | Gesetz über personenbezogene Daten | Personal Data Act |

| Land / Organisation (in alphabetischer Reihenfolge) | Deutschsprachige Bezeichnung | Fremdsprachige Bezeichnung |
|---|---|---|
| Senegal | Gesetz zum Schutz personenbezogener Daten | Loi n°2008-12 sur la protection des données à caractère personnel |
| | Gesetz über die Verarbeitung personenbezogener Daten | The Processing of Personal Data Law |
| | Policy-Rahmen für den verantwortungsvollen Einsatz der Gesichtserkennungstechnologie | Policy Framework for the Responsible Use of Face Recognition Technology |
| Zypern | Gesetz zum Schutz personenbezogener Daten bei der Verarbeitung und Übermittlung personenbezogener Daten | Law 2015（I） of 2018 Providing for the Protection of Natural Persons with regard to the Processing of Personal Data and for the Free Movement of Such Data |
| Weltwirtschafts-forum | Roadmap für grenzüberschreitende Datenflüsse | A Roadmap for Cross Border Data Flows: Future-Proofing Readiness and Cooperation in the New Data Economy |
| Slowakei | Abkommen über Darbietungen und Tonträger | Performances and Phonograms Treaty |
| | Gesetzentwurf zum Schutz personenbezogener Daten (Änderung) | Act 18/2017 on Personal Data Protection and Amendment and Supplementing Certain Acts |
| | Gesetz über den Schutz von personenbezogenen Daten in Informationssystemen | Act on Protection of Personal Data in Information System |
| Slowenien | Gesetz zum Schutz personenbezogener Daten | Personal Data Protection Act |

*(Fortgesetzt)*

Tabelle (Anhang) Fortgesetzt

| Land / Organisation (in alphabetischer Reihenfolge) | Deutschsprachige Bezeichnung | Fremdsprachige Bezeichnung |
|---|---|---|
| Thailand | Gesetz zum Schutz personenbezogener Daten | The Personal Data Protection Act |
| | Gesetz über behördliche Informationen | Official Information Act |
| | Gesetzentwurf zur Internetsicherheit | Thailand Cybersecurity Act |
| Tunesien | Datenschutzgesetz | Data Protection Act |
| Turkmenistan | Gesetzentwurf über Informationen im Privatleben und deren Schutz | The Law of Turkmenistan No.519-V on Information about Private Life and its Protection |
| Uganda | Gesetzentwurf über Datenschutz und Privatsphäre | Data Protection and Privacy Bill |
| | Gesetz über Datenschutz und Privatsphäre | Data Protection and Privacy Act |
| Uruguay | Gesetz zum Schutz personenbezogener Daten | Protection of Personal Data （Act 18.331/2008） |
| | Uruguayischer Erlass Nr. 64/2020 | Decreto N°64/020 |
| Usbekistan | Gesetz über personenbezogene Daten | Personal Data Law |
| Spanien | Gesetz zum Schutz personenbezogener Daten | Ley Organica 3/2018， de 5 de Diciembre， de Protecci6n de Datos Personales y Garantia de los Derechos Digitales |
| | Leitfaden für die Verwendung von Cookies | Cookie Usage Guidelines |

| Land / Organisation (in alphabetischer Reihenfolge) | Deutschsprachige Bezeichnung | Fremdsprachige Bezeichnung |
|---|---|---|
| Westafrikanische Wirtschaftsgemeinschaft (ECOWAS) | Ergänzender Gesetzentwurf über den Schutz personenbezogener Daten | Supplementary Act A/SA.1/01/10 on Personal Data Protection |
| Griechenland | Schutz personenbezogener Daten und damit zusammenhängende Bestimmungen zur Umsetzung der Datenschutz-Grundverordnung | Protection of Personal Data and Measures for Implementation of the GDPR (Law 4624/2019) |
| Singapur | Bericht über die öffentlichen Stellungnahmen zum Gesetzesentwurf zur Internetsicherheit | Report on Public Consultation on the Draft Cybersecurity Bill |
| | Rahmenwerk für vertrauenswürdigen Datenaustausch | Trusted Data Sharing Framework |
| | Leitlinien für den Schutz von Identitätsdaten | Identity Information Protection Guidelines |
| | Leitfaden für Datenschutz-Management-Verfahren | Guide to Development a Data Protection Management Programme |

(*Fortgesetzt*)

Tabelle (Anhang) Fortgesetzt

| Land / Organisation (in alphabetischer Reihenfolge) | Deutschsprachige Bezeichnung | Fremdsprachige Bezeichnung |
| --- | --- | --- |
| Singapur | Leitfaden zur Datenschutz-Folgenabschätzung | Guide to Data Protection Impact Assessments |
| | Mustergesetz über den Schutz von Informationen im privaten Sektor | Model Data Protection Code For The Private Sector |
| | Strategie der Internetsicherheit | Cybersecurity Strategy |
| | Gesetz zum Schutz personenbezogener Daten | Personal Data Protection Act |
| | Internetsicherheitsgesetz | Cybersecurity Law |
| | Gesetz zum Schutz kritischer Informationsinfrastrukturen | Cybersecurity Code of Practice for Critical Information Infrastructure |
| Neuseeland | Datenschutzgesetz | Privacy Act |
| | Charta der Algorithmen | The Algorithm charter for Aotearoa New Zealand |
| Ungarn | Gesetz über den Schutz personenbezogener Daten und die Offenlegung von Daten im öffentlichen Interesse | Law on the Protection of Personal Data and the Disclosure of Data of Public Interest |
| | Das Recht auf Selbstbestimmung und das Gesetz über die Informationsfreiheit | Act on Informational Self Determination and Freedom of Information |

| Land / Organisation (in alphabetischer Reihenfolge) | Deutschsprachige Bezeichnung | Fremdsprachige Bezeichnung |
|---|---|---|
| Asiatisch-pazifische wirtschaftliche Zusammenarbeit | APEC-Datenschutzrahmen | APEC Privacy Framework |
| | Das APEC-Regelwerk für den grenzüberschreitenden Datenschutz | APEC Cross Border Privacy Rules |
| Iran | Schutz personenbezogener Daten (Entwurf) | Personal Data Protection and Safeguarding Draft Act |
| Israel | Gesetz zum Schutz der Privatsphäre | The Privacy Protection Law |
| Italien | Kodex zum Schutz personenbezogener Daten | Personal Data Protection Code |
| | Gesetzentwurf zur Internetsicherheit | Decreto-Legge 21 settembre 2019， n.105 |
| Indien | Bestimmungen über angemessene Sicherheitsinitiativen zum Schutz sensibler personenbezogener Daten oder Informationen | The Information Technology （Reasonable Security Practices and Procedures and Sensitive Personal Data or Information） Rules |
| | Entwurf eines Rahmenwerks für die Verwaltung nicht personenbezogener Daten | Non-Personal Data Governance Framework （Draft） |
| | Weißbuch zum Datenschutz-Rahmenwerk | White Paper on Data Protection |
| | Gesetz über die Informationstechnologie | Information Technology Act |
| | Gesetz über das Recht auf Information | Right to Information Act of 2005 |

(*Fortgesetzt*)

Tabelle (Anhang) Fortgesetzt

| Land / Organisation (in alphabetischer Reihenfolge) | Deutschsprachige Bezeichnung | Fremdsprachige Bezeichnung |
| --- | --- | --- |
| | Gesetz über die Informationsfreiheit von 2002 | Freedom of Information Act of 2002 |
| | Gesetz zum Schutz personenbezogener Daten (Entwurf) | Personal Data Protection Bill （Draft） |
| | Vorschriften für Verwaltung in Kreditinformationsunternehmen | Regulations on the Administration of Credit Information Companies 2005 |
| Indonesien | Gesetzentwurf zum Schutz personenbezogener Daten (Entwurf) | Personal Data Protection Bill （Draft） |
| | Regierungsverordnung 82/2012 über den Betrieb von elektronischen Systemen und Transaktionen | Electronic System and Transaction Operation Government Regulation 82/2012 |
| | Gesetz über elektronische Informationen und elektronischen Geschäftsverkehr | Law No.11 of 2008 on Electronic information and transactions |

| Land / Organisation (in alphabetischer Reihenfolge) | Deutschsprachige Bezeichnung | Fremdsprachige Bezeichnung |
|---|---|---|
| England | Gesetz über die Informationsfreiheit 2000 | Freedom of Information Act of 2000 |
| | Entwurf zum Datenschutzgesetz 2018 | Data Protection Act of 2018 |
| | Praxisregeln für den Schutz der Privatsphäre von Kindern im Internet | Code of Practice for Protecting Children's Online Privacy |
| | Gesetz über elektronische Kommunikation | Electronic Communication Act |
| | Gesetz zum Schutz personenbezogener Daten (auch bekannt als Datenschutzkodex) | The Data Protection （Designated Codes of Practice）（No.2） Order |
| | Sicherheit von Netzwerken und Informationen Systeme (öffentliche Konsultation) | Security of Network and Information Systems （Public Consultation） |
| | Gesetz zu Behördengeheimnissen des Vereinigten Königreichs | The United Kingdom's Official Secrets Act |
| | Gesetz über Computermissbrauch | Computer Misuse Act |
| | Leitfaden zu KI und Datenschutz | Guidance on AI and Data Protection |
| | ICO GDPR-Leitfaden Datenschutz Folgenabschätzungen (Entwurf) | ICO GDPR Guidance Data Protection Impact Assessments （Draft） |
| | Verhaltenskodex für die gemeinsame Nutzung von Daten | Data Sharing Code of Practice |

Tabelle (Anhang) Fortgesetzt

| Land / Organisation (in alphabetischer Reihenfolge) | Deutschsprachige Bezeichnung | Fremdsprachige Bezeichnung |
|---|---|---|
| | Rechtmäßige Grundlage für die Verarbeitung von Daten besonderer Kategorien | Lawful Basis for processing Special Category Data |
| | Gesetzentwurf über die Erfassung von Kommunikationsdaten | Communications Data Acquisition Regulations |
| | Leitfaden zur allgemeinen Datenschutz-Grundverordnung | Guide to the General Data Protection Regulation |
| | Datenschutzverordnung | Data Protection Act |
| Vietnam | Internetsicherheitsgesetz | Cyber Security Law |
| Iran | Gesetzentwurf zum Schutz personenbezogener Daten | Personal Data Protection and Safeguarding Draft Act |
| Sambia | Gesetz über elektronische Kommunikation und elektronischen Geschäftsverkehr | Electronic Communications and Transactions Act |
| | Gesetz über Informations- und Kommunikationstechnologie | Information and Communication Technologies Act |
| Chile | Gesetz zum Schutz des persönlichen Lebens | Law for the Protection of Private Life |

# Nomenklatur

www.ingramcontent.com/pod-product-compliance
Ingram Content Group UK Ltd.
Pitfield, Milton Keynes, MK11 3LW, UK
UKHW022117051026
15623UKWH00003B/906

9 781800 794559